国家哲学社会科学成果文库
NATIONAL ACHIEVEMENTS LIBRARY
OF PHILOSOPHY AND SOCIAL SCIENCES

中国乡村转型与现代化

刘守英 等 著

中国人民大学出版社
·北京·

策划编辑：王晗霞
责任编辑：刘美昱
装帧设计：彭莉莉

图书在版编目（CIP）数据

中国乡村转型与现代化/刘守英等著． --北京：中国人民大学出版社，2023.7
（国家哲学社会科学成果文库）
ISBN 978-7-300-31522-5

Ⅰ．①中… Ⅱ．①刘… Ⅲ．①农村现代化－研究－中国 Ⅳ．①F320.3

中国国家版本馆CIP数据核字（2023）第040872号

中国乡村转型与现代化
Zhongguo Xiangcun Zhuanxing yu Xiandaihua
刘守英 等 著

中国人民大学出版社　出版发行
（100080　北京中关村大街31号）

涿州市星河印刷有限公司　新华书店经销

2023年7月第1版　2024年11月第2次印刷
开本：720毫米×1000毫米　1/16　印张：37.5
字数：492千字　印数：0,001－3,000册

ISBN 978-7-300-31522-5　　定价：138.00元

邮购地址　100080　北京中关村大街31号
中国人民大学出版社读者服务部　电话（010）62515195　82501766

《国家哲学社会科学成果文库》
出版说明

为充分发挥哲学社会科学优秀成果和优秀人才的示范引领作用,促进我国哲学社会科学繁荣发展,自 2010 年始设立《国家哲学社会科学成果文库》。入选成果经同行专家严格评审,反映新时代中国特色社会主义理论和实践创新,代表当前相关学科领域前沿水平。按照"统一标识、统一风格、统一版式、统一标准"的总体要求组织出版。

全国哲学社会科学工作办公室
2023 年 3 月

前　言

乡村转型与现代化不仅是中国建设现代化强国的重要战场，而且在很大程度上决定"中国梦"的成色。自党的十九大以来，乡村振兴战略成为实现乡村现代化的主线。国家"十四五"规划纲要中提到"走中国特色社会主义乡村振兴道路，全面实施乡村振兴战略，强化以工补农、以城带乡，推动形成工农互促、城乡互补、协调发展、共同繁荣的新型工农城乡关系，加快农业农村现代化。"回溯过去的农村政策，总体来讲，它们对农业和农民问题比较重视，重视农业是为了粮食增产，重视农民是为了增收和农村稳定，但对于村庄问题相对忽视。当下的严峻现实是村庄的衰而未亡。在两个百年期间，农二代的离村不回村趋势继续加剧，农三代由于与乡村的联结断裂，将呈现比农一代、农二代更加不可逆的不回村的特征。乡村问题将成为农民、农业、农村的首要问题，大部分乡村的衰亡与少部分村庄的活化是我们不得不理性面对的真实局面。

乡村是农民、农业、农村的有机体，只有三者良性互动和相互影响，才能实现乡村现代化。从城乡关系看，城乡中国是理解、分析和解决中国乡村现代化问题的基本结构形态，从单向城市化转向城乡互动是这一阶段的主要特征，乡村在这一格局下正潜移默化地发生转型。从农民来看，农民的代际革命及其与土地和村庄的黏度变化是研究乡村转型的根本维度，只有刻画不同代际农民群体在经济社会等方面行为特征的显著差异，才能分析伴随代际更迭，农民与土地、与乡村的黏度变化对未来的农业、村庄以及乡村现代化走向产生的影响。从农业来看，农业工业化是实现农业产业革命的可行路径，必须正确认识农业产值份额降低至10%之后农业的基础性地位与作用，明确新阶段的农业内涵、功能、业态，客观把握农业要素投入变化的新特点，消除阻碍农业要素流动与重新组合的制度障碍，完善农业基本经济制度与创新农业经营组织形式，以农业工业化实现农业产业革命。从村庄来看，村庄是中国乡村转型的关键，随着人口迁移和农民与村庄关系的变化，村庄出现剧烈分化，大部分村庄的衰败与部分村庄的兴旺并存，必须正视和应对大部分乡村的体面，重点研究村庄复活的条件、面临的制约和改变的可能性，构建乡村现代化的治理秩序。

在城乡中国阶段，实现乡村转型与现代化需要基于对发展阶段、城乡格局和乡村变迁趋势的分析，重新思考乡村与城市的关系、农民与土地及村庄的关系以及代际变化等对乡村发展的影响，农业内涵、功能与基础性地位的重新界定，农业优先发展与农业现代化的路径，村庄作为一种制度装置的功能和演化。因应城乡关系的历史性变化和乡村变化的机遇，提供有效的制度供给，将是实现乡村转型与现代化的重要保障。只有基于问题导向，构建实施乡村转型与现代化的理论框架，才能保证乡村振兴战略的实施沿着正确的轨道前行。为此，本书基于城乡中国结构研究乡村转型与现代化的问题，以农民与土地、村庄的黏度变化为观察线索，论证中国已经从"乡土中国"进入"城乡中国"；基于城乡中国阶段存在的意义和重要性，提出以消除城乡二元体制来实现城乡融合发展，明确任何基于"乡土中国"或"城市中国"的公共政策均不利于处理"城乡中国"阶段的问题；将乡村视为人、地、业、村联动的系统，构建一个分析乡村转型与现代化的理论框架；从城乡中国结构、代际革命与农民分化、农业产业革命、村庄制度演化与分化、城乡互动与融合，构建了一个可观察、可分析、可检验的乡村转型与现代化理论；基于代际革命和城市权利视角构建农民变迁与现代化的分析框架；坚持农民主体性，改变将农民工视为城市"过客"的政策惯性，避免因延续传统思维而导致农民群体在社会中处于尴尬地位和"三农"政策扭曲等问题；将农业工业化理论应用于分析如何实现农业产业革命；从根本上矫正了传统发展理论对工业化的片面认识以及对于农业现代化重要性的忽视，强调农业生产要素的重新组合以及持续升级，而非对单一要素替代的依赖。

在城乡中国视角下，本书从以下几方面展开分析：

第一，论证城乡中国特征，明确城乡中国是中国未来一个时期的基本结构特征，城乡融合是城乡转型的一个阶段。历经近百年的结构转变及由此带来的人地关系与乡村制度变革，中国已经从以农为本、以土为生、以村而治、根植于土的"乡土中国"，进入乡土成故土、告别过密化农业、乡村变故乡、城乡互动的"城乡中国"。城乡中国将是中国未来一个时期的基本结构特征，也是理解转型中国结构形态的一个重要范式。从国际经验来看，在工业化达到一定程度后，城乡经济、社会结构表现出与快速城市化阶段明显不同的特征，即城乡融合。以人口、经济、空间、思想观念融合为特征的城乡融合是城乡转型进程的一个阶段。当前中国已经进入城乡融合阶段，但理论与实践依然停留在传统单向城市化认知。本书强调探索中国乡村转型与现代化制度供给和路径选择应置于城乡中国形态，摒弃城乡二分范式，以城乡融合作为破局乡村问题、实现乡村振兴的根本策略。

第二，论证农民的代际革命与城市权利，揭示农民代际革命与分化的现实与特征，以此为基础讨论农民城市权利、乡村老人境遇以及农民可持续发展问题。决定未来城乡格局以及乡村变迁的根本力量是农民的分化与代际变化，本书通过对农民群体的特征与演变的刻画，发现在结构转型过程中，农民群体发生高度分化，农二代经济社会行为特征已经发生革命性变化；结合代际革命与人口城市化的事实，分析城市权利视角下农二代权利滞后的严峻现实，改换将进城农民作为他者的思维，进行一场基于农民城市权利的系统改革；伴随农二代、农三代相继离土出村不回村，厘清现阶段乡村老人生活状况，在乡村振兴背景下改善与重塑乡村老人发展境遇；考虑到农民致贫原因的复杂性和多元化，将相对贫困纳入乡村振兴与城乡融合战略。

第三，分析农业工业化与产业革命，为实现农业现代化产业革命提供理论基础与可行路径。农业的竞争力是乡村振兴的基础。结构转变不仅带来人地关系变化，而且带来农业相对要素价格变化，引致农业发展模式的历史性转折，即从依靠过密化劳动力投入提高土地生产率的传统农业模式转向通过增加资本和机械化投入提高劳动生产率的现代农业模式，引发农作方式、农地权利安排、农地流转市场、农业经营模式、农业功能的一系列重大变化。经济发展转向高质量发展阶段为农业发展带来机遇与挑战。未来中国农业要实现根本转型，需要重新定义新发展阶段农业的基础地位和内涵，探索农业工业化与产业革命的路径以提高农业回报率，制定与此相适应的农业发展战略，为农业转型提供相适应的制度供给。

第四，研究乡村振兴与村庄转型，构建以"人、地、业、村系统"为基础的乡村振兴框架，提出城乡中国阶段乡村振兴、村庄转型的路径。村庄是研究乡村问题的重要分析和观察单位。村庄是乡村的地理空间、经济活动空间、公共和社会关系空间的集合，也是维系农民与国家以及农民与农民之间的制度和秩序的装置。因此，乡村是一个由地理空间、经济活动空间、社会关系和制度秩序组成的农民、农业、村庄三位一体的结构。本书不仅从费孝通先生的乡村发展理论中吸取解决城乡中国阶段乡村问题的养分，而且梳理和总结了城乡发展新阶段乡村振兴的国际经验，尤其是东亚经济体乡村转型的基本特征和制度安排演进，为实施乡村振兴战略与实现村庄转型提供理论与经验基础。本书重新梳理了在城乡关系转型过程中，村庄功能与乡村治理的演变。本书分析了城乡互动格局下经济发展阶段、城乡关系与乡村本身的重大变化产生的制度需求，以及实施乡村振兴的主要制度供给。在理论分析、问题诊断和城乡发展趋势性特征的基础上，提出了通过城乡关系重塑，人、地、业、村整体联动与系统重构，实现城乡两个空间平等发展的乡村振兴与制度改革路径。

经过研究，本书提出：

第一，城乡中国是中国今后相当长时期的一个阶段，也是理解中国转型的重要范式。经过近百年的转型与变迁，中国已经从乡土中国转型为城乡中国。一方面，中国的农民高度分化及其与乡村的经济和社会关系发生分野，尤其是农二代成为迁移的主力后引发代际革命，乡土成故土、乡村变故乡，农业在告别过密化的同时也在多功能化。中国的结构形态已经告别费孝通意义的乡土中国。另一方面，生产要素在城乡之间的配置活跃，城乡之间的分工与互联互通增强，乡村在分化的同时业态、产业、功能多样化，这种新型城乡关系构成城乡中国的基本特征，与作为成熟形态的城市中国相比，呈现出独特的阶段性特征。因此，城乡中国将成为中国今后相当长时期的一个阶段，城乡中国也将成为理解转型中国结构形态的一个重要范式，任何基于"乡土中国"或"城市中国"的公共政策都不利于中国完成伟大的转型。

第二，我国经济在2010年前后总体上到达"刘易斯转折点"。"刘易斯转折点"的测度对于判断城乡中国阶段特征至关重要。现有关于我国经济的转折点的研究主要基于对城市劳动力市场的观察，更科学的方法应是从农村或农业中寻找证据。通过借鉴发展经济学界测度东亚经济体"刘易斯转折点"的方法，本书利用国家统计局7万抽样农户数据，发现我国经济在2010年前后总体上到达"刘易斯转折点"。与已有的一些悲观预期不同，本书认为转折点的到来仅仅意味着农村富余劳动力被消耗完毕，在今后相当长时间内，劳动力成本会上升，但这并不意味着劳动力是短缺的。随着"刘易斯转折点"由东至西的逐次到来，支撑传统增长方式的富余劳动力条件开始不具备了，在新型人力资本培养、农业现代化转型和保障粮食安全等方面需要有新的思维和策略。

第三，城乡融合是城乡转型进程的一个阶段，应建立城乡融合范式。西方发达国家在经历快速城市化阶段以后，进入城乡融合阶段，基本特征为人口在城乡双向流动的人口融合，土地利用混合性和多样性的空间融合，乡村经济非农化以及城乡产业结构趋同化的经济融合，城乡居民认知和观念差异缩小的价值融合。城乡融合带来城乡研究从城乡二分范式向城乡连续体范式的转变，它将社会视为城乡连续体，通过经济、社会多维指标对城乡连续体进行划分，以城乡连续体作为分析城乡问题的基本单位，更加强调城乡的联系与融合。长期以来，我国对城乡问题的认识受城乡二分范式左右，将城市和乡村看成对立竞争的独立范畴，试图通过工业化和城市化解决城乡发展中的所有问题。因此，从城乡二元向城乡融合的转变是一种重大的范式转换，有利于正确把握城乡转型客观规律，避免因认知错误导致的发展方向失误。

第四，正视农民代际革命的特征事实，开放农民的城市权利。城乡中国阶段农民的特征已发生历史性变化，农二代的代际革命已带来农民的出村不回村、农业经历要素重组的变化、乡土成故土。在制度变革与结构变迁的过程中，小农以不同的行为对其做出反应，并改变了自己。但是，理论和政策仍然固守着对农民的传统定义和思维，农民的他者地位没有改变，由此带来农民群体在社会中的尴尬地位和国家相关"三农"政策的扭曲。要真正提高农民的生活水平，就必须真正坚持农民主体性，改变约束农民的制度环境，进一步向农民开放权利，使农户享受到本属于他们的权利，促进农民、乡村与国家的历史转型。

第五，农业发展历史转型与进入新阶段。伴随快速的工业化、城市化进程，中国的农业份额"双降"趋势明显，农户对农业经营收入依赖度下降，农民代际分化明显，农业投入方式与发展动能发生重大变化，农业发展模式发生历史性转变。在农业发展模式变革的同时，农业经营制度和相关制度安排也在发生急速变革，土地流转加快，经营规模适度扩大，经营主体在坚持家庭经营的前提下呈现多元化格局，农民专业合作进入历史新阶段，为农业现代化提供了更加完善的制度基础。

第六，以农业工业化实现农业产业革命与农业现代化。工业化普遍被理解为经济重心由初级产品生产向制造业生产的转移，这种对工业化的片面理解造成第二次世界大战后很多民族国家的农业发展受挫。张培刚正确指出，工业化应该涵盖整个国民经济，它至少应该包括工业和农业的机械化和现代化，表现为一系列基要生产函数发生连续的变化。农业工业化的本质在于人口、资源或物力、社会制度、生产技术、企业家的创新管理才能等各种生产要素的有效组合，以及生产要素组合方式连续发生由低级到高级的突破性变化，由此带来农业产业生产效率提高，实现规模报酬递增。本书拓展了农业工业化理论，提出推动农业工业化的关键在于以制度变革打破原有均衡，实现土地使用权再配置和乡村资源的有效利用，推动资本、劳动力向乡村回流，进而促进各种生产要素配比适度、协调一致，使生产要素的投入从数量增长转为有机组合，提高农业绩效。

第七，以城乡互动发展而非单向城市化模式促进乡村变迁。按照经典路径，通过加快城市化将人口集聚在城市，促进土地流转并集中到少数大户手中，使得农业规模化、机械化、专业化经营，农民转变为职业农民或者产业工人，在服从于城市和工业发展前提下实现乡村转型。本书通过重新审视东亚经济体乡村转型的真实图景发现，在农业份额下降以及乡村人口减少过程中，东亚经济体没有发生土地规模化、农业专业化、农民职业化以及传统村庄的普遍终结，而是在小规模农地经营基础上实现了农业工业化，农民通过大量兼业活动走向职业身份的多角化，村庄也因经济活动的丰富以及公共服务的提供而实现体面存续。这一发展道路使东亚经济体城乡差距没有持续扩大，农民和乡村、农业也没有断根，村庄依然是经济活动和生活空间的重要载体，村庄功能得以存续和拓展。东亚经济体乡村转型的经验为中国乡村振兴与转型提供了一条不同于西方城乡转型的路径。

第八，乡村是城市区域以外的重要空间，也是一种制度与秩序装置。乡村是城市以外的广域空间。村庄是乡村的地理空间、经济活动空间、公共和社会关系空间的集合，也是一种制度与秩序装置。村庄在承担以上一种或几种功能时，通过相应的制度规则来实现。中国的村庄制度既具有长期由非正式制度主导的传统，也经历过政府主导的近乎脱胎换骨的正式制度改造。伴随进入城乡中国阶段，国家乡村治理出现大变局：乡村经济市场化程度大大提高，乡村经济活动与社会关系变化，维系乡村社会的血缘、地缘以及人情关系趋于淡漠，熟人社会面临解体；农民与土地及村庄的黏度下降，尤其是农二代的离土出村不回村、乡土成故土以及村庄分化和代际革命使村里人成为陌生人，礼治秩序让位于经济权力，村庄治理结构、规则与秩序进一步演化与变迁。

第九，在城乡融合格局下实现乡村活化。新阶段的乡村振兴不是乡土中国阶段的乡土重建，也不是快速城市化下的以城统乡，而是城乡互动下的乡村复兴。乡村振兴就是利用城乡互动带来的机会，复兴乡村产业，活化乡村空间；通过城乡要素的流动与再配置，形成乡村与城市互动的资本流和人流，实现乡村的振兴。要避免两个极端：一个是固守乡土中国理念，以不变应万变，导致乡村发展机会的丧失；另一个是继续沿袭快速城市化惯性，不改城市过度发展后补贴乡村的公共政策，加剧乡村的衰败。

在理论研究基础上，我们提出如下对策建议：

第一，重塑城乡关系，构建促进城乡融合的发展政策。其一，在城乡中国阶段，首先要矫正单向城市化导向的公共政策。在相当长时期的一个误区是，将城市化作为实现现代化的唯一目标，以为城市化能顺其自然地解决乡村问题。事实上，单向城市化不仅导致大量的"城市病"，而且导致乡村问题加剧。城乡中国阶段的公共政策必须以城乡平等发展为基础,而不是以消灭乡村为结果。只有城乡平等发展,才能实现城乡两个文明的共生、共融、共荣。将城乡中国而非城市中国作为一个阶段,将允许城市与乡村良性互动、生产要素在城乡间有效配置,这样更有利于抵达城市中国。

其二,破除城乡二元体制,构建促进城乡融合的发展政策。中国已经进入城乡融合阶段,城乡融合是乡村活化和农业产业发展的关键。应从单向城市化思维向城乡融合思维转变,更加注重城乡之间的联系与相互依赖性,其路径是要促进城乡之间从"通"到"融"再到"合"。"通"即拆掉城乡之间的"墙",破除制约乡村活力与农业发展的制度和政策壁垒;"融"就是使生产要素在城乡之间自由流动,既包括乡村要素向城市的流动,也包括城市要素回到乡村;"合"就是使城市和乡村共同发展、共同繁荣、彼此需要,城乡两个文明共生。

第二,开放农民城市权利,重塑乡村老人发展境遇,解决相对贫困。其一,顺应农民代际革命趋势,对农民城市权利进行系统改革。针对进城农民城市权利不平等的现状,亟须改换将进城农民作为他者的思维,从国家战略高度改变将农民工视为城市"过客"的政策惯性,在充分保障农民土地权利的前提下,通过切实保障农二代在城市的居住权、落实农三代的教育权、制定实现农民城市权利的成本分担机制,推动城市权利向农民开放。

其二,在乡村振兴背景下重塑乡村老人发展境遇。针对乡村老人生存状况和生活质量被忽视、服务供给不足和供需错位等问题,提出进一步提高养老保障水平,建立农村养老金稳定增长和动态调节机制;多种方式开发农村老年群体人力资源;完善助餐模式,解决其"吃饭"问题;提高健康服务水平,解决好"就医"问题;丰富农村老年人精神文化生活,解决好"精神慰藉"问题。

其三,将相对贫困纳入乡村振兴与城乡融合战略。以乡村产业革命增加乡村贫者发展机会，在贫困地区农村人口的生计仍依赖农业的现实下，实现以农业工业化提高农业回报率来增加贫者收入。增大农民利用乡村资源从事非农活动的空间和权利，通过复兴和发展乡土工业，促进乡村经济活动复杂化，提供多样化增收途径。通过拆除城乡间的制度壁垒，以城乡互相开放与提升乡村价值惠及贫困人群。

第三，正确认识农业，消除阻碍农业转型的制度障碍，实现农业工业化。其一，正确认识农业份额下降后的农业基础地位和作用。告别以农业占GDP的份额来看待农业重要程度的传统，农业的基础地位和作用应主要表现为：农业产出品具有不可替代性，国家对农业的支持就是对基本民生的基础保障；农业对保障国家粮食安全的重要性在相当长时期不会减弱，农业提供食物安全的重要性将不断增强；农业的功能将不断延伸，从生产向生活和生态功能不断扩展，农业对人类生活品质的重要性不断上升；农业供给质量在供给侧结构性改革中举足轻重，农业供给实现从低复杂度向高复杂度的转变是农业供给侧结构性改革的关键。

其二，为农业转型提供有效制度供给。坚定不移地推进农地"三权"分置改革，明确农地集体所有权，保障集体成员农地承包权，赋予耕作者稳定的农地经营权，建立现代农业发展的农地权利基础；建立现代农业经营制度，提升农户人力资本和农业经营能力，培育发展新型农业经营主体和服务主体，促进小农户与现代农业发展的有机衔接，构建企业—合作社—农户契约结构，促进农业发展方式转变；以服务规模化、区域产业规模化、市场专业化为纽带，促进农业分工效率的提高，探索农业规模报酬实现方式。

其三，通过农业工业化提高农业的回报率。乡村产业发展的唯一路径是农业工业化，其要义是，通过土地配置制度改革、资本下乡、城乡人力对流和乡村资源产权制度改革，促进各种生产要素的重新组合，使农业从业者的收入不再低于城市其他行业，甚至更高，促进农业多功能化和农业产业的融合与裂变,探索农业工业化的路径,迎接农业产业革命的到来。

第四,通过重构人、地、业、村系统与重塑乡村秩序,实现乡村振兴与村庄转型。其一,提升乡村人力资本,革新发展观念。顺应农民代际革命,在保障农民对乡村土地等的基本权利的同时,赋予进城农民城市权利,促进农民进城落户和市民化。顺应乡村经济机会出现和经济活动变化,吸引部分年轻人回故乡从事新农业、新产业,长出一批引领乡村产业发展和农民致富的乡村企业家。通过集体制度改革打开乡村封闭性,构建乡村资源与资本的组合与合作制度,培养契约精神,完善乡村产业和资本下乡政策,引导城市居民、企业家及社会资本下乡。

其二,深化土地制度改革,加大乡村振兴的土地制度供给。一是改革城乡二元土地制度,实现集体建设用地和国有建设用地权利平等。二是完善农地权利体系,在保障集体成员承包权的基础上,坚定不移地完成农地"三权"分置改革,实现经营权作为"田面权"与承包权作为"田底权"的平权。三是推进宅基地制度改革,农民宅基地可以有偿退出、出让、转让、交易、从事其他相关产业的生产服务。在规划和用途管制的前提下,实行村庄宅基地、农房和空闲地对外村人和外来资本有序开放,实现乡村资源与外来资本的有效组合。

其三,形成与乡村转型相适应的乡村治理制度,重塑乡村秩序。在新发展阶段找寻与乡村转型相适应的乡村治理安排,以自治实现村民自我民主管理,以法治实现法律对乡村的正式约束,以德治实现村庄道德和非正式制度约束。通过传统乡村治理和自上而下行政治理两者的结合,解决新的村落形态下不同主体对村庄治理的需求,以形成更有效的乡村治理秩序。

本书是我在国务院发展研究中心和中国人民大学工作期间长期观察和思考的结果,其中的研究论文是与一些志同道合者合作完成的,在此一并表示感谢。本书包括与王一鸽合作完成的《从乡土中国到城乡中国》(发表于《管理世界》2018年第10期）；与章元合作完成的《"刘易斯转折点"的区域测度与战略选择》（发表于《改革》2014年第5期）；与李明、邵挺合作完成的《城乡一体化的国际经验及其对中国的启示》（发表于《中国农村经济》2014年第6期）；与龙婷玉合作完成的《城乡融合理论：阶段、特征与启示》（发表于《经济学动态》2022年第3期）、《城乡转型的政治经济学》（发表于《政治经济学评论》2020年第1期）；与王宝锦合作完成的《中国小农的特征与演变》（发表于《社会科学战线》2020年第1期）、"The Decline in Agricultural Share and Agricultural Industrialization—Some Stylized Facts and Theoretical Explanations"（发表于 China Agricultural Economic Review 2022年第3期）、《农业要素组合与农业供给侧结构性改革》（发表于《社会科学战线》2021年第10期，合作者还有程果）；与曹亚鹏合作完成的《中国农民的城市权利》（发表于《比较》总第94辑）、《乡土生出的现代化》（发表于《清华社会科学》2019年第1期）；与纪竞垚合作完成的《代际革命与农民的城市权利》（发表于《学术月刊》2019年第7期）、《重塑乡村老人发展境遇》（发表于《比较》总第109辑）；与颜嘉楠合作完成的《"摘帽"后的贫困问题与解决之策》[发表于《上海交通大学学报（哲学社会科学版）》2020年第6期]；与谭明智、王一鸽合作完成的《农业的历史转型》《农业现代化的新阶段》；与王瑞民合作完成的《农业工业化与服务规模化》（发表于《国际经济评论》2019年第6期）；与熊雪锋合作完成的《山东省的农业工业化及其转型升级》（发表于《山东社会科学》2019年第8期）、《中国乡村治理的制度与秩序演变》（发表于《农业经济问题》2018年第9期）、《我国乡村振兴战略的实施与制度供给》（发表于《政治经济学评论》2018年第4期）；与陈航合作完成的《东亚乡村变迁的典型事实再审视》（发表于《农业经济问题》2022年第7期）。

目 录

第一部分 城乡中国

第一章 从乡土中国到城乡中国
    一、乡土中国的基本特征 / 005
    二、结构变革下的乡村转型：从乡土中国到城乡中国 / 013
    三、城乡中国的特征 / 023
    四、基本结论与公共政策含义 / 037

第二章 "刘易斯转折点"的真正到来
    一、现有研究存在的问题 / 040
    二、测度"刘易斯转折点"的方法与结果 / 043
    三、转折点到来之后的发展挑战和战略选择 / 048

第三章 农业、农村与城乡政策转向
    一、工业化战略与城乡发展：一个解释框架 / 053
    二、各经济体农村、农业政策转折点的测算 / 056
    三、各经济体城乡统筹发展的基本内容与方式 / 063

四、结论 / 079

第四章　城乡融合阶段

一、告别城乡二分范式 / 084

二、城乡融合下的城乡连续体范式 / 089

三、城乡融合阶段的特征：经验证据 / 097

四、结论与启示性意义 / 103

第五章　城乡转型的政治经济学

一、作为政治经济问题的城乡转型 / 107

二、结构转变方式与中国的城乡转变 / 112

三、城乡中国结构与乡村振兴路径 / 121

四、城乡融合的新政治经济学 / 128

第二部分　农民的代际革命

第六章　小农的特征与演变

一、对小农范式的批判 / 134

二、典型中国小农的基本特征 / 139

三、制度变革与农民行为 / 143

四、结构变迁与小农特征演变 / 152

五、结论与政策建议 / 169

第七章　农民的城市权利

一、关闭城门与绑民于土：国家工业化时期的城市与农民 / 171

二、城门未开与乡土筑城：乡村工业化阶段的农民自主
　　城镇化 / 175

三、撞城入城与城市过客：高速城市化下的农民与城市 / 177

四、代际分别与结构革命：农二代与农民城市权利困境 / 183

五、开放农民城市权利的公共政策 / 187

第八章　代际革命与农民的变迁

一、引言 / 189

二、基于城市权利视角的文献与政策评论 / 190

三、离土出村不回村的一代 / 197

四、农二代的城市权利状况与困境 / 205

五、公共政策含义 / 211

第九章　重塑乡村老人发展境遇

一、乡村老年群体状况堪忧 / 214

二、靠子女："养儿防老"一去不复返 / 218

三、靠社会：在乡村振兴实践中对乡村留守老人的关注有待
　　进一步加强 / 221

四、多措并举，改善乡村老人发展境遇 / 223

第十章　"摘帽"后的农民相对贫困问题

一、中国式扶贫与减贫绩效 / 225

二、不会因"摘帽"而去的贫困课题 / 227

三、纳入乡村振兴与城乡融合战略的持续减贫策略 / 233

第三部分　农业工业化与产业革命

第十一章　农业的历史转型

一、传统农业的变迁与特征 / 239

二、1949 年到 20 世纪 70 年代末的农业现代化 / 248

三、从改革开启到世纪之交的农业现代化 / 260

第十二章　农业现代化的新阶段

一、出口导向工业化与农村劳动力的跨区域流动 / 273

二、农村结构发生重大变化 / 278

三、农业劳动力结构变化对农业投入的影响 / 288

四、农业现代化新阶段的农业生产率变化 / 296

五、迈向农业现代化的标志性特征 / 297

第十三章　要素组合与农业工业化

一、引言 / 299

二、农业就业份额下降与农业转型：一个文献综述 / 301

三、农业工业化理论及其拓展 / 305

四、中国农业发展阶段的要素组合特征 / 317

五、基本结论与政策含义 / 341

第十四章　农业工业化与服务规模化

一、农业规模报酬：一般理论与经验研究 / 344

二、农业工业化与服务规模化：理论分析 / 353

三、农业工业化与服务规模化实施：山东案例 / 355

四、政策含义 / 358

第十五章　农业工业化与转型升级

一、何为农业工业化 / 360

二、山东省农业工业化 / 362

三、山东省农业工业化的挑战 / 372

四、简要结论 / 377

第十六章　农业要素组合与农业供给侧结构性改革

一、中国农业供给侧的结构性问题与存因 / 380

二、要素组合升级与农业供给侧结构性改革的国际经验 / 383

三、中国农业供给侧结构性改革的实践 / 387

四、未来农业供给侧结构性改革的思路 / 390

第十七章　农业转型与政策选择

一、中国农业转型的主要特征 / 394

二、农业经营方式与制度安排的重大变化 / 397

三、转型期农业现代化发展的政策选择 / 400

第四部分　乡村振兴与现代化

第十八章　乡土生出的现代化
一、有机配合的乡土社会及其危机 / 408
二、乡土重建的本质是重构乡村有机结构 / 412
三、乡村长出的工业化、城市化道路 / 418
四、几点启示性结论 / 426

第十九章　乡村治理的制度与秩序演变
一、引言 / 429
二、制度与秩序：分析乡村治理演变的视角 / 430
三、深植乡村的制度遗产与秩序结构 / 433
四、乡政村治下的乡村治理制度变迁与秩序演化 / 435
五、城乡统筹以来乡村治理的制度转型与秩序再造 / 441
六、结论性评论 / 451

第二十章　人、地、村系统重构与乡村振兴
一、"十四五"：城市回归本质、乡村拥有体面 / 454
二、改革农民工回村的城镇化 / 460
三、人、地、村系统重构 / 473

第二十一章　东亚乡村变迁的典型事实再审视
一、农民收入多元化和身份多角化 / 487

二、农业要素组合升级与农业报酬提高 / 494

三、村庄聚落变化及其功能拓展 / 506

四、结论与启示性意义 / 512

第二十二章　乡村振兴战略的实施与制度供给

一、问题的提出 / 517

二、国内外研究现状与评述 / 519

三、影响乡村振兴的制度安排与体制机制 / 524

四、乡村振兴的路径与制度供给 / 533

参考文献 / **540**

索　引 / **563**

CONTENTS

PART I URBAN-RURAL CHINA

CHAPTER 1 FROM NATIVE-RURAL CHINA TO URBAN-RURAL CHINA

1. Basic Features of Native-Rural China / 005
2. Rural Transformation under Structural Change: From Native-Rural China to Urban-Rural China / 013
3. Features of Urban-Rural China / 023
4. Basic Conclusions and Public Policy Implications / 037

CHAPTER 2 THE REAL ARRIVAL OF THE "LEWIS TURNING POINT"

1. Problems with Existing Research / 040
2. Methodology and Results of Measuring the "Lewis Turning Point" / 043
3. Development Challenges and Strategic Choices Following the Turning Point / 048

CHAPTER 3 AGRICULTURAL, RURAL AND URBAN-RURAL POLICY SHIFTS

1. Industrialization Strategies and Urban-Rural Development: An Explanatory Framework / 053

2. Measuring the Turning Point of Rural and Agricultural Policies in Various Economies　／ 056
3. Basic Elements and Approaches to Integrated Urban-Rural Development in Various Economies　／ 063
4. Conclusions　／ 079

CHAPTER 4　THE STAGES OF URBAN-RURAL INTEGRATION
1. Farewell to the Urban-Rural Dichotomy Paradigm　／ 084
2. The Urban-Rural Continuum Paradigm under Urban-Rural Integration　／ 089
3. Characteristics of Different Urban-Rural Integration Stages: Empirical Evidence　／ 097
4. Conclusions and Implications　／ 103

CHAPTER 5　POLITICAL ECONOMY OF URBAN-RURAL TRANSFORMATION
1. The Urban-Rural Transformation as a Political Economy Issue　／ 107
2. The Structural Transformation Approach and the Urban-Rural Transformation in China　／ 112
3. The Structure of Urban-Rural China and the Path to Rural Revitalization　／ 121
4. The New Political Economy of Urban-Rural Integration　／ 128

PART Ⅱ　THE INTERGENERATIONAL REVOLUTION OF FARMERS

CHAPTER 6　THE FEATURES AND EVOLUTION OF PEASANTS
1. A Critique of the Peasant Paradigm　／ 134
2. The Basic Characteristics of Typical Peasants in China　／ 139
3. Institutional Change and Farmers' Behavior　／ 143
4. Structural Changes and Evolution of Peasants' Characteristics　／ 152

5. Conclusions and Policy Recommendations / 169

CHAPTER 7   FARMERS' URBAN RIGHTS
  1. Closing the City Gates and Tying the People to the Land: Cities and Farmers in the Period of National Industrialization / 171
  2. With the City Gate Closed and Towns Built upon Native Land: Farmers' Autonomous Urbanization during Rural Industrialization / 175
  3. Crashing into the City and Passing through the City: Farmers and Cities in the Context of High-Speed Urbanization / 177
  4. Intergenerational Divergence and Structural Revolution: The Second-Generation Farmers and the Dilemma of Farmers' Urban Rights / 183
  5. Public Policies for Opening Farmers' Urban Rights / 187

CHAPTER 8   INTERGENERATIONAL REVOLUTION AND FARMERS' CHANGE
  1. Introduction / 189
  2. Literature and Policy Review Based on the Urban Right Perspective / 190
  3. The Generation Who Left the Earth and Does Not Return / 197
  4. The Status and Dilemma of the Urban Rights of the Second-Generation Farmers / 205
  5. Public Policy Implications / 211

CHAPTER 9   RESHAPING THE DEVELOPMENT SITUATION OF THE RURAL ELDERLY
  1. The Situation of the Rural Elderly Is Worrying / 214
  2. Relying on Future Generations: "Raising Children for Old Age" Is No Longer an Option / 218
  3. Relying on Society: The Attention to the Rural Left-Behind Elderly Needs to Be Further Strengthened in the Practice of Rural Revitalization / 221
  4. Taking Multiple Measures to Improve the Development Situation of the Rural Elderly / 223

CHAPTER 10　RELATIVE POVERTY OF FARMERS AFTER "REMOVING THE HAT OF POVERTY"

1. Poverty Alleviation and Poverty Reduction Performance in Chinese Style　/ 225
2. Poverty Issues That Do Not Disappear　/ 227
3. Strategies for Sustainable Poverty Reduction Integrated into Rural Revitalization and Urban-Rural Integration Strategies　/ 233

PART Ⅲ　AGRICULTURAL INDUSTRIALIZATION AND THE INDUSTRIAL REVOLUTION

CHAPTER 11　HISTORICAL TRANSFORMATION OF AGRICULTURE

1. Changes and Features of Traditional Agriculture　/ 239
2. Agricultural Modernization from 1949 to the End of the 1970s　/ 248
3. Agricultural Modernization from the Beginning of Reform to the Turn of the Century　/ 260

CHAPTER 12　THE NEW PHASE OF AGRICULTURAL MODERNIZATION

1. Export-Oriented Industrialization and Cross-Regional Mobility of Rural Labor　/ 273
2. Major Changes in the Rural Structure　/ 278
3. The Impact of the Changing Structure of the Agricultural Labor Force on Agricultural Input　/ 288
4. Changes in Agricultural Productivity in the New Phase of Agricultural Modernization　/ 296
5. Landmark Features of the Move towards Agricultural Modernization　/ 297

CHAPTER 13   FACTOR COMBINATION AND AGRICULTURAL INDUSTRIALIZATION

1. Introduction   / 299
2. Declining Agricultural Employment Share and Agricultural Transformation: A Literature Review   / 301
3. Agricultural Industrialization Theory and Its Extension   / 305
4. Characteristics of Factor Combination in China's Agriculture Development Stages   / 317
5. Basic Conclusions and Policy Implications   / 341

CHAPTER 14   AGRICULTURAL INDUSTRIALIZATION AND SERVICE SCALE-UP

1. Returns to Scale in Agriculture: General Theory and Empirical Research   / 344
2. Agricultural Industrialization and Service Scale-Up: A Theoretical Analysis   / 353
3. Agricultural Industrialization and Implementation of Service Scale-Up: Shandong Case   / 355
4. Policy Implications   / 358

CHAPTER 15   AGRICULTURAL INDUSTRIALIZATION AND TRANSFORMATION AND UPGRADING

1. What Is Agricultural Industrialization   / 360
2. Agricultural Industrialization in Shandong Province   / 362
3. Challenges of Agricultural Industrialization in Shandong Province   / 372
4. Brief Conclusions   / 377

CHAPTER 16   AGRICULTURAL FACTOR COMBINATION AND AGRICULTURAL SUPPLY-SIDE STRUCTURAL REFORM

1. Structural Problems of China's Agricultural Supply Side and Their

Causes　/ 380
2. The International Experience of Factor Combination Upgrading and Agricultural Supply-Side Structural Reform　/ 383
3. The Practice of China's Agricultural Supply-Side Structural Reform　/ 387
4. Thoughts on the Future Agricultural Supply-Side Structural Reform　/ 390

CHAPTER 17　AGRICULTURAL TRANSFORMATION AND POLICY CHOICES

1. Key Features of China's Agricultural Transformation　/ 394
2. Major Changes in Agricultural Management Modes and Institutional Arrangement　/ 397
3. Policy Choices for Agricultural Modernization in the Transformation Period　/ 400

PART Ⅳ　RURAL REVITALIZATION AND MODERNIZATION

CHAPTER 18　MODERNIZATION GROWING OUT OF THE COUNTRYSIDE

1. An Organically Coordinated Rural Society and Its Crisis　/ 408
2. The Essence of Rural Renewal Is to Reconstruct the Rural Organic Structure　/ 412
3. The Industrialization and Urbanization Path Developed in the Countryside　/ 418
4. A Few Revealing Conclusions　/ 426

CHAPTER 19　THE EVOLUTION OF SYSTEM AND ORDER IN RURAL GOVERNANCE

1. Introduction　/ 429

2. System and Order: A Perspective on the Evolution of
   Rural Governance　/ 430
3. Institutional Legacy and Order Structures Deeply Rooted in
   Countryside　/ 433
4. The Institutional Change and Order Evolution of Rural Governance
   under Township Administration and Villager Autonomy　/ 435
5. Institutional Transformation and Reordering of Rural Governance
   Since Urban-Rural Integration　/ 441
6. Concluding Remarks　/ 451

CHAPTER 20　RECONSTRUCTION OF HUMAN, LAND AND VILLAGE SYSTEM AND RURAL REVITALIZATION

1. The 14th Five-Year Plan: Cities Return to Their Essence, and
   Villages Have Decency　/ 454
2. Reforming the Urbanization of Migrant Workers Returning to Their
   Villages　/ 460
3. Reconfiguration of Human, Land and Village System　/ 473

CHAPTER 21　A REEXAMINATION OF THE TYPICAL FACTS OF RURAL CHANGE IN EAST ASIA

1. Diversification of Farmers' Income Sources and Identity　/ 487
2. Upgrading of Agricultural Factor Combination and Increasing of
   Agricultural Remuneration　/ 494
3. Village Settlement's Changes and Expansion of Its Function　/ 506
4. Conclusions and Implications　/ 512

CHAPTER 22　IMPLEMENTATION OF RURAL REVITALIZATION STRATEGY AND SYSTEM PROVISION

1. Presentation of the Problem　/ 517
2. Current Status and Review of Domestic and Foreign Research　/ 519
3. Institutional Arrangements and Mechanisms Influencing Rural

     Revitalization　　/ 524
  4. Path to and Institutional Supply for Rural Revitalization　　/ 533

REFERENCES　/ 540

INDEX　/ 563

第一部分　城乡中国

第一章
从乡土中国到城乡中国

1978—2017年，改革开放40年，中国经济保持了9.5%的高增长，被称为"中国奇迹"；工业增加值年均增长率达10.8%，中国成为世界制造大国；城镇化率从17.92%提高到58.52%，中国成为一个城镇化进程过半的国家。从长时段看，经过改革开放洗礼的中国真正实现了一场伟大的转型，持续的经济增长（见图1-1）与结构变迁不仅带来城市的变革，更为根本的是投射到了乡村，均质化的小农已高度分化，长期依赖过密劳动投入的土地密集型农业已转向依赖资本投入的劳动集约型农业，承载乡土社会的村庄呈现分化，维系熟人社会的制度出现蜕变。乡村剧变使这个古老大国的经济和社会形态发生了根本转变。

从乡村变局观中国转型，两个维度是至为关键的：一个是农民与土地的关系；另一个是农民与村庄的关系。第一个维度是乡土中国的"根"，乡村的经济活动基本围绕农民与土地的关系展开；第二个维度是乡土中国的"魂"，乡村的基本秩序围绕农民与村庄的关系展开。在分析结构变革对乡村的影响时，本章重点考察农民与土地及村庄的黏度变化，即任何一个阶段的结构变化是否真正带来农民与土地及村庄关系的松动，以及这种松动的程度。这意味着农民是否"离土"、能否"出村"构成了乡土中国转向城乡中国的关键。以此视角来看，中国已经发生的转型是历史性的，且具有不可逆性，即中国已由过去以农为本、以土为生、以村而治、根植于土的"乡土中国"，转变为乡土变故土、告别过密化农业、乡村变故乡、城乡互动的"城乡中国"。

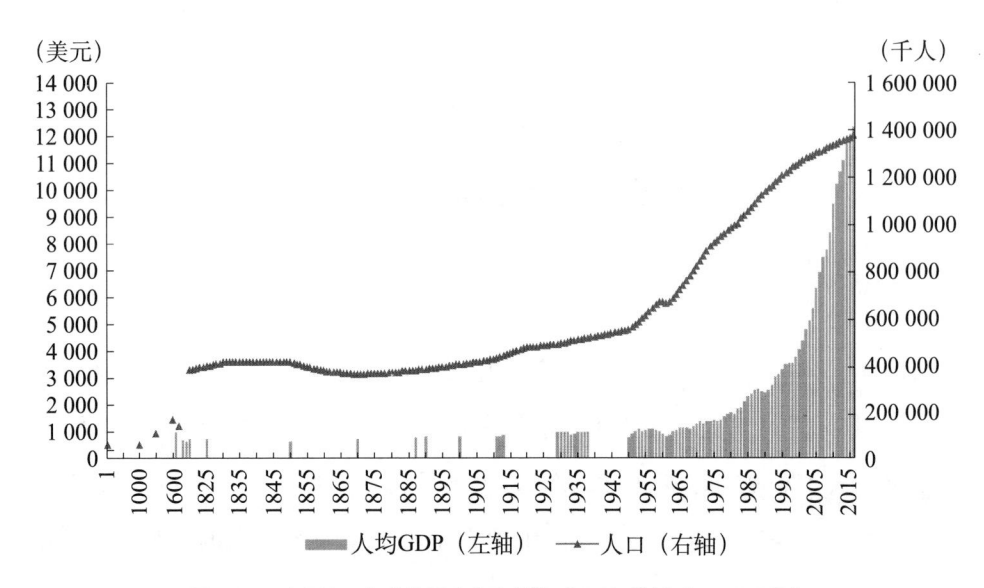

图 1-1 中国人口与人均国内生产总值（GDP）增长（1—2016 年）

资料来源：Maddison Project Database, version 2018. Inklaar R., H. de Jong, J. Bolt and J. L. van Zanden (2018). "Rebasing 'Maddison': New Income Comparisons and the Shape of Long-Run Economic Development," Maddison Project Working Paper 10.

本章旨在从历史的视角分析中国进入城乡中国的进程，围绕土地与村庄两条主线，在已有社会科学研究的基础上，归纳出乡土中国的主要特征；透过结构转变带来的人地关系与乡村制度变革，分析中国从乡土中国转型为城乡中国的阶段；基于当前变化和未来趋势给出城乡中国的主要特征。我们期待通过这一分析，探讨"城乡中国"何以能成为理解转型中国的一个重要范式，从结构形态意义上理解中国现代化进程何以须要历经乡土中国、城乡中国、城市中国三个阶段，并强调"城乡中国"——而非"城市中国"——将是中国未来一个时期的基本结构特征。这一分析背后的意义是，任何基于"乡土中国"或"城市中国"的公共政策都不利于中国的发展与转型。

一、乡土中国的基本特征

费孝通将传统中国概念化为"乡土中国",源于他的"从基层上看去,中国社会是乡土性的"这一观察,熟人社会、差序格局、礼治秩序、无讼政治等是他对这一社会形态一般化的主要概念(费孝通,1998)。但是,他没有给出一个关于乡土中国基本特征的架构。在我们看来,乡土中国的特征可以从农民与土地、农民与村庄的关系梳理出来,因为人的行为与制度规则嵌于人与土地的关系以及人与村庄的关系之中。一方面,在以农立国、结构稳态的传统中国社会,乡村的经济活动和经济制度不断强化土地产出的地权结构、以家庭为单位的小农经济、农业为主与农副业及家庭手工业为补充的农作方式等,人口和劳动力依赖于土,也牢牢地束缚于土。另一方面,传统的小规模人力农作方式、不断细碎分割的土地配置、以家户为基础的关系联结等使得村庄不仅是一个地理空间,更是一系列维系乡土社会农民与家户之间秩序的制度装置(institutional settings)。

(一)以农为本:被土地束缚的传统中国

乡土中国的根基是农本立国。农业始终在传统经济中占绝对比重。据麦迪森估算,到1890年时,农业产值占中国国内生产总值的68%以上,农业部门使用了全部劳动力的4/5(麦迪森,2008)。80%左右的耕地用来种植粮食,粮食生产一项占到经济总产值的60%(Feuerwerker,1984)。[①] 随着土地资源日益短缺的约束增强,传统农业通过经验技术的累积性改进和制度演化,实现了"长期的自我维持"。伴随8~13世纪中国经济重心的南移,粗放式旱地农业转变为精耕细作水稻农业,支撑传统农业高产的诸主要因素得以奠定,

---

① Feuerwerker(1984)还估计,中国农业产量的剩余约占总量的25%,这部分剩余支撑了中国20%的非农人口。

包括：以作物选种、有机肥料和水利灌溉为主的"精耕细作"农业技术；依靠大量而密集的劳动力投入以提高单位土地生产率；对可耕种土地资源接近于极限的开垦、利用和改造；等等（Ho，Ping-ti，1959）。① 传统中国的农业不仅支撑了 15 世纪以后 400 年间的人口增长，也使得人均生活水平直到 19 世纪中叶以前都维持在稳定的水平，并接近世界平均水平（麦迪森，2008；诺顿，2010）。②

"从土里长出过光荣的历史，自然也会受到土的束缚"（费孝通，1998）。悠久的农业文明滋养和催生了如此庞大的人口，也使以农为本的帝国秩序得以维系并强化。尽管中国明清 6 个世纪间的土地生产率不断提高（其间粮食产量的增长有一半归于土地单产的提高），但劳动生产率却不断下降，陷入所谓的"高水平均衡"（Perkins，1969）。由于无法通过增加单位劳动的资本投入实现劳动生产率的提高，中国的前现代增长实质上成为一种"没有发展的增长"（黄宗智，2000）。

来自土的束缚还造成一种无法从土中挣脱的结构。就城乡关系而言，传统中国社会中的城市最主要的职能是行政与军事，所要管理的包括广大农村社会，所要预防的恰恰是有可能从中孕育出来的农民抗争。城市拥有的商业功能主要是基于农村一层层向上集聚而成的中心市场。传统城市的城内以及周边由居民耕种的农田与菜园包围，很多城市居民本身就是在农村地区拥有

---

① 何炳棣（Ping-ti Ho）认为，尽管中国农业的土地生产力上升伴随着劳动生产率的逐渐下降，但中国农业可以实现"长期自我维持"是与接受和适应技术变化有关的。帕金斯（Perkins）虽然也通过对 600 年间中国农业产量和土地生产率的评估得到类似结论，即中国传统农业在应对巨大的人口增长的同时成功维持了生活水准，但他认为明清时期处于技术停滞期，并没有将多季作物、新品种或有机肥投入增加等农业进步看作技术变革。麦迪森对此批评认为，帕金斯对技术变革的理解过窄，理由是绝大多数技术变革基于的是现有知识以及对最佳实践的广泛传播，从这个意义上说，如果平均技术水平得到改进，知识也得到吸收和消化，则这种长期的技术吸收和消化过程应被视为技术进步。

② 麦迪森还指出，得益于发达的农业，中国在 15 世纪以前的若干世纪中始终保持着人均收入的世界领先："在技术水平、对自然资源的开发利用上，以及对辽阔疆域的管理能力上，中国都超过了欧洲"；而到 1820 年时，估计中国的国内生产总值占当时全世界的 1/3。

土地的城居地主,他们并没有真正离土而居,依旧处于与乡村社会类似的宗族与村落组织网络之中(施坚雅,2000)。换言之,传统中国的城市并没有发展出一套独立于农业文明的"城市文明",依然是乡土中国的组成部分。

(二)以地为生:小农经济与土地制度支撑的前现代增长

传统中国何以养活如此巨量的人口并使帝国秩序得以长期维持?在农业技术仅仅依赖经验,并未发生显著进步的情况下,农业经营制度和土地制度可能是最重要的解释变量。

1. 小农经济的超强韧性与生命力

具体而言,一是"家本位"。尽管学者对"小农经济"的界定莫衷一是,但一个共识是,小农经济以家庭为基本单位,一个小农家庭构成一个相对完整和独立的生产、投资和决策单位。"家本位"既体现于经济活动,也深植于社会结构和文化价值。作为一个"扩大的家庭"(expand family)的成员,他们占有共同财产,有共同的收支预算,通过劳动分工过着共同的生活,也在其中完成对新生成员的生养,以及对财物、知识及社会地位的继承等(费孝通,2002)。家庭制度的这些特性使其有效地承担起农业经济活动的生产、组织、分工与合作。

二是小农经营。随着人地关系日趋紧张,小块土地的自耕和租佃成为主导的农业经营方式(赵冈,2003)。[①] 经营地主的经营范围始终被限制在较小的规模内,一旦超出一定的经营规模,监督成本就会迅速上升,地主就会倾向于采取土地租赁而非雇佣劳动经营方式,并由此出现"小家庭农场对大规模(资本主义)耕作的排斥"(黄宗智,2000a,2000b,2010)。

三是农工互补。在传统的乡村生活中,乡土工业一直作为农业的兼业和

---

① 通过对北宋到民国时期地权分配的基尼系数分析,赵冈发现,在可得到资料的多数年份,地权分配的基尼系数都小于0.6,由此他认为,"中国历史上不是一个分配过度不均的国度,中国社会的大问题不是'患不均'而是严重'患寡'"(赵冈,2003)。

补充（许倬云，1998）。麦迪森估算，在整个19世纪，至少有1/4的GDP来自传统手工业、运输业、贸易业、建筑业和房地产业，其中大多数在农村地区进行（麦迪森，2008）。剩余劳动力通过从事乡土工业，与农业配合并与其分享劳动力资源。家庭手工业使那些土地不足的农家得以靠手工业所得的额外收入生存。"农业技术、劳动力需求、人口数量、耕地面积、乡土工业、地租多少和地主权利等形成有机的配合，只要这种配合使人们过上'不饥不寒'的生活，传统的中国社会就能维持"（费孝通，2011）。

家本位与农家经济手工业化，既是对沉重的人口/土地压力的反应，也是避免生存陷阱的经济活动安排。人口/土地压力的化解一方面使农业体系内部的结构更趋单一，比如种植业因其单位土地产出能够供养更多人口、同时吸纳更多的劳动力而排挤掉了畜牧业，另一方面也形成了越来越依赖于家庭手工业来吸纳农业内部的"隐形失业"的情况。这种不断内卷化的、农业和手工业紧密互赖的模式"有如两柄拐杖那样同时支撑一个农家的生计"（黄宗智，2014）。

2. 界定产权且可实施的地权结构

与小农经济相比，土地制度对传统中国农业经济的作用争议较少，但值得强调。传统农业能够支撑整个帝国食物的供给和人口不断增长，是先进的小农经济经营方式与土地制度、发达的土地市场共同作用的结果。

一是土地私有产权促进了土地的有效利用与配置。中国在战国时期就已承认人民拥有私田，允许自由买卖，从而成为世界上最早出现土地私有制的国家。自秦汉经魏晋南北朝至唐代中叶，土地制度呈现土地国有和私有并存的格局。自唐代中叶经过宋元至明代中叶，土地制度进入国家限制松弛下的地主土地所有制发展时期。自明代中叶至鸦片战争前的清代前期，土地制度进入地主土地所有制充分发展时期（方行，2000）。传统中国在土地制度上的基础性安排有利于农业的发展。

二是国家正式制度对土地产权的保障。中国是世界上最早进行土地登记和依法保护产权的国家,在西周青铜器彝器铭文中,就有土田的数字可稽;春秋中叶以后,鲁、楚、郑三国先后进行过田赋和土地调查;唐中叶尤其是宋代以后,地籍逐渐取得与户籍平行的地位;明代中叶以后,我国进行了全国统一的土地彻底清丈,鱼鳞图册成为征派赋役和地籍管理的主要依据(梁方仲,2008)。土地的登记与调查具有保障帝国收入的目的,同时也起到了保护产权的效果。

三是耕作权为大的产权结构。在土地资源相对稀缺和家庭作为主要农作经营主体的前提下,耕作权的保障与实施至关重要。乡土中国发达的土地市场孕育了产权交易的多种形式,比如"永佃制"以及田底-田面权基础上的"一田两主""一田三主"等。同时,在合约实施方面,这套产权结构还受到正式权力以及非正式规则的约束和保护。在保障私权的前提下,以田面权为中心的地权结构事实上奠定了小农经营稳定可预期的制度基础(傅衣凌,1961;梁治平,1996;赵冈,2005;吴涛、葛剑雄,2004;戴建国,2011)。

(三)以村而治:维系乡土秩序的村庄制度

在乡土中国,村庄无论从其地理空间、社会关系还是组织规则而言,都是无法忽视的基础性社会建制。村庄研究的"共同体"传统将村庄理解为"接受和认同共同价值传统和行为准则的文化共同体"(王曙光,2007)。这一视角的村庄研究认为,文化作为社会、经济活动的"深层脉络和意义结构",决定了表层的规则和运作方式。我们将村庄作为一种制度装置来理解,视其为维系村庄秩序的各种制度、规则与关系的总和。

村庄何以作为一种聚落存在?费孝通曾指出其中两个重要的原因,即亲属的联系与互相保护的需要。"农业社区很容易遭到侵略,农民获得安全的最佳方式是将他们的家庭集中起来,在一个地方从事生产工作,这样更容易保护,周围可以围上墙。这种农户的聚居点我们称作'村'"(费孝通,2011)。

除此之外，村落还与"过密化"的小农经济模式相关，农业投入以人力和耕畜为主，这就造成较小的耕作-住宅半径，村庄也有利于农家之间经济活动的合作和各种关系与交往的长期平衡。

村庄在乡土中国承担着重要的功能。萧公权曾将其活动归纳为以下几个方面：（1）宗教活动，如修建庙宇，举办各类仪式、庆典等，以满足村庄的部分宗教需求；（2）经济活动，如修建桥梁、道路、渡船、茶亭等基础设施，与水利、灌溉和防洪相关的各类事务，村民共同守望庄稼，以防盗窃或牲畜毁坏的活动，以及防止税吏敲诈勒索而在村内设置的自我保护类措施等；（3）与维护地方秩序和道德相关的活动，包括调解和仲裁地方争端，由士绅与平民共同制定并执行"乡规"等；（4）地方防卫活动（萧公权，2014）。

村庄制度事实上奠定了乡土社会的一整套规则、价值乃至公私秩序的基础。

首先，村庄在地理空间与社会文化上的双重性，使其在清晰和稳定的地理或地域内形成经济活动和社会交往的封闭性和独立性，且作为独立的文化单元和社会单元而存在。富于"地域性"使村庄演化出一系列独特的个性，如"生于斯、长于斯"；基于血缘关系的家族制度和投射于地缘关系联结的身份社会成为其基底；陌生人难以进入；等等。同时，村庄内部又带有某种程度的"共同体"色彩，形成一套内部共享的交往规则、价值体系和文化传统等，嵌入于费孝通所谓的"熟人社会"。

其次，差序格局下的合作困境。中国的乡土社会是一种"差序格局"，己/我/我们的边界极富弹性。关系的起点是几乎拥有无限边界弹性的"私"，"家本位"使其推演延伸。村庄制度则在某种意义上承担着超越差序格局、解决公私关系与合作的功能。

费孝通、萧公权等关注了村庄合作的困境。他们注意到，村庄要达成各类活动，必须以建立"领导层"和"支配"为前提——不同类型的"村庄领袖"是形成合作规则的枢纽。对于村庄事务,他们享有实际的话事权。在"家本位"支配的乡土社会中,宗族、家族通常拥有不同程度的影响力。萧公权认为,村庄与宗族并不相同:一般情况下,村庄超越宗族的利益与控制——由几个重要宗族的族长之间协作、咨商以实现对村庄规则与秩序的控制和维护。村庄由作为"非正式的村庄领袖"的乡绅阶层与经由官方程序任命的各类"正式的村庄领袖"共同领导(萧公权,2014)。①

最后,礼治秩序与乡村治理。乡村里的"尊尊"与"亲亲"对应于"双轨政治"中的皇权与绅权。当皇权下伸基层之时,双轨政治中的绅权会在村庄寻求直接的代理人以代表村庄社区的利益,与皇权下伸的代理人接洽。在微观层面的村庄治理中,村庄的两类领袖间存在精妙的关系,正式领袖"在自己村庄和地方政府之间扮演行政上的桥梁",或充当"政府在基层行政组织的代理人"角色;非正式乡村领袖虽然处在幕后,但其地位非常重要,"一般说来,非正式领袖比起地位或多或少要依靠政府支持的正式领袖,得到乡邻更多的信任,也受到地方官更礼貌的对待。从某种意义上来说,他们是村庄自己的领袖,对公共事务的影响,比经过正式程序产生的头人要来得大"(萧公权,2014)。②

---

① 萧公权还将杨懋春所提到的正式村庄领袖一般所担当的"社长""庄长""乡约""地保"四类职务分别解释为"乡村地区头人""村长""收税员""警察",并认为后两类是乡约宣讲制度和保甲制度的残留。

② 萧公权还引述杨懋春观点,即认为"业余领袖与正式领袖之间的关系,毫无疑问是上级-下级(superordinate-subordinate)关系……在公共事务中,正式领袖做实际工作,而业余领袖则指导他们……习惯上,县长或其秘书对乡绅、村塾教师和大家族族长(非正式村庄领袖)很尊敬,对正式领袖却摆出上司架子。"实际上,费孝通在《中国士绅:城乡关系论集》第四章中也对此有生动的描述,他说:"如果县政府的命令下达到每个家庭,那才真正意味着县是一个基本的行政单位。但事实并非如此。县的命令并不直接到达各家各户,而是发到地方的自治团体(在云南被称为是'公家'的那一类组织)。我称这一组织为'自治团体',因为它是由当地人民组织以管理小区公共事务,如水利、自卫、调解、互助、娱乐、宗教等。在中国,这些是地方的公务,在依旧活着的传统里,它们并非政府的事务,而是以受到良好教育、较为富裕家庭的家长为首,由地方小区来管理的。像灌溉这样的事务,可能由没有学问的人来负责,但有学问的人通常在做决定方面有更高的声望。"

（四）根植于土：历史积淀的文化伦理

在乡土中国，以农立国的理念所导致的结构松动受阻、人地关系紧张所形成和强化的家本位小农经济、以地为生的地权结构和以村而治的乡村治理，共同造就了一种"人不离土"的经济形态以及与之相对应的特定文化与价值观念。"名誉、抱负、热忱、社会上的赞扬，全都和土地联系了起来，村民根据个人是否在土地上辛勤劳动来判断他的好坏。这种激励劳动的因素比害怕挨饿还要深"（费孝通，2011）。传统小农对于家族声望和个人声誉总是"极端珍视"，历代积累的家族声望也会有利于小农在乡土社会的交易和在其中更好地生存（王曙光，2017）。①

土地的功能在乡土社会非常复杂，它不仅意味着安全感与特殊情感的寄托，不能够轻易断卖土地也是共识；"土地不仅在一般意义上对人们有特殊的价值，并且在一家所继承的财产中有其特殊价值"（费孝通，2009）。土地的各种非经济价值带来土地交易的复杂化，除了真正压力很大的情况，农民不轻易转让土地，惯例上的土地交易总是以本乡族、本宗族内的成员优先。由于土地利润往往低于借贷，传统农村土地买卖的市场不大。乡土社会强调"落脚于土"与"叶落归根"。个人生命之树枝叶繁茂与否，有赖于根。对个体来说，这根便是他从小获得生长和教养的社会。对落脚于土的重视又强化了"安土重迁"的观念，使乡村的人往往不轻易离开乡土或"故土"，即便离开了，也通常努力希求归来。这种因不流动而生发的精神气质，被费孝通形象地称为"土气"。"人不离土"的观念进一步生发为"由土中来、归于土中去""落叶归根"的信仰与价值观念。正如费孝通所言，"人和土地在乡土社会中有着强烈的情感联系，即一种桑梓情谊"；"正是这种人地关系的力量支

---

① 实际上，除了上文所提到的，王曙光还指出，传统农民的行为方式也包括以亲缘关系为纽带的社会网络、基于个体分散决策的日常投资与生产方式、缺乏社会保障下的风险规避行为模式，以及以家庭为基本组织单位，并对商业化市场运作机制存在排斥，等等。

撑着这历久未衰的中国文化"（费孝通，2011）。如果将费孝通的观点再向外推一层，或许也正是这种强调循环往复、落叶归根的观念，某种程度上形塑了传统地方社会的政治秩序与治理形态，因为后者正是以那些由"庙堂"而归隐"故乡"的士绅阶层为核心和枢纽的。在历史的长河中，乡土中国的人与土之间紧密相连又无法从土中挣脱的特征，不仅体现在经济上，也植根于政治、社会与文化之中。

二、结构变革下的乡村转型：从乡土中国到城乡中国

自近代以来，中国开始由传统的农业国向现代意义上的工业化国家转型（见图1-2）。百余年间，中国先后历经了近代工业化、国家工业化、乡村工业化以及参与全球化的沿海为主的工业化阶段。由于工业化与城镇化在各个阶段的推进方式不同，长期被缚于土的乡土中国农民也历经了计划国家工业化时期的"绑缚"于土、乡村工业化时期的"粘连"于土、沿海工业化初期进城又返乡的农一代的"依恋"于土，进而到农二代时期的离土、进城、不回村、"乡土"成"故土"的新阶段。由农一代到农二代的这场代际革命，标志着中国开始由延续数千年的"乡土中国"形态向现代意义的"城乡中国"形态的历史性转变。工业化与城镇化进程在不断扩展农民向城市自由流动空间的同时，也使得传统的村庄制度发生转型。随着不同代际的农民离土出村，不仅村庄功能及其在国家工业化阶段所强化构建的"集体"等制度安排发生蜕变，而且传统村庄的非正式制度也在农民异质化中迈向其现代转型，进入"城乡中国"阶段的村庄开始出现大规模的分化加剧、衰而未亡与复活并存的格局。

（一）近代工业化：无关乡土的结构萌芽期

近代中国的工业化是在中西交冲、内忧外患的阵痛之中开启的，先后经历了晚清政府主导的国家现代化阶段（1861—1890年）和国民政府治下的"南京十年"工业化阶段（1927—1937年）。以洋务运动为代表，晚清工业化

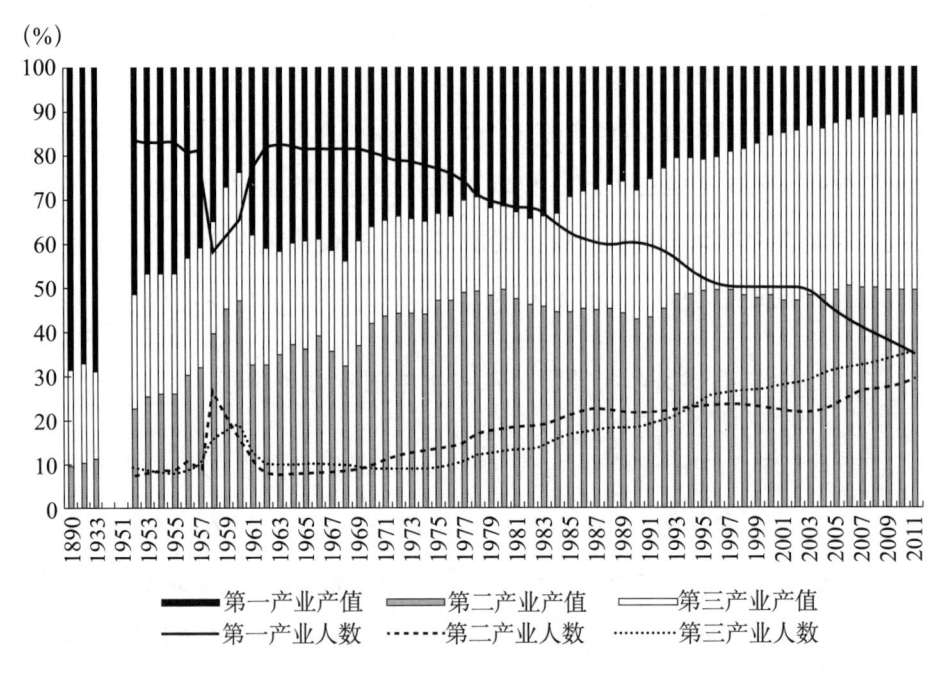

图 1-2　中国近代以来的结构变革进程（1890—2011 年）

资料来源：The GGDC 10-Sector Database；Timmer, M. P., de Vries, G. J., & de Vries, K. (2015). "Patterns of Structural Change in Developing Countries," In J. Weiss & M. Tribe (2016), *Routledge Handbook of Industry and Development*, Routledge 65-83；此外，1890 年、1913 年、1933 年数据来自麦迪森（2008）《中国经济的长期表现：公元 960—2030 年》附录 C.1 (p.167)。

的工业企业或资本均以国家为主导，以买办官僚资本和部分外资为补充，民营、民用与民间参与极为有限。由于整个国家政治、经济与社会各方面的准备不足，加上晚清政府的国家能力缺乏，这场以国家资本开启现代化的尝试以失败告终（虞和平，2001）。到 1890 年时，中国的现代制造业与运输业仅占当年 GDP 的 0.5%，19 世纪末整个中国城市人口的比重与 1820 年相比亦变化不大，广大内陆地区的农民依然从事着几个世纪以来的糊口农业（麦迪森，2008）。

近代工业化真正开端于 1890—1933 年间，最明显的是在国民政府治下环境相对和平的"南京十年"（1927—1937 年），政府开始为经济发展构建制度框架，根据资源清单规划国家发展计划，并尝试增加教育和农业技术推广服务等方面的投入,为经济发展打基础(诺顿,2010)。1912—1936年间,工业发展速度加快,现代工厂生产以每年8%~9%的速度增长,到1933年时,现代工厂生产占到GDP的2%左右,雇用工人近百万人(Chang,1969)。经济结构也开始变化,以制造业、矿业、电力、运输和通信业为主的现代产业部门从1890年占GDP的0.7%上升到1933年的5.3%。①

对于如何评估近代工业化对传统经济与乡村地区的影响,因缺乏系统性的经验证据而难以下定论。西方学者基于近代沿海等区域农作物商品化和部分传统手工业部门的相关研究,倾向于肯定近代商业化与现代工业发展对传统部门和乡村带来了积极影响(Rawski,1989;Brant,1989;Myers,1991)。②与之相对的中国学者则不约而同地强调,在西方冲击与本国工业化发展严重不足的情形下,商业化与工业发展导致了近代中国的乡村陷入更严重的"内卷化"陷阱,乡土社会的分化与不平等加剧,进而影响到乡村治理并威胁政治社会秩序(费孝通,1993;费孝通,2002;梁漱溟,2011;毛泽东,1991;薛暮桥,1980;杜赞奇,2003;折晓叶、艾云,2014)。回溯来看,由于近代中国的工业化和农业现代化程度都太过有限,小农经济基础上的乡土中国不仅没有受到撼动,反而在内外交困中陷入无序。

(二)国家工业化:农民绑缚于土的结构转变

中华人民共和国成立不久,中国共产党开启了以实现工业化为核心的现代化进程,并选择了重工业优先的发展战略。由于重工业的资本密集型特征,国家不得不施行以"扭曲产品和生产要素价格的宏观政策环境,高度集中的资源计划配置制度,毫无独立自主权的微观经营机制"为特征的三位一体模

---

① 实际上,到1952年时,现代产业部门占GDP的比重已上升到10.4%。参见麦迪森《中国经济的长期表现:公元960—2030年》第46页。

② 学者荷尼夫(Niv Horesh)曾对围绕这一时期经济增长的不同观点做了较详细的学术回顾,参见荷尼夫(2010)。

式，人为压低重工业发展的各项成本，降低重工业资本形成的门槛（林毅夫等，1995）。农业充当了为工业化提供原始积累的角色，通过提供低价农产品以保障城市的低价食品供应、低工资和低成本。

这一时期的结构转变主要依靠三项制度的支撑，即农产品的统购统销，集体化与人民公社制度，城乡二元户籍制度。首先，农产品的统购统销使国家垄断了粮食贸易和其他绝大多数农产品，农业领域政府计划全面取代了市场和价格体系的作用，国家实行对农产品生产、销售和流通的全面控制。在1962—1978年间，粮食价格几乎维持不变，17年间只调整过3次，总体提高幅度不足20%（高小蒙、向宁，1992；黄季焜，2010）。其次，农业集体化与人民公社制度的建立，实现了农村土地私有制向公有制的转变，通过集体化最大限度地动员农村劳动力投入一系列劳动密集型项目，广泛利用各类传统技术与投入，提高农作物单产。但是这一制度也带来了难以克服的生产中的监督成本、管理中的委托代理、分配上的激励不足等问题，导致农业系统的低效率或无效率（Kung, 1993; Kung, 1994; Lin, 1992; Lin, 1994; Wen, 1993）。1976年每个集体出工日的产值相比1965年实际下降了20%，这一时期农业生产效率不增反降（Perkins and Yusuf, 1984）。最后，1956年以后，我国逐步建立起了限制人口流动与迁徙的城乡二元户籍制度。除了极少数例外，农民几乎不可能改变基于身份制的农业户口。户籍制及长期附着其上的数十项制度（如粮油供应、劳动就业、医疗保健、教育、社会福利等），限制了乡村居民的流动与迁徙自由，造就了影响深远的城乡二元隔绝体制（王海光，2003；王海光，2011）。

这一阶段的国家工业化推动了经济结构的转变，建立起了一个较为完整的现代工业体系。1952—1978年间，中国的GDP增长了两倍，工业产出年均增长率为11.5%，工业产出占GDP份额由18%上升到44%（诺顿，2010）。但是，农业部门的绩效却截然不同。1952—1978年间，农业劳动力占总劳动力的比例仅下降了10%左右，到1978年改革以前，这一比例仍在70%以上。1957—1978年间，农业劳动生产率以每年0.2%的速度负增长，全要素生产率（TFP）也处于下降中（麦迪森，2008）。在制度无效的情况下，国家工业化时期的农业发展主要依靠不断提高集体土地上的农民劳动的"过密化"投入，以及20世纪60年代以后农业技术进步和现代要素的投入，以维持农业为国民消费和国家工业化提供剩余的能力。乡村的人地比率以及传统农业所面临的"内卷化"在这一时期不仅未得到改善，反而更为恶化。

农民与村庄的关系在这一时期出现"改天换地"的转变。1949年以后，随着国家权力全面渗透乡村，通过土改、集体化等一系列政治运动，传统乡村社会的秩序和治理结构被重构，村干部取代传统的士绅阶层成为乡村领导者（Shue，1980；李康，2001；黄宗智，2003；卢晖临，2003）。土地改革以重分土地的方式废除了地主所有制，也重构了乡村的治理秩序和制度规范；合作化运动使乡村土地产权由私向公转变，也使合作名义的强制性集体组织在乡村建立；人民公社制度完成了乡村"三级所有、队为基础"的集体产权制度建构，也实现了国家对乡村主导权的制度化。国家在集体化时期事实上成为经济要素第一位的决策者、支配者和受益者，依靠国家权力建构的"集体"组织承担着贯彻和执行国家意志的功能，成为一个担负基本经济职能和一定政治控制功能的地方组织。

当然，农村尽管进行了如此强大的集体化再造，但并未彻底解构传统村庄制度，乡村里的组织、管理、协调、合作等实际还依赖于此。这一时期的乡村治理本质上是一个"传统村庄＋集体"的结合体。由于集体化时期的乡村社会依然是相对封闭的社会，个体在特定语境中非常介意自己的地位与处境，权力并不只是有形的、自上而下的，一些老人、能人也掌握话语力量（李怀印，2010）。集体化制度下的村庄在很大程度上依旧延续了传统社会的制度文化规范，正式权力/精英与非正式权力/精英合作等模式基本延续了传统乡土社会的规范与秩序形态。

总的来看，在国家工业化时期，人民公社制度与户籍制度作为维系城乡二元结构的两项关键制度，结合集体化村庄制度，将农民牢牢"绑缚"于集体土地之上，限制其在城乡之间的自由流动和迁徙，剥夺了农民参与工业化的机会。割裂的城乡二元结构也造成中国的城镇化严重滞后于工业化，使得这一时期的城乡关系深陷牺牲乡村、发展城市和工业的困境（周一星、曹广忠，1999）。国家工业化时期虽然有结构转变，但整个中国并未真正摆脱费孝通意义上的"乡土中国"，它作为现代中国的第一个结构转变阶段，仍然是一个"不松动乡土的结构转变"。

（三）乡村工业化：农民的自主参与与分业不离土

1978年改革开放以后，乡镇企业异军突起，中国进入乡村工业化阶段。这一时期的结构转变得益于改革对乡村经济权利的开放。一方面是以土地制度为核心的改革。在农地制度方面，由集体化时期的集体所有、集体耕种，转向集体所有、农户耕种，即所谓"双层经营体制"；产权制度与生产组织方式的变革带来制度效率的释放，使改革开放初期到20世纪80年代中期的农业生产出现超常规增长。在非农用地方面，这一时期国家采取"三允许"政策，即允许农民在集体土地上办企业、允许农民利用自己的土地建城镇，以及允许农民的集体土地能直接进入市场，为乡村工业化提供制度保障（刘守英，2018）。另一方面是鼓励农民进行农业内部结构调整、发展农村商品经济、兴办乡镇企业，增大农村发展空间，解决农村剩余劳动力转移出路。

在乡镇企业发展的"黄金时期"（1978—1996年），乡镇工业增加值由占GDP不到6%增长到占GDP的26%，乡镇企业雇员人数从2 827万迅速增加到1996年的1.35亿，年均增长率达到9%。[①] 乡镇企业发展不仅增加了农民收入，缩小了这时期的城乡差距，也通过其与国有工业企业的竞争，推动了

---

① 中华人民共和国国家统计局：《中国统计年鉴2003》，中国统计出版社，2003。

整个经济的市场化进程。乡镇企业最重要的意义是使农民得以参与结构转变、参与工业化，不再像前一时期那样被排除在工业化进程之外。

不过，乡村工业化时期的结构转变仍存在明显的局限性。费孝通曾将乡镇企业发展概念化为"离土不离乡"（费孝通，1999）。但严格来讲，"不离乡"是准确的，"离土"则值得商榷。一方面，如果"土"指的是本乡或本土，那么乡镇企业几乎都是在本乡本土，不存在"离土"；另一方面，如果"离土"意味着"离农"，从相关经验数据来看，并不能充分支持乡村工业化时期农民与土地的关系已出现变革——尽管这一时期农业就业份额在逐年下降、非农就业比重有所增加，但同时期中国从事农业劳动力的绝对总量不但没有减少，反而在增长。在乡村工业化启动10年之后，中国农村从事农林牧渔业的总人数从1980年的2.98亿增加到3.24亿。乡村的劳均耕地非但没有增加，反而减少了。① 换言之，"本乡本土型"的乡村工业化和农村剩余劳动力就地转移模式并未对人地关系的紧张有实质性缓解。乡村工业化时期的农业劳动力有1/3～1/2处于隐性失业状态，农业依然面临"过密化"问题（黄宗智，2010）。

从根本上讲，在这一时期的乡村发展中，农民未能真正地"离土"，反而深刻依托于农村土地之上，乡镇企业更多地延续了传统经济中"分工""分业"的传统。乡村工业化的基本特征是"分业不离土"，即农民在本乡本土搞工业化，没有真正脱离"乡土中国"。② 受到乡村工业化吸纳劳动力等方面的

---

① 中华人民共和国国家统计局：《中国统计年鉴2004》，中国统计出版社，2004。
② 一直以来，对于费孝通先生提出的"离土不离乡"，学术界和政策研究界存在一定争论。比如学者秦晖就曾提出，"离土不离乡"的本质既不是空间地理意义上的聚落问题，也不是职业意义上的非农化或"以工补农""工农兼业"的问题，更不能纯粹化为文化意义上的生活方式问题，而应该理解为一个与城乡二元体系和户口制度紧密相连的"等级身份制问题"，正因为户口二元划分与世袭身份等级制有诸多类似之处，乡镇企业在这个意义上也可以理解为一种身份制框架与农民非农化相结合的特定产物。他还指出，"其他国家也有身居乡村聚落而从事非农业者，也有兼业农户，也有离农改业却保持了乡村文化传统的人们——但它们没有'离土不离乡'者。因为它们没有把人们分为与生俱来的'农业人口'与'非农业人口'两个准世袭的身份等级。在它们那里，'农民'只是一种职业，改了业便不再是'农民'；而在我国，'农民'不但是一种职业，而且更重要的是一种准世袭身份，因而才可能有'离'了农民职业却'不离'农民身份的问题。"至于乡镇企业，他指出，"没有身份制，无论什么'文化'也不可能孕育出个'乡镇企业'来，而只要有身份制与农民改业这两条，任何民族都会产生'乡镇企业'现象"（秦晖，1994）。

结构性制约，这一时期的农业发展走的是"家庭式小农经营＋现代要素投入＋非农产业兼业"的混合模式，也不能认为突破了传统意义上的"家庭式小农经营"。如果就农民与土地的关系成色或曰"黏度"而言，在"分业（工）不离土"的乡村工业化阶段，农民与土地的关系尽管有所松动，但农民仍粘连于土地，这个阶段依然没有脱离费孝通意义上的"乡土中国"。

就农民与村庄的关系论，这一时期最突出的变化是家庭经营的复归和人民公社制度的解体，村一级经济功能在大多数村庄退出，代之以党支部和村委会的政权与行政功能。1987年，我国通过和颁布了《中华人民共和国村民委员会组织法（试行）》，在乡村实行村民自治（于建嵘，2001）。在非正式制度方面，1978年改革开放之后，宗族组织在全国各地快速复兴，一系列在集体化时期被禁止的活动，如祭祖、年会、修缮祠堂、编修族谱等开始回归乃至复兴（王沪宁，1991；庄孔韶，2000；肖唐镖，2001；冯尔康，2005；孙秀林，2011）。随着20世纪90年代以后农村地区村民自治的发展，农村基层组织与宗族组织之间出现互动（李连江、熊景明，1998；肖唐镖，2003）。在执行上级政府各项工作的村委会以及党支部的运作之外，村庄的宗族掌管着一定的公共财产，并承担了不同的宗教类、礼仪文化类、经济资产管理类以及道德规范类活动，不少村庄出现了庙会、老年协会、"修桥"与"修路"委员会等等大量的民间组织（郑一平，1997；张厚安等，2000；俞可平等，2002；王淑娜、姚洋，2007；Tsai，2007a，2007b）。总体而言，这一阶段的村庄制度更多表现为，在集体力量渐趋弱化与瓦解的情况下，传统村庄制度与规则续存并部分转向复兴。

（四）沿海工业化：农一代的离土出村与回村返农

20世纪90年代中期以后，中国的工业化和城镇化发生历史性跃迁。乡镇企业因体制缺陷和政策环境变化陷入困境，外资企业开始在中国迅速扩张，随着沿海地区和城市权利的逐渐开放，民营经济飞速发展，形成多种所有制共同发展格局,引爆中国经济总量大幅扩增和国民经济结构深刻变革。

对于这一阶段工业化、城镇化的加速,土地制度安排起了重要作用。1998年《中华人民共和国土地管理法》修订,一方面,实行土地所有权与使用权分离,允许土地有偿使用和依法转让,各种所有制企业获得相对完整的土地使用权;另一方面,农地转非农建设用地一律实行征地,政府垄断土地一级市场,获得独家控制土地供应权力,农民集体土地上的乡村工业化道路基本被封死。地方政府在财政与税收激励下,利用配置土地的垄断权,低价甚至零成本、负成本供应土地,大规模推行园区工业化。得益于沿海开放战略、区域差异性体制环境,沿海地区率先崛起,形成以珠三角、长三角、环渤海区域为代表的出口导向工业带,中西部地区的内地工业化走向衰败,由此带来农村劳动力迁移模式的重大改变,内地农民开始大规模跨省份、跨地区流动,进入沿海地区打工(刘守英,2017)。

与前一时期的乡村工业化相比,沿海工业化阶段的农民开始真正离土出村,城乡之间的大门被撞开。根据2000年和2010年两次人口普查数据,中国的总流动人口在2000年前后达1.43亿人,其中跨省份流动人口4 242万人,从乡村流出人口8 840万人,占总流动人口的62%。[1] 到2010年前后,中国总迁移人口已达26 139万人,流动人口总数超过2.2亿人。[2] 根据农业普查以及历年农民工监测报告相关数据,1996—2010年,跨省份流动农民工从2 330.9万人增加到7 717万人,占外出农民工的比重从32.5%提高到

---

[1] 参见国家统计局2000年人口普查数据表7-3。全国流动人口按全国按现住地、户口登记地类型分的人口合计项计算,其中按现住地在户口登记地省外一项计算为跨省份流动人口,按现住地为本省份其他县(市)、市区以及本县(市)、市区内其他镇、街道人数合计计算为乡村流出人口总数。

[2] 参见国家统计局发布的《2010年第六次全国人口普查主要数据公报(第1号)》,原文是:"大陆31个省、自治区、直辖市的人口中,居住地与户口登记地所在的乡镇街道不一致且离开户口登记地半年以上的人口为261 386 075人,其中市辖区内人户分离的人口为39 959 423人,不包括市辖区内人户分离的人口为221 426 652人。同2000年第五次全国人口普查相比,居住地与户口登记地所在的乡镇街道不一致且离开户口登记地半年以上的人口增加116 995 327人,增长81.03%。"

50.3%。中西部地区成为支撑出口导向工业化的廉价劳动力输出基地，中部地区跨省份流动农民工所占比重高达 69.1%，西部地区跨省份流动农民工占 56.9%。①

但是，农一代的跨区域流动不是向融入城市的市民化方向发展，而是形成了数量庞大的"两栖人口"或所谓的"候鸟式迁移"，他们季节性往返于东部地区和内地农村之间（Zhao，1999；Zhao，2000；Mullan et al.，2011；Zhao et al.，2018）。自 20 世纪 90 年代末开始迁移的农一代，在外经历了二十多年的艰苦打拼和漂泊之后，最终的命运归宿是"返乡"和"回村"。造成这一结局的主要原因是农民落脚城市的公共政策缺位与制度性歧视，进城农民工很难获取城市住房（包括租房）、子女教育、社会保障等各方面的公平对待（吴维平、王汉生，2002）。与许多发展中国家来到城市的第一代迁移者情况类似，中国的农一代很少有长期留在城市的期望，他们通常忍受更长的工作时间和相对艰苦的居住条件等，以便在尽可能短的时间积累更多的资金，攒足回家过日子的费用。很多流动人口选择居住在城中村或城乡接合部等成本低廉的城市社会边缘区域那些条件较差、违章搭建的房屋里。第二个原因则是农一代与农业、土地和村庄的关联。这批出村进城的农民原本就是务农者，具有丰富的农业经验，即便出外打工以后也季节性地回村种地；他们对土地有割舍不掉的感情，他们经历过集体化土地回归家户的喜悦，深切理解土地之于自己和家庭与子孙的意义，他们不会轻易失去承包地；村庄从来都是他们的归宿，在外打工挣得的收入主要带回来盖房。

这一阶段农民与村庄的关系在正式制度安排上出现显著变化。2000 年以

---

① 其中 1996 年数据根据《中国第一次农业普查资料综合提要》（全国农业普查办公室，中国统计出版社，1998 年）中 "1996 年中国第一次农业普查分省份农村住户从业人员的主要从业地区"的全国数据计算得出。2010 年数据来自《2010 年农民工监测报告》，载《2011 中国发展报告》（中华人民共和国国家统计局，中国统计出版社，2011 年）第 99—105 页。

后，农村税费改革和取消农业税使得农民对国家的义务取消，城乡统筹政策和新农村建设的实施、公共财政覆盖乡村、支农惠农项目下乡等，使国家与农民的关系由取到予。在村庄形态上，村庄合并、村改居等成为全国性态势，部分地方出现赶农民上楼、集中居住（赵树凯，2012）。在村庄正式治理方面，这一时期实行了村干部工资的财政覆盖，村干部行政化，乡镇政府通过包村干部等方式加强渗透村治以及村庄选举等重大事项，对村民自治造成一定程度的空间挤压，导致村干部身份转化和双重角色的不平衡（周飞舟，2006；吴毅，2007；王汉生、王一鸽，2009）。这一时期也在一些地方进行村治的实践，村民自治下沉到自然村或村民小组。村庄在非正式制度方面尚未出现根本性变化，"村中人情往来"支出居高不下，说明传统村庄制度规范对于农户，尤其是农一代仍然有着深远的影响（中国人民大学宅基地制度研究课题组，2017）。

概而言之，这一阶段的结构转变尽管发生了农民的离土出村，但是由于城乡二元体制的藩篱以及农一代与土地和村庄的特殊关系，高速工业化和快速城镇化实现了国民经济结构的根本变革，但没有根本改变农民"依恋于土"，"乡土中国"下农民与土地的黏性在经济上有所变化，但在制度、社会和文化上并没有发生根本变化。

三、城乡中国的特征

经过近百年的结构变迁，中国的城乡关系终于在2003—2010年期间出现革命性的跃迁，进入我们所称的"城乡中国"阶段。做出这一划分的依据是，农民与土地的关系以及农民与村庄的关系从此发生根本变化，而牵引这场转变的是农二代——这批继续他们上一代离土出村的农民，由于其工作和居住方式上的城镇化以及他们出村之前与土地和农业的生疏关系，大多数选择了不回村、不返农，由此带来人地关系、农地制度、农业经营制度、农业发展方式、村庄的演化与分化等方面的重大转变。这些新的特征不仅昭示了向费孝通意义的"乡土中国"告别，也与以前各阶段结构变革下的城乡特征产生本质的不同。更具意味的是，农二代的这些经济社会特征还会进一步显化和强化，其对未来相当长时期中国的转型将产生根本影响。我们将就已经呈现出的"城乡中国"的主要特征进行分析。

（一）乡土变故土：农二代引发的代际革命

近10年来，80后、90后农二代开始成为进城务工的主力军。他们在经济社会等方面的行为特征出现一系列显著的代际性变化。①

首先是在经济特征上明显体现出期望更好地融入城市经济的倾向。

一是相较农一代，农二代对工作类型与职业的重视超过单纯的现金收入。基于2003—2012年的农户家庭调查数据发现，农二代这一时期的平均月工资为1 180元，低于农一代的平均月工资1 202元，两者的职业选择呈现出差异性：农一代至少有30%～40%从事建筑业，农二代主要从事更为正式的制造业和服务业，比例均超过40%，从事建筑业的比例仅为10%左右（Zhao et al.，2018）。2011—2015年流动人口动态监测调查数据更完整地呈现出：农二代从事建筑业、农林牧渔业、交通运输业等传统行业的比重低于农一代，从事制造业、党政机关及科教文卫工作的比重高于农一代；随着时间的推移，更多农二代选择从事机关、专业技术岗位，越来越少选择从事劳动密集型产业（刘守英、纪竞垚，2018）。从事服务业和制造业的选择更有利于适应城市经济体系。农二代中虽有近70%的比重为雇员或雇工，但越来越多的农二代开始选择自营劳动或作为雇主生产经营。这些新近的发现与早期有关新生代农民工群体迁移动机的研究一致：与第一代农民工不同，收入已不再是影响

---

① 这里简单界定一下"农一代"和"农二代"。国家统计局《2013年农民工监测调查报告》定义新生代农民工是指1980年及以后出生的农民工。这个界定与较早研究所谓的"新生代农民工"或"第二代农民工"等学者的界定基本一致。

农二代迁移动机的唯一和最重要因素,更多的因素,例如扩大阅历,积累经验,提高个人素质,学习专业技能,甚至期望工作本身要"有趣"等,都成为职业选择的参考因素。另外,农二代的职业流动性远高于农一代,维权意识也显著增强(王春光,2001;刘传江、程建林,2008;储卉娟,2011;卢晖临、潘毅,2014;周大鸣、杨小柳,2014;蔡玉萍、罗鸣,2015)。

二是农二代在人力资本积累方式上也表现出与农一代很大的差异。农二代自身的人力资本水平高于农一代,他们的平均受教育年限更高(9.515年),90后农民工这一群体更达到了9.79年,比受教育年限平均为8.71年的农一代要高出1年多(Zhao et al.,2018)。农二代的人力资本和社会资本积累主要在城市完成,他们更多地借助社会关系等资源以及信息化手段寻找工作,更具有人力资本积累的意识,同时获得工作技能培训的比重也远高于农一代。①

三是与农业经济活动的关系疏远。据《2013年农民工监测调查报告》,农二代初次外出务工的平均年龄为21.7岁,农一代初次外出务工的平均年龄为35.9岁,二者相差14.2岁;农二代每年平均在外时间为9个月,比农一代(7.9个月)多出1.1个月时间;在务农经验方面,农二代远远少于农一代,《2013年农民工监测调查报告》显示,87.3%的新生代农民工没有从事过任何农业生产劳动;每年花费在农业活动上的时间,农一代平均为1.8个月,农二代仅为0.7个月(Zhao et al.,2018)。

其次是在社会特征上体现出很强的入城不回村倾向。

一是在迁移模式上,农二代不仅如农一代那样,一如既往地离土出村,而且更多选择跨省份流动,前往东部地区以及大中城市务工经商。基于2003—2012年数据的经验研究发现,农二代前往东部省份务工的概率高出农

---

① 参见2010—2016年国家统计局《农民工监测调查报告》系列有关农民工接受培训的相关数据,以及刘俊彦(2007)。

一代大约 10%；农二代明显偏好在地级以上大中城市务工，比重高达 54.9%，农一代在地级以上城市务工的比重则仅为 26%（Zhao et al.，2018）。流入地级以上大中城市的农民工比重仍在持续上升。《2015 年农民工监测调查报告》显示，流入地级以上大中城市的农民工占外出农民工总量的 66.3%；在跨省份流动农民工中，80% 流入地级以上大中城市；省份内流动农民工则有 54.6% 流入地级以上大中城市。①

二是农二代对在城家庭生活的重视以及对加强子女教育、增强社会流动的期望提高。农二代举家迁移比重上升，2010—2014 年农民工监测调查数据显示，举家外出农民工的数量和占比都在不断增长，2014 年，举家外出的农民工占外出农民工总量的比例达到 21.27%。②农二代发生"夫妻迁移"或"举家迁移"的概率显著高于农一代（陈辉、熊春文，2011；Zhao et al.，2018）。有研究表明，在长三角等地区，改善子女教育是农民工选择家庭迁移的首要动机（钱文荣、黄祖辉，2007）。

三是在城里购房与在乡下建房呈此涨彼落之势。根据《2016 年农民工监测调查报告》，进城农民工的购房比例在不断提高，当年购房者占农民工总数的 17.8%，其中购买商品房的为 16.5%。③农二代购房意愿也比本地农业户籍居民高出很多。④

四是更重视下一代教育以期增强代际社会流动性。无论是举家迁移还是在城里购房，主要目的都是为了下一代教育。一些买不起房的家庭甚至在县城租房陪读。与农一代出外打工挣钱、孩子留守乡村的模式相比，农二代在通过自己的努力减少家庭分割对孩子教育的伤害。

---

① 国家统计局《2015 年农民工监测调查报告》。
② 国家统计局《2014 年农民工监测调查报告》。
③ 国家统计局《2016 年农民工监测调查报告》。
④ 参见西南财经大学中国家庭金融调查与研究中心 2017 年 12 月的《新市民住房问题研究报告》（内部稿）。

最后是在文化价值观方面普遍对城市价值更为认同。通过比较农民工平均每年向家乡的汇款数额可以发现，农一代每年在 5 000 元左右，农二代仅为 3 800 元左右。越年轻世代的农民工，其汇款比例越低、消费开支比例越高，反映出农二代与城市居民的消费差距在缩小，农二代在食品等方面的支出比例低于农一代（Zhao et al.，2018）。在社保方面，农二代在工作地社保享有比例显著高于农一代，而在户籍地社保享有比例则低于农一代（刘守英、纪竞垚，2018）。值得注意的是，相关研究表明，农二代对城市的融入意愿显著高于农一代，但同时，他们所感知到的不被城市接纳的排斥预期也显著高于农一代（朱妍、李煜，2013；田丰，2017；余晓敏、潘毅，2008）。① 农二代生活方式的转变更加城镇化，他们在休闲娱乐方式上越来越多元化，并乐于通过商场、公园等城市公共设施进行休闲娱乐活动。与之形成鲜明对照，在过年等节庆与仪式，或者说这类乡土社会的文化与社会关系汇聚的场合，农二代却更少"在场"，不少人在春节期间即使返乡也会住在县城或乡镇的酒店，再开车回到村里，并且不会选择长时间停留。作为可能是中国历史上最大规模的一批离开村庄的人群，他们的"出村不回村"正在令乡土中国日益变为回不去的"故土"——乡村制度、传统乡土社会的人际关系，以及以"礼治秩序"为代表的传统文化价值规范都在这一场村庄转型中面临严重的冲击与挑战（韩少功，2018）。

从根本上说，农二代的经济和社会行为表明农民对乡土的观念正在改变。他们与土地和乡村的关系正在发生重大变化，并将对未来的农业、村庄以及整个乡村现代化走向产生根本影响。从经济行为特征来看，农二代更明显地表现出留城、务工、离土、离农的趋势，这既与他们出村进城时就不熟悉农业、与土地的情感淡漠有关，也与他们的工作方式以及人力资本和社会资本

---

① 如上述研究指出的，尽管农民工事实上认同城市主流价值观，但在实践中这套农民工期望认同的价值观却似乎多方面地边缘化和阻碍他们真正融入。

积累在城市完成有关;他们不再依恋土地,而是更适应和依赖城市经济,农民与土地的关系已发生从经济依赖性下降到土地观念层面的重大转变。

(二)告别过密化农业:农业转型与农作制度变迁

结构转变不仅带来人地关系变化,而且带来农业相对要素价格变化,引致农业发展模式的历史性转折,即从延续千年的依靠过密化劳动力投入提高土地生产率的传统农业模式转向通过增加资本和机械化投入提高劳动生产率的现代农业模式。经过快速的结构变革,中国的第一产业在三次产业的产值和就业份额出现历史性下降。2000年时的第一产业占比降到15%,2013年时降至10%,2016年进一步降至8.6%。农业劳动力就业份额下降的意义更大,第一产业就业占比到2000年时为50%,2016年时已降至27.7%。[1] 以农业劳动边际生产率计算的"刘易斯转折点"约于2010年前后到来(戚成蹊,2017;Zhang,Shao and Dong,2018)。长期困扰中国乡村的人口对土地的压力问题出现缓解的可能,2004—2012年,农户的户均耕地由7.88亩增加到8.23亩(Liu,Wang and Shi,2018)[2];而2010—2016年,中国的劳均耕地面积由6.54亩增加到9.42亩。[3] 中国的农业发展动能出现转折,大约从2003年开始农业劳动生产率快速提升,且增速远超过土地生产率的增长速度。2000—2012年间,农业劳动生产率年均增长5.46%,农业人均产值年均增长率高达14.11%,同期亩均产量年均增长率只有1.73%。来自7万农户的微观数据也证实了类似的趋势(Liu,Wang and Shi,2018)。[4] 也就是说,

---

[1] 相关数据来自中国资讯行提供的"中国主要年份国民经济和社会发展结构指标统计(1978—2016)"(数据摘编自《中国统计年鉴2017》)。
[2] 根据国家统计局7万农户抽样调查数据计算得出,具体参见 Liu, S., R. Wang and G. Shi (2018). "Historical Transformation of China's Agriculture: Productivity Changes and Other Key Features," *China & World Economy*, 26 (1): 42-65.
[3] 这里使用《中国统计年鉴2010》和《中国统计年鉴2017》中2010年和2017年的"全国耕地面积"与"第一产业就业人数"计算2010年和2017年的劳均耕地面积。
[4] 本节相关数据引用主要参考 Liu, Wang 和 Shi (2018)。

进入21世纪以后,长期依靠高劳动投入提高土地单产的中国传统农业发展模式正在衰减,提高劳动生产率的现代农业发展模式正在兴起。伴随农业的这一历史转型,农作方式、农地权利安排、农地流转市场、农业经营模式、农业功能都在发生重大变化。

第一是农作方式的变化。在农业投入结构方面,机械加速替代人力。随着快速非农化与农业用工同工业、商业等非农业用工的竞争加剧,劳动力价格逐年上涨,主要农作物的劳动力投入成本,反映在家庭用工价和雇工工价两方面,都出现迅速增长:1999—2015年间,主要作物(稻谷、小麦、玉米、大豆、油料、棉花等)均出现用工成本的上升和亩均用工数的减少,雇用劳动力从14元/日上涨7倍,达到112元/日。加上2004年以后中央政府出台的农机补贴政策等因素,农业机械化进程加快,农户家庭基本采取了减少劳动力投入、增加机械和资本投入的策略。各类农业机械的使用量从2000年以后都开始迅速增长,基本保持了年均6%左右的稳定快速增长(Liu, Wang and Shi,2018)。

第二是土地流转与土地租赁市场发展。土地细碎化长期被认为是影响中国农业效率和农业现代化的阻碍因素。随着城乡迁移更活跃,土地流转成为农业经营者扩展经营规模的重要方式。20世纪90年代以前,土地流转的比例非常低,1984—1992年的农业部固定观察点数据显示,仅有1.99%的农户流转了部分土地。2003年以后,土地流转迅速加快。2003年时东、中、西部地区的流转率分别为9%、11.6%和3.86%,到2013年时,三大地区农地流转率分别达到26%、31%和20%。到2015年时,农户承包地流转率为33.29%,流转承包地规模已达到4.47亿亩,是2010年的2.39倍(Liu, Wang and Shi,2018)。

从农地流转的形式看,以转包和出租为主,其他形式——股份合作、互换和转让也存在,2015年,五种流转形式所占比重分别为47.03%、2.79%、

5.39%、34.3%、6.08%。① 分地区看，2013年时，转包和出租两种形式流转农地分别占到东、中、西部当年流转总量的75.69%、79.46%和79.93%（Liu，Wang and Shi，2018）。至于其他几种流转形式也在同时增长：2011年以后，东部地区的股份合作形式发展很快，2013年时已超过10%，中、西部地区股份合作在2013年时占比分别达到6.11%和3.81%（Liu，Wang and Shi，2018）。

第三是农户的分化。去集体化的包产到户和乡村工业化、沿海工业化的兴起，使传统乡土中国那种"以土为生"的均质化小农已发生改变，不同农户在卷入非农经济活动中出现高度分化。有研究比较了4类农户（纯农户、农业兼业户、非农兼业户和非农户）在2003—2012年间的变化趋势，发现：纯农户和农业兼业户的比重在这一时期都有所下降（分别下降了2.5%和12.39%），非农兼业户和非农户的比重则有所上升（分别上升了4.25%和10.36%）。到2012年时，纯农户占18.28%，非农户占15.93%，而两种兼业型农户总共占65.79%（其中农业兼业户占比为30.07%，非农兼业户占比为35.72%）。不同地区的农户分化也存在差异：在东部地区，不仅非农户的占比（2012年为30.4%）远超过中、西部地区（分别为7.12%和6.08%），而且非农户的增长幅度也是最大的，达到了17.4%，超过中、西部地区的5.39%和4.86%（Liu，Wang and Shi，2018）。值得注意的是，由于投入方式发生变化，农户的资本形成也开始加快。东、中、西部不同地区农户拥有的生产性固定资产均迅速增加。

土地流转和农户分化也带来农户经营规模的差异。不同类型农户实际经营的土地规模差距在拉大。2012年，纯农户的经营规模平均每户17.59亩，农业兼业户为10.68亩，非农兼业户为4.93亩，非农户为0.81亩。农户经

---

① 2009—2010年农村土地承包经营及管理情况统计数据，参见农业部《中国农业发展报告2012》。2011—2015年农村土地承包经营及管理情况统计数据，参见2012—2016年的《中国农业年鉴》。

营规模的分化对农业生产绩效也产生了一定影响。研究者通过农户调查数据发现，无论在劳动生产率还是土地生产率方面，纯农户都高于其他3类农户，特别是在劳动生产率方面，纯农户是非农户的3.5倍多；而在土地生产率方面，纯农户是非农户的1.74倍（Liu，Wang and Shi，2018）。这可能说明存在因专业化带来的效率提升，也在一定程度上佐证了农业开始转向提升劳动生产率的发展模式。

第四是农业经营主体的多样化。近年来，农业经营主体除了作为主体的农户外，也出现了专业合作社、企业以及其他类型的经营主体。从耕地流转数据来看，2014年，在耕地流入一方中，农户占流入主体的比重为58%，而流入专业合作社和企业的比重分别达到21.8%和9.68%，其他类型的经营主体则占到将近10.17%（Liu，Wang and Shi，2018）。这说明，尽管农户仍是主要的经营主体，但中国的农业经营开始向经营主体多元化的方向发展。

第五是农业本身的功能与形态也发生了变化。在很长时间里，中国的农业始终是"粮食农业"，强调农业的功能在于解决主粮和饥饿问题，加之特定的工业化和城镇化发展战略，导致农业的功能长期单一化和发展受限。进入城乡中国阶段以后，农业已经开始从过去功能定位单一的粮食农业拓展到健康农业、特色农业、生态农业、休闲农业等强调农业多功能性、复合型发展的模式。其一，粮食和粮食安全的观念，作为国际性问题，在西方发达国家已经从提供"能量"转向提供"营养"的含义，中国农业也开始从数量转向质量、从吃饱转向健康。其二，随着消费革命和国内市场发展，对特色农产品、功能性农产品的需求量越来越大，这类产品附加值越来越高，在特定地区和区域内开发和生产特色与功能性农产品具有很大潜力。其三，当前中国正处于农业与农村现代化的重大进程中，也面临一些与20世纪西方发达国家相仿的形势和问题，如农业产能过剩、粮食与食品安全以及生态伦理和环境污染等问题。随着对农业多功能性的强调，加上生物技术和机械自动化等方面的发展，农业面临改变过去依靠缺乏环境生态可持续性的高成本工业化生产投入方式，转向绿色生态可持续农业的发展方向。其四，休闲农业和乡村旅游业蓬勃兴起。这不仅体现在作为都市农业的一部分，城市周边区域所出现的蔬果种植以及观光农业、旅游农业和农家乐等，而且体现在随着基础设施的改善、资本注入以及新技术和商业模式的引入，在很多远离城市的乡村甚至偏远地区，也出现了旅游业和新的服务产业的发展。有研究指出，休闲农业和乡村旅游业在2010年以后增长极其迅速，统计游客数量从2008年的3亿人次增加到了2010年的4亿人次，2011年跃升至6亿人次，并在2014年、2015年保持持续快速增长，分别达到了12亿人次和22亿人次。乡村旅游和休闲农业在国内旅游业中的比例也迅速提高，从2010年的不到20%增加到2015年的55%（Gao，Yan and Du，2018）。这对于带动整个乡村地区的相关服务产业的发展，以及推动特色农产品、手工业产品的生产等也都发挥了重要作用。

农业的功能变化本质上是城乡互动加深的结果。一方面，很多乡村产业的复活和壮大是对于城市需求拉动反应增强的结果；另一方面，新技术革命和商业模式发展降低了交易费用，帮助很多乡村的特色农产品包括一些手工艺制品等完成市场突破，从而为偏远地区和不发达地区开辟出一些非常有生机的产业。这些变化要求我们重新理解农业与其他产业之间的联结关系，比如不经过制造业化而使农业与服务业、旅游业等结合，发现、拓宽和提升乡村价值；或者在未经工业化的一些后发地区，通过农业要素与技术、市场等生产要素的新型组合来实现区域农业产业化和规模化等。

（三）乡村成故乡：村庄分化与治理挑战

进入城乡中国阶段，不仅农民与土地的黏度发生变化，而且农民与村庄的黏度也发生变化。一方面，在城镇化进程的不同影响下，村庄数量大幅减少，分布发生变化，村庄分化加剧，一部分村庄出现活化机遇，但多数村庄呈现人走村衰的面貌。另一方面，村庄的治理方式与村庄作为文化规范等非正式制度的规范发生改变，村庄作为一种制度装置的内涵处于变革之中。

村庄的变革首先表现在数量和空间上。1985年时全国行政村数量为94.1万个，到2016年时减少到52.6万个，减少了44%；全国自然村数量从1990年的377万个降到2016年的261万个，减少了30%①；村民小组数量也大为缩减，1997年时全国村庄村民小组共535.8万个，到2016年时减少到447.8万个，在不到20年的时间里，村民小组减少了88万个②。村庄数量的减少，一方面与农作方式变化带来的村落耕作半径变化有关。原来以高劳动投入为主农业形成的村落与耕作土地之间的半径很小，随着农业投入转变为以机械投入为主，劳动力投入下降，村落与耕作土地之间的半径发生变化，村落耕作半径有扩大的需求。另一方面，村庄数量的减少与村庄劳动力外流直接相关。乡土中国阶段的核心特征是"不离土、不出村"，但这种状况在城乡中国阶段发生了改变。绝大多数村庄在工业化和城镇化进程中都出现了不同程度的人口外流现象。2012年的一项调查数据显示，仅有6.5%的村庄没有劳动力向外流动，外流劳动力占1%~25%人口的村庄在所有村庄中占比29.3%，外流劳动力占26%~50%人口的村庄占比为40.2%，外流劳动力占51%~75%人口的村庄占比为17.4%，外流劳动力超过75%的村庄约有6.5%。③人的流动也带动资本的流动。如前所述，由于出村农民的代际差异，20世纪50年代、60年代乃至70年代出生的农一代主要是寄钱回村、建房成家，村庄未见破败，但80后、90后的农二代，人出村后不回村，资本也留在城市，他们进城买房，家庭未来的落脚地也不会再回村。这种人走资本不回的趋势

---

① 中华人民共和国住房和城乡建设部：《中国城乡建设统计年鉴2016》，中国统计出版社，2017。
② 中华人民共和国民政部：《中国民政统计年鉴2017》，中国统计出版社，2017。
③ 资料来源于陆益龙（2013）文中所引用的中国人民大学2012年启动的"千人百村"调查结果，具体参见陆益龙（2013）。

对于多数村庄所带来的可能将会是进一步的衰落。

城镇化对于不同类型村庄未来的影响方式和程度会出现很大分野。在一篇综述中，社会学学者将转型中的村庄归纳为4类典型形态：(1) 土地城镇化的"城中村"；(2) 就地城镇化的"超级村"；(3) 人口外流的"空心村"；(4) 治理社区化的"转型村"（任强、陈佳俊，2016）。在我们看来，类似"城中村"或"超级村"这类村庄，未来基本会在城市扩张过程中"融入城市"，成为城市的一部分；还有一批村庄可能发展成为城乡之间的过渡地带，或者说"驿站"，这些地区也会成为整个城乡中国的人口、资本和土地等要素最活跃的区域。多数村庄属于传统农区，这些村庄中的一些已经呈现出复兴的可能性，它们具有一些特征，例如具有很好的历史和文化记忆；能够提供独特、优质、健康的产品；拥有好的带头人；能够实现现代农业的发展；等等。但是不可回避的是，很多传统农区的村落在相当长一段时期内将处于"衰而未亡"的状态，面临破败和消亡的结局。

中国村庄的未来更值得关注的是其作为制度装置的功能。不少研究注意到村庄空心化带来的乡村社会原子化问题，即随着村民之间基于传统生产、生活方式的互动和联系日益减少，村民之间以及村民与村庄组织之间的基本社会联结削弱，基于血缘、地缘以及人情关系的所谓"社会资本"衰减，加上劳动力大量外流而留守村庄的老弱妇孺普遍面临意识、能力、资源、禀赋等方面的欠缺，使得村民的集体意识和协作能力，以及整个村庄共同体的向心力与凝聚力等都呈现显著的衰退之势，被研究者称为乡村社会的"社会关系衰退"与"组织衰败"现象（韩鹏云、刘祖云，2012；田毅鹏，2012；田毅鹏，2014）。也有学者提出，目前生活在乡村的多数村民还无法主动进城定居，这些村民可能会在较长时期维系目前乡村社会的再生产（陆益龙，2014）。村庄在人村关系变化后，集体合作变得更加困难，但也有研究提出，通过鼓励村庄精英成为集体合作的领导者，遵循公平原则制定可行的激励、惩罚和监督措施，村庄仍有可能通过合作完成村庄的公共品提供（黄茜等，2015）。当然，从基本态势看，尽管许多乡村的"衰"无法阻挡，但这一凝聚农民关系的基本制度装置也不会迅速"亡"，可能会延续很长时间。

最后，在城乡中国格局下，乡村的公私秩序会面临重构。我们的田野调查发现，在不少村庄，不仅是人走带来的空心化，实际上"公"的部分本身也被抽空，结果带来的是大量村庄以私侵公或以公肥私等现象。另外，人口流动是否会将城市社会基于陌生人规则的人际关系模式带回乡村，或者是否会生成新的规则和公私秩序，尚不得而知，但无论如何，这都可能意味着传统乡土中国那种以人情维系的"熟人社会""差序格局""礼治秩序"等为统合规则的乡村社会将面临不可逆的重大变化，村庄的治理结构和治理规则必将发生重大变迁。未来村庄能否走城市社区治理模式；党支部、集体经济组织与村民自治三级之间的关系如何处置；自治、法治、德治的治理体系如何构建等，都是未来村庄治理面临的重要问题。

（四）城乡互动与融合：新型城乡关系的到来

中国的城镇化进程已经过半，长期困扰转型的城乡关系也出现改变，一些新的特征已经显现，且在城乡中国阶段越来越明显。一是城镇化模式从单向城镇化转向城乡互动。在城乡之间要素配置效率驱动和城乡二元体制的作用下，中国的城镇化的基本特征是劳动力、资本和土地从乡村向城市的配置带来城市的快速发展。近年来，生产要素在城乡之间的双向配置与互动在增强。具体表现为，资本下乡的速度和规模在增加，劳动力从完全向沿海地区的流动转向一定比例向内地的回流，乡村经济活动变化带来建设用地需求增加。近期的实证研究也指出，在 2010 年以前，更多是城市带动乡村，乡村地区发展处于被动状态；但 2010 年以后，若干宏观数据显示，随着农业现代化和乡村经济发展，乡村居民的消费和收入水平有较快发展，城乡收入差距缩减，城乡关系进入城乡加速互动的新阶段（Gao, Yan and Du, 2018）。要素流动和互动活跃，人口在城乡之间对流，资本在城市寻求获利的同时资本下乡加快，土地在城乡之间的配置和资本化加快，将成为城乡中国的基本特征。城乡互动阶段的到来为矫正中国传统发展战略导致的城乡二元结构与体制创造了机会。从城乡分割、牺牲乡村发展换取城市繁荣到城乡融合与城乡共同发展，在城乡中国阶段可望达成——协调发展的关键是城乡融合，而要实现城乡融合发展，关键是消除城乡之间的体制性障碍，实现城乡要素平等交换与合理配置和基本公共服务均等化。

二是城乡分工的进一步明确与合理化。随着城乡互动的增强，大城市、城镇与乡村的分工更加明确，发展各自比较优势的时期到来。在城乡中国阶段，中国的城镇化进程将从快速的外延扩展转向内涵增长与质量提升，大城市因为其集聚、效率、创新、知识、产业、就业的优势，成为城乡人口就业和创造收入机会的场所，并形成一定规模的城市圈或城市带；乡村的分化将进一步加剧，部分乡村将在城乡互动中复活与振兴；在城乡之间，将有部分县或镇承担城市产业转移等功能，并发展成为城乡之间的驿站或过渡地带。因此，在整个产业布局方面，乡村与城市有不同的业态分布，而乡村产业的发展又与农业功能由窄而宽、向多功能农业转变，以及农业通过与第二、第三产业的融合，在消费革命的背景下实现农业现代化的方向密切相连。

三是城市文明与乡村文明的共融共生。中国在上一轮的快速城镇化推进中，也出现对城乡两个文明的误解，暗含着城市文明就是先进的，乡村文明就是落后的，两个文明的此消彼长就能实现中国的现代化。在城镇化过半以后，我们才发现，不平等的城乡关系不仅没有消灭乡村文明，城市文明也出现大量病兆。在"城市病"困扰城里人的经济活动和社会生活后，他们开始主动到乡下去寻找另一种文明的慰藉，农家乐、民宿、乡村旅游、对土特产的需求上升等等，实质上是城市文明对乡村文明的呼唤。直到现在人们才越来越意识到，城市文明与乡村文明只是两种不同的文明形态，不存在谁优谁劣，它们是相互需要、互为补充的关系。在城乡中国阶段，城市文明与乡村文明的共存与呼应是基本特征，实现两种文明的共同发展不仅是为了乡村，也是为了城市。

对于分化和加速变革的乡村，一方面要看到，当前乡村如此大面积的、急速的衰败，根源于中国长期以来城乡二元化、城乡不平等的发展理念，使得乡村没有足够的发展权利，毕竟纵观整个人类社会经济政治演变，绝不是以乡村的衰败作为代价的。因此，面对大部分乡村衰而未亡的状态，应该通过基本的公共服务和社会保障，降低乡村"衰"的程度。另一方面，村庄需要适度的集聚。农业发展方式的变化带来的村落耕作半径的变化使原来以自然村落为主的村庄面临公共服务成本的提高，公共服务可以适度拉大半径，从原来以自然村落为半径，转向未来向适度拉大半径的村庄集聚。对于村落居民而言，这意味着仅仅是离开自然村落，但并未离开原有村庄，也不会因此感到陌生。另外，对于在城乡互动与融合的过程中，借助于历史文化资源、地方特色产品与工艺，以及实现未来农业现代化的村庄，是可以复兴的。当然，乡村与城市的互动与融合也必然意味着乡村要对城里人适度开放。

四、基本结论与公共政策含义

经过近百年的转型与变迁，尤其是改革开放40多年的结构变革，中国已经从乡土中国转型为城乡中国。一方面，中国的农民高度分化，不同类型的农民与乡村的经济和社会关系发生分野。伴随农民的离土出村，他们与土地和村庄的黏性松解，尤其是在农二代成为迁移的主力后，他们不仅离土出村，而且不返农、不回村，在大城市、县城和乡镇就业成为其归宿，乡土成故土、乡村变故乡，农业在告别过密化的同时也在多功能化。因此，我们认为中国的结构形态已经告别费孝通意义的乡土中国。另一方面，城镇化从单向转向城乡互动，生产要素在城乡之间的配置活跃，城乡之间的分工与互联互通增强，乡村在分化的同时业态、产业、功能多样化，城乡两个文明彼此需要与共生共荣，这种新型的城乡关系构成城乡中国的基本特征，与作为成熟形态的城市中国相比，呈现出了独特的阶段性特征，因此，城乡中国将成为中国今后相当长时期的一个阶段。

在城乡中国阶段，首先要矫正单纯城镇化导向的公共政策。相当长时期的一个误区是，将城镇化作为实现现代化的唯一目标，以为城镇化能带来乡村问题顺其自然的解决。事实上，单向城镇化的结果不仅导致大量的"城市病"，而且导致乡村问题加剧。城乡中国阶段的公共政策必须以城乡平等发展为基础，而不是以消灭乡村为结果，只有城乡平等发展才能实现城乡两个文明的共生、共融、共荣。将城乡中国而非城市中国作为一个阶段，将允许城市与乡村良性互动，生产要素在城乡有效配置，这样更有利于抵达城市中国。

将城乡中国作为一种范式和结构形态，不是固守和固化城乡二元分割形态。中国目前的城市繁荣与乡村破败本身是城乡二元体制的结果。将作为结果的城市中国作为进程中的政策安排导致城乡规划、土地、融资、产业、公共品提供等的二元分割，造成乡村产业窄化、农民发展机会缺失，乡村成为没有希望和生机的地方，更加剧了乡村人口和劳动力的外流与生产要素的单向配置。二元体制的存在使中国在转向城市中国的过程中扭曲更大。把城市中国当成公共政策的唯一目标，是导致二元体制形成和长期维持的根源。越是单纯用城镇化来发展城市，就越是带来歧视乡村和城乡不平等发展。城乡中国这个阶段存在的意义和重要性，最关键的是以消除城乡二元体制来实现城乡融合发展。

城乡中国的提出也是为了避免以乡土中国的公共政策惯性来处理城乡中国阶段的问题。由于中国长期处于乡土中国形态，加上在相当长时期内的结构转变更加固化了乡土中国，因此，乡土中国的治理思维和公共政策产生巨大的路径依赖，自觉或不自觉地以乡土中国时期的认识和措施来应对城乡中国阶段的问题,导致决策思维与政策应对滞后于结构变革的需求,影响城乡中国的演化与向城市中国的转变。

中国已经向乡土中国告别,已经处于城乡中国阶段,中国还需要经过相当长时期的努力,历经结构进一步深化和二元体制的障碍解除,实现中国的结构现代化和伟大转型。

第二章
"刘易斯转折点"的真正到来

"刘易斯转折点"的测度对于判断城乡中国阶段特征至关重要。"刘易斯转折点"是诺贝尔经济学奖获得者刘易斯（Lewis，1954）用来描述和划分经济发展阶段的一个重要概念，被很多发展中国家用来作为政策调整的时点选择。在转折点前后，劳动力供求、农业劳动生产率、工资水平、产业形态和经济增速等重要经济变量都会出现巨大差异，成功实现转型的经济体一般在转折点到来之后都会对发展战略和政策进行调整。[①]因此，对转折点的判断是否准确，对于经济发展与转型决策影响重大。

然而，现有文献对于我国经济的转折点是否已经到来还存在较大的争议，并且部分文献采用的研判标准还有待商榷。本章对近年来有关"刘易斯转折点"研究的观点和证据进行评估，借鉴发展经济学界测度东亚经济体"刘易斯转折点"的方法，利用国家统计局约7万抽样农户数据再次对我国"刘易斯转折点"到来的时间进行研判，并就转折点到来之后的发展挑战和战略选择进行简单的讨论。

一、现有研究存在的问题

自2004年以来，学术界关于我国经济的"刘易斯转折点"是否到来及其

[①] Lewis, W. A. (1954)."Economic Development with Unlimited Supplies of Labour," *The Manchester School*, 22 (2): 139-191.

检验一直存在激烈争论,且迄今尚未达成一致意见。以下针对现有研究在论据和方法上的一些缺陷进行讨论。

在现有文献中,黎煦(2007)[①]、Zhang 等(2011)[②]、Li 等(2012)[③] 等认为中国经济已在 2004—2005 年到达"刘易斯转折点",或者开始出现劳动力短缺,主要依据有:

第一,从 2004 年开始,沿海城市部分企业开始出现"招工难"现象,这一现象被媒体称为"民工荒"。另外,人力资源和社会保障部在 117 个城市进行的调查发现,岗位数量与求职者数量之比从 2001 年的 0.65 上升到 2012 年第一季度的 1.08,学者也以此判断我国农村富余劳动力已经消耗完毕,经济发展开始进入"劳动力短缺时代"。

第二,从 2004 年左右开始,城市劳动力市场上的农民工工资水平出现明显上升趋势。例如,根据农业部固定观察点数据,2003 年农民工的月平均工资为 528 元,2004 年则上升到 802 元,2005 年达到 852 元,2007 年进一步上升至 1 060 元。

第三,城乡收入差距拉大的状况有所改变。城镇居民可支配收入与农村居民纯收入之比在 2004 年出现下降,由前一年的 3.23 降为 3.21。2004 年以后,城乡居民收入差距进一步缩小。2004—2011 年,城乡居民收入比从 3.21 降至 3.13。

实际上,根据以上几点来判断我国经济的"刘易斯转折点"于 2004—2005 年已经到来或者我国已经没有富余劳动力的说服力不足。理由如下:

第一,所谓的"民工荒"现象,或者城市劳动力市场上的岗位数量与求

[①] 黎煦:《刘易斯转折点与劳动力保护——国际经验比较与借鉴》,《中国劳动经济学》2007 年第 1 期。
[②] Zhang, Xiaobo, Jin Yang, and Shenglin Wang (2011). "China Has Reached the Lewis Turning Point," *China Economic Review*, 22 (4): 542-554.
[③] Li, Hongbin, Lei Li, Binzhen Wu, and Yanyan Xiong (2012). "The End of Cheap Chinese Labor," *Journal of Economic Perspectives*, 26 (4): 57-74.

职者数量之比的上升，有可能是劳动力的结构性短缺，并非总量性短缺。一种可能性是，企业招聘不到的是拥有一定技能的劳动力，而非低教育水平、低技能的简单劳动力，准确的表述应该是"技工荒"。另外，不少大中城市最近几年出现的月嫂、保姆短缺等，也体现了劳动力的结构性稀缺。

第二，"民工荒"现象在一定程度上与城乡二元体制性障碍有关。近年来，尽管国家大力推进城乡一体化，但城市对进城农民工在子女教育、居住等基本公共服务供给方面仍存在歧视性政策，部分农村劳动力或为了子女教育或因城市生活成本不断抬升等原因，不得不滞留在农村，从而导致农村劳动力富余与城市劳动力稀缺并存的局面。例如，Knight 等（2010）也认为城市劳动力市场上的"民工荒"与农村地区富余劳动力并存是制度性因素造成的，其背后隐藏的是劳动力市场的结构性短缺和季节性短缺。[①]

第三，农民工和农村劳动力工资上升以及城乡收入差距缩小，不一定是由农村富余劳动力消耗完毕所推动，也可能归因于各种政策因素的作用。例如，自21世纪以来，我国取消了农业税，并逐步实施对农业生产的各类补贴，同时还构建了覆盖农村居民的最低生活保障、养老和社会保障制度，这些措施都直接提高了农民收入，从而提高了农民工的保留工资，因此城市劳动力市场上的工资水平必须做出适应性调整。另外，我国从2004年开始明显加大最低工资执法力度，2008年施行《中华人民共和国劳动合同法》，对劳动者实施更加严格和全面的保护，各地纷纷提高最低工资标准等，也会推动城市劳动力市场上的农民工工资上涨。

实际上，很多关于我国经济的转折点已经到来的研究都是基于对城市劳动力市场的观察，但实际上，刘易斯模型中的转折点的含义是农村富余劳动力被消耗完毕，因此，更科学的方法是从农村或农业中寻找证据。在现有文

---

① Knight, J., Quheng Deng and Shi Li (2010). "The Puzzle of Migrant Labor Shortage and Rural Labor Surplus in China," University of Oxford, Department of Economics, Discussion Paper Series, Number 494.

献中，只有少数研究采用了后一方法，例如 Zhang 等（2011）利用甘肃贫困地区的调研信息，发现 2003 年后该地区的实际雇工在农忙和农闲时都已开始大幅增加，他们据此推测全国性的劳动力短缺已经出现。[①] Minami 和 Ma（2010）通过估计中国 1990—1995 年、1996—2000 年和 2001—2005 年三个时间段的农业生产函数来计算劳动力的边际生产率，并将其与日本的历史数据进行比较，发现并没有证据表明中国已经出现劳动力短缺，即使是 2001—2005 年，中国依然蕴藏着大量富余劳动力。[②] 当然，他们认为中国经济正在接近转折点，并且东、中、西部的农业劳动力的边际生产率差别很大，因而不同地区蕴涵的农业富余劳动力数量不同。类似地，许庆等（2013）基于省级、县市和农户面板数据进行了研究，发现 2005 年左右东部地区的粮食和一产 GDP 的生产函数已经到达"刘易斯转折点"，而中、西部地区尚未到达。[③]

虽然上述研究提供了来自农村和农业生产的证据，但是存在两个问题，Zhang 等（2011）的研究只基于局部地区的小样本，后两个研究使用数据的时点只截至 2005 年。[④] 利用局部地区的小样本数据来判断全国的总体情况，其代表性不足，而截至 2005 年数据的研究无法反映最近几年的情况，因此容易造成对全局判断的失误。下面基于 2003—2012 年国家统计局的约 7 万抽样农户的调查数据重新研判我国经济"刘易斯转折点"的到来时间。

二、测度"刘易斯转折点"的方法与结果

这里借鉴发展经济学界测度东亚经济体"刘易斯转折点"的方法，利用

[①] Zhang, Xiaobo, Jin Yang, and Shenglin Wang (2011). "China Has Reached the Lewis Turning Point," *China Economic Review*, 22 (4): 542–554.

[②] Minami, R. and Xinxin Ma (2010). "The Lewis Turning Point of Chinese Economy: Comparison with Japanese Experience," *China Economic Journal*, 3 (2): 163–179.

[③] 许庆、刘守英、高汉：《农村剩余劳动力尚未消耗完毕——来自省、县和农户数据的证据》，《中国人口科学》2013 年第 2 期。

[④] 同①。

国家统计局的数据，测度我国"刘易斯转折点"到来的时间及其区域差异。

（一）测度"刘易斯转折点"的方法

按照刘易斯的原意，转折点可以将一个经济的发展过程分为两个阶段。在转折点到来前的第一阶段，农村蕴藏着无限多的富余劳动力，农业劳动力的边际生产率为零，农业劳动力的转移不会导致农业总产出降低，农业劳动力的工资水平为一个长期稳定的低水平生存工资。在转折点到来之后，经济发展进入第二阶段，农村富余劳动力被消耗完毕，农业劳动力的边际生产率开始大于零。在这一阶段，继续转移农业劳动力将会降低农业总产出。城市部门要继续吸引农业劳动力，则需要提高工资水平。因此从理论上说，转折点是否到来的理论判断标准是：在保持其他农业生产要素投入不变的情况下，当农业劳动投入的边际生产率由零变为大于零时，以及农业劳动力的工资水平由长期不变转为上升时，则表明该经济的"刘易斯转折点"到来了。

但是，发展经济学家在运用这一理论对转折点进行测度时，碰到了技术上的困难。一方面，在转折点到来之前，农业劳动投入的边际生产率可能大于零。另一方面，由于农业技术进步、农民生活水平提高、农作物良种的使用、生产组织方式的变革等，农业劳动投入的边际生产率在转折点到来之前也会逐步提高。因此，在现实中无法以"农业劳动力的边际生产率是否为零"以及是否存在一个长期不变的农业生存工资来判断。例如，日本经济学家测算了1915—1963年的日本农业劳动力的边际生产率，结果在其转折点没有到来之前，边际生产率不仅大于零，而且还保持着上升趋势（见表2-1）。

表2-1 日本农业劳动力的边际生产率

单位：日元/年（1934—1936年价格）

1915年	1920年	1925年	1930年	1935年	1940年	1950年	1955年	1960年	1963年
40	43	43	46	43	47	58	93	127	162

资料来源：Minami（1968）。

日本经济学家 Minami（1968）认为，在转折点到来时，农业劳动力的边际生产率会出现一个急剧的上升而不是缓慢的上升；另外，在转折点到来时，投入结构、工资水平与农业生产方式也都会发生相应变化。① 因此，为进一步提高判断转折点的准确性，除观察农业劳动力的边际生产率是否发生急剧的上升以外，还需要综合观察农业生产其他特征的变化（比如农业工资水平是否出现急剧上升、农业劳动力总量是否出现急剧下降、农业投入方式是否出现明显转变等），将其作为判断转折点的补充依据。

基于上述方法，Minami（1968）测算了日本农业劳动力的边际生产率，发现它在1915—1950年一直保持持续上升的态势，但是到了1960年，出现了一个急剧的上升，因此，他判断日本经济的"刘易斯转折点"于1960年左右到达。② 同时，日本的实际农业工资水平在转折点没有到来之前也呈现上升趋势，但是到了1960年的转折点时，实际农业工资水平也同样出现了一个急剧的上升，与农业劳动力边际生产率的变动趋势一致。这进一步验证了日本在1960年才出现"刘易斯转折点"的判断。另外，Minami（1968）还发现，从1960年开始，日本的农业劳动力急剧减少，而机械设备和化肥的使用则明显上升。③ 这些因素都指向了一个明确的结论：日本经济的"刘易斯转折点"于1960年到来。

（二）主要发现与结论

这里利用国家统计局2003—2012年全国约7万抽样农户的调查数据，寻找自2003年以来农业劳动投入边际生产率变动中的急剧上升点，并将其作为判断我国"刘易斯转折点"是否到来的关键依据。

从表2-2的测算结果可以看出，学术界流行的2004—2005年我国经济进

---

①②③ Minami, R.（1968）. "The Turning Point in the Japanese Economy," *The Quarterly Journal of Economics*, 82 (3): 380-402.

入"刘易斯转折点"的判断是不准确的。表2-2的数据表明：第一，2003—2005年，农业劳动投入的边际生产率确实在提高，3年内共上升了46%。2005—2007年，农业劳动投入的边际生产率继续上升，3年内又提高了33%。但是，2007—2009年，农业劳动投入的边际生产率增幅明显下降，3年内仅提高了8%。也就是说，2004年左右，农业劳动投入的边际生产率开始提高，但并没有出现非常急剧的上升。第二，2003—2009年，农业劳动投入的边际生产率增幅为109%，年均增幅为13.04%；而2009—2012年，仅3年间的增幅就高达72.8%，年均增幅为20%。与2009年前相比，农业劳动投入的边际生产率在2010年前后出现了一个非常明显的上升，而且这个上升比2004年左右出现的上升幅度更为显著。因此，从全国总体来看，依据边际生产率这个关键指标的变动状态，我国经济的"刘易斯转折点"于2010年前后已经基本到来。

表2-2 农业劳动投入（月）的边际生产率　　　　　单位：元

2003年	2004年	2005年	2007年	2009年	2012年
329.41	367.24	480.57	638.57	687.44	1 188.00

资料来源：根据国家统计局农户调查样本计算。

但是，我国不同区域的经济发展水平差异较大，达到转折点的时间很有可能是不同步的，表2-3中的数据能够支持这一判断。在东部地区，2003—2009年，农业劳动投入的边际生产率的增幅为135%，年均增幅为15.3%；2009—2012年的增幅高达78.22%，年均增幅为21.24%。据此判断，东部地区已经到达"刘易斯转折点"。

在中部地区，2003—2009年，农业劳动投入的边际生产率的增幅为101%，年均增幅为12.36%；2009—2012年，仅3年间的增幅就高达64.83%，年均增幅为18.13%。对于西部地区，2003—2009年，农业劳动投入的边际生产率增幅为97.53%，年均增幅为12.01%；2009—2012年的增幅高达63.17%，年均增幅为17.73%。上述数据意味着，2009—2012年，中西部地区农业劳动投入的边际生产率没有出现东部地区那么明显的急剧上升，因此，中西部地区可能还有一定的农村富余劳动力存量，但其间其边际生产率的较快上升表明中西部地区正在向"刘易斯转折点"逼近。上述结论与许庆等（2013）及 Minami 和 Ma（2010）的研究结论类似，即东部地区首先到达转折点，并开始面临劳动力短缺。

表2-3　不同地区农业劳动投入（月）的边际生产率　　　单位：元

	2003 年	2004 年	2005 年	2007 年	2009 年	2012 年
东部	373.28	419.95	550.61	816.24	877.17	1 563.31
中部	252.36	282.03	390.98	470.21	507.78	836.99
西部	191.52	203.72	246.77	324.44	378.31	617.30

资料来源：根据国家统计局农户调查样本计算。

另外，转折点的到来还意味着生产方式的转变。这里将进一步考察2010年左右我国的农业生产方式的变化趋势。表2-4提供的数据表明，随着农村富余劳动力的转移，样本农户年均购买的机械设备一直保持增加的趋势，但是，2003—2009年的增速并不明显，2009—2012年却出现了一个非常明显的上升。

表2-4　样本农户的农业投入要素　　　单位：元/户

	2003 年	2004 年	2005 年	2007 年	2009 年	2012 年
购买机械设备	122.94	136.36	193.06	195.66	245.92	389.19

资料来源：根据国家统计局农户调查样本计算。

表2-5进一步反映了不同地区农户拥有的生产性固定资产价值，从中可以看出：农业劳动力转移带来了农户生产性固定资产价值的增加。从增速看，2006—2012年，东、中、西部农户拥有的生产性固定资产价值分别增长了80%、114%和159%。从绝对量看，2006—2012年，东部地区和西部地区农户拥有的生产性固定资产价值始终高于中部地区的农户。这表明东部地区和

西部地区在农村富余劳动力消耗完毕后,开始出现了明显的资本替代劳动倾向,而中部地区由于农村还有一定数量的富余劳动力,资本替代劳动的趋势尽管也在进行,但其速度慢于东部地区和西部地区。

表2-5 不同地区农户拥有的生产性固定资产价值　　单位:元

	2006年	2007年	2008年	2009年	2010年	2011年	2012年
东部	8 800.4	9 432.1	9 887.1	10 977.9	11 522.4	14 930.4	15 809.8
中部	5 331.0	5 973.1	6 322.9	7 040.5	7 455.1	10 974.5	11 414.4
西部	7 707.0	8 527.7	9 300.5	10 164.6	11 179.8	18 845.0	19 969.4

资料来源:《中国住户调查年鉴2013》。

需要说明的是,我们很难找到对农业生存工资的度量,虽然在国家发展和改革委员会价格司出版的《全国农产品成本收益资料汇编》中可以找到农村雇工的工资水平,但是,由于从21世纪初开始,我国政府实施了一系列的惠农政策,这会同时推动农村劳动力价格的提高,但是这种提高并非来自富余劳动力被消耗完毕,因此,不能根据该工资水平的上升速度来进一步判断"刘易斯转折点"的到来时间。

三、转折点到来之后的发展挑战和战略选择

随着2004—2005年我国经济的"刘易斯转折点"到来的观点的传播,学术界对未来我国经济的发展产生了一些悲观的预期。笔者认为,转折点的到来仅仅意味着农村富余劳动力被消耗完毕,劳动力会变成一种稀缺的生产要素。事实上,所有发达经济体几十年前就越过了"刘易斯转折点",但是它们目前所面临的,恰恰不是劳动力短缺的困扰,而是高失业率的困扰。我国是世界第一人口大国和劳动力资源大国,即便农村富余劳动力被消耗完毕,在今后相当长时间内,劳动力成本会上升,但这并不意味着劳动力是短缺的,只是劳动力的稀缺性会增加,实现充分就业仍将是我国要面对的主要政策目标。

当然，自 2005 年以来，尽管政府一直在强调产业升级和发展方式转型，但是由于转折点未到，我国仍有相当数量的富余劳动力可以支撑传统经济增长模式，转变发展方式的基础动力不足。随着 2009 年以后"刘易斯转折点"由东至西的逐次到来，我国开始不具备支撑传统增长方式的富余劳动力条件了。因此，在转折点到来之后，我国在新型人力资本培养、农业现代化转型和保障粮食安全等方面必须具备相当的紧迫性。笔者认为，转折点的到来将使得我国面临如下三个方面的发展挑战：

第一，我国人力资本培养体系存在重大缺陷，难以适应这一战略转型。这主要表现在以下方面：一是农村地区高中阶段适龄学生辍学严重，难以成为人力资本存量。据调查，在农村富余劳动力潜力大的贫困地区，只有 20%~30% 的学生上普通高中，40% 的学生高中辍学甚至未完成 9 年义务教育。二是职业教育绩效不佳，学生不仅没有学到技能，而且丧失了学习能力。农村职业教育并没有让学生学到有用技能，而是使学生大量辍学或"混文凭"，过早进入低端劳动力市场。三是成人再教育体系缺乏。随着产业转型，必然会有相当一部分低端劳动力转移出来，这些群体未来的就业转型将面临困境，但现阶段的继续教育体系难以承担这一重任。四是大学教育知识与产业发展不适应，造成高学历、低能力，出现大学生就业难和教育投入与回报不成比例的问题。

第二，工业化、城镇化的顺利推进必须以农业现代化作为基础性条件。我国上一轮的工业化、城镇化的快速推进是以农业现代化滞后为代价的。阻碍农业生产要素自由流动的各项制度，影响了农业生产率的提高，加剧了农业与其他产业的竞争劣势。在后"刘易斯转折点"阶段，无论是沿海地区产业升级、内地工业化加速，还是城镇化质量提升，农业现代化的任务将更加迫切，因为不存在一个区域为另一个区域的发展提供廉价劳动力和低价粮食供给的条件，地区之间争夺劳动力和发展机会的局面还会加剧。

第三，我国粮食供求形势不容乐观，供求紧平衡格局没有改变。2013年12月10—13日，中央经济工作会议举行。会议提出，"切实保障国家粮食安全。必须实施以我为主、立足国内、确保产能、适度进口、科技支撑的国家粮食安全战略。要依靠自己保口粮，集中国内资源保重点，做到谷物基本自给、口粮绝对安全。"在"刘易斯转折点"到来以后，预计粮食进口量将进一步增加，粮食自给率有可能跌破90%，未来可能还会有所下降。但是，粮食安全对于"刘易斯转折点"到来以后的产业转型至关重要，这就需要创新保障粮食安全战略。

由于由产业升级和创新驱动主导的新增长模式对人力资本要求更高，同时粮食安全对保障城镇化推进和结构转型的重要性更加突出，这就需要尽快制定适应后"刘易斯转折点"阶段的发展战略。

（一）完善人力资本培养体系，为产业升级和创新驱动提供支撑

为应对产业升级和创新驱动的新阶段到来，我国必须制定人力资本培育国家战略和实施纲要。具体来讲，一是将目前的9年义务教育延长为涵盖高中的12年义务教育，尤其是加大对农村地区，特别是贫困地区的义务教育的投入和质量提升。二是制订在职劳动者再教育计划，对未来有可能因产业升级造成的劳动力结构性失业者进行再培训，不仅包括城市就业者，也应包括农民工等在职就业者。三是改革高等教育培养结构，在保留一定比例研究型院校的同时，恢复和发展一批专业性高校，培养产业发展需要的高技能专业人才。四是制定专业技术评价、晋升和薪酬体系，建立技术立国政策和制度保障。五是放开职业技术教育培养机构，形成以企业为主的按需职业培养体系。

（二）加快推进农业现代化，与工业化、城镇化同步发展

一是客观把握农业要素投入变化的新特点，促进农业发展方式转变，包

括：提高农业要素利用效率，促进土地生产率和劳动生产率的提高；以提高农业全要素生产率为核心，提高农业产业竞争力；改变以增加土地生产率为主的投入结构，促进化肥、农药等产业的改造、升级与转移；制定和实施与农地经营规模和核心产业相适应的农业机械发展战略。二是以解决好"地怎么种"为导向，加快构建新型农业经营体系。实行承包权与经营权的分离，强化对承包权与经营权的权利保护；在坚持家庭经营前提下，推进农业经营方式创新；鼓励承包经营权向多种经营主体流转，发展多种形式规模经营；发展合作经济，提高农民组织化程度；发展社会化服务体系，提高服务规模化、专业化水平。

(三) 切实保障国家粮食安全，为适应"刘易斯转折点"到达之后的经济转型提供坚实基础

落实新的粮食安全观，必须对粮食安全保障区域和农户类型进行进一步细分。一是进一步提高粮食主产区尤其是中部地区粮食安全保障能力。中部地区不仅在我国主粮安全中的地位举足轻重，而且第一产业和粮食生产的"刘易斯转折点"尚未到来，进一步转移农村劳动力，不仅不会降低第一产业和粮食总产出，而且其农户拥有的生产性固定资产价值明显低于其他地区，未来提升农业生产的机械化程度的空间还非常大，有利于劳动生产率的提高。为提高中部地区主粮安全保障能力，国家支农惠农政策应当更加向这些地区聚焦，整合各类资金，加大中部地区的农田水利建设和基础设施条件改善。二是提高纯农户继续从事粮食生产的积极性。后"刘易斯转折点"阶段的粮食安全保障，必须正视农户分化的现实，制定目的性更强的政策，使纯农户继续从事粮食生产，从粮食生产中获益，包括提高纯农户经营规模，提高规模经营收益；增加纯农户从事粮食生产的补贴，提高农业补贴与粮食提供的关联度；强化农业机械和社会化服务，为纯农户从事粮食生产提供专门化服务。

第三章
农业、农村与城乡政策转向

中华人民共和国成立以后，中国城乡关系经历了一个曲折的发展过程。有测算甚至表明，直到20世纪90年代中期前后，农村总体上仍还处于为城市和工业部门提供资金的阶段①，在1998年国家确立"多予、少取、放活"的方针前后，情况才有所缓解。虽然如此，由于尚缺乏可供操作的政策方案，在早期的政策实践中，农村、农业受扶持的力度非常有限。直到2003年提出统筹城乡发展后，城市和工业的支持与反哺作用才凸显出来。党的十六届四中全会对中国之所以要推动城乡统筹发展给出了一个解释，指出在工业化达到相当程度以后，工业反哺农业、城市支持农村，是带有普遍性的趋向。

这一论断表明，中国是在努力吸取代表性工业化国家经验的基础上推动城乡协调发展的。党的十八大报告表明，城乡区域发展差距已成为制约我国全面建成小康社会的重要挑战之一，把统筹城乡发展的任务提到了更为紧迫的地位。因此，从代表性经济体的经验来说，各经济体城乡发展政策大致在什么时候开始转向，城乡统筹发展究竟应"统什么"，又该"怎么统"，都亟待总结。正如马克思指出的，"工业较发达的国家向工业较不发达的国家所显示

---

① 采用生产者支持、消费者支持和一般服务支持分类标准，经济合作与发展组织（简称经合组织，OECD）的测算表明，直到1994年中国对农业的总支持（TSE）力度才由负转正，国家才由对农业的剥夺转为对农业予以保护。

的，只是后者未来的景象"①，本章将从国际经验角度论述城乡发展的转向。

一、工业化战略与城乡发展：一个解释框架

历史统计表明，人类社会经济增长的转折点约出现在18世纪末19世纪初。此前，经济增长极为缓慢，此后，则进入快速通道。从时间点上来看，这一转折与工业革命在世界范围内的兴起基本上是同步的。正因如此，众多研究才都把工业化与国家崛起联系起来（罗宾逊等，1982；钱纳里等，1989）。第二次世界大战后，这基本已成为各国决策者的普遍共识。不过，恰如罗斯托（1962）指出的，只有超过一定门槛的投资率（至少10%）才能抵消人口增长压力，使人均经济产出显著增加。由此，能否使传统社会不到5%的储蓄率提高到门槛值以上，是各国工业起飞与否的关键。罗斯托曾识别出，英国、法国、美国、德国、日本约分别在1783—1802年、1830—1860年、1843—1860年、1850—1873年、1878—1900年起飞。

由于工业化与资本积累密切相关，因此各国在工业化进程中都不得不通过各种途径来加速积累。对早发工业化国家来说，海外贸易与殖民是资本积累的一个重要渠道，如布罗代尔（1982）曾指出，新大陆的矿产、种植园与奴隶贸易为欧洲工业革命贡献了数量非常可观的资本。虽然如此，农业的作用还是得到了极高的认可。如保罗·贝罗奇（1989）就认为，英国之所以较法国、德国等一些国家更早地发生工业革命，一个主要的原因就是英国较后者更早地发生了农业革命（约在1690—1700年），也就是各国工业革命与农业革命的顺序相关。根据古典理论，资本家储蓄是工业扩大再生产的源泉，一旦粮食价格上涨引发工人工资上涨，或原料价格上涨引发生产成本上涨，最终都会侵蚀资本收益，使工业生产掉入"李嘉图陷阱"中。除了上述粮食

---

① 马克思、恩格斯：《马克思恩格斯文集》第2卷，人民出版社，2009，第8页。

和原料贡献外，加塔克和英格森（1987）还补充了农业的另两个贡献，认为农产品出口不仅能为工业生产中的设备和技术进口提供外汇支持，农业发展的引致性需求还能为国内工业品提供市场。与早发工业化国家相比，后发工业化国家在国内外压力下更急迫地选择通过重工业赶超战略加速推动工业化。林毅夫等（2004）指出，这些国家的重工业发展面临建设周期长与资本禀赋不足、设备来源依赖进口与外汇支付能力弱、投资规模大与资金动员能力差等诸多矛盾。因此，在传统二元经济条件下选择重工业优先发展战略，对这些国家农业贡献的规模及社会的组织方式提出了更高的要求。

在上述四种传统的农业贡献方式中，粮食贡献要求有尽可能多的产品剩余，原料贡献要求各国根据本国工业产业结构布局调整农业产业结构，外汇贡献要求各国根据国际市场对农产品的需求情况布局农业生产。在基本消费水平稳定的前提下，扩大农产品剩余的主要方式是增产，但实际上，根据基本的消费理论，在能够自主决策的前提下，虽然在恩格尔定律的作用下，在长期中居民随收入的增长对农产品的消费需求趋于下降，但短期内收入效应仍可能使居民消费持续增长，因此，增产后的分配与剩余的提高密切相关。最后，对产业结构调整来说，个体生产者对市场信号的反应也很可能滞后于国家的需要。因此，很多国家最终形成了如下农村、农业发展思路：首先在严格调控结构的同时全力推动增产，其次干预产品分配，最后再通过显性税收和隐性不等价交换完成转移。

在上述思路中，千方百计推动农业增收在一定程度上是与农民利益相容的。但相对于现代经济增长理论对人力资本及技术进步的强调，各国早期的农业发展往往是制度和要素驱动的，因此，相对于对土地改革、农田水利建设、良种及先进耕作技术推广的重视而言，它们对农村教育、医疗卫生、社会保障等与人力资本提升及技术进步有关的投入往往不足，使得各国对农业的支持表现出明显的与要素产出弹性相依的特征，最终呈现出一定的结构性偏向。对于产业结构调整、消费-储蓄决策、税率及相对交易价格等的干预，在国家选定的工业化战略框架下，很难通过民主协商的方式来实现，因此，最终往往都要通过不同的形式来对农村政治发展给予压制，这恐怕是很多后发国家即便选择向西方学习，但政治上都较为保守的原因（如明治维新后的日本）。实际上，即便是在西欧等早期工业化国家中，根据马克思的观察，在生产要素和产业向城市集中的同时，也出现了城市统治农村的政治集中。根据上述逻辑，我们可以把各早期工业化国家在农村、农业发展中的政策结构归纳如图3-1所示。

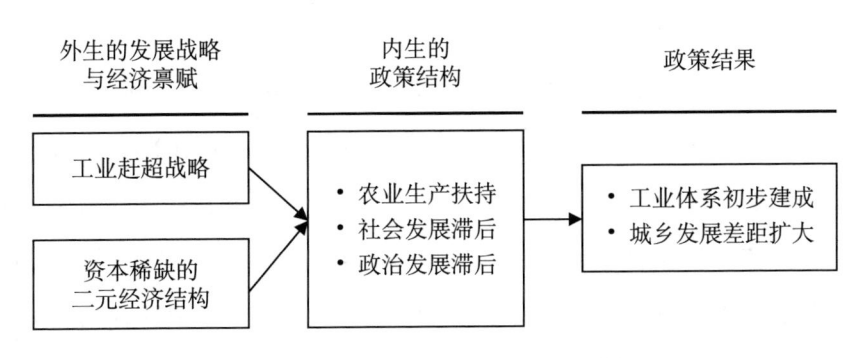

图3-1　工业化早期的农村和农业政策

注：该图参考了林毅夫等（2004）。

基于此，也就有了"纵观一些工业化国家的发展历程，在工业化初始阶段，农业支持工业、为工业提供积累是一个普遍的趋向"的论断。但伴随各国工业得到一定的发展，农业和农村面临的问题也日益凸显。第一，在剥夺政策下，农民生产积极性受到伤害，同时在给定体制下，农业生产力水平释放殆尽，农业的进一步增产面临瓶颈。第二，已有经验表明，在国际市场存在不确定性的情况下，特别是对一些大国来说，国内市场需求（特别是庞大的农业部门）对工业的进一步发展有着重要作用（陈佳贵等，2012；黄泰岩和王检贵，2001），如美国和日本的经验，但如果农民收入增长长期受限，农业的市场贡献作用难以实现。因此，从推动工业化进一步发展的角度看，在工业化达到相当程度后，改进传统政策已刻不容缓。安德森和速水佑次郎（1996）还指出，随着农业比较优势的丧失及农民组织能力的增强，一系列呼吁加强农业保护的政治活动也开始出现，也能使政策改革具有主观上的动力。这两方面条件相结合，将有助于推动农村、农业政策由剥夺转向保护。当然，在工业化有一定的基础后，各国资本积累对农业的依赖也会下降，国家也具备了确保政策转变的财力。由此，也就有了在工业化达到一定程度后，工业反哺农业、城市支持农村的另一个普遍性趋向。

二、各经济体农村、农业政策转折点的测算

农村和农业政策作为一个系统，转变往往有一定的规律可循。一般而言，决策者都会依据成本由大到小、收益由低到高的顺序来选择拟变革政策的顺序。梳理表明，各经济体一般会先从价格入手，逐步过渡到税费减免、农业补贴、社会政策和政治发展。因此，在一定程度上可以说，农产品价格的变动幅度是各经济体农村、农业政策转折的指示器。当然，在现有文献中主要有三个用来测算农业保护的指标，分别是主要为 OECD 所采用的生产者补贴等值（PSE）指标、有效保护率（ERP）指标及世界银行（WB）采用的名义支持率（NRA）指标。当然，上述三个指标测度的范围有所不同，NRA 主要衡量价格支持（如国内价格支持、关税、出口补贴、配额等）措施的影响，而前两个指标衡量的政策范围则更为全面、综合（程国强，1993a）。但 OECD 数据库仅包含发达及新兴国家的 PSE 数据，难以满足本章需要，因而我们仍采用世界银行数据库的 NRA 及其衍生指标来刻画各经济体的农业保护水平。由于各经济体农村、农业政策转向往往先从农产品价格开始，因此，虽然这一指标难以衡量各经济体农业保护的综合水平，但并不妨碍我们由其捕捉各经济体政策的转折点。

NRA 等于 $(P_d-P_w)/P_w \times 100\%$，为产品境内价格（$P_d$）高出边境价格

(Pw) 的比率。当某个经济体农产品境内价格由低于边境价格（世界市场价格）转变为高于边境价格时，一般认为该经济体农业由受剥夺转向受保护。NRA 指标仅考虑了农业部门可贸易品的保护情况，但很多经济体有时也对非农部门的可贸易品实施保护，然后通过操控部门间贸易条件来实施对农业的剥夺。鉴于此，衍生出的 RRA（relative rate of assistance）指标度量了各经济体农业的相对保护程度，其计算公式为 $RRA = (1+NRA_{ag})/(1+NRA_{nonag}) - 1$，其中 NRA_{ag} 与 NRA_{nonag} 分别表示农业部门与非农部门的名义支持率。一般而言，如果对非农产品的保护大于农产品，由该指标测度的农业相对保护转折点就会晚于由 NRA 测度的结果。

鉴于 OECD 数据库报告的 PSE 指标主要考察的是发达国家近半个世纪以来的农业保护情况，未能涵盖这些国家工业化早期的情况，同时新兴国家的样本也有限，因此近些年来国内对各经济体农村、农业政策转折规律的讨论，主要是基于代表性经济体的经验做统计上的描述（如程国强，1993b；马晓河等，2004），缺乏对各经济体一般性规律的探讨。因此，借鉴世界银行数据库报告的大样本数据，在本章我们先对各经济体农村、农业政策转折的点进行测算。参考汪进和钟笑寒（2011）估计各经济体农业劳动力转移规律时采用的方法，以三年平均的 NRA 及 RRA 取值为被解释变量，以各经济体人均 GDP 的三次项、二次项和一次项为解释变量，通过回归参数来刻画各经济体农村、农业政策变化的规律。被解释变量采用三年平均值主要是为了平滑短期波动的影响，作为解释变量的人均 GDP 资料来源于世界银行数据库（WDI），单位为 2005 年国际美元，回归时做对数化处理，最终形成的样本包含 70 余个经济体 1980—2005 年的数据。在回归时，为控制贸易条件的影响，在模型中加入了时间趋势项；为控制各经济体制度及自然禀赋等的差异，采用固定效应模型。

模型的回归结果见表 3-1。从中可以看到，无论是采用哪一指标作为被解释变量，人均 GDP 的三次项、二次项及一次项的回归系数都在 1% 的显著性水平上显著。为方便更直观地考察这些系数的经济含义，图 3-2 描绘了在工业化进程中（由人均 GDP 增长刻画），各经济体农村、农业政策演化的基本规律。仅考虑农业部门，当各经济体处于前工业化阶段时（lnpgdp<5.5，即人均 GDP 的对数值小于 5.5），单就农产品的价格差指标来看，一般不存在人为的农村、农业政策的扭曲。但若考虑到非农部门的保护情况，由 RRA 指标测量的农业保护始终为负，表明始终存在对农村、农业的剥夺。本章更感兴趣的是：(1) 工业化早期农业保护为负的阶段；(2) 工业化达到一定程度后农业保护为正的阶段。根据表 3-1，采用 NRA 和 RRA 两个指标来判断，其零值点分别在人均 GDP 为 1 850 美元和 1 958 美元时。

表 3-1 各经济体农业政策转折点的测算结果

被解释变量	(1) NRA	(2) RRA
解释变量	lnpgdp	lnpgdp
三次项	−0.067 8*** [0.008 0]	−0.046 7*** [0.008 8]
二次项	1.580 1*** [0.202 6]	1.051 5*** [0.225 8]
一次项	−11.841 1*** [1.688 1]	−7.455 6*** [1.900 5]
常数项	28.613 3*** [4.622 4]	16.439 1*** [5.260 4]
经济体固定效应	是	是
时间趋势	是	是
判定系数	0.201 5	0.174 5
零值点（负转正，美元）	1 850	1 958
样本量	1 434	1 292

注：*** 表示系数在 1% 的显著性水平上显著。

最后值得注意的一点是，在工业化进行到一个更高的水平后，各经济体以价格支持为主的农村、农业扶持政策又存在一个新的转向，表现为在工业

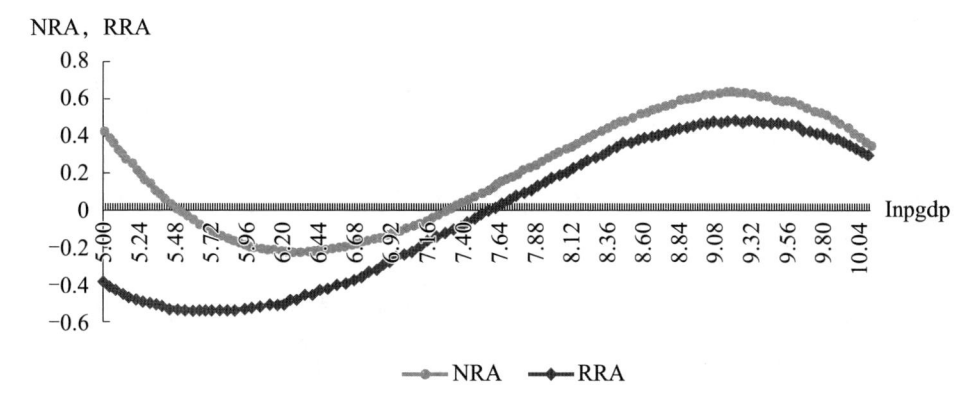

图 3-2 工业化进程与各经济体的农业政策转折
资料来源：数据根据世界银行面板数据计算而得，图由作者自行绘制。

化达到一定阶段后，境内农产品价格向边境价格趋同。当然，这也符合现有的经验：伴随农产品自由贸易的推进，各经济体都在寻求扭曲作用更小的方式来扶持农村、农业发展。

参照以上分析，本章余下部分拟对代表性经济体城乡统筹的内容与方式进行总结。

为更准确地总结各经济体在农村、农业政策转折后不同阶段的城乡统筹政策，我们首先需要识别出各经济体农村、农业政策的转折点。上文给出了基于跨经济体数据回归测算的一般结果，但具体到每一个经济体肯定会有不同。从理论上来说，NRA 或 RRA 指标由负转正的零值点即为各经济体政策的转折点，但由于早期工业化经济体农村、农业政策转折往往早于世界银行数据库中指标的起始年份（1960 年），因此我们只能基于各经济体的政策来做推理判断。就此来说，本章与国内很多研究有所不同。一般来说，国内研究普遍都是先验地认定各经济体农村、农业政策转向出现在工业化中期开始阶段，然后总结其针对农村、农业的政策，殊不知各经济体政策转折的时点存在差别，可资借鉴的政策也就有很大不同。

表 3-2 报告了判定的结果。对于早期工业化经济体，我们选择美国、英

国、法国、德国和日本五个国家,同时也选取韩国和中国台湾地区作为中国的参照。基于各经济体农村、农业政策往往从价格开始转折的基本规律,对于上述早期工业化经济体,本章以各经济体在历经长期的农业为工业提供积累阶段之后开始转变农产品价格政策的时间作为它们农村、农业政策的转折点。比如美国虽然在通过《西部法令》等法案确立家庭农场在农业生产中的支配地位后,又分别通过1862年的《莫里尔赠地法》和1888年的《哈奇法》等一系列法案推动建立了涵盖全国的农业教学、科研和技术推广体系,但仍不能说此时美国已开始了工业反哺农业、城市支持农村的历史进程,否则也就不会在19世纪80—90年代出现以农场主为主体的要求改进农业政策的平民党人运动了。日本的情况也类似,在明治维新后不久,日本就着手进行地租改革、耕地整理和农业技术推广(如"明治农法"),但也不能说日本农村、农业政策已转向,因为众所周知,此时正是日本农业为工业提供大规模积累的阶段。

表3-2 代表性经济体农村、农业政策转折年份及对应的结构

	政策转折年份	人均GDP	农业产值占比(%)	农业就业占比(%)
表(A) 转型滞后经济体				
英国	1896	6 993.85	8	11.47!
美国	1890	5 583.23	17.1	42.84
法国	1885	3 632.72	36	44.91*
德国	1880	3 277.19	36	46.72#
表(B) 转型及时经济体				
日本	1910	2 146.38	30.00	63.01
中国台湾	1962(1971)	2 005.69	26.8	48.55
韩国	1964(1970)	1 883.07	47.77	—
中国	1996(2004)	2 012.86	19.69	50.50

注:(1)美国、英国、德国、法国、日本人均GDP资料来源于国务院发展研究中心,原始数据为以1990年国际美元计价的数据,作者根据美国历年CPI指数将其调整为以2005年国际美元计价的数据。(2)美国农业从业人员占全部从业人员比重资料来源于国务院发展研究中心。(3)中国台湾农业产值占比为1963年数据,就业占比为1964年数据,其中就业占比根据《帕尔格雷夫世界历史统计:亚洲、非洲和大洋洲卷》计算,人均GDP资料来源于宾夕法尼亚大学数据库。(4)韩国农业产值及就业占比资料来源于国务院发展研究中心。(5)其余资料来源于WDI数据库。(6)!、#、*根据《帕尔格雷夫世界历史统计:欧洲卷》计算,分别为1891年、1896年和1882年数据。

美国农村、农业政策约从 1890 年开始出现转向，标志性事件是该年美国颁布了《麦金莱关税法》，使平均关税率达到 49.5% 的历史高位，对国内农业生产和出口产生了不可估量的支持作用。尽管此前美国也多次提高关税，但由于在 1875 年前草原铁路网尚未建成、远洋货船尚未成为谷物贸易的主要装载工具（克拉潘，1965），因此对农业的影响远不如 1890 年的关税法案。日本政策的转折从 1910 年开始。早在 1905 年，为筹集日俄战争经费，日本实施特别税，对大米和稻谷进口征收 15% 的从价税，受地主阶层的支持，在 1909—1910 年的帝国议会上，它以每 60 千克征收 1 日元从量税的形式固定下来（晖峻众三，2011）。英国自重商主义时期就采用中断性出口补贴政策干预农产品贸易，在国际价格低于设定的国内谷物价格时实行出口补贴；在 18 世纪中后期由粮食输出国变为输入国后，又在国际价格低于国内价格时执行禁止进口或征收高额关税的政策；直到 1846 年《谷物法》废除，才进入自由贸易轨道。但仍很难说英国早就出现了农村、农业政策的转向，因为直到 18 世纪中期，受城市化引致的农产品需求扩张驱动，议会还在推动圈地，农村、农业仍在为资本积累服务。在短暂的自由贸易后，伴随世界粮食供应来源的增加及铁路和远洋运输的发展，英国农业于 19 世纪晚期再陷危机。为此，改革后的议会开始采取一系列措施应对危机，首先是在 1889 年成立独立的政府机构专管农业（农业部前身），然后又于 1896 年颁布《农业价格法》对农产品进行价格支持。由于新成立的机构在一战前主要负责防治作物、牲畜病害及农业教育（考特，1992），因此，把《农业价格法》颁布的 1896 年作为英国农村、农业政策转向的开始。

当农业危机同样呈现在德国面前时，俾斯麦为回应地主阶层强烈的保护呼吁（同时也为了增加财政收入），推动德国于 1897 年 7 月颁布新关税税则（1880 年实施）。德国保护性政策的效果是明显的，柏林 1878—1883 年的小麦价格为每公吨 205.08 马克，同期欧洲主要农产品交易市场之一但泽的价格为每公吨198.85马克,两者相差不多,到1886—1980年,虽然柏林价格已降到每公吨174.21马克,但但泽价格也降到每公吨139.63马克,前者已高出后者约24.77%(克拉潘,1965)。作为欧洲农业生产大国,法国农村、农业政策转向的道路更为曲折。19世纪60—70年代的路易·拿破仑政府推崇自由贸易政策,与多国签订了自由贸易商约。到后来受国际竞争及国内歉收影响而出现农业危机时,法国甚至无能为力。葡萄酒制造商及农业家协会率先开始组织运动,寻求保护性政策,但法国这个时候能做的事情有限,只能基于卫生理由做点事情,如阻止掺假葡萄酒贸易、禁止美国猪肉进口。自1884年在食糖贸易上有所动作开始,法国在1885年提高了牛的进口关税,处理了小麦课税问题,同时自1861年后首次对裸麦、大麦和燕麦征收进口关税,1890年则统一关税,1982年颁布《梅林税则》(克拉潘,1965)。鉴于1885年法国农产品关税政策开始密集出现或提高,因此以该年为法国的转折点。

表3-2把上述经济体分为两类,其中一类为转型滞后经济体,另一类是转型及时经济体。韩国、中国和中国台湾地区的转折时间由NRA(三年平均)稳定地由负转正的年份确定。由RRA确定的时间一般晚于NRA的测算结果,报告在表中括号内。一个经济体转型是否及时,主要依据转型时该经济体人均GDP与表3-1中测算的零值点比较的结果来确定。英国、美国、法国和德国四个经济体政策转向时的工业化水平远远高于模型预测的结果,属于转型滞后经济体;日本、中国、韩国及中国台湾地区转型时的工业化水平与模型预测的结果大致相符,属于转型及时经济体。一个经济体的工业化进程越早,这个经济体农村、农业政策转向的步伐就越慢,如英国政策转向时的人均GDP约为6 994美元,到德国时只有3 277美元,而包括中国在内的一些东亚经济体,在2 000美元左右就开始转向了。但从经济结构来看,则难以窥测出类似的规律。英国在农业产值占比和就业占比都非常低的时候

才发生转向，而美国和中国又都在农业产值占比相对较低、就业占比相对较高的阶段转折。

三、各经济体城乡统筹发展的基本内容与方式

虽然各经济体农村、农业政策的转向多从价格支持（如国内价格支持、关税、出口补贴、配额等）开始，但最终的发展又不仅限于此。结合前文选定的代表性经济体，下面对各经济体农村、农业政策转向后城乡统筹发展的基本内容与方式进行梳理。

（一）城乡统筹过程中的经济政策

根据钱纳里等人提出的多国增长模型，本章回归核算的各经济体农村、农业政策转折点总体上处于工业化初级阶段向工业化中级阶段迈进的时期。参照一般经验，各经济体的工业化、城镇化此时往往处于高速发展时期，对农产品的需求日趋增大，保障农产品的供给依然是各经济体农村、农业发展中的首要问题。但也正如前文指出的，早发与后进工业化经济体在农村、农业政策转向的时间上有明显差异。因此，由于转折所处背景的不同，各经济体政策会有所不同。

英国是世界上第一个完成工业革命的国家，但其现代农村、农业政策的转向因各种原因远远滞后于其工业化进程。19世纪中期后，英国成为农产品净进口国，因此它不得不通过殖民地与国内农产品贸易的一体化政策来确保粮食供给。伴随国际局势变化对贸易的不利影响，在两次世界大战期间，英国都出现过粮食危机。因此，英国不得不在通过扩大耕地面积、廉价提供农业机械等一系列措施提高粮食自给率的同时，借助食品配给，缓解供需矛盾。1947年英国颁布《农业法》，依然要努力提高粮食自给率。为此，在确立政府保护农产品类别的基础上，英国采取了直接提供生产资料，通过补贴或贷款支持等鼓励农场主采取新型生产技术，对保护产品实施最低价格支持等一

系列政策。经此努力，到1954年，英国粮食自给问题已初步得到解决。在产品过剩初现端倪的情况下，英国政府开始着力提高农业长效生产能力和改进农业收入。它采取的政策包括：（1）设立专门机构加强农业科研、教育与技术推广工作；（2）加强对农业生产基础设施建设及直接生产的补贴，大力推进农田水利建设、农业机械与生物化学等现代生产技术的使用；（3）在实施农产品保护价格制度的同时，对市场销售的损失也给予相应的补贴，确保农业收入稳定。到了20世纪70年代，开始大力推动结构调整，在土地上推动农业规模化经营，在生产上通过相关法令（如1960年《园艺法》），推动农业由传统粮食作物种植转向蔬菜等园艺作物生产。1973年后，英国融入欧洲共同农业政策。

美国在19世纪中后期就已出现农产品过剩问题。因此，在努力保障农业长期生产能力的同时，农村、农业政策也较早地转向对农业收入的关注。首先，继早期一系列努力后，在19世纪晚期开始通过社区学院和农学院为农业劳动力提供不同层次的技术培训，1914年和1917年又分别颁布《史密斯-利弗合作推广法》与《史密斯-休斯法》，把县级政府和中学教育纳入全国农业技术推广体系，推动形成了有美国特色的农业教育、科研和技术推广体系，为农业机械、化学和生物学技术乃至后来计算机技术在美国农业生产中的广泛应用奠定了坚实的基础。其次，为顺应农业机械化推进、现代化投入增加及农业规模化经营的需要，从1916年《农业信贷法》开始，美国着手进行全国性农业信贷体系建设，着力解决农业生产中的融资问题。最后，鉴于早期粗放式土地开垦及农业生产对环境的破坏，及后来化学制品投入对土壤结构的损坏，自1933年起，美国相继颁布了《土壤保护和国内配额法》（1936年）、《农业调整法》（1938年）、《土地银行法》（1956年）、《耕地保护计划》（1962年）等一系列法令和计划，努力恢复和改善农业生态环境（徐更生，2007）。

在维持长效农业生产能力的前提下,美国通过一系列经济政策来确保农业向非农业收入的趋同。其举措可以分为两类:一类是"存量"政策;一类是"流量"政策。流量政策旨在推动农业劳动生产力向非农部门转移。统计显示,1890年时美国农业劳动力占全部劳动的比例约为43%,彼时中西部农业州与东北部及大西洋中部沿海工业地区的发展差距非常明显,到1920年时上述比例已降至约22%,到1950年时约为12%,此时上述传统农业州与非农业州之间的收入已走向趋同。Caselli等(2001)指出,农业劳动力转移通过三个渠道推动区域收入收敛:一是全国范围内的农业与非农行业间的收入趋同;二是不同地区间相同行业内的收入收敛;三是就业占比变化带来的作用。存量政策针对农业自身,包括价格和收入支持、生产结构和贸易政策调整等。在价格和收入支持方面,为削弱产出及价格波动对农业收入的影响,自《农业调整法》起,美国就通过对农产品储存与生产信贷支持及对销售环节的干预,为农产品提供价格支持,通过作物保险及灾害援助计划降低农业收入风险。在生产结构上,美国把播种面积削减与价格和收入支持相结合,引导农场主合理安排生产结构。在贸易政策上,美国借助各种贸易壁垒、对外援助计划和信贷手段,推动剩余农产品出口。

在19世纪末的关税保护下,法国粮食进口量逐步减少,农业生产稳定发展。但一战的到来同样也使法国面临着严峻的粮食危机,粮食进口激增,战后法国重拾农业关税保护并开始土地整顿,国内农产品价格呈恢复性上涨,粮食生产由不足转向丰收。二战及战后初期一段时间,法国再次处于粮食危机中。为解决危机,法国在扩大粮食进口的同时,借助于债券发行和马歇尔计划的支持,再次加强对农业生产和市场价格的补贴,并继续奉行土地整顿政策,结果是到1949年农业产量就恢复到战前水平,1950年时8%的农业生产单位就已约提供了45%的农业产出(秦川和许平,2005)。此后,法国政府把提高农业综合生产能力和增强农业收入作为政策的核心,在1960年颁布的《农业指导法》和1962年颁布的《农业指导法补充》中,明确规定农业部门要获得与其他部门同等的社会地位。因此,法国在进一步加大农业补贴、投入和鼓励出口的同时,进一步鼓励农业者离农,推动农业规模化经营。与法国相似,德国也饱受两次世界大战的影响。一战期间,德国陷入了严重的粮食危机,后来甚至间接推动了纳粹党的上台。在惨痛的记忆下,同时也为保证军需,在希特勒统治期间,德国在农业部和全国粮食总会的控制和调节下,通过对农业较为有利的价格和对化肥及农业机械投入的支持等措施,鼓励农业增产。在二战后的一段时间内,增产仍是德国农业政策的中心任务,如1955年颁布的《农业法》(联邦德国)就把确保粮食供给及农民获得与其他职业者相仿的社会地位作为德国农业政策的核心。为此,德国加大了对农业的投入,并一改传统的小土地所有制,鼓励规模化经营。到1967年,囿于欧洲及世界政治经济形势,德国被迫加入欧洲共同农业政策阵营。

1964年后韩国逐步放松对粮食价格的管制,从1968年起依次对稻米、大麦、小麦、大豆和玉米实施高价格收购、低价售出的双重价格制度,由政府补贴差价。在生产上,以1967年《农业基本法》的颁布为契机,韩国加大了对农业的扶持力度。以投资为例,在第三个五年计划期间,韩国对农业的投资和贷款占经济总投资和贷款的20.4%,总量上是第二个五年计划期间的4倍和第一个五年计划期间的8倍多。通过这些扶持政策,韩国农户大幅度提高了化肥、农药和机械的投入与使用,并建成了蚕丝、畜牧、水果、蔬菜、海产品等多个专业农业基地。自1970年,韩国开始关注农村、农业综合开发及收入增长,实施新村运动,在进一步加大对农业生产投入的同时,也致力于改善农村生活环境。到20世纪末,为鼓励农业规模化经营,国家又开始修改对家庭保有土地面积上限的限制。但作为人地比例严重失衡的后发工业化国家,仅靠存量政策尚不足以确保农业与非农业收入的均等化。为此,韩国还通过工业布局的分散化等措施,鼓励农业劳动力转移和兼业,以推动收入均等。

与韩国类似，在1964年工业比重超过农业后，中国台湾开始调整其农业政策，在1968年检讨其农业发展政策后，进一步大规模工业反哺农业。首先放弃传统的谷物换肥料计划并降低化肥价格，然后大幅度降低或取消各种农业税费，着力农业科研、教育与技术推广，大力推动农业基础设施建设投资，通过粮食平准基金干预农产品价格，并鼓励出口。在20世纪80年代初期，中国台湾大米出现过剩，因此在生产结构上，当地采用了"稻田转产"政策，调整农业生产结构，玉米等杂粮、畜牧、渔业、养殖和园艺作物得到发展。近20年它又大力发展精致农业，农业的休闲、观光功能得到充分开发。在土地结构上，鉴于粮食短缺有所缓解，小农经营开始妨碍农民收入快速增长，中国台湾开始第二次土地改革，通过多种方式鼓励土地流转和规模化经营，努力促进小农向大农转变。另外，与韩国的情况类似，中国台湾人多地少，在短期内很难仅通过农业自身的发展来实现农业与非农业收入的均等化，为此中国台湾也借助于流量政策，如加速乡村工业化，通过农业劳动力转移和兼业推动收入均等。

日本是亚洲另一个典型的农村、农业政策及时调整的国家。在一战前后，日本就已经面临粮食短缺和物价上涨问题，甚至还曾因此发生过由城市底层工人及农民参与的席卷全国的米暴运动。但由于大地主阶层的实力较为强大，因此虽然面临工商业界的反对，日本政府也未能改变对农业的保护，只能转而从中国台湾、韩国等地进口大米来确保国内供应。在二战期间，为应对日益增长的粮食需求，日本对农业提供了很大的支持，如进行租佃调停、推行农村经济再生、清理负债和实施土木工程援助等，但由于战争对农业投入的过度挤压，农业衰败最终未能避免。战后，日本首先通过彻底的土地改革，建立了自耕农体制。鉴于粮食危机笼罩全国，日本在1952年颁布《土地法》后，开始执行粮食综合增产与保障自给政策，一方面努力通过土地改良与拓展，增加稻米和小麦播种及畜牧业发展，另一方面则通过税费减免和农产品价格支持，提高农民的生产积极性。后由于美国粮食援助的诱惑，日本粮食增产计划受到一定抑制（稻米可能是例外）。在进入经济高速增长阶段后，日本国内对优质稻米、畜产品、蔬菜和瓜果等的需求迅速膨胀，与此同时，由于农业劳动力的大规模转移，农业劳动力的高龄化问题越来越严重，文化层次也面临下滑，不利于保障农产品需求。为此，日本于1961年颁布《农业基本法》，把稻米、畜产品、蔬菜和瓜果等农产品置于"选择性扩大"战略保护之下，通过国内价格支持与边境贸易保护等给予大力支持。

除借助价格政策外，日本还把保障主要农产品自给目标的实现寄托在农业长效生产能力的提高上。为此，日本也走上了努力通过农业规模化经营提高农业生产力之路。首先，同韩国一样，日本取消了20世纪50年代末土地改革时对土地持有面积上限及雇佣劳动力规模的限制，然后又通过农业法人制度推进合作经营，并通过信贷支持等措施推进土地流转。在此基础上，日本进一步通过公共财政补贴，推进农地整理、农田水利等基础设施建设，鼓励引进先进机械设备，以增强农业长效生产能力。在《农业基本法》的构想中，日本土地结构调整还承载着一个重要目标，即通过扩大农业生产经营规模，培育自立经营的农户，使之获得等同或超过生活环境类似相邻乡镇中城市家庭的人均收入。图3-3中的数据显示，大约从1955年日本农户家庭人均收入就开始止跌为升，到1970年左右已基本与城镇家庭人均可支配收入持平，预示着城乡收入均等化目标已初步实现。

悖论在于，当采用农业劳均生产总值与工业劳均生产总值之比来度量农业相对于工业的劳动生产率时，我们看到，从明治维新时期到21世纪初，日本农业劳动相对生产率总体上呈下降趋势，与之相对应，日本城乡居民收入比在1955年前大体与相对生产率变动趋势相同，这符合直觉，但在1960年后两者呈反向变化，即在农业相对产出下降的情况下，农户相对人均收入大幅增长，这与土地调整的逻辑明显不符。因为如果是土地结构调整（也包括

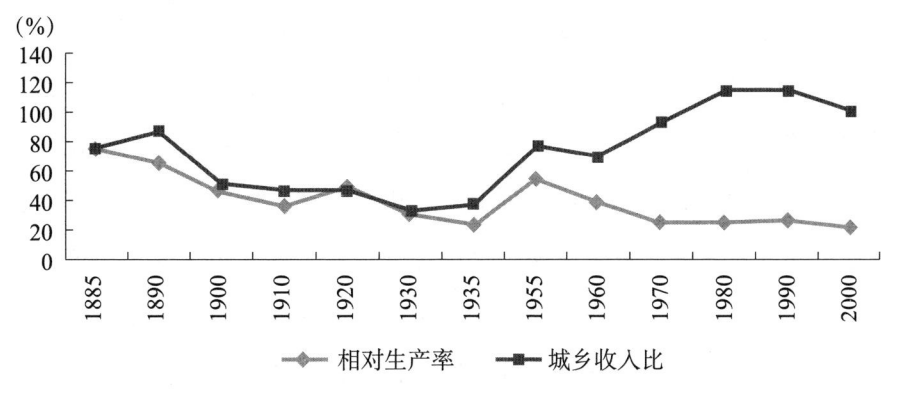

```
(%)
140
120
100
 80
 60
 40
 20
  0
    1885 1890 1900 1910 1920 1930 1935 1955 1960 1970 1980 1990 2000
```
◆ 相对生产率　■ 城乡收入比

图 3-3　日本现代化进程中的城乡发展

资料来源：Hayami (2007)。

价格支持）在起作用，那么其作用归根到底要体现在农业相对收入的提高上。因此，日本城乡收入趋同应该还有土地结构调整与价格支持以外的机制原因。晖峻众三（2011）对此提出了一个解释，他指出，到1967年为止，以米价为代表的农产品价格的上涨促进了农业收入的增加，加上工资上涨和兼业深化带来的兼业收入增加，共同促进了城乡收入差距的缩小，但1967年后农业收入陷入增长困境，因此，此后城乡收入均等化主要还是劳动力转移及兼业收入增加的结果。据此，我们注意到，无论是韩国、中国台湾，还是日本，农村劳动力转移及兼业在缩小城乡差距的过程中都发挥着极为重要的作用。

（二）城乡统筹过程中的社会政策

工业化进程中的积累要求对各国有限资源的配置形成了很大压力。根据自由主义的传统，由于福利支出主要是消费性质的，因此投入的优先级不应高于资本形成。另外，不论当前如何，在工业化早期，的确少有企业或国家主动在支出较大的社会政策项目上有所作为。即使在近期，李明（2012）在一份跨国研究中也发现，一个国家或地区的工业赶超步伐越大，无论是从立法（社会规制）还是从实际财政支出（政策实施）来看，其社会政策都较为滞后。不过，伴随工业化的推进，当各国基于各种原因在社会政策上有所动作时，我们能够发现，它们在城乡及不同政策项目上的作为有所区别。

教育是重要的社会政策项目之一，根据内生增长框架，现有文献也普遍认为其具有生产功能。但我们知道，作为第一个工业化国家，英国长期对教育奉行不干预政策，直到工业革命几近完成的1870年才颁布了第一部义务教育法。当然，经济史研究也发现，教育对以棉纺织业为主导的早期英国工业革命的贡献微乎其微（Mitch，1998）。英国政府对教育的这一姿态在农村教育中也有体现，如有研究就曾发现，伴随教区等传统社会机构的衰落及人口的流动，从识字率来看，英国农村教育水平甚至一度下滑。与英国不同，后发工业化经济体对教育都极为重视。法国、德国、日本、韩国等都在很早就颁布了义务教育法。在技术教育上，这些经济体也都是典范。例如美国有利用公地发展教育的传统，1862年颁布的《莫里尔赠地法》就规定，凡接受法律各州，都可据其在国会中议员的比例获取联邦赠地，出手后用来创办或至少维持一所农业和机械技术学院。① 在农业部的领导下，法国不仅建立了密集的公立农业教育网，还对私立教育给予补贴。德国则是世界上最早推行强制全民义务教育的国家。日本、韩国和中国台湾地区也积极支持农村技术教育发展。正是由于这些政策，上述经济体才建立了严密的农业科研、教育和技术推广体系，这对其实现和维持农业长效生产能力，进一步来说，缩小城乡收入差距，都发挥着重要作用。

与教育或技术培训的作用相比，社会保险通过转移支付稳定城乡居民收入的功能更为直接。在表3-3中，我们还列出了本章所选代表性经济体农村居民养老及医疗保险制度确立的时间。总体上来说，由于人口年龄结构的变化有一个过程，医疗问题却时时存在，因此医疗保险制度的确立会早于养老保险制度。当然，由于各经济体政策环境的差异，情况也有所不同。

---

① 此后美国也有一些其他赠地法案颁布，据此美国至今仍保有56所赠地农学院，包括康奈尔大学。

表3-3 代表性经济体农村的社会政策发展

经济体	农村社会政策类别			备注
	义务教育	养老保险	医疗保险	
英国	1870	1946（1908）	1948（1911）	
美国	1919（6~8）	1990（1935）	—	
法国	1889	1952（1898）	—	1950年提出农民年金计划
德国	1825	1955（1889）	1911（1883）	德国很早就由皇帝敕令加强教育
日本	1947（9）	1961（1891）	1958（1919）	1872年推行4年义务教育
韩国	1954 1976（6）	1995（1973）扩至所有农民	1988（1963）	
中国台湾	1968（9）	1995（1958）	1989（1970）	

注：(1)"义务教育"一列括号中是义务教育年限，"养老保险"与"医疗保险"两列括号中是各经济体城镇养老及医疗保险制度确立的时间。(2)义务教育是美国各州保留权利，1919年亚拉巴马州最后一个颁布义务教育法。(3)根据1911年《帝国保险法》和《雇员保险法》，普通民众（含农民）被纳入德国医疗保障制度中。

英国于1911年颁布《国民健康保险法》，但主要覆盖领工资者，其1948年颁布的《国家卫生服务法》规定，无论支付能力大小，所有劳动和非劳动者都可享受免费医疗，1964年则推广到全体国民。由于此时英国的城市化水平已非常高，因此也就没有针对农村居民的医疗保险。美国是典型的补缺型福利国家，全面实施商业医疗保险制度，虽然政府为农村医疗条件改善也做了很多工作，但仍只负责老人与贫困者的医疗保险。为削弱左翼政党的影响，德国早在1883年就颁布了《医疗保险法》，从蓝领工人、运输工人、金融办公室员工，一直到1911年扩大至包括农业工人在内的普通居民，1972年涵盖全体农民。① 法国则有悠久的农业互助社会保障传统，涉及医疗、养老等多

---

① 联邦德国于1972年颁布法规，针对全体农村居民实施医疗保险。

个方面，自1945年开始由社保互助机构统一管理。亚洲经济体的社会保险体制与德国较为类似。日本于1919年首颁《国民健康保险法》，但把农民排除在外，1927年强制要求将规模在10人以上的工厂、矿山、交通等领域的单位职工纳入保险。1938年，为给战争募集资金而鼓励农民入保，但农民积极性不高，终在1958年出台以农民医保为主的《国民健康保险法》。韩国于1963年通过第一部《医疗保险法》，因是自愿入保，发展缓慢。1977年韩国要求规模在500人以上的企业强制入保，后逐步放至300人、100人以上的企事业单位，1988年推广至农民，1989年就全覆盖。中国台湾在1995年前设劳工、公务员等多种职业综合保险，以《劳工保险条例》（1958年）为基础，把劳工养老、医疗、工伤等多个险种涵盖在内，1985年试点试办农民健康保险，1989年正式施行。

与医疗保险类似，在报告农村养老保险制度确立时间的同时，表3-3还在括号中报告了对应城镇养老保险制度确立的时间。从中可以发现，农村养老保险制度的确立普遍晚于城镇。通过对14个经济体的梳理，华迎放（2008）发现，它们城乡养老保险制度确立时间的差别平均为54.7年，略高于我们表3-3中的时间间隔。但无论是西方经济体还是亚洲经济体，都存在一个共同的趋向，即普遍把各自的农村养老保险政策与经济政策目标挂钩。如英国1967年的《农业法》、法国1962年的《农业指导法补充》，乃至日本和中国台湾的年金制度，都鼓励领取年金的老农退出土地经营，加速土地规模化，以提高农业长效生产能力，培育自立农户。

由上面所列代表性经济体城乡医疗和养老保险制度确立的情况还可以看出，在工业化进程中，各经济体社会政策的发展存在这样一个规律，即大致在解决政府、军队、教师等公共部门雇员的需求之后，再及私营部门雇员，最后再及城镇自雇人员、自由职业者和农民。当然，各经济体农村社会政策并不限于教育、医疗和养老保险。如美国于1938年、法国于20世纪早期及战后，都曾建立和完善其农业灾害保险制度。伴随人口流动和人口老龄化的加速，众多经济体也都开始尝试把农村老年护理纳入社会保障体系，如日本自 1963 年颁布《老年人福利法》起，开始探索老年护理问题，最终在 1997 年出台了《护理保险法》。另外，也有一些经济体实施了更系统的农村开发计划，如美国始于大萧条时期的农村电气化及韩国始于 1970 年前后的新村运动。凡此种种，大体上也呈现出一个规律，即随着经济社会的发展，无论是社会政策项目、覆盖面还是支付水平，城乡都在一体化。

（三）城乡统筹过程中的政治发展

马克思主义经典作家在对西欧各国的分析中发现，伴随工业化、城镇化的推进，在生产要素及产业等向城市集中的过程中，也存在政治向城市集中的规律。从历史经验来看，各经济体早期的政治集中主要是通过资产阶级革命完成的，表现为普选权由传统的地主、贵族向城市工商业者的次第转移，直至后者在代议和政府机构中普遍占据优势。此后，在实现转移过程中或完成转移之后，伴随对财产、纳税额、教育水平等要求的逐步放松，普通工人、农民及有色人种的政治权利才次第实现。参照利普顿"城市倾向政策"的概念框架，政治权利变革的这种"差序格局"[①] 与各经济体的资本积累有着密切的联系。表 3-4 显示了代表性经济体农村的政治权利发展。

表 3-4　代表性经济体农村的政治权利发展

经济体	政治权利类别		备注
	农业团体结社	普遍或直接选举权	
英国	1824	1918（男子）# 1813（直选）	1884 年部分农业工人获选举权
美国	1914	1921（女子）# 1913（直选）	1913 年是参议员直选

① 国内郝铁川首先提出这一概念，见其论文《权利实现的差序格局》（载《中国社会科学》2002 年第 5 期）。

续表

经济体	政治权利类别		备注
	农业团体结社	普遍或直接选举权	
法国	1884	1848（男子）♯	中间曾多次变动
德国	1867	1848（男子）♯ 1871（直选）	1889年合作社法修订
日本	1899	1925（男子）♯ 1890（直选）	1922年颁布新农会法
韩国	1957	1987（所有）* 1987（直选）	
中国台湾	1949	1994（所有） 1994（直选）	1974年颁布新农会相关规定

注：(1) 本资料为笔者根据多份材料整理得出。(2) 鉴于各经济体政治体制差异，表中♯、*分别表示议会选举和总统选举。(3) 括号内所标"男子"和"所有"分别指男子选举权和全体居民选举权，美国自1921年起女子初获选举权。

可以从经济史中去理解各经济体政治权利变革的差序格局与它们工业化的关系。

在英国，虽然很多文献给予1688年光荣革命很高的评价（如诺斯），但实际上在1832年议会改革前，大土地所有者及贵族在议会和政府中的代表性都远高于工商业者。1832年的第一次改革赋予工商业者及农村富裕农民选举权；1867年的第二次改革使小资产者和技术工人获得选举权；1884年和1885年的第三次改革使部分农业工人获得选举权。在1832年改革前，存在众多不利于资本积累的法令，如著名的《谷物法》。早在1815年2月24日发表的《论低价谷物对资本利润的影响》的小册子中，李嘉图就指出，进口有助于降低工资，提高利润，促进资本积累，因此对这一法令给予激烈的批评（黄少安和郭艳茹，2006）。果然，该法令由于导致生活成本上涨，不仅面临着城镇工商业者及工人的反对，在农村也引发了一系列的动荡。因此，伴随政治力量的悄然变化及各方面条件的具备，《谷物法》不可避免被废除。

但在工商业者获得政治权利后，贫困农民及农业工人的困境至少在短期内并未得到改观，资本积累的逻辑依然如故。1834年新《济贫法》的颁布及对农民结社权的抑制集中体现出这一点。英国旧《济贫法》规定，乡村教区负责贫困人口的救济，但长期以来，维系济贫开支的济贫税在经济不景气时往往都会成为工商业者（也包括地主）的负担，同时由于自18世纪晚期以来斯宾汉姆济贫方式使受救济者有了相对良好的保障，不仅削弱了劳动者的工作意愿，而且由于生存成本下降，人口也得以膨胀，社会压力增大，因此改革的呼声不断。但在1832年改革前，议会一直未能就此有实际的行动，新《济贫法》在初次议会改革后的两年就顺利出台，其背后的原因不难理解。与农民相关的另一项政治权利是结社权。由于阶级结构不同，各国农村结社的方式有所不同。在英国，农业工人的结社活动发展缓慢，在工商业者及大地主的联合下，1799—1800年颁布的《反结社法》规定，农业及其他行业工人都不具有通过结社而采取集体行动的权利。由于存在其他各种限制，因此即便在1824年《反结社法》被废除后这一情况仍未有太大改观，以至于经济史学家考特（1992）曾评论说，有人认为在1884年部分劳动者获得选举权后，农村生活的积极性已经转到劳动者一边，这些看法只不过是猜测。

  作为英国前殖民地，美国的政治发展从客观上来讲已相对较快。美国宪法把对选举权的规定留给了各州，各州起初对选举权有种族和财产等方面的限制，因此在1789年举行第一次选举时，只有5%的白人男性参加了投票，但到1828年总统选举时，拥有选举权的居民已超过白人男性的50%，居世界前列，到20世纪初更基本实现了白人男性普选权，并完成了扩大选举适用范围、缩短选举产生职位任职时间等多个制度创新（马俊，2010）。但即便如此，在19世纪晚期的农场主看来，这仍不足以抵制联邦政府与工商业界联合对农业的剥夺，因此才在19世纪80—90年代产生了轰轰烈烈的以农场主为主体的平民党人运动，发展到1892年甚至成立了人民党，它提出党纲并参与总统竞选。平民党人对高昂的铁路运费、不断恶化的工农产品贸易条件、农业贷款的不便及选举中的黑幕提出了强烈的控诉。虽然运动最终失败了，但正如休斯和凯恩（2011）指出的，到罗斯福新政末期，他们的主要需求都得到了满足，美国人应该感谢他们，正是因为他们，才有了无记名投票、参议员直选、对铁路的规制和农业信贷体系等。

与英国不同，美国宪法很早就宣布公民有自由结社的权利，因此早在1867年美国就有了第一个全国性农业组织——"格兰奇"（平民党人运动主力之一）及后来的多个农业组织。但由于限制了商业贸易，在1890年《谢尔曼反托拉斯法》通过后，包括农业劳动者和劳工在内的人员的结社权利意外地被禁止了。但到后来，为促进农业发展，1914年的修正案对基于合法目的而采取互助措施的农业和园艺组织给予了豁免，1922年和1926年通过的法令又依次对农产品加工、处理和销售生产联合体给予豁免。

虽然德、法两国的工业化稍晚，但其农业合作却并不落后。德国农业合作的先驱是赖夫艾森，他于1862年创办具有无限责任的村庄信贷合作银行，逐村推广，后来于1876年成立赖夫艾森合作银行，支持各村合作社发展。合作银行成立之初的主要目的是消除乡村高利贷者，后拓展到肥料、耕牛饲料、耕牛、农业机械等的生产、购买与销售。截至1914年，德国各类合作社社员人数至少在600万人以上。对于这些合作社的作用，有观察者曾指出，至少在应对19世纪80年代农业危机时，其对小农场主起的作用比所有的农业和关税法律加在一起都要多。不过，德国合作运动主要存在于土地保有阶级中。雇工个人和集体的行动仍受到很大约束。他们虽然名义上获得解放，但实际上仍面临各种束缚，如只有申请获得批准才能解放，大部分地区直到1850年时还受地主庄园行政权的管辖，根据1810年颁布的雇工条例，雇工不能提前中止合同，无权罢工，等等。在这些约束下，以往的农奴或佃农在解放运动中丧失了土地，或涌入城市，或变为雇工继续服务于庄园。因此，虽然德国在统一后就实施了选举，但直到一战前选举与被选举权都主要为容克地主和工商业者所操纵。

　　法国农业合作的传统非常悠久，以至于杨格在 1794 年的旅行日记中就曾写道，欧洲各处都有农业社团的活动，巴黎的社团则主要忙于应对跳蚤和蝴蝶。法国农业协会多种多样，最古老的称为辛迪加，这些社团在农业技术推广方面做了大量工作，如在大革命前就开始推广英国耕作方法，在 19 世纪 80 年代葡蚜袭击葡萄园时，还曾在政府的组织下结成葡萄防护辛迪加协同抗击葡蚜。在 1884 年法国议会商讨保护职工结社权利立法时，因一位参议员的偶然提议，农业与工商业一道被纳入保护范围。法国农业协会的发展非常迅速，工作范围涉及信贷、保险、肥料等生产投入及衣物等生活用品购买、产品购销、农业展览、社会共济等多个方面。由于一直没有一个经常的农业工人阶级，法国农业合作覆盖的人群相对来说较为广泛。但在选举权上，虽然法国在 1848 年制宪的会议上即宣布男子享有普选权，但由于中间政权多次更迭，该规定时而取消、时而恢复，直到二战后才算最终稳定下来。

　　亚洲各经济体的政治发展极具区域特色，有助于我们更清晰地看到政治权利变革的差序格局与工业化的关系。明治维新后，日本提出了殖产兴业计划，为配合这一计划，政府官员在多次赴国外考察学习及争论后，最终仿德国确立君主立宪制，虽设立了议会，但行政机构占主导地位。由于第一部选举法对年龄、财产和性别的限制，在 1890 年第一届众议院选举时，全国只有约 45 万居民（约占全部人口的 1.1%）享有选举权，在全部 300 名众议员中，也没有小农、佃农的代表。在 1925 年选举法改革废除财产限制后，地主的影响力下降，官僚及工商业者地位上升，小农、佃农的地位仍无改变（杨孝臣，1989）。由于权力趋向集中，因此直到 19 世纪 40 年代末，日本农业税费率都高于非农业（Hayami，1988）。由于缺乏地位，虽经历多次租佃纠纷与农民运动，小农与佃农都无力摆脱沉重的负担。不过反过来，政府出于各种目的却大力推动农业结社，如为加强农田水利建设，于 1890 年颁布《水利协会条例》；为给日俄战争筹集资金，于1899年颁布《农会法》及其实施办法；为让小农享有商品流通和信用合作上的便利，于1900年颁布《农业协会法》；等等。但由于政府有特定的目标，因此日本农会在很长时间内都不是自治性组织。如有关法令就规定，由府县知事或县书记官、镇长与村长任各府县农会、镇农会和村农会的会长，大地主任各级农会的副会长或评议员。针对一些农事改良，政府还不惜以警察为后盾，由农会强制推行。

日本农会在战后才获得自主地位。与日本类似，韩国和中国台湾的农会在早期也承担着当局的政策目标，即通过农业组织化来加快农业增产，然后实施农业支持工业计划，推动工业快速发展。为此，中国台湾和韩国都筹建了农协，其中中国台湾于1953年根据《安德生报告》改组依1949年有关农协方面规定成立的农会，韩国于1957年颁布《农协法》。在具体的工作中，从积极的方面看，两者的农会一般都承担生产投入和生活用品采购、产品加工与销售、技术推广、信用合作与社会共济等多项工作，推动农村发展和农业增产。从消极的方面看，两者的农会又都承担着剥夺农业的任务，如中国台湾就曾通过农会执行稻米换化肥计划。为此，在组织结构上，无论是韩国的农会还是中国台湾的农会，都与日本战前的情况类似，受到严格控制。如中国台湾的农会的干事长实际上由主管机构指派。在大规模民主化运动前，韩国农会的负责人也被自上而下任命，其中央组织的负责人甚至要由农林部提名，总统任命。韩国实行总统制，但直到1987年，民众才有权利直接选举。

参照以上梳理可以看到，在工业化推进过程中，各经济体普遍存在一个政治权利由农村大地主、贵族到城市工商业者，最后再到普通工人和农民的发展过程。普通工人和农民的政治权利之所以早期发展滞后，与工业化中的资本积累有密切的联系，但在工业化进行到一定阶段后，又普遍会存在城乡与各阶层一体化的趋向。

四、结论

虽然在发展到一定程度后，各经济体存在一个工业反哺农业、城市支持农村的普遍趋向，但对这些经济体在城乡统筹发展中究竟"统什么"，又"怎么统"，已有文献尚缺乏一个相对全面的框架。由此，在判定政策转向阶段特征的基础上，本章分经济政策、社会政策和政治发展三个维度，对代表性经济体城乡统筹发展的基本内容和方式进行了梳理，有以下发现：

第一，在粮食仍是困扰各经济体工业化、城市化的重要问题时，围绕农业增产的各项举措依然是各经济体农村、农业政策的中心。但在解决这一问题后，增加农业长效生产能力及农业收入会受到重点关注。

第二，为实现上述目标，在发展到一定程度后，各经济体普遍会在社会政策项目、覆盖面及支付水平上逐步走向城乡一体化。

第三，为加速资本积累，各经济体在工业化早期乃至中期的一段时间内都存在政治集中的趋势，表现为以选举权和结社权为主要内容的政治权利在区域和职业间的不平衡配置，但发展到一定阶段后，又普遍会有平等赋权的过程。

第四，在上述政策类别中，一般经济、社会政策次第推进，至少从众多后发工业化经济体的经验来说，政治统筹发展将在最后实现。

由此可考察中国的城乡关系变化历程，分析其在中国的解释力。中国在1949年以后推行重工业优先发展战略，为获取粮食、原料及从农业中抽取资金，实施农产品低价统购统销及合作化制度，全面干预农业生产经营与分配活动。但与此同时，在经济政策上，中国极为重视农田水利等农业基础设施建设，注重农业技术推广，对农业投入（如化肥、农业机械）等也实施扶持政策；在社会政策上，对农村教育、公共卫生和社会救济等则主要倡导通过家庭与集体互助来解决；在政治上，一方面通过人民公社等组织全面管制生产与生活，另一方面在选举权上，依据1953年颁布的《中华人民共和国全国人民代表大会及地方各级人民代表大会选举法》，农村每一代表代表的人口数为城镇的八分之一，按照邓小平等时任党和国家领导人的表述，这也是为了服务工业发展。① 因此，从三类政策来看，在相当长的时期内，中国的农村、农业发展都符合本章的逻辑。

从NRA和RRA两个指标（三年平均）稳定地转正的时间来判断，中国分别从1996年和2004年起，农村、农业政策出现转向，但党的十八大报告和中央一号文件都明确指出，城乡发展差距已成为制约我国全面建成小康社会的重要矛盾，把城乡统筹发展的紧迫性提到了一个新的高度。因此，从国际经验出发来看中国进一步推动城乡统筹发展所应包含的内容、应采取的方式，就有现实意义。进入21世纪以来，中国已在城乡统筹上做了很多工作：在经济政策上，完善了粮食保护价收购制度，完成了农业税费改革，推行了粮食直补（种粮、农机具购置、良种和农资综合直补四项补贴）及农业综合服务补助；在社会政策上，改革了农村义务教育管理体制，建成了农村最低生活保障、新型合作医疗及养老保险制度；在政治上，继2006年公布《中华人民共和国农民专业合作社法》后，又修订了《中华人民共和国全国人民代表大会和地方各级人民代表大会选举法》，实现了城乡平权。因此，从总体上讲已经做了不少工作。但仍要说明的是，未来的道路更为繁重，至少下面一些任务就要花很大的精力才可能解决。

第一，从稻米、小麦和玉米（大豆除外）三类主要农产品的国内供给来看，中国已稳定地维持着较高的粮食自给率，从代表性经济体的经验来看，

---

① 如邓小平就曾指出，"城市是政治、经济、文化的中心，工人阶级、工业主要在城市，这种城市和乡村应选代表的不同人口比例的规定，正是反映着工人阶级对于国家的领导作用，同时标志着我们国家工业化的发展方向。"邓小平：《关于〈中华人民共和国全国人民代表大会及地方各级人民代表大会选举法〉（草案）的说明》，《人民日报》1953年3月3日。

应开始把政策重心放到大力提高农业长效生产能力及推动实现收入均等化上去。

第二,具有长效生产能力的农业是建立在专业化、高技术、高生态效益上的农业,要求政府通过财政补贴和信贷支持,合理布局农业区划,建立先进的农业基础设施,以及教育、科研和技术推广体系,改进土壤结构和生态环境,确保生产者有意愿、有渠道、有能力加大对农业现代化的投入。为此目标,当前有多项工作有待改进,如财政支农项目尚未形成完备的体系、支持力度不足,信贷体系未建立,农业教育、科研与生产脱节,技术推广体系薄弱,专业化水平滞后,土壤修复未提上政策议程,农民生产热情不足,等等。中国是一个人多地少的大国,从国际(特别是日本、韩国等)经验来看,未来应从两个方向着手,推动农业与非农业收入的均等化。在农业自身方面,应进一步坚持和完善符合世界贸易组织规则的价格支持与收入补贴,在此基础上,还要一方面根据市场需求来调整农业内部结构,如扩大畜牧产品、蔬菜、瓜果及园艺作物等的种植,另一方面努力推动土地规模化经营,培育自立农户。就农业外而言,则要进一步放松流动限制,推动工业合理布局,加快劳动力转移和兼业。

第三,伴随着老龄化程度及人口流动程度的加快,积极拓展新的社会政策项目,提高社会保障的覆盖面和支付水平,逐步实现城乡一体化。从社会政策项目本身来说,中国农村已确立并有效实施的仍不多。在管理体制改革后,农村义务教育有了很大的改善,但相应的农村成人教育、农业技能教育工作仍较为落后,适应现代化农业劳动者素质改进的渠道仍较为缺乏。同时,中国农村的最低生活保障、医疗与养老保险制度应对的也都是当前的基本风险,伴随老龄化、家庭结构微型化等的加快,一系列问题(如留守儿童问题、老年人护理问题)将会挑战现有的农村社会政策体系。最后,从支付水平来看,各项目都不高。例如在现有的支付水平下,很多国家借由养老金来鼓励老龄农民退出农业生产,加速土地规模化的政策意图在我国就很难实现;另如,在现有的合作医疗报销范围及支付水平下,农村家庭支出也很难不受疾病冲击。

第四,在把农民已有结社权、选举权落到实处的同时,积极探索新的完善方式和提高方式。从实用层面来看,选举权主要有两重功用:一是信息显示功能,即表达对政策的偏好;二是问责决策者,影响政策制定(政治问责功能)。结社权的功能则相对多样,在生产和生活上有互助性的经济、社会功能,如果形成完备的组织体系,也能兼具信息显示和政治问责功能。前文提到,很多经济体在工业化进程中的城市偏向政策都是由政治权利的差序格局来保障的,那么反过来看,政治发展无疑将是改进传统城市偏向政策,进而推动城乡统筹发展的重要政治保障。但多年来,即便是按照未平权前的选举法的规定,中国农村应选人大代表都与实际当选人大代表有很大的差距,在结社上,中国现有的农村专业合作社在功能定位、规模及组织结构上也都与各经济体的农业团体有很大区别,因此从发展的空间来说,还非常大。

第四章
城乡融合阶段

城乡关系是国家实现现代化的关键问题，城乡问题的解决直接影响国家结构转型的方式和结果。长期以来，对城乡问题的认识受到城乡二分范式的左右，将城市和乡村看成对立竞争的独立范畴，认为城市化和工业化是解决城乡问题的唯一选项，试图通过工业化和城市化解决城乡发展中的所有问题。这种城市偏向导致长期忽视农业和农村发展，以牺牲农民和农村的利益为代价发展城市和工业，产生严重的城乡差距，造成农业竞争力低下和乡村衰败。

一个被忽略的事实是，西方发达国家在经历快速城市化阶段以后，进入城乡融合阶段，其要素流动方向、产业结构、城乡差距和乡村功能等方面均表现出与上一阶段明显的区别。为顺应城乡转型出现的阶段性变化，关于城乡问题的分析也逐渐从城乡二分范式向城乡连续体范式转变。但是，国内对发达国家城乡融合的典型事实和理论发展缺乏关注，依然停留在传统单向城市化认知，由此导致的一种重大误解是，认为只要不断提高城镇化率，绝大部分农民转移到城市，乡村问题就自然得到解决。对西方国家城乡转型的错误认识造成一种对中国乡村未来归宿的想象，即中国现存的乡村问题是一般工业化、城市化进程必经的问题，最终可以通过工业化、城市化的提升得到解决（毛丹、王萍，2014）。本章通过文献和典型事实梳理表明，西方发达国家的城乡转型并不是以消灭乡村为代价，而是形成了城乡融合发展的城乡连续体形态，并非完全依赖单向城市化来解决乡村发展中的问题，或完全依靠乡村自身来实现乡村的复兴和活化。从城乡二元向城乡融合的转变，是一种重大的范式转换，有利于我们正确把握城乡转型的客观规律，避免因认知错误导致的发展方向失误。

对城乡融合特征的分析也为我们分析我国在城市化进程过半以后如何实现城乡融合和乡村振兴提供了有益的借鉴和启示。与世界其他经济体相比，中国的城乡二元体制和工业与城市导向发展战略尤其特殊。中华人民共和国成立以后，我国通过推行重工业优先发展战略突破资金稀缺对经济增长的制约，实现了经济赶超和快速工业化（林毅夫等，1994）。近年来，我国又将结构现代化着力于城市化，城市化进程大大加快，城市化滞后于工业化的局面得到缓解。但是，城乡二元体制和工业与城市优先发展战略也拉大了城乡差距，加剧了城乡不平等，要素单向从乡村流向城市，造成乡村衰败（陆铭、陈钊，2004；沈坤荣、张璟，2007；陈斌开、林毅夫，2013）。自党的十九大以来，中央明确提出乡村振兴战略，城乡融合成为破局乡村问题的重要策略。本章通过对西方发达国家城乡融合阶段典型特征的梳理，为我们在新城乡格局下的城乡融合与乡村振兴提供有益借鉴和启示。

一、告别城乡二分范式

一个几乎无可争议的共识是，城市和乡村之间存在根本差异（Bell，1992）。这具体表现为，乡村社会的主要职业是耕作，城市社会主要从事制造业、商业等方面的非农职业；乡村社会与自然界直接关联，城市世界被钢筋和水泥包围；乡村的社区主要是农场和村社，城市的社区规模更大，且是陌生人社会；乡村社会的人口密度远远低于城市社会；与城市人口群体相比，农村社区的人口更加同质；农村的分化和分层程度要低于城市；人口流动从乡村迁移到城市；在乡村个人关系和相对持久的关系占主导地位，人与人之间比较简单和真诚，城市中个人和群体的互动范围广泛，人与人之间关系更复杂、也更程式化（Sorokin & Zimmerman，1920）。

城乡之间的这种明显差异的观念几乎成为经济学、社会学理论的预设（Moore，1984）。他们以城乡差异为基础形成城乡二分范式。这一范式将社会划分为城市和乡村两大类，强调城乡的差异和对立以及分类范畴的绝对性，以绝对的标准来衡量城市和乡村（Spaulding，1951）。其主流思想是，城市与乡村在文明形态中代表着相互对立的两极，二者之间存在本质的差别，城与乡各有其独特的利益、组织结构和生活方式，二者的生活方式互为影响，但又绝不平等相配（沃思，1987）。这一范式将农村的经济活动等同于农业，将城市的经济活动等同于非农业（Moore，1984）。城乡二分范式也广泛影响发展实践，在具体实施中，将城市和乡村作为独立的发展实体，政策制定往往按照各自的空间和部门划分，每个实体都制定相互独立的投资和发展规划，城市规划者只专注城市发展，很少涉及农业或农村发展；农村发展规划者却忽视了城市的作用，将农村地区限定为仅包括村庄及其农业用地区域（Tacoli，1998）。

城乡二分范式形成以城市化为目标的城市主义和充满浪漫主义情怀的乡村主义两种极化的发展观。在以城市化为目标的城市主义下，城市与乡村是对立的，隐含的假设是城市优于乡村（Rajagopalan，1961），城市化代表着进步，是人类向文明进化的一个里程碑，城市生活被视为导致了国家权威和基于复杂社会系统的复杂经济体的产生（Legates & Stout，1996），现代工业主义和交通运输发展使城市获得了一种超然的地位，几乎所有的社会基础（家庭、学校、教会、权力等）都从城市角度来审视（Benet，1963）。这种从城市角度观察社会，发展目标以城市化为主的"城市主义"，认为城市化是一种不可逆的发展趋势，一个国家的发展与转型必须要经历从农业社会过渡到城市社会的过程，从农村到城市的移民是唯一路径，城市治理是现代国家的主要场域（Davoudi & Stead，2002）。与城市主义针锋相对的是乡村主义，他们反对城市化进程。乡村主义源于城市化进程中出现的一系列社会问题。工业革命期间和之后，城市化快速发展，大量农村人口涌入城市，超过了城市有效管理的承受能力，由此产生了严重的社会、经济和健康问题，催生了反城市化思想。乡村主义将城市化视为破坏性的进程，认为它会导致拥挤、贫民窟以及社会凝聚力崩塌等问题，因此乡村主义认为必须保护农村免受城市扩张和城市生活方式的侵袭，停止城镇扩展，将建筑限制在明确定义的区域内，在这些区域内进行必要的居民重新安置（Davoudi & Stead，2002）。这种理念在城市规划领域体现得淋漓尽致，城市规划者试图用理想化的乡村形象来塑造城镇（Glass，1955）。规划运动的奠基者帕特里克·盖迪斯（Patrick Geddes）、雷蒙德·昂温（Raymond Unwin）和帕特里克·艾伯克龙比（Patrick Abercrombie）都曾致力于将城镇与乡村巧妙地分开，限制城市边界内的乡村不受城市扩张的影响，显著塑造了战后规划体系的正统观念特别是城市遏制原则（Davoudi & Stead，2002）。

20世纪后半叶，尽管城市与乡村的关系逐渐缓和，但"新城市主义"和"新乡村主义"的分立仍然存在。新城市主义强调在发展城市的同时，注意保护农田和环境敏感地区（Ellis，2002）。虽然新城市主义者对待乡村的态度有所缓和，但核心依然是提倡考虑大型工业部门，鼓励城市生活方式（Azadi et al.，2012）。新乡村主义强调任何正在开发中的农村地区必须植根于周围农业环境的经济、生态和文化系统，土地的主要用途应限于与区域野生动物和栖息地管理区相结合的小规模农业小区内（Newman & Saginor，2016），提倡遵循以农业为基础的发展方法，促进中小型农业发展，承认农村生活方式，保护农业生态系统，认为农民不仅是积极的生产者，也是宝贵遗产的保护者（Azadi et al.，2012）。

随着城市化进程不断向城市以外延展，城市和农村腹地越来越紧密地交织在一起，城乡之间已经发生各种融合，难以对城市和乡村地区进行明确的界定（Pagliacci，2017），城乡二分范式的合理性受到广泛质疑（Spaulding，1951；Dahly & Adair，2007）。

首先，难以找到统一的标准精准地定义城市和乡村。传统理论关于城市和乡村研究的前提假设是城市和乡村的分离与对立，寻找城市和乡村的科学定义是这一研究的重点和难点。随着城乡融合的发展，区分城市和乡村更加困难。在联合国有数据的228个经济体中，大约有一半使用行政管理定义城市和乡村（例如居住在首都），51个使用人口的大小和密度定义，39个使用功能特征定义（例如经济活动），22个没有定义城市，8个定义全部地区为城市地区或没有城市人口（Vlahov & Galea，2002）。Dahly和Adair（2007）关于城乡差异的调查进一步证实了城乡二分法的这种缺陷，其所研究的33个调查区域的城市和农村社区的城市化得分表现出较大程度的重叠，并且类别之间存在明显的异质性，虽然在城市化规模极端情况下的二分法具有相当的准确性，但中间部分的13个地区（占样本的40%）无法明确划分城市或者乡村；而且城乡二分法难以及时发现城乡的变化，一些乡村已经发生了巨大变化，但依然被认定为乡村。

其次，城乡二分法倾向于最大限度地减少农村内部或城市内部存在的显著差异。在城乡二分范式下，乡村的特点是如此一致，乡村里每个人接触的人相对于城市较少，人际关系也更为简单，个人关系和相对持久的关系占主导地位，城市则截然相反。但是，城市与乡村的特点也可能出现在乡村内部，城市化水平较高的乡村与落后的乡村的差异与城乡之间的差异有相似之处。城乡二分法忽视了城市内部或乡村内部的这种差异性（Gross，1948）。因为没有考虑到城市内部和农村内部的差异，城乡二分范式对人口、社会经济和其他特征的城乡差异的研究价值是有限的（Yuan，1964）。

最后，城乡二分法下的两种极化发展观造成了不良后果。城市主义和乡村主义将城市和乡村视为独立的单元，忽视城市与乡村的整体性与连续性，每个单元各自为战,往往造成政策效果大打折扣。城市主义要求社会治理和政策制定以满足城市需要为目标,乡村处于从属和被动的地位。在农业农村时代,农村通过提供食物支持城市增长以及通过提供廉价劳动力支持工业增长;在工业乡村时代,农业又被赋予促进社会经济稳定的角色,农业产业化政策是针对其非选择性和对租金的不平衡支持(表现为高土地价值)的无奈之举,而不是对农民的良性行为的支持,诱发了农民和农村社会的老龄化(Sotte et al.,2012)。以城市为中心的方法忽略或淡化了与农村健康和福祉密不可分的主题的重要性,包括自然资源开发、粮食系统、气候变化和环境,以及排他性定居或隔离模式等(Lichter & Ziliak,2017)。城市偏见是当代发展中国家缓慢增长和不平等增长的驱动力(Lipton,1984),是不发达国家经济持续增长和减贫的首要障碍(London & Smith,1988; Bezemer & Headey,2008; Jones & Corbridge,2010)。乡村主义看到了乡村生活的美好恬静,却忽视了乡村的贫困和歧视问题。农村居民不仅得不到政府的保护,而且还会因为一些政策产生问题。作为一个少数群体,农村居民很少受到立法机构和法院的关注,几乎在每个领域都受到歧视(Bassett,2003)。另外,外来人口的增加导致了乡村本地房价的上涨,使当地社区无法负担,对当地服务的需求减少,过去为当地人提供就业机会的活动受到威胁。寻找工作机会的当地年轻人往往会迁出农村,导致农村地区的人口结构失衡。这些过程的长期结果是农村社区变得越来越难以维持社会经济和环境(Davoudi & Stead,2002)。虽然许多富裕的城市居民因为乡村魅力的风景而选择居住在乡村地区,通勤到城市工作,但是城乡移民往往具有高度的社会选择性,特别是通过争夺短缺住房的竞争,导致农村逐渐趋于绅士化(Phillips,1993)。城乡二分法对新现象分析的乏力、城市主义和乡村主义两种发展观的冲突与对立,都揭示了城乡发展问题的复杂性,也提出了用新范式看待和分析城乡发展的需求。

二、城乡融合下的城乡连续体范式

随着西方发达国家的城乡转型进入城乡融合阶段，社会科学研究者开始尝试新的范式来分析这种新的形态，他们运用经济、社会的多维指标将其刻画为城乡连续体，并以此作为分析的基本单位，对城乡融合下的各种经济社会问题进行分析。城乡连续体范式抛开简单地将社会划分为城市和乡村两大类的传统范式，揭示了城乡融合阶段的特征与发展规律，为认识城乡转型提供了新的视角。

（一）城乡融合下的城乡连续体理论

城乡连续体范式认为，一个经济体在进入城乡融合阶段以后，城市社会和乡村社会的互动增强，经济和社会特征不断相互渗透，城市和乡村的区别不仅在于某一地区的居民人口，而且在于人口数量、密度和具有明显异质性的人类交往的模式。随着城乡的不断融合，无法按照人口、政治、经济和文化的特征将社会精确地划分为城市社会和乡村社会。"城市"和"乡村"应被视为城乡连续体上的点，而非二分法下的两个独立分割的社会。城乡连续体范式将社会定义为一个城乡融合的连续体，与城乡二分范式存在明显的区别：一是城乡二分范式过于强调城乡之间的对比，而城乡连续体范式则着重理解具有不同程度的城市和乡村特征的地区的发展；二是城乡连续体范式反对城市的主导地位，强调城乡的相互依存性。城乡连续体范式将城市和乡村纳入统一的分析框架，在关注城市、乡村内部差异性的同时，更加强调城乡之间的联系和融合（Lichter & Brown，2011），它不对城市或乡村进行截然对立的划分和单独分析，而是试图理解城乡连续体上不同等级区域出现的经济、政治和社会现象及其存因。代表性的研究有：Von Braun（2007）将城乡连续体概念与区域网络理论结合起来，分析城乡连续体上的要素流动。要素在城乡连续体上的流动主要受包括信息成本、运输成本或政策成本在内的各种成本的影响。随着这些成本的降低，空间整合将增进，引起农村和城市地区之间的贸易增加，从而提高城乡联系水平。

城乡连续体范式最核心的问题是对城乡连续体范畴的界定。关于城乡连续体的最常用定义由 Duncan（1957）提出。他认为，在城市和乡村之间不是简单的城乡二分，而是存在一个连续的层次，人类社区沿着这个城乡连续体进行排列，在行为模式上表现出一致的变化（Rajagopalan，1961）。在完全农村地区和完全城市化地区之间存在一个以连续等级呈现的连续体，所有人类社区都可以根据经验被放置在连续体的某个点上（Yuan，1964）。按照 Redfield（1947）的定义，城乡连续体的乡村一极有以下特点："小，孤立，没有文化，同质，具有强烈的群体团结感；生活方式被常规化为文化的连贯系统；行为是传统的、自发的、非批判的和个人的；没有出于智力目的进行实验和反思的立法或习惯；在亲属关系方面，其关系和机构是经验型的，家族是行动的单元；神圣胜过世俗；经济依赖于地位而不是市场。"城市一极由 Wirth（1938）所定义，是指"相对较大、密集且永久的异质个体聚居地"。在城乡连续体范式之前，Redfield（1947）和 Wirth（1938）所定义的城乡社会代表了城乡差异的全部，如今它们仅仅是城乡连续体上的两个端点，完全城市化地区和完全乡村地区之间的部分，就成为城市特征和乡村特征融合的区域，难以用城市或乡村两种标准来进行明确的界定。如何对城乡融合社会进行科学的划分，一直是研究的难点和重点。经合组织用人口密度对这种形态进行划分，美国统计部门的划分标准则综合考虑了人口密度和地理位置，其他学者的划分标准还包括土地利用、经济发展、社会心理等多项指标。

城乡融合下的城乡连续体范式具有重要的政策含义。首先，城乡连续体范式与城乡融合阶段具有更高的适配性。由于这一范式认识到大部分地区兼具城市特征和乡村特征，区别在于各类特征程度上的差异，就避免了城乡二分范式针对城市或乡村地区涉及的政策走向中心城市或偏狭村庄的两个极端

(Pateman，2011)。其次，城乡连续体范式修正了以城市化为导向的发展战略。Fisher 和 Weber（2004）对美国城乡连续体资产贫困的研究表明，在其他条件相同的情况下，生活在中心大都市县和非大都市地区的居民都将面临更高的资产贫困风险。Requena（2016）利用城乡连续体范式对欧洲 29 个国家生活幸福感的研究表明，在较富裕的国家，生活在农村比生活在城市能创造更高水平的主观幸福感，从不太富裕的国家所特有的城乡二元对立向富裕国家连续统一体过渡的国家，主观幸福感会增加。Thiede 等（2020）对 1970—2016 年美国城乡连续体收入不平等的研究表明，大都市区内中心县收入不平等的急剧增加与边缘县的缓慢增长形成鲜明对比。这些研究的结果都表明，城市发展并不一定优于乡村地区，单纯依靠城市化不能解决发展中的所有问题。最后，以城乡连续体范式为依据的农村发展政策不仅仅是农业发展政策，而且是关于整个农村的综合发展政策。以 OECD 为例，OECD 的农村发展政策强调，支持城市和农村地区之间的相互依存和合作，利用农村和城市地区之间的空间连续性和功能关系为公共投资和方案设计提供信息，实施联合战略促进双赢的城乡伙伴关系，以实现综合发展（OECD，2019）。

（二）城乡连续体的类型学

城乡融合阶段的城市和乡村在经济、社会各个层面都表现出高度的重叠与融合，城乡连续体越来越成为城乡融合阶段跨学科研究的基础单位，但如何对城乡连续体进行分类以及分类的标准并未形成共识。在城乡连续体概念发端之时，Dewey（1960）提出了由匿名、分工、异质性、客观的及正式的关系和独立于个人认识的身份象征定义的连续体的两极。但 Dewey 的分类方式难以量化。近年来，随着理论和实践的进一步发展，越来越多的研究者提出了可量化的连续体分类标准。这些分类标准大体可以分为两大类：单一指标和多维度指标。单一指标以人口规模为主，多维度指标在人口规模的基础上增加了与都市区的距离、经济发展、土地利用等其他指标。

一是单一指标。(1) 人口规模是划分城乡融合社会城乡连续体最常用的标准之一。经合组织以特定空间实体内的人口密度阈值为标准，将城乡连续体划分为4个等级：①农村，人口密度低于150人/平方公里；②主要是城市的区域（PU），居住在农村地方单位的人口比例低于15%；③中间区域（IN），居住在农村地方单位的人口比例为15%~50%；④主要是农村的区域（PR），居住在农村地方单位的人口比例高于50%（Wandl et al., 2014）。Golding和Winkler（2020）同样以人口为标准建立城乡梯度（RUG），对城乡连续体进行了更细致的划分：①大都市核心，包括2000年人口普查时人口超过100万的大都市地区的主要城市（或双城）的县；②郊区，人口达到100万及以上大都市区域内剩余的（非核心）县（除了那些已经被定义为远郊的县）；③中型都市，拥有25万~100万居民的大都市地区的县；④小型都市，人口不到25万的大都市地区的县；⑤城市远郊，在美国行政管理和预算办公室从由"农村"重新分类为"都市"的县中选择特定的县来确定；⑥与都市相邻的农村，邻近大都市区的非大都市区县；⑦微型都市，不与大都市地区相邻的非大都市县，但其城市至少有20 000人；⑧偏远农村，不与大都市地区（偏远地区）相邻的非大都市县，人口少于20 000。(2) 其他指标。利用单位面积中邮政地址的数量，荷兰的城乡连续体可被划分为五个等级：高度城市化（大于2 500个地址/平方千米）；城市化（1 500~2 500个地址/平方千米）；弱城市化（1 000~1 500个地址/平方千米）；农村（500~1 000个地址/平方千米）；完全乡村（小于500个地址/平方千米）（Bouwman & Voogd, 2005）。

二是多维度指标。(1) 人口规模和与都市区的距离。美国统计部门公布的城乡连续体代码（2013）根据人口规模和与都市区的距离将美国的县划分为都市县和非都市县，不少研究都曾借鉴这一分类方法（Chi & Marcouiller, 2013；Scala & Johnson, 2017；Thiede et al., 2020）。其中，都市县包括人口在100万以上的都会区县、人口在25万～100万的都会区县、人口不足25万的都会区县；非都市县包括城市人口达到20 000或以上且邻近都会区的县、城市人口达到20 000或以上且不与都会区相邻的县、城市人口在2 500～19 999之间且毗邻都会区的县、城市人口在2 500～19 999之间且不毗邻都会区的县、完全是农村地区或城市人口少于2 500且毗邻都会区的县、完全是农村地区或城市人口少于2 500且不毗邻都会区的县。（2）Millward和Spinney（2011）根据居住密度、已开发地区的比例、与城市化地区的通勤联系来划分城乡连续体：内城，较早（1960年前）开发地区，位于市区步行范围（约5公里）内；郊区，城市服务范围内（由中央给水和污水处理系统提供服务的区域）的其他连续建筑（"城市化"）区域；内部通勤带，距离市区25公里以内的所有其他区域；外勤区，距市区或另一个大城镇（人口超过10 000）的道路距离在25～50公里之间的区域；偏远农村距市区或其他大城镇50公里，人口不到5 000，多数就业是在当地资源行业（渔业、农业和林业）。（3）人口规模、经济发展、土地利用和社会心理等多重指标。Pagliacci（2017）通过模糊逻辑构建了一个多维的、连续的乡村性指标（FRI）。FRI利用农业部门增加值比重、农业部门就业人数比重、农业区或森林或其他半自然地区比重、人口密度、人工区域覆盖比重以及森林和其他半自然区域覆盖比重等一系列变量来定义城乡融合社会的城乡连续体特征，改善了常规指标仅依赖人口密度的不完善性。城市地区，$FRI \leqslant 0.25$；轻微城市地区，$0.25 < FRI \leqslant 0.5$；轻微农村地区，$0.5 < FRI \leqslant 0.75$；农村地区，$FRI > 0.75$。Iaquinta和Drescher（2000）根据人口、经济、社会心理等因素，结合区域发展与城市化的关系，将城乡融合区域划分为五种类型：具有城市意识的农村地区，即乡村型半城市化地区；扩散型半城市化地区，特点是种族差异更大，制度安排和信仰更加多样化；连锁型半城市化地区，特点是种族同质性很高；原地型半城市化地区，部分靠近城市的地区通过接受城市的自然扩张和农村移民，本地的公共行政区逐渐城市化；吸收型半城市化地区，靠近城市或在城市范围内，保留了一些传统习惯和制度，但在行政、政治和社会心理等宏观层面越来越融入城市环境中。

（三）城乡连续体范式在非西方社会的适用性

一是东亚地区的城乡融合。Yuan（1964）利用城乡连续体方法对我国台湾地区的城乡差异进行分析后发现，我国台湾地区人口密度、对农业的依赖性、种族异质性、人口流动、文盲和职业构成等变量在预期方向上与城乡连续体高度相关（在 0.01% 的水平上显著）。以日本为代表的"Desakota"形态研究呈现出一种独特的城乡融合形态。"Desakota"通过便利的运输轴与主要城市中心相连，其商业性农业和非农经济活动比纯农村地区密集得多。"Desakota"不仅仅是一个空间地域概念，它强调的是城乡生计、通信、交通和经济系统的紧密相连。在这一新兴体系中，很大一部分人口经营着混合家庭经济，跨越城市和农村、正规和非正规部门（Dadashpoor & Ahani, 2019）。

二是欠发达地区的城乡问题是城乡不连续。与西方发达国家相比，欠发达地区则表现出明显的城乡不连续。在印度，村庄和中央政府是两个世界，既没有相同的价值观，也没有相同的文化；在中非铜带上，到镇上的移民的社会制度从一种社会制度转变为不同社会制度并存，移民在部落和城市体系两个世界之间流动（Pahl, 1966）。在印度大城市附近的农村地区会明显受到城市的影响，但许多小村庄维持着自给自足的原始农业模式，这些村庄的居民很少离开他们的居住地，更不用说与城市有任何联系了（Rajagopalan, 1961）。相较于发达经济体的城乡连续平缓的过渡，欠发达地区城乡之间的过渡更为明显。由于城乡连续体的战略位置及其功能的多样性，欠发达地区的城乡连续体农业用地明显减少，这种下降有利于工业化和城市化的发展，但会导致人口结构不平衡、城市结构恶化、服务缺乏和分配不良、工业用地占主导地位、牺牲其他用途、环境变化加剧等严峻问题（Abdelkarim et al., 2020）。

发展中国家的这种城乡不连续性到底是规律使然，还是发展中国家政策导向的结果，需要进一步研究。"城市偏见"模型认为，欠发达国家政府将资源倾斜到城市地区，农村地区的商品和服务价格低于市场"标准"价格，但由城市流向农村的商品和服务价格却过高，本质上是以牺牲农村利益为代价发展城市，结果就是城乡之间的严重不连续。通过与发达国家城乡连续体的对比，能够发现欠发达国家在城乡转型中存在的问题，即便城乡连续体的概念无法很好地适用于欠发达国家，但其背后隐含的关于城乡融合发展的思想依然值得欠发达国家在理论和政策层面进行思考和借鉴。

（四）对"城乡连续体"分析范式的质疑

自城乡连续体概念提出以来，学者们就从城乡连续体的基本假设、真实性、实用性等方面提出了质疑。城乡连续体的城市一极的特征主要基于 Wirth（1938）的界定，乡村一极的特征主要基于 Redfield（1947）的界定，城市一极与乡村一极的特征是否符合假设是质疑者们的重点关注方向。Pahl（1966）就对城市一极和乡村一极的真实性和准确性提出了质疑。他以位于城市中心地带的城中村为例，抨击将城市中心作为连续体的城市一极的假设，这些城中村虽然位于城市中心，却依然保留着各种"乡村"文化价值观，居民并未实现真正的城市化。Pahl（1966）也反对将乡村看成是农民的居住地，新的乡村包括富有土地的大地主、居住在乡村的工薪阶层、有一定资金的退休城市工人、资本/收入有限的城市工人、农村工人阶级通勤者、传统的农村居民等多种类型人口。在本章看来，Pahl（1966）对城乡连续体的批评恰恰是对城乡连续体的有力证明，不论是"城中村"还是农村人口的新构成，都反映了城乡从分离对立走向融合共生，正是城市和乡村在经济、社会、人口特征方面的不可分，印证了城乡连续体分析范式的价值。

批评者认为城乡连续体的另一个缺陷在于城乡连续体难以度量。城乡连续体上的变化需要参照其他变量来验证，而这些变量又是复杂多样的，并且混杂在一起，难以区别（Rajagopalan，1961）。城乡连续体的构建缺乏一个基本标准，这既是时间的限制，也是文化的限制。因此，对城乡连续体的有用性和适用性的混淆仍然存在，而且可能在今后一段时间内继续存在（Lupri，1967）。在笔者看来，这种批判已经随着研究的深入不攻自破，现有的文献中已经有大量文献对城乡连续体进行实证上的划分与测量，包括但不限于人口规模、地理距离、经济发展、土地利用和社会心理等具体指标。

总之，城乡连续体范式的运用代表西方世界对城乡关系的认识从城乡对立转变为城乡融合。在城乡二分法下，城乡的差异与对立是共识，对社会构成的认识就是"城市"与"非城市"（乡村）。在这种非此即彼的分析范式下，对城乡问题的认识难免陷入"城市主义"或"乡村主义"的偏见之中。城乡连续体范式则将整个社会看成统一、连续的整体，意味着农村和城市之间并非像通常所认为的那样相互对立，而是一种相辅相成的融合关系。城乡连续体的先决条件是农村和城市在质量上没有根本区别，它们的基本特征是相同的，这些基本特征在空间、时间或数量上发生变化，以及由此而产生质的变化。城乡融合下的城乡连续体分析范式意味着城乡转型的结果不是单向的城市化或回归乡村，而是城乡融合发展，城乡连续体是对城乡融合的社会更恰当的描述。因此，"城乡连续体"被认为代表了一个显著的理论性的和系统性的进步，是对传统城乡认识方法的颠覆性改变，超越了过去的静态两极社区类型的概念，既不是旧观念的新标签，也不是对传统城乡二分法的简单修正，而是实际上的完全逆转（Rajagopalan，1961）。越来越多的学者宣称，用"城乡连续体"的概念取代传统的城乡二分法，将促进乡村研究和理论进步（Haer，1952）。

三、城乡融合阶段的特征：经验证据

（一）城乡融合是城乡转型的一个阶段

从传统乡村社会向现代城市社会转型的过程，常被概括为城市化过程。按照诺瑟姆曲线描述的城市化进程，城乡转型被划分为三个阶段。城市化起步阶段，城镇化率低于25%，经济活动以农业为主；城市化加速阶段，城镇化率从25%增长到50%～70%，农业在国民经济中的比重大幅度下降，社会经济活动以第二产业和第三产业为主；城市化成熟阶段，城镇化率超过70%，并在达到80%左右时趋于稳定（陈明星等，2011）。在城市化成熟阶段，西方国家出现了郊区化、逆城市化和远郊化的现象，即人口和经济活动向城市外围郊区、远郊、小城镇和乡村迁移的现象。郊区化、逆城市化和远郊化的阶段实际上就是城乡融合的阶段，本质上是城市化达到一定水平以后，人口、资本等要素在城乡之间重新配置，城乡经济、社会结构表现出与快速城市化阶段明显不同的特征，即城乡融合。

首先，人口和经济活动由单向集聚于城市转变为城乡双向扩散。在郊区化阶段，人口、企业和工作场所不断从更密集的地方向更不密集的地方移动，从中心向偏远的地方移动（Hesse & Siedentop，2018）。郊区化不仅包括人口从城市中心向郊区或远郊乡村迁移，也伴随着经济活动向城市外围郊区乡村的扩散，即人口和经济的双重外溢（White，1976；Walker，2001）。郊区化之后的逆城市化和再城市化表现为人口和经济活动向更偏远的小城市和远郊的扩散，远郊化不是郊区扩张的延续，而是非大都市（乡村地区）的增长。逆城市化和远郊化的出现，再次证明了城乡转型不是一个单向的过程。虽然近年来出现了再城市化的现象，但没有证据证明郊区在人口增长方面会输给中心城市，却有证据证明部分国家在城市中心人口复苏的同时，郊区的人口并未减少，郊区的人口增长仍然高于城市（Rerat，2012）。所谓的"再城市化"现象并没有成为发达经济体城市体系的显著特征,关于这一兴起于20世纪80年代的中心城市复兴会在多大程度上影响西方城市形式的根本变化,还未有定论(Champion,2001)。

其次,城市之外的郊区、小城镇和乡村的发展。在郊区化、逆城市化和远郊化阶段,随着要素在城乡之间的互动,中心城区以外的郊区、小城镇和乡村获得了发展。二战以后,欧洲国家的农村地区经历了三次重大的发展转变:从二战结束到20世纪五六十年代,在大多数欧洲国家,以农业生产为主要经济活动是农村地区与城市地区的主要区别;在20世纪70—90年代,欧洲部分"农业农村"被"工业乡村"所取代,农业产业化是当时农业政策的主要目标;21世纪以后,技术进步减少了农村地区的传统弊病,出现农业部门以外的人居住在农村地区的新倾向,农村地区出现一系列新的特征,包括农业和工业让位于服务业、社会设施和自然设施融合、农村地区和城市地区融合、本地市场和全球市场融合(Sotte et al.,2012)。乡村不仅是食物的重要生产地,同时也是提供公共品的重要场所。美国许多农村地区如海洋和山区度假区、退休社区、文化或历史遗址、国家公园和休闲区等已经成为消费的场所,农村商品和服务主要面向与城市和大城市有密切联系的人群,而且消费比例非常高。以便利设施为基础的农村经济吸引了移民,这些移民提高了人力资本,为振兴当地社区组织和公民文化提供了助力(Brown & Glasgow,2008)。

再次,郊区、小城镇和远郊乡村发展的结果是城乡边界模糊,实现从城乡分割的社会向城乡连续体的转变。经合组织(1979)指出,城市地区的经济增长和实际扩张的影响并不局限于城市边界内,能够延伸到城市周围更广阔的区域,形成保留农村特点的"城市边缘区"(Iaquinta & Drescher,2000)。在"城市边缘区"或"郊区",交通系统的变革使越来越多的人住在远离城市的地方,却仍然与城市保持密切联系,人口和经济活动不断扩散到郊区，城市与乡村的边界变得难以区分。郊区处于城市和乡村之间，不再是传统的农村，它履行了打破城市中心和农村腹地对立关系的重要功能。正如城市和郊区的分界线越来越模糊一样，郊区和远处的农村也很难划清界限，城市、郊区与乡村逐渐融为一体（Rajagopalan，1961）。这种"郊区化"超越了区分城市与农村或大都市与非大都市地区的传统地理分类方案，郊区是一种"混合空间，其中农村和城市的价值、文化和景观已经融合"（Woods，2009）。

最后，城乡居民的观念和认知差异逐渐缩小。涉及政府经济活动、劳工事务、国家关系、各种公共问题以及个人信仰和满意度问题的民意调查结果显示，农村人口的回答与其他社会群体的回答是重叠的（Beers，1953）。在政治观念上，城乡连续体上各定居点的居民也表现出连续性，虽有城乡差异，但这种政治观念的城乡差异的"临界点"实际上发生在小型都市圈的郊区，那里的居民在保守意识形态和对政党的立场上与农村居民非常相似（Scala & Johnson，2017）。在环境问题上，与所有农村受访者相比，城市受访者并不总是表现出对环境的最大关注；城乡居民对环境问题态度的差异并不是由城乡居住地的差异导致的，更多的是由土地所有权和农业职业决定的（Williams Jr. & Moore，1991）。

（二）城乡融合阶段的主要特征

（1）人口融合。城乡融合阶段的人口流动趋势与城乡二分时代有着明显的不同，城市中心不再是人口迁移唯一的目的地，广阔的城市郊区和农村地区是人口迁移的新方向，居住在郊区、通勤在城市中心是大都市生活的常态。
1）郊区人口持续性增长。1930年以后，美国大都市中心城区长期属于人口净迁出区，郊区长期属于人口净迁入地区。2019—2020年，都市核心区净流失了250万人，但郊区却净流入259.5万人。① 在英国，1965年城市集中水

---

① 美国人口普查数据。

平为33%，1990年下降至26%。① 2) 大量人口迁移到乡村地区。20世纪70年代以后，美国乡村吸引了大量人口迁入，2019—2020年，95.6万人迁入都市区，86.1万人迁入乡村地区。② 近年来，迁入英国乡村地区的人口也不断增加，2011年44 100人迁入主要乡村地区，2019年96 700人迁入英国主要乡村地区。③ 结果是，美国和英国有相当比例的人口分布在郊区和乡村地区，尤其是美国。2010年，仅有29.30%的人口分布在中心城市，郊区人口占比过半，达到54.10%，乡村人口也有16.60%。④ 2019年，73.56%的英国人居住在主要城市地区，22.60%的人居住在郊区和小城镇，3.84%的人居住在乡村地区。⑤

郊区和乡村地区对人口的吸引力主要表现在三方面：一是优美的自然环境、广阔的开放土地和相对低廉的房价对人口的吸引力，便利的交通打破了郊区与城市中心劳动力市场和社会服务的空间障碍，解决了在郊区生活的后顾之忧。二是经济机会的提供。农村地区的农业加工、石油和天然气生产以及其他部门提供了对低技能劳动力的需求（Kandel & Parrado，2005）。三是不输于城市的设施建设。人口迁移受到自然设施和生活设施双重影响，郊区在接受城市影响的过程中，其基础设施建设已经足以媲美城市地区，部分大都市区郊区的基础设施甚至优于城市（Partridge，2010；Chi & Marcouiller，2013）。

（2）经济融合。一是城乡产业结构差异缩小。城乡高度融合的农村地区，产业结构特征与城市地区的日益趋同，农业占比较小，而制造业、服务业等

---

① World Bank（1992）. *World Development Report*，*1992*. New York：Oxford University Press，Table 31.
② 资料来源：根据美国人口普查数据整理得到。
③ 资料来源：ONS, Annual internal migration within the United Kingdom。
④ 资料来源：根据Gibson, C.（2010）."American Demographic History Chartbook：1790 to 2000"及世界银行人口数据整理得到。
⑤ 资料来源：根据欧盟统计局数据整理得到。

非农产业在城市地区和乡村地区均占据重要地位。2019年，在美国非都市区就业岗位中，农业仅占1.56%，服务业成为主导产业，占比高达37.34%；制造业占比11.47%，零售业占比11.05%，金融、保险和房地产业占比7.42%。① 英国的城市地区和乡村地区的产业结构相似度很高，从产业结构上已经难以辨别区域的城乡属性。2020年，英国建造业的乡村家庭工作者占比13.04%，城市地区占比11.75%；教育、健康和社会工作的乡村家庭工作者占比11.83%，城市地区占比15.72%；住宿和餐饮服务活动的乡村家庭工作者占比2.69%，城市地区占比1.33%；信息与通信业的乡村家庭工作者占比7.00%，城市地区占比10.84%。②

二是郊区和乡村在国民经济中占据不小的比重。伴随着居住人口不断迁移到郊区和乡村，郊区和乡村地区的经济活动也不断增加。20世纪50年代，美国75%的就业和57%的居民分布在中心城区，20世纪60年代，中心城区的居民减少到49%，就业减少到63%，到1990年，中心城区的居民减少到37%，就业减少到45%（Mieszkowski & Mills, 1993）。2019年，美国有36%的就业分布在中心城区，51%分布在郊区，12%分布在乡村地区。③ 在英国，2019年15.3%的总增加值（GVA）分布在主要乡村地区，12.5%分布在有显著乡村的城市地区，44.7%分布在主要城市地区（不含伦敦），27.5%分布在伦敦。④

三是城乡收入差距缩小。美国都市区居民的人均收入水平略高于非都市区，近50年来，美国城乡居民收入差距不断波动，但始终低于1.5倍。2019年，美国都市区居民人均收入为58 650美元，非都市区居民人均收入为

---

① 资料来源：根据美国经济分析局数据整理得到。
② 资料来源：ONS, Digest supplementary data tables, rural economy, Worksheet 7: Percentage and numbers of home workers, by industry and rural-urban classification, England, 2020。
③ 同①。
④ 资料来源：ONS, Digest supplementary data tables, rural economy。

43 025 美元，都市区居民人均收入是非都市区的 1.36 倍。① 英国城乡居民的收入差距更小，近 10 年来始终低于 1.10。2019 年，英国主要乡村地区居民年收入 22 500 英镑，主要城市地区居民年总收入 24 300 英镑，城乡居民收入比仅为 1.08。② 此外，从收入增长情况来看，乡村居民的收入增长率快于城市地区。2019 年，美国都市区居民人均收入较上年增加了 3.42%，非都市区居民人均收入的增长幅度略高于都市区，为 3.53%。2019 年，英国主要乡村地区的居民收入较 2009 年增长了 17.19%，主要城市地区居民收入较 2009 年增长了 16.27%。

四是生活水平差距缩小。在低发展水平的经济体中，城市和乡村在收入、教育和职业结构等方面存在巨大差距，因此，尽管存在着污染、拥挤等重要的城市问题，人们对城市生活的满意度仍大大高于农村；但在高发展水平经济体中，城乡在经济方面的差异趋于消失，人们对农村地区的生活满意度接近或超过城市（Easterlin et al.，2011）。通过对欧盟各经济体收入和生活水平的考察发现，欧盟最富裕的国家没有显示出明显的城乡差异，而在东部和南部较贫穷的国家，农村地区的感知福利和生活质量水平要低得多，即便如此，城乡主观幸福感并没有显著差异（Shucksmith et al.，2009）。

（3）空间融合。一是土地利用。在城乡连续体的城乡交汇处，土地利用多样而混合，形成了一套乡村、城市和自然融合共生的土地利用系统（Allen，2003）。以欧洲为例，欧洲的大部分实际空间不符合典型的"城市—农村"类型，属于一种"中间领土"，城市和乡村的特征相互交织，是一种典型的城乡连续体（Wandl et al.，2014）。在欧洲这种城乡混合发展的过程中，

---

① 资料来源：Bureau of Economic Analysis，CAINC30 Economic Profile，Per capita personal income。
② 基于工作场所的年总收入中位数（当前价格英镑）计算，资料来源：ONS, Digest supplementary data tables, rural economy, Worksheet 4: Workplace based median gross annual earnings (current prices £), England, 2009 to 2020。

土地覆盖变化最为明显，然后是社会经济变化、土地使用变化、规划过程变化、土地管理变化和环境变化（Shaw et al.，2020）。在变化的过程中，土地用途的改变往往是循序渐进的，大多数土地用途的变化以小规模增长的形式出现，而不是大规模农村土地突然变成城市土地（Van Vliet et al.，2019）。还有部分土地在官方数据上依旧保持着"农业用地"的记录，但实际用途已经变成多功能的半城市化地区，由一些业余农民在这些过去作为专职农民的生产用地的空地上开展新的经济活动（Bomans et al.，2010）。

二是出现了明显的城乡连续体空间形态。在城乡融合阶段，西方发达国家对社会进行重新分类，虽然标准不同，但都以城乡连续体特征来进行。美国公布的城乡连续体代码（2013）[①]根据人口规模和与都市区的距离将美国的县划分为都市县、非都市县两大类，共9小类。其中，都市县包括中心城区和郊区两大类，非都市县则主要指小城镇和乡村地区。英国将整个社会空间划分为6大类，分别是主要是农村（农村人口占比大于80%）、大乡村（农村人口占比50%~79%）、有显著乡村区域的城市（农村人口占比26%~49%）、有城市和镇的城市、小城市群、大都市城市。其中，主要是农村和大乡村又可以统称为主要乡村地区，有城市和镇的城市、小城市群和大都市城市可以统称为主要城市地区。[②]

四、结论与启示性意义

从发展实践看，西方发达国家在快速城市化阶段以后，进入了城乡融合的阶段。人口融合表现为人口流动方向的城乡逆转以及城乡之间流动活跃性的增强。经济融合表现为乡村经济的非农化以及在产业结构上的城乡趋同化，

[①] 资料来源：美国农业部。
[②] 资料来源：Department for Environment Food & Rural Affairs, Statistical Digest of Rural England January 2019 Edition。

空间融合表现为城乡连续体上的土地利用的混合性和多样性。思想观念融合表现为城乡居民对国计民生等社会问题的看法没有较大出入。在分析范式上，以城乡连续体取代城乡二分法，城乡连续体分析范式摈弃将社会划分为城市和乡村两大部门的分析方式，认为在城市和乡村之间存在着一个不均匀的连续体，强调城乡融合发展。城乡连续体范式不是对传统城乡二分范式的简单修补，而是对城乡社会变迁的重新认识。城乡融合阶段的呈现和理论分析对于中国正在推进的城乡融合与乡村振兴战略具有重要启示。

首先，充分认识城乡融合是城乡转型进程的一个阶段，建立城乡融合范式。在经历快速的结构转变后，中国已经进入城乡融合阶段。具体来看，2021年中国常住人口城镇化率为64.72%[①]，人户分离加剧和人口流动规模持续扩大，2020年中国人户分离人口49 276万人，是2000年14 439万人的3.4倍（王桂新，2021），同时出现人口回流（刘达等，2021）。农二代与乡村的关系更加疏离，在经济上表现出期望更好地融入城市的期望，在社会特征上具有较强的离村不回村的倾向（刘守英、王一鸽，2018）。县域出现高度分化，2020年年底，中国县域常住人口7.48亿人，县域常住人口在10年间下降了3 700万人（叶欠等，2021），不同县域的经济发展水平差距扩大，以长三角地区为例，苏浙两省的县域发展水平较高，而安徽县域经济发展水平则相对较低（项寅等，2022）。一些研究将城市化理解为城乡转型的唯一归属，对于城乡问题的讨论过多地关注如何实现城市化，城市是要素流向的唯一去处，城镇化率的提高是城乡关系的唯一指标。本章的研究表明，中国在城乡融合阶段更应注意城乡之间的联系和相互依赖性，促进城乡之间的要素流动和经济、社会互动，从单向城市化思维向城乡融合思维转变。

其次，探索中国不同类型区域的城乡融合和乡村振兴路径。中国不同区

[①] 资料来源：国家统计局网站。

域的发展阶段差异极大,城乡差别特征明显,应该探索不同区域城乡融合的路径。在都市圈,城乡之间的差距已经缩小,地方发展实力和实行基本公共服务均等化能力强,这些区域可以实行都市圈范围内从城市到乡村的城乡融合。在大城市,城市中心区极化很强,乡村衰败明显,应实行市区与郊区的空间融合、要素再配置与产业再分工,促进城乡连续体的建设。在广大的县域,县政府的财政能力并不强,经济辐射力不足,应该实行县城与延伸区的融合以及重点乡镇和部分村庄的城乡融合的节点建设。中国的乡村振兴是一个漫长的进程,切不可急于求成,一定要因地施策,探寻符合实际的城乡融合策略。

最后,构建促进城乡融合的发展政策。西方发达国家之所以能够实现城乡融合发展,关键是建立起一整套的城乡融合政策,包括城乡一元的人口管理制度、城乡平等的社会保障制度、城乡统一的土地市场、城乡统一的发展规划等,乡村被赋予与城市平等的发展权,要素被允许在城乡之间自由流动,进而实现城乡融合发展。城乡二元制度是阻碍中国城乡融合的最重要因素。城乡二元户籍制度与社会保障制度阻碍了人口要素在城乡之间的自由配置,剥夺了农民的城市权利,进城农民终将回到乡村,也阻碍了人口从城市向乡村的迁移;二元土地制度对乡村发展权施加制约,集体土地进行非农建设受到制度层面的制约,乡村非农发展权利受限,农民大规模离土出村形成了大量宅基地的空置,但当前宅基地入市制度还未完全打通,造成了资源的闲置与浪费;农地制度对农业发展方式转型造成阻碍,中国农业还蕴藏着大量人口,农业生产效率较低,如何通过农地制度改革促进中国农业转型升级是当前中国城乡转型亟待解决的问题之一。必须对中国城乡二元分割的制度进行改革,打破制约要素在城乡之间合理配置的制度约束,赋予乡村和城市同等的发展权。继续深化户籍制度和社会保障制度改革,通过赋予进城农民工享受与城市居民平等的教育、医疗等公共服务的权利,加强农民工职业培训,以及配套集体土地权利退出机制等方式促进进城农民工高质量市民化。改革城乡二元土地制度，通过土地制度改革，促进城乡建设用地同地同权，吸引人口、资本等要素下乡，开放农村发展权。深化农地制度和农业经营体系改革，进一步深化农地三权分置改革，促进农业生产要素的高效配置，实现农业的转型升级。

第五章
城乡转型的政治经济学

一、作为政治经济问题的城乡转型

城乡转型的最主要理论来源是发展经济学。发展经济学跟增长理论的最大分歧就是结构问题。当大多数的主流经济学家从 20 世纪 50 年代开始关注穷人问题，尤其是发展中国家的问题时，面临的最大问题就是新古典经济学的假设与发展中国家的基本问题不一致。任何一个发展中国家都面临着从农业经济向工业经济的结构转变，这是发展经济学家对发展的定义，也就是发展经济学讨论的主要是结构变迁问题，结构变迁的核心是研究一个国家如何从农业经济向工业经济转变。但是，如果把经济变迁的过程拉长来看，任何一个国家都有发展问题，所有发达国家最初也是从乡村社会变为城市社会的。那么，仅仅讨论一个国家从农业经济向工业经济的结构变迁，是不是就到此为止了？为什么很多发达国家可以从农业经济转变为工业经济，但大多数的发展中国家战后并没有成功地实现从农业社会向工业社会的转变？

（一）传统发展经济理论的四个误导

一是结构变迁过程的缺失。发展经济学仅仅把结果告诉了所有的发展中国家，但是没有告诉它们怎么实现，这就使得大多数的发展中国家以为，只要通过各种手段、政策进行农业经济向工业经济的转变，就能成为发达国家，结果并没有成功，原因就在于发展经济学并没有给出实现结构变迁的过程。

二是农业份额下降规律的误导。在讨论发展问题的时候,主流理论对发达国家的分析都发现了农业份额的普遍下降——其一是农业产值份额的下降,其二是农业就业份额的下降,这是发达国家的基本规律。钱纳里建立了国家标准模型,分析结果就是一个国家要实现工业化的进程,农业份额必须下降。① 但是这里有两个误导:第一,世界各国在农业份额下降的过程当中,农业产值份额和农业就业份额的下降是不是同步的? 事实上,世界各国并不存在两个份额同时下降的现象,因为各国的资源禀赋是不一样的,各国农业现代化的路径也是不一样的。比如,日本在工业化的过程当中,农业就业份额虽然也下降,但是农业就业份额下降是远远低于农业产值份额下降的。日本第一产业产值占GDP的比重由1955年的20%左右下降为2009年的1.5%左右,第一产业就业人口的比重从1953年的39.84%下降至2010年的4.07%。世界各国的共同规律就是农业产值份额下降,但是农业就业份额的下降并不与之一致。第二,在讨论结构转变时,只讲农业份额的下降,所以在发展政策上普遍采取的方式就是忽视农业,降低农业的重要性,包括减少农民。但是,所有成功实现现代化的国家,在农业份额下降的同时,还发生了农业要素的重塑,农业的竞争力实际上是提高的。比如,2018年美国的农业产值在GDP中才占1%,农业就业人员占比也只有1.42%②,但是,美国的农业在两个份额下降的过程当中,竞争力是增强的。

三是"何为工业化"的误导。发展理论给出的建议是:一个国家要从穷变富必须要实现工业化,工业化是国家实现现代化的唯一路径。但是,在理解工业化的问题上同样产生了三个重要误导。第一,把工业化简单地理解为做产业,或者说把农业、工业、服务业都当成单纯的产业,认为搞农业就是种地、牵牛耕田,工业就是在工厂里面做工。但是,被忽略的是,工业化最

---

① H. 钱纳里、S. 鲁宾逊、M. 赛尔奎因:《工业化和经济增长的比较研究》,上海三联书店,1989。
② 资料来源:农业产值数据来自世界银行,就业数据来自国际劳工组织的劳动力市场主要指标数据库。

重要的是生产要素组合的变化，这才是工业化的本质。农业社会的产业有农业，也有工业，但是在农业社会中的经济活动使用的主要是简单的要素，没有发生各种生产要素的组合。工业化的本质在于其中的各种生产要素的组合和转型升级，工业革命的技术进步是组合的一个要素，企业家以及各种常规生产要素也都是如此。第二，把工业化等同于制造业。如果说工业化是各种生产要素的组合，那么这个生产要素的组合只要在任何一个行当里面发生，就是工业化的过程。工业化的过程，可以在制造业里发生，也可以在农业里发生；可以在城市发生，也可以在乡村发生。当工业化是各种生产要素的组合的时候，工业化就不简单是制造业了，它可以是农业的工业化，也可以是服务业的工业化。第三，更大的误导在于，以为一个国家的产业必然经过从农业到制造业再到服务业的转变。有些地方在实际操作中，先发展服务业。但是有些地方从来就没有工业，经济十分落后，服务业在产业结构中的比重远远超过很多发达地区，然而这并不能说明这个地方的经济是一个先进的经济。这里的问题就在于对工业化的理解存在偏差。如果都是摆小摊的服务业，没有工业化的结合，没有生产要素的组合，产业就是落后的。

四是发展绩效指标的误导。把城镇化率的高低作为发展绩效的唯一的指标。人们经常这样判断一个国家是先进的还是落后的：乡村社会就是落后的，城市社会就是先进的。将城镇化率作为城市社会的标志，但是问题是城镇化率可以作为衡量国家的唯一指标吗？比如，世界银行的数据显示，2018年墨西哥的城镇化率为80.16%，朝鲜的城镇化率为61.90%，但这可以证明这两个国家的发展绩效好吗？有些国家和地区的城镇化率可能很高，但是贫困问题可能也很严重，社会问题可能也很多。受到这种误导的影响，中国从20世纪90年代中期以后，地方的主要任务是建城和提高城镇化率，甚至已经狂热到为了提高城镇化率，将原来的县改成市区，但通过这种方式达到的城镇化率，即使达到60%，又有什么意义？

新古典的发展理念在讨论结构问题的时候出现的四个误导使我们对一个社会结构转变的过程的理解简单化，把它看成从农业社会转变为工业社会、从乡村社会转变为城市社会的过程。进而把发展的目标简化为唯有工业、城市是先进的，农业和乡村就是落后的。以此为基础的发展政策就是尽一切力量发展工业，尽一切力量建设城市，对立面就是把农业和农村消灭掉。

(二) 中国城乡转型过程中的三个反常规事实

从农业经济转变为工业经济的结构变迁事实来看，中国城乡转型的过程跟所有的国家是一致的，即在结构转变的过程当中，农业份额不断下降，工业份额不断上升。但是在这一过程中，中国出现了三个反常规事实。

一是农业就业份额过大。中国在农业产值份额下降跟世界趋同的过程中，保留了一个过大的农业就业份额。有极少数的国家在农业份额下降的过程当中，农业产值份额下降，就业份额下降却没那么大。2018年中国农业产值份额降到7.2%，就业份额还维持在将近三分之一的水平——26.11%。也就是说，当农业产值份额已经没有那么重要的时候，农业部门占了过大的就业份额。

二是两个城镇化率的问题。在研究发展问题的时候，很多文章都会提到非正式部门、贫民窟这样的在发展中国家普遍的现象。中国的城市化问题表现为两个城镇化率：第一个城镇化率是户籍人口城镇化率；第二个城镇化率是常住人口城镇化率。如果一个人在城市待6个月，并没有享受到城市的公共服务——尤其是教育，按这种人口计算的城镇化率也算是城镇化率，叫作常住人口城镇化率。在一些发展中国家，城市里有很多贫民窟，有很多低劣的住房，但是没有说住在这里的人跟城市公共服务无关。在中国城市化的进程中，户籍人口和常住人口城市化之间存在将近2.85亿人的差值。[①] 这些人

---

① 第六次全国人口普查显示中国非农业户口人口数为384 339 361人，而当年的城镇常住人口数为669 780 000人。

到底是农村人口还是城市人口?

三是中国农业在结构转变的过程中越变越弱。几乎所有的国家在结构转变的过程当中,农业都是变强的,其基本特征就是农业的回报率变高。留下来从事农业的人的收入并不比城市中从事其他行业的人低,而且他们从事农业的回报要比从事其他行业高。中国的问题是:为什么没有人愿意留下来继续做农业呢?原因在于如果行业回报不高的话,这个行业怎么有希望?所有的发达国家在结构转变的过程当中,农业的回报都是提高的。我们从20世纪90年代以来,结构转变加速,工业化和城市化的速度加快,但是农业回报率下降了。这说明农业是越来越弱的,那谁还会去做农业呢?

我们要反思中国在从乡村社会转变为城市社会的过程当中为什么会产生这三个反差。如果是自然演进,并且跟所有国家呈现同样的事实的话,也就不存在什么反思了。但是在中国这样的社会,在从乡村转向城市的过程当中,为什么会出现我们常说的"'三农'问题"?从发展经济学的原理出发,简单地说,发展就是从农业向工业经济的转变过程,其中更重要的是采取什么工业化和城市化的方式,而不在于农业的份额是多少。一个国家城乡问题的根源在于方式,而不在于比例。所以采取不同的工业化、城市化方式,城乡转型的结果和行为就不一样,这是问题的本质。

(三)中国城乡转型过程中的政治经济问题

在讨论城乡转型问题时,一定要从过去简单地关注结果转向关心它的方式和过程。在发展过程当中,我们是以一切手段来实现工业化和城市化的,但是最后在城乡转型当中却产生了三个政治经济问题。

一是农业的附属地位。简单地将工业化和城市化等同于现代化,农业居于服务和从属的位置。农业问题一直备受关注,但问题始终没有得到解决,反而日益严峻。问题的根子就在于传统发展理念认为国家只要把工业化和城市化完成了,农业问题就会迎刃而解。农业在这里的角色是工业化、城市化的辅助，而它自己要不要现代化则另当别论。

二是农民的"他者"地位。中国的"'三农'问题"说起来就是农业、农村和农民问题，其中最受大家关注的是农业问题，因为农业具有粮食供应功能。就比如猪肉问题，大家关心这个问题是因为发现猪肉价格上涨了，至于养猪人亏没亏，则可能没那么受关注，原因就在于猪肉的价格关系着城市的稳定。所以农民在我们的发展过程当中就是一个"他者"，没有主体性。在集体化时期，农民给城市种地、供粮；到20世纪90年代以后，城市化加速，农民的角色就是先在家里种地，没钱了再去城里打工，打工以后再回到乡村——农民始终处于"他者"地位。

三是重"城"轻"乡"。城市空间和乡村空间在地理学上是两个空间，而且乡村的空间更大，但是在发展问题上，大家主要考虑的是城市空间。也就是说，在乡村和城市这两个空间里，我们比较关注城市空间，对乡村空间关注不够。大城市外围就是乡村，但是决策的过程考虑的大都是城市空间，至于乡村空间，在城市决策过程当中较少被考虑。为什么要提城乡转型？一般意义的城乡转型是一个自然的要素流动，没有被干预的过程。但是我们工业化和城市化的方式，使得我们在城乡转型的过程中产生了这三个政治经济问题。

二、结构转变方式与中国的城乡转变

中国政治经济学的核心问题之一，就是找出中国的特殊性。中国的转型实践，跟发展经济学所讨论的常规的结构转变有一个非常重大的差别，就是体制因素的存在。探索用什么样的体制实现从农业到工业的转变，是我们的独特之处。在这当中又有两件事：第一，社会主义制度下的农业向工业的转变，决定了中国的转变跟其他体制下的结构转变不一样；第二，在结构转变的过程当中，体制和结构转变之间出现了不匹配。中国已经意识到了体制问题必然是长期的,所以改革开放以后提出了社会主义初级阶段,道理就在于避免体制上的盲目性,避免过急的制度改变对生产的破坏。所以,我们体制上的探索是进步的。但是,我们在结构转变当中存在一些需要改进的地方。结构转变的过程始于在中共七届二中全会上毛泽东提出要将中国从一个农业国转变为工业国。在实践中,我们的结构转变侧重于快,似乎迅速将农业国变成工业国,就成为现代化国家了。中国转型实践的独特之处在于,改革以后在体制上相对稳定,但是在结构上还是追求快,造成了体制转型跟结构转变之间的不匹配。

所以,城乡转型的政治经济学分析,重点要研究两个问题:第一,不仅仅是研究结构变革本身对城乡转型的影响,重要的是研究结构变迁的方式如何影响城乡关系;第二,研究体制安排和体制变革对城乡转型的影响。这是政治经济学必须要回应的两个问题。

(一)乡土中国的主要特征

从近代以来,中国各代的仁人志士就有这样的目标:"怎样改变乡土中国?怎样将中国从过去的传统的农业社会变成一个现代社会?"乡土中国转型为现代中国的难度主要在于如何从乡土结构里面拔出来。在中国转型的过程当中,对乡土中国的特征理解不清晰,就会在结构变迁的方式和体制的转变上面临很多的麻烦。

1. 超稳定的小农经济

乡土中国的第一个特性是很多人会忽略的,也就是乡土的结构到底是什么样的结构。中国在近代的时候,有三派在改造乡土社会上针锋相对的观点。西方列强进入中国以后,当时中国的问题是救亡问题,救亡问题的主战场在乡村。在讨论如何以乡村为主战场救亡的时候,实际上有三派观点。第一派观点是吴景超先生的观点,他认为要实现中国从一个乡土社会的救亡,最主要的、最根本的方式就是建立都市大工业,将农民从乡村移到城市。① 第二派观点是梁漱溟先生的"乡建派",该派观点认为农民太愚昧,生活方式太落后,又不识字,组织方式也很落后,于是应教他们知识,教他们组织。② 将农民移走和教农民识字都是通过外力进行干预,问题的关键就在于外力进入乡村以后,如何跟乡土本身结合。第三派观点是费孝通先生所强调的,要改造乡村,首先要认识乡村的社会结构——乡村本身是有结构的。③

一是农工混合的小农经济。小农经济实际上是靠着自己的农业和家庭手工业的结合,勉强维持不饥不寒的小康生活。当然,这不是我们现在说的小康。当没有外力介入的时候,农民是靠农业和手工业的结合生活。乡村结构第一个表现是农民以农业为主,但并不简单地只是种地的人,同时兼具工匠的角色。农民当中有做裁缝的,有木匠,有铁匠。所以,乡土经济是一种农工混合的经济,不只是单纯的农业经济。家庭手工业、作坊手工业等乡村工业跟农业结合,支撑着农村的家庭经济。农户既是家庭农场的经营单位,也是手工业生产单位。农民一方面靠农业维持生计,但不是简单地从事农业,另一方面还要靠工业和手工业找生活,这是乡村经济的基本形态。

二是这种小农经济是超稳定的。稳定表现在三个方面:其一是农民依附于土地,土地是农民的命根子,农民向土地讨生活,包括现在的土地制度改革在设计上也是非常谨慎的,因为这是一个传统。只要农民有一块土地,农民就有生计,基本上就安稳了。其二是双轨的乡村治理。县以下的区域的治理靠乡村治理,乡村是高度自治的,乡村依靠传统规则的教化来维持礼治秩序。④ 其三是城乡从来是互通的,乡村问题的根源就在这里。当

---

① 吴景超:《第四种国家的出路》,商务印书馆,2008。
② 梁漱溟:《乡村建设理论》,上海世纪出版集团,2006。
③④ 费孝通:《乡土中国 生育制度 乡土重建》,商务印书馆,2011。

农民跟土地的关系出现问题的时候,要出事;当乡村的治理不好的时候,要出事;当城乡"断流"的时候,要出事。中国历史上从来都是城乡互通的,表现就是农民跟乡土之间的桑梓情谊,最后落叶归根。①

2. 被土地束缚的传统社会

乡土中国被土地束缚了,形成了一种超稳定的乡村社会。它主要有三个表现:第一个就是离不开土地,因为农民不轻易放弃土地;第二个是土里土气;第三个是以农为主,安土重迁,结果就是土地成为负担。"从土里长出光荣的历史,自然也会受到土的束缚。"② 中国的土地没有掉入马尔萨斯陷阱,它滋养了那么优秀的文明,但同时中国也被土地束缚住了,所以中国的传统社会是离不了土的,是生于斯、长于斯的,而且具有高度的地域性。乡村振兴的核心是村,这种村就是地域性,陌生人很难进入,这是一个没有陌生人的社会。

3. "家本位"的小农经济

中国的"家本位"意识表现在中国的土地所有权上,中国是最早建立土地私有制的国家,但是这个土地私有制有别于西方的模式,是以家庭为单位的。家庭是生产生活的基本单位,也是财产和财富的基本单元,这是小农经济非常重要的特征。这种"家本位"有三个特征:一是土地是家内成员以各种不同等级共有的财产,而不是个人所有;二是家庭和家庭之间的土地权利具有排他性;三是家庭内的各成员不完全保持同等权利。所以这种特征的结果是在很多农业经济活动里面,看似不合理的内容以家庭为单位出现时就变得合理了。比如用工,家庭成员的义务和责任将过多的劳动力束缚在农业活动上。

4. 以耕作权为大的土地产权制度

中国农业耕作制度更本质的产权是耕作权。清代以后,中国土地制度分

---

①② 费孝通:《乡土中国 生育制度 乡土重建》,商务印书馆,2011。

成田面权和田底权，田底权是所有权，田面权是佃农的权利。① 佃农获得田面具体使用的权利，田底权只有收租的权利。中国的土地制度支撑人口不断上升，形成了中国非常独特的人地关系。中国到宋朝的时候已经有了过亿的人口。② 从宋朝以来，我们一直延续了可耕地资源的增长速度低于人口增长速度的趋势，土地资源十分有限，从明代前期到民国近600年的时间，耕地总量增长了1倍，人口增长了6倍。③ 中国最后成为一个被土地束缚的社会，实际上就是因为近代工业化进程受阻，农业承载了过多的人口。1952年时，农业人口和劳动力分别占总人口的87.54％和83.54％。④ 一个被土地束缚的国家，农业怎么支撑这么多的人口？我们6个世纪来的粮食产量增长，差不多一半要归功于耕地面积扩大，其他是单产的提高，但是劳动生产率没有提高，所以这是一个没有发展的增长。中国乡土最大的困难就是在过大的人口压力下，从人依附于土地的社会形态中拔出来，拔不出来就是一个传统社会，但是拔出来了也不一定走得通。

（二）制度安排和体制变迁对城乡转型的影响

1. 近代西方工业对乡村的冲击

乡村社会在近代没有外力进入的时候是稳定的，但是在外力——西方机器大工业——进入乡村以后，乡村原有的农工和农副结构受到了什么影响？首先破坏的是乡土工业，我们原有的手工业、纺织工业不堪一击，在很短的时间内被洋货、洋衣击溃，原来农工和农副互补的情况变为基本上所有的人都依托于农业了。在乡土工业出问题以后，所有的压力都转嫁到了农业上，

---

① 吴滔、葛剑雄：《清代江南的一田两主制和主佃关系的新格局：以苏州地区为中心》，《近代史研究》2004年第5期。
② 何忠礼：《宋代户部人口统计考察》，《历史研究》1999年第4期。
③ 刘守英：《中国农业现代化的新阶段：过去、现在与未来政策选择（上）》，国务院发展研究中心官网，2013年7月25日。
④ 资料来源：中华人民共和国国家统计局。

但是农业在中国的传统社会里，是只管生计不管生活的。这样，农民就陷入了贫困。① 农民陷入贫困以后，在乡村社会出现了两个现象：第一个就是资本外逃，农民贫困以后无法交租，原来在乡村投资土地的城市资本第一个外逃；第二个是乡村的年轻人出走，因为乡村供养不了那么多人，年轻人纷纷远走。所以，近代工业化对乡土社会造成冲击后，农业出问题，农民贫困，然后乡土社会开始出问题，乡村的两大要素——资本和年轻人——开始逃离。

乡村的治理也开始发生变化。在乡村不能完全独立自治的时候，外力开始进入，乡村的治理也开始失序，更主要的是城乡的有机循环割裂。所以我们现在所说的城乡关系的根本在于乡村有东西跟城市交换。但是，当乡村的工业被西方工业破坏以后，乡村农业在维持农民生计的同时，还要保障农户的生活，乡村农业难以维系，所以乡村社会没有东西跟城市交换，于是城乡的有机循环割裂。第一次乡村危机是外力导致的乡村结构失衡造成的。近代给我们的启示就是乡村有一条衰败链，表现形式是首先是乡土工业出问题，而不是农业先出问题。随后，农业开始不堪重负，农民收入拮据，接着乡村的人口开始流失。另外就是乡村的自治破坏，乡村循环"断流"。最后是乡村破产。所以，乡村问题的根源在于结构问题，如果对乡村的结构认识不清楚，任何外力进入乡村都有可能出问题。

2. 国家工业化战略对乡村的影响

第二次外力进入乡村是计划经济时期。中华人民共和国成立以后，发展目标是从农业国向工业国转变，但是我们的工业化是重工业优先发展的工业化。优先发展重工业就是一个赶超战略，其基本制度安排扭曲了产品和生产要素价格的政策环境，并且使资源的配置高度集中，形成了计划体制，微观经营主体没有自主权，人为地压低重工业发展的各项成本，降低重工业资本

---

① 黄宗智：《明清以来的乡村社会经济变迁：历史、理论与现实》，法律出版社，2013。

形成的门槛。①② 农业服务于这个发展战略，依靠农业剩余和低价农产品，满足城市低工资条件下的食品供应。

在这种工业化的方式下，乡村配套的制度安排包括三项：农产品的统购统销、集体化的人民公社制度以及户籍制度。这一套制度安排形成的结果就是在国家工业化时期，为了保证城市的农产品低价格的供应，农业必须要保证产出。但是在制度低效的条件下，靠什么来保证农业的产出？一是提高单产的投入，多投化肥是增加产量的主要方式；二是提高复种指数，这个时期的农民是非常艰辛的。所以，在国家工业化时期，农业的功能除了像传统社会一样保证基本生存以外，还要保证资本积累。此时主要靠土地生产率来支持粮食的生产，但是农业生产率、劳动生产率依然停滞。1952—1957 年，农业部门劳动生产率每年增长 1.66%。③ 在这一套制度下，工业化快速发展。计划经济的国家工业化建立起中国的工业体系，但是集体化制度、人民公社、户籍制度把农民绑在土地上，这不是一个让农民脱离土地的工业化进程。④⑤ 1952 年的时候，农村劳动力占比 83.5%，1979 年时占比 72.5%⑥，变化很小。

这一套乡村服务于城市、农业服务于工业的发展方式的结果是乡村的副业没了，乡村的产业没了，乡村只剩一条路了——生产粮食保证城市的供应。这个乡村产业窄化的结果就是农民的贫困。第一是产业结构窄化导致贫困，这与历史上是一样的。第二是由于农业本身服务于工业以后，为了保证资本

---

① 陈斌开、林毅夫：《重工业优先发展战略、城市化和城乡工资差距》，《南开经济研究》2010 年第 1 期。
② 张占斌：《中国优先发展重工业战略的政治经济学解析》，《中共党史研究》2007 年第 4 期。
③ 刘守英：《中国农业现代化的新阶段：过去、现在与未来政策选择（中）》，国务院发展研究中心官网，2013 年 7 月 25 日。
④ 陆益龙：《户口还起作用吗：户籍制度与社会分层和流动》，《中国社会科学》2008 年第 1 期。
⑤ 于建嵘：《人民公社的权力结构和乡村秩序》，《衡阳师范学院学报》2001 年第 5 期。
⑥ 同③。

积累，剩余被抽取。第三是因为农业的绩效不好，农业的生产率、产出都不好，很重要的原因就是体制问题和城乡"断流"。所以国家工业化的方式不是一个让农民脱离土地的方式，而是使农民跟土地之间的关系被束缚的方式。另外，这一套工业化的方式使乡村的结构更加窄化。

3. 乡土工业化时期的乡村结构修复

20世纪80年代以后，中国出现了"不离土的乡村工业化"。在这个时期，土地制度是有松解的，其一就是农地集体所有、农户承包制度，解决了农业绩效不好的问题；其二，更重要的是在非农用地上，允许集体土地上的乡村工业化。在20世纪90年代之前，农民的集体土地是可以搞工业化的，土地的两个权利都放开了，所以在1998年之前，非农用地主要是在乡村，而不是在城市。随后，非常重要的特点就是农民开始参与工业化的进程，但是参与的是乡村工业化。仅仅依靠乡村工业化就能解开土地对农民的束缚吗？

20世纪80年代到90年代初的工业化进程可以总结为："有分工"，农业跟工业开始分工；"有分业"，但是农民都是在本乡本土，所以这个工业化还是一个不离土的乡村工业化。20世纪八九十年代农村经济之所以出现转机，非常重要的原因就是结构修复。乡土结构的修复靠四个方面：一是农业经济多样化，可以搞副业，20世纪80年代的改革开始增加农民的自主权；二是扩大了自留地，所以农业经济开始了多样化，农民的收入也就提高了；三是乡土工业化，即乡镇企业的发展；四是村民自己建城，譬如说龙岗。龙岗是第一个农民建立的城市，从原来的一个镇变成了一个城市。乡土结构修复的结果就是农业绩效改善、农民收入提高，以及城乡关系改善。所以，这一段时期的进步在于结构修复，乡村有了分工和分业，还可以参与工业化，但是农民还是没有从土地中摆脱出来。

4. 沿海工业化和快速城镇化对乡村的影响

20世纪90年代以后，中国迎来了高速的工业化、城镇化浪潮。工业化浪潮最主要的表现就是农民开始卷入跨地区的流动，城乡之间的大门真正打开，农民的进城是前赴后继，但是躲躲藏藏的。当时对待进城农民的方式是歧视性的，如果歧视性的制度不改掉的话，在中国的城镇化中农民的权利就无法保证。城镇化浪潮使农民真正离开故土进入城市，每年从农村向城市转移的人口超过1 500万，其革命意义就是农民跟乡土分离，农民跟土地的束缚开始松绑。

支撑这一转变的结构变迁方式有：第一，工业化的方式基本上是从20世纪80年代和90年代初的农民自主的乡土工业化转为政府主导。地方政府根据特殊的土地制度，向企业低价配置土地。第二，靠土地的资本化保证城市建设。土地资本化的过程产生了两笔收入，一是地方政府的招拍挂收入，二是地方政府土地抵押的收入。土地资本化的两笔收入为中国快速的城镇化提供了资金支持。[①] 在农民跟土地的关系中，要看是不是真的把农民从土地的束缚里拔了出来，一个重要的变化就是中西部地区的农民开始往南跑、往东部跑。农民开始出村，这对中国的城乡转型是具有革命性意义的。乡土中国的一个重要特征是农民对土地的深深依恋，所以，离土出村迈出了一大步。但是我们的工业化和城镇化方式的结果是：第一代的农民冲出去以后又回村了。

中国转型的困境就困在没有把农民彻底从土地中拔出来，他还会返回去。乡村结构危机还是应回到结构变迁中去讨论。园区工业化和政府主导的城镇化的方式，是可以建成世界制造工厂的，可以把城镇化率提高到60%，但是最后乡村的工业化和乡村城镇化停滞，农业回报低下。1998年，为了保证工业园区发展和城镇化，我们实施了最严格的耕地保护制度，结果就是农业的经济活动更加单一化，进而造成农业回报降低。农业没有回报，资本就逃离乡村，结果就是城乡要素流动单向，城乡要素全部往城市跑，又进一步造成

---

① 赵燕菁：《土地财政：历史、逻辑与抉择》，《城市发展研究》2014年第1期。

乡村经济活动单一、回报下降。最终呈现的结果就是乡村衰败,这个后果跟近代史是一样的。乡村的人口不仅是相对量下降,更是绝对量下降,出现了乡村村庄的缩并。

回顾近代以来的转型困境,有两个转型问题。第一个转型问题在于是否认识到了城乡转型的根本是把农民从土地束缚中拔出来。我们到目前为止的基本思路就是追求快速实现工业化和城镇化,但是为实现快速的工业化和城镇化采取的方式没有使农民摆脱土地的束缚。第二个转型问题就是怎么认识乡村的经济活动。如果乡村的经济活动等同于只有农业,而且是生存性农业的话,转型难以实现。乡村的结构一次次被破坏的结果就是农民的贫困和乡村的衰败。中国已经成为世界制造工厂,城市建设也足以媲美欧洲,甚至比欧洲还漂亮,但是中国的乡村还不行。转型不能只看工业升级,一定要看工业化、城镇化到底给乡村带来了什么。给乡村带来了什么的根本标志是看工业化和城镇化是否带来了农民跟土地的关系以及跟村庄的关系的疏解。如果没有这个疏解,农民迟早还得回到乡村。现在有些人说农民就该回去,这种观念是反现代化的。

三、城乡中国结构与乡村振兴路径

中国的结构是否改变了?现在是什么结构?只有认清了这一点,才能讨论中国当下的城乡问题。从结构上来讲,中国已经发生了有史以来的一个大转型,这个转型就是中国已经从"乡土中国"转型为"城乡中国"。乡土中国的基本特征是以农为本、以土为生、以村而治、根植于土,所有的东西都跟土联系在一起。城乡中国的基本特征是乡土已经变故土,农业已经告别了过密化农业,乡村变故乡,城乡关系从单向变互动。观察中国从乡土中国到城乡中国变革的角度,就是农民跟土地与村庄的黏性。

（一）城乡中国的结构

城乡中国的结构特征主要包括四个方面。

1. 农民的变化

农民最重要的变化表现在两个方面，第一个变化是中国的农民已经不是一个小农的含义了。2017年，在农村居民人均可支配收入中，第一产业的经营收入仅占25.2%，工资性收入占40.9%。[①] 单纯依靠农业获得收入的农户数量锐减，以农为主、以工为辅的兼业农户数量不断增加。这种农民在生产、生活和社会方式的选择上，跟传统意义上的农民相比大不一样，农民从均质化转变为异质化。农民的另一个变化是代际变动。80后的农民对土地的依附跟第一代的农民工有天壤之别。80后的农民在印象里面还有地，他知道他有一块地，却已经不知道土地的具体位置了。他是不种地的，跟土地的关系是疏离的。

农二代跟城市的关系也发生了巨大的变化。一是农二代的生活方式已完全城市化，消费方式逐渐向城市居民靠拢。二是工作的正式化。过去马路边的建筑工已经消失了。三是对收入要求的变化。农二代不再追求收入最大化，而是要求相对体面。居住方面也是如此，不再是过去那种一个工棚里面住几十个人的情况。还有一个现象就是以往农民工外出是独自外出，现在是举家搬迁。这些现象都反映了农民已经出村并且不再回去了，乡土变故土、家乡变故乡。当然，也有社会学研究者讲，人的迁徙是有一定周期的，农二代在50岁的时候还得回去。对于这类观点，我们可以再观察一下。

再来看看农民与村庄的变化。已经走出乡村的农民跟村庄的关系已经开始疏远，这有四个主要表现：一是他们一年回来一到两次，开着车回到乡村，却住在县城的宾馆。二是这些80后回家不讲家乡话，讲的是非常不地道的地方普通话，以证明他们是城里人。这样的话他们入城的倾向就加强了，回乡

[①] 资料来源：《中国农村统计年鉴2018》。

村的倾向就更弱了。三是重视对孩子的教育，孩子小学时带在身边，初中到周边比较好的乡镇，高中到县城。孩子的着落基本上就是家庭的着落。四是居住变化，农二代家里有老人的回去修房子，家里没有老人的，房子的位置取决于孩子在哪。比如说孩子在镇上读初中，就在镇上租房子，孩子在县城上高中，就在县城买房子或租房子。

2. 农村产业革命的意义

传统乡土中国为什么没有通过农业发展实现转型？非常重要的原因就是没有弄清楚该如何发展农业。如果不能实现农业的高效发展，这一轮城乡转型能否实现依然要打一个问号。转型的一个非常重要的特征就是对农业的反复打磨，农业能否走出一片新天地是这一轮城乡中国转型能否成功的最重要的变量。从实际调查来看，中国的农业正在经历一场产业革命，其标志是中国的粮食安全概念发生了重要变革。现在强调的是主粮安全，结果就是大量不适合种主粮的地方，比如贵州、甘肃、广西和云南等地，农业经济多样化，它们并不种水稻和小麦，种的是地方特色的水果和经济作物。这些地方农业经济的价值开始提升，各种主体开始往乡村去。这些主体不全是地方政府招商引资来的，而是地方经济发展的结果。在经济价值提高以后，企业开始进入乡村，农业的经营方式开始变化。所以如果经营主体没有变化的话，农业经营方式是变不了的。

企业进来以后，带来了五大变化：一是农业的生产过程发生变化；二是农业经营的质量、品种、标准发生变化；三是农业的经营规模发生变化；四是技术的变化；五是要素的变化。农业本身的经济价值在提高，这些产业发生了重大变化，所以农业的产业形态、农业的功能都发生了变化。城乡关系在影响着农村的角色，城市人对乡村的需求发生了变化。这些需求变化以后，我们就发现，农业在这个阶段是被重新定义了。原来的农业就是粮食农业，但是现在的农业可能在经历同城市制造业一样的工业化，这个产业开始发生重大变化了。这个变化就是农业功能变化和农业发展方式变化。所以，在中国乡村的要素发生重大变化以后，有可能会出现一场农业的产业革命。如果这场革命能够成功，中国的乡村就会有希望。

3. 村庄的变化

第一，对村庄重要性的认识。我们原来对农村的理解就只有农业和农民的概念，农业就是要解决吃饭问题。但是事实上，我们现在才开始意识到村庄的重要性。中国的乡村有两个载体——农民和村庄，原来研究乡村的基本单位就是农民，但村庄是中国乡村最重要的载体。村庄为什么重要？村庄是乡村经济、社会、政治、生活所有的代表，村庄是将农民、农户和其他组织包括国家串联起来的最重要的东西。这就是乡村振兴为什么重要的原因。

第二，村庄的分化。中国村庄的基本特征是分化——少部分村庄的活和大部分村庄的衰败，这是我们现在村庄的基本形态，让中国数十万的乡村都振兴是不可能的。所以现在要解决的问题是怎么让少部分村庄活得更好，让大部分衰败的村庄更体面。

第三，乡村未来的相对集聚。原来中国的村庄是以农耕半径为半径的，传统的农耕半径就是以牵牛的活动半径、灌水的便利程度为依据的。但是现在农业的经营活动开始变化，中国的农业现在已经开始以机械为主了，半径开始拉长。未来乡村的整合依赖于两个因素：一是农业经济活动的半径；二是农一代、农二代的乡愁，他们为了乡愁而动，要去乡村寻找乡愁，但乡愁却不一定在老村子里了。

第四，乡村传统制度的复活。乡村的治理不能完全只靠自上而下，那样规模太大了。乡村的治理还需要大量的非正式制度。

4. 新型城乡关系的形成

结构转变的本质不在于城镇化率，真正的关键之处是城乡之间的互动。一些发达国家的城市非常先进，乡村也很舒服，不像我们现在城市和乡村之间那样存在那么大的差距。在城乡中国阶段，已经出现了非常重要的变化。首先是资本下乡，因为城市没有那么多机会了，乡村的机会开始变多。然后是劳动力的再配置。乡村的年轻人来到城市，也有一些外面的人开始进入乡村，原因是乡村本身的机会以及人们对乡村的需求在变化。接着就是土地，乡村也是一个经济活动场所，也要有土地配置的变化。城乡互动的融合带来了乡村要素的变化，这是城乡中国的特征。当然，这些观察还在进行当中。笔者认为，中国确实在发生一场历史转型，但是这场历史转型最重要的特征就是已经告别了乡土中国，中国在农民的特征、农业的特征、村庄的特征方面发生了革命性的变化，已经进入了"城乡中国"阶段。

（二）乡村振兴的路径

1. 农业工业化

城乡中国阶段面临的最大的问题就是能不能在转变中国乡村产业当中找到出路。贵州湄潭在20世纪80年代的时候到处是荒山，人均年收入只有300元，但今天这个贵州西部如此贫困的地方，农业也变得有希望了。[①] 在城乡中国阶段，农业能不能实现飞跃，核心在于几个概念：第一，农业工业化，如果简单地把农业当作种植业、粮食农业的话，是没有希望的。第二，生产要素组合方式。如果还是以传统农业方式搞农业的话，也是没有希望的。工业化的本质是生产要素组合方式，而不单单就是一个产业的改革，这就是张培刚先生所提倡的工业化。[②] 第三，转型升级。转型升级就是生产要素组合方式连续发生由低级到高级的突破性变化的过程。如果有这几个概念的话，农业和工业有什么差别？所以，如果发生了生产要素组合方式的变化的话，农业就在工业化。如果农业还是面朝黄土背朝天的话，农业是没有希望的。只有

---

① 刘守英：《中国土地问题调查：土地权利的底层视角》，北京大学出版社，2017。
② 张培刚：《农业与工业化》，商务印书馆，2019。

土地生产率的提高，没有劳动生产率的提高，这个农业是没有竞争力的。2018年，湄潭县茶叶产值为48.2亿元，城镇和农村居民人均可支配收入分别达32 047元、13 351元。① 土地和劳动生产率都在大幅提高，改变了原来没有发展的困境。

在工业化的过程中最主要的就是政府到底怎么做。实际调研发现，一些地方政府每年做规划，每年变规划，越变农业越不好。而湄潭的政府进行了持续的制度创新和制度供给，一是解决土地制度的问题，二是主导产业的选择和发展。

湄潭"增人不增地，减人不减地"的土地制度改革，切断了农民和农地之间的不断调整。一个传统乡村社会被切断是非常痛苦的一件事，农民没有地，这个社会会怎么样？所有人都在担心这个问题，也有很多争论。但是，转型最大的困境就是如果不切断对土地的束缚，农民跟土地之间的脐带永远是连着的，农业就没有希望。1987年改革之后25年，湄潭县有12万人没有再分到土地，但结果却是越没有地的人，家庭收入越高，原因就是无地户非农收益高，家庭土地多的人，家庭收入就低。农地越少的户，非耕地比例越高，种植茶叶的比例越高。这一套制度的破除是非常艰难的，但是要打破土地的束缚必须要切这一刀。与耕地制度改革配套的荒山制度也为产业发展提供了稳定的制度保障，所以农民敢于在荒山上做产业，主要是茶产业。这两项土地制度改革为湄潭的茶产业发展提供了有效的制度保障，然后湄潭就有了新的主体茶企业，农民就不再是原来传统的小农了，接下来就开始进行土地流转了。土地流转之后规模就更大了，地方的产业就做起来了。新主体进入乡村要有两个东西：产业发展和外来人落脚。所以，农地的三权分置为新主体进入和发展提供了条件。最后是宅基地、集体建设用地的改革顺应了乡

---

① 谭弦：《湄潭：茶旅融合推动脱贫攻坚》，《贵州日报》2019年7月17日。

村产业发展和乡村城市化的需求。

第二件事就是产业选择。很多地方的产业现在都是政府规划的，规划的结果是产业发展并不如人意，一个重要原因是产业的选择太凌乱。湄潭只有一个茶产业，所以政府就围着一个主导产业去做。这个道理就是中国农业的规模经济有赖于解决两个问题：第一个问题是如何实现区域规模化。有别于20世纪90年代的面面俱到，区域规模化后，每个县集中培育一到两个产业。第二个问题就是政府什么时候介入和做什么。政府的介入一定要基于地方已有的基础，不能凭空想象。湄潭首先找到了符合资源禀赋条件的产业；其次是让示范村先行，政府做主导产业的持续培育，进行面积扩大、农民培训、市场建设、公共品牌培育、质量检查和市场管制等工作；最后，政府政策要有持续性，不能随意变换。

更重要的是，农业的生产要素组合方式发生了转变：一是全县以茶为主；二是大量的茶农专业化；三是在乡村地区建立乡村企业、合作社、市场和加工厂；四是科技、机械这些生产要素的合理运用；五是市场发展。所以，农业要不要变是理念问题，要充分认识农业工业化是有希望的。如果简单地依靠不断地扩大规模，然后招商引资，结果往往是越来越糟。

农业竞争力的奥秘在哪？在于只有当单位比例回报扩大以后再扩大规模农业才有效。农业尤其中国农业的竞争力不是靠扩大面积，而是靠提高单位土地回报。单位土地回报的提高依靠的是企业家在土地上进行要素的组合升级，而不是依靠传统的小农。

2. 乡村振兴的顺序

我们现在所有人都在提乡村振兴，但是顺序是关键。我们提倡的顺序是：活业—活人—活村。最危害乡村振兴、破坏乡村的顺序就是先从振兴村庄开始。只要有足够的资金投入，修好乡村的房子是很容易的，但这样的结果是不可持续的。乡村振兴的核心一定是先有产业，转型的根本就是农业能不能搞出名堂，如果不能搞出名堂，即使把人移到乡村，最后也必然走向失败。传统的乡村拥有的是沉睡的价值，关键是要把这些沉睡的价值开发出来，最简单的路径就是在村子里面找机会。比如浙江丽水的松阳县，利用当地71个国家级传统村落资源，发展乡村工业化，吸引了大批外来人口在这里发展文化产业。实际上，乡村的价值恰恰在于它原来的"老"东西，应对这些"老"东西做机理的改造，改成譬如集市、书店、民宿等。乡村价值之所以沉睡，是因为只有乡村的人自己在这里，其价值需要外面的人来发现。

四、城乡融合的新政治经济学

一是重新认识结构现代化。原来的结构现代化有两极，一极就是"乡土中国"，一极就是"城市中国"，这两极不能有机融合。我们认为结构现代化应该有三个阶段：第一个阶段是费老的"乡土中国"阶段，终极阶段是"城市中国"阶段，中间一个漫长的阶段是"城乡中国"阶段。把城市化作为终极目标，以为中国的结构现代化就是两个阶段，这是极端错误的。我们应该像认识初级阶段一样，认识到中国将有一段非常长的时间处于城乡中国阶段。城乡中国的基本特质就是要素的对流、城乡的平等、两个空间的发展，以及主体的平等，不能只有城市没有乡村。

二是重新认识结构变迁的方式与结构变迁的结果。不能单纯地追求工业化和城市化，一定要研究变迁方式的选择。把工业化等同于现代化是错误的，忽视了结构变迁的方式对城乡转型的影响。

三是重新认识工业化。任何一个国家，没有工业化，就没有现代化。甚至再绝对地说，任何一个地区，没有工业化，就没有现代化。没有一个地区不经过工业化就能够直接进入现代化，原因在于工业化是社会变迁的核心。工业化就是生产要素的组合方式发生改变，这里有传统的生产要素，也有企业家进入，也有组织方式的变革。这些生产要素的变化和生产要素的组合转型升级，就是产业升级的过程。一个地方没有这种工业化，也会有那种工业化。我们要正确理解工业化。中国现在要解决的非常重要的问题就是如何推进中国的农业产业革命，这是比我们理解工业化更难的一件事，而且要注意在不同地方有不同的生产要素组合方式。

四是"城乡中国"如何走向城乡融合，其关键在于"通""融""合"。首先是"通"，"通"以后才能"融"，"融"了以后才能"合"。中国城乡问题的根源在于城乡两个板块的隔离，所以现在要把城和乡之间的这堵墙拆掉——如果城乡之间的墙还堵着，何谈城乡融合？城乡格局的新阶段先是拆墙，拆除桎梏性的政策；"通"了以后城乡才能"融"。"融"就是生产要素能够在城乡之间自由流动，这个生产要素的流动，到最后才是"合"。"合"的结果就是城市和乡村共同发展，两个空间各司其职，城市起到城市的作用，乡村起到乡村的作用。

最后，要实现城乡融合，核心就是体制创新，体制创新的核心在于城市一定要向乡村开放。现在有两个核心问题：第一是进城的人凭什么不是城里人？农二代已经不把自己当作农民了，未来的农三代天然地就不知道他是农村人。如果不开放的话，这将是未来社会发生撕裂的最大一块。所以，第二就是乡村要向城市开放，不能将乡村当成传统的乡土社会，忽视农民的力量。乡村必须要向城市开放，城乡打通才能形成城乡融合的结果。

中国政治经济学最大的议题之一就是城乡转型问题，城乡转型不完成，中国就不能实现真正的转型。城乡转型的核心是真正找到适合转型的正确方式，如果还是沿着原来的城市中国那条路走的话，城市的问题会越来越累积，问题会变得更加严重。当然，所幸我们现在的机会是中国已经进入了新的阶段，就是城乡中国阶段。这个阶段为转变结构变革方式提供了非常好的机会。能不能解决认识上的问题和发展路径问题，有待我们进一步研究和实践。

第二部分　农民的代际革命

第六章
小农的特征与演变

在中国，农民是最大的群体，中国共产党依靠农民取得政权，又依靠对农民的改造推动了国家工业化进程。体制改革使农民回归主体地位、向农民开放权利，不仅为农业发展提供了制度基础，也使农民参与了工业化、城市化；不仅改变了农民的命运，也推动了中国经济和社会转型。中国的城镇化率已经过半，农民的行为特征已发生了革命性变化，但是，理论和政策仍然固守着对农民的传统定义和思维，农民的他者地位没有改变，这带来了农民群体在社会中的尴尬地位和部分"三农"政策的扭曲。农民和乡村的未来既取决于这一群体卷入结构革命的变质，也取决于理论和政策回归对农民真实的认知。长期以来，中国关于小农的认识与政策取向受两种观念主导：一种是马克思主义农民观，认为小农与大生产格格不入，是阻碍生产力发展和被改造的对象，这一观念不仅贯穿于整个合作化和集体化时期，而且存在于包产到户后对小农特征的各种批评中和未来农业制度变革的想象中；另一种是朴素的小农观，和将小农等同于完全市场中的企业人完全对立，前者对小农的优势不吝溢美之词，认为小农长存，后者理想化地以为小农在不完善的市场中和不平等的权力结构下能顽强突围。本章在对理念化的小农范式进行评论的基础上，试图还原中国典型小农的基本特征，呈现小农对对其影响最大的两项变革即制度和结构变革的反应，最后给出相关的政策含义。

一、对小农范式的批判

理论界为了分析的方便，将小农简化为两个极端：一个极端是所谓"恰亚诺夫小农"，另一个极端是所谓"舒尔茨小农"。"恰亚诺夫小农"范式将农民家庭经济看作一个独立的经济系统，遵循着与企业主不同的行为逻辑与动机。家庭农场既是一个生产单位，也是一个消费单位。农民家庭是农场经济活动的基础，具有一定数量的劳动力、土地，自己拥有生产资料，"家庭通过全年的劳动获得单一的劳动收入"[①]。农民生产的主要目的是满足家庭自身对实物形式农产品的需求，但其消费需求是根据农民家庭中人口结构的变化而变化的。不同于资本主义农场中由资本量决定经济活动量，"农民农场中的经济活动对象与劳动量主要由家庭规模和家庭消费需求的满足与劳动的艰辛程度之间达到的均衡水平决定"[②]。他们可以自行安排劳动的时间与强度，决定经济活动的规模，其经济活动规模的下限需要满足由农民家庭中消费者决定的最低生存需求，上限不仅受到家庭中能够从事生产的劳动力数量的制约，同时还受到加大劳动强度时农民劳动辛苦程度的制约。农民生产中土地、劳动与资本要素的投入与使用方式明显有别于资本主义农场。农民对土地的利用表现出极大的灵活性，由地块距离远近决定耕作集约程度，只有"较近的地块采取恰当的、较为精细的耕作方式"[③]，并非对每块土地都做到"物尽其用"。农户劳动的实际强度由于农业生产的季节性，以及农户劳动满足自身需求之后便不再投入更多劳动工作导致未实现最佳利用。但为了尽可能增加全年收入，农民农场通常增加单位面积的劳动强度，不惜降低单位劳动报酬和

---

① 恰亚诺夫：《农民经济组织》，中央编译出版社，1996，第8—9页。
② 同①，第187页。
③ 同①，第165—166页。

会计账面上的收益水平，与资本主义生产中追求利润最大化的原则有明显不同。家庭农场中资本的使用与劳动强度及生活消费存在密切联系，其劳动强度、生活需求的满足等对资本量的投入存在一定程度的替代，农民生活消费的下降与劳动强度的提高可以补偿资本数量的不足，并不像企业般以最优的资本集约度进行生产。

沿着将小农类型化的分析传统，斯科特提出小农经济行为受制于"生存伦理"，表现出以"安全第一"为准则的特征。[①] 小农劳动的主要目的是满足家庭不可缩减的生存消费需求，而非追逐收入最大化。农民往往采用最稳定可靠的方式进行农业生产安排以实现"养家糊口"的目的。农民虽然贫穷，但是不喜欢通过冒险行为去追求大富大贵。为保障生存安全，农民的经济行为表现出极端的风险规避，不仅采取保守的方式经营，甚至为了"保护伞"而选择接受不公的待遇。比如农民选择种植维持生存的农作物而不是专供销售的农作物，采用最为稳定的传统农业技术而非高风险、高利润的技术，宁愿当生存艰难的佃农也不做挣工资但会受市场波动影响的工人，更多选择工作辛苦但是具有劳动契约的工作，等等。[②] 在生存手段减少、生存受到严重威胁与剥削时，农民会被迫走出自我消费性生产，同时更加依赖于地主及家族，甚至会做出反抗性行为，但是农民反抗的目的仅仅是保护其生存道德和社会公正。

与"恰亚诺夫小农"范式相对，诺贝尔经济学奖获得者舒尔茨将小农完全等同于与资本主义企业家一样的"理性人"。在他那里，农民虽然贫穷，但是并不愚昧，农民不仅对价格、市场、利润十分关注与敏感，而且会努力对生产技术进行改进。他们对生产要素的配置是极其有效的，小农不仅在进行市场购买时会比较不同市场的价格，而且根据其价值最大化原则进行劳动力

[①] 斯科特：《农民的道义经济学：东南亚的反叛与生存》，译林出版社，2001，第16—43页。
[②] 同①，第46—49页。

的安排。每代小农都尽力从技术与实践上对古老的农业生产经验知识进行发展与改进。农民的劳动对生产都是有贡献的,并不存在农业劳动力的边际生产率为零的情况,农业劳动力的增减直接影响到农业产量的升降,即便是小孩子参与农业劳动,也会对农业生产做出有价值的贡献。但是,在传统农业中,农民保持传统的生产方式,长期使用世代相传、并无明显变革的传统生产要素,技术方面也未经历重大变动,"典型的情况是传统农业中的农民并不寻求这些现代生产要素"①。

波普金对小农"理性"进行了更为细致的描述。农民是一个理性的问题解决者,既要考虑自己的利益,又会与他人讨价还价,以达到双方都能接受的结果。②农民也会根据自己的偏好和价值观来评估与自己选择相关的可能结果,最后做出使他们预期效用最大化的选择。③农民最关心的是自己和家庭的福利及安全,通常会以利己的态度行事。④只有在预期收益大于成本时,农民才有可能参与集体行动并做出贡献,甚至会为了自身利益而做出损害集体福利的行为。虽然农民极度厌恶风险,但是并不能因此而否认农民投资行为的存在。"农民不仅进行长期投资,而且进行短期投资,既会进行安全的投资,也会进行高风险的投资。农民在整个作物周期和生命周期中进行计划与投资,并将老年投资放在优先地位。"⑤

一直以来,中国主流理论对小农经济的认识与改造主要基于马克思、恩格斯的小农经济学说。"马恩小农"范式对小农经济作用的评价是消极的,认为小农是一个被改造的对象。在他们那里,小农是落后生产力的代表,因为他们生产规模狭小,生产资料匮乏,依靠落后的生产工具进行重复简单再生

---

① 舒尔茨:《改造传统农业》,商务印书馆,2006,第151页。
② Popkin, S. (1979). *The Rational Peasant: The Political Economy of Rural Society in Vietnam*. University of California Press, p. ix.
③④ 同②, p. 31。
⑤ 同②, pp. 18-19。

产，拒绝进行劳动分工与科学的应用，因此生产能力十分有限且极不稳定，无力应对任何风险。小农生产以土地及其他生产资料的分散为前提，无法走向社会化大生产。以家庭为单位进行生产与消费的小农生产具有封闭性，小农之间处于孤立、分散的状态，没有丰富的社会关系，无法与社会化大生产相容。小农作为被剥削的阶级，无法保护自己的阶级利益，最终会被资本主义的生产方式所取代。小农落后的小生产根本无法与具有先进生产力的资本主义大生产抗衡，小农生产在其面前不堪一击，并且小农作为一个个独立分散的个体，无法有意识地组织起来保护自己的利益。因此，小农只是农业生产中一个阶段性的且最终被取代的群体，小农走向灭亡是必然趋势。

  黄宗智努力避免走极端，采用他所说的"集大成"方式对中国的小农进行了归类。他认识到"小农既是一个追求利润者，又是维持生计的生产者，更是受剥削的耕作者，三种不同面貌，各自反映了这个统一体的一个侧面"①。他在分别对经营式农场主、富农、中农和贫农四个不同阶层的小农进行分析后描绘富农或经营式农场主更符合"舒尔茨小农"，生存遭遇威胁与严重剥削的佃农、雇农更符合"马恩小农"，为自家消费而生产的自耕农则接近于"恰亚诺夫小农"。② 尽管黄宗智一再批判极端范式，但是，他本身就在以自己的范式进行分析和给出政策含义。他对改革开放以来中国小农分析的一系列观察不无见地，正视小农在劳动力成本、劳动激励、地租等方面拥有资本主义大农场所不具备的优势③；小农保持农业与副业相结合的经营体系，又形成农业生产与非农打工相结合的半工半耕的工农兼业经营④；小农对资本和投资的态度也和资本主义生产单位不同，小农的投资决策多会受到其扩大家庭多种因素的影响，关乎长远的家庭代际关系，其中包含对应对城市打工不稳定性

---

① 黄宗智：《华北的小农经济与社会变迁》，中华书局，1986，第5页。
② 同①，第5—6页。
③④ 黄宗智：《中国新时代小农经济的实际与理论》，《开放时代》2018年第3期。

的保险、赡养双亲、自己的老年，甚至家庭世系的未来等的考虑①；对规模农场的否定②；等等。他旨在对抗他所反对的资本主义发展道路。黄宗智提出他所建议的发展模式：坚持小农农场经营，发展小规模的资本-劳动双密集型农场③，扶持小农生产的纵向一体化（生产—加工—销售一体化）服务，尤其是新农业中的小农④，由龙头企业、"社会化"的合作组织、政府组织的专业批发市场带动小农进行纵向一体化。这也是在以他的范式改造小农以及影响政策。⑤

总之，对小农的认识范式化，忽视了小农的复杂性，导致对真实世界小农的特征认识不足，更严重的是导致在小农主体性缺位和丧失的情况下对其进行改造。各种小农范式将分析的对象简化成其"想象中的小农"。小农范式化导致对小农认识的极端化。"恰亚诺夫小农"突出贫困状态下小农对实现稳定生计的看重，但是忽略了农民对市场的反应、对新技术及新要素的采纳、对结构变化机会的反应，小农被消极地视为一个反市场的，或者说不对市场做反应、不思进取、与现代世界的鸿沟难以逾越的群体。"舒尔茨小农"极致地展示了小农的理性，但是，小农与市场中的企业家是没有任何差别的单位吗？"马恩小农"对小农的消极认识直接导致了消灭小农的革命化处理，沿着"马恩小农"范式，对小农进行改造势在必行，马克思提出以生产资料的集中、大规模的有组织的劳动对小农进行改造，恩格斯提出通过合作社对小农进行改造。不仅如此，对小农的分析因坚持小农某一方面的特征而绝对化、相互排斥，导出完全对立的发展路径。"恰亚诺夫小农"范式考虑到农民农场具有顽强的生命力与稳定性，其政策含义是以农民农场为基础，将农民与市

---

① 黄宗智：《中国的现代家庭：来自经济史和法律史的视角》，《开放时代》2011年第5期。
② 黄宗智：《中国新时代小农经济的实际与理论》，《开放时代》2018年第3期。
③ 黄宗智：《中国新时代的小农场及其纵向一体化：龙头企业还是合作组织?》，《中国乡村研究》2010年第2期。
④ 同②。
⑤ 同③。

场、与国家联系起来，提高生产各个环节的工业化、专业化、规模化程度，通过合作制方式引导农民走纵向一体化的发展道路。"舒尔茨小农"范式下的小农被看作一个受制约的理性个体，只要通过对小农进行人力资本的投资，使小农掌握必要的技能与知识，接受现代农业生产要素，便可以实现对传统农业的改造。

二、典型中国小农的基本特征

尽管关于小农经济源于何时存在学术争议，但一些研究认为其起源最早可追溯到原始社会末期①，较多研究认为在春秋战国时期②③④，最晚也在南宋时期出现⑤。不可否认的是，中国小农作为一个主体存在具有悠久的历史。小农在形成与演变的长河中成为一个丰富的群体。

1. 小农高度粘连于土

土是农民的命根，种地是其最普通的谋生办法。农民世代定居在农村，鲜少流动。⑥ 随着人口增长，人口对土地的压力增加，据吴承明先生估算，自汉唐直到清朝早期，中国人均耕地面积在 10 亩上下波动，19 世纪前半期，人均耕地只有 2.1 亩⑦，以土为生的小农只能在小块土地上密集劳作以求满足家庭生存需求。他们采取连种、套种、复种等多种种植方式相结合的精耕细作以提高土地的利用强度⑧，也通过劳动力的过度投入增进对土地的开发与利用，通过扩大耕种面积和提高单位面积产量实现粮食产量的增长，1400—

---

① 李根蟠：《中国小农经济的起源及其早期形态》，《中国经济史研究》1998 年第 1 期。
② 马开樑：《论小农经济的产生及其长期存在的原因》，《思想战线》1987 年第 3 期。
③ 程念祺：《中国历史上的小农经济：生产与生活》，《史林》2004 年第 3 期。
④ 赵冈：《重新评价中国历史上的小农经济》，《中国经济史研究》1994 年第 1 期。
⑤ 姚洋：《姚洋：小农经济未过时，不该背"恶名"》，《财经界》2017 年第 7 期。
⑥ 费孝通：《乡土中国》，人民出版社，2008，第 2—4 页。
⑦ 崔晓黎：《中国的传统农业社会与小农经济》，《发现》1994 年第 4 期。
⑧ 李萍、靳乐山：《中国传统农业生产力水平变迁的技术分析》，《中国农业大学学报（社会科学版）》2003 年第 1 期。

1770年的单产量大约提高了46%，在随后的短短80年中，又提高了17%。① 与欧洲庄园制度相比，中国家庭农场的效率高出许多，产量也遥遥领先欧洲。②

2. 小农依附于以户为单位的家庭经济

农民以家庭为基本单位占有和使用生产资料，从事以农业为主的经济活动。典型的家庭是由丈夫和妻子、一两个子女和一个老人组成的扩大家庭。③ 成员占有共同的财产，有共同的收支预算，通过劳动的分工过着共同的生活，并完成儿童们的生养，以及其对财物、知识及社会地位的继承。④ 在乡土环境中的农民靠种地谋生成为普遍选择，男性家长是家庭生产与劳动力安排的组织者、决策者。一户中并不是全体成员都参加农业劳动，家庭劳动力在劳动过程中基本不存在监督问题，家庭成员为了家庭利益自我激励、辛勤劳作。⑤⑥ 农民生产的主要目的是满足农户家庭的生计需求，除了缴纳赋税之外，生产出来的农产品主要用于自己消费以实现家庭的维续与再生产。农民也进行部分农产品的交易，会拿出部分农产品到市场上出售，购买自家不能生产的铁农具、食盐等生产、生活资料。⑦ 总体而言，小农主要依托家庭进行生产活动，各家户根据其农作物生长周期进行劳作安排，基本能够实现自给自足，表现出独立性与分散性。

3. 小农依赖长期积累的经验从事农业经济活动

尽管有悠久灿烂的农业文明，但中国农业技术变迁十分缓慢。传统技术

---

① 德·希·珀金斯：《中国农业的发展（1368—1968年）》，上海译文出版社，1984，第30页。
② 赵冈：《重新评价中国历史上的小农经济》，《中国经济史研究》1994年第1期。
③ 马若孟：《中国农民经济：河北和山东的农民发展，1890—1949》，江苏人民出版社，1999，第142页。
④ 费孝通：《江村经济》，北京大学出版社，2016，第27页。
⑤ 同②。
⑥ 黄宗智：《中国过去和现在的基本经济单位：家庭还是个人?》，《学术前沿》2012年第1期。
⑦ 郑林：《试论中国传统农业的基本特征》，《古今农业》2002年第4期。

在许多世纪之中有点滴的改良,但基本保持不变①,一代一代的小农以几乎相同的生产要素与生产方式进行农业生产。小农在春秋战国时期便开始使用铁制农具,在历史进程中农用工具数量有所增加,但是其质量或品种没有发生重大改变②,农户使用的种子基本上仍是当地多年传下来的种子,所用的肥料依旧是农家肥③。小农以人力、畜力为生产动力,且畜力的使用并不普遍。④基于对经济与效率的考量,农户只会在急用时才选择花费较大的新工具。⑤由于农民购买能力有限,农业生产的动力系统并无革命性变化,直到19世纪后期,国外新式农业机械才开始引入并运用于农业生产⑥,传统小农主要靠家庭成员或集体力量以及手工农具、畜力农具进行农业劳动。传统经验是农民生产过程中最为可靠的指南,它们是一代一代试验与积累出来的一套帮助人们生活的方法⑦,这些经验经过不断的调整与检验存续,经验的使用变得十分"灵验",对于保障生计是有效的,他们对这种沿袭的经验也表现出信任与敬畏。⑧但是,经验积累通常是缓慢的,农民基本上年复一年耕种同样类型的土地,播种同样的谷物,使用同样的生产技术。⑨

4. 小农从事的是多样化的乡村经济

小农经济并不等同于农业经济,农业经济也不等同于种粮经济,小农经济具有丰富的内容与形式,在进行自给性生产的同时,也不同程度地发展商品生产。农户基本遵循"以谷物生产为主结合其他生产项目"的原则⑩,有的

---

① 德·希·珀金斯:《中国农业的发展(1368—1968年)》,上海译文出版社,1984,第45页。
② 同①,第68页。
③ 刘建中:《近代中国农业生产力的综合考察》,《历史教学》1992年第11期。
④ 同①,第70页。
⑤ 费孝通:《江村经济》,北京大学出版社,2016,第149页。
⑥ 同③。
⑦ 费孝通:《乡土中国》,人民出版社,2008,第61页。
⑧ 同⑦,第61—63页。
⑨ 林毅夫、沈明高:《我国农业技术变迁的一般经验和政策含义》,《经济社会体制比较》1990年第2期。
⑩ 郑林:《试论中国传统农业的基本特征》,《古今农业》2002年第4期。

农牧结合，有的耕桑结合。清朝中期以后的长江三角洲部分地区和珠江三角洲地区甚至出现了以经济作物为主、粮食生产为辅的经济结构。① 农家经营并不只是依赖土地，还养蚕、养羊和经商②，农业与手工业的结合成为农家经济的一大特征③，直到20世纪中叶，农业与手工业仍然是紧密结合的④。家庭内部也存在一定的分工，农业主要是男人的职业，"男耕女织"是家庭经济活动劳动分工的典型，在一些较为复杂的环节存在家庭成员之间的合作劳动⑤，小农对市场既不完全排斥与抵触，也没有像企业家一样逐利，小农在很大程度上依赖于当地市场⑥。按照马若孟的描述，一类农户以生产自家消费的作物为主，少数土地生产现金作物；另一类农户以种植一种现金作物为主，资金与种子由农户自己提供；还有一类农户由商人提供种子和资金，进行单一现金作物的专业化种植。⑦ 小农生产主要为了实现自给自足、保障生计，其生产的结构与销售数量不完全以市场需求为导向。⑧

5. 小农依托传统村社制度发生关系

对于小农而言，村社的意义首先是以血缘、地缘为基础而形成的赖以生存的聚居村落。由于村庄之间具有较为清晰的地理界限而相互隔绝，小农的经济活动与社会关系都是在各自的村庄之内发生与实现的。⑨ 另外，小农以村

---

① 崔晓黎：《中国的传统农业社会与小农经济》，《发现》1994年第4期。
② 费孝通：《江村经济》，北京大学出版社，2016，第123页。
③ 叶茂、兰鸥、柯文武：《封建地主制下的小农经济：传统农业与小农经济研究述评（下）》，《中国经济史研究》1993年第3期。
④ 黄宗智：《中国过去和现在的基本经济单位：家庭还是个人？》，《学术前沿》2012年第1期。
⑤ 同②，第152—153页。
⑥ 明恩溥：《中国的乡村生活》，电子工业出版社，2012，第95—99页。
⑦ 马若孟：《中国农民经济：河北和山东的农民发展，1890—1949》，江苏人民出版社，1999，第211—212页。
⑧ 同②，第229—230页。
⑨ 王曙光：《村庄信任、关系共同体与农村民间金融演进：兼评胡必亮等著〈农村金融与村庄发展〉》，《中国农村观察》2007年第4期。

庄的形式与界限也保护了其土地、财产等，使其不易被其他村落划分。① 在村社之内，小农在经济及其他方面存在共同利益，并依赖村社实现共同利益，完成农民共同体的公共活动②，比如宗教活动、经济活动、与维护地方秩序和道德相关的活动、地方防卫等③。小农还依赖于用以非正式制度为主导的村庄制度来规范人们之间的相互关系，维护秩序。④ 乡土社会是一个生于斯、长于斯并死于斯的"熟人社会"⑤，任何村民的行为都受到熟人的相互制约，村民根据是否"合于礼"对其进行评判⑥。违背村社的礼治秩序不仅会受到谴责，而且有损家庭、家族的信誉。在乡村治理中，"非官方领袖"由村民在日常生活中非正式承认，农民更加信任他们，在公共事务方面也更加依赖于他们⑦，有些乡绅与精英充当国家与小农之间的"保护型经纪"角色，一些弱小之户常常寻求地方豪绅的庇护⑧。

三、制度变革与农民行为

在中国共产党领导下，小农先后经历了集体化人民公社制度和家庭联产承包责任制两次重大制度变革。前者是国家按照"马恩小农"逻辑推行集体化人民公社制度，通过强力对其进行"脱胎换骨"的改造。后者是国家通过自下而上的家庭联产承包责任制改革恢复了小农经济，使小农在国家、集体、农户三方合约下获得了土地产权。两次制度变革影响了农民的福利，农民对

---

① 刘守英、熊雪锋：《中国乡村治理的制度与秩序演变：一个国家治理视角的回顾与评论》，《农业经济问题》2018 年第 9 期。
② 费孝通：《江村经济》，北京大学出版社，2016，第 85、95 页。
③ 萧公权：《中国乡村：论 19 世纪的帝国控制》，九州出版社，2018，第 329—363 页。
④ 同①。
⑤ 费孝通：《乡土中国》，人民出版社，2008，第 3 页。
⑥ 同⑤，第 58—65 页。
⑦ 同③，第 324—329 页。
⑧ 杜赞奇：《文化、权力与国家：1900—1942 年的华北农村》，江苏人民出版社，2010，第 48 页。

制度的回应也影响了农业绩效和国家发展。

1. 集体化人民公社制度与改造后的小农行为和农业绩效

(1) 集体化与小农改造。

中华人民共和国成立之后百废待兴,为发展国民经济、改变工业落后面貌,国家开启了大规模工业化进程。基于小农生产分散、落后、脆弱,难以满足国家工业化建设需要的认识,按照"马恩小农"与社会化大生产不相容理论,参照苏联农业集体化体制模式,中国在农村实行了对小农的"集体化"社会主义改造,建立起三大制度——统购统销制度、户籍制度及集体化人民公社制度,三者相互配合,对农民进行强力改造。

国家通过对粮食、油料、棉花等主要农产品实行统购统销,掌握了主要农产品的收购和供应权利,废除自由市场对生产与销售的调节,通过规定的低价,以"剪刀差"的方式为国家工业化提供原始的资本积累,保障了城市居民的农产品供给。①②③④ 在保障城市供给的"以粮为纲"策略与计划经济体制对农民种植选择的严格限制之下,农民按照种植计划进行粮食生产,只能以低价出售农产品,造成农民经济活动单一化。⑤⑥

为了推动国家工业化进程,国家逐步控制农村人口的自由迁徙。⑦ 1958年,户籍制度的出台以行政手段构建起城乡分割的藩篱,严格限制农业人口外流,禁止城市单位私自从农村中招工。⑧ 这一制度成功地把农民禁锢在农

---

① 辛逸:《试论人民公社的历史地位》,《当代中国史研究》2001年第3期。
② 崔晓黎:《统购统销与工业积累》,《中国经济史研究》1988年第4期。
③ 陈国庆:《统购统销政策的产生及其影响》,《学习与探索》2006年第2期。
④ 陆云航:《对减轻农民负担问题的一个贡献——统购统销对粮食生产影响的实证研究:1953—1982》,《南开经济研究》2005年第4期。
⑤ 同①。
⑥ 宋延君、高立群:《我国农业单一生产结构形成的原因》,《长白学刊》1986年第4期。
⑦ 王海光:《当代中国户籍制度形成与沿革的宏观分析》,《中共党史研究》2003年第4期。
⑧ 王海光:《移植与权变:中国当代户籍制度的形成路径及其苏联因素的影响》,《党史研究与教学》2011年第6期。

村与农业中，阻隔了农业劳动力向非农部门的转移，将农村人口排斥在城镇化进程之外。[①][②] 户籍制度成为农民从农村流动到城市的一道无法翻越的墙。

从1953年开始，土改后的农民先后经历了互助合作、初级社、高级社、集体化、"三级所有、队为基础"人民公社等一系列制度变革。农业集体化完成了对中国乡村的改天换地的改造，家庭经济制度被集体经济制度取代，农民私有制被集体公有制代替，乡村自治被国家管制取代。农户家庭经营变为以生产队为基础的集体生产。公社消解了传统的家庭，打破了以家庭为单位进行生产与消费的界限[③]，在集体化大生产组织之下，农民失去对自身劳动力的自由支配权与经营自主权，生产劳动过程听从公社安排[④]。国家通过人民公社组织管控农民生产。人民公社作为一个政社合一组织，直接指导和管理大队和生产队生产、分配及交换活动并监督完成计划，同时负责完成国家规定的粮食和农副产品征购任务。[⑤] 集体制实现了包括土地在内的生产资料公有制[⑥]，在人民公社制度之下，农民失去土地使用权与收益权[⑦]。作为最基本生产单位的生产队只有极少的剩余控制权，除了具体的生产管理、劳动力的配置、其他要素的使用等权利外，生产经营权转化为政府强制性控制。[⑧]

---

① 蔡昉、都阳、王美艳：《户籍制度与劳动力市场保护》，《经济研究》2001年第12期。
② 陆益龙：《1949年后的中国户籍制度：结构与变迁》，《北京大学学报（哲学社会科学版）》2002年第2期。
③ 张乐天：《告别理想：人民公社制度研究》，上海人民出版社，2005，第282页。
④ 同③，第207页。
⑤ 陈剑波：《人民公社的产权制度——对排它性受到严格限制的产权体系所进行的制度分析》，《经济研究》1994年第7期。
⑥ 许庆：《家庭联产承包责任制的变迁、特点及改革方向》，《世界经济文汇》2008年第1期。
⑦ 周其仁：《中国农村改革：国家和所有权关系的变化（上）——一个经济制度变迁史的回顾》，《管理世界》1995年第3期。
⑧ 同⑤。

（2）集体制下的农民反应与农业绩效。

不同于传统社会家庭自行安排成员的劳动力的使用与分工，集体制下的所有家庭成员都变成集体组织中的劳动力。① 农民作为社员被外部强力组织进行标准化管理。② 农民在集体生产中的劳动通过"记工分"的方式进行衡量，他们的劳动成果也由公社决定如何处置与销售。虽然公社采用计时制工分、计件制工分对农民的劳动进行监督与约束，但是由于人民公社制度对小农的劳动激励不足③，农民采用出工不出力、只讲数量不讲质量的策略予以应对④。这些行为最终导致集体经济下劳动生产率下降，人均收入水平长期停滞。⑤ 尽管在20世纪60年代和70年代，农业产出每年增长2.3%，但人口也增加2.0%，农业人均产出几乎没有增加，农民收入也基本没有增加。⑥ 在这一时期虽然农户劳动力投入数量增加，全部劳动力的出勤率提高和全年在社的工作日增加⑦，但集体经济收益不仅没有增加，反而处于停滞状态甚至收益递减⑧。

集体化农业促进了农民对农业技术的采用与推广。传统农民为规避风险在一定程度上表现出对新技术的排斥。在集体化时期，政府对现代农业生产

---

① 李怀印、张向东、刘家峰：《制度、环境与劳动积极性：重新认识集体制时期的中国农民》，《开放时代》2016年第6期。
② 李洁：《对乡土时空观念的改造：集体化时期农业"现代化"改造的再思考》，《开放时代》2011年第7期。
③ 林毅夫：《中国人过去是怎样养活自己的？——中国粮食生产回顾与前瞻（上）》，《中国经贸导刊》1998年第14期。
④ 李怀印：《乡村中国纪事：集体化和改革的微观历程》，法律出版社，2010，第173—178页。
⑤ 周其仁：《中国农村改革：国家和所有权关系的变化（上）——一个经济制度变迁史的回顾》，《管理世界》1995年第3期。
⑥ 黄宗智：《中国的隐性农业革命（1980—2010）：一个历史和比较的视野》，《开放时代》2016年第2期。
⑦ 常明明：《农业合作社中劳动力利用问题研究》，《中国经济史研究》2018年第1期。
⑧ 张江华：《工分制下的劳动激励与集体行动的效率》，《社会学研究》2007年第5期。

要素实行价格优惠政策①，公社集中的权力、有效的组织系统、较大的经营规模为技术的引入与应用提供保障②，促使集体制下的农民由过去的"凭老经验种田"转变为"科学种田"③。在这一时期，农业生产加快采用现代生产要素，包括引进高产作物，改变耕作制度，推广新的农耕技术，使用杀虫剂、化肥、电力和机械设备。④ 1957—1979 年，化肥使用量从 37.3 万吨增加到 1 086.3 万吨⑤，适合施肥的现代高产作物——新的短株稻和小麦于 20 世纪 70 年代晚期基本取代所有传统品种⑥，农业机械总动力从 121.4 万千瓦增加到 13 379.5 万千瓦⑦。由于公社中劳动人口压力的存在，农民对替代劳动力的机械兴趣不大，在引入和推广技术时也以能更多使用劳动力增加单位面积产出的过密型技术为主。⑧

农民的乡村经济活动单一化。在集体化时期，乡村经济受到计划体制的严格控制，农民失去经营自由，只能在计划之内按照规定从事经济活动，导致传统农业社会农民自发形成的多样化农业经济活动在集体化时期消失。

在农产品生产与销售方面，农民按照行政指令生产，农民出售农产品的品种、数量、价格、交易对象与方式都由政府规定。⑨ 公社通过对劳动与生产资料的控制，直接限制了农民发展家庭副业与兼业。在集体制下，农民听从公社的安排与支配，形成了农业即种植业、种植业等于粮食的局面。⑩ 在集体

---

① 陈剑波：《人民公社的产权制度：对排它性受到严格限制的产权体系所进行的制度分析》，《经济研究》1994 年第 7 期。
② 张乐天：《告别理想：人民公社制度研究》，上海人民出版社，2005，第 232—233 页。
③ 李怀印：《乡村中国纪事：集体化和改革的微观历程》，法律出版社，2010，第 213 页。
④ 同③，第 209 页。
⑤ 国家统计局农村社会经济调查司：《改革开放三十年农业统计资料汇编》，中国统计出版社，2009，第 8 页。
⑥ 林毅夫：《制度、技术与中国农业发展》，格致出版社，2014，第 118 页。
⑦ 中华人民共和国农业部：《新中国农业 60 年统计资料》，中国农业出版社，2009，第 44 页。
⑧ 同②，第 235—243 页。
⑨ 王贵宸：《中国农村合作经济》，山西经济出版社，2006，第 443—466 页。
⑩ 同⑨，第 506 页。

生产之外，20 世纪 50 年代末 60 年代初逐渐恢复农民家庭自留地和副业生产。① 虽然农民在自留地上的种植和副业经营比在集体经济中有更大自主权，但是，其自由度十分有限。在集体制下，农民的劳动分工也消失，虽然在公社内部曾尝试过对农村劳动进行专业化分工，但是因无效与混乱又退回去了。② 同时，家庭内部的劳动分工也伴随经济活动的单一而消失，每个具备劳动能力的人一律成为公社内参与劳动的"农业工人"。

集体制下的农民从事土地更密集性农业。由于耕地面积有限，农业劳动数量充足，面对不断上升的粮食需求，公社一方面努力扩大粮食种植面积，另一方面提高单位面积土地的产出。集体农业用高产新作物品种替换传统作物，对传统种植制度进行调整，提高复种指数，采用作物密集种植。③ 耕作制度的调整反向促使农民加大了在土地上的劳动力投入，集体化组织人们（包括妇女）每年工作更多天，在每一茬上投入更多的劳动力。④ 此外，农民还在土地上施用化肥与农药进行生产，以求获得更多的产出。在集体化时期，农药和化肥的施用量总体呈上升趋势，开展大规模的农田水利建设，平整土地，修筑机耕路和排灌水渠，改善了粮食作物的生产条件，进一步强化了土地密集型农业的劳动投入强度，强化了"过密化"的农业发展道路⑤，土地单产提高但是劳动效率低下。

对农民的管制由村社治理转向国家控制。小农赖以生存的传统村庄功能被生产队集体行动取代。生产队不仅是人民公社的基层组织单位，对农民进

---

① 辛逸：《试论人民公社的历史地位》，《当代中国史研究》2001 年第 3 期。
② 张乐天：《告别理想：人民公社制度研究》，上海人民出版社，2005，第 195 页。
③ 同②，第 238 页。
④ 黄宗智：《中国的隐性农业革命（1980—2010）：一个历史和比较的视野》，《开放时代》2016 年第 2 期。
⑤ 谢冬水、黄少安：《国家行为、组织性质与经济绩效：中国农业集体化的政治经济学》，《财经研究》2013 年第 1 期。

行管理与调控，而且是一个共同生产、独立核算的组织①，队内小农的生活状况与生产队的经营情况紧密相关。农民长期形成的行为规范和非正式规则被国家正式制度取代，国家不仅对农民家庭内部关系、生育、养育、婚姻、老人赡养、宗族传统及村民间交往等方面进行规定与限制②，而且以集体为导向确定农民行为规范，要求农民根据集体的利益和发展集体经济的需要调整自己的行为和人际关系③。

2. 家庭联产承包责任制改革与小农特征回归

（1）农地改革与农户权利。

集体化人民公社制度的弊端不仅影响农业绩效，也影响农民生计。农民"用脚投票"选择了家庭联产承包责任制，国家顺应农民的需求承认了这一制度的合法性。通过废除生产队统一组织生产、统一收益分配的经营制度，家庭替代生产队成为农业生产、经济决策与获得收益的单位，农户成为农业经营主体。④ 坚持农地所有权归集体所有，即每个生长在这个集体地域的成员都有权分享对土地的使用权利，每个集体差不多根据按人（或劳）均分的原则对土地使用权进行分配。⑤ 最终产品按照"交够国家的、留足集体的，剩下都是自己的"合约结构在国家、集体与农户之间进行分配。⑥ 除了农地改革外，国家对农民也开放了非农用地的使用权利，允许农民在集体土地上办企业，允许农民利用自己的土地建城镇，允许农民的集体土地直接进入市场。⑦ 在

---

① 张乐天：《告别理想：人民公社制度研究》，上海人民出版社，2005，第193页。
② 同①，第281—314页。
③ 同①，第328—330页。
④ 刘守英：《中国土地制度改革：上半程及下半程》，《国际经济评论》2017年第5期。
⑤ 刘守英：《中国农地制度的合约结构与产权残缺》，《中国农村经济》1993年第2期。
⑥ 陆子修：《家庭联产承包责任制与中国农业现代化》，《求是》1998年第4期。
⑦ 刘守英：《土地制度变革与经济结构转型：对中国40年发展经验的一个经济解释》，《中国土地科学》2018年第1期。

农村集体土地制度改革之下,农民获得了利用集体土地进行工业化的权利。①

(2) 家庭联产承包责任制下小农的行为反应。

小农对制度正负向激励的反应极其灵敏。在家庭联产承包责任制实行初期,农民拥有了农地的使用权、经营权以及剩余支配权,他们的努力与最终报酬直接挂钩,农地产权变革与强化极大地激发了农民进行农业生产的积极性,有效地促进了农业的增收增产。②③ 1978—1984 年,粮食单产提高了 42.8%,总产量增加了 33.6%,农业增加值实际增长了 52.6%。④ 1978—1992 年,农业总产值年均增长速度达到了 5.9%,增长速度最低也达到了 4.1%,均超过了对应时期人口的增长率。⑤ 家庭联产承包之后,农民土地负担加重,税收、"三提五统"、农民义务工等使农民不堪负荷。⑥ 农民负担由在集体范围内扣除转变为由农户家庭直接缴纳,隐性负担转变为显性负担。⑦⑧ 1988—1992 年,农民人均三项负担支出年均递增 16.9%,而农民人均纯收入递增速度只有 9.5%,1994—1996 年虽有反弹,但也只有 1996 年负担率低于人均纯收入的增长率。⑨ 沉重的负担减少了农民土地承包合约的剩余,农民的应对是大力发展非农产业、将承包土地无偿流转出去甚至接受流转方承担负担⑩,农民被迫离土出村。

---

① 刘守英:《城乡中国的土地问题》,《北京大学学报(哲学社会科学版)》2018 年第 3 期。
② 周诚:《论包产到户》,《经济理论与经济管理》1981 年第 2 期。
③ 冀县卿、钱忠好:《农地产权结构变迁与中国农业增长:一个经济解释》,《管理世界》2009 年第 1 期。
④ 杨涛、蔡昉:《论我国农户兼业行为与农业劳动力转移》,《中国农村经济》1991 年第 11 期。
⑤ 林毅夫:《90 年代中国农村改革的主要问题与展望》,《管理世界》1994 年第 3 期。
⑥ 杨军:《农民负担问题的深层思考》,《中央财经大学学报》1999 年第 5 期。
⑦ 管清友、邵鹏:《由财政压力引发的农民超负担:一个解释》,《上海经济研究》2002 年第 7 期。
⑧ 周飞舟:《从汲取型政权到"悬浮型"政权:税费改革对国家与农民关系之影响》,《社会学研究》2006 年第 3 期。
⑨ 邓大才:《农村家庭承包土地的权利和义务研究》,《财经问题研究》2000 年第 9 期。
⑩ 袁震:《农业税、"三提五统"的性质及其对农地物权运行影响之反思》,《政法论丛》2010 年第 4 期。

农户以市场为导向调整农业经营。家庭农作的恢复和农产品市场自由的增加，促使农民按边际利润来调整他们的生产活动。这不仅表现为谷物面积下降，经济作物面积进一步增加，而且表现为动物饲养、养鱼和副业生产也以更快的速度增加。① 在种植业方面，农民增加高附加值经济作物的耕种面积，减少粮食作物的耕种面积。粮食播种面积占总耕地面积的比重由1978年的80.3%下降到1996年的73.8%，同期蔬菜和水果的种植积从2.5%增长到7.7%。② 从农业内部结构来看，农户对传统种植业的比例进行缩减。1978—2007年，种植业产值在整个农业产值中的比例从80%下降到50%，畜牧业从15%上升到了33%，水产品从2%跃升至9%。③

农民对土地密集型和劳动节约型技术的采用提高了农业产出。在包产到户以后，农民对盈利的反应敏感，对采用能增加收入的新技术的积极性提高。④ 另外，连接家家户户的有线广播可以有效地指导村民防治害虫、使用新的农耕技术。⑤ 自实行家庭联产承包责任制以来，农业生产上的许多新技术，如良种培育技术、化肥和农药使用技术、地膜覆盖和大棚利用技术，以及畜禽养殖技术等等，得到了广泛的推广和应用。⑥ 几乎所有农户都应用种子、化肥、农药、农膜等生物技术，这些技术的应用不因经营规模小造成额外的成本，并给小农户带来可观的效益。⑦ 新技术的引入，包括水稻移栽技术、农药除草技术、联合收割机收割技术减少了农民的劳动投入。⑧ 1978—1997年，

---

① 林毅夫：《制度、技术与中国农业发展》，格致出版社，2014，第72页。
② 林毅夫：《中国将来怎样养活自己：中国粮食生产回顾与前瞻（下）》，《中国经贸导刊》1998年第15期。
③ 黄季焜：《六十年中国农业的发展和三十年改革奇迹：制度创新、技术进步和市场改革》，《农业技术经济》2010年第1期。
④ 同①，第121—142页。
⑤ 李怀印：《乡村中国纪事：集体化和改革的微观历程》，法律出版社，2010，第209—213页。
⑥ 张舫：《社会主义初级阶段和我国农村家庭联产承包责任制》，《吉林大学社会科学学报》1989年第1期。
⑦ 郭庆海：《小农户：属性、类型、经营状态及其与现代农业衔接》，《农业经济问题》2018年第6期。
⑧ 李怀印：《乡村中国纪事：集体化和改革的微观历程》，法律出版社，2010，第243—244页。

我国农业劳动力机会成本增长了近14倍，与此同时，化肥、机械和其他农业生产资料的价格增长了仅2～3倍，因此水稻、小麦和玉米三种土地相对密集型作物的劳动投入分别减少了40%～53%，机械投入分别增加了3～6倍。①

农民受制于正式自治制度与非正式规则治理。在正式制度方面，随着人民公社的结束，国家从农村基层的制度建设领域逐步退出②，不仅将公社改建成乡镇，大队和生产队改成村和组，使乡镇一级成为国家政权的最基层组织，而且在乡镇以下设立村民委员会，在村组内实行村民自治③④。农民可以通过民主选举、民主决策、民主管理与民主监督的方式参与村级事务。⑤ 随着家庭制度的重新确立，家族、宗族、村社公私关系以及一系列非正式制度回归⑥，国家基层组织与传统习俗共同主导农民的公私生活⑦。

四、结构变迁与小农特征演变

对小农形成历史性冲击的是结构变革。乡土中国创造了灿烂的农业文明，也形成了农民对土地的高度依附。中华人民共和国成立以后的国家工业化开启了结构变革进程，但农民却被制度化地绑缚于土而失去了改变的权利，改革开放以来递进发生的乡村工业化、园区工业化和快速城市化，使农民不仅是积极的参与者，也在这一进程中改变了自己，中国的农民的特征已经和正在发生具有脱胎换骨性质的历史变化。

---

① 胡瑞法、黄季焜：《农业生产投入要素结构变化与农业技术发展方向》，《中国农村观察》2001年第6期。
② 许庆：《家庭联产承包责任制的变迁、特点及改革方向》，《世界经济文汇》2008年第1期。
③ 张乐天：《告别理想：人民公社制度研究》，上海人民出版社，2005，第359页。
④ 徐勇：《县政、乡派、村治：乡村治理的结构性转换》，《江苏社会科学》2002年第2期。
⑤ 胡永佳：《村民自治、农村民主与中国政治发展》，《政治学研究》2000年第2期。
⑥ 刘守英、熊雪锋：《中国乡村治理的制度与秩序演变：一个国家治理视角的回顾与评论》，《农业经济问题》2018年第9期。
⑦ 陆益龙：《制度、市场与中国农村发展》，中国人民大学出版社，2013，第311—312页。

1. 乡村工业化与农民的分工分业

20世纪80年代，农村土地制度改革显化的剩余劳动力需要寻找非农就业出路，国家开放农民在集体土地上从事非农产业的权利，农民的参与推动了乡村工业化进程。① 1984—1988年，农村剩余劳动力主要流向当地的乡镇企业，从业人员达到9 545万人②，同期乡镇企业数量由606.5万个迅速增加到1 888.2万个，年均增加32.83%，职工人数由5 208.1万人增加到9 545.5万人，年均增长16.35%；企业总产值由1 709.9亿元增加到6 495.7亿元，年均增加39.61%③。到1987年，乡镇企业中第二、第三产业产值合计增加到4 854亿元，相当于农业总产值的104%，首次超过了农业产值。④

（1）农民分工分业谋发展。

在农村改革与市场经济的推动下，农户不再满足于"小富即安"，强烈的"逐利"意识显化，农民对经济机会的灵敏反应促进了农民分化。农民在人民公社制度下的同质化和包产到户后的均质化特征开始被打破，村内的主体已经不再是清一色的农业生产者，家庭经济不再是简单的农业经济。虽然他们仍冠以"农民"称号，但实际上已分化为不同的阶层，从事不同的职业。⑤⑥大批农民变成了乡镇企业的职工和管理人员，有些农民成为个体工商户、私营企业主。⑦ 1978—2005年，非农就业劳动力占农村劳动力的比重由5.4%上升到40.5%。⑧

---

① 魏后凯：《对中国乡村工业化问题的探讨》，《经济学家》1994年第5期。
② 陈锡文：《读懂中国农业农村农民》，外文出版社，2018，第111页。
③ 宋洪远：《中国农村改革三十年》，中国农业出版社，2008，第239页。
④ 同②，第107页。
⑤ 陆益龙：《制度、市场与中国农村发展》，中国人民大学出版社，2013，第291、302页。
⑥ 高帆：《中国乡村振兴战略视域下的农民分化及其引申含义》，《复旦学报（社会科学版）》2018年第5期。
⑦ 陆学艺：《当代中国社会阶层的分化与流动》，《江苏社会科学》2003年第4期。
⑧ 同③，第479页。

(2) 农民未离土但与土地的关系松解。

在乡镇企业蓬勃发展及市场机制牵引下，农民不再只以土为生，而是开始走进乡镇企业，进行就地本土化的非农转移。1978—1992 年，中国农村劳动力从事非农业的人数从 3 150 万人增加到 9 765 万人，增加了 6 615 万人，加上因招工、招生和征地及落实政策而"农转非"的 3 000 万人，农村劳动力转移到非农产业的人数共 9 615 万人，平均每年转移 700 万人左右。① 1978—2006 年，乡镇企业工资性收入占农民人均纯收入的比重由 8.2% 提高到 46.4%，乡镇企业已成为支持农民收入增长的主要力量。② 农民在保障家庭自给性消费的前提下，进行兼业化的经营方式。③ 随着非农产业就业机会增多，农户兼业的预期收益水平也大大提高，农户兼业行为增长幅度很大。④ 但是，在乡村工业化阶段，农民虽然在就业与收入方面降低了对于土地的依赖，农民与土地的关系有所松动，但是由于农民并未离开乡土，农业劳动力的绝对量不降反增，因而农民与土地的黏度并未发生根本改变。⑤

(3) 农村经济恢复多样性与生机。

农民在推动结构转变的同时带动了乡村农业的发展，不仅改变了农村长期形成的以种植业为主，尤其是"以粮为纲"的单一产业结构，延长了农产品深加工的产业链条，推动了农业产业化和农村经济的全面发展，而且使整个国民经济长期形成的畸形产业结构得到了矫正。⑥ 这主要表现为农村中第二产业发展迅速，第三产业产值稳步提高，第一、第二、第三产业增加值的比例在 1978 年约为 1∶0.17∶0.02，到 1995 年改进为 1∶1.01∶0.19。⑦

---

① 魏后凯：《对中国乡村工业化问题的探讨》，《经济学家》1994 年第 5 期。
② 宋洪远：《中国农村改革三十年》，中国农业出版社，2008，第 257 页。
③ 卢迈、戴小京：《现阶段农户经济行为浅析》，《经济研究》1987 年第 7 期。
④ 杨涛、蔡昉：《论我国农户兼业行为与农业劳动力转移》，《中国农村经济》1991 年第 11 期。
⑤ 刘守英：《城乡中国的土地问题》，《北京大学学报（哲学社会科学版）》2018 年第 3 期。
⑥ 于秋华：《改革开放三十年中国乡村工业发展的经验与启示》，《经济纵横》2009 年第 4 期。
⑦ 同②，第 14、256 页。

(4) 农户与村庄的关系。

首先，农民在不同程度地参与村庄自治。随着国家行政指令对村庄控制的退出，农村地区建立起了自治体系，农民不仅可以参与村庄公共事务的管理，而且需要接受村级基层自治组织的管理。实际上自治体系主要由具有较强民主意识和政治参与能力的农村"精英"参与自治运动，其对村庄公共权力的运作有较大影响。[1] 由于村干部还需完成上级的征税任务，当村干部无视村民利益、滥用权力时，农民与村干部的关系也就充满紧张与冲突。[2] 其次，在乡镇企业发展的带动下，部分经济发达地区的村特别是临近城镇和工业园区的村，村级集体经济实力强大[3]，农民对集体经济的依赖增强。农民不仅依赖村级集体经济组织投资农村基础设施建设、文教卫生与社会保障，还依赖村级集体经济组织提高收入、提供就业机会、从集体资产中获得经营收益分红[4]。最后，村庄的功能得以恢复，但乡镇企业的改制降低了农民之间和农民与村集体之间的关联度，削弱了村集体对村庄的整合力。企业主在村庄中的地位日益显赫，改变了村庄的权力结构，村组织的部分功能亦因此丧失，如在扶贫救济、减轻农民负担、修路造桥等公益事业方面，以及在调解纠纷、维护治安方面，村集体的功能被削弱。[5]

2. 沿海工业化与农民跨区域流动

20世纪90年代，农民通过跨区域流动参与工业化与城市化的进程。一方面，城乡二元体制对劳动力的制约松动促使农村劳动力大规模非农转移。20世纪80年代末和90年代，以户籍制度、劳动就业制度、城市粮食购销制、

---

[1] 卢福营：《论村民自治运作中的公共参与》，《政治学研究》2004年第1期。
[2] 张乐天：《告别理想：人民公社制度研究》，上海人民出版社，2005，第298页。
[3] 张忠根、李华敏：《村级集体经济的发展现状与思考：基于浙江省138个村的调查》，《中国农村经济》2007年第8期。
[4] 张忠根、李华敏：《农村村级集体经济发展：作用、问题与思考——基于浙江省138个村的调查》，《农业经济问题》2007年第11期。
[5] 董磊明：《传统与嬗变：集体企业改制后的苏南农村村级治理》，《社会学研究》2002年第1期。

城市企业招工体制等为主要内容的城市改革，使农民的活动空间扩大，为其提供了就业机会，城市住房租赁市场的开放也为农民在城市居住提供了条件。①②③ 另一方面，农村中的劳动总量不断增加，乡镇企业整顿及其对于劳动力的吸纳有限，使得劳动力就地转移难度大，同期东部沿海地区的工业化和城市发展产生了巨量劳动力需求，为市场意识增强的农民提供了异地致富的机会。④⑤ 因此，农村劳动力，尤其是中西部地区的农民，走出农村，流向经济发达地区和城市，寻找新的就业门路，形成了大规模的跨区域流动。⑥ 根据1996年农业普查数据，出县就业人数4 487万人，2000年为5 200万～5 500万人，占农村劳动力的11%左右。1999年，全国外出务工人数相当于20世纪90年代初的7倍。⑦ 到2004年，农村劳动力跨省区就业时间超过半年的人数已达4 770万人，占农村劳动力外出数量的51%。⑧

(1) 农民家庭分工增强。

在传统家庭经济中，"男耕女织"是家庭劳动分工的典型特征；结构变化后，农村劳动力实现了更优配置，农民家庭实行农业和非农经济活动的分工，留守本土和出外闯荡的分别形成了以代际关系、夫妻关系为基础的"半工半耕"劳动分工结构。⑨⑩ 此外，在传统农户家庭中，家庭成员以共同生活为基础；跨村流动后，出现农户家庭成员长期分居、分离的状态。⑪ 农民家分两地，长期奔波往返于城乡之间，形成了在播种、收割等农忙时节返乡务农，

---

① 黄宏伟：《20世纪90年代中国农民跨区域流动的成因分析》，《农村经济》2005年第1期。
② 王郁昭：《关于农民跨区域流动问题》，《中国农村经济》1994年第12期。
③ 宋洪远：《中国农村改革三十年》，中国农业出版社，2008，第448页。
④ 同②。
⑤ 艾云航：《关于农村劳动力跨区域流动问题的探讨》，《开发研究》1996年第1期。
⑥ 王慧敏：《农村劳动力流动问题研究综述》，《经济学动态》1996年第3期。
⑦ 中国农业年鉴编辑委员会：《中国农业年鉴2001》，中国农业出版社，2001，第87页。
⑧ 同③，第481页。
⑨ 张建雷：《家庭伦理、家庭分工与农民家庭的现代化进程》，《伦理学研究》2017年第6期。
⑩ 杨华：《中国农村的"半工半耕"结构》，《农业经济问题》2015年第9期。
⑪ 李强：《关于"农民工"家庭模式问题的研究》，《浙江学刊》1996年第1期。

在农闲时节进城务工的"候鸟式"农民家庭。①②③

（2）农民与土地关系变化。

20世纪90年代，大量农业劳动力跨区域转移，农民开始脱离土地，农民与土地之间的黏度降低。农民不再把生计寄托于土地之上，大量农民从中西部地区跨省涌入发达城市参与工业化进程，从事非农工作。④ 外出就业农民工数量从20世纪90年代初期的6 000万人左右发展到20世纪末的1亿人左右，农民工跨省流动比重大幅上升，1993年全国跨省流动的农民工约为2 200万人，跨省流动的比重达到35.5%。⑤ 通过分析农户家庭经营收入结构也可看出，农业收入份额呈明显下降趋势。相对1995年，1999年农业收入份额下降了近10%，相对1998年，农业收入份额下降了3.43%。⑥ 在结构变革过程中，农民与土地之间的经济关系发生松动，努力在土地之外谋求新的营生，土地从以经济功能为主变为以安全保障为主。

（3）农民劳动力过密投入改变，且对农业投入减少。

虽然农村大量劳动力进行跨区域外出迁移就业，但是他们中的多数没有放弃承包土地的权利，主要采用季节性返乡务农、家庭辅助劳动力务农的方式进行农业生产，只有少数农户因缺少劳动力而将土地转包或让人代种。⑦ 农民兼业化、季节性务农行为与农业劳动力老弱化趋势对于农地利用、农业生产投资、农业技术采纳、农业生产率均会产生影响。在农地利用方面，农民改精耕细作为粗放经营，不仅复种指数明显下降，而且撂荒现象较为普遍，

---

① 韩俊、崔传义、金三林：《现阶段我国农民工流动和就业的主要特点》，《发展研究》2009年第4期。
② 国务院发展研究中心课题组：《农民工市民化进程的总体态势与战略取向》，《改革》2011年第5期。
③④ 王子成、赵忠：《农民工迁移模式的动态选择：外出、回流还是再迁移》，《管理世界》2013年第1期。
⑤ 同②。
⑥ 史清华、马述忠、武志刚：《中国农户经济收入增长、结构变迁及根源》，《河北学刊》2001年第5期。
⑦ 崔传义：《28个县（市）农村劳动力跨区域流动的调查研究》，《中国农村经济》1995年第4期。

土地利用率有所降低。①② 在农业生产投资方面，农民虽然收入有所提高，但是主要用于改善居住与生活条件，对农业的生产性投入减少。③ 在农业技术采纳方面，青壮年农业劳动力外出导致务农劳动力人力资本下降，剩余的妇女、老人只能从事力所能及的生产④，影响了科学知识的普及、良种的推广与新技术的采用⑤。在农业生产率方面，农业剩余劳动力的外流有效减少了农业生产的过密投入，提高了农业劳动生产率。

(4) 农民与村庄关系的变化。

异地工业化、城镇化吸引农民跨地区外流走出村庄。1996年以后，农村常住人口逐年减少，到2007年，农村常住人口为72 750万人，平均每年减少1 200万人。⑥ 特别是在党的十六大以后，国家取消了城市对外来农民工、农业人口设限的多种票证制度和收费制度，农村劳动力进城务工环境更加宽松。⑦ 尽管情况在不断进步，但是农民的大规模跨区域流动只是一种体制外的、暂时的流动，他们的户口仍然在农村，就业仍然受到一些限制，以户籍制度、就业制度和社会保障制度为主要内容的城乡分割体制并没有发生根本性改变。⑧ 因此，农民无法在城市扎根，加之深植于农民血液之中的对于传统乡土文化的认同，叶落终究要归根，最后农民依旧要返乡回村，最终成为城市的"过客"。⑨⑩⑪

---

① 王跃梅、姚先国、周明海：《农村劳动力外流、区域差异与粮食生产》，《管理世界》2013年第11期。
② 张永丽、王宝文：《农村劳动力流动对农业发展的影响：基于超越对数生产函数》，《经济与管理》2012年第4期。
③ 刘晏玲：《当前我国农业劳动力流动中的社会问题及其对策》，《社会学研究》1994年第2期。
④ 同②。
⑤ 同③。
⑥⑦ 陆学艺：《中国社会阶级阶层结构变迁60年》，《中国人口·资源与环境》2010年第7期。
⑧ 宋洪远：《中国农村改革三十年》，中国农业出版社，2008，第450页。
⑨ 徐勇：《挣脱土地束缚之后的乡村困境及应对：农村人口流动与乡村治理的一项相关性分析》，《华中师范大学学报（人文社会科学版）》2000年第2期。
⑩ 陆益龙：《向往城市还是留恋乡村？——农民城镇化意愿的实证研究》，《人文杂志》2014年第12期。
⑪ 朱妍、李煜：《"双重脱嵌"：农民工代际分化的政治经济学分析》，《社会科学》2013年第11期。

第六章 小农的特征与演变

农民流动使得传统的乡村秩序发生了微妙变化。伴随家庭制度的重新确立，家族、宗族、村社公私关系以及一系列非正式制度回归。[1] 但是，当农村流动人口脱离乡土时，也就脱离了传统乡村的规则网络。[2] 因此，农村之中接触过城市文化的农民返乡回村为农村注入新的血液，不仅使农村的风俗习惯、价值观念发生改变，而且影响着村庄中年轻一代的思想观念、生活方式等方面[3]，使得农民对于村落文化的认同也发生相应变化，在家本位的价值中个人意识萌发，传统的人伦秩序逐渐被年轻人漠视，人情关系发挥重要功能，传统信仰复归，但是这些并没有使村落文化的基本特质发生根本变化[4]。

农民的出村与回村行为双向作用于村庄经济。由于大量青壮年农民进城务工，农民经济活动离农化，乡村中的劳动人口数量锐减，老龄化趋势加重，原有的社会关系被破坏，经济活动萧条，传统农村经济结构并未发生改变，加之外出家庭在农村中余下房产的破败，乡村呈现衰败之态[5][6][7]，一些自然村落被兼并甚至已不复存在[8]。但是，农民工给家乡的大量汇款，对于经济落后的农村起到了促进经济发展的作用[9]，少数农民工在有了一些经济积累后返回家乡开商店、办小企业、跑运输，有效帮助家乡改变面貌[10]。因此，外出农民的回流为农村带来了技术和资本，为发展本地非农产业提供了有利条件。[11]

---

[1] 刘守英、熊雪锋：《中国乡村治理的制度与秩序演变：一个国家治理视角的回顾与评论》，《农业经济问题》2018 年第 9 期。
[2] 徐勇：《挣脱土地束缚之后的乡村困境及应对：农村人口流动与乡村治理的一项相关性分析》，《华中师范大学学报（人文社会科学版）》2000 年第 2 期。
[3] 李强：《农民工与中国社会分层》，社会科学文献出版社，2004，第 282 页。
[4] 张乐天：《告别理想：人民公社制度研究》，上海人民出版社，2005，第 377—384 页。
[5] 田毅鹏：《"村落终结"与农民的再组织化》，《人文杂志》2012 年第 1 期。
[6] 田毅鹏：《村落过疏化与乡土公共性的重建》，《社会科学战线》2014 年第 6 期。
[7] 同②。
[8] 秦庆武：《村庄兼并：现代化中的农村社会变迁——山东村庄兼并现象考察》，《战略与管理》1996 年第 5 期。
[9] 同③，第 283 页。
[10] 《人口研究》编辑部：《农民工：一个跨越城乡的新兴群体》，《人口研究》2005 年第 4 期。
[11] 张广婷、江静、陈勇：《中国劳动力转移与经济增长的实证研究》，《中国工业经济》2010 年第 10 期。

3. 城乡中国阶段农民特征的蜕变

伴随代际更迭，80后农二代替代农一代成为入城迁移的主力军并带动从"乡土中国"到"城乡中国"的历史性结构转变。2003年，国家出台《国务院办公厅关于做好农民进城务工就业管理和服务工作的通知》，针对农民进城务工就业的不合理限制、拖欠和克扣农民工工资问题、农民工的生产生活条件、农民工培训、农民工子女就学等问题做出具体要求，为农二代的出村、进城与留城提供政策保障。在这一阶段中，农户代际特征变化明显，无论是在与土地、村庄、农业生产的关系，还是在农民个人特征等方面，农二代与农一代表现出巨大差异。

（1）农民的分化与代际革命。

在乡土工业化阶段，农民就已经分化发展，结构变迁的过程加速了农民异质化发展，如今农民群体呈现高度分化。根据家庭收入结构，可以将农户主要分为纯农户、农业兼业户、非农兼业户、非农户四大类。1993—2002年，全国农户分化的变动性相对稳定，纯农户比重保持在0.4~0.5；2003—2009年，非农户及非农兼业户开始迅速上升，纯农户及农业兼业户的比重迅速下降。[1] 根据1998年全国农业普查办公室的调查资料，纯农户占59.26%，农业兼业户和非农兼业户仅占18.27%和12.79%。[2] 伴随农户分化趋势的加强，到2012年，纯农户仅占18.3%，非农户占15.9%，农业兼业户和非农兼业户占比分别大幅升至30.1%和35.7%。[3] 不同地区之间农户分户程度有所不同。2012年，东部非农户占比远高于中部和西部地区，三区域的非农户占比分别为30.4%、7.12%和6.08%。[4]

---

[1] 李宪宝、高强：《行为逻辑、分化结果与发展前景：对1978年以来我国农户分化行为的考察》，《农业经济问题》2013年第2期。

[2] 温思美、赵德余：《我国农户经营的非专业化倾向及其根源》，《学术研究》2002年第10期。

[3] 刘守英、高圣平、王瑞民：《农地三权分置下的土地权利体系重构》，《北京大学学报（哲学社会科学版）》2017年第5期。

[4] Liu, S., R. Wang and G. Shi (2018). "Historical Transformation of China's Agriculture: Productivity Changes and Other Key Features," *China & World Economy*, 26 (1): 42-65.

不同的就业取向造成农民收入分化。农民收入结构差异明显，2005—2014 年，农民非农收入占家庭总收入的比重最大为 0.76，最小仅为 0.08。[1] 不同地区之间农民兼业程度不同也导致区域间农民收入结构差异明显，东部地区农民的劳动报酬与经营收入几乎同等重要，但是中西部地区农民则是以家庭经营收入为主。[2] 同时，农民收入差距拉大。按照收入高低划分，2000—2013 年高收入户和低收入户之间的人均纯收入差距从 6.47 倍持续扩大至 8.24 倍，中高收入户和中低收入户之间的人均纯收入差距也从 1.92 倍持续扩大至 2.06 倍。[3]

农户分化又直接关系到土地经营情况。不同类型农户经营土地规模差异明显，2012 年，所有类型农户的平均土地规模为 8.23 亩/户，纯农户的土地规模较高，平均为 17.95 亩/户，农业兼业户和非农兼业户的土地经营规模分别为 10.68 亩/户、4.93 亩/户。但大多数农户土地规模仍较小，截至 2013 年年底，耕地面积在 10 亩以上的农户数量只有 14.04%。在土地经营绩效方面，纯农户因专业化程度高，其农业劳动生产率及其土地生产率均明显高于兼业农户与非农户。[4]

在受教育程度方面，农二代的教育条件改善，其接受教育时间更长，文化程度普遍高于农一代。[5][6] 根据《第二次全国农业普查主要数据公报（第五号）》，在 2006 年外出从业劳动力中，文盲占 1.2%，小学文化程度占

---

[1] 赵丹丹、郑继媛：《农民分化与中国乡村振兴：基于全国 31 省的动态面板证据》，《世界农业》2019 年第 7 期。

[2] 张车伟、王德文：《农民收入问题性质的根本转变：分地区对农民收入结构和增长变化的考察》，《中国农村观察》2004 年第 1 期。

[3] 高帆：《中国乡村振兴战略视域下的农民分化及其引申含义》，《复旦学报（社会科学版）》2018 年第 5 期。

[4] Liu, S., R. Wang and G. Shi (2018). "Historical Transformation of China's Agriculture: Productivity Changes and Other Key Features," *China & World Economy*, 26 (1): 42-65.

[5] 梁宏：《生命历程视角下的"流动"与"留守"：第二代农民工特征的对比分析》，《人口研究》2011 年第 4 期。

[6] 刘传江：《新生代农民工的特点、挑战与市民化》，《人口研究》2010 年第 2 期。

18.7%，初中文化程度占 70.1%，高中文化程度占 8.7%，大专及以上文化程度占 1.3%。而根据《2008 年农民工监测调查报告》，在外出农民工中，初中文化程度的比例降至 64.8%，高中文化程度的比例提高至 13.1%。另外，更多年轻农二代、农三代接受更高水平的教育使得 16~20 岁年龄段的农民工所占份额持续下降。①

在从事工作与职业方面，农二代的城市就业更加稳定，并且就业领域开始由繁重的体力劳动岗位向其他领域扩展。② 根据国家统计局 2006 年的城市农民工调查，固定岗位就业的农民工占 81.16%，流动就业的农民工占 18.84%。③ 农民工的就业分布跨越制造业、建筑业、服务业等各行各业，农民工成为各类服务员、生产工人、技术工人、建筑工人、专业技术人员等，并且农民工在建筑业中的就业比重有所下降，在外向型制造业和城市服务业的就业比重逐步上升。④⑤ 根据《2018 年农民工监测调查报告》，在第三产业就业的农民工比重过半。整体而言，农二代与农三代的城市就业除了以体力劳动为主的职业外，也通过技术培训等多种渠道进入较高的分工层级。⑥

在迁移模式方面，与农一代时"候鸟式"的家庭成员的单独迁移不同，农二代迁移模式多样化，既有个人单独迁移，也有多个家庭成员迁移、举家迁移⑦，其中举家迁移模式越来越普遍，已经并将继续构成人口流动的主流模式特征⑧。从国务院发展研究中心课题组的调查结果看，举家外出、完全脱离农业生产和农村生活环境的农民工已经占到一定比例，全国举家外出的劳动

---

① 李周：《农民流动：70 年历史变迁与未来 30 年展望》，《中国农村观察》2019 年第 5 期。
② 刘俊彦、胡献忠：《新一代农民工发展状况研究报告》，《中国青年研究》2009 年第 1 期。
③ 国家统计局课题组：《城市农民工生活质量状况调查报告》，《调研世界》2007 年第 1 期。
④ 韩俊、崔传义、金三林：《现阶段我国农民工流动和就业的主要特点》，《发展研究》2009 年第 4 期。
⑤ 同③。
⑥ 黄振华：《农户分工模式：从传统到现代》，《华南农业大学学报（社会科学版）》2009 年第 1 期。
⑦ 盛亦男：《中国流动人口家庭化迁居》，《人口研究》2013 年第 4 期。
⑧ 杨菊华、陈传波：《流动人口家庭化的现状与特点：流动过程特征分析》，《人口与发展》2013 年第 3 期。

力占全部农村劳动力的平均比重为5.29%，东部为4.71%，中部为4.99%，西部为6.61%。① 根据《2014年全国农民工监测调查报告》，举家外出的农民工占外出农民工的比重从2010年的20.03%提高到2014年的21.27%。因此，农二代流动人口开始以家庭的形式在城市中较为稳定地居住，成为事实上的常住人口。②

在对城市的认同感方面，农二代趋向于习惯现代化的城市生活方式、价值观念，对于城市的认同感较高，反而对农村的生活习惯及传统表现出不认同，甚至批判的态度。③④ 因此，农二代在迁移的过程中融入城市的意愿更加强烈，以城市为归宿和以市民化为潜在目标，希望能够在城市立足，从而彻底摆脱"面朝黄土背朝天"的生活。⑤⑥ 他们通过参与当地的集体活动，与当地人建立经常性联系，习惯当地的社会生活和环境，融入当地。⑦ 同时，长期外出的农二代也难以适应乡村生活。⑧

在迁移动机方面，与农一代受经济利益驱动的迁移不同，农二代外出迁移所考量的因素更加多元，除了传统的经济利益，还包括个人发展与自由、生活方式、文化规范、亲情联结等非经济因素，相对而言经济的动机有所减弱。⑨⑩⑪ 同时，农民比第一代农民工更加具有维权意识，他们渴望获得同等

---

① 韩俊、崔传义、金三林：《现阶段我国农民工流动和就业的主要特点》，《发展研究》2009年第4期。
② 盛亦男：《中国流动人口家庭化迁居》，《人口研究》2013年第4期。
③ 王春光：《新生代农村流动人口的社会认同与城乡融合的关系》，《社会学研究》2001年第3期。
④ 陆益龙：《向往城市还是留恋乡村？——农民城镇化意愿的实证研究》，《人文杂志》2014年第12期。
⑤ 熊景维、钟涨宝：《农民工家庭化迁移中的社会理性》，《中国农村观察》2016年第4期。
⑥ 吴红宇、谢国强：《新生代农民工的特征、利益诉求及角色变迁：基于东莞塘厦镇的调查分析》，《南方人口》2006年第2期。
⑦⑧ 同③。
⑨ 同⑤。
⑩ 卢晖临、潘毅：《当代中国第二代农民工的身份认同、情感与集体行动》，《社会》2014年第4期。
⑪ 同④。

的"国民待遇"。①②③④ 因此，农二代会为了其平等的政治权利、就业权利、公共服务权利、教育与发展权利等而努力争取，这些行为促进了国家制定旨在保障农民工各种正当权益的法律法规的进程。⑤

（2）农二代与土地的关系变化。

农一代打破了劳动力被束缚在土地上的局面，开启了非农就业的道路。伴随代际变化，农二代的非农化特征更为明显，其与土地的黏度进一步降低，乡土变故土。农二代中很多人早已脱离土地与农业生产，既不会也不愿意从事田间耕作，不像农一代具有浓厚的"乡土情结"，农二代对土地的依赖大大降低。⑥⑦⑧ 在城乡互动格局下，农二代几乎全部流动到城市部门。⑨ 即便在家乡务农收入与外出务工经商的收入差不多的情况下，大多数农二代仍然选择外出务工经商。⑩ 因此，一些农民在非农化劳动力流动的过程中，主动放弃农村土地的承包权⑪或者将土地撂荒⑫。1978—2006 年，农业劳动力占全社会就业比例从 70.5% 下降到 42.6%。⑬ 从农民收入结构中也可以看出，农民主要依赖于工资性收入而非务农收入。2001—2006 年，农民纯收入中工资性收入比重由 32.6% 上升到 38.3%，家庭经营纯收入比重由 61.7% 下降到 53.8%，

---

① 卢晖临、潘毅：《当代中国第二代农民工的身份认同、情感与集体行动》，《社会》2014 年第 4 期。
② 陆益龙：《向往城市还是留恋乡村？——农民城镇化意愿的实证研究》，《人文杂志》2014 年第 12 期。
③ 刘传江、程建林：《第二代农民工市民化：现状分析与进程测度》，《人口研究》2008 年第 5 期。
④ 刘传江：《新生代农民工的特点、挑战与市民化》，《人口研究》2010 年第 2 期。
⑤ 李周：《农民流动：70 年历史变迁与未来 30 年展望》，《中国农村观察》2019 年第 5 期。
⑥ 吴红宇、谢国强：《新生代农民工的特征、利益诉求及角色变迁——基于东莞塘厦镇的调查分析》，《南方人口》2006 年第 2 期。
⑦ 朱妍、李煜：《"双重脱嵌"：农民工代际分化的政治经济学分析》，《社会科学》2013 年第 11 期。
⑧ 梁宏：《生命历程视角下的"流动"与"留守"：第二代农民工特征的对比分析》，《人口研究》2011 年第 4 期。
⑨ 蔡昉：《改革时期农业劳动力转移与重新配置》，《中国农村经济》2017 年第 10 期。
⑩ 王春光：《新生代农村流动人口的社会认同与城乡融合的关系》，《社会学研究》2001 年第 3 期。
⑪ 高帆：《中国乡村振兴战略视域下的农民分化及其引申含义》，《复旦学报（社会科学版）》2018 年第 5 期。
⑫ 陆益龙：《制度、市场与中国农村发展》，中国人民大学出版社，2013，第 301 页。
⑬ 宋洪远：《中国农村改革三十年》，中国农业出版社，2008，第 491 页。

转移性和财产性收入比重由 6.4% 上升到近 8%。① 与 1991—1997 年相比，2010—2013 年工资性收入对农村居民家庭人均纯收入增长的贡献率由 26.8% 提高到 52.5%，而家庭经营收入的贡献率则由 67.9% 下降到 33.8%。② 如今在农业经济活动中，妇女、老人逐渐成为主要劳动力③④，这是因为一些中老年人愿意或因禀赋较低被迫在农村从事耕作，农二代与农三代因具有较强市场竞争力在外从事非农劳动⑤⑥。

（3）农民所从事的农业发生变化。

农业生产模式发生转变，摆脱土地密集投入，转向提高劳动生产率的农业发展模式。伴随农村劳动力大规模流入第二、第三产业，劳动力机会成本增大，活劳动价格高于物化劳动价格，根据要素价格的相对变化，机械化等节约劳动力型技术已转变为经济选择。⑦ 自改革以来，我国农业的生化和机械化程度均在不断提高，具体表现为：在生化资料投入方面，农民购买化肥、农药等生产资料的数量增加。2005 年全国化肥施用量是 1998 年施用量的 11.38 倍，农药使用量由 1997 年的 90 万吨大幅升至 2005 年的 1 430 吨。⑧ 在机械使用方面，1978—2006 年机械化程度增长了 5.88 倍⑨，其中大中型拖拉机拥有量提高了 2.5 倍，小型拖拉机拥有量提高了 11.1 倍，联合收割机拥有量提高了 25.3 倍⑩。小农所拥有的农用机械一般以小型机械最为常见⑪，传

---

① 宋洪远：《中国农村改革三十年》，中国农业出版社，2008，第 350—360 页。
② 魏后凯：《新常态下中国城乡一体化格局及推进战略》，《中国农村经济》2016 年第 1 期。
③ 黄宗智：《中国过去和现在的基本经济单位：家庭还是个人？》，《学术前沿》2012 年第 1 期。
④ 朱妍、李煜："双重脱嵌"：农民工代际分化的政治经济学分析》，《社会科学》2013 年第 11 期。
⑤ 杨华：《中国农村的"半工半耕"结构》，《农业经济问题》2015 年第 9 期。
⑥ 张建雷：《家庭伦理、家庭分工与农民家庭的现代化进程》，《伦理学研究》2017 年第 6 期。
⑦ 郑有贵：《1978 年以来农业技术政策的演变及其对农业生产发展的影响》，《中国农史》2000 年第 1 期。
⑧ 宋洪远：《中国农村改革三十年》，中国农业出版社，2008。
⑨ 高帆：《中国农业生产率提高的优先序及政策选择》，《经济理论与经济管理》2008 年第 8 期。
⑩ 同①，第 137 页。
⑪ 李昱姣：《理论分析与再识小农》，《社会主义研究》2008 年第 1 期。

统的农用工具正在逐步退出历史舞台,传统农具与畜力的使用变得罕见①。因此,农村劳动力的外出再配置促进农业摆脱土地过密投入的生产模式,转向提高劳动生产率与土地生产率的发展路径。② 1978—2006 年我国农业土地生产率和劳动生产率均在提升,土地生产率增长了 1.87 倍,劳动生产率则增长了 1.56 倍。③ 到 2014 年,虽然农业劳动力比重下降到 19.1%,但是农业比较劳动生产率提高到 0.48,按照实际务农人数平均计算,劳均粮食产量比 1978 年增加了 2.8 倍。④

农民土地流转促进了农业规模化生产。农民大规模外出打工与农地流转政策的放开,促使农二代将自家农地流转给他人经营,从而农二代流转土地的整体水平略高于农一代⑤,进而这一时期土地流转数量与规模得到发展⑥。1996 年,全国仅有 2.6% 的耕地发生流转,到 2004 年,流转比例快速增加到 10.5%,2010 年流转比例为 14.7%,2014 年流转比例为 30.4%,到 2016 年年底,发生流转耕地面积占比为 35.0%,意味着全国超过 1/3 的耕地发生了流转。⑦

农民土地流转方式多样化。据农业部统计,截至 2009 年底,全国农村家庭承包耕地转出面积为 1.52 亿亩,其中,转包占 52.89%,出租占 25.69%,转让占 4.54%,互换占 4.39%,股份合作占 5.42%,其他占 7.07%。⑧

农业经营主体多样化。在现在的农村中,除了普通的农户家庭作为农业

---

① 郭庆海:《小农户:属性、类型、经营状态及其与现代农业衔接》,《农业经济问题》2018 年第 6 期。
② 张广婷、江静、陈勇:《中国劳动力转移与经济增长的实证研究》,《中国工业经济》2010 年第 10 期。
③ 高帆:《中国农业生产率提高的优先序及政策选择》,《经济理论与经济管理》2008 年第 8 期。
④ 蔡昉、王美艳:《从穷人经济到规模经济:发展阶段变化对中国农业提出的挑战》,《经济研究》2016 年第 5 期。
⑤ 何军、李庆:《代际差异视角下的农民工土地流转行为研究》,《农业技术经济》2014 年第 1 期。
⑥ 冒佩华、徐骥:《农地制度、土地经营权流转与农民收入增长》,《管理世界》2015 年第 5 期。
⑦ 郜亮亮:《中国农地流转市场的现状及完善建议》,《中州学刊》2018 年第 2 期。
⑧ 黄延信、张海阳、李伟毅、刘强:《农村土地流转状况调查与思考》,《农业经济问题》2011 年第 5 期。

经营的主体外，出现了各种新的农业经营主体。伴随农村土地流转的发展，在农村也出现了一批专业大户，比如果蔬专业户、养殖专业户、种粮专业户以及各种经营、服务性农户等。① 截至2012年6月底，全国家庭承包经营耕地流转面积约2.6亿亩，其中约68%流向大户。② 此外，还出现了专业合作社以及农业企业等经营主体。③ 截至2012年底，全国农民专业合作社达到68.9万余家，实有入社农户达到5 300多万户，约占全国农户总数的20%；截至2012年6月底，家庭承包耕地流向企业的有2 300多万亩。④

（4）农二代与村庄关系的变化。

农二代与村庄黏度降低，乡村变故乡。不同于农一代出村后最终又返村，农二代与村庄的关系更加疏离，出村不返村成为农二代的普遍选择。虽然基于与农村中亲人的情感维系，农二代与村庄保持一定的联系，但是他们对于村庄的认同感在降低，对家乡的感情逐渐淡漠。⑤ 农二代在城市发展的稳定性提高，融入城市的意愿加强，长期在城市居住的倾向增加，因此农二代回乡发展的概率并不高，其流动方式也由"候鸟式"流动转变为迁徙式流动⑥⑦，最终选择是在城镇而非农村落脚⑧。《2018年农民工监测调查报告》显示，在进城农民工户中，购买住房的占19%，其中，购买商品房的占17.4%。

伴随农二代的出村不返村，传统的村庄出现大规模的分化，村庄的兴活与衰落并存。农民的大量外流与城市扩建直接导致村庄数量减少。最近20多

---

① 陈春生：《中国农户的演化逻辑与分类》，《农业经济问题》2007年第11期。
② 钱克明、彭廷军：《关于现代农业经营主体的调研报告》，《农业经济问题》2013年第6期。
③ 邰亮亮：《中国农地流转市场的现状及完善建议》，《中州学刊》2018年第2期。
④ 同②。
⑤ 王春光：《新生代农村流动人口的社会认同与城乡融合的关系》，《社会学研究》2001年第3期。
⑥ 王子成、赵忠：《农民工迁移模式的动态选择：外出、回流还是再迁移》，《管理世界》2013年第1期。
⑦ 韩俊、崔传义、金三林：《现阶段我国农民工流动和就业的主要特点》，《发展研究》2009年第4期。
⑧ 吴红宇、谢国强：《新生代农民工的特征、利益诉求及角色变迁：基于东莞塘厦镇的调查分析》，《南方人口》2006年第2期。

年来，我国通过大规模撤村并村、村改居以及整村拆迁的方式调整村庄结构，村庄数量大幅减少。①② 《中国城乡建设统计年鉴2017》显示，1990—2017年期间，村庄数量从377.3万个减少至244.9万个，村庄户籍人口从7.92亿人减少至7.56亿人。村庄中居住人口从1990年的7.84亿人减少至2006年的7.14亿人。1990—2017年期间，乡的数量也相应减少，从4.02万个减少至1.03万个。村庄分化明显。在大部分村庄中，留守乡村的是那些受教育较少、年龄较长和不外出的农民③，农二代与农三代出村不返村的行为不仅使这些村庄失去大量年轻劳动力，并且其投资、消费也均离开乡村，造成农村村庄聚落的荒废④，村庄失去活力。而部分村庄实现活化是因为在城乡互动格局之下，一些村庄不仅吸引精英返乡、入乡，而且通过与外界社会的联系，实现了资金、技术等要素流入农村，从而促进在农村出现新产业、新业态，实现乡村复兴。

农民的出村不返村行为影响着农村制度。在正式制度方面，农民的外流以及国家的干预导致以村民自治为基础的村庄治理制度弱化。一方面，乡村大量青壮年劳动力长年的异地化生活不仅使其对于村庄事务、村庄治理漠不关心，而且农民与乡土社会的关联度大大降低，导致农村社会中人际关系疏离与村庄社区非亲密化，公共权威开始失效。⑤⑥⑦ 另一方面，国家直接面向农民、农村的政策，包括税费改革、财政转移支农补贴政策以及财权、行政权的上收等，在一定程度上直接削弱了乡级组织和乡镇政权，压缩了村委会

---

① 邓燕华：《村庄合并、村委会选举与农村集体行动》，《管理世界》2012年第7期。
② 王春光：《城市化中的"撤并村庄"与行政社会的实践逻辑》，《社会学研究》2013年第3期。
③ 陆益龙：《向往城市还是留恋乡村？——农民城镇化意愿的实证研究》，《人文杂志》2014年第12期。
④ 田毅鹏：《村落过疏化与乡土公共性的重建》，《社会科学战线》2014年第6期。
⑤⑥ 董磊明、陈柏峰、聂良波：《结构混乱与迎法下乡：河南宋村法律实践的解读》，《中国社会科学》2008年第5期。
⑦ 吴重庆：《无主体熟人社会》，《开放时代》2002年第1期。

的自治空间，导致村庄的治理能力下降，消解了村民自治制度实践的村庄基础①②，乡镇政府成为"悬浮型"政权③。在非正式制度方面，在城乡格局之下，农二代的出村与不返村行为冲击着村庄之中传统的人际关系、礼治秩序。虽然农一代还在不同程度地沿袭着传统的村庄规则与秩序，但是在工业化与城市化的推进之下，乡村人口长期外流，农二代对传统乡村秩序的认同感降低。农二代已经不存在任何"公"或"集体"的意识，其行为逻辑日渐带有功利性、随意性、即时性的特征。④因此，非正式的习惯规则不再是乡村日常生产生活的隐性规矩，也不再是村民内在行为倾向系统的组成部分。⑤这使得村庄之中原有的基于血缘、地缘构建的社会关系愈加疏离⑥，村民的认同和行动单位内缩至核心家庭，超出家庭层面的认同不断式微和弱化⑦⑧，村庄共同体的向心力与凝聚力降低，村庄和村民的集体意识减退，协作意识和能力下降⑨。

五、结论与政策建议

长期以来，主导认识与改造小农的理论无一不陷入范式化、极端化，不仅没有呈现出小农真实的面貌，而且人们总想依据某一理论对小农进行改造，小农的主体地位缺失。本章试图还原典型中国小农特征的复杂性和丰富性，呈现他们对制度变革与结构变迁的反应。在恢复农民经营主体地位与开放农民权利之后，小农不仅生产积极性提高，而且对市场的反应、对技术的采纳

---

① 赵晓峰：《"行政消解自治"：理解税改前后乡村治理性危机的一个视角》，《长白学刊》2011年第1期。
② 杜鹏：《村民自治的转型动力与治理机制：以成都"村民议事会"为例》，《中州学刊》2016年第2期。
③ 周飞舟：《从汲取型政权到"悬浮型"政权：税费改革对国家与农民关系之影响》，《社会学研究》2006年第3期。
④ 吴理财：《中国农民行为逻辑的变迁及其论争》，《中国农业大学学报（社会科学版）》2013年第3期。
⑤ 韩庆龄：《规则混乱、共识消解与村庄治理的困境研究》，《南京农业大学学报（社会科学版）》2016年第3期。
⑥ 朱妍、李煜：《"双重脱嵌"：农民工代际分化的政治经济学分析》，《社会科学》2013年第11期。
⑦ 同⑤。
⑧ 董磊明：《村庄公共空间的萎缩与拓展》，《江苏行政学院学报》2010年第5期。
⑨ 田毅鹏：《"村落终结"与农民的再组织化》，《人文杂志》2012年第1期。

都呈现出逐利特征。不仅如此,小农对结构变迁的机会反应更加积极,传统阶段高度粘连于土的同质小农经历了从分业不离土,到跨区域流动降低与土地黏度,到如今出村不返村、乡土变故土的变迁过程,不仅农民群体发生高度分化、代际差异显著,而且在此过程中,农民对土地的依赖、进行农业生产的方式、对乡村与传统秩序的认同也发生了改变。一定要形成一个基本共识:现如今的小农早已不同于传统社会中的小农,对于小农的认知与发展政策必须做出重大改变。

2018年中央一号文件与党的十九大报告明确提出"小农户和现代农业发展有机衔接"。学术界热衷于寻找两者的衔接方式。[1][2][3][4][5][6] 但是,在没有客观把握小农真实特征的情况下,依旧将小农置于他者地位,按照想象的小农与标签化的"现代化农业"标准进行衔接,是否会陷入新一轮的一厢情愿?!本章的分析表明,在城乡中国阶段,农民的特征已发生历史性变化,农二代的代际革命已带来农民的出村不回村、农业经历要素重组的变化、乡土变故土。在制度变革与结构变迁的过程中,小农以不同的行为对其做出反应,并改变了自己。要真正提高农民的生活水平,就必须真正坚持农民主体性,改变约束农民的制度环境,进一步向农民开放权利,使农民享受到本属于他们的权利,促进农民、乡村与国家的历史转型。

---

[1] 姜长云:《促进小农户和现代农业发展有机衔接是篇大文章》,《中国发展观察》2018年第3期。
[2] 马晓河:《大国小农条件下的农业现代化》,《中国发展观察》2019年第2期。
[3] 张红宇:《大国小农:迈向现代化的历史抉择》,《求索》2019年第1期。
[4] 阮文彪:《小农户和现代农业发展有机衔接:经验证据、突出矛盾与路径选择》,《中国农村观察》2019年第1期。
[5] 叶敬忠、豆书龙、张明皓:《小农户和现代农业发展:如何有机衔接?》,《中国农村经济》2018年第11期。
[6] 孔祥智、穆娜娜:《实现小农户与现代农业发展的有机衔接》,《农村经济》2018年第2期。

第七章
农民的城市权利

2017年11月，北京市某城中村一幢公寓发生一起火灾事故，造成人员伤亡。城中村是改革开放以来工业化、城市化不可割裂的重要组成部分，这些区域存在的安全隐患和社会问题也一直是城市治理面临的棘手难题。在城市治理中，需要重视农民对他们参与建设的城市应享有的基本权利，不能将城市治理的矛头对准农民，以免酿成不可测的后果。

一、关闭城门与绑民于土：国家工业化时期的城市与农民

传统中国是典型费孝通意义的"乡土中国"。农民以地为生、以农为业、安土重迁。工业发展受阻，以政治性城郡为主体的城市吸纳农业人口能力有限，城市人口增长缓慢。中国历史上的城市人口比重自南宋时期达到22%的峰值后不断降低，到19世纪中期更是跌入谷底，仅为6%。[1] 近代中国的资本主义萌芽带来局部地区的工商业发展和城市繁荣，城市化水平有所提高，但是并未带来乡村的发展，乡村工业在国外廉价商品的冲击下纷纷破产，农作物种植的商品化反而加剧了农村地区的危机。在没有结构变迁的传统中国，农村劳动力主要被吸纳于传统农业部门，农民在土地上的过密劳动投入使土地单产提高，维持着不断增长的人口的基本生计。[2] 但是，正如费孝通先生所感叹的：在乡土

---

[1] 赵冈：《中国城市发展史论集》，新星出版社，2006。
[2] 黄宗智：《华北的小农经济与社会变迁》，中华书局，2000。

中国,"从土里长出过光荣的历史,自然也会受到土的束缚"。①

中国共产党开启了这个古老农民大国从农业国向工业国的转变。在中华人民共和国成立后的一个短暂时期(从1949年到20世纪50年代中期),自由迁徙权是受到法律保障的。《中国人民政治协商会议共同纲领》第五条明文规定:"中华人民共和国人民有思想、言论、出版、集会、结社、通讯、人身、居住、迁徙、宗教信仰及示威游行的自由权。"1954年中华人民共和国第一部《宪法》第九十条规定:"中华人民共和国公民有居住和迁徙的自由。"随着国家从战乱转向稳定,加上"一五"计划大量工业项目上马对劳动力的需求剧增,农民纷纷涌入城市。据统计,"一五"时期流入城市的农民达1 500万人。② 以天津市为例,1951年上半年涌入的"外县难民,约计一万人",1953年3月上旬7天之内即有1 450余人"盲目"流入市区,在1954年1月至1955年2月的一年时间里,从农村迁入天津的人口达到119 923人。③

由于国家主导的重工业化吸纳劳动力有限,如此巨量的农民流入城市不仅导致城市就业压力,也造成城市粮食供应紧张,加上城市管理体制对这些自发流入城市的农民毫无准备,这些人口被政府视为盲目流动人口。为了应对这一局面,国家采取紧缩城市人口政策,每隔几年就要求各地政府清理城市流动人口,特别是城市企业在计划外招录的农村劳动力。1953年4月,中央政府发布《关于劝止农民盲目流入城市的指示》,要求各地政府劝止要求进城的农民进城,动员尚未在城镇找到工作的外出农民返乡;规定进城找工作的农民须凭工矿企业或建筑公司开具的预约工或合同工证明,到当地政府开具介绍证件。1957年3月2日,国务院发布《关于防止农村人口盲目外流的

---

① 费孝通:《乡土中国》(修订本),上海人民出版社,2013。
② 应星:《中国社会》,中国人民大学出版社,2015。
③ 王凛然:《"进城"与"还乡":1955年农民"盲目"进津与政府应对》,《史林》2016年第4期。

补充指示》，1957年12月，中央政府发布《关于制止农村人口盲目外流的指示》，明确规定：城市和工矿区都不再随便招用人员，今后在农村招用人员要通过农业生产合作社有计划地调配；凡是在招工计划外流入城镇的农民均为盲目流动人口，都应当被教育劝阻或者遣送返乡。1959年1月，中共中央《关于立即停止招收新职工和固定临时工的通知》要求，各企事业单位一律不得再招用流入城市的农民。1959年2月，中共中央《关于制止农村劳动力流动的指示》要求，各人民公社不得随便开发证明信件，转移外流人员的粮食和户口关系。1961年，中共中央《关于精简职工工作若干问题的通知》要求，严加控制从农村、县镇向大中城市的户口迁移。各地政府采取管、堵、卡、截等各种手段劝止、制止农民自由进城找工作。

从20世纪50年代中期开始，中国以户籍制度为基础，配套粮食统购统销制度、人民公社制度和劳动就业制度，建立起一套城乡区别对待的社会制度，严格限制农民进入城市。

一是建立严格限制城乡户口迁移的户籍制度。1958年，《中华人民共和国户口登记条例》颁布，明确规定"公民由农村迁往城市，必须持有城市劳动部门的录用证明，学校的录取证明，或者城市户口登记机关的准予迁入的证明，向常住地户口登记机关申请办理迁出手续。"只有军人户口区别于一般性的居民户口，自成系统，由军事机关单独管理。户籍制度管制形成计划经济条件下农村户口向城市户口迁移的条件审批准入制。农民迁徙尽管可以经过政府审批同意进城，但实际执行非常困难，普通农民进城的路事实上被堵死。黄宗智对长江三角洲地区一个农场的个案调查发现，在1950—1985年长达35年的时间内，转移到农业外就业的人数仅有185人，进入城市国营企业的33人，迁居城镇的仅13人。[①] 根据中国社会科学院人口所对23 895个家庭户和1 643个集体户的调查估计，这一时期农民迁移进城的主要途径是招

[①] 黄宗智：《长江三角洲小农家庭与乡村发展》，中华书局，2000年。

工、招兵、上学、亲属投靠及其他临时性政策性通道,通过家庭团聚方式迁移进城的农民占49.7%,通过城市招工进城的农民占28.5%,通过招兵进城的农民占8.8%,通过上大学进城的农民占3%,通过务工经商和高等教育以下的学习培训进城的农民占比非常低。①

二是实行粮食统购统销制度。为了降低工业生产成本,尽可能多地抽取农业剩余保障重工业发展所需的资本,自20世纪50年代,中国开始实行粮食统购统销制度。1953年11月,政务院发布《关于实行粮食的计划收购和计划供应的命令》;1955年,国务院发布《市镇粮食定量供应暂行办法》和《农村粮食统购统销暂行办法》,规定城镇人口粮食实行计划供应,农民吃自产粮。据此以供应城镇居民定量粮为标准划分农业户口和非农业户口。自1954年开始对棉花、棉布统购;自1955年开始对生猪派购;1956年10月,有14种农产品都必须由国营商业或者供销社统一收购。粮食统购统销实质上是政府垄断粮食市场,即在农村实行计划收购(征购),在城市实行定量配给,对城市居民和农村缺粮户实行粮食计划供给(统销),严格管制私商。通过粮食统购统销,政府可以以低于市场价的统一价格获得农产品,再加上以较高价格销售工业产品,形成工农业产品"剪刀差",为重工业发展积累资金。20世纪50—70年代,国家通过工农业产品"剪刀差"获取的资金在2 800亿~9 494.94亿元。② 城乡户籍制度将农民进城的大门关闭,统购统销制度则向不得进城的农民增加了一项为城市提供低价食物的义务。

三是建立农村人民公社制度。城乡隔绝的户籍制度和强制上交的粮食统购制度只有在统一管理的人民公社制度下才能实施。1958年3月,中共中央发布指示,要求把小合作社并成大合作社。1958年6月,中共中央进一步号召把高级社合并成"一大二公""政社合一""工农商学兵五位一体"的人民

---

① 赵耀辉、刘启明:《中国城乡迁移的历史研究:1949—1985》,《中国人口科学》1997年第2期。
② 武力:《1949—1978年中国"剪刀差"差额辨正》,《中国经济史研究》2001年第4期。

公社。1958年秋，中国的农村在全国范围内实现了人民公社化。人民公社实行组织军事化、行动战斗化、生活集体化，农村户口也由公社干部管理，农民外出需要由公社开具证明，对农民的人身控制更加严密，从制度上将农民绑缚于集体土地。

在集权计划体制和重工业优先的赶超型经济发展战略下，城市的大门基本对农民关闭，城市与乡村成为互相隔绝的两个板块，农民被排斥在工业化和城镇化进程之外，农民与城镇居民之间的权利和发展机会不平等形成并逐渐拉大。一是农民自由迁徙进城务工经商的权利被剥夺，农民在国家经济建设中的作用和角色被严格限定为粮食生产者、工业资金的积累者和提供者，农民与土地、农业深度捆绑。二是以城乡二元的户籍制度为基础，形成了一系列与农业、非农业户口性质相挂钩的城乡分割的社会经济政策，主要包括城镇居民粮油定量供应、劳动就业、人大代表选举、征集公民服现役、军人抚恤优待、义务兵退役安置、居民最低生活保障、计划生育、交通事故人身损害赔偿、居民养老保险、居民医疗保险、土地所有权和使用权、土地征收赔偿、社会抚养费征收、移民安置等15个方面。三是城镇化滞后。1953年，中国城镇化率只有13.26%，到1978年城镇化率仍然仅为17.9%，只增长了4.64个百分点。刨除城镇人口自然增长，真正从农村机械迁入城镇的人口少之又少。

二、城门未开与乡土筑城：乡村工业化阶段的农民自主城镇化

1978—1998年是中国农民参与工业化和城镇化的黄金时期。1978年，中共十一届三中全会拉开改革大幕，农村改革率先突围，农村集体土地实行承包到户制度，农民种地积极性空前释放，大量农村剩余劳动力从土地上解放出来亟待寻求农外就业。由于城市体制僵化和国有企业体制低效，城市无法接纳如此庞大的农村劳动力大军。农地上释放出来的农业劳动力只能靠乡村自身消化。农村土地制度的另一项改革起了非常重要的作用，即允许农民利

用集体土地从事乡村工业化。乡镇企业在社队企业基础上迅速异军突起,农民从土地"突围",开辟了他们在农业之外谋生路的空间。1978—1991年,农村劳动力转移总量由3 298万人增长到10 623万人,农村非农就业人数从3 150万人增长到8 906万人。

乡村工业化的突飞猛进带来农民参与城镇化的巨大推力。中央政府顺应农民意愿,采取了一系列鼓励农村商业化和农民自主城镇化的制度改革。一是允许农民务工经商。1981年3月,中共中央、国务院转发国家农委《关于积极发展农村多种经营的报告》,"积极鼓励和支持社员个人或合伙经营服务业、手工业、养殖业、运销业等"。1983年,国务院颁布《城乡集市贸易管理办法》,逐步放开农民到城市集贸市场销售农副产品。1990年,国务院办公厅转发商业部《关于集体商业经营批发和个体商业从事长途贩运、批量销售业务有关问题的意见》,有条件地放开了城乡长途贩运,取消了投机倒把的污名。这些改革实际上放开了农民小范围自由流动及自主务工经商的权利。二是对农民自主建小城镇持默许态度。这一时期在东南沿海的不少地方,农民开始了自筹资金投资建设小城镇的尝试。温州市龙港镇采取土地有偿使用,农民自筹资金建房,乡镇企业集资建设城镇投资基础设施的方式,推动镇区建设快速发展,成为著名的农民第一城。三是在户籍制度上为小城镇开出一个小口子。1984年中共中央发出《关于1984年农村工作的通知》,提出:"各省、自治区、直辖市可选若干集镇进行试点,允许务工、经商、办服务业的农民自理口粮到集镇落户。"

尽管如此,农民的城镇化并不满足于"划地筑城"的格局。在城市管理体制改革没有启动、计划经济时期形成的城乡二元体制没有得到真正触动的情况下,允许以自理口粮在集镇落户的政策对农民的吸引力并不大。1990年全国自理口粮人口428万人,到1993年仅增加到470万人,三年间只增加了42万人。[①]

[①] 李若建:《小城镇人口状况与小城镇户籍制度改革》,《人口与经济》2002年第4期。

小城镇集聚了大量户口未迁入的流动人口。1985年，江苏省7县小城镇人口普查显示，在城镇居住但户口不在城镇的人口比例达到了13.3%，个别县的比例达到21.9%，在城镇工作的流动人口比例达到了27.6%，个别县甚至高达43%。① 小城镇建设投资资金基本上由农民自筹，国家投资极少。以龙港镇为例，1984—1994年，龙港镇在城镇基础设施建设上总投资达到12亿元，同期国家资金总投入仅5 000万元，只占4.1%。② 由此可见，这种只在城门外开展的农民自发工业化和城镇化尽管如火如荼，如果不让农民按照城市发展的规律进入城市，城市资本形成没有正规制度支撑，这一轨道的城镇化很难持续。

20世纪80年代中国农村的一片欣欣向荣，是在农村改革率先突破并逐步深入、城市改革尚未启动的大背景下，农地制度改革、乡镇企业和小城镇建设双轮驱动的结果，对计划经济时代形成的城乡关系产生了一定的影响。一是城乡收入差距缩小。这一时期农民收入增速高于城市居民。1978—1983年，城乡居民收入比下降，1983年为1.82∶1，达到最低点。二是农民进城务工经商的权利得到承认，但仍然面临诸多限制。在城镇务工经商的农民仍然需要申办暂住证等相关证明。三是城乡二元体制有所松动，但没有根本变化。农村户口迁往城市的门槛仍然很高；城市居民享有的住房、医疗、养老、教育等公共服务仍然与农村居民无关。

三、撞城入城与城市过客：高速城市化下的农民与城市

到20世纪90年代中期以后，中国农民的乡村工业化、自主城镇化道路发生转向。一方面，乡镇企业和外资企业的产出高增长带来中国工业品国内供给从短缺转向过剩，大量过剩产品只能通过"大进大出"到国际市场寻找

---

① 黄宗智：《长江三角洲小农家庭与乡村发展》，中华书局，2000。
② 刘东汶：《中国农民第一城：龙港镇调查》，《经济研究参考》1996年第38期。

出路,"处处点火、四处冒烟"的乡村工业化转向沿海工业化。另一方面,由于兴办乡镇企业、农民建房和小城镇大量占地危及耕地保护,中国于1998年修订的《土地管理法》实行用途管制和规划管制,农地转为国有土地必须采取强制征收,土地出让由政府独家垄断,农民集体土地上的乡村工业化走到尽头,地方政府利用土地管理的排他性权力,依靠压低地价招商引资创办园区,快速推进工业化,使中国成为世界制造工厂,依靠土地出让和土地抵押融资快速推进城市化,中国的工业化和城市化进入快速道。

工业化和城市化的快速推进,为农民入城创造了机会。从区域来看,沿海工业化促进这些地区发展的乡镇企业集群扩展为城镇,有些城镇又逐步壮大为大中小型城市,本地农村劳动力实现就地城市化。与此对照,内陆地区则经历了工业化衰败和小城镇萎缩,中西部地区的农民通过跨区域流动"撞城"进入并不接纳他们的城市,参与沿海地区的工业化和城市化进程。农民在将坚固的城门撞开以后,相关政策也做出因应性改变:一是鼓励农村剩余劳动力外出务工。1993年中共十四届三中全会提出,允许农民进入小城镇务工经商,发展农村第三产业,促进农村剩余劳动力转移。2003年中共十六届三中全会明确农村富余劳动力在城乡之间双向流动就业,是增加农民收入和推进城镇化的重要途径,取消对农民进城就业的限制性规定,为农民创造更多就业机会。二是鼓励并支持小城镇建设。"六五"计划明确提出加快小城镇发展;"七五""八五"计划提出控制大城市的规模,合理发展中等城市,积极发展小城镇;1997年党的十五大提出搞好小城镇规划建设;1998年《中共中央关于农业和农村工作若干重大问题的决定》提出"发展小城镇,是带动农村经济和社会发展的一个大战略"。"九五"计划将发展小城镇作为推进我国城市化的重要途径。① 这些政策一方面促进了沿海地区快速工业化下的城市化进程,另一方面开辟了中西部地区农民工跨区域的就业。1982年全国流动

---

① 方创琳:《改革开放30年来中国的城市化与城镇发展》,《经济地理》2009年第1期。

人口数量为657万人，到2000年流动人口数量超过1亿人（见图7-1）。① 东部地区成为农民工主要流入地，东部地区流动人口占全国比例从1982年的38.42%上升到2005年的64.60%（见表7-1）。②

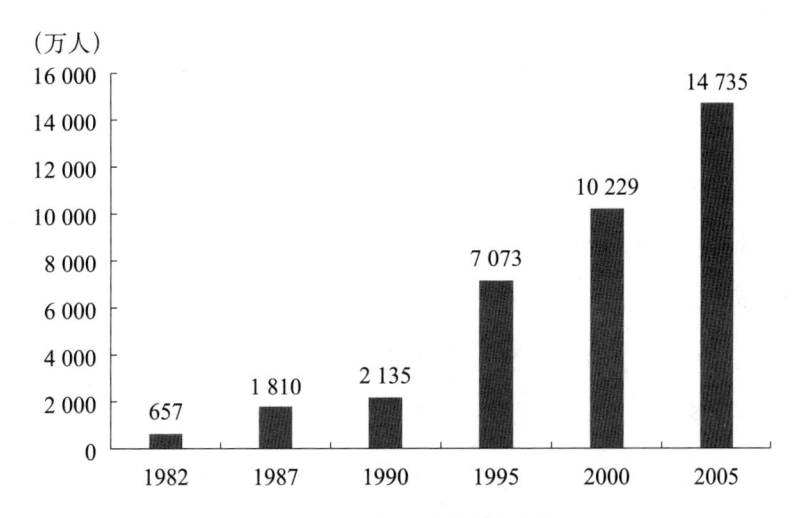

（万人）

年份	数量（万人）
1982	657
1987	1 810
1990	2 135
1995	7 073
2000	10 229
2005	14 735

图7-1 流动人口数量变动趋势

资料来源：段成荣等：《改革开放以来我国流动人口变动的九大趋势》，《人口研究》2008年第6期。

表7-1 1982—2005年东、中、西部地区吸收的流动人口比例（%）

	1982年	1987年	1990年	2000年	2005年
东部	38.42	43.77	49.16	56.95	64.60
中部	37.94	28.74	29.00	20.42	17.15
西部	23.68	27.48	21.82	22.65	18.27

资料来源：段成荣、杨舸：《我国流动人口的流入地分布变动趋势研究》，《人口研究》2009年第6期。

中国中西部庞大的农民工蓄水池向沿海地区的劳务输出，是中国这一时期创造"经济奇迹"的重要力量。一方面，它为快速工业化提供了源源不断的低成本劳动力。农民工占中国建筑业劳动力的90%，煤矿采掘业劳动力的

---

① 段成荣等：《改革开放以来我国流动人口变动的九大趋势》，《人口研究》2008年第6期。
② 段成荣、杨舸：《我国流动人口的流入地分布变动趋势研究》，《人口研究》2009年第6期。

80%，纺织服装业劳动力的60%，城市一般服务业劳动力的50%，成为产业工人的主力军。低成本劳动力优势确保了中国制造业的国际竞争力优势，是中国迅速成为"世界工厂"的因素之一。另一方面，农民的出村入城促进了中国城镇化的快速推进。2005—2010年，中国城镇化率从42.9%提高到49.68%，提高了6.78个百分点，其中外出农民工数量增长贡献了3.6个百分点，贡献率达到53.1%。①

但是，中国农民撞城入城后，城市的权利依然只赋予本地市民，为经济社会发展做出巨大贡献的农民工群体没有享受到与市民同等的基本权利和公共服务。在子女教育方面，20%以上的农民工子女无法入读全日制公办中小学校。② 不少在城市接受过完整义务教育的农民工子女无法参加中考和高考。在医疗社会保险等方面，农民工参加职工基本医疗保险、城镇职工基本养老保险、失业保险的比率很低。在住房保障方面，城市保障性住房基本不对农民工开放，农民工公积金缴存率也很低。农民工的跨区域就业造成大量社会问题，农村"三留守"问题尤其突出。据推算，农村留守人员总数超过1.5亿人，留守儿童超过6 000万人，留守妇女约4 700万人，留守老人约5 000万人。③ 大多数农民工只是这场波澜壮阔的城镇化的过客，在他们过了劳动年龄以后又返回乡村、回归农业。户籍人口城镇化率与常住人口城镇化率差值从20世纪90年代末开始逐步拉大，甚至在2001年以后差距越来越大（见图7-2）。到2012年，常住人口城镇化率与户籍人口城镇化率的差距达到17.3个百分点。这意味着，2亿多农民工进入城市居住生活，但未享受与城镇居民相同的教育、就业、医疗、养老、保障性住房等社会保障和福利待遇。

除了户籍人口和常住人口城市化的差距悬殊，还有一个中国特点的城市化也造成农民城市权利受损，我们称之为"双轨城市化"。在二元土地制度

---

①② 韩俊、何宇鹏：《新型城镇化与农民工市民化》，中国工人出版社，2014。
③ 民政部：《中国农村空心化日趋显著 留守人员总数超1.5亿》，人民网，2015-06-02。

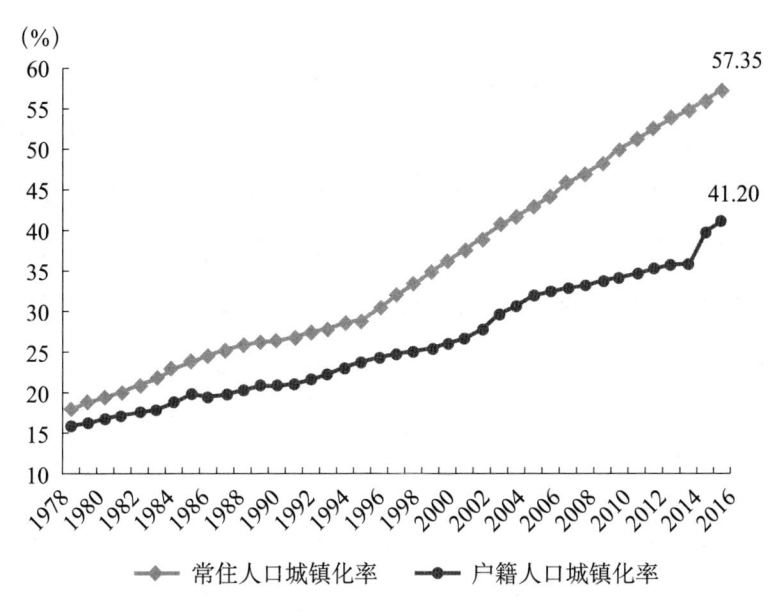

图 7-2　常住人口城镇化率与户籍人口城镇化率的差距
资料来源：《国家新型城镇化规划（2014—2020 年）》。

下，中国的城市化呈现明显的双轨特征：一轨是政府主导的城市化。城市政府通过城市规划变更、行政管辖权调整、土地制度安排所赋予的排他性权力，不断扩大城市版图和发展空间，快速实现土地城市化。另一轨是农民在城乡接合部和城中村开展的自发城市化。外来农民工在城市住房销售和租赁价格双高的约束下，只能向城乡接合部和城中村集聚，并形成住房需求，而城乡接合部和城中村农民利用集体土地盖房供应。[①]"双轨城市化"导致的后果是，土地城镇化快于人口城镇化。2000—2011 年，城镇建成区面积增长 76.4%，远高于城镇人口 50.5% 的增长速度。[②]

中国特点的土地制度驱动政府主导的城市化和"以地谋发展"模式。1994 年，《中华人民共和国城市房地产管理法》确立了土地市场化方向，强

---

① 刘守英、熊雪锋：《二元土地制度与双轨城市化》，《城市规划学刊》2018 年第 1 期。
② 《国家新型城镇化规划（2014—2020 年）》。

调国家依法实行国有土地有偿、有限期使用制度。1998年修订的《土地管理法》规定：任何单位和个人进行建设，需要使用土地的，必须依法申请使用国有土地；但是，兴办乡镇企业和村民建设住宅经依法批准使用本集体经济组织农民集体所有的土地的，或者乡（镇）村公共设施和公益事业建设经依法批准使用农民集体所有的土地的除外。城市政府将国有土地使用权在一定年限内以协议、招标、拍卖等方式出让给土地使用者，土地使用者则按照合同规定支付土地出让金。2002年5月，国土资源部公布的《招标拍卖挂牌出让国有土地使用权规定》明确规定，商业、旅游、娱乐和商品住宅等各类经营性用地，必须以招拍挂方式出让。同时，政府还通过规划管理和年度计划指标控制新增建设用地使用。土地管理制度发生变化造成的一个重要后果是政府垄断了土地征收、出让的权力，同时也切断了农民通过农地非农化开发发展工业、建设城镇的途径。地方政府一方面通过协议出让的方式，低成本供应工业用地，推动园区工业发展；另一方面，利用对土地一级市场的垄断和经营性用地市场化出让，并借助土地出让收入和土地抵押融资推动快速城市化，形成"土地—财政—金融"三位一体的城市化模式。"三位一体"的城市化发展模式构成一个可以脱离人口发展的封闭循环系统，推高了城市房价，大幅提高了农民工在城市落地的成本。①

　　在大规模农民城市化洪流冲击下，中国的城市管理制度特别是户籍制度依然故我，改革滞后。贯穿于20世纪90年代和21世纪前十年户籍制度改革的主线只是限于小城镇。1993年中共十四届三中全会就提出，逐步改革小城镇的户籍管理制度。1995年《小城镇综合改革试点指导意见》提出，实行户籍管理制度改革，实行按居住地和就业原则确定身份的户籍登记制度，农民只要在小城镇具备合法固定的住所和稳定的就业条件，就可以申请在小城镇

---

① 周飞舟：《以利为利：财政关系与地方政府行为》，上海三联书店，2012。

办理落户手续。2001年国务院批转公安部《关于推进小城镇户籍管理制度改革的意见》，提出全面推进小城镇户籍管理制度改革。小城镇户籍制度改革从提出到全面落实用了近十年的时间，而在此期间，小城镇常住户口还实行了计划指标管理；一些地方在实际落实时则采用了"蓝印户口"这种介于正式户口与暂住户口之间的做法；一些地方还出现了出售城镇户口，或者收取城市增容费的做法。这些问题导致小城镇户籍制度改革的实际效果大打折扣，而且到2001年全面实施小城镇户籍制度改革后，由于城市规模效应和园区工业化的推进，农民工大量转移到大中城市，小城镇对农民工已经没有很大的吸引力。同时，运动式清理城市流动人口的专项行动时有发生。1995年年底，北京市政府组织开展"清理整治"专项行动，将外来人口重要集聚点"浙江村"拆除，"浙江村"内约4万名外来务工人员被迫搬离。①

20世纪90年代至21世纪前十年是中国城镇化的高速发展期，也是中国农民城市权利缺失凸显期。一是工业化、城镇化的主导权重新回到政府手中。由于土地制度的调整，20世纪80年代出现的农民自主工业化、城镇化昙花一现，被政府主导的园区工业化和城镇化所取代。二是市民化进程滞后。在"以地谋发展"的经济发展模式和城市治理方式变革缓慢的共同作用下，农民工群体既无法享受与城市居民同等的公共服务，也难以落脚城市。三是城乡收入差距持续拉大。20世纪90年代，随着城市和国有企业改革的启动，城乡收入差距逐步扩大，2001年城乡居民收入比达到2.90∶1，2009年达到3.33∶1。

四、代际分别与结构革命：农二代与农民城市权利困境

到2017年，中国的常住人口城镇化率已经达到58.52%，农民工总量到

---

① 张祖：《城市里的陌生人：中国流动人口的空间、权力与社会网络的重构》，江苏人民出版社，2014。

2016年时已达2.8亿人，2016年常住人口城镇化率与户籍人口城镇化率的差距仍然高达16.2个百分点。在未来一个时期，随着经济发展阶段转换，经济增速放缓，中国的城市化进程也将从高速扩张转向内生发展，城市化特征由生产要素从乡村向城市的单向流动转向城乡互动，但是中国城市化的下半场才刚刚启程，农民的市民化最为艰巨。

与已经走过的城市化上半场相比，下半场要面对的最大变化是入城农民的代际分别。在近40年时间，农民工群体在规模壮大的同时，也完成了由一代农民工到二代、三代农民工的代际转换，农一代逐步从城市退出、回归农村；2011年国家统计局组织调查发现，1980年之后出生的外出农民工数量达到8 487万人，比例超过了一半，占到58.4%。①

与农一代相比，农二代在受教育程度、迁移模式、婚姻家庭等多个维度上发生了本质性变化。他们受教育程度更高。60后和70后农民工平均受教育年限多在10年以下，80后、90后和95后农民工的平均受教育年限超过12年。② 他们流动范围更广。农二代跨省外出比例达到53.7%，高于上一代农民工6.9个百分点。③ 他们以举家迁徙为主。农一代多是"孤身"进城、以个体化迁移为主，农二代更多是"携妻带子"式的举家流动、举家迁徙。他们的就业结构发生变化。农一代多从事建筑业，农二代逐渐转向服务业及越来越机械化的制造业。汇款和消费行为发生变化，农一代进城务工所得收入的51.1%汇款回村，用以支持农村家庭生活开支，农二代倾向于在城市消费，将资本留在城市，寄回村的收入仅占外出从业总收入的37.2%。④ 生活方式发生变化，农一代基本上保持了农村生活习惯、思维方式，农二代的生活方式更加市民化。婚姻特征发生变化，农一代的婚姻关系多数限定在本乡本土

---

① 新生代农民工基本情况研究课题组：《新生代农民工的数量、结构和特点》，《数据》2011年第4期。
② 田丰：《逆成长：农民工社会经济地位的十年变化（2006—2015）》，《社会学研究》2017年第3期。
③④ 同①。

范围内，婚姻关系相对稳定，跨区域婚姻在农二代中比较普遍，离婚率较高。与乡土的关系发生变化，农一代与乡村保持着水乳相融的关系，"农闲进城务工、农忙返乡务农"是第一代农民工群体的常态，农二代离土出村不回村，89.4%的新生代农民工基本不会农活。职业期望发生变化，多数农一代只想暂时在城市工作，以后还是要回乡，"城里赚钱、村里盖房"是这一代人的普遍取向；农二代则更期望能在城市落脚定居，国家统计局调查显示，近一半的新生代农民工有在城市定居的打算，"坚决不回农村"和"尽量留在城市，实在不行再回农村"的比例分别占到 8.1% 和 37%。①

尽管代际差别拉大，但是，农民工群体对自己在城市的状态的合意度却在下降，他们与城市的融入并没有改进。有研究表明，1980 年后出生的农民工对自己社会地位的自评最低，新生代农民工的社会融入状况与老一代农民工相比没有根本改进。农民工的代际变化与进城农民城市权利形成强烈反差。一是市民权。在户籍制度下，获得城市户籍就是获得城市市民资格。现在中小城市特别是中西部地区中小城市基本放开，但是农业转移人口集聚较多的大城市、特大城市和超大城市，落户政策的精英化取向仍然明显，对普通的农二代而言落户门槛仍然很高。二是居住权。在"土地—财政—金融"三位一体的城市化发展模式、商品房购买和保障房分配与户籍挂钩政策以及城市政府运动式清理人口的传统治理思维和治理方式的共同影响下，农二代的城市居住权难以实现。三是子女教育权。农民工子女教育面临的制度性歧视及其在经济社会结构中的不利位置，导致农民工子女教育权实现仍然存在不小的困难。如果说，由于农一代有年轻时代的务农经历和习得的农业技能，还能自由地在"工人"和"农民"两个角色之间自由切换，还保有"城市混不下去，大不了回农村种地"的普遍心态，城市政府还能用"拖"和"推"，把

---

① 新生代农民工基本情况研究课题组：《新生代农民工的数量、结构和特点》，《数据》2011 年第 4 期。

城市解决不了或者不愿解决的问题推回到农村解决，而在农二代身上，传统的"过客"式治理方式显然是无效的。也正是这一原因，我们看到农二代实现城市权利问题相对于农一代而言更加急迫。

党的十八大以后，针对城镇化发展中出现的大量农业转移人口难以融入城市社会、土地城镇化快于人口城镇化等问题，中央提出了以人为核心的新型城镇化理念，旨在进一步推进户籍制度改革、促进农业转移人口市民化。党的十八大提出"加快改革户籍制度，有序推进农业转移人口市民化，努力实现城镇基本公共服务常住人口全覆盖"。2013年11月，中共十八届三中全会进一步明确"逐步把符合条件的农业转移人口转为城镇居民"，"全面放开建制镇和小城市落户限制，有序放开中等城市落户限制，合理确定大城市落户条件，严格控制特大城市人口规模"。同年12月召开的中央城镇化工作会议进一步明确推进农业转移人口在城镇落户的条件是"有能力在城镇稳定就业和生活"，强调了分层分类突进的改革路径，实施差别化的落户政策。2014年3月，中共中央、国务院正式印发《国家新型城镇化规划（2014—2020年）》，明确提出推进符合条件农业转移人口落户城镇，健全农业转移人口落户制度，实施差别化落户政策。2014—2016年，国家先后出台《关于进一步推进户籍制度改革的意见》《关于深入推进新型城镇化建设的若干意见》《关于实施支持农业转移人口市民化若干财政政策的通知》《关于建立城镇建设用地增加规模同吸纳农业转移人口落户数量挂钩机制的实施意见》《推动1亿非户籍人口在城市落户方案》等一系列重要文件，细化完善差别化落户政策，建立健全"人、地、钱"挂钩机制，农业转移人口市民化工作取得突破性进展。在自第十二届全国人民代表大会第一次会议以来的五年中，8 000多万农业转移人口成为城镇居民，2016年户籍人口城镇化率达到41.2%。解决农民的城市权利提到了议事日程和进入了破冰征程。

五、开放农民城市权利的公共政策

每个社会的历史发展进程都有一些由自身发展埋下的隐患,对中国而言,城乡二元分割导致的农民权利问题,就是我们已有发展模式遗留的大问题。中国已经实现从乡土中国到城乡中国的历史转型,农民与土地的关系、农民与乡村的关系、农民与城市的联结都发生了不可逆的转变。在城乡中国阶段,农民的城市权利是关系中国转型和建立现代国家的重大权利安排。能否妥善解决好农民的入城平权问题,关系着中国现代化的进程和国家前途命运。必须从国家战略高度改变将农民工视为城市"过客"的政策惯性,推动城市权利向农民的开放,以包容、公平推动进城农民融入城市社会。

一是充分保障农民土地权利。土地权利是农民的基本权利,是城乡中国阶段经济社会转型的稳定基石。任何组织、任何主体不得以任何理由和任何美好的故事削弱甚至剥夺已经到农民手中的土地权利。赋予农民农地和宅基地更完整、更稳定的财产权,以赋权、扩权、限公权保障农民这两类土地的基本权利,在此基础上,顺应农业功能变化和村庄转型,推进承包经营权和宅基地的转让权改革,促进稀缺土地资源的有效配置,提高土地配置效率和农民土地财产权收益。打破城乡二元分割的土地制度,实现集体和国有土地权利平等,赋予农民利用集体土地参与工业化和城市化的权利。

二是切实保障农二代在城市的居住权。实现城市居住权是农二代顺利在城市落脚扎根的前提。城市政府要将符合条件的常住人口纳入供方保障范围和住房公积金制度覆盖范围。允许城乡范围内农民存量集体建设用地建设集体租赁房屋出租,让城乡接合部农民可以长期分享土地增值的好处,为农二代提供体面的居住空间,同时减轻城市政府财政负担。

三是落实农三代教育权。农三代的教育权关系到农民工家庭在城市的长远发展和经济社会地位的纵向向上流动。要加快推进教育公平,积极推动实现公办学校全部向随迁子女开放,放宽随迁子女在流入地参加高考限制,切实维护随迁子女平等受教育的权利,努力让每个农民工子女都能享受到公平而有质量的教育。

四是制定实现农民城市权利的成本分担机制。加快研究建立中央政府、地方政府、企业、个人实现城市权利的成本分担机制。中央政府负责基本养老、教育、低保及跨区域流动人口的医疗资金保障。地方政府根据本地实际情况,因地制宜、量力而行,逐步提高本地区公共服务保障水平,吸引人口流入。

第八章
代际革命与农民的变迁

一、引言

改革开放以来,农民的离土出村成为推动中国从乡土中国转型为城乡中国的最主要力量。① 截至2017年年底,中国流动人口数量达2.44亿,占总人口的17.5%。在80后——我们所称的农二代——成为迁移主力军后,他们的出村入城趋势未改,但与乡土的粘连、入城的行为特征、对城市的权利观念已变,与农一代在迁移动机、经济社会行为特征、未来选择等方面呈现出巨大的代际差异。② 农民代际上的革命性变化,是中国经济和社会转型的最大变数。

农二代引发的代际革命,对中国长期忽视农民城市权利的理论与公共政策产生了巨大冲击。迄今为止,对待入城农民群体的思维仍然停留在视其为城市他者的"进入权""退出权""流动权"层面的争论③,并没有上升到他们已经作为城市一分子后应该具有的城市权利的本质。城市权利是每个人本应具有的在城市空间自由进入、体面居住、公平教育、社会保障以及融入、

---

① 周其仁:《城乡中国》,中信出版社,2014;刘守英:《"城乡中国"由单向城市化转向城乡互动》,《农村工作通讯》2017年第10期。
② 李春玲:《社会变迁与青年问题:近年来青年社会学的关注点及研究取向》,载中国社会科学院社会学研究所:《中国社会学年鉴2011—2014》,中国社会科学出版社,2016。
③ 蔡昉:《改革时期农业劳动力转移与重新配置》,《中国农村经济》2017年第10期。

改造城市的权利。① 然而，农民工的入城权在1949年短短几年后被关闭了，改革开放后农民撞城入城推进了快速的工业化、城市化，但是，农民一直被当作城市的"过客"，他们的城市权利长期被侵犯甚至剥夺。农一代的城市权利被忽视的社会后果因这一代人的代际特征（进城是为了改善家里人经济状况、从未奢望落脚城市）而缓解，但是，农二代对乡村的离土出村不回村以及强烈的入城倾向和权利诉求，意味着必须将农民的城市权利提上议事日程。

本章基于城市权利的视角，对已有关于农民工问题的学术文献和公共政策进行了评论，利用2011—2015年全国流动人口卫生计生动态监测调查数据，辅以国家统计局农村住户调查数据，通过农二代与农一代经济社会行为特征的对比分析，揭示了回不去也不会回的农二代的革命性变化，反映了农二代事实上的入城者角色以及他们的城市权利状况，最后是相关的公共政策建议。

二、基于城市权利视角的文献与政策评论

（一）城市权利的内涵

第二次世界大战后，城市化浪潮成为世界性现象，但在乡村社会从未遇到过的大量"城市问题"也相伴而生。"二元城市"特征就是其中之一，同一城市的不同街区拥有不同的基础设施和公共服务，城市在空间形态上出现堡垒式分割、封闭型社区以及处于监控的公—私空间。② 城市生活被金钱裹挟，某些个体在城市的体面生活只是因为他们拥有足够的财富。占多数的低收入群体尽管是城市的主要建设者，但他们被排斥于高品质的城市生活之外。为此，亨利·列斐伏尔（Henri Lefebvre）于20世纪60年代提出"谁拥有城市"

---

① 董慧、陈兵：《"城市权利"何以可能、何以可为？——国外马克思主义空间批判的视野》，《马克思主义与现实》2016年第1期。
② 姚新立：《城市权利：从大卫·哈维到中国城镇化问题》，《价值工程》2016年第29期。

之间,引出城市权利的命题。

城市权利是城市社会中居于首位的权利①,是关于城市市民的权利,包括进入城市的权利、居住在城市的权利、参与城市生活的权利、支配财富的权利、平等使用和塑造城市的权利,以及改变和更新城市生活的权利②。城市权利不仅仅是个人权利,更是一种集体性权利。列斐伏尔甚至提出通过城市革命扩大城市权利,实现被排斥在城市边缘的底层民众的权利。戴维·哈维(David Harvey)认为,城市权利是一种对城市化过程拥有某种控制权的诉求,尤其是对建设城市和改造城市的方式拥有控制权。③ 爱德华·索亚(Edward Soja)强调空间互动的权利实现,即在"社会—历史—空间"的三元互动中,城市权利的实现、维护、斗争始终围绕空间进行。沿着这一思路,空间正义被视为其关键部分。唐·米歇尔(Don Mitchell)认为,城市权利的主要对象是自由的公共空间,没有人可以自由地行动,除非他有可以自由行动的处所。④ 伊丽莎白·伯顿(Elizabeth Burton)等认为,城市是现代人存在的根本环境,是人们成长和老去的地方,城市权利是人们进行多样生活的权利,建构城市权利的关键是使城市能够包容,同时满足人们在不同生命阶段与健康状态的不同需要。⑤ 然而,被规划者的魔法点中的人们却被随意推来推去,被剥夺权利,甚至被迫迁离家园,仿佛是征服者底下的臣民。⑥ 在权力和资本逻辑下,城市的过度扩张导致本来作为城市权利主体的部分群体被排斥在外,城市政策和城市设计越来越以不民主的方式实施,排除了穷人、移民、妇女、老人等群体,创造出"优先考虑"的"富人"的城市,失去了城市的包容性。

---

① Lefebvre, H. *Writings on Cities*. Wiley-Blackwell,1996.
② Mitchell, D. *The Right to the City: Social Justice and the Fight for Public Space*. The Guilford Press, 2003.
③ 戴维·哈维:《叛逆的城市》,商务印书馆,2014,第4—6页。
④ 同②。
⑤ 伊丽莎白·伯顿、琳内·米切尔:《包容性的城市设计:生活街道》,中国建筑工业出版社,2009。
⑥ 简·雅各布斯:《美国大城市的死与生》,译林出版社,2006。

因此，城市权利不再停留在绝对的个人权利，而是以城市社会为背景的公共权利。①

综上，城市权利观是一种宽泛的、具有很强行动色彩的理念，它包括以技术—经济权利为核心的理性主义城市权利观，以社会—政治权利为核心的结构主义城市权利观，以文化—生活权利为核心的人本主义城市权利观，以生态—环境权利为核心的生态主义城市权利观。② 城市权利包括政治权利、经济权利、文化权利和社会权利等，城市权利的结构改革不仅涉及获得城市的形体空间，也涉及获得城市生活和参与城市生活的更为广泛的权利、共享共担的权利以及平等使用和塑造城市的权利、居住和高品质生活在城市的权利。③ 城市权利远远超出获得城市资源的个体或群体的权利，它必须包括按照我们的期望改变和改造城市的权利。④

（二）对已有研究的评论

学术界对进城农民群体的关注随着农民代际的变化而递进。自20世纪90年代开始，大量农民离开土地从农业向非农产业和城镇转移。这批非农化的农民构成典型的第一代农民工群体，他们的户籍仍然在农村，但务工或经商在工厂和城市，身份是农民，职业是工人。⑤ 对于这批因农业低回报和乡村机会少而不得不离开村庄的农一代，学术界占主导的研究采取的是生存理性假设下的"生存—经济"分析叙事视角。⑥ 该视角下的研究大多认为，大量农村剩余劳动力离开他们的家乡主要是为了获得相对高的经济收入，缓解生存压

---

① Attoh, K. A. (2011). "What Kind of Right is the Right to the City?" *Progress in Human Geography*, 35 (5): 669–685.
② 陈忠:《城市权利：全球视野与中国问题：基于城市哲学与城市批评史的研究视角》，《中国社会科学》2014年第1期。
③ Lefebvre, H. *Writings on Cities*. Wiley-Blackwell, 1996；姚新立:《城市权利：从大卫·哈维到中国城镇化问题》，《价值工程》2016年第29期。
④ 戴维·哈维:《叛逆的城市》，商务印书馆，2014，第23—25页。
⑤ 田丰:《逆成长：农民工社会经济地位的十年变化（2006—2015）》，《社会学研究》2017年第3期。
⑥ 李强:《中国城市农民工劳动力市场研究》，《学海》2001年第1期。

力,是"经济人"行动主体因生活所迫对生存策略的一种调整,其迁移动机和入城目标是以"谋生"改变生活境况,而非追求人的价值、尊严与权利。① 大多研究围绕农民工的经济收入及其影响因素、农民工与市民之间收入的结构性限制、生存论预设下的农民工生存环境和经济收益。它们发现,尽管农民工的经济收入或报酬有明显提高②,但与城市职工相比,由于对农民工的制度性歧视,加上农民工的社会资本存量存在先天不足、后天投资乏力等,他们摆脱结构限制的能力有限,进而维持、固化和加大了城乡不平等③。

随着农二代成为劳动力迁移与城市劳动力市场的主体,学术界对新一代农民工群体的关注增加、研究深化。

首先是概念界定。迄今对于这一群体并未形成一致的称谓,存在诸如"新生代农民工"(2010年中央一号文件)、"新生代农村流动人口"④"二代移民"⑤ "二代流动人口""1.5代流动人口"⑥等不同表述。本章采取"农二代"的表述,以与"农一代"相对应。理由是,无论他们在城市有多大的作为,都改变不了"姓农"的命运;一代和二代的区分则是因为他们在一些经济和社会特征上已经发生了革命性分别。我们定义的"农二代"具有以下三个特征:(1)出生队列为20世纪80年代及以后;(2)具有从农村外出务工经商经历,"外出"指跨区县外出超过6个月;(3)成长环境多元化,既可能出生

---

① 王小章:《从"生存"到"承认":公民权视野下的农民工问题》,《社会学研究》2009年第1期。
② 武岩、胡必亮:《社会资本与中国农民工收入差距》,《中国人口科学》2014年第6期;任远、陈春林:《农民工收入的人力资本回报与加强对农民工的教育培训研究》,《复旦学报(社会科学版)》2010年第6期;朱志胜:《社会资本的作用到底有多大?——基于农民工就业过程推进视角的实证检验》,《人口与经济》2015年第5期。
③ 袁方、史清华:《不平等之再检验:可行能力和收入不平等与农民工福利》,《管理世界》2013年第10期;程诚、边燕杰:《社会资本与不平等的再生产:以农民工与城市职工的收入差距为例》,《社会》2014年第4期。
④ 罗霞、王春光:《新生代农村流动人口的外出动因与行动选择》,《浙江社会科学》2003年第1期。
⑤ Perlmann, J. and R. Waldinger (1997). "Second Generation Decline? Children of Immigrants, Past and Present—A Reconsideration," *International Migration Review*, 31 (4): 893 - 922.
⑥ 段成荣、靳永爱:《二代流动人口:对新生代流动人口的新划分与新界定》,《人口与经济》2017年第2期。

于农村、成长于农村，也可能由农一代在城市工作生活期间所生，即出生于城市、成长于城市，抑或出生于农村、成长于城市。

其次是特征描述。有学者提出，80后是打上代际与阶级双重烙印的一代[1]，他们在人力资本、生活方式、价值观念、权利意识、未来预期以及与村庄的联结等方面都表现出不同的特征，预示着中国社会深刻的结构变革。有研究通过对进城农民两个队列群体的分析发现，农二代的人力资本、就业、收入、经济地位等超过上一代[2]；其消费结构、时间安排以及对于现代技术的使用等与农一代存在差异[3]；农二代的劳动权益保护意识更强[4]。与默默忍受的老一代农民工不同，他们经常采取激烈的抗争行动，抗议企业老板损害其权益和政府相关部门的不作为，引发了"新工人阶级"形成的论题和新马克思主义阶级理论的复兴。[5]也有一些研究从二代移民的角度关注了代际流动、区隔与融合、"二代反叛"（second generation revolt）等议题。[6]

最后是对农民工群体的分析转向"身份—政治"叙事范式。[7]"身份—政治"叙事范式主要从现存制度制约探讨农民工的权利状况与因身份导致的不平等[8]，农民工市民化成为解决农民入城问题的代名词。"去农化"被作为农

---

[1] 李春玲：《社会变迁与青年问题：近年来青年社会学的关注点及研究取向》，载中国社会科学院社会学研究所：《中国社会学年鉴 2011—2014》，中国社会科学出版社，2016；李春玲：《境遇、态度与社会转型：80后青年的社会学研究》，社会科学文献出版社，2013。

[2] 刘传江、程建林：《我国农民工的代际差异与市民化》，《经济纵横》2007年第4期；张车伟、向晶：《代际差异、老龄化与不平等》，《劳动经济研究》2014年第1期。

[3] Wang, Xingzhou (2008). "Special Issue: Migrant Workers in the Course of Urbanization Wages for Migrant Workers in the Pearl River Delta: Determining Factors," *Social Sciences in China*, 29 (3): 104 - 120.

[4] 刘洪银：《城镇新生代农民工稳定就业治理机制：基于全国3 402份问卷调查数据的实证研究》，《中国农村研究》2016年第2期。

[5] 李春玲：《社会变迁与青年问题：近年来青年社会学的关注点及研究取向》，载中国社会科学院社会学研究所：《中国社会学年鉴 2011—2014》，中国社会科学出版社，2016。

[6] Gans, H. J. et al. (1993). *Cultivating Differences: Symbolic Boundaries and the Making of Inequality*. University of Chicago Press; Perlmann, J. and R. Waldinger (1997). "Second Generation Decline? Children of Immigrants, Past and Present—A Reconsideration," *International Migration Review*, 31 (4): 893 - 922.

[7] 王小章：《从"生存"到"承认"：公民权视野下的农民工问题》，《社会学研究》2009年第1期。

[8] 叶鹏飞：《农民工的城市定居意愿研究：基于七省（区）调查数据的实证分析》，《社会》2011年第2期。

民工市民化转型终结的标志①，缩小居民收入差距、提高城市规模和增加人力资本积累等被作为农民工市民化的主要政策工具②。社会网络、住房成本等被作为影响农民工的社会距离与社会融合的主要因素。③ 户籍制度被作为妨碍农民工空间、身份认同转换，存在经济和社会地位不平等的根本原因。④

总体而言，学术界在农民工的城市进入权、城市里的两个群体因身份产生的不公平以及促进农民工市民化等方面的不断呼吁，引起了政策界的关注和回应。但是，这些研究或明或暗基于他者的悲悯、城市视角的关注和从社会成本出发的考虑，与城市权利视角下的农民主体性权利还有很大差距。

（三）被忽视的农民城市权利

如第七章所述，在中华人民共和国成立之初，自由迁徙权受到法律保障，农民纷纷涌入城市。但是，这些人口不久就被地方政府视为盲目流动人口，地方政府采取管、堵、卡、截等各种手段劝止、制止农民自由进城找工作。从20世纪50年代中期开始，城市的大门基本向农民关闭，城市与乡村成为互相隔绝的两个板块，农民与城镇居民之间的权利和发展机会不平等形成并逐渐拉大。⑤

1978年到20世纪90年代初期，乡镇企业在社队企业基础上异军突起。中央政府顺应农民意愿，采取了一系列鼓励农村商业化和农民自主城镇化的制度改革，包括允许农民务工经商、对农民自主建小城镇持默许态度、在户

---

① 王春蕊、杨江澜、刘家强：《禀赋异质、偏好集成与农民工居住的稳定性分析》，《人口研究》2015年第4期。
② 刘世锦、陈昌盛、许召元等：《农民工市民化对扩大内需和经济增长的影响》，《经济研究》2010年第6期。
③ Whalley, J. and S. Zhang (2007). "A Numerical Simulation Analysis of (Hukou) Labour Mobility Restrictions in China," *Journal of Development Economics*, 83 (2): 392-410；王桂新、武俊奎：《城市农民工与本地居民社会距离影响因素分析：以上海为例》，《社会学研究》2011年第2期；李培林、田丰：《中国农民工社会融入的代际比较》，《社会》2012年第5期。
④ 蔡昉、王美艳：《"民工荒"现象的经济学分析：珠江三角洲调查研究》，《广东社会科学》2005年第2期；王增文：《中国农村家庭宗族网络代际收入状况及流动性趋势研究》，《农业经济问题》2015年第8期。
⑤ 刘守英、曹亚鹏：《中国农民的城市权利》，《比较》2018年第1辑。

籍制度上为小城镇开出一个小口子。① 这一时期的农地制度改革、乡镇企业和小城镇建设双轮驱动对计划经济时代形成的城乡关系产生了一定影响，带来城乡收入差距缩小，农民进城务工经商的权利得到承认。但是，城乡二元体制没有根本变化，农村户口迁往城市的门槛仍然高垒，城市居民享有的住房、医疗、养老、教育等公共服务仍然与农村居民无缘。

到20世纪90年代中期以后，地方政府利用土地管理的排他性权力，依靠压低地价招商引资创办园区，快速推进工业化。② 城市化加速为农民入城创造了机会，中西部地区的农民通过跨区域流动进入城市，参与沿海地区的工业化、城市化进程。与此同时，户籍制度改革进程也在不断加速，但是，农民落户权仍然限定在小城镇。党的十八大以后，中央提出以人为本的新型城镇化，户籍制度改革提上议事日程，农民工市民化成为主要政策目标。③ 但是，公共政策的设计具有明显的歧视性，如不同等级城市、不同类型的进城农民区别对待，且重点主要放在进城农民的落户上，改变户籍以后的农民市民的城市权利有待完善。

总体而言，改革开放以来，农民进入城市的权利逐渐得到开放，从最开始被当作"盲流"禁止，到乡村工业化时期对农民进城务工的默许，到快速城市化时期中小城镇落户限制的放开，到近期推进农民工市民化。但是，农民的城市权利仍然被忽视。有研究表明，20%以上的农民工子女无法入读全日制公办中小学校④；不少在城市接受过完整义务教育的农民工子女无法参加中考和高考；农民工参加职工基本医疗、城镇职工基本养老保险、失业保险的比率很低；城市保障性住房基本不对农民工开放。大多数农民工只是这场

---

① 袁崇法：《城乡一体化：城镇化的应有之义》，《人民论坛》2011年第26期。
② 刘守英：《土地制度变革与经济结构转型：对中国40年发展经验的一个经济解释》，《中国土地科学》2018年第1期。
③ 曹亚鹏：《城镇化战略与城乡户口迁移政策演进》，2017年工作论文。
④ 韩俊、何宇鹏：《新型城镇化与农民工市民化》，中国工人出版社，2014。

波澜壮阔的城市化的过客，在他们过了劳动年龄以后又返回乡村、回归农业。户籍人口城镇化率与常住人口城镇化率差值从 20 世纪 90 年代末开始逐步拉大，甚至在 2001 年以后差距越来越大。2 亿多农民工进入城市居住、生活，但未享受与城镇居民相同的教育、就业、医疗、养老、保障性住房等方面的社会保障和福利待遇。

三、离土出村不回村的一代

"代"（generation/cohort）是在社会与历史进程中具有共同位置（common location）的一群人，他们往往具有共同的出生年代、年龄阶段，并在关键成长阶段经历了相同的重大人生事件，这种共同位置和相似经历使他们产生了趋同的思考、体验和行动模式。正是因为这种群体性特征产生了显著的代际差异（generational difference/generation gap），因出生年代与成长背景不同，导致代与代之间在价值观、偏好、态度与行为等方面呈现出具有差异性的群体特征。[1] 代际上的这种显著差异对一个国家的转型往往具有重要影响。[2] 中国的农二代与农一代的代际特征非常显著，正如部分研究已注意到的，农二代的个体生命历程发生了整体性变化[3]，他们的迁移范式正由单纯经济理性驱动的个体逐步转变为家庭化迁移的社会理性群体[4]，由"生存理性"的行为导向逐步转向"发展理性"[5]，他们更希望永久定居城市[6]。本研究主要利用国

---

[1] 卡尔·曼海姆：《文化社会学论要》，中国城市出版社，2002。
[2] Van Hear, N. (2010). "Theories of Migration and Social Change," *Journal of Ethnic & Migration Studies*, 36 (10): 1531-1536; Walder, A. G. (1995). "Career Mobility and the Communist Political Order," *American Sociological Review*, 60 (3): 309-328; 李路路、朱斌：《当代中国的代际流动模式及其变迁》，《中国社会科学》2015 年第 5 期。
[3] 田丰：《逆成长：农民工社会经济地位的十年变化（2006—2015）》，《社会学研究》2017 年第 3 期。
[4] 熊景维、钟涨宝：《农民工家庭化迁移中的社会理性》，《中国农村观察》2016 年第 4 期。
[5] 刘成斌：《生存理性及其更替：两代农民工进城心态的转变》，《福建论坛（人文社会科学版）》2007 年第 7 期。
[6] 田艳平：《家庭化与非家庭化农民工的城市融入比较研究》，《农业经济问题》2014 年第 12 期；王春光：《新生代农村流动人口的社会认同与城乡融合的关系》，《社会学研究》2001 年第 3 期。

家卫计委 2011—2015 年进行的流动人口动态监测调查数据①（以下简称"流动人口调查数据"），辅之以国家统计局农村住户调查数据②，通过两代进城农民的对比，反映农二代与乡村关系具有的"不可逆"趋势。

（1）储备更高的人力资本后即进城。与主要是初中以下文化水平的农一代相比，农二代基本完成了初中教育，且高中及以上占比有所上升（见表 8-1）。从流动人口调查数据对比看，在农一代的受教育程度中，文盲、小学占比高达 31.69%，初中占比为 53.76%，高中及以上占比仅为 14.55%；在农二代的受教育程度中，文盲、小学占比仅为 5.97%，初中占比提高到 54.68%，高中及以上占比大幅提高，为 39.35%。国家统计局农村住户调查数据显示，80 后和 90 后农二代的平均受教育年限分别比 40 后的农一代多 1.13 年和 0.84 年。受教育程度的变化还反映在性别差异的缩小，农二代各个阶段受教育程度的女性比例都比农一代大大提高。在农二代女性的受教育程度中，文盲、小学、初中、高中/中专、大学及以上占比比农一代分别高 5.97、6.98、13.44、20.54 和 25.06 个百分点。

有意味的是，农二代在接受较高程度的教育以后毫不犹豫地选择了进城。当他们的同龄人背着书包进入大学时，他们则放下书包进入沿海地区和城市寻求不同于乡土的经济活动和生活方式。2011 年新生代流动人口专题调查数据显示，农二代首次外出流动的平均年龄为 19 岁，比上一代小差不多 7 岁。其中，20 岁之前就已经外出的比例高达 75%。

---

① 流动人口动态监测调查以全国 31 个省级单位的流动人口为子总体，是目前国内专门针对流动人口状况的规模量最大、数据质量较高、代表性较好的数据。2011 年调查样本量为 12.8 万户，覆盖 3 200 个乡镇街道、6 400 个村居委会；2012 年为 15.9 万户，涉及流动人口约 40 万人；2013 年为 19.6 万户，涉及流动人口约 45 万人；2014 年总样本量为 20 万户，涉及流动人口约 50 万人；2015 年总样本量为 20.6 万户，涉及流动人口家庭成员共约 50 万人。

② 农村住户调查采用分层多阶段随机抽样方法，抽取全国 31 个省 857 个县的 9 000 余个村庄中的 6.8 万户样本，具有全国层面的代表性。本章选取 2003 年、2004 年、2005 年、2007 年、2009 年和 2012 年数据对 16～59 岁农村流动人口进行了补充分析。

表8-1　农一代和农二代的基本特征

	农一代	农二代
性别（%）		
男	54.75	49.99
女	45.25	50.01
首次外出年龄*** （岁）	26	19
受教育程度*** （%）		
文盲	4.72	0.39
小学	26.97	5.58
初中	53.76	54.68
高中/中专	14.06	36.06
大学及以上	0.49	3.29
样本量	159 281	

资料来源：2015年流动人口调查数据、《中国流动人口发展报告2013》。

注：*** 表示在1%的显著性水平上显著。

(2) 更强的入城不回村趋势。从农民工的出行距离来看，农二代更倾向于跨省迁移，且出生队列越晚的农民工，其流动范围越大，多数选择跨省流动或省内跨市流动，选择市内跨县流动的比例较小。例如，2011年有16.41%的农二代市内跨县流动，比农一代少2.3个百分点，且90后跨省流动占73.81%，比同期50后的农一代高13.64个百分点。

前些年由于沿海地区的城市生活成本大幅攀升、产业转型升级，国家加大西部地区基础设施建设以及中央和地方政府大力推动流动人口回乡创业就业，农民工回流比例有所提高。80后跨省流动的比例也从2011年的70%减少到2015年的65.94%，省内跨市和市内跨县流动的比例分别从2011年的23.03%和6.97%提高到25.5%和8.56%。但是，这并不意味农二代如他们的上一辈一样无可奈何地回到村庄。农二代继续在省内市县谋求城市非农就业机会，回到家乡的也是到本地中小城市和小城镇，利用打工积累的资本到附近的园区自主创业或正规就业。根据黄振华[①]对全国27个省246个村庄进

---

① 黄振华：《我国农民工返乡创业调查报告》，《调研世界》2011年第8期。

行的"农民工返乡创业状况"数据的推算,当年农民返乡创业率为25.3%,全国返乡创业的农民工数量为1 072.1万人。但是,他们实质上实现的是一种"回流式"市民化。①

(3) 迁移主体家庭化。与农一代主要只身一人入城务工相比,农二代的迁移模式出现了从个体迁移向举家迁移的转变,反映出了这一代人顾及情感性、家庭整体性特征。超过六成的农二代在迁移过程中将子女带到城市,且子女在本地随迁的农二代比例高于农一代(见图8-1)。随着调查年份的推移,越来越多的农二代选择举家迁移。《中国流动人口发展报告2017》显示,流动人口家庭户平均规模保持在2.5人以上,2人及以上的家庭户占81.8%。2011—2014年间,夫妻共同流动的比重持续上升,由2011年的85.2%升至2014年的90.9%。

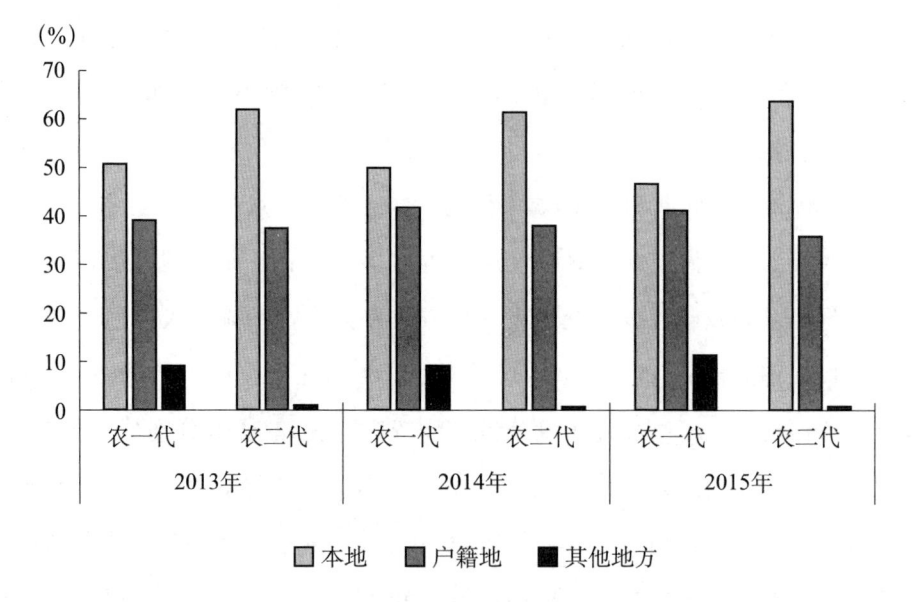

图8-1 子女所在地分布的代际差异

资料来源:2013—2015年流动人口调查数据。

---

① 潘华:《"回流式"市民化:新生代农民工市民化机制及其逻辑》,《社会建设》2014年第2期。

农二代迁移的家庭化，使得人口迁移中的两个主体——子女和老人的处境有所变化。农二代的子女更多地出生于流入地，与农一代多将子女生在户籍地有显著不同，两者差异显著（$p<0.05$）。农一代只有 6.73% 将孩子生在流入地，农二代中孩子出生在流入地的比重为 24.05%，其可能性①是农一代的 4.39 倍。除了孩子出生在城市的比例增加，老人进城同住的比例也上升。2015 年流动人口调查数据显示，有 72.35% 的农一代在户籍地的家中有老年人居住，有 89.49% 的被调查者表示老家中还有其他兄弟姐妹，农二代群体家中有老人居住的降至 40.48%，老家中还有兄弟姐妹的比例降至 84.88%。

（4）就业"去农化"与"入城化"。2012—2015 年农二代从事农林牧渔业的比例皆低于农一代，且随着时间的推移，从事农林牧渔业的比例逐年下降。2012 年，农一代和农二代从事农业的比重分别为 5.33% 和 2.07%，到 2015 年时，两者分别为 2.28% 和 0.87%，农二代比农一代低 1.41 个百分点。

不仅如此，以往农一代在城市赖以为生的传统建筑业、运输业，农二代从事这些行业的比重也在下降。流动人口调查数据显示，农二代从事建筑业的比重不仅在各调查年份均低于农一代，而且随着时间的推移，农二代从事建筑业的比重逐渐降低，从 2012 年的 7.09% 下降至 2015 年的 5.88%。农村住户调查数据也支持这一变化，农二代从事建筑业的比重比农一代低 18.37 个百分点。② 交通运输业一直是进城农民从事的主要行业之一，但到了农二代也出现了"去农化"倾向。从流动人口数据来看，无论是代际对比还是动态变化，农二代从事交通运输业的比重都在下降，从 2012 年的 3.94% 下降到

---

① 本章中的"可能性"是指发生比之比（odds ratio），即农二代发生某种行为的可能性或概率与农一代发生同种行为的可能性或概率的比。

② Zhao, Liqiu, Shouying Liu and Wei Zhang (2018). "New Trends in Internal Migration in China: Profiles of the New-Generation Migrants," *Social Science Electronic Publishing*, 26 (1): 18-41.

2015年的3.27%，农村住户调查数据也显示，从事交通运输业的农二代比农一代少1.62个百分点。

与就业"去农化"形成鲜明对照，农二代就业"入城化"特征明显。一是产业工人化。与农一代相比，农二代更集中于制造业，随着时间的推移，农二代产业工人化趋势更加明显。流动人口调查数据显示，2012—2015年无论在哪一个调查年份，农二代从事制造业的比重始终高于农一代，农村住户调查数据也反映了同样的趋势，农一代从事制造业的占比为25.52%，而农二代占比为41.92%。二是从事城市居民服务的比重上升。流动人口调查数据显示，农一代和农二代从事居民服务、修理等服务业的比重分别为8.56%和11.54%。随着时间的推移，从事居民服务、修理等服务业的农二代比重升高，从2012年的11.86%增加到2015年的15.67%。三是向城市人的职业渗透。农二代从事党政机关、科教文卫等门槛较高、更接近市民择业倾向的行业的比重高于农一代，随着时间的推移，农二代从事该类行业的比重逐年增加。2012年，农一代和农二代从事城里人才能从事的职业的比重为2.01%和3.09%，到2015年其比重分别提升至2.66%和4.33%。

(5) 资本留城倾向明显。大量研究表明，农一代进城务工所得收入大都汇款回村[①]，农二代则倾向于把资本留在城市。2011年和2012年的流动人口调查显示，农二代汇款金额都少于农一代（$p=0.000<0.05$）。随着时间的推移，农二代与农一代向户籍地汇款的金额差距逐渐加大（见表8-2）。2011年，农一代比农二代户籍地汇款多356.23元，到2012年，两者相差895.13元，说明农二代更倾向于把更多的资本留在城市，而非像农一代一样转移回村庄。农村住户调查数据也反映了相同的趋势，农一代的汇款收入比率为0.53，而农二代为0.34，且农一代每年比农二代向老家多汇款1 207.08元，

[①] 李强：《中国外出农民工及其汇款之研究》，《社会学研究》2001年第4期；李强、毛学峰、张涛：《农民工汇款的决策、数量与用途分析》，《中国农村观察》2008年第3期。

两者差异显著（$p=0.000<0.05$）。

表8-2 农一代与农二代汇款金额

	农一代（元）	农二代（元）	F 值	P 值
2011年	3 776.6 (4 743.59)	3 420.37 (4 366.51)	3.66	0.000
2012年	5 870.9 (7 296.71)	4 975.77 (6 440.94)	3.66	0.000

资料来源：2011—2012年流动人口调查数据。

（6）生活方式城市化。相较于农一代高储蓄倾向而言，农二代更敢于在城市消费。农村住户调查数据显示，农二代在流入地的消费水平显著高于农一代，且与城市居民消费水平差距逐渐缩小，农二代消费收入比明显高于农一代。流动人口调查数据显示，2012年，20世纪60年代出生的农一代家庭月消费占收入的45.82%，同期20世纪80年代出生的农二代为47.03%。随着时间的推移，两代农民工的消费收入比都有所提升，但农二代的提升幅度更大。到2015年，60后和80后的消费收入比分别提升至47.31%和50.07%，分别提高了1.49和3.04个百分点。相较于农一代与土地相联结的传统的生活方式，农二代体现着"准城里人"的生活方式。农二代采取了更类似于现代城市人群的休闲娱乐方式，且样式更为多元。农二代网民的比例高于农一代，有11.47%的农二代在休闲时选择上网/玩电脑游戏。越来越多的农二代利用城市商场或公园等公共娱乐设施进行休闲娱乐，约8%的农二代选择逛街或逛公园休闲，比农一代高4.48个百分点。农二代在休闲时间更倾向于读书看报或陪伴家庭，而非如农一代将更多时间花费在看电视与打牌等。

（7）居住方式的入城倾向。农二代的住房条件好于农一代，且差异显著。农二代的住房内大多有自来水、卫生间和洗澡设施，他们有这些设施的概率分别是农一代的1.01倍、1.11倍和1.13倍（见表8-3）。同时，受现代城市青年人生活方式的影响，"快餐文化"逐渐嵌入了年轻一代群体生活中，以往居家做饭逐渐被外卖、快餐所代替，对于厨房的需求也在下降，因此，农二代对于厨房的需求不如农一代，他们的居所内拥有厨房的占比比农一代低7.02个百分点。

表8-3 住房条件的代际差异

	农一代（%）	农二代（%）	发生比之比
有自来水***	93.01	94.37	1.01
有卫生间***	72.89	81.03	1.11
有厨房***	74.87	67.85	0.91
有洗澡设施***	60.26	68.36	1.13

资料来源：2011年流动人口调查数据。
注：*** 表示在1%的显著性水平上显著。

是进城购房还是回村盖房是判断农二代未来落脚选择的重要指标。2013年全国流动人口动态监测数据显示，年龄越大的农一代越倾向于回流到家乡自建住房，越年轻的农二代越倾向于异地与就地购房或租房。① 51岁及以上年龄段的农民工回流到家乡自建住房的比重为57.8%，比35岁及以下年龄组的农民工高13.4个百分点，而选择就地购房的则比35岁及以下年龄组的农民工低11.7个百分点。西南财经大学中国家庭金融调查与研究中心的新市民住房问题研究数据显示，更多的新市民愿意在所在地购房，在一线城市，农业户籍新市民计划本市购房的比重为16.6%，比本地农业户籍居民高11个百分点。在二三线城市，计划在本地购房的新市民的比重比本地居民更高，这也从一定程度上反映了新市民资本在地化的行为特征。

（8）与乡村的联结疏离。农二代离家时间长且从事农业劳动时间少。中国农村住户调查数据显示，农二代离家外出的时间显著多于农一代。80后平均每年居住于城市的时间比20世纪40年代出生的农一代多1.5个月。2011

---

① 刘成斌、周兵：《中国农民工购房选择研究》，《中国人口科学》2015年第6期。

年流动人口调查数据显示，超过一半的农二代近一年来回家次数少于1次。农二代第一次离开家外出务工的年龄小于农一代，后者平均年龄约为30岁，前者为20岁左右。受教育程度越高，离家时间越长。拥有大学及以上学历的农民工每年平均居留于流入地的时间为9个月，而受教育程度较低的文盲农民工每年平均外出时间为6~7个月。

农二代已经不可能像他们的上一代那样回去了！对他们来说，家乡已成故乡，乡土已变故土，他们努力摆脱原来赖以为生的农业等行当，尽力带着一家子进入城市并成为其中的一分子，干着城市需要的职业，过着与城里人趋同的生活，从他们所体现出的种种特征来判断，这是离土出村不回村的一代人，如果他们被迫回到自己的村庄，那将是中国转型的失败。

四、农二代的城市权利状况与困境

农二代面临的严峻现实是：如果不回村，入城就成为他们的主要选择，他们的未来取决于向农二代城市权利的开放。城市权利观的核心是每个进城者都具有主体性资格，不管是否赋权，每个在城者都具有共享城市成果、共担城市代价的主体权利。[1] 不同国家不同时期的城市权利内涵可能不一，我们侧重于分析农二代城市权利的如下方面：进入权、就业与收入权、居住权、基本保障权、社会融入权和子女受教育权。

（一）进入权

改革开放以来，在农民的城市权利中，进入权开放最为明显。[2] 即便如此，迄今对进城农民仍然在不同等级城市、针对不同类型群体设立了差异化的进入门槛。只有城区常住人口规模在50万以下的小城镇全面放开了落户限

---

[1] 陈忠：《城市权利：全球视野与中国问题：基于城市哲学与城市批评史的研究视角》，《中国社会科学》2014年第1期。
[2] 刘守英、曹亚鹏：《中国农民的城市权利》，《比较》2018年第1辑。

制，凡有合法稳定住所（含租赁）的申请者及其共居配偶、未成年子女、父母等均可落户小城镇。城区人口规模在50万～100万的中等城市正在有序放开进入门槛，申请者需要拥有合法稳定住所（含租赁），有合法稳定就业，并且按照国家规定参加城镇社会保险达到一定年限。在城区常住人口规模在100万～500万的大城市，城市政府可对合法稳定就业进行一定年限的限制，城区常住人口规模在300万～500万的大城市做出了更严格的限制。城区常住人口规模在500万～1 000万以及1 000万以上的特大和超大城市，明确要限制人口规模，提高落户门槛。不同类型的农民进城权利亦存在差异，通过积分落户政策对不同类型的人员进行差异性区分。

（二）就业与收入权

入城后的农二代不断地通过自身的努力进入城里人职业阶梯。然而，他们依旧受到各种就业歧视，如工资歧视、就业保障歧视等。近年来，农民工的收入水平不断提升，但农二代的收入仍低于城镇职工，且存在同工不同酬现象。2008年，农民工月平均收入为1 340元，比城镇单位就业人员月平均收入低1 068元，到了2016年，两类群体月平均收入相差2 356元，收入差距总体上有逐渐增大趋势（见图8-2）。全国总工会调查数据显示，在接受调查的农二代中，5.4%回答自己的工资未达到当地最低工资标准，31.6%回答劳动报酬不公是引发劳动争议的最主要因素。深圳2010年的一份调查表明，农二代只能通过加班来获得更高的收入，他们所得的月平均收入仅为1 838.6元，为2009年该市在岗职工月平均收入的47%。[①]

与农一代相比，农二代的就业权利保护意识更强，但仍有超过三成的农二代未签订劳动合同，签订合同类型与代际显著相关（$p<0.05$）。流动人口调查数据表明，仍有32.92%的农二代尚未签订任何劳动合同。

---

① 范婧：《中国新生代农民工就业歧视的经济学分析》，《经济问题》2014年第9期。

（元）

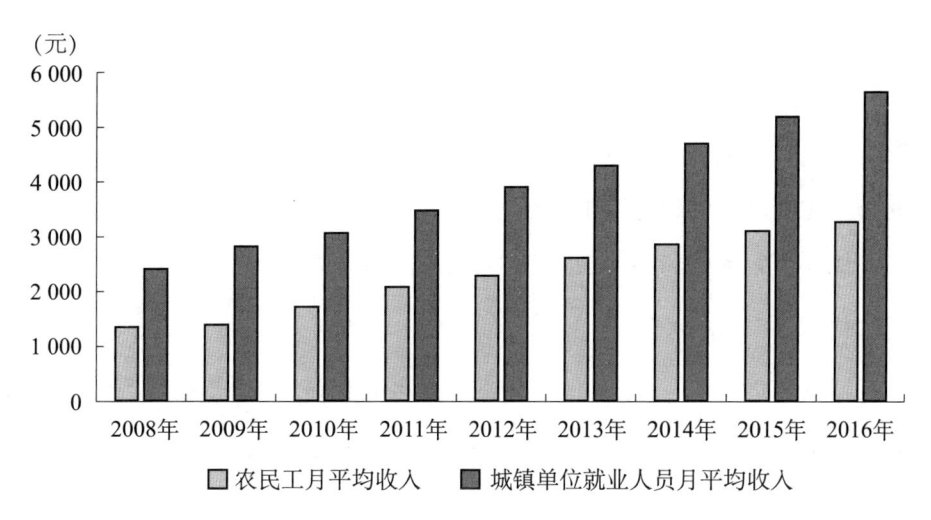

图8-2　农民工与城镇单位就业人员月平均收入

资料来源：中华人民共和国国家统计局。

（三）居住权

在农民的城市权利中，居住权是最基本的权利，但又是缺失最严重的。随着近年来大城市房价高企，农二代居留的期望越来越小。西南财经大学中国家庭金融调查与研究中心关于新市民住房问题的数据显示，农二代更倾向于在城市租购房屋居住，但他们中住房支付困难的占10.9%，比农一代高出0.2个百分点。北京市农二代住房支付困难的比重高达22%，比上一代高2个百分点。2013年流动人口调查数据显示，有20.53%的农二代居住在单位或雇主提供的免费住房，远高于同期农一代9.32%的水平。自20世纪90年代以来，政府不断加大对城市居民的住房保障，但迄今这些保障仍未惠及农二代。拥有住房公积金的农民工比重较低，2011年流动人口调查数据显示，只有7.29%的农二代拥有住房公积金。近年来，一些地方政府通过放开户籍开放农民工进城落户，但是，大多以吸引他们购房为目的，与本地人的平权并未开放。① 农民

---

① 各地抢人大战如火如荼，武汉、杭州、成都、天津等几十个地方的落户门槛一降再降，有的城市甚至给出了近乎"零门槛"的落户政策。买房打折、租房补贴、落户降标、项目资助、一次性奖励等，其背后更多的是去库存。李永华：《抢人大战如火如荼，各地究竟在焦虑什么？》，《中国经济周刊》2018年第22期。

工居住环境和条件较差的状况并未改变，大多数住房面积狭小、配套设施不完善、卫生环境脏乱差。① 农民工与城市居民居住空间隔离，形成"二元社区"。② 农二代的居住空间区位越来越往城市郊区、"城中村"集中，城市社会空间资源在城市市民和农民工群体之间的隔离使得阶层分化加剧，也使得农民工群体社会关系内部化③，难以融入城市生活共同体。

（四）基本保障权

长期以来，与农一代相比，农二代的自我保障意识增强，且具有很强的入城倾向。在养老保险方面，更多的农二代缴纳养老保险。2011年流动人口调查数据显示，有30.83%的农二代缴纳养老保险，比农一代高2.41个百分点，且两者差异显著（$p=0.000<0.05$）。农二代平均缴费年限为2.22年，比农一代少2.14年。在医疗保险方面，更多的农二代缴纳城镇职工基本医疗保险，农一代则大多缴纳新型农村合作医疗保险。农二代在户籍地享有社会保险的比例少于农一代，在流入地的享有比例高于农一代，拥有社会保障的权利在代际具有显著差异（$p=0.000<0.05$）。但从总体看，在城乡二元社会保障制度下，农民工的社会保障仍面临参保率较低、保障其权益的相关法律法规不健全、社保关系转移接续困难等问题。④

（五）社会融入权

农二代的社会融入仍然不容乐观。农二代的社会融入程度不及农一代。有研究认为，户籍制度是限制农民工城市融入的主要因素⑤，然而，当问及若无户口迁移限制，是否愿意将户口转入流入地时⑥，44.62%的农二代愿意转

---

① 叶裕民、袁蕾：《转型期中国农民工住房与规划政策研究》，《城市与区域规划研究》2009年第2期。
② 任焰、梁宏：《资本主导与社会主导："珠三角"农民工居住状况分析》，《人口研究》2009年第2期。
③ 王春光：《农村流动人口的"半城市化"问题研究》，《社会学研究》2006年第5期。
④ 李红勋：《转型期农民工社会保障问题研究》，《理论与改革》2016年第2期。
⑤ 吴开亚、张力：《发展主义政府与城市落户门槛：关于户籍制度改革的反思》，《社会学研究》2010年第6期。
⑥ 资料来源：2012年流动人口调查数据。

入,比农一代少5.86个百分点。回答"说不准"的农二代占30.1%,农一代占23.84%。当问及是否打算在本地长期居住时,东部地区打算在本地长期居住的农二代(48.4%)少于中部地区(52.07%)和西部地区(55.01%)。从两个反映农民工的社会融入程度的指标——融入意愿与排斥预期来看,我们通过对两个维度的变量进行赋值加权,得到两组1~4分的得分,分数越高表示社会融入程度越高,反之亦然。无论是融入意愿维度还是排斥预期维度,农二代社会融入得分皆少于农一代(见图8-3)。他们游走于城乡之间,但无法完全融入城市,成为夹在城乡之间的"双重脱嵌"的一代。① 进一步探讨农二代的社会融入程度会发现,农二代融入意愿得分高于排斥预期得分,表明农二代渴望融入城市,却认为自己不被城市所接纳,很可能出现"城市民工群体的自愿性隔离"。②

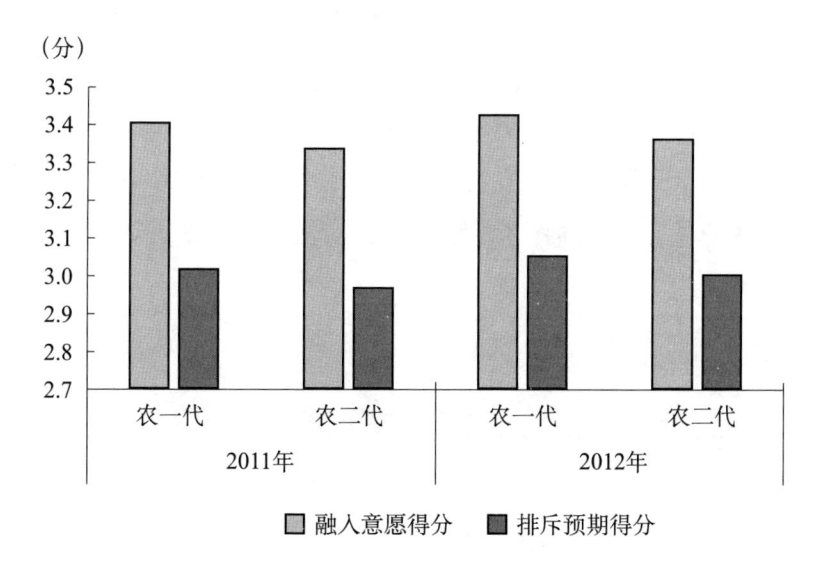

图8-3 农一代、农二代社会融入得分

资料来源:2011年、2012年流动人口调查数据。

---

① 何绍辉:《在"扎根"与"归根"之间:新生代农民工社会适应问题研究》,《青年研究》2008年第11期;黄斌欢:《双重脱嵌与新生代农民工的阶级形成》,《社会学研究》2014年第2期。

② 郭星华、杨杰丽:《城市民工群体的自愿性隔离》,《江苏行政学院学报》2005年第1期。

（六）子女受教育权

子女受教育权是农民进城最大的障碍。表 8-4 分别显示了 2011 年和 2012 年流动人口调查数据的分析结果，2011 年调查结果显示，农二代子女进入公立学校的比重比农一代低 6.58 个百分点，而进入打工子弟学校的可能性却是农一代的 1.24 倍。2012 年的调查数据也反映了同样的倾向，农一代子女进入公立学校的可能性是农二代子女的 1.03 倍，进入打工子弟学校的可能性是农二代的 67%。农民工子女受教育权利的缺失也表现在其需要额外缴纳义务教育赞助费方面。2011 年和 2012 年有数据显示，分别有 13.09% 和 18.72% 的农民工子女入学时需要缴纳赞助费。表 8-4 分别展示了 2011 年和 2012 年流动人口调查数据中缴纳赞助费的分布情况。2011 年分别有 14.93% 和 11.77% 的农一代和农二代为子女入学缴纳了赞助费，该比重在 2012 年升至 16.31% 和 15.31%。近年来，随迁子女（特别是进城务工人员随迁子女）的受教育权利逐渐得到重视，但是，通过对随迁子女初高中学生数量进行对比可以看出，有不少随迁子女在流入地读完初中后无法继续升入高中（见表 8-5）。2017 年全国初中随迁子女毕业数量为 125.07 万人，而同年高中招生数量为 42.81 万人，甚至当年初中毕业生数量（125.07 万人）要超过同年高中学生在校生数量（122.88 万人）。

表 8-4 农民工子女入学类型及是否缴纳赞助费情况分布

		2011 年			2012 年		
		农一代(%)	农二代(%)	发生比之比	农一代(%)	农二代(%)	发生比之比
入学类型	公立	88.12	81.54	1.68	91.83	89.39	1.03
	私立	8.78	14.62	0.56	6.41	7.98	0.79
	打工子弟	3.10	3.84	0.80	1.76	2.63	0.67
	F 值	158.62			70.39		
	P 值	0.000			0.000		
	样本量	69 781			74 790		

续表

		2011年			2012年		
		农一代(%)	农二代(%)	发生比之比	农一代(%)	农二代(%)	发生比之比
是否缴纳赞助费	是	14.93	11.77	1.32	16.31	15.31	1.08
	否	85.07	88.23	0.76	83.69	84.69	0.93
	F值	92.47			4.50		
	P值	0.000			0.03		
	样本量	79 889			51 753		

资料来源：2011年、2012年流动人口调查数据。

表8-5 2017年全国随迁子女入学状况　　　　　　　　　　单位：人

		毕业生数量	招生数量	在校生数量
初中学生数量	总计	1 250 706	1 764 308	4 922 520
	外省迁入	470 119	748 140	2 013 941
	本省外县迁入	780 587	1 016 168	2 908 579
高中学生数量	总计	295 427	428 102	1 228 842
	外省迁入	79 968	143 123	382 524
	本省外县迁入	215 459	284 979	846 318

资料来源：中华人民共和国教育部。

由此可见，农二代在进入城市、就业与收入、居住、基本保障、社会融入以及子女受教育方面存在的困境更加严重，对城市权利的诉求更加强烈。然而，差异化的进入门槛使很多农二代在大城市望而却步，他们仍然面临工资歧视、就业保障歧视，居住权保障缺失严重，他们为入城缴纳各种保障费用的积极性提高但没有享有相匹配的服务，他们的子女无法完整地享受在本地受教育的权利，他们融入城市的意愿与现实的反差形成了巨大的心理落差，农二代城市权利的缺失使他们面临着有村不愿回、城市落不下的尴尬局势。

五、公共政策含义

中国历史上从来没有发生过如此大规模的农民群体离开村庄，截至2017年年底，中国的城镇化率水平为58.52%，在80后的农二代成为迁移主体后，这场离村浪潮具有了不可逆性，他们不会再回到以地为生、以农为业、以村为聚的乡土社会。引发这场转型的农二代与土地、村庄的关系正在疏离，他们无论在经济特征还是社会人口特征方面，都更接近城市群体的发展理性，受教育程度较高，就业和收入较稳定，消费多在流入地而非汇款回村，无论是离村指标还是入城指标，均反映了这是离土出村不回村的一代人，继续以对待农一代的公共政策来应对这场代际上的革命性变化，将会造成中国转型的巨大挫折。我们在揭示这一不可逆的社会事实的基础上，也分析了城市权利视角下的农二代权利滞后的严峻现实，他们最需要的大城市入城权开放程度受限，就业和收入权仍然受到歧视，居住权陷入无解，基本保障权流入地与流出地分割，孩子教育权不完整阻碍他们的入城与落脚选择，社会融入的期望与现实反差加大。中国亟须改换将进城农民作为他者的思维，从保障农二代的城市居住权和农三代的教育权入手，进行一场基于农民城市权利的系统改革。

第九章
重塑乡村老人发展境遇

放眼全国乡村，伴随着工业化、城镇化进程的加快，农二代、农三代相继离土出村不回村（刘守英、曹亚鹏，2018；纪竞垚、刘守英，2019），农村留守老人的境况堪忧。子女外出打工似乎可以因代际转移支付而增加留守老人的经济收入，然而乡村老人依旧是对价格最敏感的群体，村里助餐点往往因为增加了一两元钱而无法持续，入村为老服务也因收费而无人问津；他们的日常生活照料由以往的家庭责任变为无人照料，每天只随意吃一餐、"小病拖、大病挨、快要死了再往医院抬"的状况屡见不鲜，因病致贫、因病返贫现象时有发生；墙根儿下晒太阳似乎是农村老人无法耕种后最常见的生活状态，孤独、抑郁、绝望的情绪蔓延，精神慰藉问题突出。

面对乡村老人日益严峻的生存现状，传统的养儿防老模式在现代化的冲击下一去不复返，我们开始关注社会化的养老方式。自党的十九大提出实施乡村振兴战略以来，乡村规划、产业、人才、居住、生态、治理等方面的建设工作引起了政府的广泛重视，并取得了一定进展。但是，乡村老人的生存状况和生活质量还没有引起足够重视，对乡村老人的服务供给不足和严重的供需错位，影响了乡村振兴战略的实施效果。为此，亟须厘清现阶段乡村老人的生活状况，在乡村振兴背景下重塑乡村老人发展境遇，提高乡村老人生活质量。

一、乡村老年群体状况堪忧

（一）乡村人口老龄化形势严峻，抚养比高、人力资本低

中国人口老龄化水平长期城乡倒置。数据显示，自1982年以来，乡村老龄化程度皆高于城市，且城乡差距呈逐渐扩大趋势（见表9-1）。根据2015年全国1‰人口抽样调查结果，2015年全国人口老龄化水平为16.15%，乡村人口中60岁及以上老年人口为1.11亿人，占比18.47%，而且在这些乡村老年人中，无配偶老年人口占比高达27.32%。到2019年年底，全国人口老龄化水平达到了18.1%，老年人口超过2.5亿人，城乡人口老龄化差距持续扩大。

表9-1　1982—2015年我国城市、镇、乡村60岁及以上老年人口比例（%）

	1982年	1990年	2000年	2010年	2015年
城市	7.40	8.62	10.05	11.48	14.20
镇	6.40	7.20	9.01	12.01	14.53
乡村	7.80	8.72	10.89	14.98	18.47

资料来源：1982年、1990年和2000年数据引自邬沧萍、杜鹏等《中国人口老龄化：变化与挑战》（中国人口出版社，2006年）；2010年数据根据第六次人口普查汇总数据计算得来；2015年数据根据全国1‰人口抽样调查汇总数据计算得来。

乡村地区的老年抚养比明显高于城市。2015年全国1‰人口抽样调查数据显示，乡村老年抚养比为29.62%，比城市高10.22个百分点。在乡村，约3.4个年轻人供养1位老年人，而在城市，约5个年轻人供养1位60岁及以上老年人。有研究表明，到2035年，乡村老年抚养比将超过80%，约1个年轻人供养1位乡村老年人（谷玉良，2018）。

乡村老年人受教育水平远不及城市，文盲率依旧较高。2015年全国1‰人口抽样调查数据显示，城镇老年人口的人均受教育年限为7.25年，乡村老年人口仅为4.84年。2015年城镇老年人口文盲率为13.64%，乡村老年人口文盲率高达26.68%。分性别看，2015年城镇老年男性人口的人均受教育年限为8.27

年，接近初中文化程度，乡村老年男性人口的人均受教育年限为 5.9 年，约为小学文化程度；城镇女性老年人口的人均受教育年限为 6.3 年，而乡村老年女性人口的人均受教育年限仅为 3.78 年，还远远不及小学文化程度。乡村老年女性人口的文盲率高达 37.78%，比城镇老年女性人口高 17.61 个百分点。

（二）乡村老年群体经济保障不足，营养饮食难解决

乡村老年人口低收入现状未变。中国老年社会追踪调查数据显示，2016 年我国乡村老年人口的人均年收入约为 9 510 元，只及城镇老年人口的 1/3。[①] 尽管乡村老年人口的社会保险覆盖率较高（近 82%），但保障水平低，即便 2018 年提高了基本养老保险基础养老金最低标准，但每月保险金额平均不到 300 元，仅为城镇老年人口的 1/5。2015 年全国 1% 人口抽样调查数据显示，46.40% 的乡村老年人的收入靠家庭其他成员供养，34.36% 的乡村老年人的主要收入来源为劳动收入，只有 7.48% 的乡村老年人靠离退休养老金养老，6.81% 的乡村老年人靠最低生活保障金养老。而城市地区靠离退休养老金养老的比例已达 71.05%，只有 2.01% 的城市老年人靠最低生活保障金养老（见表 9-2）。为了维持基本生活，乡村老年人在业比例较高，2015 年乡村老年人口中有近 40% 的老年人靠劳动获取收入，是城市老年人口的 5 倍多。

表 9-2　中国分城乡分性别老年人主要生活来源构成（%）

主要生活来源	城市			镇			乡村		
	合计	男性	女性	合计	男性	女性	合计	男性	女性
劳动收入	6.29	9.12	3.68	20.90	27.37	14.78	34.36	43.01	26.08
离退休养老金	71.05	74.82	67.58	28.72	33.32	24.37	7.48	9.26	5.76
家庭其他成员供养	17.29	11.12	22.97	39.95	28.53	50.78	46.40	35.14	57.18
最低生活保障金	2.01	1.73	2.28	4.98	5.09	4.87	6.81	7.45	6.20
财产性收入	0.59	0.65	0.52	0.68	0.75	0.61	0.43	0.48	0.39
其他	2.77	2.56	2.97	4.77	4.94	4.60	4.52	4.67	4.38

资料来源：2015 年全国 1% 人口抽样调查。

[①] 中共中央、国务院印发的《乡村振兴战略规划（2018—2022 年）》显示 2016 年城乡居民收入比为 2.72。

老年人在脱离基本贫困线后,吃得好、吃得健康营养成为一个有待解决的问题。我们在北京市昌平区的调研发现,很多乡村老年人因失能失智无法规律用餐,每天只做一餐仅用于饱腹。虽然一些地方政府或村集体正在开展助餐试点,以解决老年人的"吃饭"问题,但从目前的试点情况看,由于用餐人员的支付意愿不强、支付能力不足及经营管理不善等因素,助餐服务大多处于停滞状态。

(三) 乡村老年群体健康状况普遍不佳,照料负担重

乡村老年人自评健康状况差,患慢性疾病比例高。2015 年,只有 35.48% 的乡村老年人口认为自己身体健康,该数值比城市老年人口低 10.09 个百分点;生活不能自理的乡村老年人口占 2.86%,比城镇高 0.52 个百分点。[1] 2016 年中国老年社会追踪调查数据显示,超过 70% 的农村老年人罹患不同种类、不同程度的慢性疾病。虽然近年来医保报销比例有所提高,但对于慢病亟须的康复护理等相关项目尚未纳入医保,基层医疗卫生服务中心常常"有室无人",医养结合有待落地,大病救助依旧只是杯水车薪。

乡村老年人具有较强烈的日常生活照料需求。调查数据显示,有 8.57% 的乡村老年人需要基本日常生活照料,即需他人帮助吃饭、穿衣、上厕所、上下楼、室内行走等,所需照料时长平均超过 4 年。有 11.63% 的乡村老年人需要他人帮忙做家务,且所需照料时间超过 5 年。无论是基本日常生活照料还是工具性日常生活照料(做家务),乡村老年人的需求皆显著高于城市。然而,平均而言,约三成的子女一年内几乎没有帮助老年父母做过家务。其中,外出子女每周至少帮助老年父母做一次家务的比例仅为 6.68%,高达 50.71% 的外出子女一年内几乎没有帮助过父母做家务。

---

[1] 资料来源:2015 年全国 1% 人口抽样调查。

(四) 乡村老年人心理孤独、抑郁的情形增加，甚至出现绝望自杀倾向

子女外出流动、家庭成员长期分离使得老年群体的孤独感越发强烈，老年人孤独感的增强往往还伴随着高血压等心血管疾病、活动能力和认知功能障碍（Emerson et al., 2016）。此外，老年人的抑郁状况也不容忽视，一些研究发现，老年人是抑郁症的高发群体，抑郁也被公认为是老年期最常见的心理疾病（唐丹，2010）。我们在北京市昌平区十三陵镇的调研发现，农村留守老人精神空虚、孤独感严重成为普遍现象。由于居住分散、社会组织发育不充分，老年活动辐射有限，特别是深山区的农村独居老年人，极易陷入自我封闭的心理状态。一些志愿者反映，他们上门最重要的工作并不是为老年人提供做家务等照料性服务，而是陪伴。

中国老年社会追踪调查数据显示，乡村老年人比城镇老年人更孤独、更抑郁，尤其农村高龄女性老年人的孤独程度较高、抑郁程度较深、心理状态较差。2004年卫生部的抽样调查显示，2003年乡村75~80岁的老年人自杀率高达101人/10万人，80岁及以上的老年人自杀率更高达132人/10万人，分别比乡村人口平均自杀率高5倍和6.8倍，也比同龄城镇老年人口高63%和67%。在湖北京山市，村里几乎每年都有一两例老年人自杀的事件，每10个死亡老人中就有3~4人是自杀身亡。世界卫生组织2014年发布的《预防自杀：一项全球性要务》报告显示，2012年中国50~69岁年龄群体自杀率为15.7例/10万人，而70岁及以上老年人的自杀率达到了51.5例/10万人，在世界上排名接近前30位。

面对日益严峻的乡村人口老龄化趋势，乡村老人经济和基本生活保障不足，健康状况较差，照料负担加剧，内心孤独绝望，靠子女"养儿防老"是否可能？靠社会乡村振兴又要如何赋能？

二、靠子女："养儿防老"一去不复返

（一）传统农业社会的养儿防老

在中国传统农业社会中，养儿防老囿于长幼有序、事亲至孝、敬老崇文等孝道伦理（同春芬、马阳，2014），子女（特别是儿子）作为老年父母养老的主要责任主体，不仅需要"养其身"，即满足老年人的基本物质需求，更要"乐其心不违其志，乐其耳目"，即恭敬、孝顺父母，满足父母的心愿，在精神层面使其开心。明清两朝皆有七十岁以上老民，许有一子侍养，并免除其差役的制度（张祖平，2012），强调子女赡养父母与财产继承的对等原则，确保家庭养老地位不动摇（李连友等，2019）。

传统养儿防老行为和观念是建立在小农经济特有的社会形态之上的，以家庭为单位的农业生产和消费方式一方面将老年人视为大家长，是大家庭的权威，另一方面也使得家庭成员共同分担老年人的养老责任。与此同时，"差序格局"的礼治秩序和"忠孝一体"的统治理念也促成了传统农业社会的反哺式养老模式，不同于西方社会的"接力模式"，即父母有责任抚养子女，但子女对父母没有赡养义务；中国社会的"反馈模式"则是说一方面父母有抚养子女的责任，另一方面子女也有义务在经济、照料和精神方面反哺、赡养老年父母。就其本质来说，传统农业社会中的养儿防老是为了保障失去劳动能力的老年人能够继续获得经济支持、生活照料和精神慰藉而出现的社会行为模式。同时，养儿防老的家庭养老模式也被赋予了很多价值元素、政治元素和经济元素，从而成为中国传统伦理观念的核心部分（任德新、楚永生，2014）。

（二）现代工业社会"去家庭化"和"再家庭化"的博弈

随着社会转型，中国从传统农业社会向现代工业社会转变，在此期间，

正式支持（即乡村养老保险制度）也伴随着中华人民共和国的成立而逐渐完善。在中华人民共和国成立初期（1949—1955 年），乡村老年人的经济来源多依靠土地，照料和精神需求多依赖子女。1950 年的《中华人民共和国土地改革法》延续了《中国土地法大纲》中规定的"乡村中一切地主的土地及公地，由乡村农会接收，连同乡村中其他一切土地，按乡村全部人口，不分男女老幼，统一平均分配"的精神。

20 世纪 50 年代中期到 80 年代中期，在农村集体经济制度下，通过农业合作与互助组、人民公社、五保集体供养制度解决老年贫困者的生活来源问题，集体与家庭共同负担成为主要的养老模式。在经济层面，多依靠集体分配粮食和生活物资，而生活照料、精神慰藉等养老需求多依靠家庭成员解决。此时，城市的"单位制"为城市劳动者提供养老经济支持，自此，城乡二元养老保障体系差异开始出现。在这一时期，依靠集体力量形成了五保集体供养制度，对于鳏寡孤独的老年人，由生产队或生产小组满足老年人经济、照料和精神需求。《1956 年到 1967 年全国农业发展纲要（草案）》表明，"农业合作社对于社内缺乏劳动力、生活没有依靠的鳏寡孤独的社员，应当统一筹划，指定生产队或者生产小组在生产上给以适当的安排，使他们能够参加力能胜任的劳动；在生活上给以适当的照顾，做到保吃、保穿、保烧（燃料）、保教（儿童和少年）、保葬，使他们的生养死葬都有指靠。"

20 世纪 80 年代中期到 21 世纪初，随着人民公社制度退出历史舞台，农村老年人的养老保障又回归到养儿防老模式下的家庭养老，同时辅之以社会经济保障。然而，这一时期伴随着工业化和城市化的快速发展，大量农民土地被征收（常亮，2016），农村年轻劳动力开始进城务工，形成失地农民和农民工两类特殊群体。为保障该类群体的养老问题，除了传统养儿防老的非正式支持，1991 年，民政部试点施行了《县级农村社会养老保险基本方案（试行）》，并在 1993 年将试点推广至全国，给农民提供基本经济支持，即"老农保"，但老农保基本是农民自己缴费，实际上是自我储蓄的运作思路，由于制度设计缺陷和制度运行环境的变化，农民缴费率并不高，直到1999年该项工作在各地陆续暂停（杜鹏等，2018）。与此同时，针对失地农民和农民工群体，国务院于2004年出台了《关于深化改革严格土地管理的决定》，要求完善征地补偿安置制度，使被征地农民具有基本生活保障。1998年，《广东省社会养老保险条例》将本地和外来农民工均作为参保对象，使农民工有机会参与城镇社会养老保障制度，此后，深圳、天津、北京、上海、成都、郑州等地也相继出台政策，保障农民工养老的经济支持。

2008年以后，年轻劳动力进城务工趋势更为明显，子女与老年人的养老关系发生了主体与客体的空间分离（宋月萍，2014），特别是在80后的农二代成为迁移主力军后，他们的出村入城倾向增强，与乡土越发疏离，城乡人口流动的年龄选择加速了农村人口老龄化，老年人的养老需求增加（贺聪志、叶敬忠，2010），但农村家庭养老资源变得相对稀缺（彭希哲、胡湛，2015），农村老人养儿难"防老"。同时，一些地区土地征用和流转打破了农民以往依靠土地获得经济收入的传统，削弱了土地对老年人口的保障功能。为了进一步解决农村养老问题，2009年，国务院正式发布《关于开展新型农村社会养老保险试点的指导意见》（国发〔2009〕32号），决定在全国10%的县展开试点，2012年在全国范围内全面开展新型农村社会养老保险工作，基本养老保险实现了由劳动就业者向全民覆盖。但是，这期间的保障水平较低，城乡居民养老金最低标准为55元。2014年，在总结新型农村社会养老保险和城镇居民社会养老保险试点经验的基础上，国务院发布了《关于建立统一的城乡居民基本养老保险制度的意见》（国发〔2014〕8号），将两项制度合并实施，在全国范围内建立统一的城乡居民基本养老保险制度，此时，将农村基本养老金最低标准调整为70元。根据《人力资源社会保障部、财政部关于2018年提高全国城乡居民基本养老保险基础养老金最低标准的通知》，自2018年

1月1日起,将全国城乡居民基本养老保险基础养老金最低标准提高至每人每月88元。

总体而言,虽然目前家庭仍是农村老年人获得养老资源的最主要来源,但作为一种非正式的制度安排,由于当今社会经济文化制度和家庭养老角色功能定位的转型(于长永等,2017),家庭养老功能弱化已成为很多研究的共识。农村地区集体养老基础逐步瓦解,家庭养老与子女外出流动矛盾突出。为此,各级政府也在逐渐建立城乡居民基本养老保险制度、高龄津贴制度、农地"三权分置"等制度,提高农村社会养老服务能力和水平,特别是通过乡村振兴战略以期实现整个乡村的繁荣复兴。

三、靠社会:在乡村振兴实践中对乡村留守老人的关注有待进一步加强

自党的十九大以来,各级各地在乡村振兴上发力。但是在实践过程中,各级各地也存在以下一些问题:重规划、项目和产业,对乡村有机结构修复重视不够;重资本下乡和年轻人回流,轻老年人口红利开发;重养老设施建设,轻老年人多样化需求;等等。

(一)重规划、项目和产业,轻乡村有机结构修复

中央部门沿袭做规划、列工程、造项目的工作惯性,出台了多项政策推进。各级政府编制总体规划和专项规划并出台了相应的工作方案,一些市县着手编制乡村振兴实施方案。各地政府还召开各种报告动员会,自上而下地推动了一批乡村振兴工程。总体而言,迄今为止的乡村振兴还是着力于外部干预和带动,对如何从乡村结构的特征入手调动内生动力着力不够。事实上,我国的乡村具有农工、农副互补的有机特性,乡村的历次危机都是外力进入导致乡村有机结构破坏所致。我国之所以在城镇化率过半以后出现乡村衰败,就是因为园区工业化和政府主导城市化导致乡村产业窄化、农业回报率下降以及城乡有机循环不畅。因此,不在乡村有机结构修复上下功夫便难以使乡

村真正振兴。

(二) 重乡村物质投入, 轻村庄关系变革挑战

各地在乡村振兴中加大了环境整治、美丽乡村建设、农村基础设施建设的力度, 增加了公共服务方面的供给, 但对乡村正在发生的各方面关系变革重视不够。随着乡土中国向城乡中国的转型, 农民与土地及村庄的黏度发生松动, 80后的农二代离土出村不回村倾向增强, 使得传统乡土社会的非正式规则约束力降低, 代际关系变革使留守老人成为乡村社会的主体, 他们与子代的关系日渐疏离, 与土地的关系却保持粘连。为此, 在硬件设施建设的同时, 更应注重乡村关系的变化趋势与有效应对, 统筹协调正式制度与村规民约, 顺应代际变革、人口城市化和城乡互动阶段的到来。

(三) 重年轻人回流, 轻老年人力资源利用

乡村人才和资本短缺是制约乡村振兴的瓶颈。随着大批人力资本相对较高的年轻劳力离开乡村, 农村劳动力老龄化加重。为此, 全国乡村振兴战略规划中也包含了农业科研杰出人才计划、乡土人才培育计划、乡村财会管理"双基"提升计划、"三区"人才支持计划等。但是, 农村经济活动的主体是农村老人, 这一基本格局不会改变, 必须从理念上改变将老年人当作负担的思维, 通过多种途径开发农村留守老人人力资源, 推进农村留守老人参与农业技术服务项目, 吸收农村留守老人参与社区服务, 建立老年人协会等社会组织。

(四) 重养老设施建设, 轻老年人多样化需求

随着后养儿防老时代的到来, 农村老年人的养老服务逐渐受到关注。但多停留在养老服务设施的建设上, 尚无法满足老年群体多样化的养老服务需求。国家出台了"健康中国2030"规划和行动计划, 乡村振兴战略中亦提出了推进健康乡村建设、完善基础设施建设、开展家庭医生签约服务等。然而,

我们在北京市昌平区的调研中发现，很多村卫生室设备设施较为完善，但是多年未投入使用或间歇性使用，存在空置现象。乡村救急体系尚未建立完善，当老年人有突发健康危险时，尚无急救车以及相关急救措施，乡村急救体系尚难以安全、有效地应对。家庭医生签约服务难落到实处，多呈现"有签约、无服务"的状态。

四、多措并举，改善乡村老人发展境遇

一是进一步提高养老保障水平，建立农村养老金稳定增长和动态调节机制。我国农村老年人的养老保险停留在"广覆盖、低水平"阶段，与城镇老年人的养老金水平仍存在较大差距。可尝试对标城市居民养老金增长与调节机制，着力提高农村老年人的养老金水平，增加农村老年人"养命钱"的筹措渠道，辅之以精准化养老服务补贴制度，逐步缩小城乡差距。

二是多种方式开发农村老年群体人力资源。加强对农村老年人群的教育培训，促进老年人充分就业或参与志愿服务。充分利用老年人在乡村的威望，建立老年人协会等社会组织。充分挖掘和开发农村为老年人服务的就业岗位，探索将农村养老服务人员纳入公益岗位管理，作为政府购买服务的内容。可试点农村年轻老人照顾老老人，探索农村老年志愿服务、互助服务可持续模式等，一定程度上解决农村老年群体生活照料、精神慰藉问题。

三是完善助餐模式，解决农村老年群体"吃饭"问题。其一，按照"多主体支付"原则，探索制定"区政府—镇政府—村集体—老人"四级助餐制度，实现政府补贴、个人支付和老人子女支付能力的可持续。其二，给予独居、高龄、失能、失智、失独等特殊困难的农村老年群体精准化助餐优待。其三，整合资源，在村庄密集地区建立农村配餐中心，扩大助餐食堂服务辐射范围，降低助餐成本。

四是提高健康服务水平，解决好农村老年群体"就医"问题。其一，优

化医疗卫生服务设施布局，对于长期未使用的村卫生室进行整改，科学制定基层卫生服务人员的培养、晋升、补贴政策，缓解当下因缺少医务人员造成的基层医疗卫生机构无法正常运行的状况。其二，建立农村老年人急救体系，例如建立山区乡村集体配置急救车制度，增加急救站，并对乡村"4050"人员进行急救培训，增加人员供给，提高急救呼叫满足率。其三，医疗卫生资源进一步下沉，放宽乡村卫生室药品供应、输液权限等，满足乡村老年群体的基本就医需求。对于一些慢病药物，在保证医疗安全的基础上，对诊疗规范和指南规定较为明确、安全性高的一线药品，可尝试开具长期处方，让老年患者少跑路。

五是丰富农村老年人精神文化生活，解决好农村老年群体"精神慰藉"问题。其一，完善农村留守老人关爱服务体系。建立农村留守老人信息台账与定期探访制度，准确掌握农村留守老人的基本信息。其二，充分发挥农村老年人协会或社会组织的力量，依托社会组织实现互助养老和志愿服务，定期组织老年人文化活动。其三，完善家庭养老支持政策，为返回家庭专职照料经济困难老年人的子女或近亲属提供照护技能培训或其他支持措施。

第十章
"摘帽"后的农民相对贫困问题

到 2019 年年底,中国利用独特的体制力量实现了 780 个贫困县"摘帽"①,堪称人类史上伟大的减贫奇迹。但是,致贫的原因非常复杂和多元,减贫也必然是一个长期、艰巨的过程。中国改革开放以来的减贫绩效取决于体制改革释放的经济活力、区域性开发项目创造的机会与能力提升,以及党的十八大以来的精准扶贫歼灭战。"摘帽"以后的贫困表现与前三个阶段相比不同,解决贫困问题的方式也需要创新。

一、中国式扶贫与减贫绩效

中国改革开放以来的扶贫一般被分为三个阶段。第一阶段是通过制度变革与权利开放使一些农民摆脱土地束缚的制度减贫。改革开放之前,中国乡村处于普遍性贫困状态,主要原因是,在城乡二元结构下,农民不得不进行集体劳作,乡村的农产品必须以"剪刀差"方式提供给城市,从而服务于国家工业化。改革开放后两方面的权利开放,推动农民投身商品经济大潮,通过改变自身要素禀赋及抓住发展机遇改善生存状况:一是以家庭联产承包责任制为主的农村体制改革赋予农民土地承包经营权,提供了更大的剩余权激励,农副产品市场化改革则使农民从放松价格管制当中受益。二是乡村工业化与城镇大门打开。

---

① 《国务院新闻办就脱贫攻坚挂牌督战工作成果举行新闻发布会》,中国政府网,2020 - 08 - 10。

20 世纪 80 年代后期，乡镇企业成为农村劳动力的主要吸纳主体，自 20 世纪 90 年代起，城市成为农村劳动力的主要流入场，提供非农就业机会，间接减少了农村贫困。以当时较低水平的生存标准①衡量，农村贫困人口从 1978 年年末的 2.5 亿人减少到 1985 年年末的 1.25 亿人，农村贫困发生率从 1978 年年末的 30.7% 下降到 1985 年年末的 14.8%。1986—1990 年，农民净增收入的一半以上来自乡镇企业②，随着农村劳动力持续向非农产业转移，农村居民工资性收入占纯收入的比重不断上升，2005 年达到 36.08%③。

第二阶段是通过国家主导的开发项目扶持区域性贫困人群，成立国家级农村扶贫机构，制定"国家八七扶贫攻坚计划"和《中国农村扶贫开发纲要（2001—2010 年）》《中国农村扶贫开发纲要（2011—2020 年）》。实施区域性扶贫，针对的是经济增长的"涓滴效应"无法惠及的人群，他们主要分布于官方认定的"老少边穷"地区，除了资源禀赋、自然灾害等限制以外，更为严峻的是基础设施的不可得性，以及由此导致的发展能力与发展机会的缺失。国家在这一阶段以财政资金投入为主要推动力，实施大规模、有组织、有计划的减贫：一是扩大贫困地区的劳务输出，鼓励农村劳动力流动；二是推动发展包含种养业、劳动密集型企业、农产品加工企业、市场流通企业等增收项目的开发，明确"用'造血'代替'输血'……形成贫困地区和贫困户的自我积累和发展能力"④；三是加大基础设施建设投入，确保农业生产、电力、交通、基础教育及基本医疗在贫困地区的可及性，改变贫困地区劳动力与外界隔绝的状态。以现行农村贫困标准⑤衡量，2012 年年末，我国农村贫困人

---

① 当时的农村贫困标准是指按 1984 年价格确定的每人每年 200 元的贫困标准。国家统计局住户调查办公室：《中国农村贫困监测报告 2019》，中国统计出版社，2019。
② 中国乡镇企业年鉴编辑委员会：《中国乡镇企业年鉴 1991》，中国农业出版社，1991。
③ 中华人民共和国国家统计局：《中国统计年鉴 2006》，中国统计出版社，2006。
④ 李小云、于乐荣、唐丽霞：《新中国成立后 70 年的反贫困历程及减贫机制》，《中国农村经济》2019 年第 10 期。
⑤ 现行农村贫困标准是指按 2010 年价格确定的每人每年 2 300 元的贫困标准，与小康社会相适应。国家统计局住户调查办公室：《中国农村贫困监测报告 2019》，中国统计出版社，2019。

口为 9 899 万人，比 1985 年年末减少 5.6 亿多人，减少了 85%；农村贫困发生率则下降到 10.2%，比 1985 年年末下降了 68.1 个百分点。前两阶段的减贫经验表明，通过改变贫困人群的约束条件，有可能使部分想改变命运的人发挥内在动力，对机会做出积极反应。

在经济增速放缓与不平等程度加剧的情况下，一方面是"大推动"[①]式的政策无力"瞄准"差异化群体；另一方面是扶贫政策如何落到实处、真正改变贫者境况的问题还没有完全得到解决。中国式减贫进入"精准扶贫"的第三阶段。自党的十八大以来，国家首先是将扶贫作为一种政治任务，落实到具体岗位及领导个人，以"党的领导权威超越行政治理规范"[②]的方式克服现实制约；然后是将扶贫瞄准区域缩小到贫困人口，建立建档立卡贫困户识别机制，采用易识别、可操作的贫困指标，加大核查力度，明确致贫原因，有针对性地采取政策，包括发展生产、易地搬迁、生态补偿、发展教育和社会保障等，提升贫困户的人力资本。按现行农村贫困标准，2019 年年末贫困人口减少到 551 万人，贫困发生率降至 0.6%；2013—2019 年，全国 832 个贫困县农民人均可支配收入由 6 079 元提高到 11 567 元，年均增长 9.7%。[③] 在这一时期，贫困地区的基础设施条件、基本社会保障和公共服务水平得到明显改善。

二、不会因"摘帽"而去的贫困课题

（一）贫者持续增收的难度加大

2018 年，在贫困地区农村居民可支配收入构成中，工资性收入、经营净收

[①] 中国人民大学宏观经济论坛课题组、郑新业：《精准扶贫政策效果评估》，中国宏观经济论坛会议报告，2019。
[②] 邢成举、李小云：《超越结构与行动：中国特色扶贫开发道路的经验分析》，《中国农村经济》2018 年第 11 期。
[③] 肖鹏：《精准扶贫：全面建成小康社会的制胜法宝》，《学习时报》2020 年 10 月 7 日。

入、财产净收入与转移净收入占比分别为 35.0%、37.5%、1.3% 与 26.2%，其中经营净收入占比与转移净收入占比均高于全国农村平均水平。① 这说明，贫困地区农户收入增长主要依赖于外出就业、地方产业带动和财政转移支付，相较于其他地区会更依赖于后两者。在外出就业方面，贫困地区农户难以接触到非农就业机会，特别是处于极端贫困的家庭，较高的劳动力流动成本将进一步阻碍其劳动力流动意愿。② 易地搬迁虽然改变了贫困户居住的自然约束条件，却难以改善贫困户经济、政治、社会等其他方面的制约，搬迁安置与搬迁后发展衔接不佳③，例如 2018 年一项调查研究显示，2011—2015 年陕南地区仅有不到一半的迁移人口能够实现城镇安置，且 90% 以上的已迁移人口就业存在困难，迁移人口在流入地面临社会资本薄弱和社会支持缺失的困境④。在产业发展方面，产业扶贫项目与市场逻辑的匹配度不高。到后精准扶贫时期，那些被进城大潮排除在外、留在乡村的农户的收入增长将主要依赖于乡村产业发展的可持续性与农户要素使用效率。然而，当前许多贫困地区以政府主导的特色产业开发面临可持续发展难题，其具体表现为：土地、劳动力、资本、社会化服务等要素的组合效率较低，并未真正形成靠高回报吸引新型经营主体进入从而推动要素进一步组合的良性循环；产业发展仍然存在市场需求薄、市场竞争力弱的瓶颈，产业链延长与产业转型升级受阻。在转移支付方面，农村最低生活保障、新型农村社会养老保险和其他现金补贴（如五保户补助、农业补贴等）主要覆盖生存性消费，总体效果有限，且存在瞄准效率不高⑤、减贫效

---

① 国家统计局住户调查办公室：《中国农村贫困监测报告 2019》，中国统计出版社，2019。
② 韩佳丽：《贫困地区农村劳动力流动减贫的现实困境及政策选择：基于连片特困地区微观农户调查》，《江西财经大学学报》2020 年第 1 期。
③ 黄祖辉：《新阶段中国"易地搬迁"扶贫战略：新定位与五大关键》，《学术月刊》2020 年第 9 期。
④ 邢成举、李小云：《超越结构与行动：中国特色扶贫开发道路的经验分析》，《中国农村经济》2018 年第 11 期。
⑤ 朱梦冰、李实：《精准扶贫重在精准识别贫困人口：农村低保政策的瞄准效果分析》，《中国社会科学》2017 年第 9 期。

果递减①等问题。

(二) 农户能力贫困引致返贫的风险

学界依阿马蒂亚·森的可行能力研究法②得出，维持健康、接受教育、参与社会活动等功能的丧失是贫困产生的原因，也是多维贫困的直接体现。贫困人群往往需要更多的技能和更强的意志力才能发挥其能力，常人所忽略的小花费、小障碍、小错误是贫困人群生活中的突出问题。③ 收入改善并不一定能带来能力贫困的改善，并极有可能在今后因能力贫困而再度陷入经济贫困。农户的能力贫困主要体现在：一是农村贫困人口大多健康状况不佳，疾病成为致贫的重要因素之一。在尚未脱贫的家庭中，因病、因残致贫占比高达70%，其主要收入来源是政府的转移支付，一旦转移支付减少，家庭因病返贫的可能性较高。④ 此外，医疗保健支出的城乡差距也十分明显，2018年，农村居民人均医疗保健支出为1 240.1元，比城镇居民少805.6元，但农村居民医疗保健支出占消费性支出比重为10.2%，城镇居民仅为7.8%。⑤ 二是人力资本不足与贫困的高关联。2018年，在农村地区，受教育程度较低的群体贫困发生率相对较高，户主为文盲的群体中贫困发生率为6.5%，远高于其他教育程度组别；在贫困地区，常住劳动力中初中及以下学历人群仍达87.9%，农村劳动力中仅有22.7%接受过技能培训，仅有11.7%接受过非农技能培训。⑥ 更重要的是，改善人力资本并非一朝一夕之功。在中国农村，初中层级的教育收益率始终最高，即便近年来初、高中人力资本教育收益率均

---

① 郑晓冬、上官霜月、陈典、方向明：《有条件现金转移支付与农村长期减贫：国际经验与中国实践》，《中国农村经济》2020年第9期。
② Sen, A. (1999). *Development as Freedom* (1st ed.), Oxford University Press.
③ 阿比吉特·班纳吉、埃斯特·迪弗洛：《贫穷的本质》，中信出版社，2013，第2页。
④ 中国人民大学宏观经济论坛课题组、郑新业：《精准扶贫政策效果评估》，中国宏观经济论坛会议报告，2019。
⑤ 国家卫生健康委员会：《中国卫生健康统计年鉴2019》，中国协和医科大学出版社，2019。
⑥ 国家统计局住户调查办公室：《中国农村贫困监测报告2019》，中国统计出版社，2019。

有提高，农村劳动力接受教育的动力仍明显不足。① 职业教育收益率也存在空间异质性，东部或经济发达地区职业教育收益率较高，但贫者更为集聚的西部地区职业教育收益率不高。② 三是能力贫困的代际传递。中国儿童营养和健康的城乡差距较大，贫困地区儿童生长迟缓、低体重、贫血等状况尤为严峻。③ 此外，贫困地区的基础教育效果也面临挑战：2018 年，贫困地区农村 7～15 岁非在校儿童比例仍有 1.7%；在中途辍学的儿童中，义务教育阶段辍学的比例达到 84.0%；在 17 岁以下中途辍学的儿童中，因不愿意读书而辍学的比例达到 77.9%，因生病残疾等健康问题而辍学的比例达到 10.2%。④

（三）农民工权利缺失与城市相对贫困的关联

40 岁及以下的农二代已逐渐成为农民工的主体。⑤ 与农一代恋土回乡的倾向不同，农二代更希望定居城市。但是，农二代面临的城市权利不平等将引致他们在城市的相对贫困。权利不平等主要表现在：一是进入权。农民进城在不同类型城市面临不同的进入门槛，在人口规模为 50 万以上的城市，流动人口落户门槛随城市人口规模增大逐级提升。不同类型的农民还面临积分落户政策对进城人员的差异性区分。二是就业与收入权。农民工在城市面临着各类就业歧视，在从业类型方面，农民工主要从事制造业、建筑业及服务业等行业⑥，一些行业将农民排斥在外；在收入方面，2009 年，农民工务工月平均收入为 1 417 元，比城镇单位就业人员月平均收入低 1 270 元⑦，到了

---

① 方超、罗英姿：《中国农村居民的教育回报及其变动趋势研究：兼论农村地区人力资本梯度升级的现实意义》，《南京农业大学学报（社会科学版）》2017 年第 3 期。
② 陈钊、冯净冰：《应该在哪里接受职业教育：来自教育回报空间差异的证据》，《世界经济》2015 年第 8 期。
③ 中国发展研究基金会：《中国儿童发展报告 2017：反贫困与儿童早期发展》，中国发展出版社，2017。
④ 国家统计局住户调查办公室：《中国农村贫困监测报告 2019》，中国统计出版社，2019。
⑤⑥ 中华人民共和国国家统计局：《2019 年农民工监测调查报告》，国家统计局官网，2020 - 04 - 30。
⑦ 农民工务工月平均收入数据来源于中华人民共和国国家统计局：《2009 年农民工监测调查报告》，国家统计局官网，2010 - 03 - 19。城镇单位就业人员月平均收入数据来自国家统计局官网。

2019年，农民工务工月平均收入为3 962元①，与城镇单位就业人员月平均收入的差距为3 580元，收入差距总体上呈扩大趋势。三是居住权。近年来，部分地区开放落户吸引农民工购房，但农民工与本地人并未实现居住平权。②流动人口中购买商品性住房的比重远低于租房比重，过高的租房成本已成为流动人口的沉重负担。③农民工的居住环境和条件并未得到明显改善，居住地集中在远郊、"城中村"，城市居住空间割裂带来进一步的阶层分化。四是基本保障权。在城乡二元社会保障体制下，农民工参保率整体较低。2018年，流动人口参加失业保险、养老保险、医疗保险与工伤保险的比例分别只有15.22%、23.84%、23.14%与19.28%。④ 此外，农民工的社会保障还面临着相关法律法规不健全、社保关系转移接续困难等问题。五是社会融入权。农民工对务工所在地的融入程度较低，2019年，在进城农民工中，仅有40%认为自己是所居住城市的"本地人"，且城市规模越大，农民工对所在城市归属感越弱、适应难度越大。⑤ 六是子女受教育权。2019年，小学年龄段随迁儿童仍有16.6%不在公办学校就读，初中年龄段这一比重仍有14.8%。在农民工群体中，反映义务教育阶段儿童本地升学难或费用高的农民工所占比重达63.1%，较2018年有明显提高；反映随迁子女无法在本地参加高考的农民工所占比重也有明显增加。⑥ 地区经济越发达、城市规模越大，升学、费用和高考问题越突出。

（四）乡村老人的生存与发展困境

我国的乡村老龄化程度已高于城市⑦，2015年乡村人口中60岁及以上老

---

① 中华人民共和国国家统计局：《2019年农民工监测调查报告》，国家统计局官网，2020-04-30。
② 纪竞垚、刘守英：《代际革命与农民的城市权利》，《学术月刊》2019年第7期。
③④ 肖子华、徐水源、刘金伟：《中国城市流动人口社会融合评估：以50个主要人口流入地城市为对象》，《人口研究》2019年第5期。
⑤⑥ 同①。
⑦ 邬沧萍、杜鹏等：《中国人口老龄化：变化与挑战》，中国人口出版社，2006。

年人口占乡村总人口比例为 18.47%，比城市高 4.27 个百分点①。60 岁以上人口的城乡差距预计将持续扩大。② 在乡村留守老人不断增多的同时，现有社会保障和社会照料却无法满足其养老需求，乡村老年人将成为相对贫困的主要群体。③ 一是乡村老人收入低下，养老保障不足。2016 年，中国乡村老年人口的人均年收入只及城镇老年人口的三分之一。④ 虽然 2018 年提高了基本养老保险基础养老金最低标准，但基础养老金在改善生活与抵御风险方面的作用很小。⑤ 如第九章所述，2015 年，乡村老年人⑥的主要生活来源大多是家庭供养（46.40%）和劳动收入（34.36%），仅有 7.48% 的乡村老年人以离退休养老金为主要生活来源，与之相对，71.05% 的城市老年人以离退休养老金为主要生活来源；还有 6.81% 的乡村老年人靠最低生活保障金养老，这一比例高于城市老年人。⑦ 二是乡村老年人在健康与教育上的能力贫困更为突出。如第九章所述，在健康方面，2015 年，认为自己身体健康的乡村老年人口占 35.48%，低于城市水平；生活不能自理的乡村老年人口占 2.86%，高于城市水平。⑧ 在教育方面，2015 年，未上过学的乡村老年人占全部乡村老年人的比重为 29.47%，对应的城市水平仅为 10.24%；高中及以上学历的乡村老年人所占比重仅为 2.39%，对应的城市水平则高达 25.06%。⑨ 三是乡村老年人具有较强烈的日常生活照料需求，包括最重要的吃饭、医疗保障、精神慰藉问题等，但需求往往难以得到覆盖。2015 年，乡村老年抚养比为 29.62%，即约 3.4 个年轻人供养一名老年人，而城市老年抚养比仅为

---

① 国家统计局人口和就业统计司：《2015 年全国 1% 人口抽样调查资料》，中国统计出版社，2016。
② 李实：《中国农村老年贫困：挑战与机遇》，《社会治理》2019 年第 6 期。
③ 白增博、汪三贵、周园翔：《相对贫困视域下农村老年贫困治理》，《南京农业大学学报（社会科学版）》2020 年第 4 期。
④ 刘守英、纪党垚：《重塑乡村老人发展境遇》，《比较》2020 年第 4 辑。
⑤ 同③。
⑥ 此处及下文 2015 年全国 1% 人口抽样调查数据中提及的老年人口均指 60 岁及以上老年人口。
⑦⑧⑨ 同①。

19.40%。① 受计划生育减少子女数,以及人口流动、文化观念变化带来的影响,家庭养老保障功能不断弱化,当前乡村的"空巢"居住模式给养老带来极大挑战,未来乡村老年人的相对贫困问题将更为严重。

三、纳入乡村振兴与城乡融合战略的持续减贫策略

(一) 以乡村产业革命增加乡村贫者发展机会

一是以农业工业化增加贫者收入。在贫困地区农村人口的生计仍依赖农业的现实下,通过农业工业化提高农业回报率是乡村产业突围的重要出路。农业工业化的本质在于人口、资源或物力、社会制度、生产技术、企业家的创新管理才能等各种生产要素的有效组合,以及生产要素组合方式连续发生由低级到高级的突破性变化②,由此带来农业产业生产效率提高,实现规模报酬递增。推动农业工业化的关键在于,以制度变革打破原有均衡,实现土地使用权再配置和乡村资源的有效利用,推动资本、劳动力向乡村回流,进而促进各种生产要素配比适度、协调一致,使生产要素的投入从数量增长转为有机组合,提高农业绩效。由此,农业从业者的收入可能不再低于城市其他行业,甚至更高,不必再依赖于财政转移支付,形成农民增收与农业产业升级的良性循环,将贫者带入要素组合过程,从中分享产业升级的回报。二是促进乡村经济活动的复杂化。中国传统的乡土经济是一种农工混合经济,农民以农业为主,兼具工匠的角色。提高乡村经济活动的复杂度,就能更充分利用乡村劳动力,增加他们的发展机会。因此,通过复兴和发展乡土工业,增大农民利用乡村资源从事非农活动的空间和权利,是给农民提供不同途径的增收机会的重要方式。

---

① 国家统计局人口和就业统计司:《2015年全国1%人口抽样调查资料》,中国统计出版社,2016。
② 张培刚:《农业与工业化》,中国人民大学出版社,2014,第35—120页。

（二）城乡互相开放与提升乡村价值

在已有的城乡二元体制下，农民缺少利用土地等乡村资源平等参与工业化、城市化的权利，乡村经济活动窄化；城乡间要素双向流动的通道被阻塞，乡村处于要素流出的不利地位；城乡社会保障不平等，社会福利与公共服务水平存在明显差距；乡村文明受城市文明的抑制，乡村作为城市人群心灵栖息地的潜在功能没有发挥。城乡融合的核心在于解决城市本位思维下城乡地位的不平等，实现城乡互相需要，共存、共生、共荣的格局。应通过城乡融合，拆除城乡间的制度壁垒，既保持乡村要素流向城市，也吸引城市要素进入乡村，呈现城乡美美与共景象，实现乡村价值提升，使城乡融合惠及贫困人群。

（三）全面实现和保障农民权利

首先，保障农民在乡村的财产权利，为农业转型提供进一步的制度供给，促进要素组合与升级。建立乡村统一土地权利体系，赋予农民更完整的土地财产权利，激活乡村土地要素，牵引乡村产业升级、经济活动复杂化和乡村形态改变。其次，针对进城农民，特别是农二代城市权利不平等的现状，改变将进城农民作为他者的思维，改革城乡二元劳动市场，完善流动人口的基本社会保障体系，保障农二代的城市居住权和农三代的教育权，避免群体性相对贫困。最后，针对"易地扶贫"中的搬迁农户，保障他们原有利益不受损，提高公共服务效率并推动他们在迁入地的经济社会融入，防止这部分农户返贫。

（四）重塑乡村老人的生存发展境遇

进一步提高养老保障水平，改变乡村养老保险"广覆盖、低水平"的现状，逐渐缩小养老保障体系的城乡差距；在乡村经济活动主体将长期是老年人的现实下，必须通过多种途径开发乡村留守老人人力资源，推进乡村留守老人参与农业技术服务项目，吸收农村留守老人参与社区服务，建立老年人协会等社会组织；完善乡村老人助餐补贴，扩大助餐范围，重点解决独居、高龄、失能、失智、失独等特殊困难的乡村老年群体精准化助餐优待；提高健康服务水平，保证基层医疗卫生机构正常运行，满足老年人基本就医需求，特别是急救呼叫和慢病治疗的需求；通过完善乡村留守老年人信息库、建立社会互助养老体系和完善家庭养老支持政策，丰富乡村老年人的精神文化生活，解决好乡村老年群体"精神慰藉"问题。

第三部分　农业工业化与产业革命

第十一章
农业的历史转型

一、传统农业的变迁与特征

正如著名经济史家章有义先生指出的,"人口和耕地是构成国情、国力的基本要素,在相当程度上制约和影响着社会经济的发展,尤其对于旧中国这样一个农业大国,其重要性更为明显。"① 本章将循着这一脉络,讨论近代以前中国人地关系的变化,在这一基本制约下农业技术和制度变迁的特征,以及在土地生产率和劳动生产率上的表现。

(一)近代以前人口和土地变动趋势

大量研究表明,宋代是传统中国人口增长的分水岭。Angus Maddison(2008)等推算,宋代初年人口约 5 500 万人,宋末超过 1 亿人(Maddison,2008;Ho,1953;Durand,1960;Elvin,1972;赵冈、陈钟毅,1989;葛兆光和曹树基,2001)。到了明代初期(1400 年前后),中国人口大致在 6 000 万~7 000 万人。明代中后期的人口数字相对难以确定,低估数为 1.5 亿人,高估数为 2 亿人。1650 年前后,即明代灭亡、清统治者入关后,中国人口估计仍保持在 1.2 亿~1.5 亿人。在进入 18 世纪后的 150 年间,中国人口进入一个快速扩张期。以 1700 年、1780 年、1820 年和 1850 年四个时点计,中国

---

① 章有义:《近代中国人口和耕地的再估计》,《中国经济史研究》1991 年第 1 期。

人口总量估计分别为 1.38 亿～1.5 亿人、2.75 亿～3.1 亿人、3.8 亿人和 4.1 亿～4.3 亿人。① 在一个半世纪内，中国人口增长了至少 2～3 倍。在此后的 100 年间，尽管由于多次严重的社会动荡，影响了人口持续增长趋势，但由于 19 世纪所奠定的庞大人口基数，到 1953 年时，中国人口总量达到了 5.83 亿～5.9 亿人的巨量（见图 11-1）。

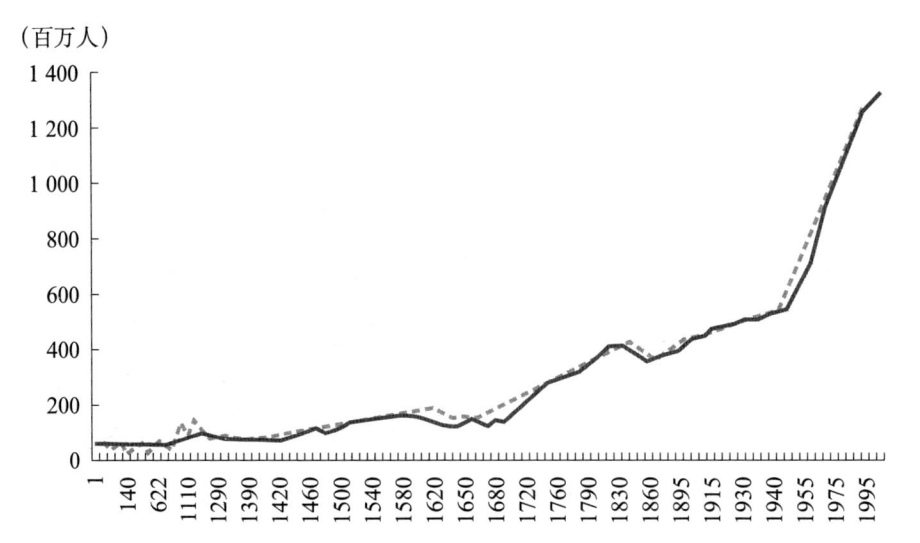

------ 《中国人口史》的估计　——《中国经济的长期表现：公元960—2030年》的估计

图 11-1　《中国人口史》与《中国经济的长期表现：公元 960—2030 年》对于中国历史人口估计的统计对照

再来看看耕地面积的变化。据赵冈等的估算，北宋在近 1 个世纪内，耕地面积增长了 1.5 倍以上（见表 11-1）。由于人口增长速度快于耕地面积增加速度，宋朝的人均耕地面积处于逐渐下降趋势。到了宋朝末期，传统中国的人口对土地的压力已露端倪。

---

① 有关于人口数据，研究人员指出，尽管中国载于正史的官方人口统计质量参差不齐，精确性或多或少有些问题，并且人口数字也包含着历代疆域面积不同的信息，但是，"由于地形的关系，中国历来人口都是集中在几个主要的农业区，边疆地区始终都是人口稀少的地区。中国从来没有与任何一个人口密度很高的国家接壤。因此，疆域的变迁与外来的移民对全国人口总数之影响不会太大，大约不会超过百分之十……基本上，中国人口之变化主要视中原地区人口本身变化而定。"另外，引用 Durand（1960）对中国历史上人口变动研究的文中所言，"以中国古代的各种条件，人口增长率不会达到千分之二十。"

表 11-1　中国古代耕地、人口和人均耕地变动表

朝代	公元年	耕地面积（校正数）（百万市亩）	人口（校正数）（百万人）	人均耕地（市亩/人）
西汉	2	506	59	8.57
东汉	105	535	53	10.09
东汉	146	506	47	10.76
北宋	976/961	255	32	7.96
北宋	1072/1109	660	121	5.45
明代	1393/1391	522	60	8.7
明代	1581/1592	793	200	3.96
清代	1662	713	83	8.59
清代	1784/1776	989	268	3.69
清代	1812/1800	1 025	295	3.47
清代	1887/1848	1 202	426	2.82

注：1. 这个表中的人口估计数字可能需要修正，需参照其他学者的估计。其中笔者认为，1662年、1776年和1800年的人口数明显较其他学者的估计数字要低，特注明。
2. 根据赵冈、陈钟毅《中国土地制度史》整理，两个年份标注则分别是耕地面积和人口统计年份。

尽管不同学者对明清时期可耕地资源量的估计有较大差异，但基本趋势是：可耕地资源的增长速度要远远低于同期人口增长的速度。表 11-2 综合了赵冈和陈钟毅（1989）、章有义（1997）、徐中约（1970）、罗尔纲（1991）等不同研究者对 1393—1949 年间中国耕地数量和人均耕地的估计。从中可见，从明代前期到民国近 600 年间，中国耕地数量增长了约 1 倍，同期人口增长了近 6 倍。随着时间的推移，人口对土地的压力不断增加。Perkins（1969）指出，到 19 世纪，中国容易耕作的土地已经将近用尽。

表 11-2　1393—1949 年间中国耕地数量和人均耕地的估计

年份	赵冈、陈钟毅估计耕地数量	章有义估计耕地数量	徐中约估计耕地数量	罗尔纲估计耕地数量	赵冈、陈钟毅估计人均耕地	章有义估计人均耕地
1393	5.22		5.49		8.7	
1581	7.93				3.96	

续表

年份	赵冈、陈钟毅估计耕地数量	章有义估计耕地数量	徐中约估计耕地数量	罗尔纲估计耕地数量	赵冈、陈钟毅估计人均耕地	章有义估计人均耕地
1662/1661	7.13				8.59	
1784	9.89				3.69	
1812	10.25	10.5	7.91	7.91	3.47	2.87
1833				7.37		
1851		10.77				2.47
1887	12.02	11.26			2.82	2.99
1913		12.59				2.77
1930年前后（1928—1936）	11.43	14.17				2.77
1949		14.44				2.65

注：1. 赵、陈和章使用的耕地数量的单位为亿市亩，徐、罗使用的耕地数量的单位为亿亩。不确定单位是否相同，特注明（1旧制亩＝0.9216市亩）。

2. 人均耕地的单位为市亩/人。

（二）传统农业的技术变迁

（1）土地开发。为了应对人口增长带来的对食物的需求，对未利用土地的开发是一项重要手段。在中国历史早期，经济中心主要围绕西北部的干旱农业区。到8世纪时，中国人口的3/4生活在以旱地小麦和谷子为作物的北方地区，到了13世纪末，3/4的人口已生活在了长江以南地区。宋代经济重心从北方向南方转移，江南以及更广阔的南方地区得到了前所未有的开发。明清以后，相继出现了对长江、汉水流域、四川盆地以及东北地区的土地开发与利用（何炳棣，2000）。大规模的土地开发使人口对土地的压力有所缓解，但也导致水土流失、森林持续大量被毁坏等环境问题。

（2）传统农业的技术传播与应用。在传统中国，历代统治者普遍重视农业技术的推广。大量刊载农业技术的农书通过官僚系统传播。唐宋以后一些新作物品种的采用与推广对农业增长起了重要作用；宋代引进的棉花在元代大面积种植，替代了此前传统的麻布制品；高粱在元代传入并开始在北方广泛种植；美洲的玉米、花生、马铃薯和甘薯、烟草、甘蔗等农作物在明清传入。多作物品种的引进和作物体系的改进，不仅大大提高了粮食生产的潜力，提高了粮食单产，而且事实上提高了可耕作土地的面积，扩展了旱地农业的范围，使得此前未得到开发利用的大片低地、丘陵、山地和其他贫瘠土地得到充分利用，提高了总体的粮食耕作面积（何炳棣，2000；赵冈、陈钟毅，1989；Maddison，2008）。

（3）水利灌溉设施和工程。由于传统农业基本上"靠天吃饭"，水利设施对于降低水旱等灾害损失、提高土地生产率至关重要，这在南方水稻种植地区表现得尤其显著。因此，历朝历代都非常重视水利工程的兴修。灌溉工程从宋代开始呈翻倍增长。传统中国在1400年和1820年的灌溉面积大约分别是当年耕地面积的30%，远远高于同时期世界其他国家和地区（Perkins，1966；Maddison，2001）。

（4）复种指数不断提高。中国的复种指数从汉代（1世纪）的0.6上升到唐代的0.8，到宋代时达到1.0，到19世纪时达到1.4，20世纪末接近1.6（赵冈，1989）。到20世纪二三十年代，全国的复种指数在1.3左右，复种指数在长三角和珠三角一些地区甚至高达2.5以上（章有义，1988）。农业复种指数的不断提高是农业应对不断增长的人口压力、满足粮食和其他生产需求的客观反应。

在自宋代以来的中国传统农业时期，传统农业技术对农业生产有一定作用，但绝不能高估。章有义先生指出，"直到20世纪二三十年代，即使在通商口岸附近地区，农民一般依然因袭着传统的手工劳动方式，古老的耕作方法，极少改进"。直到20世纪50年代以前，中国农业总体上仍基本限于传统农业的技术范围内，几乎没能有效利用现代投入提高农业产量和效率。

（三）传统农业的制度特征

（1）土地私有制和日益发达的土地市场。与农业技术长期处于传统经验状态相比，中国的土地制度历史悠久、独具特色，为发达的农业文明和不断增长的人口的生存提供了基础性制度保障。中国在战国时期就已承认人民拥有私田，允许自由买卖，中国成为世界上最早出现土地私有制的国家。自秦汉经魏晋南北朝至唐代中叶，土地制度呈现土地国有和私有并存的格局。自唐代中叶经过宋元至明代中叶，土地制度进入国家限制松弛下的地主土地所有制发展时期。从明代中叶至鸦片战争前的清代前期，土地制度进入地主土地所有制充分发展时期（方行，2000）。

（2）对土地产权的制度性保护。伴随私有制的建立与发展，对土地产权的保护十分关键。中国是世界上最早进行土地登记和依法保护产权的国家。在西周青铜器彝器铭文中，就有土田的数字可稽；春秋中叶以后，鲁、楚、郑三国先后进行过田赋和土地调查；唐中叶尤其是宋代以后，地籍逐渐取得与户籍平行的地位；明代中叶以后，进行全国统一的土地彻底清丈，鱼鳞图册成为征派赋役和地籍管理的主要依据（梁方仲，2008）。

（3）农地经营的细碎化和平均化。从南宋以来，随着人地关系的日益紧张，中国农业经营已经出现了明显的农地细碎化和土地占有不断均等化。这一问题到明清时期变得越来越突出。赵冈通过对北宋到民国时期地权分配的基尼系数进行分析发现，在可得到资料的多数年份，地权分配的基尼系数都小于0.6，由此他得出，"中国历史上不是一个分配过度不均的国度，中国社会的大问题不是'患不均'而是严重'患寡'"（赵冈，2003）。

（4）超小规模的家庭自耕和租佃经营农场。基于同样的原因，传统中国的农业经营逐渐排斥大农场主和雇佣经营方式，而倾向于租佃经营方式。经营地主的经营范围始终被限制在较小的规模内（200亩以内的农场），一旦超出这个经营规模，监督成本就会迅速上升，地主倾向于采取土地租赁而非雇佣劳动经营方式，出现黄宗智所称的"小家庭农场对大规模（资本主义）耕作的排斥"（黄宗智，2000a，2000b；2010）。

（四）传统农业的生产率状况

（1）土地生产率的变化。帕金斯（1969）计算了14世纪后期到20世纪下半期近600年里中国农业产量与土地生产率的变化。他认为，从14世纪后期到18世纪前期，中国的粮食单产量是在提高的：在1400—1700年间，以人均消费量估计的粮食单产量提高了46%。不过在随后80年中，增长率有所下降，仅增长了17%，这部分说明了人口增长对土地的压力加大；而到19世纪（1800—1900年间），由耕地增加所带来的产量增加这一部分的比例急剧减少了。他甚至认为，如果没有这一时期的战争、内乱、自然灾害等，19世纪后期和20世纪初上涨的人口很可能已经超过了中国农业能提供足够粮食的能力。对于20世纪的前60年，帕金斯的观点是，"农业生产在这个时期已不能在跟上人口增长的速度之外有更多的作为"。而从长期来看，"六个世纪间中国的农业总算是跟上了人口发展的速度，虽然绝非一帆风顺"。六个世纪间粮食产量的增长至少有一半要归功于耕地面积的扩大，此外则归功于单产的提高。表11-3展示了帕金斯估计的1400—1957年不同省份的粮食单产量。

表11-3 帕金斯估计的1400—1957年不同省份的粮食单产量 单位：市斤/市亩

	1400年	1776年	1851年	1957年
陕西	57～68	77～93	113～136	133
河北	45～55	95～114（一）	109～130（一）	171
山西	48～57	136～163	171～205	144
山东	86～103	99～118	152～174	193
河南	44～53	103～124	124～150	296
安徽	105～125	209～251	285～342（+）	327
江苏	105～125	244～293	375～451（一）	414
浙江	182～218	329～395（一）	532～614（一）	674

续表

	1400 年	1776 年	1851 年	1957 年
湖北	146～175	206～247	469～563（－）	482
湖南		188～225（＋）	195～234（＋）	485
江西	183～220	255～306（＋）	371～446（＋）	465
福建	185～222	432～518	385～464	442
广东	81～97	265～315（－）	278～334（－）	467
广西	83～106	336～404	122～147（?）	316
云南		258～291	272～326	381
贵州		104～125	309～370	424
四川	98～117	118～151	265～320	495

资料来源：Perkins（1969）。

注："＋"表示粮食的主要输出省份（因而它们的估计数应稍有提高）；"－"表示粮食的主要输入省份（因而它们的估计数应稍有降低）；"?"表示不大可信的近似值。

（2）农业劳动生产率的变化。与农业土地生产率的增长趋势相比，农业劳动生产率的变化就十分令人沮丧了。黄宗智通过他有关华北和长三角等区域的研究得出，近代以来中国农业的基本特征可以用"过密化"和"内卷"来概括，其中"过密化指的是单位土地上劳动投入的增加，内卷指的是单位劳动的边际报酬递减"（黄宗智，2010）。[①] 在他看来，近代中国农业经历的是一种"没有发展的增长"，"发展是就劳动生产率而言，而增长则是就总产而言"，"发展"是通过增加单位劳动的资本投入而提高劳动生产率（黄宗智，2010），而长三角等地却无法走向不断增长的"农业资本化"[②]，而是走向更高程度的"过密化"，其根本原因则在于巨大的人口总量和相对土地而言很高

---

① 总的来说，黄宗智认为促成了英国现代工业革命的诸多因素（a. 农业革命；b. 以城镇为基础的手工业的发展；c. 大量独立于农耕的就业人口和迅速的城市化进程；d. 家庭收入的实质提高和消费需求与形式的巨大改变；e. 煤炭生产较早发展）虽然耦合在一起是有一定历史偶然性的，但是，在同时期的中国，这些因素"没有一个出现"，则不能认为它是一种简单的偶然——相反，这反映出 18 世纪的中国已经确实在酝酿着"19 世纪巨大的社会危机的根源"了。近现代以来的中国沿着一条以单位劳动报酬递减为代价追求绝对产出增加的"内卷"的道路演变下去。

② 黄宗智使用"资本化"一词实际表示的是"单位劳动更多地使用畜肥和畜力以及增强土壤肥力的饲料作物"。

的人口密度。

(五) 小结：理解中国传统农业的意义

对从宋代到近代中国传统农业特征的简单回顾旨在弄清在600多年的历史长河中，随着人口的不断增长，在可耕地增加有限的约束下，传统农业是如何支撑农业的生存与繁衍的。已有研究可以分为两个派别，一派以何炳棣为代表，基本继承了马尔萨斯遗产，认为人口压力的增加最终使中国农民只能在维持生存底线上挣扎，最终导致饥荒的到来。另一派以帕金斯等为代表，视人口增长为自变量，认为人口压力的增加导致单位面积上的劳动投入的增加，有助于农业产量的增加，从而能够养活更多的人。事实上，马氏的"饥荒论"没有被经验事实证明，但历史也绝非如帕金斯等人设想得那样乐观。传统中国的农村实际情况仍然是一种所谓的"糊口经济"，即"中国农民仅仅保持着很低的生活水平""在温饱线上挣扎"（本特森、康文林、李中清等，2008）。①

在这种"糊口经济"下，农业无力跳脱出边际收益递减规律，创造更高的劳动生产率和更多的剩余，也就无法为近代国家的工业化和现代化奠定基础。

从经验研究中可以达成一个共识，那就是，传统中国的农业在经历了近600年的发展，进入明清和近代后，农业劳动生产率基本是处在不断下降的趋势中的，这根源于人口增长对土地不断增加的巨大压力。而从现代世界经济发展的角度来看，现代意义上的农业发展，其主要标准正在于劳动生产率的提高（也包括劳动产值的提高）。从某种程度上说，能否在人口压力持续存在、土地资源无法大规模增长的前提下实现中国农业劳动生产效率的提高，乃是中国农业能否走出历史的"陷阱"，实现农业现代化的根本所在。

---

① 关于人口增长与粮食供给的问题，何炳棣在总体上承认中国可以粮食自给，但中国属于"糊口经济"，生活水平不高。如对相当多数人来说，稻米和小麦仍然属于奢侈的食物；华北和东北的农民则习惯于工业化前的低水准生活和各种粗粮。

二、1949 年到 20 世纪 70 年代末的农业现代化

1949 年后，中国共产党开启了这个世界上人口最多的农业文明古国的现代化进程，其核心是转变几千年来只依靠传统农业文明求生存和发展的道路，以国家工业化谋求富强之路（毛泽东，1950）。国家工业化战略改变了农业在国民经济中的地位，但是，农业现代化进程经历了重大波折。

（一）重工业化战略下的农业角色

在中华人民共和国成立之初，政治和经济形势十分严峻，工业基础非常薄弱。当时，全国工农业总产值只有 466 亿元，人均国民收入仅为 66.1 元。在工农业总产值中，农业总产值比重达 70%，工业总产值比重仅为 30%。89.4% 的人口在农村生活和就业（农业部，1982）。

基于当时的国内外形势，为了快速实现国家独立与富强，政府制定了优先发展重工业的赶超式经济发展战略（林毅夫，1994；Maddison，2008）。由于重工业的资本密集型特征与当时中国资本极度稀缺的现实相矛盾，国家不得不凭借"以扭曲产品和生产要素价格的宏观政策环境、高度集中的资源计划配置制度，以及没有自主权的微观经营机制为特征的三位一体模式"，人为地压低重工业发展的各项成本，降低重工业资本形成的门槛（林毅夫，1994）。

在重工业优先战略下，农业充当着提供低价农产品、以满足城市低价食品供应、保障低工资和低成本的角色。为此，几乎所有农产品的生产由政府决定，并按计划进行（如种植面积、目标单产和总产、生产投入等）。国家还对农业全面取消了市场和价格系统的作用，对农产品实行统购统销，垄断了粮食贸易和其他绝大多数农产品，规定农户除了保有必需的食品、饲料和种子外，绝大多数农产品都以较低的价格（定购价格）卖给国家收购部门。1962—1978 年间，粮食价格几乎维持不变，17 年间只调整过 3 次，总体提高幅度不到 20%（高小蒙，1994；黄季焜，2010）。农业生产资料的投入品价

格，也通过国家庞大的分配系统来实现。①

(二) 土改与农业集体化

这一时期对中国农业转型、农户行为和农业产出影响更大的是，以集体化制度取代延续了几千年的土地私有制。在1949—1952年的国民经济恢复时期，中国共产党仅用三年时间就完成了现代史上规模最大的土地改革，废除了地主土地私有制，建立起农民土地所有制。农民生产积极性空前高涨，农业生产与农民生活水平显著提高。在1953—1977年的社会主义改造和探索时期，国家先后出台《农业生产合作社示范章程草案》(1955年)、《高级农业生产合作社示范章程》(1956年)，经由互助组—初级社—高级社的农业合作化运动，基本完成了农村的社会主义改造，实现了农村土地私有制向公有制的转变。1958年发动人民公社化运动，进行土地所有制和农村生产与生活方式的跃进。1962年，制定《农村人民公社工作条例修正草案》(简称"人民公社六十条")，确立了"三级所有、队为基础"的农村集体土地所有制度(杜润生，2005)。

人民公社制度将农民的土地收为公有，在公社内部实行平均主义的分配制度。集体成为国家意志的贯彻者和执行者。国家并不对其控制集体所有制的后果负责，集体是承担一切命令的经济后果，并确定其内部的分配水平的主体(周其仁，1994)。

在农业集体化制度下，劳动者的劳动投入按照工分评定，并在年底将生产队净收入扣除国家税收和用于公共积累与福利的部分后，按每人当年累积工分进行分配。作为一种制度安排，它难以解决生产上的高昂的监督成本问题、管理上的委托代理问题以及分配上的激励不足问题，从而导致整个农业

---

① 黄季焜：《六十年中国农业的发展和三十年改革奇迹：制度创新、技术进步和市场改革》，《农业技术经济》2010年第1期。

系统的低效率（林毅夫，1988；文贯中，1997）。

（三）农业投入与技术变迁

（1）农业土地利用。在影响农业增长的各项投入中，耕地面积呈现下降趋势。有关耕地面积下降的原因，除了与工业化占地有关外，也与农业基础设施等建设有一定关系（Perkins，1988）。从表11-4可见，1957—1978年，耕地面积明显在不断下降。

在可耕地难以增加的现实约束下，增加复种指数和灌溉率，以提高土地利用率，成为增加粮食产量的重要手段。从表11-4可见，在集体化时期，农业复种指数从1952年的1.31增加到1978年的1.51，耕地灌溉率从1952年的18.5%提高到1978年的45.3%。这些措施保证了农作物实际播种面积维持在一个稳定水平，没有出现明显下降，农作物播种面积从1952年的141 256千公顷增加到1978年的150 104千公顷。尽管做出了这些努力，但由于同期人口，特别是农村人口的快速增长，中国的人均耕地仍然处于比较快速的下降中。1952—1976年，中国人口规模增加63%，人口年均增长率为2.06%，农村人口规模增加65.23%，农村人口年均增长率为2.11%。

表11-4 中国农地使用：1933—1995年间若干基准年份

	牧场面积（千公顷）	耕地面积（千公顷）	播种面积（千公顷）	复种指数	耕地灌溉率（%）
1933	—	102 300	135 036	1.32	25.9
1952	194 000	107 900	141 256	1.31	18.5
1957	—	111 800	157 244	1.41	24.4
1975	319 000	99 700	149 545	1.5	42
1978	319 000	99 390	150 104	1.51	45.3
1987	385 000	95 889	144 957	1.51	46.3
1994	400 000	94 907	148 241	1.56	51.4
1995	400 000	94 971	149 879	1.58	51.9

资料来源：Maddison，2008，p.121，原表A.10。

人口对土地的压力进一步加大，人地比率进一步降低，从1949年的3.92亩/人下降到1981年的2.14亩/人（见表11－5）。

表11－5　中国的人地比率变化：1949—2009年　　　　　　　　单位：亩/人

年份	人地比率	年份	人地比率	年份	人地比率
1949	3.92	1970	2.62	1991	2.18
1950	3.92	1971	2.54	1992	2.06
1951	3.93	1972	2.48	1993	2.17
1952	3.96	1973	2.42	1994	2.18
1953	3.89	1974	2.37	1995	2.17
1954	3.81	1975	2.33	1996	2.3
1955	3.76	1976	2.29	1997	2.07
1956	3.71	1977	2.26	1998	2.06
1957	3.61	1978	2.23	1999	2.07
1958	3.42	1979	2.2	2000	1.98
1959	3.31	1980	2.17	2001	1.99
1960	3.37	1981	2.14	2002	2
1961	3.35	1982	2.1	2003	1.96
1962	3.27	1983	2.07	2004	2
1963	3.18	1984	2.05	2005	2.08
1964	3.13	1985	2.07	2006	2.11
1965	3.05	1986	2.07	2007	2.16
1966	2.95	1987	2.07	2008	2.18
1967	2.87	1988	2.06	2009	2.26
1968	2.78	1989	2.11		
1969	2.7	1990	2.1		

资料来源：1949—1984年数据来自朱国宏《人地关系论》（1996年）第115页。1985—2009年的数据来自国家统计局农村社会经济调查司《2010年中国农村住户调查年鉴》。

（2）现代投入。现代投入包括以提高土地生产率为主的化肥、农药、薄膜等流动投入，以及以提高劳动生产率为主的机械投入两大类。表11－6和表11－7为Maddison（2008）统计的中国农业各项投入的情况。从表11－6可以看出，在1952—1957年间，农业投入主要是传统投入形式，包括施用有机肥和动员农村劳动力搞农田水利建设以增加灌溉面积等，但增加幅度并不大，如灌溉面积到1957年时仅恢复到1933年的水平。在这期间，以化肥、机械等为代表的现代投入还没有明显增加。

表 11-6 中国农业的传统与现代投入：1933—1995 年间若干基准年份

年份	传统投入			现代投入			
	人粪肥（百万吨折纯量）	畜肥（百万吨折纯量）	灌溉面积（百万公顷）	化肥（百万吨折纯量）	农村电力消费（10 亿千瓦小时）	大中型拖拉机（年末台）	小型手扶拖拉机（年末千台）
1933	1.32	1.06	26.5	0	0	0	0
1952	1.5	1.17	20	0.078	0.05	1 307	0
1957	1.68	1.68	27.3	0.373	0.14	14 674	0
1975	2.41	2.75	41.9	5.369	18.34	(500 000)	(109)
1978	2.51	2.89	45	8.84	25.31	557 358	1 373
1987	2.85	3.22	44.4	19.993	65.88	880 952	5 300
1994	3.13	4.11	48.8	33.179	147.39	693 154	8 237
1995	3.16	4.48	49.3	35.937	165.57	671 846	8 646

资料来源：Maddison, 2008, p.120, 原表 A.8。
注：带括号的数据为 Maddison 估计值。

表 11-7 中国种植业、畜牧业投入、总产值、增加值水平

单位：百万元，1987 年价格

年份	总产值	饲料投入	种子投入	其他农业投入	非农业投入	增加值
1931—1937	135 786	6 081	3 905	4 005	3 781	118 014
1933	151 106	7 045	4 261	4 534	3 781	131 485
1952	140 132	7 705	4 131	4 746	3 110	120 440
1957	168 031	11 094	5 016	6 460	5 523	139 938
1975	247 602	18 210	7 407	9 760	22 455	189 768
1978	272 424	19 096	8 162	10 930	33 624	200 612
1987	451 182	32 558	7 425	16 033	69 696	325 470
1994	604 939	48 496	7 118	22 301	109 488	417 536

资料来源：Maddison, 2008, p.118, 原表 A.4。

1957—1978 年间，中国的农业投入发生了从传统投入向现代投入的根本转变。在这期间，传统投入的增加幅度与 1952—1957 年间的幅度差不多，总体增长不超过一倍。相比之下，现代投入则显著增加，如 1978 年化肥使用量

是1957年的23.7倍，大中型拖拉机增长了37倍，农村电力消费增长了180倍。

根据林毅夫（1994）等人的研究，1962—1978年间，化肥的使用以每年16.5%的速度增长。化肥施用量的增加也促进了现代高产作物新品种的应用，如稻谷和小麦新矮种于20世纪60年代初引入，到70年代末基本替代了所有常规种子；类似地，现代玉米、棉花和其他作物种子也于60年代和70年代被引入和加速采用。优良品种的采用加上灌溉和施肥技术，这些构成了"绿色革命"的范畴。

机械化进程也于1962年后加速。20世纪70年代后期，全面实现农业机械化再度被提出来作为农业现代化的目标。要强调的是，这一时期的机械化，目的不是为了替代劳动投入，而是使复种作物的增加成为可能。通过机械化释放出的劳动力主要被用于增加田间管理集约度。据帕金斯观察，当拖拉机被引入长三角地区的农业时，促进了复种指数的提高，为原来的"一茬稻——一茬麦"的两熟制变成"一茬早稻——一茬晚稻——一茬小麦"的三熟制提供了可行性。两茬水稻的劳动投入增加但产出较一茬有所下降，结果是收成增长3倍，而劳动投入增长了4倍。机械的引入实际上使土地生产率有所增加，但劳动生产率较原来两熟制进一步下降。

表11-7从产值和增加值角度反映了农业投入的变化。由此可见，饲料和种子投入的增加幅度比较有限，1978年的饲料投入和种子投入分别比1957年增长了不到2倍，这反映了农业本身的剩余比较有限。相比之下，非农业投入（主要由化肥、拖拉机、电力消耗以及灌溉面积的综合指数估算）增长了5倍左右。

与中国历史上的传统农业阶段相比，这一时期的制度效应变成负激励特性，可耕地资源潜力已经挖尽，中国农业之所以仍能基本实现提供基本消费品和向非农部门提供剩余，很大程度上归功于现代技术和资本在1960年以后对农业的投入。

（四）农业结构变革受阻

（1）农业劳动力变化。为了配合国家工业化战略，在利用统购统销制度和农业集体化制度保障农产品低价供给的同时，国家还建立起严格界定城乡居民身份的户籍制度以及取消城乡间劳动力自由流动的就业制度。这套制度保障了农村向城市工业部门提供食品和其他农产品，阻止了大量事实上已经严重"隐性失业"的农民向工业部门和服务部门进行劳动力转移的可能性，农民失去了通过参与工业化获得收入和提高农业生产效率的机会。

1952年，工业产值在GDP中所占份额相当于农业产值的1/7，到1978年时，它几乎等于农业产值的份额。表11-8提供了Maddison（2008）的一系列估计。从表11-8中可以看出，在1952—1958年间，农村就业人数经历了先增长、后减少的趋势。1962年以后，农村人口和农村就业人数均比1957年有所增长。这说明，除了个别时期的人口波动外，1952—1978年农村人口和农业就业人数基本呈现较快增长的趋势。相比之下，农村非农就业人数则在1958年到达一个峰值后有所下降。城市人口和城市就业人数在1952—1978年间基本呈现增长趋势，但增长速度明显低于农村人口和劳动力的增长。

表11-8　中国人口与就业人数的城乡分布：1952—2005年

单位：千人（年末数）

年份	农村人口	城市人口	农村就业人数	农村非农就业人数	城市就业人数	总就业人数
1952	503 190	71 630	173 170	9 500	24 620	207 290
1957	547 040	99 490	193 090	13 690	30 930	237 710
1958	552 730	107 210	154 900	60 040	51 060	266 000
1959	548 360	123 710	162 710	48 030	51 000	261 740
1960	531 340	130 730	170 160	31 690	56 960	258 810
1962	556 360	116 590	212 760	4 550	40 790	259 100

续表

年份	农村人口	城市人口	农村就业人数	农村非农就业人数	城市就业人数	总就业人数
1970	685 680	144 240	278 110	8 750	57 460	344 320
1977	783 050	166 690	293 400	17 320	83 050	393 770
1978	790 140	172 450	283 730	31 510	86 180	401 520
1987	816 260	276 740	308 700	81 304	137 826	527 830
2005	745 440	562 120	318 560	166 300	273 310	758 250

资料来源：Maddison, 2008, p.78, 原表 3.17。

再从农业劳动力及其占总劳动力的比例来看。表 11-9 为 Perkins（1984）所统计的集体化时期中国农业的劳动力投入情况。表 11-9 所列数据表明，尽管农业劳动力占劳动力总数的比重在整个集体化时期有所下降，但下降仅 10 个百分点左右。到 1978 年改革以前，农业劳动力仍占劳动力总数的 70% 以上。同期农业劳动力的绝对人口数也呈不断增长趋势。

表 11-9　1952—1981 年间农业劳动力变动趋势

年份	劳动力总数（1）（百万人）	农业劳动力（2）（百万人）	(2)/(1) 百分比（%）
1952	207.39	173.17	83.5
1957	237.68	193.1	81.2
1962	259.17	212.78	82.1
1965	286.74	233.98	81.6
1970	344.23	278.14	80.8
1975	381.61	294.6	77.2
1979	405.86	294.25	72.5
1981	432.8	303.1	70

资料来源：Perkins, 1984, p.58, 原表 4.5。

由于农业劳动力被禁锢在农业和农村，造成农业隐性失业更趋严重，也加剧了劳动效率的下降。Perkins（1984）的研究表明，整个农业劳动力投入从 1957 年的 161 天增加到 20 世纪 70 年代末的 262 天，妇女也被充分动员从事农业劳动。如黄宗智所言，即使在 1950—1980 年间，以拖拉机为代表的现代农业机械化革命、以化肥大量使用为代表的化学革命和现代科学的育种技术等被引入中国农业时,农业生产"仍旧沿袭着劳动密集化和内卷的道路而没有出现相反的情形"(Huang,2000)。

(2)农业内部结构变化。在改革前的30年的农业发展中,农业内部结构调整非常缓慢,农作物种植结构在30年间几乎没有多大变化。1950年粮食占整个播种面积的87%,到1970年仍然占整个播种面积的83%,1978年这个数字降低了仅3个百分点。1952年农作物产值占整个农业产值的83%,到1970年仍然占75%,到1975年这一比重保持在73%。农林牧副渔业人均增加值从1957年的人均241元下降到1961年的168元,并且到1978年仍低于1957年的水平(见表11-10)。劳均增加值在1978年也没有超过1958年的水平。

表11-10 中国农业经济表现的特点:1933—2003年

年份	农林牧副渔业总增加值*	农林牧副渔业人均增加值**	劳均增加值***	农业在总就业中的比重(%)	农业在GDP中的比重(%)
1933	138 497	277	789	85	63
1952	127 891	225	748	83	60
1957	153 649	241	812	80	54
1958	154 538	237	889	68	49
1961	110 965	168	604	71	43
1978	225 079	235	781	72	34
2003	679 821	527	2 858	51	16

资料来源:Maddison,2008,p.73,原表3.13。

注:* 单位:百万元人民币,1987年价格;** 单位:元人民币,1987年价格;*** 单位:元人民币,1987年价格。

在完全服务于重工业化战略和以粮为纲政策的导向下,农村人地比例关系不断恶化,农业很难转向具有更高土地需求的高附加值产业,农业结构难以向高附加值高产值的方向发展,只能局限在最基本的食品粮食的提供方面。其结果是,农村人均收入以及其他财富指标都未得到较大幅度增长。尽管粮食产出在增加，但1970年的单位资本所得几乎与20世纪50年代中期一样（Lardy，1983；黄季焜，2010）。

（五）传统计划体制下的农业生产率

（1）农作物总产量和单产。尽管30年的农业集体化使中国农业发展经历了重大曲折，农业仍然为国民消费和向工业提供剩余做出了重大贡献，它在增加粮食供给方面的绩效尤其突出。1950—1952年间，农业生产得到了比较迅速的恢复和发展，粮食作物播种面积从1950年的1.14亿公顷上升到1952年的1.24亿公顷，增长超过8%；粮食总产量增长了24%。1952—1978年间，粮食播种面积基本保持稳定，粮食总产量大约增长了86%，年均增长率为2.5%左右。

这一时期粮食产量的增长主要得益于粮食单产量的提高，总提高幅度约90%，年均增长2.8%（黄季焜，1980）。粮食单产量的提高使中国的粮食生产年均增长速度超过了人口年均增长速度（1.9%），农业为提高国民人均可获得食物（卡路里）做出了贡献。

尽管如此，由于这一时期农业集体化制度导致的生产低效率，1978年以前的农业所取得的成就是十分有限的。在这一时期，国家始终维持严格的配给制度，绝大多数消费者可获得的油、糖、肉、菜等日常食品极其有限。20世纪70年代城市居民人均每天仅获得2 328卡路里，农村居民的平均消费水平更低，仅维持在联合国规定的人均每天2 100卡路里的最低要求（黄季焜，2010）。为了维持基本供给，中国在20世纪60年代和70年代还得通过国际市场进口粮食，以弥补国内粮食供给的不足，脆弱的农业部门不仅表现为农村的贫困和农民的生存状况受到挑战，而且也越来越成为制约国家工业化战略的瓶颈。

（2）农业劳动生产率的停滞。按照Maddison（2008）的估计，1952—1978年间，中国的GDP增长了两倍，人均实际产出增长了82%，劳动生产率提高了58%。这些绩效主要是通过工业和城市部门取得的。与之形成鲜明对照，1952—1957年间，农业部门的劳动生产率每年增长1.66%，TFP每年增长0.63%；1957—1978年间，劳动生产率甚至出现以每年约0.2%的速度负增长，TFP下降得更为严重（见图11-2和表11-11）。

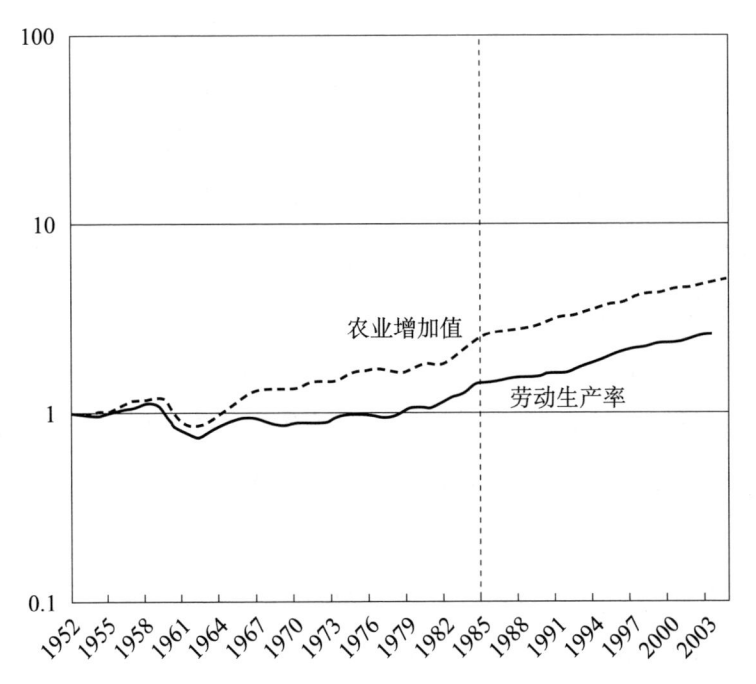

图11-2 中国农业增加值和劳动生产率的变化：1952—2003年

资料来源：Maddison，2008，p.76，原图3.3。图中垂直虚线为笔者所加。

注：1952年=1，纵轴为对数标准。

表11-11 中国四个时期的种植业、畜牧业的投入、产出和TFP变化（年均复合增长率，%）

	1952—1957年	1957—1978年	1978—1987年	1987—1994年
农业总产出	3.7	2.32	5.77	4.28
农业投入	6.36	2.54	4.35	4.83
非农业投入	12.12	8.98	8.43	6.67
流动资本投入	7.36	4.57	6.42	5.86
农业增加值	3.05	1.72	5.52	3.62

续表

	1952—1957年	1957—1978年	1978—1987年	1987—1994年
农业就业人数	1.35	1.92	0.49	0.58
农业劳动生产率	1.66	−0.19	4.99	3.05
灌溉面积	6.46	2.41	−0.16	1.32
耕地面积	−0.79	−2.08	−0.6	−1.49
按土壤质量调整后的耕地面积	1.7	0.18	−0.32	0.34
其他资本	7.81	4.43	5	3.48
TFP	0.63	0.57	4.56	2.67

资料来源：Maddison，2008，p.77，原表3.14。

（六）小结：以现代流动投入支撑的农业发展

从中华人民共和国成立到20世纪70年代末的30年，是中国探索农业现代化的第一阶段。这一阶段的两项重大事件是：推进国家工业化和实行农业集体化。前者旨在打破传统上依靠农业本身求生存和发展的道路，后者则以一系列制度变革改变了中国历史上延续上千年的土地私有制的传统。但是，为了实施重工业化战略，作为国民经济基础的农业，其角色被限定在单纯为工业提供剩余，使得本来应该在推动国家工业化和现代化过程中发挥重要作用的农业部门的自身发展受到严重制约。这一时期的农业发展，由于其制度效率低下，加上人口和劳动力失去通过结构变革转移到非农部门的机会，难以摆脱"内卷化"的陷阱。因此，这一时期的农业虽然得益于后半期的农业技术进步和政府资金一定程度上增加投入，在土地生产率方面表现出一定程度的提高，但在农业劳动生产率方面则处于下降趋势，农业结构也没有向现代方向明显转变，农民收入没有显著变化，农村资源也没有向更高效的方向配置。绝大多数人口依然集中在农业部门。到20世纪70年代末，在富有改革意识的领导人走上历史舞台后，农业和农村成为改革和谋求国家富裕的突破口也就变得可以理解了。

三、从改革开启到世纪之交的农业现代化

20世纪70年代末、80年代初的农村改革拉开了中国改革大幕。20世纪80年代蓬勃兴起的乡镇企业对于吸纳农业劳动力、缓解人地关系的紧张等发挥了巨大作用。不过,立足于本乡本土的乡镇企业发展,改变了农村劳动力在农业和非农业之间的配置,但无法改变农民与土地的粘连关系,更无法建立起使增长动力和生活方式发生根本改变的现代城市文明。这一阶段的农业发展基本上表现为"小块土地占有者经营+现代要素投入+非农产业兼业"的混合特征。

(一)农村制度变革

(1)增大农民从事非农经济活动的空间和剩余索取权。从1978年开始,政府赋予和扩大农民从事经济活动的自由,逐渐放松了对农业的控制,放宽了生产指标和定额,对副业的限制也放松了。1978—1983年间,政府还大幅度提高了农产品的收购价格,平均上调了50%,同期工业品价格的增长远低于这个水平。国家还以三级不同水平的价格收购超定额农产品,定额以外的产品也可以按自由市场价格出售(高小蒙,1988)。

(2)恢复以农户为基础的农业经营制度。20世纪70年代末、80年代初的包产到户改革,使生产单位从1978年以前的600万个生产队变为2.5亿农户,农民对土地重新获得了控制权。平均主义分配制度随着家庭联产承包责任制的确立也得以废除。改革重新确立了国家、集体与农民在土地产权上的关系,最终形成土地集体所有、农户经营的所谓"双层经营体制"。这一土地制度的特征可以概括为四个方面:第一,农户取代原来的集体重新成为农业生产与收益分配等经济决策的基本单位;第二,农户通过"交够国家的、留足集体的"利益承诺,交换农户对土地的使用和收益剩余权,既保障了原来的利益放在新的制度安排下的利益,也使剩余权机制在生产中的激励作用得

以实现；第三，在集体内部，农户通过法定村社成员对集体资源使用权力和义务的分摊，实现每个成员在集体所有制下的"成员权"；第四，国家在保证粮食供应、税收稳定和社会稳定的情况下向后退让，放松了对农业生产具体的产权安排，而这实际上赋予了村集体根据自身资源特征获得更大的自主权空间和调整土地制度安排的合法性（刘守英，2000）。①

家庭联产承包责任制改革解决了集体经济所无法克服的监督激励问题，提高了农业生产效率，成为自改革至20世纪80年代中期农业生产和粮食大幅增产的主要因素（林毅夫，1992）。但是，这一农村改革的释放效应是一次性的，到80年代中期以后，随着"制度效率"基本释放完成，中国农业发展步伐明显放缓。

(二) 农业投入与技术变迁

(1) 土地投入。表11-12反映的是1970—2000年间耕地面积及作物播种面积的变化情况。从中可以看出，1979—1994年间，实际耕地面积基本上是缓慢减少的趋势，从99 498.1千公顷下降到94 906.6千公顷。1996年的耕地数据之所以增加那么多，主要是因为当年进行了第一次土地详查并进行了调整的结果。自那以后，改换口径之后的耕地数据也是不断下降的。相比较而言，农作物总播种面积呈增加趋势，而粮食作物播种面积在1984年以后始终在一个稳定的小范围内波动。

总体而言，改革以后，随着工业化的迅速推进和城市化的发展，实际耕地面积减少似乎是必然趋势。这一时期作物播种面积始终保持稳定或者小幅增加的趋势，这说明这一时期农民对土地的劳动投入密集程度还是有所增加的。

---

① 刘守英：《土地制度与农民权利》，《中国土地科学》2000年第3期。

表 11-12　1970—2000 年间耕地面积与作物播种面积的变化

年份	实际耕地面积（千公顷）	农作物总播种面积（千公顷）	粮食作物播种面积（千公顷）	粮食作物总产量（万吨）	粮食作物单产量（千克/公顷）
1970	101 134.7	143 487.3	119 267.3	23 995.5	2 012
1975	99 708	149 545	121 062	28 451.5	2 350
1978	99 389.5	150 104.1	120 587.3	30 476.5	2 527
1979	99 498.1	148 476.7	119 262.7	33 211.5	2 785
1980	99 305.2	146 379.5	117 234.3	32 055.5	2 734
1981	99 035.1	145 157.1	114 957.7	32 502	2 827
1982	98 606.3	144 754.6	113 462.4	35 450	3 124
1983	98 359.6	143 993.5	114 047.2	38 727.5	3 396
1984	97 853.7	144 221.3	112 883.9	40 730.5	3 608
1985	96 846.3	143 625.9	108 845.1	37 910.8	3 483
1986	96 229.9	144 204	110 932.6	39 151.2	3 529
1987	95 888.7	144 956.5	111 267.8	40 297.7	3 622
1988	95 721.8	144 869.1	110 122.7	39 408.1	3 579
1989	95 656	146 553.9	112 204.7	40 754.9	3 632
1990	95 672.9	148 362.3	113 465.8	44 624.3	3 933
1991	95 653.8	149 585.8	112 313.6	43 529.3	3 876
1992	95 425.8	149 007.1	110 559.9	44 265.8	4 004
1993	95 101.4	147 740.7	110 508.7	45 648.9	4 131
1994	94 906.6	148 240.6	109 543.8	44 510.2	4 063
1995	94 971	149 879.3	110 060.6	46 661.8	4 240
1996	130 039.2	152 380.6	112 547.9	50 453.5	4 483
1997	129 903.1	153 969.2	112 912.1	49 417.7	4 377
1998	129 642.1	155 705.7	113 787.4	51 229.3	4 502
1999	129 205.5	156 372.7	113 161.5	50 838.8	4 493
2000	128 243.1	156 299.8	108 462.7	46 217.5	4 261

资料来源：国家统计局农村社会经济调查司：《中国农业统计资料（1949—2019）》，中国统计出版社，2020。

注：笔者对于1996—2000年间的实际耕地面积数字与1996年以前的数字的不一致存疑，有待修正。

（2）现代投入的贡献。表 11-13 有关 1970—2000 年间主要农业技术和资本投入变化情况。数据显示，1978—2000 年间，化肥施用量、农业机械总动力、农村用电量和有效灌溉面积（主要是机械灌溉）各项投入都呈现增长趋势。其中农村用电量的年均增幅最大，2000 年比 1978 年增长近 9 倍；化肥和机械投入的增长率相近，2000 年较 1978 年分别增长了 3.7 倍和 3.5 倍。有效灌溉面积增长较少，2000 年与 1978 年相比仅增长了不到 20%。这也反映出土地资源的可开发潜力较之其他技术资本投入是最为有限的。

表 11-13 1970—2000 年间主要农业技术和资本投入变化

年份	农村用电量（亿千瓦时）	有效灌溉面积（千公顷）	化肥施用量（折纯量，万吨）	农业机械总动力（万千瓦）
1970	95.7	—	351.2	2 165.3
1975	183.1	—	536.9	7 478.6
1978	253.1	44 965	884	11 749.6
1979	282.7	45 003.1	1 086.3	13 379.5
1980	320.8	44 888.1	1 269.4	14 745.7
1981	369.9	44 573.8	1 334.9	15 680.1
1982	396.9	44 176.9	1 513.4	16 614.2
1983	435.2	44 644.1	1 659.8	18 021.9
1984	464	44 453	1 739.8	19 497.2
1985	508.9	44 035.9	1 775.8	20 912.5
1986	586.7	44 225.8	1 930.6	22 950
1987	658.8	44 403	1 999.3	24 836
1988	712	44 375.9	2 141.5	26 575
1989	790.5	44 917.2	2 357.1	28 067
1990	844.5	47 403.1	2 590.3	28 707.7
1991	963.2	47 822.1	2 805.1	29 388.6
1992	1 107.1	48 590.1	2 930.2	30 308.4
1993	1 244.9	48 727.9	3 151.9	31 816.6
1994	1 473.9	48 759.1	3 317.9	33 802.5
1995	1 655.7	49 281.2	3 593.7	36 118.1

续表

年份	农村用电量 （亿千瓦时）	有效灌溉面积 （千公顷）	化肥施用量 （折纯量，万吨）	农业机械总动力 （万千瓦）
1996	1 812.7	50 381.6	3 827.9	38 547.2
1997	1 980.1	51 238.5	3 980.7	42 015.6
1998	2 042.2	52 295.6	4 083.7	45 207.7
1999	2 173.4	53 158.4	4 124.3	48 996.1
2000	2 421.3	53 820.3	4 146.4	52 573.6

资料来源：国家统计局农村社会经济调查司：《中国农业统计资料（1949—2019）》，中国统计出版社，2020。

有关这一时期技术变化对农业发展的贡献已有大量有分量的研究。林毅夫（1992）对1978—1987年间农业增长及其原因的分析表明，在1978—1984年间的农业增长中，有45.8%来源于投入的增加，其中最重要的是化肥的增加使用（仅其一项就贡献了产出增长的1/3），剩余的增长中制度安排的贡献率被估计占到总贡献的46.89%。McMillan和Zhu（1989）的研究与林毅夫的发现一致。到了1984—1987年间，化肥投入的增长率从1978—1984年的年均8.9%下降到1984—1987年的年均3.7%，这一增长放缓，连同1984—1987年的劳动力外溢，被共同认为是解释该阶段农业产出增长放缓的原因。

黄季焜和Rozelle等通过考察1985—2004年间粮食的TFP增长与技术进步发现，自20世纪80年代以来，农业不仅更多依靠现代要素的投入，对科技应用的要求也提高了。农业科技成果的应用为确保国家粮食安全和农业生产力提高提供了技术支撑。他们发现，5种粮食的TFP的年均增长率从1985—1994年的1%左右提高到1995—2004年的2.4%；1995—2004年，主要经济作物和园艺作物的TFP的年均增长率更高达3.5%以上（见表11-14）。基于此，黄季焜等认为，除个别农产品外，自1995年以来多数农产品的TFP增长应该主要来自技术进步。

表 11-14 中国主要农产品全要素生产率（TFP）、技术效率（TE）和技术变化率（TC）的增长（%）

主要农产品	1985—1994 年			1995—2004 年		
	TFP	TE	TC	TFP	TE	TC
主要粮食作物						
早稻	1.84	−0.03	1.88	2.82	0	2.82
晚稻	1.85	0.26	1.59	2.92	0.21	2.71
小麦	0.25	1.08	−0.83	2.16	1.06	1.10
玉米	1.03	0.61	0.42	1.70	−0.23	1.94
大豆	0.11	0.19	−0.09	2.27	−0.08	2.35
主要经济和园艺作物						
棉花	−0.34	−2.54	2.21	4.16	−3.47	7.63
辣椒	—	—	—	1.86	−0.42	2.28
茄子	—	—	—	2.24	−3.14	5.37
大田黄瓜	—	—	—	5.15	−1.27	6.42
大田西红柿	—	—	—	3.23	−0.50	3.73
大棚黄瓜	—	—	—	5.86	0.62	5.24
大棚西红柿	—	—	—	4.02	−2.43	6.45
柑	—	—	—	2.33	−2.19	4.52
橘子	—	—	—	4.31	−3.20	7.50

资料来源：Jin, Ma, Huang, Hu and Rozelle (2009).

（三）乡村工业化与农业结构变革

（1）乡村工业化的影响。农村土地制度改革后，农业剩余劳动力显化。为了解决农民就业，拓宽农民增收渠道，国家允许农民利用自己的土地开办乡镇企业，开启了自中华人民共和国成立以来农民真正参与工业化的进程。

根据 Maddison（2008）的数据统计，1977 年时，在农村从事小型工业、建筑业、贸易、运输以及其他服务性行业的人数为 1 700 万人左右，而到 2005 年时，这一数字上升到了 1.66 亿人。原来由人民公社和生产队经营的社队企业，在 1984 年前后被改变成所谓的由乡镇和村一级管理的"乡镇企业"或"村办企业"。政府也开始允许发展农村私人企业。伴随着国家重新赋予农户自由流动的身份，更多的农业劳动力被吸纳到城市和乡村的工业和服务业就业中。

之前提到过的表 11-8 反映了农村就业人数以及农村非农就业人数的变动情况。从中可见，在 1957—1977 年间，农村非农就业人数占农村就业总人数的比例从 7% 变为 6%；而在 1977—1987 年间，这一比例从 6% 上升到了 26.3%，到 2005 年则为 52.2%，比 1987 年翻了一倍。

在这一时期，乡镇企业成为吸纳农业劳动力的主要力量。表 11-15 反映 1978 年乡镇企业吸纳劳动力总人数为 2 827 万人，占当年农村劳动力总数的近 10%，而到 1990 年时，乡镇企业吸纳的劳动力人数已增长数倍，达到 9 262 万人，占当年农村劳动力总数的 22%；在 1990 年后的十年间增长有所放缓，到 2001 年时，乡镇企业吸纳的劳动力人数增加到 12 733 万人，占当年农村劳动力总数的 26%。可以看出，一方面，乡镇企业吸纳的总劳动力人数在绝对量和相对量上都有很大幅度的增长，但另一方面，在 20 世纪 90 年代以后乡镇企业吸纳的劳动力人数有增长放缓趋势（甚至有个别年份出现了绝对量的减少），这说明在发展到一定阶段之后，乡镇企业吸纳劳动力就业的能力开始减弱，主要是因为乡镇企业发展到一定规模后，出现了明显的资本替代劳动特性，在一定程度上削弱了乡镇企业对农村劳动力的吸收。

表 11-15　中国乡镇企业发展情况简表：1978—2001 年

年份	各年实际价格指数	总产值（亿元）	实际总产值（亿元）	固定资产原值（亿元）	实际固定资产原值（亿元）	职工人数（万人）	实际固定资产原值/职工人数	全国农村劳动力（万人）
1978	1.000	493.07	493.07	229.58	229.58	2 827	0.081	28 455.6
1979	1.020	548.41	537.66	277.95	272.50	2 909	0.094	29 582.2
1980	1.081	656.90	607.68	326.32	301.87	3 000	0.101	29 808.4
1981	1.107	745.30	673.26	385.45	348.19	2 970	0.117	32 227.1
1982	1.128	853.08	756.28	455.29	403.63	3 113	0.130	33 278.3
1983	1.145	1 016.83	888.06	537.80	469.69	3 235	0.145	34 258.1
1984	1.177	1 709.89	1 452.75	635.25	539.72	5 208	0.104	37 200.2

续表

年份	各年实际价格指数	总产值(亿元)	实际总产值(亿元)	固定资产原值(亿元)	实际固定资产原值(亿元)	职工人数(万人)	实际固定资产原值/职工人数	全国农村劳动力(万人)
1985	1.281	2 728.39	2 129.89	750.38	585.78	6 979	0.084	37 065.1
1986	1.358	3 540.87	2 607.42	1 057.23	778.52	7 937	0.098	38 036.8
1987	1.457	4 764.26	3 269.91	1 489.54	1 022.33	8 805	0.116	39 000.4
1988	1.727	6 495.66	3 761.24	2 098.70	1 215.23	9 545	0.127	40 066.7
1989	2.034	7 428.39	3 652.11	2 499.56	1 228.89	9 367	0.131	40 938.8
1990	2.077	9 581.10	4 612.95	2 682.01	1 291.29	9 262	0.139	42 009.5
1991	2.137	11 621.70	5 438.32	3 188.10	1 491.81	9 614	0.155	43 092.5
1992	2.252	17 659.70	7 841.79	4 084.20	1 813.50	10 625	0.171	43 801.6
1993	2.549	31 776.90	12 466.42	6 439.03	2 526.09	12 345	0.205	44 255.8
1994	3.102	45 378.50	14 628.79	8 868.20	2 858.80	12 017	0.238	44 654.2
1995	3.561	57 299.00	16 090.70	12 841.12	3 606.61	12 861	0.280	45 041.9
1996	3.778	68 343.00	18 089.73	16 050.01	4 248.28	13 508	0.315	45 288.0
1997	3.808	89 900.60	23 608.35	19 427.10	5 101.63	13 050	0.391	45 962.1
1998	3.709	96 693.60	26 069.99	21 566.13	5 814.51	12 537	0.464	46 432.3
1999	3.598	108 426.00	30 135.08	27 688.72	7 695.59	12 704	0.606	46 896.5
2000	3.544	116 150.00	32 773.70	26 224.10	7 399.55	12 820	0.577	49 876.3
2001	3.516	116 500.00	33 134.24	30 460.01	8 663.25	12 733	0.680	49 085.5

资料来源：1989—1999 年《中国乡镇企业年鉴》；《中国农村 50 年》；2000 年度、2001 年度全国乡镇企业发展统计公报；《辉煌的中国乡镇企业》；《中国统计年鉴 2001》；2001 年国民经济和社会发展统计公报。

注：1. 总产值、固定资产原值是按当年价格计算的。实际总产值、实际固定资产原值是以 1978 年为基期计算出来的。

2. 转载自于立、姜春海：《中国乡镇企业吸纳劳动就业的实证分析》，《管理世界》2003 年第 3 期。

劳动力就业的非农化带来农村内部就业结构发生巨大变化。表 11-16 反映了 1970—2000 年间农村总就业人员及其分部门就业人员的变化情况。这一时期农村总就业人员绝对量一直增长，但部门之间开始出现分化和波动。1978—1984 年间，从事农林牧渔业的人数呈上升趋势，但 1985—1987 年相较之前有所下降，经过 1988—1992 年的再次上升后，1993—2000 年间，从事农林牧渔业的人数基本没有明显增加。根据 Maddison（2008）的估计，

1978—1987年间,从事农林牧渔业的人数的增长率为年均不到0.5%的复合增长率,1987—1994年间增长率略有上升,为0.58%,两个时期的增长总体上比1952—1977年间要减缓很多。考虑到农村总人口的增长,从事农林牧渔业的人数的相对比例是下降的。对比来看,农村内部从事工业和建筑业的人数从20世纪80年代初开始一直处于稳定上升趋势。2000年从事工业和建筑业的农业人口分别是1982年的4.68倍和7.1倍。

表11-16　1970—2000年间农村总就业人员及其分部门就业人员变化　　单位:万人

年份	农村总就业人员	分部门就业人员		
		农林牧渔业	工业	建筑业
1970	27 814			
1975	29 459			
1978	30 637.8	28 455.6		
1979	31 024.5			
1980	31 835.9	29 808.4	916.3	
1981	32 672.3	30 677.6	882.7	
1982	33 866.5	31 152.7	878.7	378.9
1983	34 689.8	31 645.1	873	482.5
1984	35 967.6	31 685	1 033.6	811.4
1985	37 065.1	30 351.5	2 741	1 130.1
1986	37 989.8	30 467.9	3 139.3	1 308.6
1987	39 000.4	30 870	3 297.2	1 431.3
1988	40 066.7	31 455.7	3 412.8	1 526
1989	40 938.8	32 440.5	3 255.6	1 501.8
1990	42 009.5	33 336.4	3 228.7	1 522.8
1991	43 092.5	34 186.3	3 267.9	1 533.8
1992	43 801.6	34 037	3 468.2	1 658.8
1993	44 255.7	33 258.2	3 659	1 886.8
1994	44 654.1	32 690.3	3 849.5	2 057.3
1995	45 041.8	32 334.5	3 970.7	2 203.6
1996	45 288	32 260.4	4 018.5	2 304.3
1997	46 234.3	32 677.9	4 031.3	2 373.7

续表

年份	农村总就业人员	分部门就业人员		
		农林牧渔业	工业	建筑业
1998	46 432.3	32 626.4	3 928.6	2 453.5
1999	46 896.5	32 911.8	3 953	2 531.9
2000	47 962.1	32 797.5	4 108.6	2 691.7

资料来源：国家统计局农村社会经济调查司：《中国农业统计资料（1949—2019）》，中国统计出版社，2020。

农村非农产业的飞速发展也改变了农业在整个国民经济结构中的地位，改变了改革前农业产值份额下降而农业就业份额长期居高不下的局面，出现了农业份额的双下降。图 11-3 展示了我国第一产业总产值及其占 GDP 的比重的变化情况。

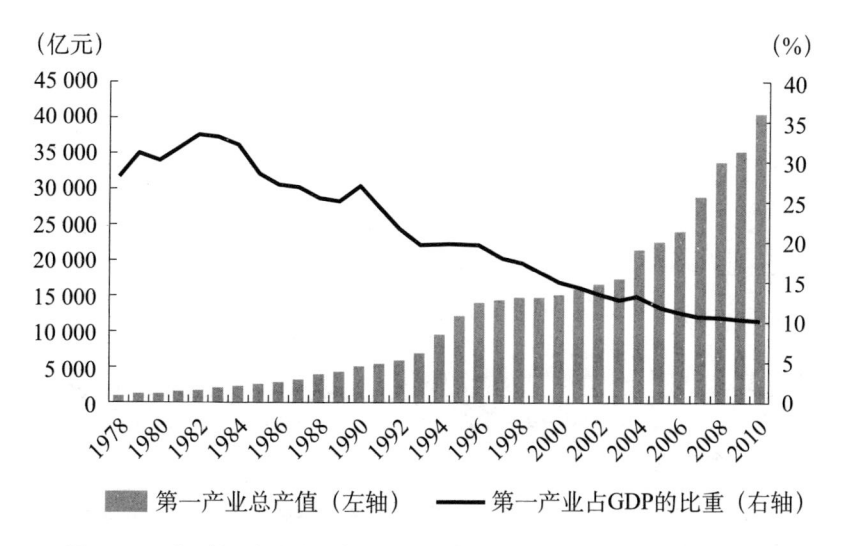

图 11-3　我国第一产业总产值及其占 GDP 的比重的变化情况：1978—2010 年
资料来源：中华人民共和国国家统计局：《中国统计年鉴 2011》，中国统计出版社，2011。

（2）农业内部结构变化。随着居民收入水平的提高和消费结构的升级，对农产品的需求也发生了重大变化。自改革以来，农业产值在农林牧渔业总产值内部的份额呈下降趋势，而畜牧业、渔业产值的份额则有所上升（见表 11-17）。

表 11-17　全国农林牧渔业总产值及其组成

时期	农林牧渔业总产值（亿元）	占比（%）			
		农业产值	畜牧业产值	渔业产值	林业产值
"六五"（1981—1985）	14 247.5	73.43	19.16	2.59	4.82
"七五"（1986—1990）	28 750.8	64.88	25.43	5.12	4.57
"八五"（1991—1995）	64 328.62	59.68	28.53	7.74	4.05
"九五"（1996—2000）	120 118.8	57.95	28.53	9.96	3.55
"十五"（2001—2005）	158 952.1	51.60	32.36	10.41	3.75
"十一五"（2006—2010）	273 957.8	50.93	32.18	9.24	3.86
"十二五"（2011—2015）	458 068.9	52.43	29.66	9.87	4.12

资料来源：中经网统计数据库。

从农产品种类来看，1978—2000 年，粮食所占比重下降，经济作物所占比重有所上升，增长最快的是蔬菜、瓜果和水果（见图 11-4）。

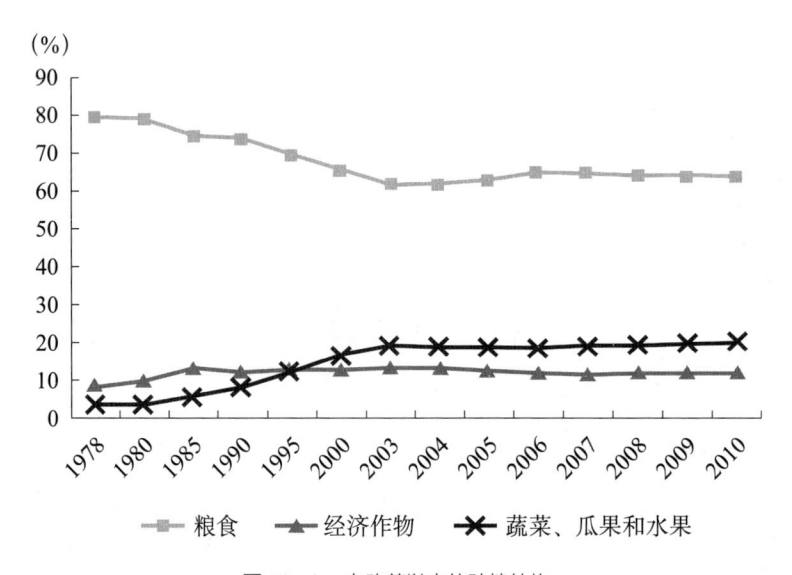

图 11-4　自改革以来的种植结构

资料来源：历年《中国农业统计资料》。

（四）改革时期农业生产率的变化

（1）粮食作物产量和土地生产率的变化。表 11-12 清楚地表明，在

1978—1984年，即启动农村改革的初期，粮食作物总产量和单产量都出现了明显而快速的增长。1984年的粮食作物总产量和单产量分别比1978年时增长了33.6%和42.8%。但是，到了1984—1990年间，粮食作物总产量和单产量都处于徘徊不前的状态。直到1992年以后，粮食作物总产量和单产量才又开始出现比较稳定的增长态势。不过临近2000年时，农业又开始出现滑坡。这表明，这一时期农业劳动力大规模向乡镇企业转移带来了农业劳动投入的减少；工业化、城市化的加快带来了可利用耕地大面积被占用，农产品供给的波动性加大；同时，农产品生产对技术投入的依赖加大，以保证农业土地生产率在这一发展阶段还维持在一个稳定的水平。

(2) 农业劳动生产率的变化。依据Maddison（2008）的数据，可以将1952—1994年划分为四个阶段，以考察农业投入产出和TFP等的变动（见表11-11）。从表11-11中可以看出，1987—1994年间的农业劳动生产率有显著提高，年均为3.05%，只是增幅比前一时期有所下降。以TFP来衡量，其总体趋势与劳动生产率相仿。不过，正如Maddison（2008）所指出的，尽管中国农业在改革后取得了举世瞩目的成就，但是以国际比较来看，中国劳动生产率仍然处于较低水平，直到1994年，按美元价格计算，中国种植业的劳动生产率仍然只有日本的1/3，不到美国的2%，提升潜力很大。

(五) 小结：制度和结构重大变革下的农业转型

从历史角度看，兴盛于20世纪八九十年代的乡镇企业实质上是中华人民共和国成立后的第二次工业化尝试。乡村工业化的推进吸收了大量农村剩余劳动力，使劳动生产率大大提升。但是，由于乡镇企业主要服务于"离土不离乡"的发展战略，重点是解决本地农业劳动力的就业问题，随着乡镇企业吸纳劳动力的弹性越来越低，资本替代劳动倾向增强，发展乡镇企业的道路到了20世纪90年代末遇到了市场环境和自身体制缺陷的双重挤压，出现乡镇企业改制浪潮，面临新的发展路径选择。另外，乡村工业化由于立足于本乡本土劳动力，带来农业的兼业化和农业劳动生产率提高缓慢，对农业转型的积极影响有限。中国的工业化战略和农村发展面临重大抉择。

总体而言，虽然这一时期农业就业份额在逐年下降，非农就业的相对比重在上升，但由于这一时期从事农业劳动的绝对总量不仅没有减少，反而有所增长，人地关系没有得到实质性缓解。另外，由于这一时期农民的非农就业很大程度上是被乡镇企业就业吸收的，乡镇企业基本是"本乡本土型"的，这也影响了从事农业的总体劳动力投入以及人地关系的状况。正如黄宗智所言，虽然截至1989年时乡镇企业已经吸收了0.94亿（离土不离乡的）劳动力（《中国统计年鉴2004》），再一次为农民带来了提高农业生产率和报酬的机会，但由于农村的劳动力是如此丰富，当时自然增长率又仍然是如此之高，结果中国农村从事农林牧渔业的总人数在十年乡村工业化之后仍从1980年的2.98亿人增加到3.24亿人（乡村人口则从8.1亿人增加到8.8亿人，农村总就业人员从3.18亿人增加到4.09亿人），劳均耕地非但没有增加，反而递减（《中国统计年鉴2004》）。因此，黄宗智认为，这一时期的农业仍然是"过密"的，他估计农业劳动力中有1/3~1/2处于隐性失业状态。

第十二章
农业现代化的新阶段

从 20 世纪 90 年代中期以后,中国的工业化进程发生了历史性转化。国家出口导向战略实施,沿海地区工业化进程加速,中国于世纪之交成为"世界制造工厂",内地工业化衰败。寄托于本乡本土的工业化模式宣告终结,中西部地区农村劳动力跨区域的流动也逐步变成农民"亦农亦工"的工业化参与方式。随着人口生育模式发生转型、人口和农村劳动力供给从剩余转向短缺,农业与工业、农村与城市之间争夺劳动力加剧,中国农业发展在进入 21 世纪后,出现了农业劳动投入减少、机械投入增加以及劳动生产率大幅提升的历史性变化,中国农业现代化正在经历从传统到现代以来的最具深远意义的历史性变迁。

一、出口导向工业化与农村劳动力的跨区域流动

(1)出口导向战略实施与区域非均衡发展。伴随乡村工业化的崛起、私有经济的发展和外资的引入,到 20 世纪 90 年代中期,中国的乡镇工业、外资企业已经与国有企业各占三分之一河山。但是,这一时期也出现国内有效需求严重不足。为此,中国的对外开放明确为沿海出口导向的发展战略,成为中国第三次工业化的启动。

随着沿海出口导向战略的实施,中国沿海成为中国这一时期工业快速发展的增长极。从东、中、西地区 GDP 来看,1985—2004 年间,东部地区 GDP 占全国比重呈增长趋势,从 54.92% 增加到 64.78%(见表 12-1)。虽

然 2004 年以后，中西部地区开始新一轮的工业化，东部地区 GDP 份额有所下降，但 2007 年仍然占到全国 GDP 总量的 61.05%。从绝对数字来看，东部和中西部地区之间的 GDP 差距越来越大。1993 年之前，三大地区的 GDP 总量都在 20 000 亿元以内，以 1993 年为临界点，东部地区经济加速发展，东、中、西部地区间的 GDP 差距逐渐拉大（见图 12-1），2000 年和 2007 年东部和中西部地区的 GDP 差距分别达到 20 000 亿元和 500 000 亿元以上。

表 12-1　东、中、西部地区 GDP：1980—2007 年

年份	全国（亿元）	东部 GDP(亿元)	东部 比重（%）	中部 GDP(亿元)	中部 比重（%）	西部 GDP(亿元)	西部 比重（%）
1980	4 545.6	2 522	55.48	981.1	21.58	804	17.69
1981	4 891.6	2 741.7	56.05	1 092.6	22.34	873.4	17.86
1982	5 323.4	3 048.3	57.26	1 197.6	22.5	989.6	18.59
1983	5 962.7	3 414	57.26	1 362.9	22.86	1 105.9	18.55
1984	7 208.1	4 093.5	56.79	1 617.8	22.44	1 291.5	17.92
1985	9 016	4 951.3	54.92	1 956.1	21.7	1 552.4	17.22
1986	10 275.2	5 565.4	54.16	2 191.3	21.33	1 735.1	16.89
1987	12 058.6	6 687	55.45	2 559.3	21.22	2 032	16.85
1988	15 042.8	8 529.2	56.7	3 149.2	20.93	2 580.7	17.16
1989	16 992.3	9 675.4	56.94	3 577.6	21.05	2 954	17.38
1990	18 667.8	10 677.3	57.2	4 019.4	21.53	3 454.6	18.51
1991	21 781.5	12 522.6	57.49	4 403.9	20.22	3 959.3	18.18
1992	26 923.5	15 619.7	58.02	5 309.7	19.72	4 666.4	17.33
1993	35 333.9	21 039.4	59.54	6 862.9	19.42	5 875.6	16.63
1994	48 197.9	28 137.4	58.38	9 087.9	18.86	7 636.6	15.84
1995	60 793.7	35 488.1	58.37	11 931.1	19.63	9 441.6	15.53
1996	71 176.6	41 571	58.41	14 443.1	20.29	11 117.2	15.62
1997	78 973	46 791.6	59.25	16 387.3	20.75	12 295.7	15.57
1998	84 402.3	50 602.1	59.95	17 530.7	20.77	14 647.3	17.35
1999	89 677.1	54 169.3	60.4	18 029.9	20.11	15 354	17.12
2000	99 214.6	60 763.8	61.24	19 791	19.95	16 654.6	16.79
2001	109 655.2	66 986.7	61.09	21 531.2	19.64	18 248.4	16.64
2002	120 332.7	74 184.1	61.65	23 162.2	19.25	20 155.6	16.75

续表

年份	全国（亿元）	东部 GDP(亿元)	东部 比重（%）	中部 GDP(亿元)	中部 比重（%）	西部 GDP(亿元)	西部 比重（%）
2003	135 822.8	86 236	63.49	26 348.5	19.4	22 954.7	16.9
2004	159 878.3	103 567	64.78	32 088.3	20.07	27 585.2	17.25
2005	183 217.4	109 924.6	60	37 230.3	20.32	33 493.3	18.28
2006	211 923.5	128 593.1	60.68	43 218	20.39	39 527.1	18.65
2007	249 529.9	152 346.4	61.05	52 040.9	20.86	47 864.1	19.18

资料来源：历年《中国统计年鉴》。

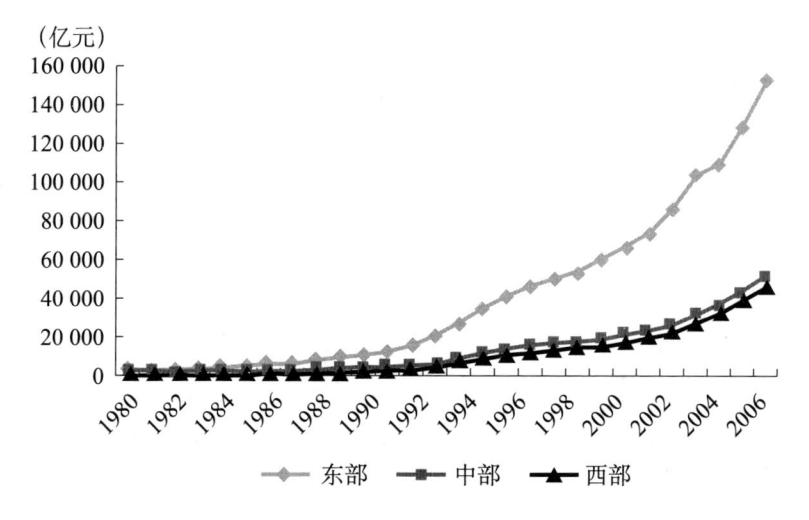

图 12-1 三大地区 GDP 变化

资料来源：历年《中国统计年鉴》。

从工业总产值来看，1997—2007 年间，东部地区的工业总产值占全国比重从 51.19% 上升到 66.44%（见表 12-2），增加了 15.25 个百分点。东部和中西部工业总产值之间的差距水平也从 1997 年的 5 512.04 亿元增加到 2007 年的 30 018.29 亿元。比较而言，中西部地区工业总产值的增速及其占全国工业总产值的比重都低于东部地区（见图 12-2）。以珠三角和长三角等地区为代表的一批以劳动密集型产业为主的沿海工业带得以形成，中国成为"世界制造工厂"。与此同时，中国内陆地区的工业企业和绝大多数乡镇企业普遍出现衰败。

表 12-2　东、中、西部地区工业总产值及其占全国比重：1997—2007 年

年份	全国（亿元）	东部		中部		西部	
		工业总产值（亿元）	比重（%）	工业总产值（亿元）	比重（%）	工业总产值（亿元）	比重（%）
1997	32 921.39	16 851.72	51.19	6 554.13	19.91	4 785.55	14.54
1998	34 018.43	18 050.37	53.06	6 906.75	20.3	4 900.91	14.41
1999	35 861.48	19 243.03	53.66	6 977.58	19.46	5 051.18	14.09
2000	40 033.59	21 996.12	54.94	7 559.55	18.88	5 492.54	13.72
2001	43 580.62	24 116.93	55.34	8 222.81	18.87	5 813.15	13.34
2002	47 431.31	27 082.83	57.1	9 046.63	19.07	5 833.74	12.3
2003	54 945.53	33 275.86	60.56	10 229.16	18.62	7 537.86	13.72
2004	65 210.03	41 864.83	64.2	12 652.4	19.4	9 527.6	14.61
2005	77 230.78	51 120.04	66.19	14 914.1	19.31	11 839.72	15.33
2006	91 310.9	60 561.4	66.32	18 135.9	19.86	14 993.32	16.42
2007	107 367.2	71 329.98	66.44	22 507.48	20.96	18 804.21	17.51

资料来源：历年《中国统计年鉴》。

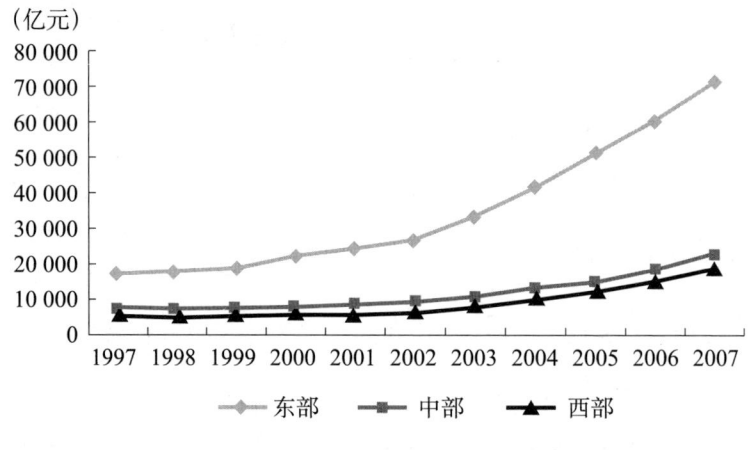

图 12-2　三大地区工业总产值变化

资料来源：历年《中国统计年鉴》。

（2）农村劳动力和人口的跨区域流动。区域间的工业化不均衡发展，以及城市化进程的加快，带来中国经济重心和工业化中心偏向东部沿海地区。经济格局的重塑带来全国农村劳动力的跨区域流动加快。中西部地区成为支

撑出口导向型工业化的廉价劳动力输出基地，每年数以亿计的农民工从内地农村流入东部地区的二三产业部门，但受制于城乡二元体制，这些来自农村的新移民并不能在城市真正落户定居，而是成为数量庞大的"两栖人口"，季节性地往返于东部城市和内地农村之间。1996—2010年，跨省流动农民工从1996年的2 363.5万人增加到7 717万人，占外出农民工的比重从32.7%提高到50.3%（见表12-3）。其中中部地区跨省流动农民工所占比重高达70.5%，西部地区跨省流动农民工占53.5%。

表12-3 农民工流动情况：1996—2010年

	1996年	2003年	2004年	2006年	2008年	2009年	2010年
跨省流动农民工（万人）	2 363.5	5 620	4 770	7 068	7 484	7 441	7 717
占外出农民工的比重（%）	32.7	49.9	51	53.5	53.3	51.2	50.3

资料来源：《中国第一次农业普查资料综合提要》和历年《全国农民工监测调查报告》。

2000年第5次人口普查数据显示，21世纪初中国的流动人口已超过1.2亿人，其中省内流动人口为7 865万人，跨省流动人口为4 242万人。其中从乡村流出人口为8 840万人，占1.2亿总流动人口的73%。在各省中，流出人口占跨省流动人口的比例最高的6个省分别为：四川（16.47%）、安徽（10.2%）、湖南（10.2%）、江西（8.7%）、河南（7.2%）和湖北（6.6%）。而流入人口占跨省流动人口比例最高的则为广东，高达35.5%，其次分别为浙江（8.7%）、上海（7.4%）、江苏（6.0%）、北京（5.8%）和福建（5.1%）。这些数据鲜明地反映出中国人口流动的两大趋势，即从乡村向城镇流动，从中西部地区向东部沿海地区流动。

到第6次人口普查时，这一趋势更为明显。按照"居住地与户口登记地所在的乡镇街道不一致且离开户口登记地半年以上的人口"作为标准，中国的总迁移人口到2010年时已达到26 139万人。如果不包括市辖区内人户分离的3 996万人，流动人口实际已超过2.2亿人。同2000年人口普查相比，10年间中国的总迁移人口增加了1.17亿人，增幅达81%，如不包括市辖区内人户分离的人口，则流动人口实际增加了超过1亿人，增长83%。从地区分布看，东部地区人口占31个省（区、市）常住人口的37.98%，与第5次人口普查数据相比上升2.41个百分点。中部、西部和东北地区则分别占总数的26.76%、27.04%和8.22%，均比第5次人口普查数据有所下降。其中西部地区下降幅度最大，下降1.11个百分点；其次是中部地区，下降1.08个百分点；东北地区下降0.22个百分点。这表明中国农业劳动力的跨区域和跨省流动仍在持续大幅增加。

到2010年，全国农民工总量已达24 223万人，比上年增加1 245万人，增长5.4%。其中外出农民工12 264万人，比上年增加697万人，增长6%；举家外出农民工3 071万人，比上年增加105万人，增长3.5%。农民工就业地区主要分布在广东、浙江、江苏、山东等省，4省农民工就业占全国农民工总量的近一半。在长三角地区务工的农民工为5 810万人，比上年增加263万人，增长4.7%，在珠三角地区务工的农民工为5 065万人，比上年增加148万人，增长3%。表12-4显示中西部地区一半以上外出农民工在省外务工，而东部地区则大部分在省内务工。

表12-4 各地外出农民工在省内外务工的分布（%）

地区	2009年		2010年	
	省内	省外	省内	省外
东部地区	79.6	20.4	80.3	19.7
中部地区	30.6	69.4	30.9	69.1
西部地区	40.9	59.1	43.1	56.9

资料来源：《2009年农民工监测调查报告》和《2010年农民工监测调查报告》。

二、农村结构发生重大变化

（1）农业份额下降到现代化转折点。根据Kuznets和Chenery等的国际比较分析，各国迈向现代化的进程，其重要转折点是，农业产值和就业占三次产业的份额均下降到10%以下（Kuznets, 1957; Chenery, Robinson and Syrquin，1986)。

比照各国或地区现代化的历程，中国经济的产业结构和就业结构在 2000 年以后也发生了历史性变化，进入现代化转折区间。表 12-5 显示，2000 年，中国第一产业产值占 GDP 的比重降到 15.06%，以后一直处于下降中，到 2009 年已降至 10.35%。第一产业劳动力占总劳动力的比重也大幅下降，如表 12-6 所示，第一产业劳动力占总劳动力的比重到 2000 年时已经历史性地达到只占 50%，到 2009 年时降至 38.09%。表 12-7 更直接地显示了 1990 年以来各产业就业人数的变化，图 12-3 更直观地显示了 1952 年以来各产业劳动力人口的变化，从中可以看出中国就业结构的变化趋势。

表 12-5　1990 年以来各产业产值占 GDP 的比重

年份	第一产业产值占比	第二产业产值占比	第三产业产值占比
1990	0.271 2	0.413 4	0.315 4
1991	0.245 3	0.417 9	0.336 9
1992	0.217 9	0.434 5	0.347 6
1993	0.197 1	0.465 7	0.337 2
1994	0.198 6	0.465 7	0.335 7
1995	0.199 6	0.471 8	0.328 6
1996	0.196 9	0.475 4	0.327 7
1997	0.182 9	0.475 4	0.341 7
1998	0.175 6	0.462 1	0.362 3
1999	0.164 7	0.457 6	0.377 7
2000	0.150 6	0.459 2	0.390 2
2001	0.143 9	0.451 5	0.404 6
2002	0.137 4	0.447 9	0.414 7
2003	0.128 0	0.459 7	0.412 3
2004	0.133 9	0.462 3	0.403 8
2005	0.121 2	0.473 7	0.405 1
2006	0.111 1	0.479 5	0.409 4
2007	0.107 7	0.473 4	0.418 9
2008	0.107 3	0.474 5	0.418 2
2009	0.103 5	0.463 0	0.433 6

资料来源：历年《中国统计年鉴》。

表 12-6　1990 年以来各产业劳动力占总劳动力比重的变化

年份	第一产业劳动力占比	第二产业劳动力占比	第三产业劳动力占比
1990	0.601	0.214	0.185
1991	0.597	0.214	0.189
1992	0.585	0.217	0.198
1993	0.564	0.224	0.212
1994	0.543	0.227	0.23
1995	0.522	0.23	0.248
1996	0.505	0.235	0.26
1997	0.499	0.237	0.264
1998	0.498	0.235	0.267
1999	0.501	0.23	0.269
2000	0.5	0.225	0.275
2001	0.5	0.223	0.277
2002	0.5	0.214	0.286
2003	0.491	0.216	0.293
2004	0.469	0.225	0.306
2005	0.448	0.238 5	0.313 5
2006	0.426 2	0.251 6	0.322 2
2007	0.408 4	0.267 9	0.323 6
2008	0.395 6	0.272 4	0.331 9
2009	0.380 9	0.278	0.341 1

资料来源：历年《中国统计年鉴》。

表 12-7　1990 年以来各产业就业人数的变化　　　　单位：万人

年份	总就业人数	一产就业人数	二产就业人数	三产就业人数
1990	64 749	38 914	13 856	11 979
1991	65 491	39 098	14 015	12 378
1992	66 152	38 699	14 355	13 098
1993	66 808	37 680	14 965	14 163
1994	67 455	36 628	15 312	15 515
1995	68 065	35 530	15 655	16 880
1996	68 950	34 820	16 203	17 927

续表

年份	总就业人数	一产就业人数	二产就业人数	三产就业人数
1997	69 820	34 840	16 547	18 432
1998	70 637	35 177	16 600	18 860
1999	71 394	35 768	16 421	19 205
2000	72 085	36 043	16 219	19 823
2001	73 025	36 513	16 284	20 228
2002	73 740	36 870	15 780	21 090
2003	74 432	36 546	16 077	21 809
2004	75 200	35 269	16 920	23 011
2005	75 825	33 970	18 084	23 771
2006	76 400	32 561	19 225	24 614
2007	76 990	31 444	20 629	24 917
2008	77 480	30 654	21 109	25 717
2009	77 995	29 708	21 684	26 603

资料来源：历年《中国统计年鉴》。

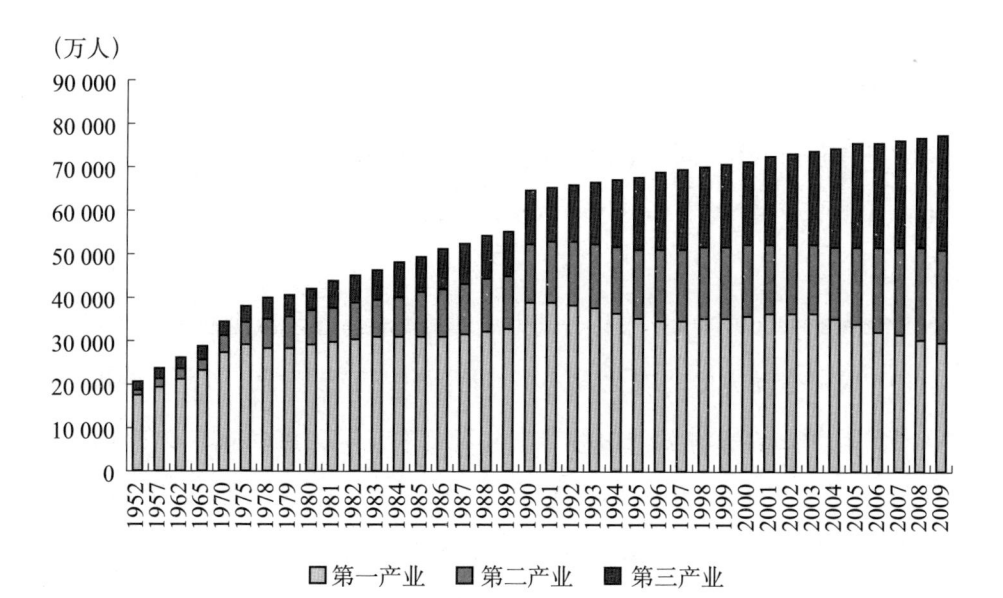

图 12-3　1952 年以来各产业劳动力人口的变化

资料来源：历年《中国统计年鉴》。

(2) 农村劳动力从无限供给转向负增长。从总量上看，全国农村劳动力总供给从 1978 年年末的 3.06 亿人增加到 2009 年的 4.69 亿人，新增了 1.63 亿人，年均增加 507.4 万人，增幅介于 20 世纪 60 年代的增长高峰和 70 年代的低谷之间。从增长率来看，20 世纪 80 年代是增长高峰时期，90 年代增长势头减缓，90 年代后期零增长。进入 21 世纪后，农村劳动力出现负增长（见图 12-4）。自 1978 年以来，中国农村劳动力增量变化呈现显著的阶段性特征：

1) 20 世纪 80 年代农村劳动力数量急剧增长，从 1978 年的 30 638 万人增加到 1990 年的 47 708 万人，年均增加 1 422.5 万人，1978—1990 年间农村劳动力年均增长率高达 3.76%，是 1949 年以来增长幅度最大的时期，这主要是由 20 世纪六七十年代的生育高峰所致。

2) 进入 20 世纪 90 年代后，农村劳动力的增长率显著下降。1990—1995 年间，农村劳动力总量从 47 708 万人增加到 49 025 万人，年均增加 263.4 万人，年均增长率降到 0.55%。

3) 1995—2001 年间，农村劳动力停止了递减趋势，维持在零增长的水平上，从 1995 年年底的 49 025 万人增加到 2001 年年底的 49 085 万人，年均增长 10 万人。

4) 2002—2009 年间，农村劳动力出现负增长，年均减少约 260 万人。

(3) 农村劳动力的非农化进入"刘易斯转折点"区间。1978 年开启的改革开放政策，为农村劳动力的非农化和破解人口对土地的压力提供了历史机遇。20 世纪 80 年代中期至 90 年代中期，乡镇企业发展成为吸纳农村剩余劳动力的主力军。乡镇企业就业人数从 1980 年的 3 000 万人增加到 1993 年的 12 345 万人，到 90 年代中后期，乡镇企业就业人数为 1.2 亿～1.3 亿人（见表 12-8）。当 90 年代末以后乡镇企业处于停滞时，农村个体和私营企业的发展成为吸纳农村剩余劳动力的新的力量。1996—2009 年

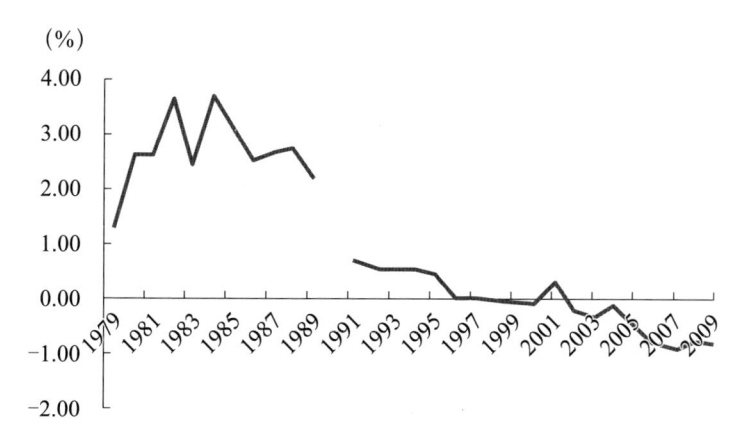

图 12-4 改革以来农村劳动力增长情况：1979—2009 年

资料来源：根据《中国人口和就业统计年鉴（2010）》中农村劳动力数据计算得出。

注：1990 年全国人口普查对农村就业人员数量做过调整，由此得出的 1990 年的农村劳动力比 1989 年净增 6 769 万人，增长率为 16.53%，这种统计口径变化导致的超常规的增长率没有计入图中。

间，乡镇企业就业增加了 15.4%，而私营企业增长了 4.5 倍。到 2009 年年底，农村个体和私营企业已经吸纳了近 5 000 万剩余劳动力，超过了乡镇企业就业人数的 1/3。90 年代末以后，在农村非农产业发展吸纳农村剩余劳动力的同时，农村劳动力的进城务工成为另一条重要路径。根据劳动和社会保障部的调查，1999 年农村外出务工劳动力为 5 204 万人。而根据国家统计局公布的数据，到 2003 年年底，农民外出就业人数达到 11 390 万人，比 1999 年增加 6 186 万人，增长幅度超过 1 倍（陈锡文、赵阳、罗丹，2008）。2009 年外出农民工总量达到 14 533 万人，占到农村全部劳动力的 31%（见表 12-9）。因此，自改革以来，农村工业化的发展、沿海地区形成的世界制造工厂以及城市就业向农民的开放，促进了农村劳动力的快速非农化，农村非农就业比重从 1978 年的 9.23% 提高到 2009 年的 44.78%（见图 12-5）。

表 12-8　全国按城乡分就业人员数（年底数）：1978—2009 年

年份	农村劳动力总数（万人）	乡镇企业（万人）	私营企业（万人）	个体（万人）	农村非农就业人数（万人）	农村非农就业人数占农村劳动力的比重（%）
1978	30 638	2 827			2 827	9.23
1980	31 836	3 000			3 000	9.42
1985	37 065	6 979			6 979	18.83
1990	47 708	9 265	113	1 491	10 869	22.78
1991	48 026	9 609	116	1 616	11 341	23.61
1992	48 291	10 625	134	1 728	12 487	25.86
1993	48 546	12 345	187	2 010	14 542	29.96
1994	48 802	12 017	316	2 551	14 884	30.5
1995	49 025	12 862	471	3 054	16 387	33.43
1996	49 028	13 508	551	3 308	17 367	35.42
1997	49 039	13 050	600	3 522	17 172	35.02
1998	49 021	12 537	737	3 855	17 129	34.94
1999	48 982	12 704	969	3 827	17 500	35.73
2000	48 934	12 820	1 139	2 934	16 892	34.52
2001	49 085	13 086	1 187	2 629	16 902	34.43
2002	48 960	13 288	1 411	2 474	17 172	35.07
2003	48 793	13 573	1 754	2 260	17 587	36.04
2004	48 724	13 866	2 024	2 066	17 955	36.85
2005	48 494	14 272	2 366	2 123	18 760	38.69
2006	48 090	14 680	2 632	2 147	19 459	40.46
2007	47 640	15 090	2 672	2 187	19 949	41.87
2008	47 270	15 451	2 780	2 167	20 398	43.15
2009	46 875	15 588	3 063	2 341	20 992	44.78

资料来源：中华人民共和国国家统计局：《中国统计年鉴 2010》，中国统计出版社，2010。

表 12-9 2000 年以来外出农民工数量及其占农村全部劳动力的比重

	2000 年	2001 年	2002 年	2003 年	2004 年	2005 年	2006 年	2007 年	2008 年	2009 年
外出农民工（万人）	7 849	8 399	10 470	11 390	11 823	12 578	13 212	13 697	14 041	14 533
外出农民工占农村劳动力的比重（%）	16.04	17.11	21.38	23.34	24.27	25.94	27.47	28.75	29.7	31

资料来源：蔡昉、王德文、都阳：《中国农村改革与变迁：30 年历程和经验分析》，格致出版社，2008；国家统计局农村社会经济调查司：《中国农村住户调查年鉴 2010》，中国统计出版社，2010。

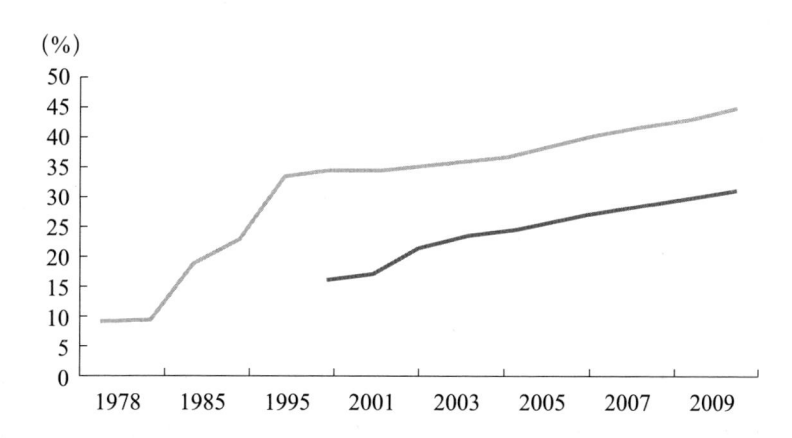

图 12-5 农村非农就业人数和外出农民工占农村劳动力的比重

资料来源：中华人民共和国家统计局：《中国统计年鉴 2010》，中国统计出版社，2010；历年《中国农村住户调查年鉴》。

从表 12-10 的估算来看，在农村 4.7 亿劳动力中，已经转移到城乡非农部门就业的有近一半。按照农业专家的估计，未来农业部门适度的就业规模应该在 1.8 亿人左右，农业劳动力供给进入"刘易斯转折点"区间，为解决长期困扰中国的农村人口对土地的压力问题提供了可能。

表 12-10 关于农村转移劳动力、务农劳动力和剩余劳动力的估算

	转移劳动力	务农劳动力	剩余劳动力
韩俊、崔传义（2007）	47.57%；2 亿～2.2 亿人	1.5 亿～1.8 亿人	1 亿～1.2 亿人
黄宗智（2008）	—	—	1/3；1 亿人左右

续表

	转移劳动力	务农劳动力	剩余劳动力
蔡昉（2009）	1.94亿人	2.83亿人	4 300万人
《中国统计年鉴2009》	2.04亿人	共2.69亿人	

（4）人口再生产进入更替水平。自1979年开始正式实施的计划生育政策，其主要内容是提倡晚婚晚育、少生优生，提倡"一对夫妇只生一个孩子"。在实际执行过程中，计划生育政策对城镇和农村居民实行着有区别的强制性生育限制。在严格的人口政策控制下，1978—1994年间，全国的人口规模增加了24.5%，人口自然增长率徘徊在11‰～17‰（见表12-11）。20世纪90年代初，中国总和生育率就已降到更替水平以下。自90年代中后期以来，中国已进入低生育率时代，人口再生产发生了历史性转变。总和生育率一直处于1.5以下，并且大体稳定。① 1995—2009年，人口规模增加10.2%，人口自然增长率从10.55‰降到5.05‰。由于政策的强力干预，中国人口转变速度太快，数十年内走完了别的国家一二百年的进程，留给我们一个非常畸形的人口结构。人口增长模式的急剧变化（见图12-6）为缓解人地关系提供了机遇，也对如何应对这种急剧下降、进行农地经营制度的调整提出了挑战。

表12-11 改革以来中国的人口自然增长率和人地比率：1978—2009年

年份	人口自然增长率（‰）	人地比率（亩/人）	年份	人口自然增长率（‰）	人地比率（亩/人）
1978	12	2.23	1983	13.29	2.07
1980	11.87	2.17	1984	13.08	2.05
1981	14.55	2.14	1985	14.26	2.07
1982	15.68	2.1	1986	15.57	2.07

---

① 自1995年以来，各种统计数据均表明全国人口的总和生育率已经极低，1995年国家统计局1%人口抽样调查中总和生育率仅为1.46，1997年国家计生委的调查则为1.35～1.38。

续表

年份	人口自然增长率（‰）	人地比率（亩/人）	年份	人口自然增长率（‰）	人地比率（亩/人）
1987	16.61	2.07	1999	8.18	2.07
1988	15.73	2.06	2000	7.58	1.98
1989	15.04	2.11	2001	6.95	1.99
1990	14.39	2.1	2002	6.45	2
1991	12.98	2.18	2003	6.01	1.96
1992	11.6	2.06	2004	5.87	2
1993	11.45	2.17	2005	5.89	2.08
1994	11.21	2.18	2006	5.28	2.11
1995	10.55	2.17	2007	5.17	2.16
1996	10.42	2.3	2008	5.08	2.18
1997	10.06	2.07	2009	5.05	2.26
1998	9.14	2.06			

资料来源：人口自然增长率来自《中国统计年鉴2010》。人地比率数据来源与表11-5相同。

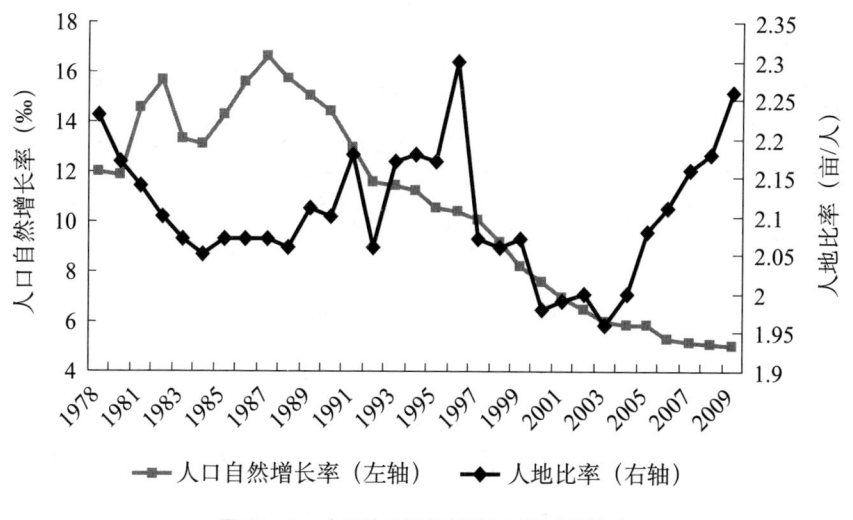

图12-6 中国的人口自然增长率和人地比率

三、农业劳动力结构变化对农业投入的影响

（1）农作物用工成本上升、用工数较少。随着农村劳动力大规模跨区域转移流动、从事农业劳动力人数减少和整个农村人口的绝对量减少，中国农业依靠高劳动投入来提高农业产出的模式面临严峻挑战。图12-7反映了三种主要粮食作物（稻谷、小麦和玉米）在1978—2009年间家庭用工价与雇工工价的变化趋势。可以看出，家庭用工价与雇工工价均出现明显增长，且雇工工价近10年的增速很快，从1999年的14.05元/日增长到2009年的53.09元/日，增长了近3倍。家庭用工价折算也从1999年的9.5元/日增长到2009年的24.8元/日，增长了1.6倍。除了物价水平等因素的影响外，农业用工价的快速增长与农村劳动力非农就业机会的增长及其所带来的农业用工的机会成本增加等因素也有显著关系。

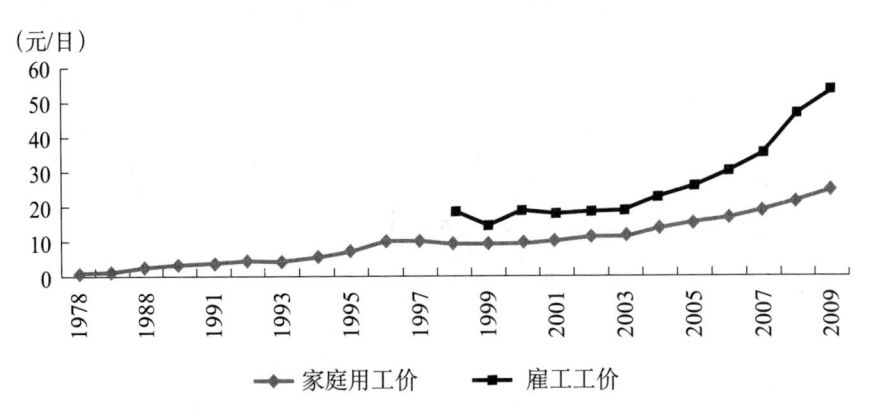

图12-7　三种主要粮食作物在1978—2009年间家庭用工价与雇工工价的变化
资料来源：2007—2010年《全国农产品成本收益资料汇编》。

图12-8是分作物统计的1978—2009年间各主要作物（稻谷、小麦、玉米、大豆、油菜籽、棉花）家庭用工折价和雇工费用的变化情况。总的来看，几种作物的变化趋势相似，特别是在1999—2009年的10年间，家庭用工折价都呈现直线上升趋势。其中，棉花成本最高，亩均接近500元；其次是油

菜籽、稻谷和玉米成本，2009年在亩均200元左右。小麦、大豆成本价格相对较低，分别在亩均150元和100元以下。

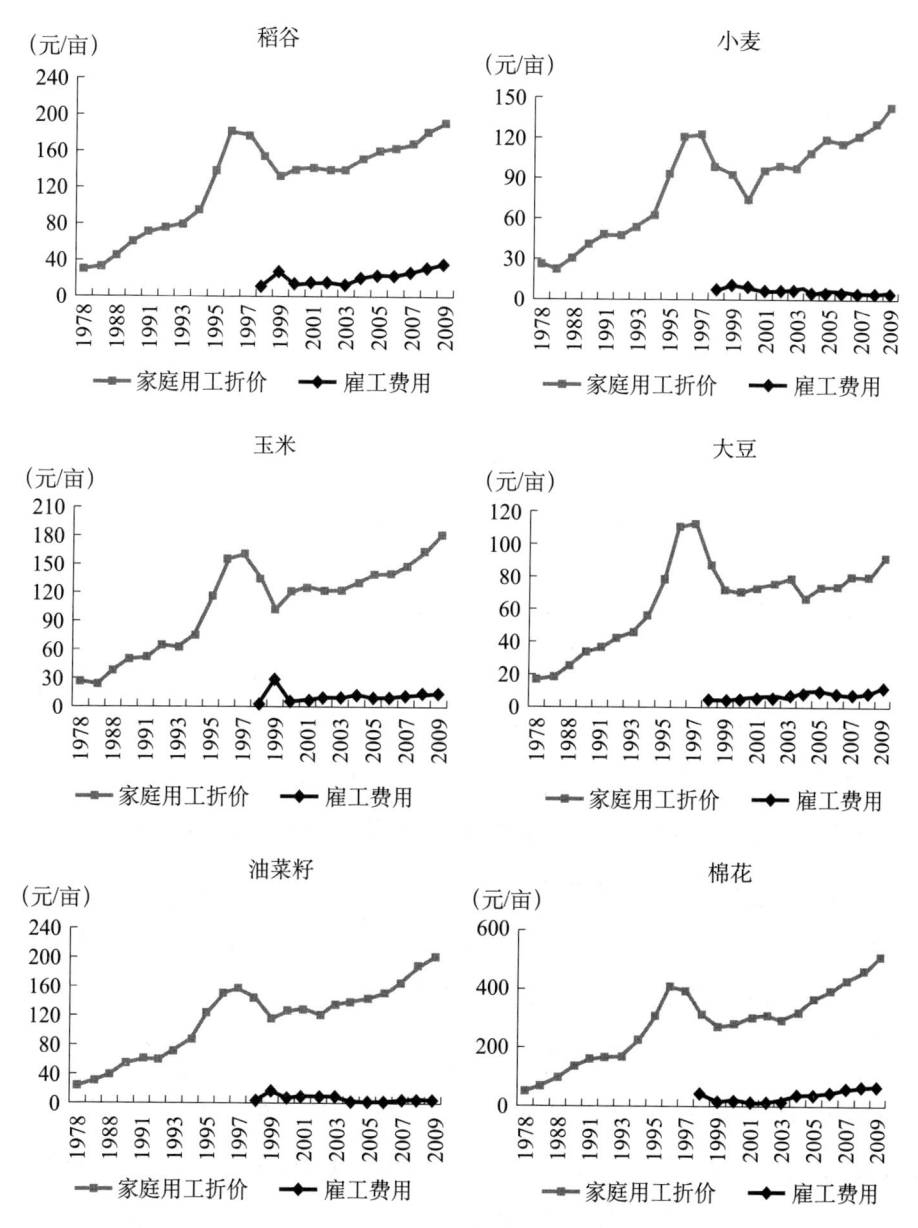

图 12-8　几种主要农作物在 1978—2009 年间家庭用工折价和雇工费用的变化情况
资料来源：历年《全国农产品成本收益资料汇编》。

由于劳动力越来越稀缺，劳动用工成本上升，一个农民家庭在进行劳动力配置时，普遍采取减少农作物用工投入的策略。农业劳动成本的提高带来的首先是原有农业的用工量大大下降。这一点可以通过总用工量数据和分作物用工量数据来看。图12-9是1990—2009年间几种主要农作物的亩均用工量统计。

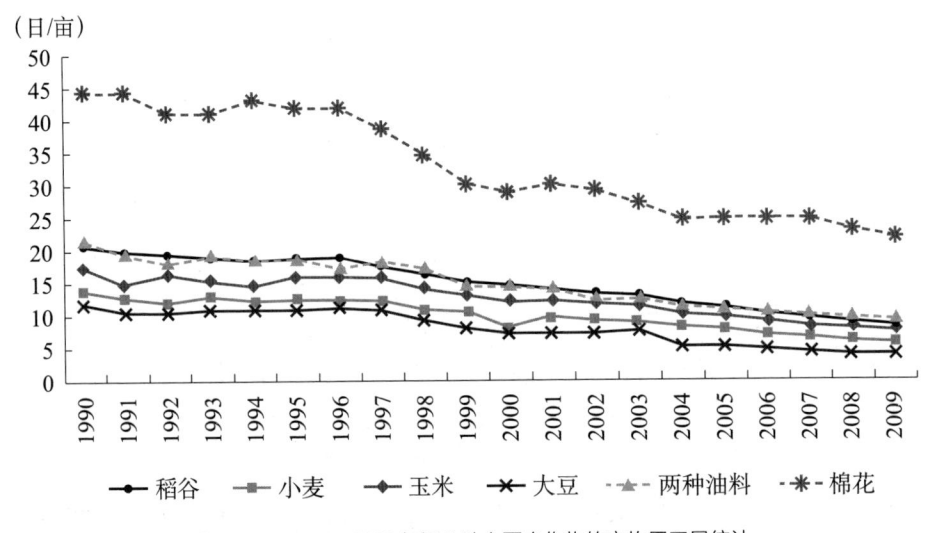

图12-9 1990—2009年间几种主要农作物的亩均用工量统计
资料来源：历年《全国农产品成本收益资料汇编》。

从图12-9中可以明显看到几种主要农作物的亩均用工量都有持续性的不同程度的下降。其中下降幅度最大的是棉花，从1990年的接近45日/亩下降到1999年的35日/亩，又下降到2009年的22日/亩，20年间减少了51.1%。稻谷和两种油料则从1990年的20日/亩下降到低于10日/亩，也减少了一半左右。小麦、玉米和大豆趋势类似。

（2）农业机械化水平提高与机械投入增加。自改革以来，全国的农业机械总动力增长迅速。1978—2002年间，全国农用机械总动力从11749.9万千瓦增加到57929.9万千瓦，年均增长6.9%。自2003年以来，全国农用机械总动力继续保持了年均6%的高速增长，从2002年年底的57929.9万千瓦增加到2010年年底的92 780.5万千瓦。

自2000年以来,全国各种主要农业机械拥有量增长迅速(见表12-12),这是支撑农业机械总动力高速增长的重要条件。2000—2010年间,全国的大中型拖拉机及其配套农具分别增加294.7万辆和472.9万套,分别增长302%和338%;2000—2010年间,小型拖拉机增加521.4万辆,增长41.2%;2000—2009年间,农用排灌动力机械增加602.3万套,增长41%;2000—2010年间,联合收割机增加72.7万台,增长274%;2000—2008年间,播种机增加238.2万台,增长98%;2000—2010年间,水稻插秧机增加25.5万台,增长567%;2000—2010年间,机动脱粒机增加140.6万台,增长16%;2000—2010年间,节水灌溉类机械增加56.4万套,增长58%;2000—2010年间,农用水泵增加475.1万台,增长29%;2000—2010年间,农用运输车增加581.9万辆,增长75%。

表12-12 全国主要农业机械拥有量:2000—2010年

类别	2000年	2001年	2002年	2003年	2004年	2005年	2006年	2007年	2008年	2009年	2010年
大中型拖拉机(万辆)	97.5	83	91.2	98.1	111.9	139.6	171.8	206.3	299.5	351.6	392.2
小型拖拉机(万辆)	1 264.4	1 305	1 339.4	1 378	1 455	1 526.9	1 568	1 619	1 722.4	1 751	1 785.8
大中型拖拉机配套农具(万套)	140	147	157.9	169.8	188.7	226.2	261.5	308.3	435.4	542.1	612.9
农用排灌动力机械(万套)	1 483.4	1 506	1 571.5	1 601	1 675	1 752.7	1 867	1 926	2 034.9	2 086	
联合收割机(万台)	26.5	28.4	31.2	36.2	40.7	47.7	56.8	63.2	74.4	85.5	99.2
播种机(万台)	243.9	266	286	299.3	327.3	364.7	393.6	424.2	482.1		
水稻插秧机(万台)	4.5	4.7	5.3	6	6.7	8	11.2	15.6	20	26.1	30
机动脱粒机(万台)	876.2	904	898.3	883.7	914.7	929	969.4	982.9	963.2	987.9	1 016.8

续表

类别	2000年	2001年	2002年	2003年	2004年	2005年	2006年	2007年	2008年	2009年	2010年
节水灌溉类机械（万套）	97.7	103	107.2	107.2	109.8	115.1	119.1	127	134.5	137.6	154.1
农用水泵（万台）	1 633.7	1 464	1 522.6	1 576	1 646	1 727.3	1 841	1 911	1 979.2	2 041	2 108.8
农用运输车（万辆）	779.5	869	853.5	1 029	1 119	1 119.4	1 236	1 296	1 320.8	1 345	1 361.4

资料来源：历年《中国统计年鉴》。

(3) 现代流动投入仍在增加，但增速下降。2003—2010年间，化肥、农药、农用塑料薄膜、农用柴油的使用量分别从4 411.6万吨、132.5万吨、159.2万吨和1 574.6万吨增加到5 561.7万吨、175.8万吨、217.3万吨和2 023.1万吨（见表12-13和图12-10），分别增长了26.1%、32.7%、36.5%和28.5%。这表明，提高土地产出的投入的增长，在增加农产品产量中仍然起重要作用。但是从各类物资使用量的增速来看，2003年以来主要农业现代流动投入使用量的增速比之前都降低不少：化肥的使用量在1978—2002年间年均增加7%，2002—2010年间年均增速降到3%；农药使用量在1991—2002年间年均增加5%，2002—2010年间年均增速降到3.7%；农用塑料薄膜的使用量在1991—2002年间年均增加8%，2002—2010年间年均增速降到4.5%；农用柴油的使用量在1993—2002年间年均增加5.4%，2002—2010年间年均增速降到3.7%。这预示着在农业生产资料价格不断上涨和农业用工成本不断上升的背景下，农户对增加土地生产率的投入激励处于下降。

表12-13 各类现代流动投入的使用量：1978—2010年　　　　单位：万吨

年份	化肥	农药	农用塑料薄膜	农用柴油	年份	化肥	农药	农用塑料薄膜	农用柴油
1978	884				1985	1 775.8			
1980	1 269.4				1990	2 590.3			

续表

年份	化肥	农药	农用塑料薄膜	农用柴油	年份	化肥	农药	农用塑料薄膜	农用柴油
1991	2 805.1	76.5	64.3		2001	4 253.8	127.5	144.9	1 485.3
1992	2 930.2	79.9	78.1		2002	4 339.4	131.1	153.1	1 507.5
1993	3 151.9	84.5	70.7	938.3	2003	4 411.6	132.5	159.2	1 574.6
1994	3 317.9	97.9	88.7	966.6	2004	4 636.6	138.6	168	1 819.5
1995	3 593.7	108.7	91.5	1 088	2005	4 766.2	146	176.2	1 902.7
1996	3 827.9	114.1	105.6	1 076	2006	4 927.7	153.7	184.5	1 922.8
1997	3 980.7	119.5	116.2	1 230	2007	5 107.8	162.3	193.7	2 020.8
1998	4 083.7	123.2	120.7	1 315	2008	5 239	167.2	200.7	1 887.9
1999	4 124.3	132.2	125.9	1 354.3	2009	5 404.4	170.9	208	1 959.9
2000	4 146.4	128	133.5	1 405	2010	5 561.7	175.8	217.3	2 023.1

资料来源：《中国统计年鉴2011》《新中国农业60年统计资料》《农业统计年报2010》。

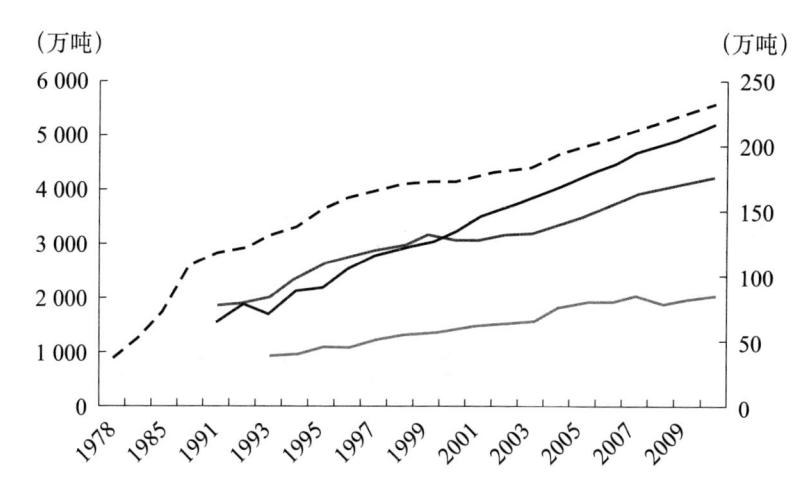

图 12-10 各类现代流动投入的变化

（4）农业进入高成本阶段。在农业转型的历史性阶段，尽管劳动投入减少，但用工成本上升；边际土地潜力殆尽以及土地价值上升带来土地成本上升；为了提高土地产出，农民还得增加现代流动投入；在劳动投入减少的情况下，农民对机械的投入增加；能源成本上升且居高不下，导致农作物物质耗费大幅增加。综合所有这些因素，在中国农业结构转型处于历史性转折关头的同时，农业也进入了高成本阶段。

从作物成本看，图12-11、图12-12和图12-13分别反映了各品种自1990年以来的总成本变化，以及人工成本、物质和服务成本分别占总成本的比重的变化。就总成本而言，各种作物的总成本都处于增加趋势，其中在1999—2009年间，棉花成本增长最快。就亩均成本水平看，棉花亩均总成本也是最高的，明显高于其他几种作物。亩均成本次高的是稻谷，增幅也明显较快。再次是小麦、玉米和两种油料作物，其平均成本基本相同，增长趋势也基本相同。大豆相比而言亩均成本最低，且增长较其他作物缓慢。

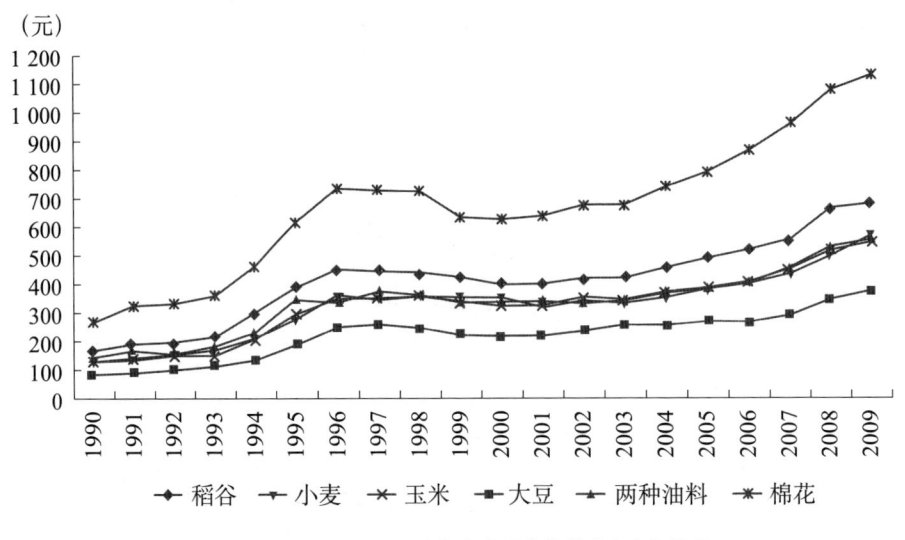

图12-11　1990—2009年间各主要作物总成本变化情况
资料来源：历年《全国农产品成本收益资料汇编》。

就人工成本占总成本的比重看，第一，除棉花外，几种作物的人工成本占总成本的比重都有不同程度的下降。棉花的人工成本占总成本的比重是最低的，原因可能在于其生产的土地成本所占比重非常高（约为50%）。第二，在除棉花外的其他几种作物中，人工成本所占比重最高的是两种油料作物，其次是玉米和稻谷。小麦的人工成本比重则较玉米和稻谷更低。大豆相比而

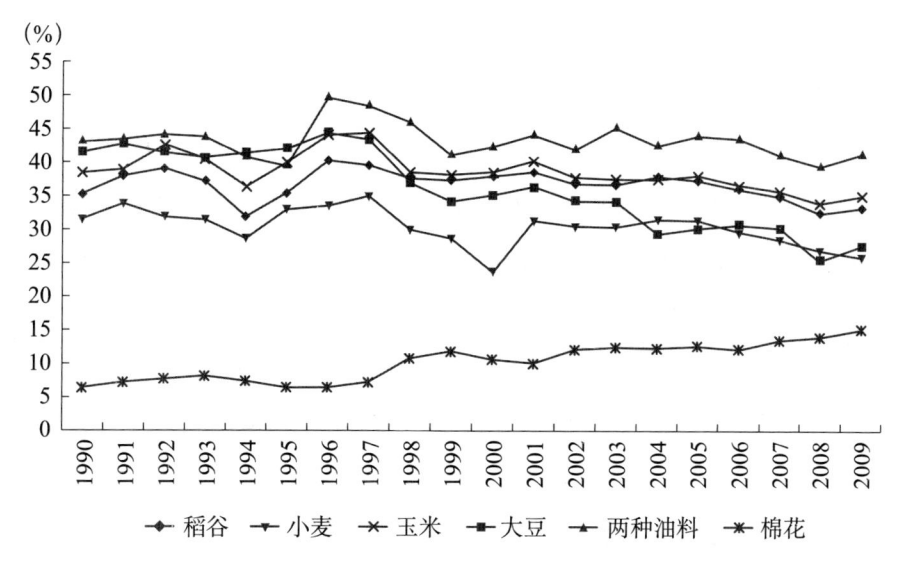

图 12-12　1990—2009 年间各主要作物人工成本占总成本的比重及变化
资料来源：历年《全国农产品成本收益资料汇编》。

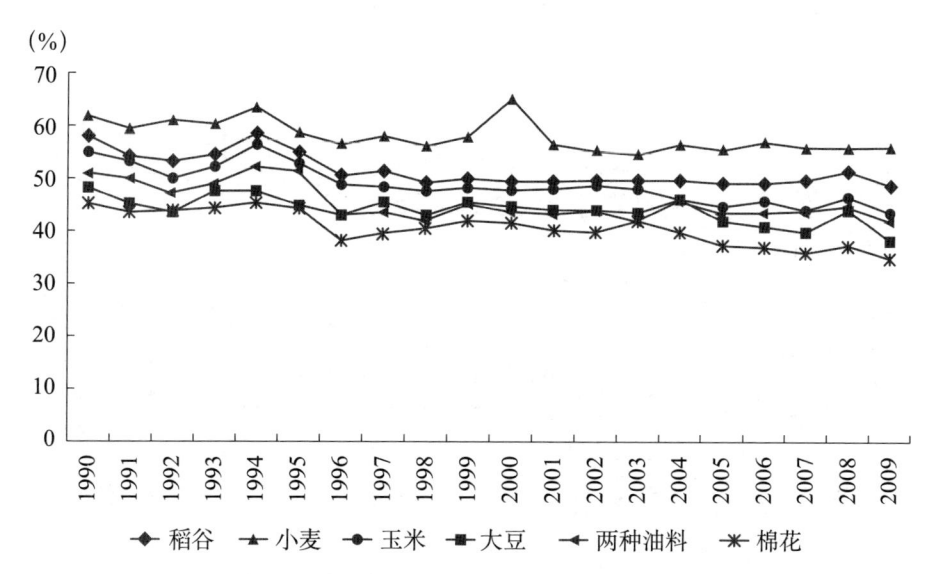

图 12-13　1990—2009 年间各主要作物物质和服务成本占总成本的比重及其变化
资料来源：历年《全国农产品成本收益资料汇编》。

言人工成本比重较低，并且在近十年内人工成本比重下降的速度是最快的。总的来看，除棉花的人工成本比重低于 15% 外，其他各品种人工成本占总成本的比重从25%到50%不等。

就物质和服务成本占总成本的比重看，各作物基本保持稳定状态，稳中略有下降。总体比重从35%到60%不等。在各种作物中，小麦的物质和服务成本比重最高，反映出小麦的机械化水平是比较高的，稻谷的物质和服务成本比重低于小麦，但高于其他几种作物。

四、农业现代化新阶段的农业生产率变化

（1）土地生产率变化。如果以土地单产作为衡量土地生产率的指标，图12-14主要反映了1978—2009年间主要作物土地生产率的变化情况。总体来看，三种粮食作物的土地生产率有较明显增长，其中稻谷的土地单产较高，玉米、小麦次之。但小麦土地生产率的变化幅度较稻谷和玉米更大。花生和棉花的单产在稳定的情况下有一定增长，大豆、油菜籽等则呈基本稳定趋势。

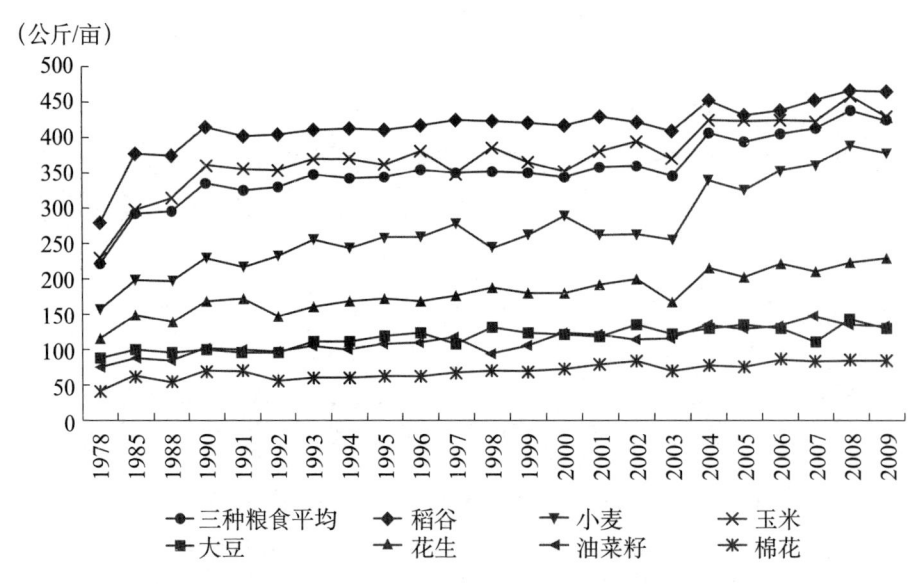

图12-14 1978—2009年主要作物土地生产率变化

资料来源：历年《全国农产品成本收益资料汇编》，经作者计算而得。

（2）农业劳动生产率变化。图12-15表明，与各种作物的土地生产率呈

现基本稳定的情况不同，各种作物的劳动生产率在1978—2009年间大都有明显的增长，尤其是三种粮食作物（稻谷、小麦和玉米）的劳动增长率，基本呈同样的递增趋势。此外值得注意的是，在2000年以后，三种粮食作物的劳动生产率提高幅度和速度较之前的时期有更明显的增长。这无疑是对我们前面所述农业劳动力变迁引发农业劳动生产率变化的有力证据。

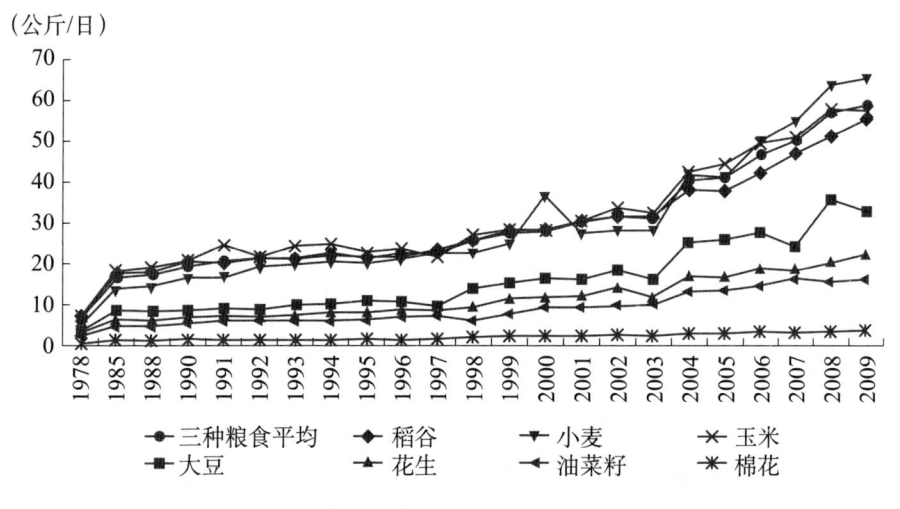

图12-15　1978—2009年主要作物劳动生产率变化
资料来源：历年《全国农产品成本收益资料汇编》，经作者计算而得。

图12-16总结性地对比了1978—2009年间主要作物的平均土地生产率和劳动生产率的变化率。

五、迈向农业现代化的标志性特征

简单来看，随着20世纪末中国的第三次工业化的启动和深入，大量农村劳动力通过跨区域、跨省的方式转移到非农部门就业，这对农业生产提出了前所未有的挑战。农业人口和农业部门劳动力的持续下降、城市化进程加速下的非农就业机会的增加等因素，使得在农业劳动力短缺的同时农业的用工成本也在不断提升，这些都促使依靠高劳动投入增加生产的传统模式必须发

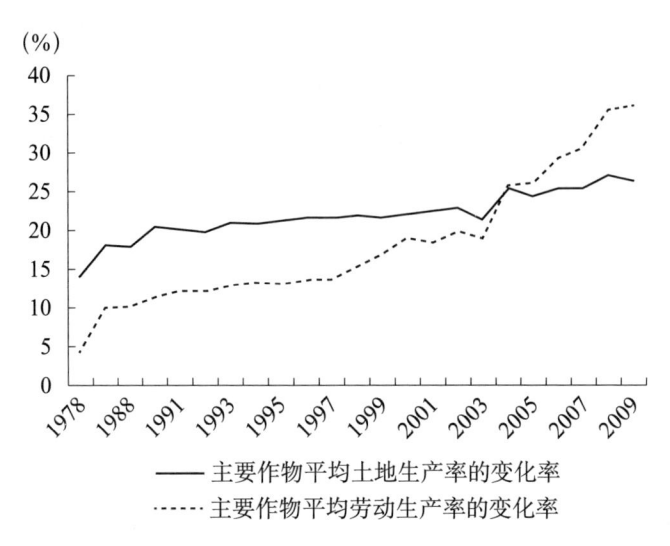

图 12-16　1978—2009 年平均土地生产率与劳动生产率的变化率
资料来源：历年《全国农产品成本收益资料汇编》，经作者计算而得。

生改变。近年来的各种数据表明，在中国的农业生产投入方面，劳动力的投入比重发生持续性下降，而机械化投入比重则持续大幅提升，化肥等现代流动投入也趋于稳定增加。这些因素是保证近年来的农业产量仍保持较高水平的一个重要原因。此外，在农业特别是种植业内部，也出现了一定程度的替代效应，主要是需要高劳动力投入的作物越来越被一些更容易实现大规模机械化操作的作物替代。可以说，上述诸因素的共同作用使得整个中国农业向以提高劳动生产率为主的模式转变。这一变局也为中国农业突破历史上的高度人口—土地压力下的"内卷化陷阱"、实现真正的农业现代化转型提供了机遇和挑战。

第十三章
要素组合与农业工业化

一、引言

在"乡土中国"到"城乡中国"的革命性跃迁过程中，大规模劳动力、土地、资本等生产要素在以工业化和城市化为导向的农业战略影响之下从农业部门单向配置于非农部门，造成农产品与农业生产要素市场扭曲，农业增长速度下降[①]，农业发展相对滞后对于实现国家现代化与共同富裕的掣肘影响越来越明显。针对农业解困给出的药方仍停留在传统思维层面，以政府为主导或寄希望于扩大土地规模，认为小规模农业生产倾向于过度使用自有劳动、排斥新技术的应用以尽可能地实现最大潜在产出水平（李谷成等，2010；冀县卿等，2019）[②]，在劳动力工资不断上涨的条件下，农业竞争力被削弱（王建军等，2012）[③]；大农场更易获得有助于改善低效率的制度供给以及基础设施、技术指导等社会化服务，从而更密集地使用提高生产力的技术和投入（Helfand and Levine，2004）[④]，进而引起技术效率（Alvarez and Arias，

[①] 刘守英、熊雪锋：《我国乡村振兴战略的实施与制度供给》，《政治经济学评论》2018年第4期。
[②] 李谷成、冯中朝、范丽霞：《小农户真的更加具有效率吗？来自湖北省的经验证据》，《经济学（季刊）》2010年第1期。冀县卿、钱忠好、李友艺：《土地经营规模扩张有助于提升水稻生产效率吗？——基于上海市松江区家庭农场的分析》，《中国农村经济》2019年第7期。
[③] 王建军、陈培勇、陈风波：《不同土地规模农户经营行为及其经济效益的比较研究：以长江流域稻农调查数据为例》，《调研世界》2012年第5期。
[④] Helfand, S. M. and E. S. Levine (2004). "Farm Size and the Determinants of Productive Efficiency in the Brazilian Center-West," *Agricultural Economics*, 31 (2-3): 241-249.

2004)、土地生产率、劳动生产率与经济效益的改善（王建英等，2015；王建军等，2012；黄祖辉、陈欣欣，1998）①②；或大兴农业机械化，通过一系列补贴与扶持政策降低农机购置成本，进一步撬动农机配置，促进农业生产呈现出明显的节约劳动倾向和"资本深化"迹象（吴丽丽等，2015）③，并将改革开放以来中国农业生产绩效的改善归于要素替代驱动的资本深化及农业资本有机构成的不断提高（孔祥智等，2018；李谷成，2015）。

事实证明，在长期处于"城乡中国"阶段且存在诸多制度性障碍的背景下，政府驱动的"单兵突进"式转型药方没有抓住破解农业发展困境的核心问题，以此为纲的农业改革实践导致生产要素市场化滞后，无法真实反映要素的成本与投资回报，加剧了生产要素错配，导致农业要素利用不经济与农业成本收益结构失衡，最终产生了事与愿违的结果。归根结底，认识和解决方案错误的根源是理论来源错误。农业国家或经济落后国家在实现经济起飞和经济发展的过程中不仅要实现工业部门的工业化，同时也要建设农业的工业化。以要素组合重构与升级为核心的农业工业化理论为分析农业份额下降过程中农业生产函数所发生的本质性变化提供了一个有效的理论框架。同时结合不断发展的创新理论与农业部门转型的特殊性，本章对经典的农业工业化理论进行了拓展，将制度性因素纳入分析框架。以农业份额下降历程为线索，本章将农业工业化理论应用于比较分析中国农业要素组合的特征，并发现中国农业恰是在要素重组过程中由于有偏的发展战略以及以单要素驱动为

---

① Alvarez, A. and C. Arias (2004). "Technical Efficiency and Farm Size: A Conditional Analysis," *Agricultural Economics*, 30 (3): 241-250.
② 王建英、陈志钢、黄祖辉、Thomas Reardon：《转型时期土地生产率与农户经营规模关系再考察》，《管理世界》2015年第9期。王建军、陈培勇、陈风波：《不同土地规模农户经营行为及其经济效益的比较研究：以长江流域稻农调查数据为例》，《调研世界》2012年第5期。黄祖辉、陈欣欣：《农户粮田规模经营效率：实证分析与若干结论》，《农业经济问题》1998年第11期。
③ 吴丽丽、李谷成、周晓时：《要素禀赋变化与中国农业增长路径选择》，《中国人口·资源与环境》2015年第8期。

核心的制度供给导致要素组合结构性失衡，并阻碍着要素组合进一步配比优化与升级。

本章不仅矫正了传统发展理论中对结构转型的工业化的片面认识，以及对于农业现代化重要性的忽视，同时与单要素驱动的农业改革路径不同，本章强调通过制度改革和经济激励保障与刺激企业家在农业部门进行生产性创新活动，实现农业生产要素重组与升级，最终提高农业生产回报。这一分析不仅为实现农业现代化提供重要的理论依据与实现路径，也为中国农业接下来能够改善失衡结构、实现转型升级提供参考。

二、农业就业份额下降与农业转型：一个文献综述

（一）农业就业份额下降的异质性

农业就业份额下降不仅是经济结构转型的标志，同时是以劳动力为代表的生产要素在不同产业之间重新分配并实现生产函数重构的过程，对农业部门乃至整个经济的全要素生产率的改善均有影响（Emerick, 2018；Vollrath, 2009；McMillan, Rodrik and Verduzco-Gallo, 2014）。在农业产出份额和就业份额随着经济发展而不断下降这一笼统趋势之外，发达经济体农业就业份额存在加速下降的阶段性特征。在农业产值份额处于10%～20%、农业就业份额在30%～40%时，伴随工业化的快速发展，技术进步带来的农业劳动力边际生产率提高与部门间相对劳动回报差距拉大共同构成劳动力流动的"推拉力"，大量低边际生产率的劳动力离开农业部门（Barkley, 1990；Alvarez-Cuadrado and Poschke, 2011）。[①] 经历此次加速下降后，大部分经济体的农业产出的份额下降到10%以下，农业就业份额降到20%以下，农业不再是最大

---

① Barkley, A. P. (1990). "The Determinants of the Migration of Labor out of Agriculture in the United States, 1940-85," *American Journal of Agricultural Economics*, 72 (3): 567-573. Alvarez-Cuadrado, F. and Poschke, M. (2011). "Structural Change out of Agriculture: Labor Push versus Labor Pull," *American Economic Journal: Macroeconomics*, 3 (3): 127-158.

的劳动力聚集部门。在农业产值份额、就业份额分别处于5%、10%左右时，农业就业份额再次出现加速下降。此时，在大多数发达经济体中，城市化水平发展超越50%，农业劳动力绝对数量跨过"刘易斯转折点"。相较于发达经济体，后发经济体农业就业份额下降进程远远滞后。低收入国家与高收入国家的农业就业份额之比从1991年的10.95倍不断扩大至2019年21.67倍，尤其是在亚洲经济体中，农业就业份额的下降速度迟缓于产出份额的下降速度，其农业产出份额以每年2.51%的速度下降，快于世界平均水平；就业份额则以每年1.71%的速度下降，慢于世界平均水平（Briones and Felipe, 2013）。农业就业份额下降相对快慢中所暗含的要素流动与要素组合的差异化特征成为理解后发经济体与发达经济体农业生产回报差距悬殊的重要角度。根据2007年的购买力平价，在世界收入分配中处于前10%的国家人均农业产出是处于后10%国家的50.1倍，前25%国家的人均农业产出是收入分配处于后25%国家的29.9倍；从土地生产率的对比来看，排名前10%的国家每公顷玉米、大米、小麦产量是排名后10%的国家的2.5~4.6倍。[①]

（二）对要素替代假说的反思

在传统农业转型的分析范式中，Hayami和Ruttan创建的以要素替代为核心的诱导性技术变迁模型对理解农业劳动力减少与实现农业转型发展发挥了重要作用。该理论假设在完全竞争的市场环境下，技术变革与相对要素禀赋变动引致的经济关系不平衡诱导农民采用相对丰富要素替代稀缺要素，从而突破要素禀赋对农业发展的约束。[②] 因此，伴随农业就业份额快速下降与劳动工资率快速上涨，以机械为代表的劳动力节约型技术的应用成为促进劳动力跨部门流动与驱动农业发展的动力来源。其他基于国别或者地区的农业转型

[①] Gollin, D., D. Lagakos and M. E. Waugh (2014). "Agricultural Productivity Differences Across Countries," *American Economic Review*, 104 (5): 165-170.

[②] 速水佑次郎、弗农·拉坦：《农业发展的国际分析》修订扩充版，中国社会科学出版社，2000。

研究也一直在延续应用要素替代假说的分析范式。[1][2][3] 还有一些研究在该假说的基础上进行拓展与丰富，强化该假说的解释力与适用性（林毅夫，1991；郑旭媛、徐志刚，2017）。

重新审视要素替代假说，Olmstead 等（1993）认为该假说内含两个不同的变量：一个是"变化变量"（the change variant），即技术革新的动力来源于要素价格的变动；另一个是"水平变量"（the level variant），即在相对要素价格水平不变的情况下，也会开发和采用新技术来节省相对昂贵的要素。只有当相对稀缺的要素的相对价格增长更快时，这两种力量才会对技术变革产生相同的影响；在其他情况下，由两个变量驱动的技术变革与推论往往不一致甚至相反。但 Hayami 和 Ruttan 及其追随者一直将两个变量混用来讨论技术变革。另外，要素替代分析范式过多强调了需求侧和价格信号对诱发技术进步所起的作用。Olmstead 等人认为，以要素相对价格与要素替代为核心的研究框架掩盖了美国农业发展的一些重要事实，比如供给侧的技术创新、定居与集约化种植模式的改变、1930 年以前生物投资等方面在解释美国农业要素利用变化方面的作用。此外，该理论成立所必需的充分竞争市场的假设条件对于众多欠发达经济体过于苛刻，因为在这些经济体的农业部门中尚存有大量自给自足的生产要素，理性生产者行为以及发达的要素和产品市场的假设难以成立，因此该理论在分析欠发达经济体农业的技术变革与要素结构变化时缺乏解释力（Skarstein，2014）。

除了要素替代的解释之外，还存在两支文献分别从产业结构变迁与农民自选择的角度对农业就业份额下降做出解释。基于产业结构变迁的宏观视角，

---

[1] 孔祥智、张琛、张效榕：《要素禀赋变化与农业资本有机构成提高：对 1978 年以来中国农业发展路径的解释》，《管理世界》2018 年第 10 期。

[2] Sharma, S. C. (1991). "Technological Change and Elasticities of Substitution in Korean Agriculture," *Journal of Development Economics*, 35 (1): 147-172.

[3] Yaron, D., H. Voet and A. Dinar (1992). "Innovations on Family Farms: The Nazareth Region in Israel," *American Journal of Agricultural Economics*, 74 (2): 361-370.

农业份额下降被视为跨部门发生的多种联系的组合[①②]，不同经济部门产品的消费偏好以及部门生产的要素比例、技术进步的异质性分别从需求侧与供给侧分析农业份额下降[③④⑤⑥⑦]。也有学者将需求侧与供给侧的因素、收入效应与相对价格效应纳入同一分析框架发展更加合意的模型来分析农业份额下降的过程[⑧⑨]。此外，为尽快实现结构转型，后发经济体普遍制定有所偏倚的快速工业化的经济发展战略，将尽可能多的资源快速引流入现代工业部门[⑩]。基于微观经济学视角，除了农业劳动生产率增长形成的推力与较高预期收入、较高概率非农就业机会相结合形成的拉力之外[⑪⑫⑬⑭]，人地要素的比例结构[⑮]、

---

① Johnston, B. F. and J. W. Mellor (1961). "The Role of Agriculture in Economic Development," *American Economic Review*, 51 (4): 566-593.

② De Janvry, A. (2010). "Agriculture for Development: New Paradigm and Options for Success," *Agricultural Economics*, 41 (1): 17-36.

③ Anderson, K. (1987). "On Why Agriculture Declines with Economic Growth," *Agricultural Economics*, 1 (3): 195-207.

④ Herrendorf, B., C. Herrington and A. Valentinyi (2015). "Sectoral Technology and Structural Transformation," *American Economic Journal: Macroeconomics*, 7 (4): 104-133.

⑤ Punyasavatsut, C. and I. Coxhead (2002). On the Decline of Agriculture in Developing Countries: A Reinterpretation of the Evidence.

⑥ Sun, L., L. E. Fulginiti, E. Wesley, et al. (2007). "Accounting for Agricultural Decline with Economic Growth in Taiwan," *Agricultural Economics*, 36 (2): 181-190.

⑦ Esposti, R. (2012). "The Driving Forces of Agricultural Decline: A Panel-Data Approach to the Italian Regional Growth," *Canadian Journal of Agricultural Economics*, 60 (3): 377-405.

⑧ Boppart, T. (2014). "Structural Change and the Kaldor Facts in a Growth Model with Relative Price Effects and Non-gorman Preferences," *Econometrica*, 82 (6): 2167-2196.

⑨ Gabardo, F. A., G. Porcile and J. B. Pereima (2020). "Sectoral Labour Reallocation: An Agent-based Model of Structural Change and Growth," *Economia*, 21 (2): 209-232.

⑩ Krueger, A. O., M. Schiff and A. Valdés (1988). "Agricultural Incentives in Developing Countries: Measuring the Effect of Sectoral and Economywide Policies," *World Bank Economic Review*, 2 (3): 255-271.

⑪ Harris, J. R. and M. P. Todaro (1970). "Migration, Unemployment and Development: A Two-Sector Analysis," *American Economic Review*, 60 (1): 126-142.

⑫ Barkley, A. P. (1990). "The Determinants of the Migration of Labor out of Agriculture in the United States, 1940-85," *American Journal of Agricultural Economics*, 72 (3): 567-573.

⑬ Martin, W. and P. Warr (1990). The Declining Economic Importance of Agriculture. Australian Agricultural and Resource Economics Society.

⑭ Yang, D. T. and X. Zhu (2013). "Modernization of Agriculture and Long-Term Growth," *Journal of Monetary Economics*, 60 (3): 367-382.

⑮ Zhao, Y. (1999). "Leaving the Countryside: Rural-to-Urban Migration Decisions in China," *American Economic Review*, 89 (2): 281-286.

农民的人力资本水平[①]、完全退出农业的高额制度成本[②]、对农业的累计投资[③]、土地升值[④]以及传统乡土观念[⑤]都在影响着农户家庭中劳动力就业的再配置决策。

三、农业工业化理论及其拓展

(一)农业工业化理论

通过上文的分析可以看出,尽管在农业就业份额下降过程中,机械对劳动力要素的替代的事实与过程确实存在,但是农业发展所包括的内容不能简单地用几个要素的相对价格变动与相互替代来解释。

根据熊彼特的创新理论,经济内部发生的本质性新现象是经济发展的表征,这些新现象的出现可被概括为"创新"的结果,也就是"企业家"把一种从未有过的新的生产要素和生产条件引入生产体系中,从而建立一个新的生产函数,打破经济循环流转的均衡状态。因而,创新不是对旧组合的小步骤的不断调整,而是从内部自行发生的一种"产业突变"。在此过程中,对一定生产资料具有支配权的企业家由于通过更有成效的方式来使用现存的生产资料,实现了创新或者生产要素的新组合,并获得企业家利润。一个或少数几个企业家的出现所实现的利润吸引新的企业家成批地出现,推动经济体系走向新的均衡状态。

---

① Breustedt, G. and T. Glauben (2007). "Driving Forces Behind Exiting from Farming in Western Europe," *Journal of Agricultural Economics*, 58 (1): 115-127.

② Kimhi, A. (2000). "Is Part-Time Farming Really a Step in the Way out of Agricultural?" *American Journal of Agricultural Economics*, 82 (1): 38-48; Zhao, Y. (1999). "Leaving the Countryside: Rural-to-Urban Migration Decisions in China," *American Economic Review*, 89 (2): 281-286.

③ Zhao, Y. (1999). "Leaving the Countryside: Rural-to-Urban Migration Decisions in China," *American Economic Review*, 89 (2): 281-286.

④ Barkley, A. P. (1990). "The Determinants of the Migration of Labor out of Agriculture in the United States, 1940-85," *American Journal of Agricultural Economics*, 72 (3): 567-573.

⑤ 刘守英、王一鸽:《从乡土中国到城乡中国:中国转型的乡村变迁视角》,《管理世界》2018年第10期。

张培刚先生将其应用于农业国的工业化分析中，以"工业化"表示实现具有发展特点的新现象，即国民经济中的一系列基要生产函数，或者生产要素组合方式，连续发生由低级到高级的突破性变化。① 在此定义框架下，被视为从属于消费品工业的农业同样受基要生产函数的影响和控制。农业工业化的本质可以被概括为农业部门的基要生产函数或者生产要素组合方式发生连续性、突破性变化的过程，实现农业生产规模报酬递增。"农业工业化"理论强调：第一，各个要素结构合理、配比协调的有机组合构成工业化的生产力。这一认识从根本上否定了孤立地、片面地对某一类要素的强调，避免了单一要素的过度投入对要素组合的均衡性的破坏。第二，要素组合的连续性、突破性变化是实现工业化的关键。传统农业生产方式的典型特征是生产要素长久地束缚于同一生产结构，即便生产要素发生某种简单位移，但这种位移并不能突破旧生产结构，仍停留在同一低水平的开发层次。② 企业家才能的发挥有助于将一种从未有过的新的生产要素和生产条件引入生产体系中，实现由原有要素组合之下的低水平均衡向高水平均衡的发展。

其他学者的研究在熊彼特创新增长范式的基础上为实现企业家持续创新提供了新洞见。鲍莫尔的研究在肯定企业家创新能力的前提下，进一步指出受相对预期利润变化的影响，企业家作为一类生产要素也会在经济体系中各个部门之间流动，并最终投入最容易获得利益的生产性活动或者非生产性活动、破坏性活动当中。③ 因此，实现创新不是简单地引入或者捕获具有企业家才能的经营者，而是如何减少企业家才能的流失，培育并保证企业家才能配置于更具生产性的活动与事业当中。鲍莫尔指出，制度安排下的经济报酬是决定企业家及其才能配置的重要因素。正是一系列规则，而不是企业家的供

---

① 张培刚：《农业与工业化》，中国人民大学出版社，2014。
② 中国农村发展问题研究组：《农村经济变革的系统考察》，中国社会科学出版社，1984。
③ 鲍莫尔：《创新：经济增长的奇迹》，中信出版社，2016。

给,从一个时期到另一个时期经历了重大变化,并且通过配置企业家才能将最终效果施加于经济之上。如果制度安排不巧将更多的报酬给予了大胆的寻租活动或破坏性活动,而将较少的报酬给予了生产性的创新活动,我们可以预料一个经济中的企业家资源将被配置在更具生产性的事业之外。因此,对一个社会而言,最有希望推动创新活动的方式就是减少非生产性或破坏性寻租行为的收益,创建有利于竞争、法治、产权保护、技术自由交易的自由市场经济体制,以促使与保障企业家创新活动投入生产性领域当中。同时,创新过程本身能够提高所进行的研发的水平,从而为进一步的创新提供另一个激励与反馈,这一累积过程对经济增长做出了持续和主要的贡献,一旦自由市场开动了它的创新机器,机制中固有的结构将推动这部机器随着时间的推移而变得越来越强大和越来越多产。

  阿吉翁等学者的研究同样表明,累积式创新是增长的驱动力;制度,尤其是保护创新租金乃至普遍促进创新的财产权利发挥关键作用。此外,阿吉翁等人进一步论证了虽然创新主要依靠市场和企业,也需要政府发挥投资人和保险人的作用。由于政府行动更多取决于约束权力的制度保障,为防止政府行政部门同私人利益集团相互勾结、妨碍创造性破坏的进程,需要建立"市场—政府—民间社会"三角结构以防止政府行政部门同私人利益集团相互勾结,市场提供创新激励,构筑创新企业彼此开展竞争的框架;政府保护创新形成的财产权利,确保合同执行,并充当投资人和保险人的角色;民间社会帮助或呼吁落实制约行政权力的宪法条款,并保证市场运行有更高的效率、道德标准和公平性,以克服在位企业和政府为防止新进入者挑战自己的租金或权力而设置壁垒阻碍创造性破坏的过程,确保创新得以持续进行。[①]

[①] 阿吉翁等:《创造性破坏的力量》,中信出版社,2021。

（二）传统农业的工业化：一个理论扩展

（1）农业就业份额快速下降与打破传统生产结构。

在经济整体效率较低的贫穷国家，维持生计的粮食需求导致更多的劳动力配置于农业部门（舒尔茨，1953），由此形成农业就业份额过高且下降相对缓慢，这也成为后发国家农业生产率以及总生产率落后于发达经济体的重要原因（Restuccia et al., 2008[1]；Lagakos and Waugh, 2013[2]；Adamopoulos and Restuccia, 2014[3]）。

在结构转型过程中，农业就业份额快速下降使得传统农业自给半自给的封闭生产结构具有了被打破的可能性。第一，农业劳动力的快速转移推动农地产权制度变革，促进土地要素市场化发育。在结构转型与人地关系不断松动的过程中，若地权安排界定清晰，具有稳定性、排他性与可交易性，这种较为清晰完整的产权安排借助于市场交易能够使农户经营规模及时得到调整，有助于将农地再配置于专业务农的经营者手中，实现经营者与农地要素之间配置匹配程度的帕累托改进；同时人地关系的改善降低了农业劳动力就业选择的约束，促进劳动力在不同产业之间的选择与再配置（Adamopoulos et al., 2017）。[4]

第二，农业劳动力的加速流动促进技术变迁与应用。伴随工资上涨，农业劳动力成本增加，要素价格变化所产生的价格效应引发以节省稀缺要素为核心的技术变革（Acemoglu, 2002）。[5] 因此，节省劳动力的技术变革使得农

---

[1] Restuccia, D., D. T. Yang and X. Zhu (2008). "Agriculture and Aggregate Productivity: A Quantitative Cross-Country Analysis," *Journal of Monetary Economics*, 55 (2): 234-250.

[2] Lagakos, D. and M. E. Waugh (2013). "Selection, Agriculture, and Cross-Country Productivity Differences," *American Economic Review*, 103 (2): 948-980.

[3] Adamopoulos, T. and D. Restuccia (2014). "The Size Distribution of Farms and International Productivity Differences," *American Economic Review*, 104 (6): 1667-1697.

[4] Adamopoulos, T., L. Brandt, J. Leight, et al. (2017). Misallocation, Selection and Productivity: A Quantitative Analysis with Panel Data from China. National Bureau of Economic Research.

[5] Acemoglu, D. (2002). "Directed Technical Change," *Review of Economic Studies*, 69 (4): 781-809.

业生产逐渐降低对劳动力的依赖与需求,提高劳动力的边际生产率;同时劳动力的快速减少使得依靠劳动力投入提高农业产出的传统发展模式越发不可行,考虑到保障农业产出水平与粮食供给安全,推动技术变迁沿着另一条提高土地生产率、增强抵御灾害风险的路径变迁。由于新技术要素投入增加带动生产率和产值、利润上涨的能力远高于土地、劳动力等传统要素(熊雪锋、刘守英,2019),新技术的可用性与盈利能力促使农民增加了对现代农业生产方式的投入力度,弱化了传统劳动力、土地等生产要素在生产中所占权重及其作用。

新技术与新要素在涌入农业的同时也增加了农业的不确定性与风险,为保障创新投资、降低风险,政府应充当起"投资人"与"保险人"的角色。农业风险削弱了后发经济体中农户家庭投入中间生产要素的意愿,不仅拉大了国家间中间要素的投入份额的差距,而且不利于农业生产率的改进(Donovan,2021)。[①] 农业风险的降低能够有效激励农民增加农业现代投入,改进种植方式,产生优化生产要素配置的效果(Emerick et al.,2016)。[②] 在这一过程中,政府需要同时扮演投资人与保险人(阿吉翁等,2021),推动农业科技研发以提高农业抗风险能力,加强农业教育、科研与推广体系的建设,因地制宜进行农业区划与作物布局,投资于单个经营主体无力组织与实施的农业基础设施与公共服务,对高风险投入品提供资金及其他政策扶持等。

要素的流动不仅引发生产力的变革,而且伴随农业商品化水平的提高。农业社会化服务组织不仅为拥有独立经营决策权的农户家庭提供农用物资供

---

① Donovan, K. (2021). "The Equilibrium Impact of Agricultural Risk on Intermediate Inputs and Aggregate Productivity," *Review of Economic Studies*, 88 (5): 2275-2307.

② Emerick, K., A. De Janvry, E. Sadoulet, et al. (2016). "Technological Innovations, Downside Risk, and the Modernization of Agriculture," *American Economic Review*, 106 (6): 1537-1561.

应、生产、加工、流通、销售、信贷等服务，而且推广与指导农民应用新技术，提高农户的市场议价能力，实现以分工与合作经济改善农户分散经营的不经济，提高大型生产要素投资利用的规模效益。

在这一阶段中，农业劳动力大规模转移产生积极的连带效应，带动技术与制度进行相应变迁，不仅实现人地两大要素的匹配度提升，而且促进技术变迁与不同类型的现代要素进入农业部门。伴随政府的投资与保险加强，农业经营风险的降低促进农民加大对现代要素与生产方式的投资，实现现代要素与传统要素的有机结合，对农业生产的劳动过程、生物过程等不同环节进行改造、重组。

（2）农业报酬上升与要素再组合。

企业家受产业盈利能力提高与市场供需不平衡的吸引进入农业部门。一方面，伴随农业就业份额的快速下降，生产要素不再封闭在狭小的组合当中，农业生产方式经历从自给半自给的自然经济向商品经济的跃迁，也因此在经济循环运行的传统均衡状态之外存在"成功创新的额外奖励"，即企业家利润。另一方面，随着人均收入水平不断提高，传统农产品供给水平已逐渐无法有效满足消费者对于优质、特色农产品的追求，农产品供需日渐不匹配。具有市场机会识别能力的企业家通过及时捕捉到市场不均衡背后隐藏的盈利机会进入农业部门。

政府持续进行制度变革以激励与引导企业家从事生产性创新活动。其一，破除现行制度中造成要素重组困难的屏障，减少土地、劳动、资本等要素在城乡之间流动的摩擦，使企业家能够进得来乡村并根据最优化原则进行要素的配置与组合。其二，营造激励创新的制度环境与报酬结构。创新来自受潜在回报激励的企业家的投资决策，保障此类租金的任何措施都将鼓励企业家更多地投入创新（阿吉翁等，2021）。除了营造法治与产权保护的环境之外，政府较少干预的经济环境与自由的制度框架能够保障企业家的经营自主权，有效激发企业家创新才能的发挥（Holcombe，1998）。[1] 其三，考虑到企业家可能存在的非生产性活动，需要有效的制度变革来持续降低非生产性寻租活动的报酬，降低短期寻租行为的经济激励，使企业家更加重视农业经营的可持续性。

在潜在回报的激励与不断改革的产权制度保障下，对市场需求与经济激励嗅觉灵敏的企业家利用市场机制进行农业产业创新活动，提升农业生产回报。其一，提升农业组织化水平。基于要素合约或商品合约，企业家带动分散小农户、种植大户等传统主体参与社会化分工与科学种植，在保留家庭经营优势的基础上实现产业规模的扩大。在可标准化的生产环节，通过农业生产环节专业化服务规模的扩大与服务效率的提升，提升农业服务环节的规模经济。[2] 其二，应用新要素组合创造新产品，提升农产品盈利空间，纠正市场不平衡。以市场需求为导向，企业家对生产要素进行重新组合，从而放松自然禀赋不足形成的生产性约束，提升与延长产业链，提供复杂度更高、附加值更高的农产品加工品，增加农产品的盈利环节与空间。其三，基于识别市场机会，开拓新市场。不同于传统农户，企业家不仅掌握着农业先进技术，而且汇集着大量市场供求信息，通过建设农产品生产加工标准化、品牌化与专业认证体系，进行品牌开发与市场营销，培育出具有知名度与地域特色的农特产品，以此打开"未消费的市场"。

（3）农业功能变化与要素组合升级。

农业产业呈现出的新变化与乡村发展机会的增加吸引更多的企业家进入农业部门进行创新。一方面，在上一阶段中，以市场需求为导向，企业家对农业产业组织形式、技术、产品与市场等进行创新，不仅克服分散农户在经

---

[1] Holcombe, R. G. (1998). "Entrepreneurship and Economic Growth," *Quarterly Journal of Austrian Economics*, 1 (2): 45-62.
[2] 刘守英、王瑞民：《农业工业化与服务规模化：理论与经验》，《国际经济评论》2019年第6期。

济活动中的不足，而且有效延伸与重构农业产业链，实现农业产品附加值的增值。农业产业的蜕变与盈利空间的提升有助于吸引与捕获更多的企业家。另一方面，伴随农业就业份额下降至极低水平，城市化水平高度发展，"城市病"逐渐困扰城市居民的经济活动和社会生活，城市居民对农业以及乡村文明的呼唤与多元化需求上升①，进而引发新的市场不平衡，刺激企业家将经济机会转化为盈利。

制度层面进一步变革以响应企业家进行要素组合升级的需求。其一，制度持续变革以引导企业家公平有序竞争。通过制定有机产品法规和国家认证标准，普及标准化生产方式，加强市场监管，营造公平有序健康的竞争环境；同时对符合标准的有机农业经营者进行认证，提高市场认可度，支持与鼓励企业家进行创新。其二，随着创新过程的进行，企业家的创新行为对制度环境产生反馈，推动制度变革以响应要素组合升级的新需求（Douhan and Henrekson，2007；施丽芳等，2014）②③，为企业家持续地在乡村经营开放农地制度、宅基地制度、非农建设用地制度以及参与乡村管理等乡村权利。

在有效制度框架与经济激励之下，企业家进行要素组合的升级。其一，通过应用互联网与信息技术，优化生产要素投入。互联网与信息技术的应用不仅为经营者提供生产与商业信息，合理安排作物生产，实现自动化、智能化精准控制生产要素投入，而且为建立农产品质量安全追溯体系提供技术条件，实现农产品生产信息透明，有效推动生产经营环节改进要素投入安全性与要素利用集约化水平，为发展生态农业与有机农业提供技术支撑。其二，提供具有地方特色的农产品。在继续提高农产品深加工水平的基础上，企业

---

① 刘守英：《从"乡土中国"到"城乡中国"》，《中国改革》2019年第5期。
② Douhan, R. and M. Henrekson（2007）."The Political Economy of Entrepreneurship: An Introduction," Research Institute of Industrial Economics Working Paper, IFN Working Paper.
③ 施丽芳、廖飞、丁德明：《制度对创业家行动的影响机理：基于不确定管理的视角》，《中国工业经济》2014年第12期。

家结合不同消费偏好，深度挖掘特色农业产业资源与乡土特色文化，在产品中注入不可复制的文化元素，推出既品质安全又兼具地方特色与文化价值的农产品，提高农产品的独特性与市场竞争力。其三，利用电子商务进一步开辟新市场。企业通过利用农村电商等新经济平台，发展农产品线上线下销售平台，极大消除了生产端与消费端的信息不对称，并利用现代发达的物流体系将产品销售到全国各地，有效扩大了农产品交易空间，提升农业产业规模。其四，培育发展新业态。通过进一步挖掘农业与农村的特色资源，以农业为基础，综合发展农产品加工与包括农产品销售、休闲旅游等在内的第三产业，实现一二三产业深度交叉融合发展，打破传统农业的单一生产模式，推出休闲农业、生态农业、定制农业等新业态，实现充分挖掘农业的多种功能，提升农业综合价值。

（三）要素组合困境与结构失衡

在以上分析中，无论是经典的农业工业化理论还是其拓展，均呈现的是生产要素不断重新组合与升级实现农业工业化的理想状态，即在农业就业份额快速下降的过程中，通过不断打破约束生产要素自由流动与重新组合的制度性障碍，不仅能使生产要素在市场中自由流动，而且使企业家生产性创新才能具有保障，以市场需求和价格变动为导向，凭借企业家创新精神与才能的发挥，改造农业生产函数，推动要素重组与匹配度不断提高，实现农业效率的提升与回报的增加。但在真实世界中，尤其是在众多发展中国家，受到扭曲性制度的阻碍，要素市场不完全并存在大量摩擦，经营者难以根据理想路径调整要素配置，导致农业生产要素配置一直处于结构性错配与失衡状态。

第一，土地制度改革滞后造成土地市场发育不完善与土地规模配置扭曲。土地要素内含着财产性、生产性、可投资性等经济特性（刘守英等，2022），农地制度安排关系到农地再配置的交易成本，并对经济主体的经营行为与要素配置产生不同程度的激励。理论上，通过明晰界定土地产权与构建土地市场机制，土地要素得以自由流动并再配置于生产率相对较高的经营者手中，对提高农业生产率产生积极作用（Chari et al.，2021）。[1] 在发展中国家，大量扭曲性制度造成土地要素错配，进而也对其他要素的投入水平产生影响。一方面，各种制度、摩擦和农场一级的政策扭曲了后发国家的农地规模，比如设定土地经营规模的上限和下限，对超过上限的土地进行行政性分配、征收累进土地税、只对小农场提供投入补贴等，导致土地要素在高生产率的大农场和低生产率的小农场间形成错配（Adamopoulos，2014）。[2] 另一方面，土地市场发育不足导致土地要素配置无法实现帕累托改进。在许多发展中国家，土地制度倾向于强调在农民之间实现平均分配，农户地权缺乏可交易性，主要通过土地行政性调整而非构建土地要素市场实现土地要素的再配置，这导致土地市场化发育受阻（Restuccia，2017；Chen et al.，2021；Gottlieb and Grobovšek，2019）[3]，在短期内农户很难按照理想情形来调整土地规模，使得农户生产呈现出规模报酬递减的特征（朱喜等，2011），同时也不利于农户劳动力依据其在农业生产与非农生产之间的比较优势重新配置劳动力，导致农村劳动力跨部门再配置出现扭曲，并强化土地配置扭曲造成的生产效率损失（Adamopoulos et al.，2018）[4]。

第二，农村集体建设用地利用受限导致乡村产业发展缺乏空间。伴随高

---

[1] Chari, A., E. M. Liu, S. Y. Wang, et al. (2021). "Property Rights, Land Misallocation, and Agricultural Efficiency in China," *Review of Economic Studies*, 88 (4): 1831–1862.

[2] Adamopoulos, T. and D. Restuccia (2014). "The Size Distribution of Farms and International Productivity Differences," *American Economic Review*, 104 (6): 1667–1697.

[3] Restuccia, D. and R. Santaeulalia-Llopis (2017). Land Misallocation and Productivity. National Bureau of Economic Research. Chen, C., D. Restuccia and R. Santaeulàlia-Llopis (2021). "The Effects of Land Markets on Resource Allocation and Agricultural Productivity," Working Paper. Gottlieb, C. and J. Grobovšek (2019). "Communal Land and Agricultural Productivity," *Journal of Development Economics*, 138 (C): 135–152.

[4] Adamopoulos, T., L. Brandt, J. Leight, D. Restuccia (2018). "Misallocation, Selection and Productivity: A Quantitative Analysis with Panel Data from China," Working Paper.

速城市化进程，城市对乡村与农业多元化需求增加，带来乡村经济机会的增加和村庄活化的可能性。但是在现行土地制度下，农地转用一律实行征收，建设用地只能使用国有土地，土地用途规划、年度计划指标和所有制都有管制，城市政府独家垄断土地市场，这一套土地制度的推行将乡村的用地权利关闭，农民利用集体土地从事非农建设的权利被剥夺，土地使用的城市偏向又加剧了劳动力和资本往城市的单向配置，其结果是大多数乡村地区非农经济活动萎缩，农村产业单一，农民在乡村地区的发展机会受阻，造成乡村的凋敝和城乡差距的拉大。[①]

第三，农民宅基地权利的不完全导致农民财产权难以实现。作为集体化的产物，集体经济组织成员凭借其成员身份无偿获得宅基地的占有权和使用权，但无收益权与转让权。一方面，"强成员权、弱财产权"的制度安排强化了农民对宅基地的占有观念。随着大量农村人口与家庭向城镇地区流动，乡村地区大量宅基地闲置，不利于促进农业转移人口的市民化。另一方面，事实上，宅基地的私下交易大量存在，宅基地的财产价值已经显化，但由于缺乏正式制度，农民的财产权益无法得到有效保障。

第四，劳动力市场扭曲阻碍劳动力就业选择与再配置。在传统的城乡二元经济理论中，劳动力市场通常被假设是完全竞争的，只要存在城乡收入差距，劳动力就会流动，而劳动力的流动则会通过要素报酬的均等化缩小城乡收入差距（Todaro，1969）。但在发展中国家，劳动力从乡村向城市转移的过程往往并不畅通，除了在城市的生活成本、离开家乡的心理成本之外，农村劳动力还需要面对各种制度的约束（朱喜等，2011）。其中最为关键的是户籍制度，二元户籍制度的存在阻碍着农村人口通过外出务工离开农村并实现身份转换的需求，导致农民在进入城市、就业与收入、居住、基本保障、社会

[①] 刘守英：《城乡中国的土地问题》，《北京大学学报（哲学社会科学版）》2018年第3期。

融入和子女教育等方面存在诸多困境,在城镇地区缺乏可以立足的社会空间。① 农民工城市权利的缺失与"过客"式治理方式使得在城市化浪潮中退去的大量劳动力继续沉淀在农业部门。如果再加上受到制度保护的城市工资,往往会将农业工资压低到非常低的水平,这种扭曲会促使农民使用廉价劳动力而非其他能够产生更高生产率的中间投入,阻碍了要素组合的优化(Restuccia et al.,2008)。② 另外,土地产权制度的安排也会影响到农民的就业选择。以中国为例,缺乏保障的土地承包权增加了农民市民化过程中农户家庭经营规模缩小与农地被征用的风险,土地流转市场的不健全增加了土地再配置的交易成本与农民迁移的机会成本,阻碍着农民从农村向城市的迁移。③ 同时,考虑到劳动力的生产能力存在异质性,在经济效率相对较低的贫穷国家中,以维系生存的食物需求为特征的偏好诱使农业劳动生产率相对较低的劳动力选择留在农业部门,而在发达国家中则相反,具有相对较高生产率的少数劳动力会自我选择进入农业部门(Lagakos and Waugh,2013)。④

第五,要素市场扭曲会对现代中间要素投入产生抑制作用。在后发国家,中间要素投入的直接障碍提高了要素的投入成本,例如为保护国内工业,通过关税和进口配额直接提高要素价格,或通过允许效率低下的国内生产者生存而间接提高要素价格;对道路和流通系统等市场基础设施缺乏投资也可能提高地理上分散的农村家庭使用技术投入的成本。⑤ 与劳动力市场扭曲相关的制度通过阻碍劳动力转移进而对中间投入产生间接影响。此外,在具有特殊

---

① 纪竞垚、刘守英:《代际革命与农民的城市权利》,《学术月刊》2019 年第 7 期。
② Restuccia, D., D. T. Yang and X. Zhu (2008)."Agriculture and Aggregate Productivity: A Quantitative Cross-Country Analysis," *Journal of Monetary Economics*, 55 (2): 234 – 250.
③ Mullan, K., P. Grosjean and A. Kontoleon (2011). "Land Tenure Arrangements and Rural-Urban Migration in China," *World Development*, 39 (1): 123 – 133.
④ Lagakos, D. and M. E. Waugh (2013). "Selection, Agriculture, and Cross-Country Productivity Differences," *American Economic Review*, 103 (2): 948 – 980.
⑤ 同②。

冲击、不完全市场和生存需求的情境中，风险降低了普通家庭中间投入的使用意愿，表现为较低的平均实际中间投入份额以及更低的劳动生产率，而且风险会导致要素错配，降低农业全要素生产率，进而放大风险的成本，使贫困家庭面临更不利的条件。

第六，要素市场扭曲导致农业产业扶持政策低效且高成本。众多发展中国家对农业的支持采取了扭曲的价格政策和补贴的形式[①]，虽然积极支持农业的公共政策构成促进农业增长的必要先决条件，如定价或支持农业研究和推广，但由于市场失灵和扭曲，农业市场自由化并没有使小农受益，反而更有利于大农户（Bezemer and Headey，2008）[②]。另外，大规模的公共干预给政府预算带来了沉重的负担，并没有有效利用公共资金，长期来看政策不具备可持续性，而且不利于补贴要素的有效集约利用，造成农业生态问题。[③]

四、中国农业发展阶段的要素组合特征

我们将继续以农业份额加速下降为线索，结合农业工业化理论，刻画中国农业要素组合的特征。根据中国农业份额的下降态势（如图13-1所示），整体而言，自1952年以来，中国农业就业份额下降速度远远滞后于产值份额的下降速度，1952—2018年，农业就业份额从83.5%下降至26.1%，农业产值份额从51%下降至7.2%，二者分别下降了69%、89%。在下降的过程中，从2003年开始，农业就业份额下降速度加快。2003—2018年，农业就业份额从49.1%下降至26.1%，农业产值份额从12.3%下降至7.2%，两个

[①] Briones, R. and J. Felipe (2013). "Agriculture and Structural Transformation in Developing Asia: Review and Outlook," Asian Development Bank Economics Working Paper Series No. 363.

[②] Bezemer, D. and D. Headey (2008). "Agriculture, Development, and Urban Bias," World Development, 36 (8): 1342-1364.

[③] Dethier, J.-J. and A. Effenberger (2012). "Agriculture and Development—A Brief Review of the Literature," Economic Systems, 36 (2): 175-205.

份额之间的相对差距持续缩减,从37个百分点缩减至19个百分点,第一产业乡村从业人员数从3.62亿人减少为2.03亿人,城镇人口比重从40.53%增长至61.50%。本章主要采取《全国农产品成本收益资料汇编》中三大粮食作物的生产成本数据(见图13-2),以2003年为重要时间节点,对比、观察与分析2003年前后中国农业生产要素投入结构的变化和组合特征。

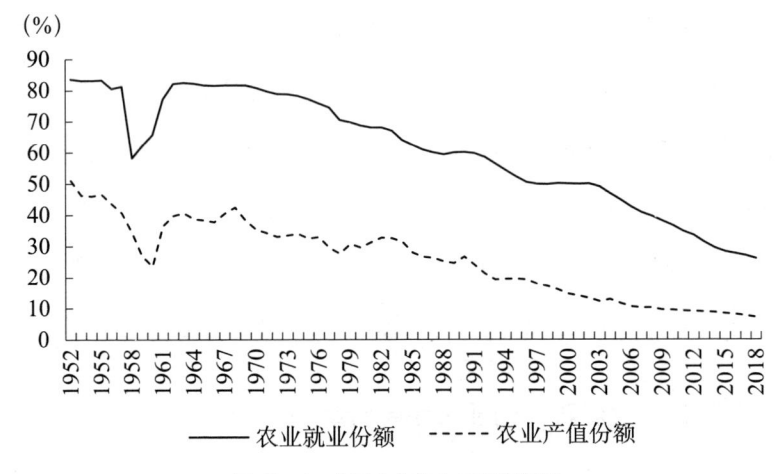

图13-1 中国农业就业与产值份额

资料来源:历年《中国统计年鉴》。

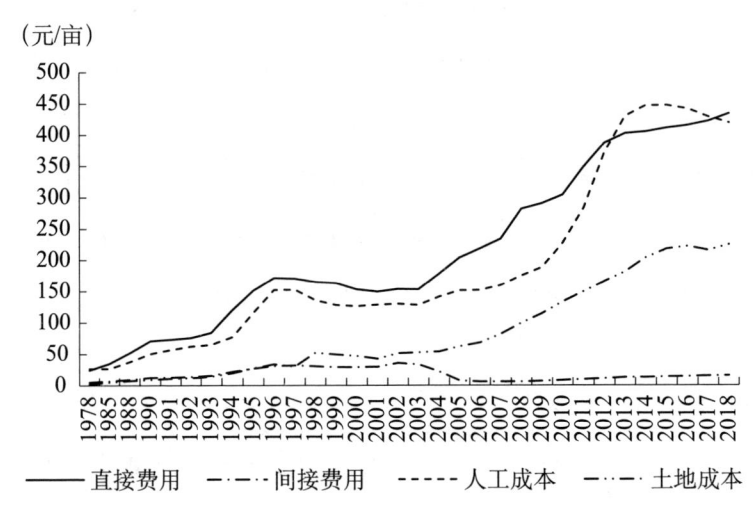

图13-2 1978年以来中国三种粮食作物生产要素投入变动

资料来源:历年《全国农产品成本收益资料汇编》。

1. 快降期之前的生产要素组合与农业生产绩效

在20世纪70年代末，中国农地制度发生了以集体所有、家庭承包为特征的重要变革。在这场变革中，通过土地产权束的再分割与合约再议定，实现土地所有权与使用权的分离，形成"交够国家的、留足集体的，剩下都是自己的"合约结构，在规定用途内农民家庭拥有承包地的使用权、经营权以及最终产品的剩余支配权。自1985年起，国家不再向农民下达农产品统派购任务，农民家庭成为相对独立进行农业商品化经营与要素组合的主体。此后，政府出台相关政策不断延长承包期以增强农民对于集体所有家庭承包制度稳定性的信心。1984年中央一号文件提出"土地承包期一般应在十五年以上"，1993年提出"在原定的耕地承包期到期之后，再延长三十年不变"。与此同时，制度内含的平均分配原则要求根据集体成员人口和劳动力的增减变动进行土地调整与分配。在这一制度框架与非农就业不充分不稳定的环境下，人地关系更加紧张，农地规模随着人口增长被进一步细碎分割，而且土地的频繁调整削弱了农户土地使用权的稳定性，并对其在特定地块上的投资行为产生了影响。在这一制度框架之下，不受经营规模限制且具有较强可分割属性的生物要素投入增长明显。1978—2002年，种植三种粮食每亩种子、化肥、农家肥、农药、农膜的费用分别从2.98元、7.08元、6.72元、0.84元、0.92元（1990年数据）增加到20.32元、57.27元、9.16元、8.7元、1.77元，投入成本分别增加了5.82倍、7.09倍、0.36倍、9.36倍、0.92倍。每亩种子、化肥的用量分别从5.54公斤、15.2公斤增加到7.4公斤、20.9公斤，分别增长了0.34倍、0.38倍。

伴随制度层面允许农民在集体土地上兴办企业，乡村工业部门快速兴起与发展，既吸收了数以千万计的农业剩余劳动力，又带动了农业生产的劳动力机会成本快速增加。自改革开放到1997年，化肥、机械和其他农业生产资料的价格增长了仅2～3倍，而劳动力机会成本增长了近14倍，远高于其他生产要素价格的增长速度。① 伴随劳动力要素价格不断上升，每亩人工成本从26.64元增长至130.05元，家庭劳动日工价从0.8元增加至11元，雇工工价略高于家庭劳动日工价，处于18元左右。需要注意的是，在乡村工业化阶段的非农化转移过程中，面对土地使用权及非农就业的双重不确定性，农民不肯也不敢轻易放弃土地。因此，农户家庭仍稳定在农村，大部分在非农部门就业的农民继续占有与经营着土地，农业经营呈现出"家庭式小农经营+现代要素投入+非农产业兼业"的模式（刘守英、王一鸽，2018）。

直至20世纪90年代，人地关系出现松动，但是农民最终回归农业。由于乡镇企业因自身整顿与政策转变等原因大量衰落，东部沿海城市用工需求增加，同时政策层面围绕改善农民进城就业与居住条件进行城市改革，内地农民开始进行跨区域流动参与工业化与城市化。在此过程中，农民开始脱离土地，农民与土地之间的黏度相对减弱，农业在家庭经济中的地位下降。1985—2002年，农业收入在农户家庭总收入中所占比重从34.98%降低为25.13%。但是由于城乡二元体制对于农民工在城市落脚的阻碍以及深厚乡土情结的羁绊，农民多数没有放弃承包土地的权利，主要采用季节性返乡务农、家庭辅助劳动力务农的方式进行农业生产，只有少数农户将土地转包或让人代种。1998年出现流转地租金，每亩流转地租金为4.68～8.39元。与此同时，部分农户家庭因劳动力不足开始出现少量或季节性雇工的情况，每亩雇工天数处于0.4～1.5日，雇工费用为7.37～21.08元。

由于劳动力要素相对价格增长较快，尤其是劳动力/机械比价快速增长，节约劳动力型要素投入快速增长，但受劳动力非农化转移速度较慢的影响，农业机械化投入整体处于相对较低水平。每亩租赁作业费②从4.89元极低的

---

① 胡瑞法、黄季焜：《农业生产投入要素结构变化与农业技术发展方向》，《中国农村观察》2001年第6期。

② 每亩租赁作业费是指生产者租用其他单位或个人机械设备和役畜进行作业所支付的费用，包括机械作业费、排灌费和畜力费三项。使用自有机械设备和耕畜作业时，在某些情况下也视同租赁作业，按照租赁作业市场价格进行核算计入租赁作业费。

水平快速增加到49.71元，增长了9.17倍。机械作业投入增长最快，每亩投入从0.84元增长至23.78元，增加了27.31倍，在租赁作业费中所占份额从17%提高到48%。农用机械总动力从1 337.9亿瓦特增长至5 793亿瓦特。在机械类型中，受农业经营规模的约束，小型拖拉机与联合收割机的保有量增加较快，分别从167.1万台、2.30万台增长至1 339.4万台、31.01万台，分别增加了7.02倍、12.48倍。畜力费从2.93元增长至23.78元，增加了7.12倍，但在租赁作业费中所占份额从60%降低到22%。排灌费从1.12元增长至14.77元，增长了12.19倍。伴随各类农机具与生产设备投入不断增多，相应的工具材料费、修理维护费与固定资产折旧费分别从0.07元、1.22元、1.38元增长至0.19元、3.38元、6.15元。伴随节约劳动力型要素投入增长，农业劳动力投入数量得以节约。1978—2002年，每亩家庭用工天数从33.3日平缓降低到11日（见图13-3）。

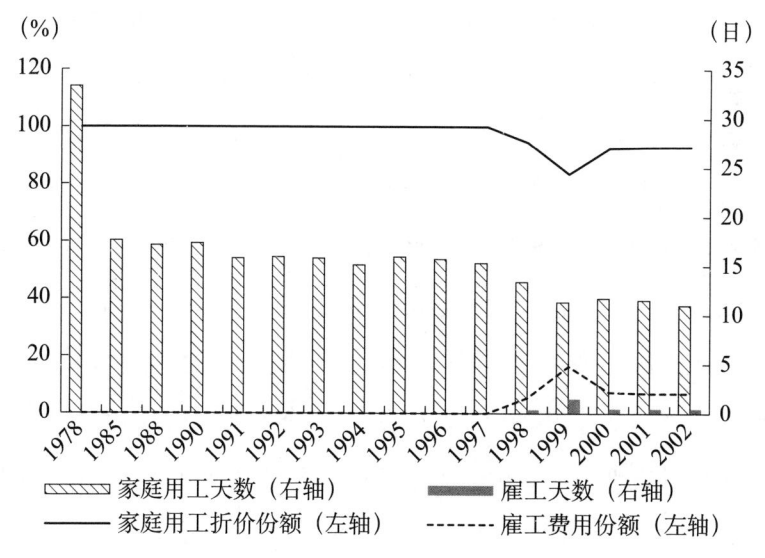

图13-3　1978—2002年家庭用工及雇工投入数量及成本份额
资料来源：历年《全国农产品成本收益资料汇编》。

为加快发展工业化，农户家庭一直负担日渐增长的农业税，税金支出从

2.23元/亩增长至25.63元/亩，增加了10.49倍。由于农村集体经济组织负责技术服务、经营服务和必要的管理工作，相应地农民需缴纳管理费[①]，该项支出在1978—1997年间从1.37元增长至7.96元，此后不断缩减，到2002年降低为1.1元。

在这一阶段中，集体所有家庭承包制度的推行恢复了农户家庭作为农业经营主体的地位，极大激发了农民的生产积极性，但根据人口增加进行土地调整的内在要求不仅使得人地关系更加紧张，农地规模进一步细碎分割，而且削弱了农户与承包地块之间关系的稳定性，进而影响着农户对特定地块的长期投资行为。沿海工业化进程的开启虽然吸引大量农业劳动力进行跨区域非农化就业，但由于二元体制的客观隔绝以及农民对于乡村的主观羁绊，农民多采取"过客"式非农化转移模式，而非朝向市民化方向发展，农民与土地的黏度并没有发生根本性转折，农业就业份额下降相对平缓，大量农业劳动力囤积在农业部门，同时也影响着能够有效提高劳动生产率的现代要素的投入水平。因此，在该阶段中尽管现代要素开始流入农业部门，农业生产商品化水平提升，但受地权稳定性与人地关系的影响，要素流动存在严重的屏障，农民对于现代资本品投资水平较低，要素重新组合的空间狭小。

在该阶段中，农业土地生产率明显提高。1978—2002年，三种粮食主产品亩均产量从221.4公斤不断增长至358.3公斤（见图13-4），增加了62%；亩均产值从1978年的56.05元增长至1995年的545.67元，此后不断下降，到2002年时为375.26元，相比1978年仍增加5.70倍。以产量衡量的劳动生产率得到改善，1980—2002年平均每一农业从业人员生产的主要农产品从1 163公斤增长至1 419公斤（见图13-5），增加了22%，低于以产

[①] 管理费是指生产者为组织、管理生产活动而发生的支出，包括与生产相关的书籍费、报刊费、差旅费、市场信息费、上网费、会计费（包括记账用文具、账册及请人记账所支付的费用）以及上缴给上级单位的管理费等。

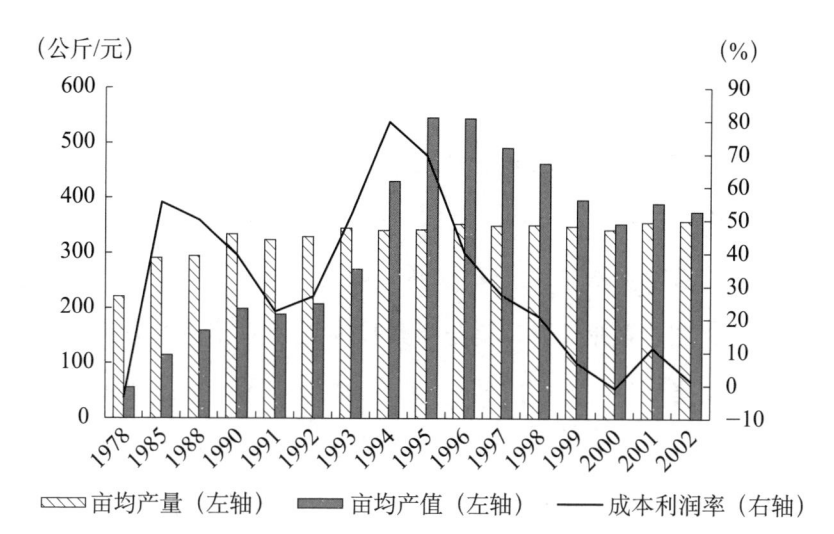

图 13-4 三种粮食主产品亩均产量、亩均产值与成本利润率

资料来源：历年《全国农产品成本收益资料汇编》。

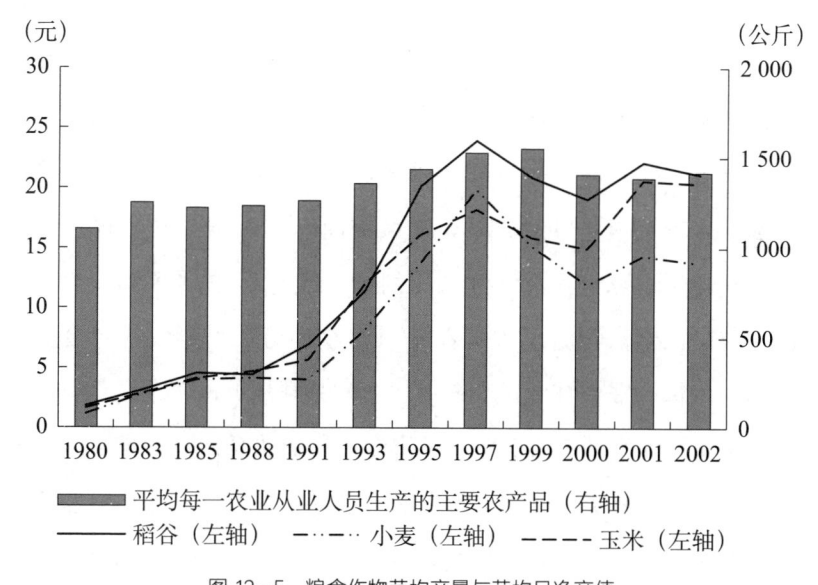

图 13-5 粮食作物劳均产量与劳均日净产值

资料来源：历年《全国农产品成本收益资料汇编》。

量衡量的土地生产率增长速度。以产值衡量的劳动生产率在快速增长后出现下降，稻谷、小麦、玉米的每一劳动日净产值分别从 1980 年的 1.82 元、1.17 元、1.63 元大幅增长至 1997 年的 23.93 元、19.84 元、18.18 元，此后出现小幅下降，到 2002 年分别为 21.1 元、13.7 元、20.35 元，相较于 1980 年仍增长了 10.59 倍、10.71 倍、11.48 倍。

2. 快降期阶段的生产要素组合与农业生产绩效

伴随着结构变迁，自 2003 年以来，农二代不回村、不返村的非农化转移模式引发城乡关系发生革命性跃迁（刘守英、王一鸽，2018），并由此引发人地关系、农地制度、农业经营制度与要素投入组合的变动，进而使得农业发展方式从劳动密集型的传统模式转变为以劳动生产率为主的现代农业发展模式，一直停滞甚至下降的农业劳动生产率的增长速度超过了土地生产率。我们将对在农业就业份额快速下降过程中农业生产要素组合的主要特征进行刻画。

（1）农业就业份额快速下降带来生产要素重新组合。

自 2003 年以来，农业就业份额下降速度加快。一方面，伴随代际更迭，农二代成为进城务工的主力军，带有更强的融入城市经济的倾向，表现出留城、务工、离土、离农的行为特征（刘守英、王一鸽，2018）。另一方面，伴随城乡关系进入统筹城乡发展阶段，政策层面上不断消除对农民进城务工的歧视性规定和体制性障碍，加强和改善对农民工的公共服务和社会管理，从而实现保障农民工合法权益、改善农民工就业环境、引导农村富余劳动力合理有序转移的目标。非农就业机会的增加与政策环境的改善为传统同质化小农进行非农化就业提供了更多的空间与经济激励，促进传统同质化农户逐渐发生分化。大部分农户仍坚持以农为生，家庭成员继续务农，部分农户根据家庭成员的劳动能力差异与分工优势，在农业与非农产业之间合理配置劳动力资源以实现家庭收益最大化，形成农户兼业化经营格局（钱忠好，2008）。[①] 根据《中国农村经营管理统计年报》，2018 年纯农户所占比例下降至 63.65%，一兼与

---

① 钱忠好：《非农就业是否必然导致农地流转：基于家庭内部分工的理论分析及其对中国农户兼业化的解释》，《中国农村经济》2008 年第 10 期。

二兼农户所占比例分别为18.08%、8.67%，非农户所占比例上升至9.60%。

伴随农村劳动力非农化转移更加活跃，农民产生土地再配置的内生需求以适应人地关系的改变。事实上，村社内部农民间自发农地流转的行为一直存在，大多是以亲友邻里间的口头契约的非正式流转为主，流转双方的土地权益不明晰且不受保障，农地交易价格也未充分显化（朱冬亮，2020；叶剑平等，2010）。为顺应农村劳动力转移速度加快与规范土地流转的现实需求，在稳定土地承包关系的基础上，农地制度朝向引导农地承包经营权有序流转、发展适度规模经营的方向进行边际调整，承包农户具有了受法律保障的流转自主权与流转收益权，政策鼓励和支持承包土地向专业大户、家庭农场、农民合作社等流转。土地流转政策的放开与市场机制的进入使得经常发生的劳地比例失调及时得以调整，使农业生产力要素保持动态优化组合，以改善农业规模经济性。根据全国农村固定观察点数据，2003—2015年流转率从11%增长至21%。其中，村内转包出的农户与面积分别从27.69户、96.57亩提高到72.91户、405.15亩。农地要素市场化配置的推进带动农地价值提升，参照当地土地转包费或承包费净额计算得到的自营地折租从48.99元/亩增长到183.58元/亩，流转地租从3.74元/亩增长到41.29元/亩，分别增加了2.75倍、10.04倍。土地总成本从52.73元/亩大幅增长到224.87元/亩，增加了3.26倍。图13-6展示了自营地与流转地土地成本份额的变化。

与此同时，农业部门劳动力要素价格快速提高。由于城市与非农部门用工需求短缺吸引农村劳动力持续进行非农转移，同时各种惠农政策的实行推动农村劳动力工资水平提高[1]，农业中人工成本大幅增长。三种粮食作物的亩均人工成本从128.12元提高至419.35元，增加了2.27倍。其中，基于折价核算的家庭劳动力的用工成本从128.26元/亩提高至383.7元/亩，在人工总

---

[1] 刘守英、章元：《"刘易斯转折点"的区域测度与战略选择：国家统计局7万户抽样农户证据》，《改革》2014年第5期。

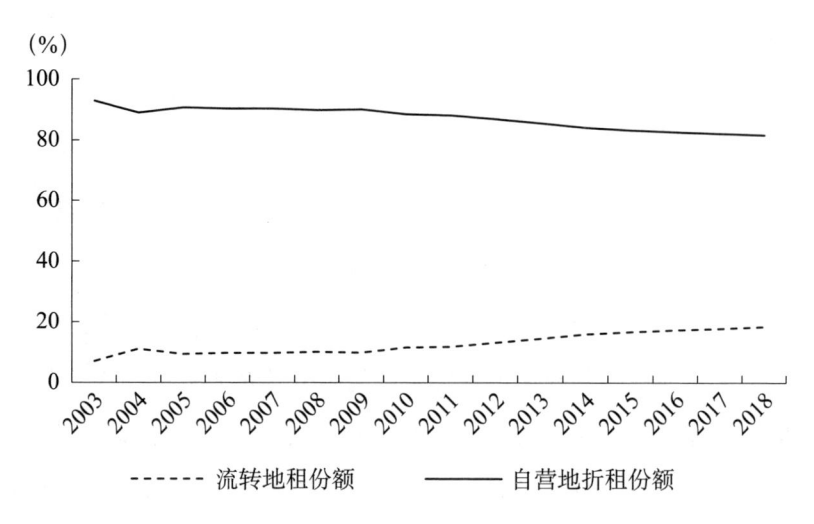

图 13-6 自营地与流转地土地成本份额的变化
资料来源：历年《全国农产品成本收益资料汇编》，经作者计算而得。

成本中所占比重稳定处于90%以上（见图13-7）。雇工费用支出从9.4元/亩增加至35.65元/亩，在人工总成本中所占比重从6.83%提高至8.5%。

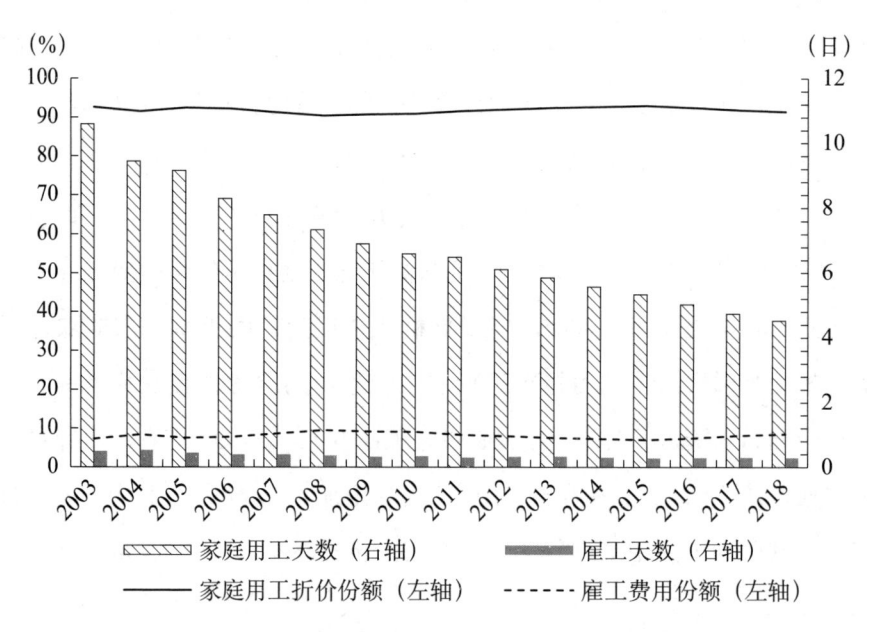

图 13-7 2003年以来家庭用工及雇工投入数量及成本份额
资料来源：历年《全国农产品成本收益资料汇编》。

伴随劳动力相对价格快速上涨，以及传统农业中人、地两大要素开始松动与再配置，依赖于劳动力密集投入的传统农业发展模式难以持续，为现代生产要素进入农业部门、实现要素重组提供了更多的空间。首先，有效节约劳动力的农业机械投入大幅增加。劳动力价格快速上涨以及户均经营规模的适度扩大改善农机类投资的经济性，同时 2004 年《中华人民共和国农业机械化促进法》规定，对农民和农业生产经营组织购买国家支持推广的先进适用的农业机械给予补贴，降低了农机购置与农机生产作业的成本。农业机械作业支出[①]增长迅速，从 2003 年的 24.09 元/亩大幅增长至 2018 年的 148.81 元/亩，燃料动力费从 0.02 元/亩大幅增长至 2.07 元/亩，排灌支出从 14.72 元/亩增长至 22.20 元/亩，工具材料支出从 0.14 元/亩增加到 4.01 元/亩。到 2018 年，全国农作物耕种收综合机械化率达到 69.10%，其中，小麦耕种收综合机械化率为 95.89%，基本实现了全程机械化，水稻、玉米的生产综合机械化率也均超过 80%。农业生产环节机械化水平的提升不仅实现了对劳动力投入的替代，每亩家庭用工天数与雇工天数分别从 10.6 日、0.5 日缩减至 4.52 日、0.29 日，而且减少了传统低效率的畜力投入，其相应的成本从 10.61 元/亩减少为 3.26 元/亩。

其次，提高土地生产率的要素投入持续增加。由于我国一直呈现人多地少的禀赋特征，保障粮食供给安全成为农业发展的长期目标与重要责任，因此农业技术研发一直注重提高土地生产率。在农产品供给短缺的市场刺激下，农民对该类要素投入的水平不断提升。第一，高品质优良种子的应用率明显提高。自 2003 年以来，农户种子支出从 19.07 元/亩增加到 63.28 元/亩，种子用量稳定在 6.79 公斤/亩左右。第二，大量化肥投入使用，有效弥补了传统农家肥见效缓慢的不足。在这一时期，化肥支出从 57.93 元/亩大幅增加到

[①] 该项支出既包括使用自有机械设备作业的成本，也包括租用其他单位或个人机械设备的成本。生产者使用自有机械设备（设施）且已按照视同租赁作业进行核算的，该机械设备（设施）不计提固定资产折旧。

139.02元/亩，化肥用量从20.2公斤/亩增加为24.91公斤/亩，亩均投入量增长了23.32%。其中，小麦、玉米、稻谷的亩均化肥投入量（见图13-8）分别增加了45.03%、18.56%、7.38%，同时三大粮食作物化肥利用率逐年提高，2018年时达到38%。化肥并不能完全取代农家肥，农家肥的施用有助于长期保持地力，同期农家肥的支出从9.04元/亩增长至15.17元/亩。第三，农药在节省人力除草、防治病虫害与保障农产品产量方面发挥重要作用。农药支出从9.22元/亩大幅增加到31.37元/亩，投入支出增加了2.40倍，农药利用率逐步提高至39%。第四，具有增温、保水、防虫和防草等作用的农膜投入支出从1.66元/亩增加到2.97元/亩，每亩农膜用量从0.2公斤/亩增加到0.23公斤/亩。

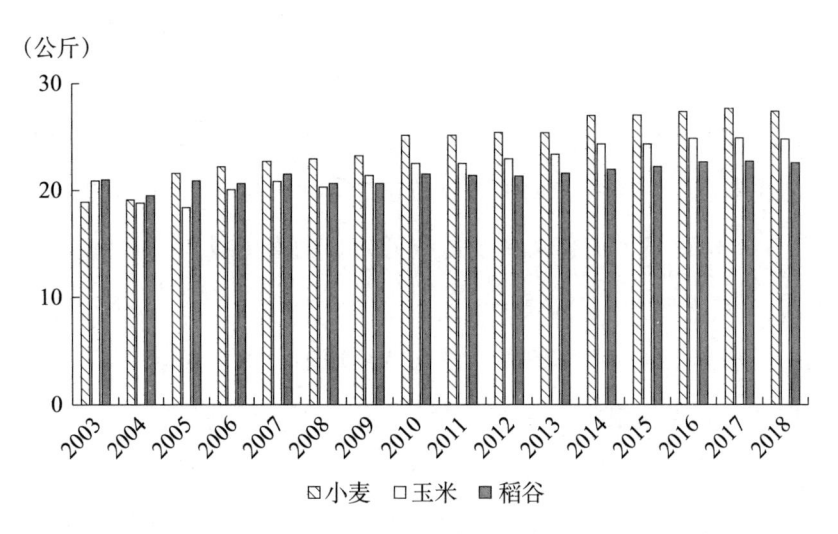

图13-8 三大粮食作物的亩均化肥投入量
资料来源：历年《全国农产品成本收益资料汇编》。

再次，各类提供农业生产服务的社会化组织促进农业生产分工深化，改善分散经营的效率损失。伴随农业经营商品化水平不断提高，各类农业社会化服务组织出现，服务内容涵盖产前、产中、产后生产环节，在坚持农民继续保有土地承包经营权的前提之下，通过分工与合作实现超过单个农户的规模效益（胡霞，2009）。① 截至 2020 年年底，全国农业社会化服务组织数量超 90 万个，农业生产托管服务面积超 16 亿亩次，其中服务粮食作物面积超 9 亿亩次，服务带动小农户 7 000 多万户。②

伴随大量现代要素进入农业部门，农民的综合素质与生产经营技能逐渐增强，与现代物质生产要素之间的匹配度提高。现代农业是农民获得并学会使用优良的新生产要素的结果。③ 通过以政府为主导搭建的农业技术推广体系，科技人员指导农业生产、开展农民教育与培训，农业人力资本水平得以提升。根据《2019 年全国高素质农民发展报告》，2018 年国家农民教育培训专项工程总投入资金 20 亿元，共培养高素质农民约 90 万人，各地开展农业农村实用技术培训累计投入 4.63 亿元，培训达 938 万人次。高素质农民群体更容易学习、接受新型农业生产技术，利用现代科技从事农业生产经营活动，同时 84.37% 的高素质农民对周边农户生产技术水平的提高起到了辐射带动作用。

最后，农业政策性保险有效降低农民投资风险，提高农民抵御自然灾害风险的能力。在传统农业中，农民应对风险冲击的能力十分微弱，农民的境况就像"一个人长久地站在齐脖深的河水中，只要涌来一阵细浪，就会陷入灭顶之灾"。④ 伴随大量现代资本品进入农业部门，为提高农民抗风险能力、稳定农业生产，自 2004 年以来，中央一号文件连续强调完善政策性农业保险，自 2007 年开始，推行政策性农业保险，保险金额由中央财政、地方财政和农户共同承担。农业保险费从 2004 年的 0.16 元/亩增加到 2018 年的 8.87 元/亩。

（2）企业家精神的发挥实现生产要素组合升级。

---

① 胡霞：《日本农业扩大经营规模的经验与启示》，《经济理论与经济管理》2009 年第 3 期。
② 《截至 2020 年底，全国农业社会化服务组织数量超 90 万个》，中国政府网，2021-02-08。
③ 舒尔茨：《改造传统农业》，商务印书馆，2006，第 139 页。
④ 斯科特：《农民的道义经济学：东南亚的反叛与生存》，译林出版社，2001。

农地制度改革为外来主体与资本进入农业部门提供制度保障。自2001年以来，政策放开工商企业投资开发农业，从事产前、产后服务和四荒资源开发，采取公司加农户和订单农业的方式，带动农户发展产业化经营。自2008年中共十七届三中全会以来，政策转向寄希望于以土地流转为抓手，发展多种形式与主体的适度规模经营，促进农业要素重组。与此同时，伴随人均收入水平提高，农产品供需之间的不平衡、不匹配越来越明显，传统低质农产品库存增加，高品质、多样化的农产品需求不断提升，巨大的市场需求空缺为企业家进行农业转型升级提供经济机会。

在这一阶段中，农业企业、合作社等经营主体大规模出现并不断提升发展水平，有效发挥了带动与聚集的作用。根据《中国农业统计资料（1949—2019）》统计，2011—2019年，农户间流转规模所占比例从68%降低到56%，流转入专业合作社、各类企业和其他经营主体的规模从32%增加到44%。从全国数据来看，截至2018年年底，全国农民专业合作社注册数量217万个，带动农户数达到12 003万户，社均带动农户55户。近年来，农民合作社与农户的合作层次由最初的产销层次逐步向集生产、加工、运输、销售于一体的纵向一体化模式发展，服务范围也由最初的种养殖业向休闲观光、休闲农业、生态农业等多领域辐射，有效促进了农村一二三产业的有机融合。① 截至2018年年底，全国经县级以上农业产业化主管部门认定的龙头企业近9万家，其中省级以上重点龙头企业1.8万家，国家重点龙头企业1 243家。②

顺应产业转型升级需求，企业家带动小农户推动农业产业朝向高质量发

---

① 《2020中国新型农业经营主体发展分析报告（一）：基于农民合作社的调查数据》，《农民日报》2020年9月27日。
② 《2020中国新型农业经营主体发展分析报告（二）：基于农业企业的调查和数据》，《农民日报》2020年10月31日。

展。其一，农产品优良品种应用面积扩大。2018年市场紧缺的优质强筋弱筋小麦面积占比为30%，节水小麦品种面积占比为20%，主要农作物良种覆盖率持续稳定在96%以上。其二，应用新型农业生产技术有效降低自然禀赋所产生的生产约束，提高农业生产精准化、标准化水平。伴随农业科学技术发展，生物信息技术、人工智能等现代化技术逐渐被应用于农业全产业链生产当中，2018年年末全国农业设施数量3 000多万个，设施农业占地面积近4 000万亩。新型农业生产技术的应用颠覆传统农业发展方式，不仅突破了资源自然条件限制，而且能够自动监测控制农业生产环境，有助于提高资源利用率与劳动生产率。其三，拓展农产品销售渠道。伴随互联网技术的发展与消费习惯的改变，企业家带动传统农户进行农产品销售互联网化的尝试。2018年全国农产品网络零售额达到2 305亿元，同比增长33.8%，比全国网络零售额增速高9.9个百分点。[①] 其四，新型主体与传统农户之间的分工合作降低农户经营成本。新型经营主体的进入以及各类社会化服务组织的发展带动传统小而全的农业经营方式走向社会化大分工，越来越多的生产环节逐渐分化出来，农民主要承担农业生产环节，节约了农户分散经营状态下的生产管理与销售成本。在此期间，农民为销售农产品而发生的各种运输、包装、装卸等成本从2.21元/亩降低到1.06元/亩，为组织、管理生产活动而产生的管理费用从1.16元/亩降低到1.05元/亩。

在这一阶段中，农二代不返乡、不务农的行为特征以及农民工进城政策环境的改善促进农业就业份额下降加速。为顺应人地关系进一步疏远，制度层面允许土地承包经营权的流转，不仅促进农业经营规模适度改善，而且土地要素通过市场化机制得以配置于专业农业经营者手中。如前所述，伴随传统农业中人、地两大要素的大规模松动与再配置，劳动力相对价格快速上涨，

---

① 《2020中国新型农业经营主体发展分析报告（二）：基于农业企业的调查和数据》，《农民日报》2020年10月31日。

为现代生产要素进入农业部门、实现要素重组提供更多的空间，实现对农业劳动过程、生物过程等生产环节进行改造。与此同时，通过农业技术推广体系的培训与教育，农民不再完全依赖于世代延续的耕作经验从事农业生产，而是掌握科学种植技术，能够熟练使用现代技术，要素组合的能力也进一步提升。生产要素的重新组合要求农业经济组织形式发生相应的改变，各类农业生产服务的社会化组织通过社会化的经济联系提升农业分工经济，改善分散经营造成的效率损失。伴随土地制度对外来资本与经营主体的进一步放宽，受农业部门盈利能力提升的吸引，具有企业家创新精神的主体开始进入农业部门，针对不断转型升级的市场需求，完善与提升农业产业链条，拓展农业功能，同时带动小农户应用新型技术，提高农业生产投入精准化、标准化水平，优化农业生产要素投入结构，提供品质更高、更具市场竞争力的农产品。

经过农业生产要素的重新组合与升级，农业生产绩效提升。第一，以产量与产值衡量的土地生产率均进一步提高。2003—2018年，小麦、玉米、稻谷的亩均主产品产量（见图13-9）分别提高了45%、32%、20%，三大粮食作物的亩均产值（见图13-10）分别提高了1.76倍、1.15倍、1.51倍。第二，农业劳动生产率提升。2003—2018年，每亩用工数量从11.10日降低为4.81日，缩减了57%；人均粮食产量从334.3公斤大幅增长至472公斤，提高了41.19%（见图13-11）。第三，农产品加工能力与水平提高。全年农产品加工业主营业务收入达到14.9万亿元，同比增长4.0%；实现利润总额1万亿元，同比增长5.3%；农产品加工业主营业务收入利润率为6.8%，同比提高0.1个百分点，农产品加工业和农业总产值比达到2.3∶1。① 第四，依托各类新型农业经营主体带动实现了农民分享产业链增值收益，促进小农户收入多元化。全国市级以上农业产业化龙头企业共吸纳近1 400万农民稳定就业，

---

① 《2020中国新型农业经营主体发展分析报告（二）：基于农业企业的调查和数据》，《农民日报》2020年10月31日。

各类农业产业化组织辐射带动 1.27 亿农户，户均年增收超过 3 500 元。①

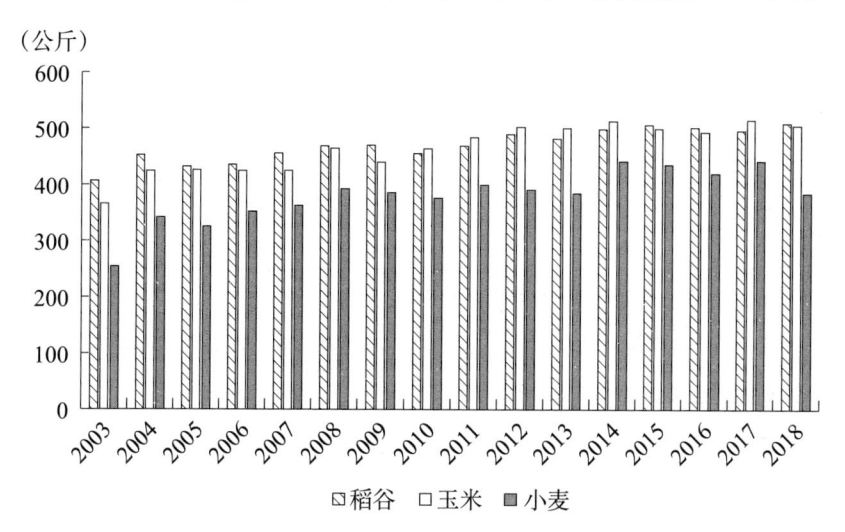

图 13-9　三大粮食作物的亩均主产品产量
资料来源：历年《全国农产品成本收益资料汇编》。

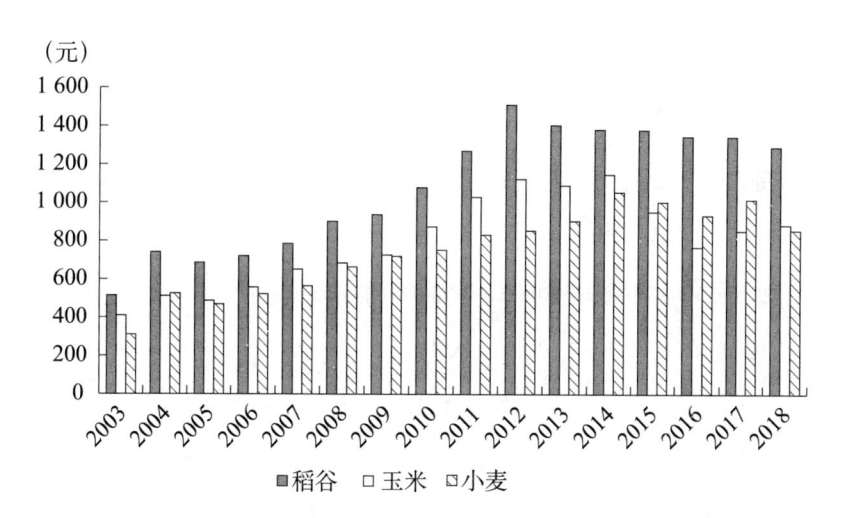

图 13-10　三大粮食作物的亩均产值
资料来源：历年《全国农产品成本收益资料汇编》。

---

① 《国务院关于加快构建新型农业经营体系　推动小农户和现代农业发展有机衔接情况的报告》，中国人大网，2021-12-21。

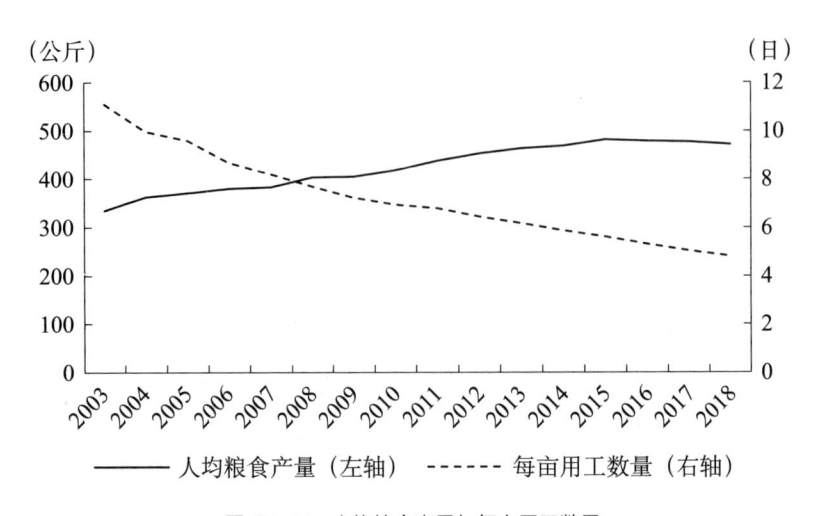

```
(公斤)                                                              (日)
600                                                                 12
500                                                                 10
400                                                                 8
300                                                                 6
200                                                                 4
100                                                                 2
  0                                                                 0
     2003 2004 2005 2006 2007 2008 2009 2010 2011 2012 2013 2014 2015 2016 2017 2018

         ——— 人均粮食产量（左轴）    - - - - 每亩用工数量（右轴）
```

图 13-11 人均粮食产量与每亩用工数量

资料来源：历年《全国农产品成本收益资料汇编》，经作者计算而得。

3. 生产要素组合失衡的特征

经过农业生产要素重组，虽然中国农业土地与劳动要素的生产效率得以提升，但是农业成本-收益结构在短暂改善后逐渐失衡。以三大粮食作物为例（见图 13-12），在 2003—2018 年期间，小麦、玉米、稻谷每 50 公斤主产品净利润分别从 －5.52 元、8.07 元、11.37 元提高至 20.53 元（2008 年）、27.16 元（2011 年）、39.38 元（2011 年），后降低至 －21 元、－16.3 元、6.6 元；每亩成本利润率呈同样趋势，分别从 －8.91%、18.06%、23.35% 提高至 33%（2008 年）、37.89%（2010 年）、41.39%（2011 年），后降至 －15.7%、－15.6%、5.4%。除粮食作物之外，两种油料、大中城市蔬菜的成本利润率同样出现逐渐失衡的情况（见图 13-13）。2003—2018 年，两种油料、大中城市蔬菜的每亩成本利润率分别从 22.69%、102.27% 提高至 87.3%（2007 年）、105.91%（2007 年），后逐渐降低至 －6.87%、39.14%，两种油料、大中城市蔬菜每 50 公斤主产品净利润分别从 26.95 元、20.18 元提高至 112.41 元（2007 年）、39.63 元（2010 年），后降至 －20.01 元、28.46 元。反观同期美国农业，稻谷、小麦、玉米每 50 公斤主产品的总

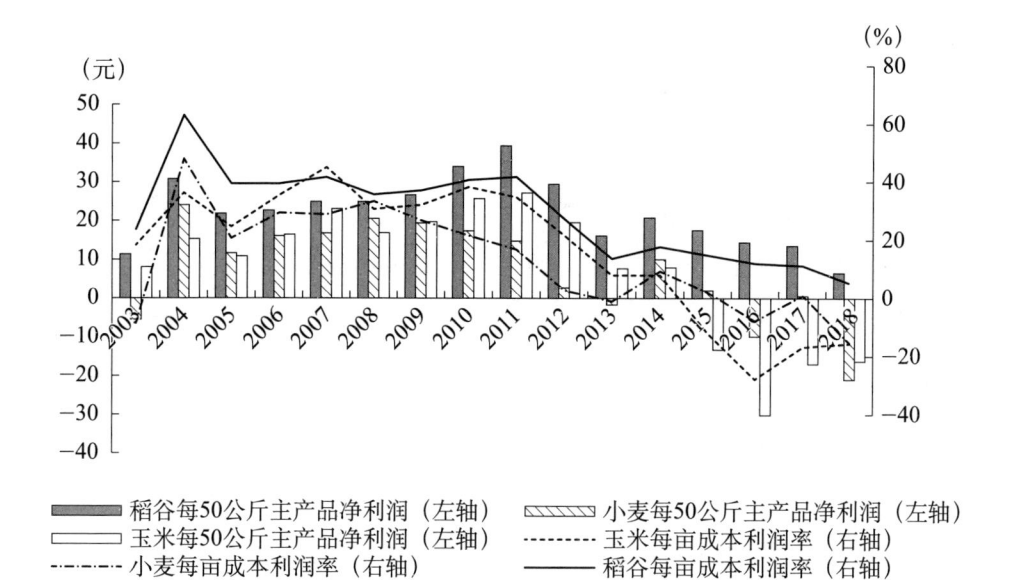

图 13-12 三大粮食作物每 50 公斤主产品净利润与每亩成本利润率

资料来源：历年《全国农产品成本收益资料汇编》，经作者计算而得。

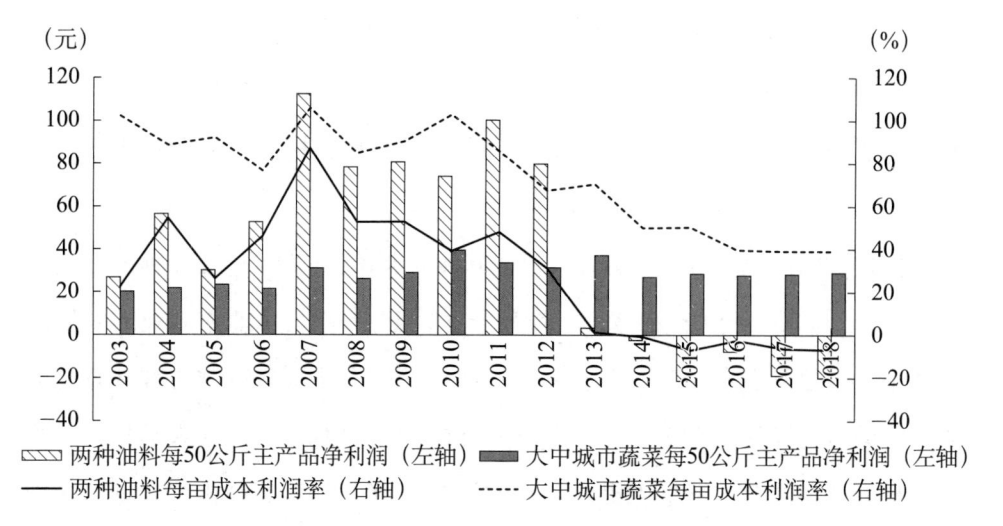

图 13-13 两种油料、大中城市蔬菜每 50 公斤主产品净利润与每亩成本利润率

资料来源：历年《全国农产品成本收益资料汇编》，经作者计算而得。

成本分别增加了 6.70%、21.85%、24.12%，明显低于中国农产品的生产成本增长速度。中国农业生产成本过快、过高增长与成本利润率下降的强烈对比反映出农业生产要素组合不匹配导致的要素利用不经济，农业生产利润受到严重侵蚀。本章将进一步根据农业生产要素组合结构剖析组合失衡的具体表现。

第一，农业劳动成本及其所占比例不断提高。在总生产成本结构中，人工成本占据重要地位，其所占比例稳定处于30%以上。农村劳动力大规模非农化转移加强了农业劳动力的刚性约束，推动劳动成本快速提高，且农忙季节劳动力时空供求失衡进一步抬高雇佣劳动力价格，致使农业劳动用工成本上升。在2003—2018年期间，三种粮食作物、两种油料、大中城市蔬菜的每亩家庭用工折价分别增加了6.58倍、6.58倍、7.49倍，相应的每亩雇工费用分别增加了5.54倍、4.33倍与46.15倍。尽管农业亩均用工量下降，但也没能遏制劳动成本快速上涨趋势下亩均人工成本与亩均人工成本份额的上升。同期三种粮食作物、两种油料、大中城市蔬菜的亩均人工成本分别增加2.05倍、3.27倍、5.39倍，在总成本中所占份额分别从36.51%、45.13%、37.76%升至38.34%、53.20%、58.18%（见图13-14）。

第二，农业劳动力人力资本水平较低。伴随农村青壮年劳动力非农化转移，农业部门劳动力结构逐渐失衡，最为明显的是农村劳动力老龄化问题严重。根据乡村常住人口的统计，2018年年末，20～59岁人口所占比重为54.53%，相较于2003年下降了1.72个百分点；60岁以上人口所占比重为20.46%，与2003年相比提高了9.18个百分点。[①] 在外出非农就业的农民工群体中，半数以上农民工平均年龄处于20～40岁。同时，受教育程度较高的农村劳动力更容易非农就业，留在农业部门的劳动力人力资本水平较低。虽然乡村人口受教育水平整体提高，2003—2018年，初中、高中、大专以上受教育水平的人口比重分别提高2.63%、4.70%、3.60%，但是文化程度较高的劳动力外出就业所占比重提高。根据农民工监测调查，2009年，高中、中

---

① 2004年和2019年《中国人口和就业统计年鉴》。

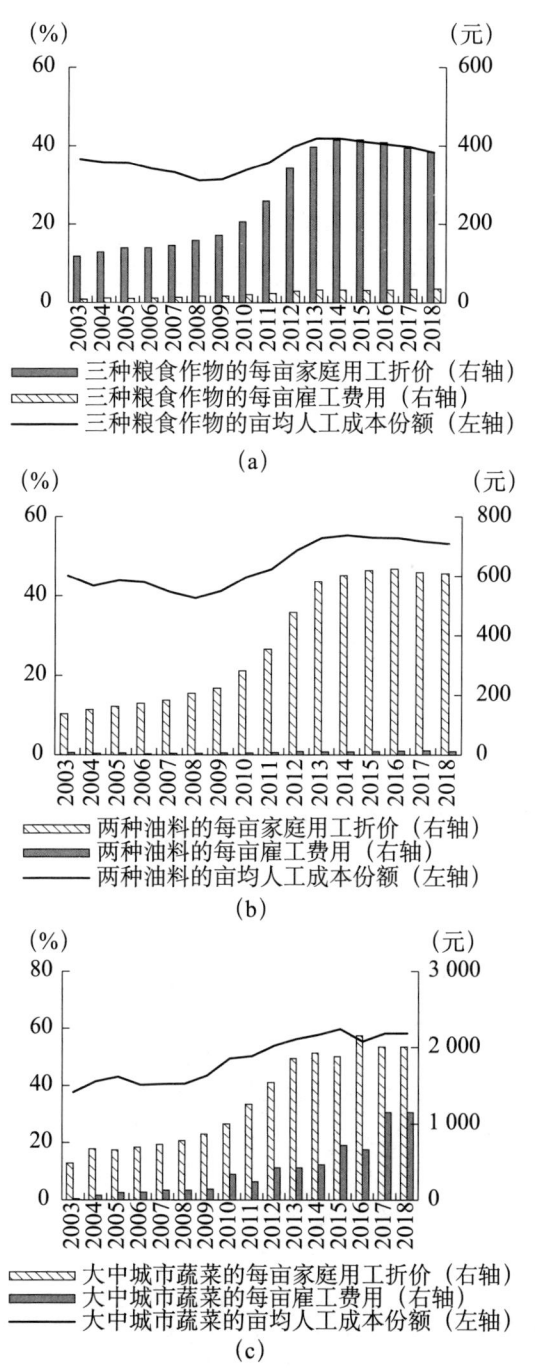

图 13-14　三种粮食作物、两种油料、大中城市蔬菜的劳动用工成本

资料来源：历年《全国农产品成本收益资料汇编》，经作者计算而得。

专及以上的农民工所占比例分别为13.1%、10.4%，到2019年这一比例提高至16.6%、10.9%，初中及以下的农民工比例减少了4个百分点。以上两个方面导致在结构转型中，越来越多的低教育水平、老年劳动力聚集乡村农业一端，贡献着不断上升的劳动成本。

第三，土地再配置成本高而效率低。在农户生产成本结构中，土地成本增长最快。2003—2018年，三种粮食作物、两种油料、大中城市蔬菜的亩均土地成本分别增长了3.26倍、3.21倍、6.04倍。在土地成本中，参照当地土地转包费或承包费净额计算而得的自营地折租占据主要地位（见图13-15），三种粮食作物与两种油料的自营地折租在土地成本中所占比重长期处于80%以上，但其在土地成本中所占比重不断下降。伴随我国承包经营耕地流转率超过承包耕地总面积的三分之一，流转地费用迅速上升，三类作物的亩均流转地租分别增加了10.04倍、6.73倍、5.09倍。这一趋势与日本土地成本的变动相反，自20世纪80年代末期以来，日本农户自营地地租的绝对数值及其在总成本中所占份额均呈现出下降特征，农户所支付的地租增长幅度较为稳定，1991—2016年期间支付地租仅增长了16.89%。同时，由于土地流转主要发生在农户之间，2020年农民之间的流转土地比例为46.76%，考虑到农村青壮年劳动力和高质量生产者外流，农地经过农户之间的流转与再配置转移到全要素生产率较低的留守农户或留守老人手中，这种农户间无效流转的情形在农村土地流转中广泛存在。①②

第四，提高土地单产的现代要素投入粗放，要素利用效率较低。在人多地少的禀赋压力下，化肥、农药等生物要素一直保持密集投入水平以实现农

---

① 余航、周泽宇、吴比：《城乡差距、农业生产率演进与农业补贴：基于新结构经济学视角的分析》，《中国农村经济》2019年第10期。
② 李承政、顾海英、史清华：《农地配置扭曲与流转效率研究：基于1995—2007浙江样本的实证》，《经济科学》2015年第3期。

(a)

三种粮食作物的亩均流转地租（右轴）
三种粮食作物的亩均自营地折租（右轴）
三种粮食作物的平均土地成本份额（左轴）

(b)

两种油料的亩均流转地租（右轴）
两种油料的亩均自营地折租（右轴）
两种油料的平均土地成本份额（左轴）

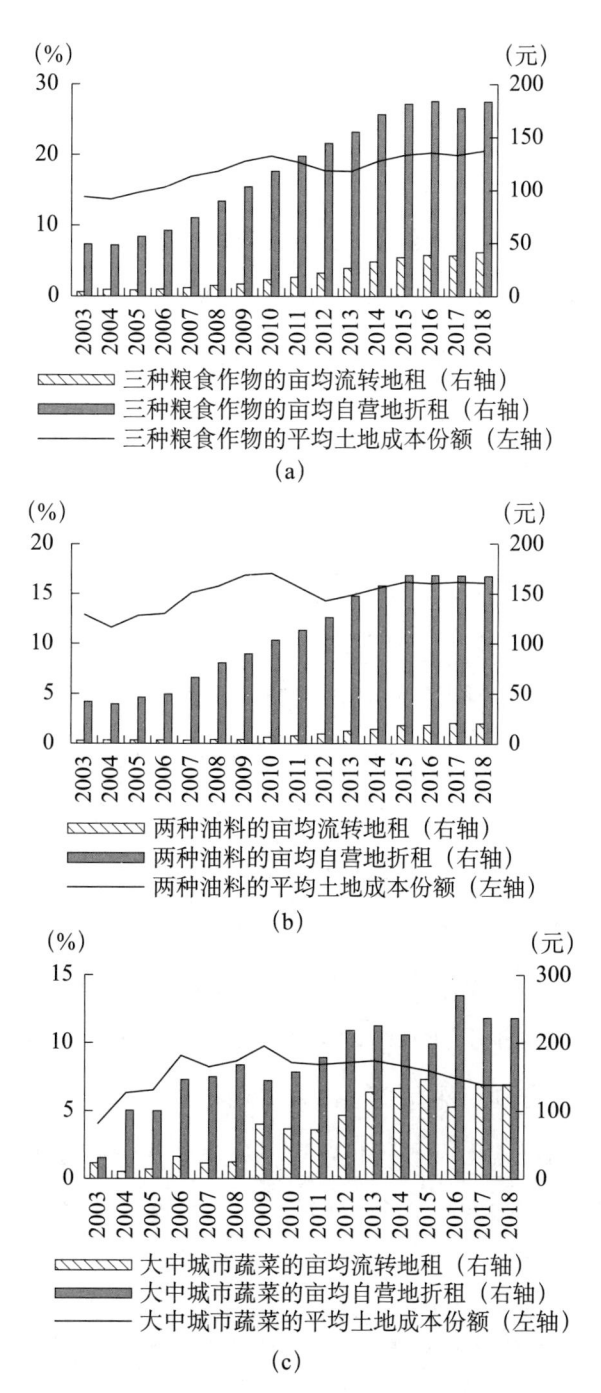

(c)

大中城市蔬菜的亩均流转地租（右轴）
大中城市蔬菜的亩均自营地折租（右轴）
大中城市蔬菜的平均土地成本份额（左轴）

图 13-15 三种粮食作物、两种油料、大中城市蔬菜的土地成本
资料来源：历年《全国农产品成本收益资料汇编》，经作者计算而得。

业增产。其中，化肥用量的增长速度较快。2002—2016年我国化肥的消费量从337千克/公顷大幅增长为503千克/公顷，增幅为49%。相比之下，同期日本单位土地化肥用量缩减了27%，美国与以色列单位土地化肥用量的涨幅也仅有23%、11%。我国单位面积土地施肥量过高。2002年，中国每公顷化肥消费量分别是美国、日本、以色列的3.35倍、1.13倍、1.50倍，到2016年，这一比例扩大到3.63倍、2.08倍、1.79倍。由于精准投入技术发展相对滞后，肥料、农药的利用方式粗放、利用率偏低。由于我国仍是以传统人工为主的方式进行施肥、施药，投入效果大打折扣，化肥利用率仅有30%～40%，每年浪费化肥近3 000万吨，相当于农民多投入300多亿元。①

第五，农业机械使用的不经济性。2003—2018年，我国农用机械总动力从6 038.7亿千瓦增长到10 037.2亿千瓦，年均增长3.45%。虽然农户家庭机械保有量快速增加，但由于市场需求缺乏弹性，单机可作业面积下降，小农户持有农机既无益于农机投入的管理，又不利于规模化作业。②此外，我国主要农业机械的平均单台动力较低，农机田间作业亩均动力在发达国家的五六倍之上，作业效率较低，机收损失占比大。同时相配套的技术示范推广、农机户培训、机耕道路和农业机械库棚建设等比较滞后，与迅速增长的农业机械保有量和作业需求不配套③，这些因素导致我国农机投资不经济问题严重。一方面，机械成本上升但机械化效率低，2003—2018年，小麦、玉米、稻谷的机械作业费分别上涨3.27倍、6.65倍、6.76倍；另一方面，农机利润提升困难，全国机械化成本利润率和利润率分别平稳地维持在57.70%～65.07%以及36.59%～39.42%，鲜有提增。相较于耕种环节机械化水平快

---

① 李小云：《论我国农业科技发展的方向与战略》，《中国农村经济》2002年第11期。
② 潘彪、田志宏：《购机补贴政策对中国农业机械使用效率的影响分析》，《中国农村经济》2018年第6期。
③ 曹光乔、周力、易中懿、张宗毅、韩喜秋：《农业机械购置补贴对农户购机行为的影响：基于江苏省水稻种植业的实证分析》，《中国农村经济》2010年第6期。

速提高，我国农业产业机械化率水平相对较低，农产品储藏、保鲜、烘干等初加工技术落后、产后损失浪费严重。2019 年农产品初加工、设施农业机械化率仅分别为 37.58%、38.31%。反观日本，通过提高农产品加工转化能力实现农产品减损增值，约 70% 的糙米采用低温贮藏，粮食和果蔬收后损失不到 1% 和 5%。

五、基本结论与政策含义

农业就业份额的下降不仅是经济结构转型的表征，同时也是要素在不同经济部门之间流动与再配置以及生产函数重构的过程。通过对农业份额下降特征的再审视，本章发现发达经济体与后发经济体农业就业份额下降的异质性特征。在发达经济体农业份额下降至极低水平的漫长过程中，农业就业份额出现加速下降的阶段性特征，农业产值份额与就业份额之间的比例得到改善，农业报酬不断上升。在后发经济体中，伴随农业份额下降，农业就业份额仍持续远高于农业产值份额，农业就业份额下降相对滞后阻碍着生产要素跨部门流动与农业要素重组，农业生产率与发达经济体相比差距悬殊。

要素替代研究范式为分析农业劳动力转移过程中农业转型提供了单一化的分析视角，掩盖了农业转型发展过程中的一些重要事实。以农业要素组合的重构与升级为核心的农业工业化理论提供了一个更为综合的理论分析框架，规避了对某一类型要素的过度强调与依赖。在农业工业化理论框架中，企业家创新精神与才能被置于核心地位，但是在传统农业相对投资回报偏低、要素市场不完全的情况下，企业家及其他物质生产要素进入低回报的农业并进行生产性创新活动的动力尚不明晰。以要素组合与升级为基础，结合农业份额下降的变化，本章构建了从传统农业到实现农业工业化，以及要素组合困境与结构失衡的理论分析框架，对经典的农业工业化理论进行拓展，揭示出被要素替代假说忽视的生产要素重组与升级的农业工业化事实。

中国农业生产要素也正在发生重组。自 2003 年以来，农业就业份额下降速度加快，不仅打破了传统农业中人地关系相对稳定的格局，而且促进农业生产要素的相对价格发生变化，这一转变牵动制度变革与其他要素进行适应性变动。虽然经过要素重组，农业生产率明显提升，但是由于要素匹配度失衡，农业成本-收益结构恶化，农业生产成本过快、过高增长，农产品成本利润率不断下降，究其根本在于制度性因素对于要素再配置的阻碍与扭曲。伴随结构转型深化，人、地的黏度和农业发展方式出现重大转型，现有集体所有农户承包经营权制度安排存在的制度缺陷不断显化，分割后的农地权利界定模糊，导致农地要素重组困难和不经济利用。二元分割的城乡体制的持续存在不利于城乡土地、资本、人才等要素的双向流动，阻碍着农业生产要素的全面流动与组合水平的提高。同时制度供给一直延续单要素驱动农业现代化的路径，进一步加剧了生产要素错配与结构失衡。

农业工业化为未来中国实现农业转型提供了有效的理论依据与实现路径。要顺利启动农业工业化，重点在于以制度创新与变革响应要素结构变化及产业发展的内生需求，突破要素不匹配的被锁定状态，打通各个生产要素在城乡之间、不同产业部门之间自由流动的通道，增加乡村发展的经济机会，使乡村空间能够吸引并容纳各类生产要素，进而实现要素配置效率提高。同时，以制度创新与变革形成有效的激励与保障机制，促进企业家才能合理配置于农业部门并进行生产性的要素重组与升级。

第十四章
农业工业化与服务规模化

专业化分工是实现规模报酬的重要条件,随着生产规模的扩大,平均成本会下降。但是,一般认为,规模报酬主要存在于制造业,除了非常特殊的情形,农业生产的规模报酬并不存在。分散的农业生产需要根据天气等变化随时进行调整,潜在的规模报酬也因管理、监督等边际成本增加而大打折扣。来自世界多个国家的经验研究证实了农场规模与土地生产率之间呈反向关系。中国农业生产的典型事实也表明,大规模户的土地生产率远低于小规模户的土地生产率,当家庭农场规模小于616~619亩时,土地规模与农业生产率的反向关系一直存在。中国以小农为农业生产基本单位,因此,家庭农场生产规模很难突破上述反向关系的规模区间。如果单纯扩大土地规模,代价是土地生产率下降,这意味着不仅规模报酬落空,而且农业现代化难以实现。因此,以农户为基础的农业工业化,围绕家庭农场制度实行农业部门要素组合的重构与连续性变化,实现农业分工深化,主要依赖农业各环节服务规模的扩大和服务水平的提高,这样才可能实现农业中的规模报酬。

近年来,山东农业在劳动力投入不断降低的同时技术和服务等投入不断增加,带动山东农业工业化、服务规模化和区域生产专业化进程。在农业工业化实践中,山东以供销社为主体进行农业生产要素重构,通过土地托管而非土地流转推动服务规模化,通过标准化、易监督的环节实现服务专业化,通过搭建为农服务中心,集约化供给不可分割的大型农业投入,利用村级组织资源降低农业经济活动的组织成本,既通过提升分工效率实现了服务环节的规模报酬,又避免了单纯农场规模扩大引致的监督成本攀升。山东在农业工业化和服务规模化方面的试验值得进一步观察与分析。在保持农户家庭经营和农业要素禀赋的条件下,以服务规模化推进农业工业化与现代化,是中国农业发展的现实选择。

一、农业规模报酬:一般理论与经验研究

(一)规模报酬与农业中的规模报酬问题

人类对经济效率的追求是无止境的。亚当·斯密在其《国民财富的性质和原因的研究》中,开篇就论述了分工是效率提升和增加国民财富的关键,工人反复从事某种专门操作,逐渐会发现更好的方法。分工还使得一组复杂的过程转化为相继完成的简单过程,特定过程的专门化最终导致了机器的采用。[1] 机器采用带来的效率提升,导致分工的进一步深化,规模报酬也因此得以实现,即随着生产规模扩大,平均成本下降。

规模报酬带来的经济效率提升依赖于以下三点:一是产业的不断分工和专业化是实现规模报酬递增的基础;二是报酬递增取决于劳动分工的发展;三是市场规模的扩大将进一步促进劳动分工。

一般而言,制造业具有规模报酬递增的特点,但农业生产中规模报酬有限。大部分文献认为,除了某些非常特殊的情况,农业生产的规模报酬根本就不存在。[2]

---

[1] Young, A. A. (1928). "Increasing Returns and Economic Progress," *Economic Journal*, 38 (152): 527–542.

[2] Binswanger, H. P., K. W. Deininger and G. Feder (1993). "Power, Distortions, Revolt, and Reform in Agricultural Land Relations," Policy Research Working Papers (USA); Johnson, N. L. and V. W. Ruttan (1994). "Why Are Farms So Small?" *World Development*, 22 (5): 691–706; Berry, R. A. and W. R. Cline (1980). "Agrarian Structure and Productivity in Developing Countries," *Land Economics*, 56 (4): 495–502.

农业生产可能存在规模报酬的最重要原因是大型投入具有不可分割性。农场规模必须达到一定程度才能有效使用联合收割机、大型拖拉机等农业机械，降低单位面积的作业成本。据此，有论者认为农业机械化将为农业生产带来规模报酬，但会导致小农场的消失，因为小农场似乎无力购买上述昂贵但能够极大提高农业生产效率的农机。事实上，农机租赁可以使得小农场也能享受农业机械化带来的效率提升。① 欧洲自19世纪就开始租赁单个农户买不起的脱粒机，美国的联合收割机则在收获季节里从南到北流动作业，中国自2003年以来农机跨区作业面积也迅速增加。因此，虽然农业机械化带来的规模收益会刺激农场规模扩大，但农机租赁市场的存在，使得农场的规模不一定要大。

管理也属于农业经济活动中不可分割的整体投入。技术发展与进步使得有先进管理经验的技术人员成为农业经营中的稀缺人才。但如同大型农机一样，管理也可以依靠市场提供，农经站、农技站等在一定程度上可弥补小农场管理的不足。加之家庭经营的小农场，成员间相互信任，监督成本非常低，依靠农业工人的大农场管理优势在一定程度上被削弱。

综上，大型农业机械的使用和管理带来的潜在规模报酬，因农机租赁市场、提供农业公共服务的农技站等的替代性而有所削弱。加之分散的农业生产需要根据天气等变化及时进行调整，农业中的潜在规模报酬也因管理、监督等边际成本增加而大打折扣。

(二) 农场规模与农业生产率：国别（地区）经验

农场的土地规模与农业生产率②之间是什么关系？大部分实证研究结果显

---

① 罗伊·普罗斯特曼、李平、蒂姆·汉斯达德：《中国农业的规模经营：政策适当吗?》，《中国农村观察》1996年第6期。

② 农业生产率的衡量分为全要素生产率（TFP）和单一要素生产率两类。全要素生产率是指无法被全部要素投入所解释的产出的增长率。单一要素生产率一般是指土地单产和劳动生产率（单位劳动投入的产出），但单一要素生产率无法完整地反映产出增长的原因。例如，劳动生产率的进步，可能是由与劳动相匹配的其他要素（如机械、化肥等）增长更快所致，所以片面地看劳动生产率有时会有误导性。

示,两者呈现反向关系,即随着土地规模的扩大,农业生产率是下降的。

早在20世纪20年代,恰亚诺夫基于对苏联家庭农场的调查与研究,即已经发现上述反向关系:大农场不如小农场有效率。[①] 自20世纪60年代以来,随着农场微观调查数据逐渐丰富[②],农场规模与农业生产率之间的关系成为国际农业经济学界的一个争论焦点。农场规模与农业生产率之间的反向关系被不断验证,以至于上述反向关系被认为是发展中国家农业的"典型事实"。

Berry和Cline(1980)利用联合国粮农组织(FAO)1960年的经济体农业普查数据,检验农场规模与单位产出之间是否存在反向关系。该研究将大农场定义为每个经济体面积前40%的农场,而将小农场定义为每个经济体面积最小的后20%的农场,并计算了大农场和小农场的土地利用效率(正在耕作的土地所占的比例)的比值。[③] 其结果显示,除了东亚的韩国外,其余经济体的这一比值均小于1(见表14-1),这意味着小农场的土地利用效率要显著高于大农场,且土地充裕的经济体(如拉丁美洲经济体)的大农场和小农场之间的土地利用效率差别要显著大于土地相对稀缺的经济体(如东亚经济体)。其进一步的回归结果显示,土地分配越不均等、土地禀赋越充裕的经济体,大农场土地利用效率越低。

表14-1 大农场与小农场的土地利用效率(部分经济体)

经济体	加权平均				Z:相关性
	最小的20%的农场		最大的40%的农场		
	A(%)	B天花板(公顷)	C(%)	D地板(公顷)	E=C/A
巴西	33	91	2	1 000	0.06

[①] 恰亚诺夫:《农民经济组织》,中央编译出版社,1996。
[②] 例如,印度于20世纪60年代开展了农场管理调查,积累了大量的微观数据。
[③] Berry, R. A. and W. R. Cline (1980). "Agrarian Structure and Productivity in Developing Countries," *Land Economics*, 56 (4): 495–502.

续表

经济体	加权平均				Z：相关性
	最小的20%的农场		最大的40%的农场		
	A（%）	B 天花板（公顷）	C（%）	D 地板（公顷）	E=C/A
智利	41.4	467	6	1 000	0.14
哥伦比亚	48.8	38	4.5	525	0.09
秘鲁	46.4	263	5	1 000	0.11
乌拉圭	31	320	7	1 000	0.23
委内瑞拉	51.8	452	10	1 000	0.19
哥斯达黎加	43.8	42	17	413	0.39
尼加拉瓜	43.6	48	9.8	419	0.22
巴拿马	67.5	18	11.1	120	0.16
斯里兰卡	86.9	1.28	80.6	9.25	0.93
印度	93.9	2.12	87.8	7.95	0.94
日本	91	0.65	75.4	1.87	0.83
韩国	33	0.38	46.3	1.21	1.4
巴基斯坦	87.5	2.03	67.5	8	0.77
菲律宾	96.5	2.78	75.3	8.45	0.78
泰国	90.4	2.78	85.6	7.2	0.95
土耳其	97.1	4.34	76.3	15.6	0.79
肯尼亚	49.5	7.45	13	1 000	0.26
阿拉伯联合酋长国	99.8	1.21	90.1	5.7	0.9

资料来源：Berry, R. A. and W. R. Cline (1980). "Agrarian Structure and Productivity in Developing Countries," *Land Economics*, 56 (4): 495-502.

Cornia（1985）在对15个发展中国家的比较研究中，发现农场规模与每公顷单产成反比。[①] 这15个国家中的12个小农场高效率的原因是土地复种指数高，投入也高。Prosterman 和 Riedinger（1987）基于117个国家数据的研

[①] Cornia, G. A. (1985). "Farm Size, Land Yields and the Agricultural Production Function: An Analysis for Fifteen Developing Countries," *World Development*, 13 (4): 513-534.

究表明，谷物单产最高的 14 个国家中有 11 个是小规模农场占主导地位的。①

（1）亚洲。菲律宾人地关系较为紧张，以小农场为主。在 20 世纪 60 年代，只有 38% 的农场超过 3 公顷，19% 的农场超过 5 公顷。Berry 和 Cline（1980）的研究结果显示，随着农场面积的扩大，土地生产率急剧降低。② 50 公顷以上农场的单产要比 1~3 公顷的农场低 32%~45%，前者单位面积的增加值仅为后者的 22%~39%。自 20 世纪 50 年代以来，随着管井等农业基础设施的发展，巴基斯坦的农业灌溉条件大大改善，Heltberg（1998）利用巴基斯坦农场层级的面板数据，得出农场规模与单位产出之间的反向关系是非常显著的，即使在控制了农户固定效应后依然显著。Heltberg（1998）认为导致发展中国家小农场比大农场更有效率的原因包括劳动力、土地、信贷与风险等要素市场不完善。③ Unal（2008）利用土耳其 5 003 个农场的微观调查数据验证农场规模与单位产出之间的关系，小规模农场（20 十公亩④以下）的单位产出约为中型农场的 3 倍、大型农场的 5 倍、超大型农场的 9 倍，控制了村庄、农户和气候的异质性后，回归结果依然显著，在土耳其的各个地区，单位产出与农场规模之间都存在显著的反向关系。⑤

（2）南美。巴西单位面积土地的纯收入随着农场规模的增加而递减。规模不到 1 公顷的农场比规模在 1~10 公顷的农场的纯收入高出 2 倍，比规模在 200~2 000 公顷的超大农场高出 30 倍。⑥ Berry 和 Cline（1980）利用 1962—

---

① Prosterman, R. L. and Riedinger, J. M. (1987). "Land Reform and Democratic Development," *American Political Science Review*, 82 (2): 667 - 668.

② Berry, R. A. and W. R. Cline (1980). "Agrarian Structure and Productivity in Developing Countries," *Land Economics*, 56 (4): 495 - 502.

③ Heltberg, R. (1998). "Rural Market Imperfections and the Farm Size—Productivity Relationship: Evidence from Pakistan," *World Development*, 26 (10): 1807 - 1826.

④ 原文为 decare，十公亩，面积单位。

⑤ Unal, F. G. (2008). "Small is Beautiful: Evidence of an Inverse Relationship Between Farm Size and Yield in Turkey," Levy Economics Institute Working Paper No. 551.

⑥ Thiesenhusen, W. C. and J. Melmedsanjak (1990). "Brazil's Agrarian Structure: Changes from 1970 Through 1980," *World Development*, 18 (3): 393 - 415.

1963 年的巴西农场调查数据以及 1973 年对巴西西北部的调查数据,得出农场单产随着农场面积的扩大而缩小的结论,即使控制了土地质量,上述结论仍然稳健。农场规模与单产的反向关系并不随着时间的推移而改变。在对哥伦比亚的研究中,Berry 和 Cline(1980)同样发现了上述反向关系。[①] 500 公顷以上的大农场的单产仅为 3~5 公顷的小农场的 15% 左右。在控制了土地质量后,大农场相同质量的土地单产为小农场的 45% 左右。由于农村要素市场发育不完善,对于小农场而言,土地和资金的机会成本较高,劳动力成本则要低很多。因此,大农场单位面积的劳动力用量仅相当于小农场的 1/50,即使按照有效种植面积来算,也仅相当于小农场的 1/15。小农场单位面积的化肥使用量要高于大农场,而机械使用量则要低于大农场。就全要素生产率而言,当假定农业劳动力的机会成本为非农就业的一半时,5~10 公顷的农场是最有效率的;当假定农业劳动力的机会成本为零时,5 公顷以下的农场仍是最有效率的。Masterson(2005)对巴拉圭的研究也发现小农场比大农场更有效率,小农场单位面积的净收入要高于大农场。[②]

(3)北美。规模大与机械化是美国农业的显著特征。但规模和资本密集内生于美国的资源禀赋。由于劳动力稀缺,而资本和土地相对充足,通过机械化用资本替代劳动力成为美国农业发展的必然选择。

(4)非洲。世界银行对肯尼亚农场的研究表明,规模在 0.5 公顷以下的农场单产是规模在 8 公顷以上农场的 19 倍,前者的劳动力用量是后者的 30 倍。[③] 卢旺达是非洲人口最为密集的国家之一,每个农户家庭平均拥有 0.72 公顷土地(2008 年),按照每个农户家庭平均 4 块土地,平均每个地块仅

[①] Berry, R. A. and W. R. Cline (1980). "Agrarian Structure and Productivity in Developing Countries," *Land Economics*, 56 (4): 495-502.

[②] Masterson, T. (2005). "Land Markets, Female Land Rights and Agricultural Productivity in Paraguayan Agriculture," Doctoral Dissertations.

[③] World Bank (1983). "Kenya: Growth and Structural Change," Basic Economic Report, Africa Region.

0.18公顷。尽管政策制定者认为细碎化的农地与狭小的农场规模是制约卢旺达农业发展的主要障碍,但是 Ali 等(2014)利用卢旺达全国范围内的地块层级数据,在有效地控制了农户家庭的异质性后,还是证明了农场规模与土地单产之间存在显著的反向关系。当农户家庭的劳动利润用农户家庭劳动力的影子价格衡量时,这一结论仍然成立,但当用村庄层面的劳动力市场价格衡量时,这一结论不再成立。①

(三)单纯扩大土地规模无法实现中国的农业规模报酬

在中国传统的小农模式下,人地关系始终紧张,农业发展的核心在于提高土地利用效率与土地单产。② 低水平的人均耕地面积使得农业劳动生产率提升缓慢,随着劳动的密集化,农业劳动报酬甚至会递减,导致在相当长的时间内,中国农业一直是"没有发展的增长"。③ 自 20 世纪 70 年代末以来,大量农业部门人口开始向农村的非农部门以及城市转移,每年从农业向城镇地区非农就业转移的劳动力超过 1 500 万人,中国已经由"乡土中国"较快地转型为"城乡中国"。在"一半是城市、一半是农村"的城乡中国格局下,传统的人地关系也在转变并重构。家庭联产承包时的远近、肥瘦搭配,导致中国家庭农场的土地规模过小、地块过多、土地细碎化严重,大型的农业机械无法有效发挥作用。在此背景下,各地开始扩大土地经营规模、试图寻求农业生产的规模报酬。

早在 20 世纪 80 年代后期,国务院农村发展研究中心就在江苏无锡等地开展了小范围内的土地规模经营试验,但是并未发现农业规模报酬递增的事实。④ 在

---

① Ali, D. A., K. Deininger and M. Duponchel (2014). "Credit Constraints and Agricultural Productivity: Evidence from Rural Rwanda," *Journal of Development Studies*, 50 (5): 649 – 665.
② 陶然、王瑞民:《农村土地改革的制度创新与路径》,《比较》2018 年第 4 辑。
③ 黄宗智:《长江三角洲小农家庭与乡村发展》,中华书局,1992。
④ 农业部农村改革试验区办公室:《从小规模均田制走向适度规模经营:全国农村改革试验区土地适度规模经营阶段性试验研究报告》,《中国农村经济》1994 年第 12 期。

这一时期，土地流转与经营规模扩大也并不普遍，直到20世纪90年代初，仍有超过90%的农户未曾流转过土地。① 随后，普罗斯特曼等（1996）②、许庆等（2011）③、倪国华和蔡昉（2015）④ 的实证分析也不支持土地规模报酬递增。

近年来，农地流转加快，2018年年底全国土地流转率已经达到39%，农户经营土地的规模也在增加。到2016年年底，经营10亩以上的农户已经占到全部农户的1/5左右，规模经营农户达398万户。⑤ 但是土地的规模增加后，土地生产率反而下降，即土地规模和土地生产率呈现出"反向关系"。我们基于全国农户的微观抽样数据测算表明，大规模户的土地单产仅为小规模户的1/3左右（见表14-2）。⑥ 倪国华和蔡昉基于同一数据的测算进一步表明，当家庭农场规模小于616~619亩时，土地规模与农业生产率的反向关系将一直存在。⑦

表14-2　不同经营规模农户的土地生产率

规模	平均值（元/亩）	标准差	户数
小规模户	2 614.42	40 578.05	171 697
大规模户	714.17	589.11	200 648

资料来源：国家统计局7万户农户调查。

注：以样本中农户土地经营规模的中位数为标准，大于中位数的是大规模户，反之为小规模户。

---

① 刘守英、李青、王瑞民：《中国农村土地流转和规模经营的特征与变化趋势》，《中国发展评论》2016年第2期。

② 罗伊·普罗斯特曼、李平、蒂姆·汉斯达德：《中国农业的规模经营：政策适当吗?》，《中国农村观察》1996年第6期。

③ 许庆、尹荣梁、章辉：《规模经济、规模报酬与农业适度规模经营：基于我国粮食生产的实证研究》，《经济研究》2011年第3期。

④ 倪国华、蔡昉：《农户究竟需要多大的农地经营规模？农地经营规模决策图谱研究》，《经济研究》2015年第3期。

⑤ 就种植业而言，规模经营农户是指一年一熟制地区露地种植农作物的土地达到100亩及以上、一年二熟及以上地区露地种植农作物的土地达到50亩及以上、设施农业的设施占地面积达到25亩及以上。详见国家统计局网站。

⑥ Liu, S., R. Wang and G. Shi (2018). "Historical Transformation of China's Agriculture: Productivity Changes and Other Key Features," China & World Economy, 26 (1): 42-65.

⑦ 同④。

与此同时，随着相当比例的土地流转给专业合作社、企业等，农业生产正在从农户单一主体向农户与专业合作社、企业等多主体共营转变。相应的土地租金与雇工费用快速上升，农地规模经营的利润反而呈下降态势。2010—2017年间，三种主粮（稻谷、小麦和玉米）的亩均流转费与人工成本均翻了一番，农地经营利润迅速下降。2010—2017年间，三种主粮的每亩净利润从227元下降到－84.39元，相应的成本利润率由33.77%下降到－1.16%。实际上，净利润率2016年就已经变为负值。

需要特别指出的是，农业发展尤其是农业规模经营，不仅需要考虑农业生产本身的特征与规律，还需要充分考虑中国的城镇化进程。城乡之间的制度藩篱尚未彻底破除，农民工的候鸟式迁移仍然非常普遍，在进城农民无法定居城市的情况下，他们短期内不可能放弃农地承包经营权。中国人口城镇化率在2018年年底已经达到59.58%，但户籍人口城镇化率仅为43.37%，农民工总量高达2.88亿人，他们仍然持有8亿~9亿亩耕地的承包权。

总体而言，受土地要素禀赋与城镇化进程的双重约束，短期内农业生产中土地规模扩大的潜力仍然非常有限。即使当前近3亿农民工全部放弃农村土地的承包经营权，留驻农村的人口人均耕地也就4~5亩。而根据倪国华、蔡昉的研究，现有生产力水平下家庭农场的最优土地生产规模为131~135亩。此外，部分地方政府强制性"垒大户"、推进土地的归并与集中，不利于保障农民土地权利。规模经营主体利润并没有小农高，其仍然从事农业生产的一个主要诱因是地方政府给予的优于小农的补贴政策。部分地方政府急功近利地推动土地流转，造成土地流转纠纷等社会问题上升。基于上述考量，我们认为，主要依靠扩大土地经营规模并非推动中国农业现代化的最优政策工具，农业规模报酬的可能实现路径需要在实践中探索破题。

二、农业工业化与服务规模化：理论分析

（一）农业工业化：农业要素组合的变化

传统理论将工业化等同于农业生产向非农业转变过程，其特征是资本、劳动等要素从农业部门转移到效率更高的工业部门，农业部门本身的重要性及其实现工业化的可能性并未得到应有的重视。

实际上，早在1947年，发展经济学创始人之一张培刚在其著名的博士论文《农业与工业化》中就开创性地提出了农业国工业化理论，将工业化的范畴扩展，使其涵盖农业部门的机械化和现代化。农业工业化的本质是农业部门要素组合的连续性、突破性变化。

长期以来，中国现代化的主要任务是实现农业国向工业国的转变，赶超战略下的农业仅是为工业发展提供低成本农产品的工具，农业本身的发展被严重忽视，甚至长时间停滞，乡村和城市的差距也进一步拉大。改革开放以来，随着经济增长与农村劳动力大规模向城市转移，农业要素组合发生连续性、突破性变化，农业机械投入迅速增加，农业生产的组织和制度也在重构，标准化生产环节的服务规模化促进了区域专业化，呈现出张培刚式的农业工业化典型特征。[①]

（二）服务规模化：农业经济组织与服务专业化

农业规模报酬的实现意味着随着农业要素投入的增加，必然带来生产率水平的提升，既可以表现为同样要素投入水平下的产出增加，也可以表现为同样产出水平下的要素成本下降。要加以强调的是，在多要素生产函数的情况下，要素组合及其优化也是实现规模经济的重要途径。在某种单一要素的投入水平增加时，如果其他要素投入水平并未及时予以调整，形成要素之间

---

① 刘守英、熊雪锋：《山东省的农业工业化及其转型升级》，《山东社会科学》2019年第8期。

的良好匹配,生产率水平亦难以得到提高。农业经济活动就是如此,其生产涉及多种要素,除了传统的土地和劳动力投入,还需要农机、农药、化肥等的使用,更为特殊的是依赖产前、产中、产后的管理与服务。服务规模化、合理分工以及有效的匹配与组合是实现农业规模报酬最具潜力的方面。美国的农业人口仅占2%,为农业提供专业化服务的人口占比竟高达17%~20%,换言之,一个典型的美国农民有8~10人为其提供专业化服务,这是美国农业竞争力的关键所在。

近年来,伴随农业人口和劳动力在城乡的配置变化,中国的农业发展也呈现出新的变化:一是农业劳动力成本快速上升,农业资本深化及机械对劳动力的替代增加;二是实际从事农业的人员不仅绝对量下降,而且呈现老龄化、妇女化,农业生产环节对专业化服务的需求上升;三是农业经营和组织制度发生变化,新型农业主体大量涌现,农业服务的"交易成本"下降。如是,中国农业生产的要素组合正在静悄悄地重构。考虑到农户土地经营规模短期内难以扩大,上述要素投入配置效率提高,将主要源于农业生产相应环节专业化服务规模的扩大与服务效率的提升。

从农业生产实践来看,适宜提供规模化和专业服务的环节通常具备以下四个特征:一是标准化程度高,从而易于监督和管理;二是外部性强,如种子、化肥等农资采购,病虫害防治等;三是收割、烘干时农机的大型投入具有不可分割性;四是对提供服务的主体的专业化程度和组织能力要求较高。上述环节提供的规模化服务之所以能够实现农业规模报酬,一方面源于专业化分工带来的效率提升;另一方面则是因为大型的不可分割投入(如农业机械)的服务能力得以被充分利用,减少单家独户进行重复投资产生的不经济性。不仅如此,服务主体的组织化程度更高,可以带来管理水平的提升,促进农业生产要素组合的优化,成为实现规模报酬的重要来源。解决这些问题后,部分非标准化的环节仍主要由农户家庭完成,农业生产的监督成本并未因服务规模的扩大而显著增加,这成为农业经营组合中规模报酬的基础。

基于现实的约束和实践的正反摸索发现,服务规模化不需要对小农户的土地进行人为集中,而是通过农业组织的培育,由农户购买服务实现农业的机械化与要素组合,能够实现不同规模农户与现代农业的有效衔接。① 服务规模化首先由农民试错成为一种实现农业规模报酬的方式,部分地方政府和中央政府也将其作为一种政策选择。

三、农业工业化与服务规模化实施:山东案例

(一)要素组合变化

农业工业化的主要表现是,伴随要素相对价格变化,农业劳动力投入显著降低,农业机械、技术服务等投入显著增加,出现农业生产要素的重新组合,由此带来农业生产方式不断变革。一方面是劳动投入的利用与节约。自21世纪以来,山东主要农作物的用工量呈现不断下降趋势。小麦亩均用工量从2004年的8.26日下降到了2017年的4.52日,同期玉米亩均用工量从8.8日下降到了4.61日,降幅均超过40%。其他经济作物的用工也是如此,花生、苹果等用工量的降幅都在20%以上。另一方面是农业机械化水平大幅提升。山东的农业机械化不仅仅表现为农业机械数量的快速增加,而且表现为农业机械服务在农业生产各个环节的深化。1999—2017年,山东的农业机械总动力增长66.39%,年均增速2.87%。农机服务与农机人员也大幅增加,2015年山东农机人员在第一产业中的就业比重已经超过1/3,机耕面积超过80%,显著超过全国平均水平。

(二)服务规模化实施:以供销社为服务主体的要素再配置

除了要素组合变化带来的农业工业化进程,还出现了以供销社为主体提

---

① 胡凌啸:《中国农业规模经营的现实图谱:"土地+服务"的二元规模化》,《农业经济问题》2018年第11期。

供服务带来的服务规模化和要素组合优化。山东供销社服务规模化试验的初级形式为土地托管，即在大量农民外出打工后，农民将承包地全托或者半托给供销社，由供销社提供服务或者代耕。随着托管规模的不断扩大，在服务环节出现了规模报酬。供销社的服务规模化深化表现为通过建立为农服务中心，形成有系统的服务组合，并探索出每个服务单位"三公里"的服务半径，在服务主体与农户之间利用传统村社组织的优势降低合作成本。以供销社为主体的服务规模化，使农户与新型农业经营主体的生产便利性增加，部分生产环节因享受到专业化服务实现成本降低，服务主体也在规模化服务中实现获得服务报酬。① 以供销社为主体的服务规模化的制度安排如下。

一是供销社作为提供农业规模化服务的主体。随着工业化与城镇化进程的快速推进，山东农民向非农产业的转移加快、入城趋势出现，农业就业份额不断下降，差不多六成以上的农村劳动力已经外出打工，近1/3以上的村庄外出打工的劳动力已经超过七成，农业从业人员呈现老龄化状况，50岁以上的农民在村庄已经超过四成。出现变化的不仅仅是农民，曾经作为农业生产资料供应主体的供销社也出现状况，尤其是在新型农业经营主体与农资企业直接对接后，供销社长期赖以生存的传统农资供应业务受到巨大冲击。正是部分基层供销社面临的生存压力，使这个系统从"坐商"到"行商"，瞄准了农业生产服务环节出现的机遇。它们将传统的化肥、农药等农资供应延伸到耕、种、管、收、加、销等环节，通过为外出农户提供托管服务实现共赢。正是依托独特而强大的农村网络优势，供销社通过新出现的托管服务需求，在农资供应、农机服务、农产品加工等相应环节中形成优势。基层供销社也尝试领办部分农民合作社，不断拓展农业服务环节与托管作物，实现了服务的规模经济，其逐渐成为服务规模化的主力。截至2014年年底，领办农民合

---

① 国务院发展研究中心农村经济研究部、山东省供销合作社联合社：《服务规模化与农业现代化：山东省供销社探索的理论与实践》，中国发展出版社，2015。

作社近万个，入社社员近百万户，发展配送中心1 000余家，网点10万个。

二是以土地托管推动服务规模化。服务规模化与传统意义上的土地规模经营存在显著差别，它不以土地流转为前置条件。供销社仅提供农业生产的专业化服务，不将自己变成农业生产经营的主体。在土地托管模式下，农民仍然是生产决策的主体，对经营结果负责任，供销社则在其具备比较优势的服务环节提供规模化服务，实现服务和专业经营的利润。土地托管作为一种农业服务方式，其本质是将标准化、易监督的环节外包，带来服务环节规模报酬的提升，它还避免了土地流转模式下农场规模扩大引致的监督成本上升，避免了服务规模经济效益因监督成本攀升而大打折扣甚至消失，也扭转了土地流转模式下土地经营规模与农业生产率的反向关系。

三是以为农服务中心实现农业要素组合的集中供给。服务规模化的核心是实现农业要素组合中的集中服务。以一定半径建立的为农服务中心解决了这一难题。它们通过一站式服务提供了单个农户乃至新型农业经营主体难以负担的大型农业投入，如烘干、仓储与冷藏设施，以及提高农场管理水平的智能配肥设备等。专业化服务供给使得农业经营者在不扩大土地经营规模的前提下能够享有大型农业投入带来的效率提升，为农服务中心将上述专业化服务集成又进一步提高了规模化服务的供给效率，相比农户分散地从市场上"租赁"上述服务，交易成本大大降低。

四是村级组织在供销社和农户中的合约中介降低了服务规模化的组织成本。供销社通过与村级组织合作，充分利用村两委组织和动员农民的天然优势，实现了与农民的深度联合。从传统的"供"和"销"，发展为真正意义上的"供销合作社"。村集体与农民的天然联系与组织能力，大大降低了供销社提供规模化服务时逐一与单个农民打交道的"交易成本"。

以土地托管为突破口的服务规模化，在保留农户自主决策权、无须人为推动土地流转与归并的前提下，把分散的土地经营通过专业化的农业服务联结起来，突破了农户家庭与地块的限制，客观上实现了土地成片作业与分工专业化带来的规模效应，实现了农业生产成本节约与效率提升，与单纯扩大土地规模带来的生产率下降形成鲜明对比。与农户自种相比，土地托管后粮食作物的增产幅度在20%以上，经济作物效果更佳，小麦的净收益是农户自种时的4.5倍，玉米为2.3倍，花生为1.5倍，如表14-3所示。

表14-3 山东典型农作物种植和土地托管的成本对比　　　　单位：元/亩

作物种类	小麦		玉米		花生	
方式	农户	托管	农户	托管	农户	托管
总成本	960	620	880	603	1 740	1 325
总收入	1 100	1 250	1 210	1 375	2 700	2 790
净收益	140	630	330	772	960	1 465

资料来源：山东郓城县众邦农业发展有限公司；山东新泰齐云花生专业合作社。

四、政策含义

中国的现代化，一方面要充分考虑中国特定的要素禀赋条件，另一方面也需要认识到农户仍将长期作为农业生产的基本单位，在上述约束条件下实现"连接就是赋能"。① 通过专业化的农业服务将分散的农户与地块连接，而非行政命令强行推进土地流转与归并，在保持农户作为农业生产决策主体的前提下，客观上实现农业的规模报酬。服务规模化应是中国未来农业发展与乡村振兴的主要着力点。

第一，典型国家的农业现代化均从自身禀赋条件出发，符合其比较优势。美国人少地多，以资本代替劳动，形成以大农场为主的资本密集型农业现代化模式。日本人多地少，户均土地规模小且土地细碎化，其农业现代化的突破口是农业生物技术创新和农业服务体系构建（农协），以提高土地单产。中

---

① 何宇鹏、武舜臣：《连接就是赋能：小农户与现代农业衔接的实践与思考》，《中国农村经济》2019年第6期。

国的农业禀赋与日本接近,不具备发展美国式大农场的禀赋条件。大农场带来的土地生产率下降也是中国农业竞争要力避的重点。

第二,农业工业化的本质是农业要素组合的重构与升级。随着农村劳动力持续向城市转移,农机、技术与服务等现代要素比重增加,劳动等传统要素的份额减少,但更重要的是要素间的配比优化与协调一致。数量增长型的农机投入因成本攀升更快无法带来生产率提升。优化不可分割的大型农业投入的提供方式,提高服务供给本身的效率,成为农业要素组合升级的关键。

第三,服务规模化是中国农业工业化的重要实现路径。单纯扩大农业经营规模,不仅违背中国农业的比较优势,使农户丧失经营主体地位,而且还会因规模扩大引发监督成本上升,导致农业生产率下降。农业生产的规模报酬可能主要存在于可标准化的服务环节。农户在农业生产各环节对专业化服务的需求潜力巨大。通过服务规模化促进农业生产率与竞争力提升,成为中国农业发展的现实选择。

第十五章
农业工业化与转型升级

一、何为农业工业化

始于18世纪60年代的工业革命，实现了从手工制造到机械制造的历史跃迁，开启了人类生产率持续增长的时代，工业化成为时代的主旋律。19世纪50年代，农业国如何通过工业化实现经济发展成为经济学研究的重要议题。[①] 然而，对工业化内涵的界定深深影响了这些国家的经济发展进程。库兹涅茨（1989）[②] 认为，工业化过程是指产品的来源和资源的去处从农业活动转向非农业生产活动，绝大多数国家的农业部门在总产值中所占的比重下降，农业部门占总再生财富的比重下降，农业部门占总资源的比重相对下降，农业部门劳动生产率的增长速度与整个经济增长速度一致；绝大多数国家工业部门在全国产值中所占的比重上升；服务部门总量占比上升。罗斯托（2001）[③] 认为，工业化进程需经历传统社会阶段、准备起飞阶段、起飞阶段、走向成熟阶段、大众消费阶段五个阶段，从传统社会阶段到起飞阶段，劳动力从第一产业向制造业集聚，生产技术和生产方法急剧变化，现代技术

---

① 张培刚：《农业与工业化》，中国人民大学出版社，2014。
② 西蒙·库兹涅茨：《现代经济增长》，北京经济学院出版社，1989。
③ 沃尔特·罗斯托：《经济增长的阶段：非共产党宣言》，中国社会科学出版社，2001。

拓展到大范围的经济活动。钱纳里等（1989）①认为工业化的基本特征是资本和劳动等资源从农业部门向生产率更高的工业部门等转移。早期的发展经济理论基本沿袭了这些基于发达国家经验的工业化理论，仅仅将工业化理解为工业部门的发展，并将之付诸发展政策实施，致力于工业化进程中工业产值和就业份额的上升、农业产值和就业份额的下降，以及资源由农业部门向工业部门的集中，忽略了农业的重要性和农业部门实现工业化的可能性、必要性。

张培刚先生的博士论文《农业与工业化》颠覆性地提出了农业国工业化理论，将工业化的概念从农业向工业的转变以及工业本身的机械化和现代化，拓展到包括农业的机械化和现代化。②农业国工业化理论不仅论证了农业对于工业甚至整个国民经济的重要意义，即农业为工业和经济发展提供粮食、原料、劳动力、市场、资金等③，更具革命性意义的是，将工业化的概念界定为"国民经济中的一系列基要生产函数，或生产要素组合方式，连续发生由低级到高级的突破性的过程。这种变化可能最先发生于某一个生产单位的生产函数，然后再以一种支配的形态形成一种社会的生产函数而遍及社会"。④工业化的促进因素包括人口、资源或物力、社会制度、生产技术、企业家的创新管理才能五个方面，工业化就是这些要素组合方式的连续变化。⑤因此，农业国的工业化不仅包含工业本身的机械化和现代化，还包含农业等传统部门的机械化和现代化；不仅包含城市的现代化，还包含乡村的现代化。任何一个农业国的工业化，并不一定就表示该国的制造工业将要变得独占优势。农业国要实现工业化，"可以变成一个按工作人口及国民收入计算都以制造工业为主的国家，也可以仍然是以农业为主的国家，也可以成为一种制造工业与农

---

① H. 钱纳里、S. 鲁宾逊、M. 赛尔奎因：《工业化和经济增长的比较研究》，上海三联书店，1989。
②③④⑤ 张培刚：《农业与工业化》，中国人民大学出版社，2014。

业保持适当平衡的国家"。①

山东省不仅是我国的经济大省,还是工业制造业大省,也是农业大省。近年来山东省农业竞争力的增强得益于结构变迁加速下农业生产要素组合的变化与升级,为我们检验农业国工业化理论提供了绝佳样本。本章将基于农业国工业化理论,分析山东农业工业化进程中生产要素的变化以及农业产业升级中遇到的挑战,并给出对策建议。数据主要来自历年《全国农产品成本收益资料汇编》《中国农业机械工业年鉴》、中经网统计数据库等。

二、山东省农业工业化

初步研究发现,山东农业在符合第一产业增加值份额和就业份额下降的普遍趋势下逐步变强,在农业生产率、单位土地回报、农产品成本收益率等方面体现出相对于全国平均水平的优势。这主要来源于结构变革下农业生产要素的重新组合、升级的农业工业化进程。在过去20多年间,山东农业劳动、土地、机械、技术、服务等生产要素的重新组合,随着农民就业的非农化而深化,山东农业生产组合表现为在降低劳动力投入的同时加大技术、服务和化肥等投入,逐步实现农业机械化、服务规模化和区域生产专业化,实现了农业生产方式的实质性改变,在农业领域初步实现了工业化的生产方式。山东省农业工业化的路径可以概括如下:在制造业工业化和城市化的背景之下,农业工业化发端于城乡互动和制造业工业作用于农业部门所造成的农村劳动力从农业部门向非农部门转移。这不仅使得农业劳动者获得更多的非农收入,还增加了农业部门劳动力的使用成本,诱发农业机械对劳动的替代。农业机械化水平的提高和现代投入的增加,不仅进一步降低了农业生产中每日用工数量,而且提高了土地单位产出和单位劳动力产出,使农业生产率得

---

① 张培刚:《农业与工业化》,中国人民大学出版社,2014,第223页。

到发展。在机械化和现代投入带来农业生产率大幅提升的同时,农村劳动力向外移动所引起的农业从业者老龄化、妇女化以及土地荒地化等现象日益突出。为了解决农业劳动力大量向非农部门转移导致的"谁来种地"的问题,山东省从制度上推进了农村土地承包经营权确权颁证、农民承包地使用权流转的农村土地制度改革,以及以山东省农业供销社为核心、以土地托管为主要形式的农业经营方式创新。这实现了土地适度规模经营和农作方式的转变,为服务规模化和农业生产区域专业化的推进奠定了基础。山东省持续的要素重新组合提高了农业生产率,增加了土地和劳动的单位产出,实现了农业回报的提升,初步走出一条以农业要素组合推进农业工业化的路子。

(一)劳动投入的利用与节约

过密的劳动投入不仅会降低农业生产的效率,还会造成大量农村劳动力的浪费。将过剩的劳动力从农业生产当中解放出来,不仅会提升农业生产的效率,还可以为工业、服务业部门的发展提供劳动力的支持。更重要的是,在农业工业化的过程中,机械化提高了每亩的生产力和每个"人工小时"的生产力,因此大量采用的农用机械会出现其对农场劳动力的绝对替代,表现为每天的工作时间减少。自改革开放以来劳动力向非农部门的转移导致农业劳动力成本急剧增加,促进了山东省农业劳动投入的节约集约使用,为土地生产率的提高创造了条件。自21世纪以来,山东省粮食、油料、经济作物和设施农作物的亩均用工量不断趋于下降。具体来讲,2004—2017年,山东省小麦、玉米、花生和苹果的亩均用工量分别从8.26日、8.8日、13.84日和67.98日下降到了4.52日、4.61日、9.56日和52.39日,下降幅度分别为45.28%、47.61%、30.92%和22.93%。设施黄瓜的亩均用工量,也从2010年的55.36日下降到2017年的50.99日,下降幅度达到7.89%。值得注意的是,山东省粮食、油料、经济作物的亩均用工量在2004—2017年间的绝大部分年份都高于全国平均水平,尤其是苹果的年均值59.41日比全国平均年均值 39.63 日高出 19.78 日。但是，2010—2017 年间山东省设施黄瓜亩均用工量年平均值仅为 60.61 日，比全国平均亩均用工量年均值 63.46 日低 2.85 日。亩均用工量高，固然在一定程度上说明了作物在精耕细作下的品质，但是高企的用工成本却导致农作物用工成本对利润的侵蚀。

(二) 提高土地单产的现代投入增加

化肥等现代投入的增加是农业现代化的重要标志，作为对成本上升之后劳动力投入的替代，以化肥为代表的现代投入开始提升，化肥投入的增加为土地生产率的提高奠定了基础。从山东省的实践来看，2004—2017 年间小麦、玉米、花生、苹果的亩均化肥施用量稳步上升，2010—2017 年间设施黄瓜的亩均化肥施用量大幅上升。同期，山东省农作物亩均化肥施用量总体高于全国平均水平（见图 15-1）。化肥的大量使用对农作物亩均产量的提升起到了非常重要的作用。

(三) 农业机械化水平大幅提升

机械化是构成工业化特征的一种过程，对于农业生产具有重大影响。农业机械化的方式主要有：(1) 动力机的采用；(2) 现代交通工具的应用；(3) 改良和较大的农具的采用和推广。山东省农村劳动力的大量流出所引起的劳动力成本急剧增加为农用机械的大量引入创造了条件，农用机械的投入作为对劳动投入的替代，使得山东省农业机械化水平大幅提升。山东省不仅大量引入农用机械，在全省范围内实现了农用机械总动力和农用机械配置程度的提升，而且通过规模化服务将机械化深入农业生产的各个环节。自 2004 年以来，山东省农业机械化程度不仅比全国平均水平高，而且不断提升。

第一，农用机械拥有量稳步增加。山东省农用机械总动力稳步上升，农用机械总动力从 1999 年的 6 096.58 万千瓦增加到 2015 年的 13 353.02 万千瓦，2016 年和 2017 年虽有回落，但是在 1999—2017 年间增幅达到 66.39%，

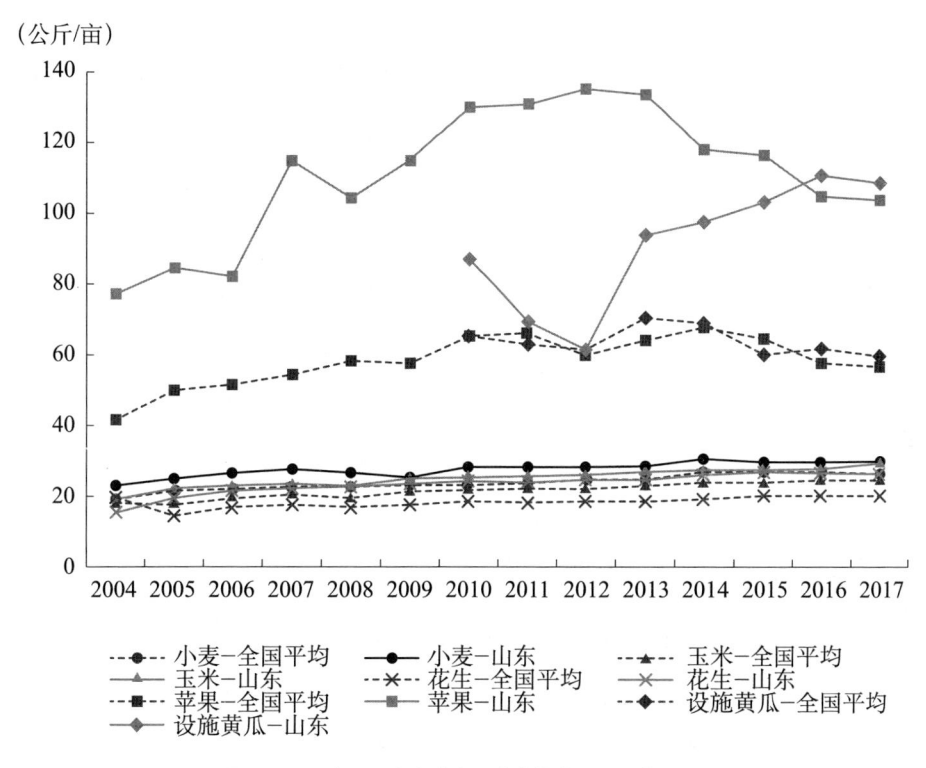

图 15-1　全国和山东省主要农作物亩均化肥施用量
资料来源：历年《全国农产品成本收益资料汇编》。

年均增速为 2.87%。各类农用机械稳步增长，农用排灌柴油机、大中型拖拉机配套农具、小型拖拉机配套农具、大中型拖拉机、小型拖拉机分别从 1999 年的 1 648 700 台、263 500 部、1 825 400 部、129 724 台、1 246 100 台增加到 2017 年的 1 789 900 台、1 102 600 部、3 206 000 部、604 000 台、1 875 700 台，增幅分别为 8.56%、318.44%、75.63%、365.60%、50.53%，年均增长率分别为 0.46%、8.28%、3.18%、8.92%、2.30%。

第二，机械服务大幅度提升。山东省不仅拥有成规模的农用机械，机械的使用数量也比较巨大，农用机械服务使用数量基本与农作物的播种面积成比例。从机械服务费用的增长来看，2004—2017 年，山东省小麦、玉米、花生、苹果和设施黄瓜的亩均机械服务费分别从 2004 年的 53.11 元/亩、17.27 元/亩、28.43 元/亩、30.73 元/亩、49.38 元/亩（2010 年）增长到 2017 年的 156.55 元/亩、129.98 元/亩、94.62 元/亩、77.72 元/亩、92.34 元/亩，增幅分别为 194.77%、652.63%、232.82%、152.91%、87.00%，年均增长率分别是 8.67%、16.80%、9.69%、7.40%、9.35%。另外，山东省的农作物的机械服务费用在 2004—2017 年的年均数值比全国平均高。小麦、玉米、花生和苹果在 2004—2017 年的年均亩均机械服务费分别为 114.13 元/亩、71.01 元/亩、66.70 元/亩、55.83 元/亩，分别比全国高出 18.82 元/亩、3.05 元/亩、18.98 元/亩、8.00 元/亩。山东省设施黄瓜的亩均机械服务费在 2010—2017 年的年均值为 73.76 元/亩，比全国平均亩均机械服务费的年均水平低 0.73 元/亩。

第三，农业机械化配置程度提升。山东省乡村农机人员数量和比重不断上升，2004—2015 年山东省乡村农机人员占第一产业就业人员比重从 25.41%上升到 34.20%，同期全国平均水平仅从 11.31%上升到 25.04%。从年均数值来看，山东省比全国平均水平高出 12.34%。乡村农机人员比重的持续上升及其领先全国平均水平，从一定程度上说明了山东省机械化程度的提升和其领先全国的水平。

第四，耕种机械化程度提升。山东省机耕面积及其占耕地面积的比重不断上升，2004—2016 年山东省机耕面积及其占耕地面积的比重分别从 5 519.02 千公顷和 71.78%增长到 6 140.14 千公顷和 80.72%（见图 15-2），同期全国则从 63 593.13 千公顷和 48.90%增长到 121 017.6 千公顷和 89.70%。从年均数值来看，山东省年均机耕面积占比 81.10%比全国平均年均机耕面积占比 72.32%高出 8.78%。尽管自 2012 年以来，山东省机耕面积占比开始下降并且低于全国水平，但是总体来看仍然在全国领先。

第五，播种机械程度提升。山东省机播面积及其占总播种面积的比重稳

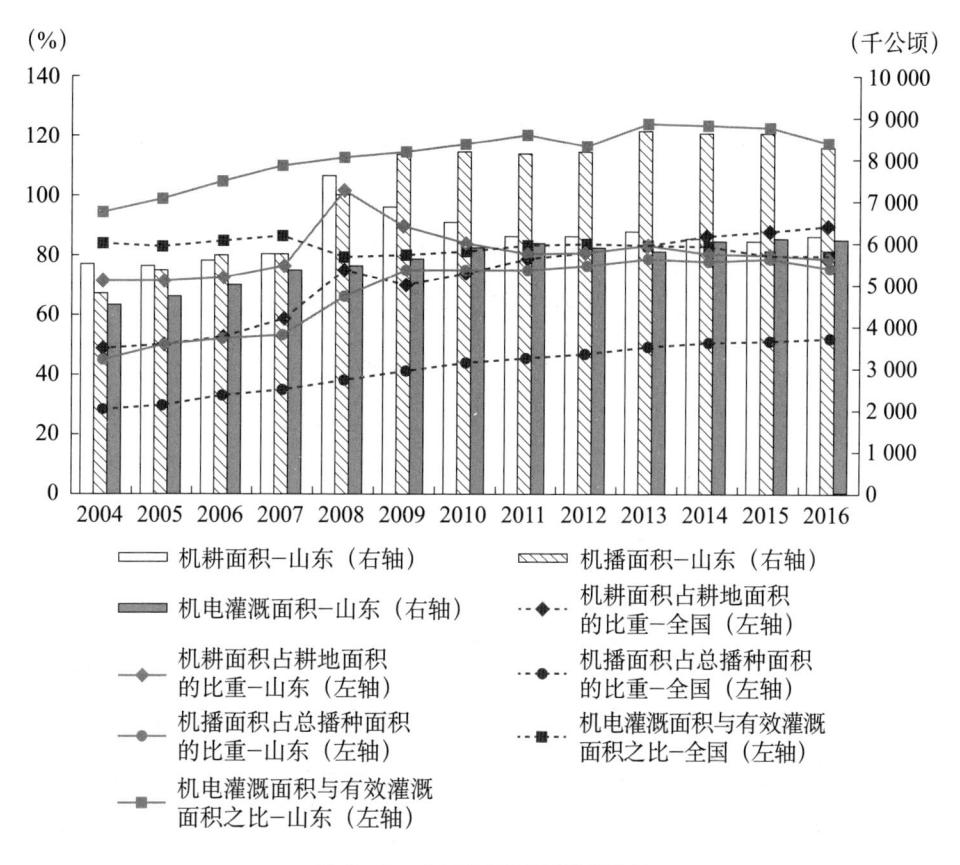

图 15-2 全国和山东省机械化程度

资料来源：历年《中国农业机械工业年鉴》。

步提升，高于全国平均水平。山东省机播面积及其占总播种面积的比重从2004年的4 826.2千公顷、45.37%分别上升到2017年的8 312.18千公顷、75.75%，机播面积占总播种面积的比重的增幅和年均增长速度分别为66.96%、4.02%。另外，山东省在2004—2017年间的年均机播面积占总播种面积的比重为68.12%，比全国平均水平42.25%高出25.87%。从增速及其在全国的地位来看，山东省农作物播种的机械化程度达到了较高水平。

第六，灌溉机械化程度提升。山东省机电灌溉面积及其与有效灌溉面积之比稳步提升，越来越领先于全国平均水平。2004年山东省机电灌溉面积及其与有效灌溉面积之比分别为4 535.19千公顷和95.14%，2017年时分别扩大到6 089.88公顷和117.99%，增幅分别为34.28%和24.02%。另外，就其与全国平均水平的比较来看，山东省13年间机电灌溉面积与有效灌溉面积之比年均数值为114.0%，比全国平均水平82.85%高出31.15%。

从以上分析可以看出，山东省不仅为第一产业从业人员配置了份额较高的农机人员，而且在耕种、播种、灌溉等环节都实现了较高程度的机械化。值得注意的是，山东省的机械化程度不仅高于全国平均水平，而且还在持续提升。高水平并且持续提升的机械化程度，在一定程度上为山东省农业生产力的增长提供了强劲的动力。

（四）土地流转和土地托管

随着农村劳动力转移到非农部门，"谁来种地"成了农业现代化进程中的头号难题。为此，山东省于2013年被国家确定为农村承包土地确权登记颁证三个首批试点省份之一。截至2015年年底，山东省95.9%的有耕地村（社区）和98.1%的承包耕地完成确权任务，在全国率先基本完成土地确权登记颁证工作。确权之后，农户承包地的使用权流转进程明显加快。截至2018年9月，山东全省土地流转面积达到3 266万亩，土地经营规模化率超过40%。①

土地流转尽管促进了土地规模经营，但是经营主体改变后农民预期和行为变化，不利于农业经营效率提高。山东率先在全国创造性推进"土地托管"方式。它既坚持了农户的主体地位，农民对生产决策和结果负责，供销社通过农业各环节的托管服务解决农民种地中面临的困难，又可以通过土地托管扩大服务规模，实现农业经营利润。土地托管分"全托管"和"半托管"两种方式。全托管有"流转式"托管、"订单式"托管、"参股式"托管三种类

---

① 《我省土地流转面积达到3 266万亩》，山东省人民政府官网，2018-09-19。

型。"流转式"托管是由村"两委"将农户土地集中起来交由合作社托管,农民按照约定产量或收入取得收益,土地收益的10%~20%给村集体,剩余增产增效收益全部留给合作社;"订单式"托管是按照比市场优惠的价格,对所有生产环节"打包"收取费用,由供销社领办的农机服务合作社承担全程托管任务,正常年份确保一定产量,土地产出全部归农户所有;"参股式"托管是由供销社领办的合作社向家庭农场、种植大户、农民合作社、土地流转企业等市场主体参股,提升农业的产量和效益。半托管是一种"菜单式"托管,围绕代耕代种、统一浇水、病虫害统防统治、统一收获等关键环节提供社会化服务,根据不同的服务,收取相应费用。服务对象主要是通过村"两委"组织农民成立的种植合作社以及家庭农场、种植大户、农民合作社、流转土地的农业企业等众多适度规模的新型经营主体。2010—2014年,山东供销社土地托管规模从3万亩增加到826万亩,参与的县从4个增加到89个。

(五)农业生产环节的服务规模化

农业规模化服务就是农业服务主体根据各类农业生产经营主体在农业生产各环节的服务需求,通过单环节或多环节的规模化服务,降低生产经营主体各环节的成本,提高农业的生产效率和经营效益,实现农业服务主体的规模报酬和盈利水平。

第一,供销社是农业规模化服务的主体。截至2014年12月,供销社领办农民合作社9 135个,入社社员933 135户,服务合作社、家庭农场等新型经营主体25 931个;发展日用品、农资、农产品、再生资源、烟花爆竹等连锁企业451家,配送中心1 065处,经营网点10万个,农村社区服务中心2 056处。经过几年探索实践,供销社已成为山东省推行服务规模化的主力。①

第二,搭建为农服务中心平台,提高为农服务水平。截至2014年年底,

---

① 刘守英:《中国土地问题调查:土地权利的底层视角》,北京大学出版社,2017。

山东省供销社已建成为农服务中心 365 个，投资总额达 75 059 万元。① 从实地调研发现，为农服务中心的服务项目主要有以下几类：一是农户和其他服务主体难以投资、又是农业生产急需的项目；二是提升农业种植科学水平的项目；三是增加市场主体难以提供的农业各环节的设备；四是整合市场主体服务。

第三，发挥村级组织作用，提高服务规模化组织程度。山东供销社开展党建带社建社村共建，通过共建服务中心、共建合作社、共建发展项目、共建干部队伍，整合各种资源，激发多方活力，实现了供销社与农民的深度联合。

推进以土地托管为切入点的服务规模化是山东供销社着眼农业生产方式和组织方式变化，解决当前"谁来种地""怎么种地"问题的积极实践。它能够把分散的土地经营主体通过服务联结起来，客观上形成了土地和机械成片作业的规模效益。它把一家一户办不了、办不好的事情办好，既减轻了劳动强度，又提高了效率和效益。它对一些无力耕种或劳力不足的农户，以土地托管、代耕等方式，实施"保姆式""菜单式"服务，有效解决了耕地闲置、经营粗放等问题。

（六）以区域专业化推动要素组合规模化

区域之间不仅存在商品的流动，还存在资源和要素的流动。某一区域保持一定单位某种生产要素所必需的价格被称为"转移报酬"②，如果该区域支付的价格低于"转移报酬"，这种生产要素就会转移到别处去③。随着生产要素的流动与转移，某种产业或者某种产品的生产就会聚集在"转移报酬"相对较高的区域，从而形成农业生产的区域专业化。下面仅以粮食作物为例来

---

① 刘守英：《中国土地问题调查：土地权利的底层视角》，北京大学出版社，2017。
② Robinson, J. (1969). *The Economics of Imperfect Competition*. 2nd ed. Palgrave Macmillan.
③ 张培刚：《农业与工业化》，中国人民大学出版社，2014，第 208 页。

做具体说明。

山东省粮食作物的分布比较广泛，主要分布在德州、菏泽、潍坊、聊城、临沂、济宁等地级市。具体来讲，2000年时山东省粮食作物按照产量来划分可以分为三个区域：一是产量在350万～420万吨的区域，包括德州、菏泽、潍坊、聊城、临沂、济宁等地；二是产量在190万～280万吨的区域，包括青岛、济南、泰安、滨州、烟台等地；三是产量在35万～135万吨的区域，包括枣庄、日照、威海、东营和莱芜等。2015年时，粮食生产集中区进一步分化，具体表现为2000年350万～420万吨产量区分化为两个区域，专业化进一步加深：一是德州与菏泽，产量分别为6 486 500吨和6 207 500吨，成为山东省排名前二的产粮区域；二是聊城、济宁、临沂和潍坊等地，产量分布在420万～510万吨。比较分散的区域的粮食产量虽有提升，但是并未对粮食生产的区域专业化产生影响。

经过以上分析，我们可以发现山东省所发生的不仅在于各种要素增加或者减少的变化，而是这些生产要素的重新组合与持续升级，山东省正在发生一场农业工业化变革并且已经初步实现了农业工业化。这些发生重新组合和升级的要素包括：(1) 劳动投入和现代投入——顺应农业剩余劳动力向非农部门转移的趋势，加大现代投入以替代劳动投入，推动土地生产率的提高；(2) 土地和制度——推动土地流转、探索土地托管，实现农业适度规模和农业经营方式创新；(3) 农业生产服务——村社共建、搭建为农服务中心，实现农业生产服务规模化，提高农业服务规模报酬；(4) 技术和机械——加大农业机械投入，提高农业机械化水平，提高土地单位产出；(5) 市场——农产品积极融入市场，提高单位农产品产值；(6) 区域专业化——根据"转移报酬"实施分工和农业生产区域专业化，形成产业竞争优势。简单来讲，以现代投入替代劳动力投入，提升农业机械化水平，实现农业生产率、规模报酬的提升，以土地制度改革和农业经营方式的创新实现土地规模化和适度规模经营，通过服务规模化及区域专业化进一步提升单位产值和回报，从而在一定程度上实现农业现代化和飞跃式进步。

三、山东省农业工业化的挑战

经过前文的分析，我们得知山东省通过生产要素的重新组合，实现了土地规模经营和农业经营方式转变、农业机械化与服务规模化以及农产品生产的区域专业化，初步将工业化的生产方式引入了农业部门，走出了一条初步实现农业工业化的路子。但是，山东省的农业工业化仍然面临以下六个方面挑战。

（一）数量增长型发展绩效下降

在农业工业化早期，凭借劳动投入的节约、现代投入的增加和农业机械化水平在数量上的增加，就可以实现产量和产值的增加。但是随着农业工业化的深化，简单的数量增长型发展如果不及时进行重新组合和持续升级，其绩效会不断地下降。从亩均产值的绝对数额的运行区间来看，山东省的小麦、玉米、花生、苹果和设施黄瓜等农作物相对于全国平均水平来说具有优势，但是从农作物产值的涨幅和年均增速（见表15-1）来看，山东省的优势在减弱。

表15-1 山东省和全国平均农作物产值变化（2004—2017年，%）

指标	小麦		玉米		花生		苹果		设施黄瓜	
	全国	山东	全国	山东	全国	山东	全国	山东	全国	山东
年均增速	5.18	4.76	4.00	3.36	5.14	4.45	8.75	6.68	3.83	5.68
涨幅	92.91	83.08	66.59	53.71	91.78	76.02	197.73	131.86	25.26	39.29

资料来源：历年《全国农产品成本收益资料汇编》。

（二）要素匹配度低，导致成本利润率下降

数量增长型发展之所以无法持续地为产量和产值的上升提供动力，其原因是农业生产要素匹配度过低，要素组合所能够带来的生产率更高幅度的增长没有办法实现,要素的数量增加所带来的利润增长难以超过因数量增加而导致的成本增加,表现为农产品亩均成本利润率的持续下降。山东省小麦、玉米、花生、苹果和设施黄瓜等农作物的亩均成本利润率虽然高于全国平均水平,但是其成本利润率在成本的侵蚀下出现了较大幅度的下降,这会给农业的竞争力带来挑战。由表15-2可以看出,小麦、玉米、花生和苹果亩均总成本的上升导致其亩均利润遭到了严重的侵蚀,从而造成了亩均成本利润率的持续下降。

(三)传统要素依赖度过高,转型缓慢

从要素组合的结构来看,能够为生产率和农业亩均回报提供强劲动力的结构是传统要素的下降和现代要素的增加,以及传统要素和现代要素的优化组合。如果对于传统要素的依赖程度过高,现代要素所能发挥的带动劳动生产率增长的作用就发挥不出来,农作方式转型就相对缓慢。一般来讲,传统要素包括土地、劳动等,现代要素包括化肥、技术、机械、服务等。值得注意的是,设施黄瓜的亩均成本利润率在其亩均总成本增加的同时也出现增加,并且成本利润率增加的幅度大于总成本增加的幅度。设施黄瓜与小麦、玉米、花生和苹果出现差异的原因,主要在于成本结构所代表的传统要素和现代要素组合的差异。相关数据显示,设施黄瓜的土地成本占比维持在5%的较低水平,物质和服务成本占比同人工成本占比基本相当并且维持在47%左右(如图15-3所示)。小麦、玉米、花生和苹果的土地成本占比基本在10%~20%,人工成本占比超过物质和服务成本占比并分别维持在30%~50%。

由此可知,土地成本和人工成本等传统要素投入所占比重过高、依赖度强,不仅会带来总成本的增加,而且体现出生产经营过程中机械、服务等现代要素发挥作用的空间小。更加明确地,土地成本和人工成本等传统要素投入的增加所能带动生产率、产值、利润上涨的能力,远远没有技术、机械、服务等现代要素的增加所能带动生产率、产值、利润上涨的能力强。

表 15-2 山东省主要农作物亩均总成本和亩均成本利润率（2004—2017 年）

年份	小麦		玉米		花生		苹果		设施黄瓜	
	亩均总成本（元）	亩均成本利润率（%）	亩均总成本（元）	亩均成本利润率（%）	亩均总成本（元）	亩均成本利润率（%）	亩均总成本（元）	亩均成本利润率（%）	亩均总成本（元）	亩均成本利润率（%）
2004	393.08	57.01	326.7	74.27	541.31	65.2	2 440.16	74.69	—	—
2005	412.71	32.57	361.31	45.39	545.84	60.07	2 545.03	69.07	—	—
2006	437.35	35.63	374.41	63.81	556.02	99.42	2 729.88	78.49	—	—
2007	481	30.9	411.67	88.27	654.87	130.47	3 065.26	136.52	—	—
2008	562.29	31.52	485.82	48.26	785.59	24.49	3 707.86	65.19	—	—
2009	618.86	34.97	486.01	78.22	771.15	88.72	3 844.39	111.86	—	—
2010	647.38	31.59	541.30	62.42	871.00	88.32	4 329.51	205.83	—	—
2011	758.67	23.54	691.72	56.57	1 085.3	77.63	5 133.84	132.23	6 306.47	97.8
2012	869.67	19.13	824.32	33.6	1 309.51	66.91	6 576.81	77.02	7 007.15	56.88
2013	969.42	10.75	912.79	15.19	1 429.21	7.32	7 124.08	47.62	10 531.24	20.81
2014	990.07	17.18	962.34	26.94	1 502.08	23.8	7 104.3	105.61	8 743.53	40.99
2015	990.18	10.64	995.75	−7.77	1 542.49	6.26	7 730.36	40.98	8 701.92	57.46
2016	1 004.85	9.2	952.42	−14.23	1 559.95	14.29	7 634.64	28.17	9 944.84	80.07
2017	1 001.52	12.82	941.94	−7.09	1 538.41	2.31	7 530.77	31.24	9 173.8	89.41
增幅（%）	154.79	−77.51	188.32	−109.55	184.20	−96.46	208.62	−58.17	45.47	89.94
年均增长（%）	7.46	−10.84	8.49	−183.47	8.37	−22.66	9.06	−6.49	0.01	1.07

资料来源：历年《全国农产品成本收益资料汇编》。

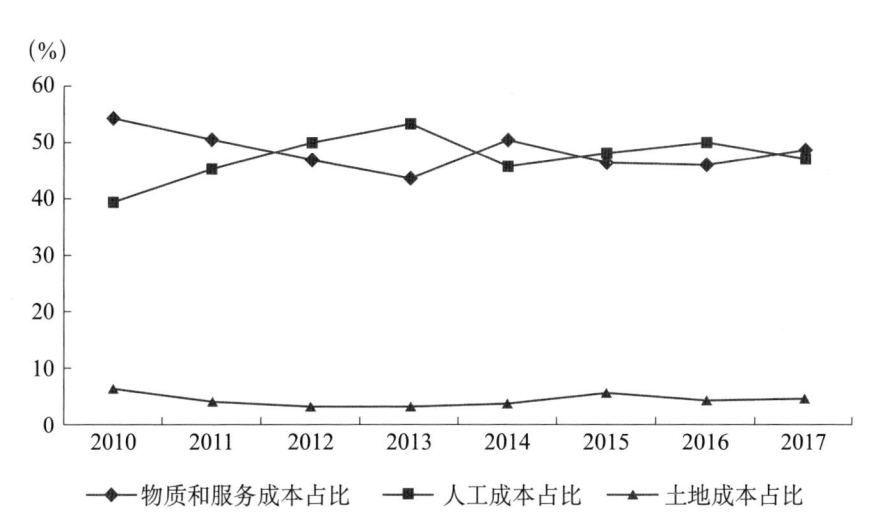

图 15-3　山东省设施黄瓜成本结构的演变（2010—2017 年）

资料来源：历年《全国农产品成本收益资料汇编》。

（四）土地规模化经营程度不够，土地成本上升

山东省通过土地流转和土地托管，在一定程度上实现了农业的适度规模经营。然而，随着农业工业化进程的加深，原有的土地经营规模难以满足土地规模报酬持续上升的需求，土地成本的增加就会成为影响土地回报的重要因素之一。第一表现为山东省各项农作物土地成本占比的增加。2004—2017年小麦、玉米、花生和苹果的土地成本占比分别从9.66%、11.57%、10.71%和3.31%增加到16.24%、16.04%、13.92%和3.47%，仅有设施黄瓜的土地成本占比从2011年的6.51%降到2017年的4.72%。第二，山东省小麦、玉米、花生和苹果的亩均土地成本分别从2004年的37.99元、37.79元、57.95元、80.79元增加到2017年的162.29元、151.08元、214.12元、262.69元，增幅分别为327.19%、299.79%、269.49%和225.15%，年均增速分别是11.82%、11.25%、10.58%和9.49%。设施黄瓜的亩均土地成本变化比较小，仅从2011年的268.72元增长到2017年的433.3元，增幅和年均增速分别为61.25%和8.29%。

（五）冗余劳动力堆积，劳动成本上升

农村劳动力的大量出村和转移到非农产业导致农业劳动力单位用工成本急剧增加，在这样的情况下，应当用现代投入和机械投入替代劳动力投入，以便在降低成本的同时实现土地生产率的提升。但是，山东省在亩均用工量减少的同时出现大量冗余劳动力堆积在农业部门，既抬升了劳动成本，又影响了现代投入和机械投入的增加，滞缓了农业生产率的提升。第一，山东省人工成本占比不仅居高不下，而且大幅度增加。小麦、玉米、花生和苹果的人工成本占比分别从2004年的28.84％、37.03％、35.08％和42.10％增加到2017年的37.49％、40.66％、51.74％和61.75％，设施黄瓜的人工成本占比也从2011年的39.34％增长到2017年的46.93％。第二，山东省小麦、玉米、花生和苹果的亩均人工成本分别从2004年的113.38元、120.98元、189.88元、1 027.24元增加到2017年的375.45元、382.96元、795.93元、4 650.42元，增幅分别为231.14％、216.55％、319.18％和352.71％，年均增速分别是9.65％、9.27％、11.65％和12.32％。设施黄瓜的亩均人工成本变化比较小，仅从2011年的2 858.21元增长到2017年的4 305.44元，增幅和年均增速分别为50.63％和7.07％。

（六）机械化匹配度低，农业机械经营效益不佳

农业生产要素组合的方式和持续升级决定了农业工业化的质量和进程。在农业机械化进程中，如果仅仅依靠农用机械机器总动力数量型的增长，难以持续性地实现农业生产率和土地回报的上升，根本之计在于各种农用机械以及农用机械与劳动、土地等其他生产要素的组合方式恰当、匹配度高。否则，随着农业机械化程度的深化，农业机械化经营的效率会越来越低。从机械化程度来看，山东省领先于全国平均水平，高水平的机械化也为山东省农业生产力的发展注入了动能。但是，山东省的农业机械化存在配比度不当的

问题，这个问题通过农业机械化经营的成本利润率和利润率反映出来。第一，山东省农业机械化的成本利润率低于全国。2004—2016年，全国和山东省农业机械化成本利润率分别从62.97%和59.20%下降到62.20%和55.74%。十余年间，全国农业机械化成本利润率的年均数值为63.05%，比山东省高出5.16%。第二，山东省农业机械化的利润率低于全国。2004—2016年，山东省农业机械化利润率的年均数值为36.62%，比全国水平低2.17%。同时，山东省农业机械化利润率下降幅度比全国大，2004—2016年，山东省和全国农业机械化利润率分别下降了4.86%和0.76%。

四、简要结论

农业国工业化理论不仅对发展经济学理论有开创性推进，而且对于发展中国家实现工业化和现代化具有重大指导意义。该理论将工业化的概念从制造业工业化拓展到更加一般的概念，即一系列基要生产函数发生变动的过程（或者生产结构中资本广化和深化的过程）[1]，它以竞争和市场机制为基础，开创性地提出落后国家要做到经济起飞就必须全面（包括城市和农村）实行"工业化"[2]，以及工业化的实施需要实现人口、资源、社会制度、生产技术和企业创新才能等生产要素的重新组合和持续升级。因此，农业国工业化理论是属于发展中国家自己的、适合于发展中国家经济发展的模式。

基于农业国工业化理论，本章对山东省农业工业化进程和转型升级面临的挑战进行了分析，得出以下几点结论：山东省顺应农业产值份额和就业份额的下降，在农业生产率、单位土地回报和农产品市场化程度等方面取得了较大的提升；山东省农业绩效的取得来自农业工业化的初步实现，具体来讲主要包括技术、机械等现代投入的数量型增长以及现代要素投入对于传统要

---

[1] 张培刚：《农业与工业化》，中国人民大学出版社，2014，第154页。
[2] 同[1]，第32页。

素投入的替代提高了农业生产率，土地规模化和农业经营方式的创新提高了土地回报，服务规模化和区域专业化实现了农业规模报酬提升；同时山东省农业工业化的转型升级也面临挑战，主要是单纯依靠要素数量增长型投入、要素匹配度不高、传统要素侵蚀现代要素农业生产率的创造力等。

本章的理论和经验分析旨在表明：农业工业化的根本道路在于农业生产要素的重新组合以及不断地、持续地升级，需要强调的是生产要素组合不是简单的拼凑，而是各种生产要素配比适度、协调一致的有机组合；对于落后地区或者以农业为主导的地区，农业工业化可以从任意一种要素简单的数量增长的投入开始，这会在一个阶段之内形成生产率的增长，为进一步工业化提供资本支持；随着农业工业化进程的推进，各生产要素的投入应当从数量增长型投入转变为有机组合型投入。必须增加技术、服务、机械等现代要素的比重，降低土地、劳动等传统要素的份额，并使传统要素和现代要素配比适度、协调一致；农业机械化应当按照配比适度、协调一致的原则进行投入，数量增长型的机械投入不仅不会带来生产率的增长，反而会导致成本对利润的侵蚀。生产要素组合的配比度和协调性是变化的，想要实现农业工业化的深化和广化，必须持续不断地进行生产要素的重新组合与持续升级。总之，农业工业化不可能通过单一要素的投入来实现，不可能通过生产要素数量增长型投入来维持，只能通过传统要素和现代要素进行配比适度、协调一致的有机组合以及组合方式的持续升级来不断地深化。

第十六章
农业要素组合与农业供给侧结构性改革

自中央提出以农业供给侧结构性改革作为实现农业高质量发展的主线以来,理论界和政策界在农业供给侧存在问题的表征方面基本达成了共识,即农产品供给的结构性问题主要表现为数量与质量的不平衡,因此开出的"药方"是"去库存、降成本、补短板"。① 但是,中国农产品如何从数量增长转向高质量增长?这在现有研究中找不到实现路径。在解决方案上,往往是在传统的生产三因素上单方面发力:要么是加快土地流转,增加农地经营规模②;要么是进一步减少农业劳动力数量,提高农业劳动力质量③;要么是增加资本投入,提高农业劳动生产率④。但是,事实证明,这种从单因素设计的政策方案效果并不佳。为此,我们必须重新审视农业供给侧呈现的结构特征,进入农业经济活动的过程中,关注影响供给结构的要素结构及其变化,理解

---

① 陈锡文:《论农业供给侧结构性改革》,《中国农业大学学报(社会科学版)》2017年第2期;张红宇:《新型农业经营主体与农业供给侧结构性改革》,《中国农民合作社》2016年第6期;罗必良:《农业供给侧改革的关键、难点与方向》,《农村经济》2017年第1期。

② Kislev, Y. and W. Peterson (1982). "Prices, Technology, and Farm Size," *Journal of Political Economy*, 90 (3): 578-595;张光辉:《农业规模经营与提高单产并行不悖:与任治君同志商榷》,《经济研究》1996年第1期。

③ 张广婷、江静、陈勇:《中国劳动力转移与经济增长的实证研究》,《中国工业经济》2010年第10期;孙敬水、董亚娟:《人力资本与农业经济增长:基于中国农村的Panel data模型分析》,《农业经济问题》2006年第12期。

④ 孔祥智、张琛、张效榕:《要素禀赋变化与农业资本有机构成提高:对1978年以来中国农业发展路径的解释》,《管理世界》2018年第10期;高帆:《结构转化、资本深化与农业劳动生产率提高:以上海为例的研究》,《经济理论与经济管理》2010年第2期。

农业供给侧结构问题的本质。

一、中国农业供给侧的结构性问题与存因

1. 农业供给侧存在的结构性问题

从供给特征来看，中国农业的结构性问题主要表现为农业结构单一、农产品复杂度低。确保国家粮食安全是中国农业发展理念和政策的前提，由此保障了国人的吃饭问题，但其结果是农业结构越来越单一。粮食占比可以因饮食习惯和政策考虑保持在一个高水平，但不能将农业窄化成简单的粮食初级产品。无论是国别研究还是产业研究都表明，一个国家或产业的竞争力取决于其产品复杂度。① 中国的农业无论是理念还是实际形态，长期以来都停留在最简单的"一产"上，农产品停留在初级的粮食产品上，由此导致农产品复杂度极低。农业的功能尽管近几年有所改变，但长期以来主要局限于"吃"，由此导致农业的其他功能被窄化、价值被压低。近年来，尽管休闲农业和乡村旅游受到重视，但由于缺乏对农业产业融合的规律性认识以及存在各种制度和政策阻碍，农业的供给能力并不乐观。

农业供给侧的问题反映到农业经济活动过程和绩效上，一是农业生产成本不断走高、价格不断走低。2003—2017年稻谷、小麦、玉米三种粮食平均成本从377.03元增加到1 081.59元，其中物质和服务成本、人工成本和土地成本分别从186.64元、137.66元和52.73元增加到437.18元、428.83元和215.58元。但是2004—2019年农产品（种植业）和粮食生产者价格指数反而分别从115.86、136.3下降到100.8、96.5。② 二是农产品的成本利润率

---

① Felipe, J., U. Kumar, A. Abdon, et al. (2012). "Product Complexity and Economic Development," *Structural Change and Economic Dynamics*, 23 (1): 36–68；刘守英、杨继东：《中国产业升级的演进与政策选择：基于产品空间的视角》，《管理世界》2019年第6期。

② 国家发展和改革委员会价格司：《全国农产品成本收益资料汇编》，中国统计出版社，2014。

持续下降，农业成为一个回报低下的行当。2004—2017年小麦、玉米、花生和苹果的成本利润率分别从47.65%、35.92%、70.89%、70.34%降到0.61%、-17.13%、4.11%、39.07%。① 由于成本攀升、价格下降、回报低下，各种要素无法在农业深耕，要么远离、要么游离，导致农业供给质量与需求之间存在巨大鸿沟。

2. 农业要素组合的变化与配置障碍

（1）影响农业供给侧的要素变化。中国农业要素结构特征的历史性变化为讨论农业供给侧问题提供了前提，其中最大的变化是农业劳动力向非农部门大规模、不可逆转移，导致农业劳动力成本急剧上升，促进农业劳动投入的节约集约使用。另外，农村劳动力相对价格的变化，引致农用机械的大量使用，替代了传统劳动投入，农业机械化水平大幅提升。当然，由于土地资源禀赋的制约，农民在劳动减少、机械增加的同时，继续增加现代流动要素投入。2004—2017年小麦、玉米、花生三种作物的化肥施用量分别从19.11公斤/亩、18.81公斤/亩、19.63公斤/亩增加到26.67公斤/亩、24.88公斤/亩、20.57公斤/亩。②

（2）农业要素组合受阻。要素结构的变化只有在各要素重组和匹配度提高的情况下才能带来农业效率的提升，中国农业恰恰在这一裂变中出现了困难。主要作物的土地成本和人工成本等传统要素所占比重过高，导致冗余劳动力堆积，劳动成本及总成本上升；机械成本上升但机械化效率低。

（3）妨碍要素组合升级的因素。尽管近年来中国出现了要素结构变化和重组的重大机遇，但是现行制度的锁定、组织成长的缓慢、技术获利机会的不足，导致农业要素组合与升级推动的农业供给侧结构变革受挫。

在制度方面，中国的包产到户制度确立了小农在地权制度和经营制度方

---

①② 国家发展和改革委员会价格司：《全国农产品成本收益资料汇编》，中国统计出版社，2014。

面的基础地位。在农民外出劳动与人地分离的情况下，政策努力的方向是通过土地流转放松小规模土地经营对农业要素重组的制约，耕地流转面积和流转率也逐年提高，但是耕地流入的经营主体只是规模有所扩大的传统农户，耕地流转合约仍限于本乡本土。"三权分置"改革试图为人地关系和农地经济重要性发生重大变化的当下乡村要素重组提供制度供给，但是拥有承包权的农户不轻易采取农地承包权与经营权的分置。一旦人地关系的权利结构锁定，农业要素重组的基础就难以改变。

在组织方面，中国一直为农业经营组织困扰。从国际经验来看，将农户黏合起来最有效的组织是农业合作社。[①] 尽管中国农业合作社快速发展，但是多数合作社应政策补贴而组建，有名无实、运行不佳。[②] 企业是经济活动最有效的组织，然而农业经营领域的低利润使农业企业数量和规模都偏小，而且其中一部分农业企业以补贴为导向扩大规模。对小农来讲，农业是极需要服务的行业，但是服务组织数量因效益低而增长缓慢，社会化服务程度低。由此可见，没有企业的进入，农业要素的组合与创新就不可能发生，农业只能停留在农户经验层次。

在技术方面，技术变迁是要素组合的重要驱动力量，对农业也是如此。但是中国农业技术的公共资金投入不足，影响农业科技的供给。农业科技长期重基础项目攻关，忽视储存、加工、产品检测等方面的配套技术，农业技术推广应用缓慢，且与农业发展脱节。

[①] Yoshihisa Godo（2001）."The Changing Economic Performance and Political Significance of Japan's Agricultural Cooperatives," *Asia Pacific Economic Papers* 318, Australia-Japan Research Centre；坂下明彦：《日本农协的组织、机能及其运营》，《农业经济问题》2000年第9期；Cook, M. L.（1995）."The Future of U. S. Agricultural Cooperatives: A Neo-institutional Approach," *American Journal of Agricultural Economics*, 77（5）：1153-1159。

[②] 潘劲：《中国农民专业合作社：数据背后的解读》，《中国农村观察》2011年第6期；仝志辉、温铁军：《资本和部门下乡与小农户经济的组织化道路：兼对专业合作社道路提出质疑》，《开放时代》2009年第4期；李谷成、李崇光：《十字路口的农户家庭经营：何去何从》，《经济学家》2012年第1期。

3. 解决农业供给侧结构性问题的关键：以改革推动生产要素组合及升级

农业现代化不是单纯依靠某一要素的数量增长或者质量改进，而是各种要素的适当组合与匹配。当要素内部以及要素之间的成本收益结构发生变化时，需要通过要素组合实现升级，否则要素匹配度的下降会导致生产绩效降低。农业结构性变化的根本道路在于农业生产要素的重新组合以及持续升级。但是农业生产要素组合不是简单地拼凑，而是各种生产要素配比适度、协调一致的有机组合。对于落后地区或者以农业为主导的地区，农业工业化可能从任意一种要素的数量增长开始，在一个阶段内形成要素组合的推动力；随着农业工业化进程的推进，各生产要素的投入应当从数量增长转变为有机组合。

要素成本收益的改变带来要素组合的新机会，也为经济活动的主体提供了机遇，他们（政府性企业家或者市场中的经济组织）往往通过制度创新、组织重组或者农业技术创新因应变化了的要素成本收益结构，推动要素组合方式调整和要素组合持续升级。制度改革和创新为要素组合升级提供了前提和动力。制度直接促进劳动力、土地和资本等要素组合升级，提高配置效率；组织是农业生产经营过程中小农户和各类供给主体（企业家）的协作，能解决企业家-农户联结的合约以及合作机制的问题，使分散的小农户有效率地融入规模化、机械化、服务社会化、生产过程标准化和质量可测可控的现代农业生产过程之中；技术创新的关键在于技术路径跃迁，即从依靠经验积累和世代传承的传统农业技术跃迁到以科学研究为支撑的现代农业技术中。

二、要素组合升级与农业供给侧结构性改革的国际经验

长期以来，我们对发达经济体农业的认识一直被两个误区主导：一是这些经济体的农业产值占GDP的份额很低，因而农业在这些经济体中无足轻重；二是简单把发达经济体的农业想象为和其他产业一样由高科技主导。经过比较后发现，发达经济体从自身禀赋条件出发，通过相应的制度安排与技术变革，寻求符合其比较优势的路径，进行农业生产要素重组与升级，实现农业生产效率的提升，可为中国深化农业供给侧结构性改革提供有益借鉴。

1. 农业两个份额同降、农业全要素生产率提高、农业报酬上升是各国农业供给侧变革的共同规律

农业两个份额的共同下降是结构变革中要素重组的基础。美国、日本、欧盟等发达经济体在过去30年的农业发展过程中都出现了结构性变化，即农业增加值比重与就业比重的双重下降。

农业全要素生产率尤其是劳动生产率大幅提高。从美国、日本、丹麦等国的劳动生产率情况来看，在农业投入基本稳定的情况下，农业产出持续增长，这得益于全要素生产率的快速提高。

农业报酬尤其是单位土地报酬上升。如美国农业的小时工资水平一直显著高于美国的最低工资水平，在差距不断拉大的情况下，其增长速度也快于非农业的小时工资增长速度。

另外，从以单位面积土地衡量的土地生产率来看，美国、英国、意大利、法国等单位农业用地上的农业产值增加值近年来大幅度提高。

2. 主要经济体农业要素重组的经验

（1）基于资源禀赋优化农业生产要素组合。农业供给侧结构性改革的基础是充分考察农业要素的禀赋，区分充裕要素与稀缺要素及其动态变化，尽可能地用充裕要素替代稀缺要素，将稀缺要素用在回报最高的农业用途上，降低其对农业结构性改革的"短板效应"。如以色列在建国伊始，其农业部门就对农业要素禀赋的"家底"进行了全国范围内的摸底调查，以便区分不同区域的土壤特性，决定每块土地的最佳用途，并明确不同类别土地的灌溉优先顺序，将稀缺的水资源用在经济回报最高的地块[①]；美国建立了农业资源管

[①] Weitz, R. and A. Rokach (1968). *Agricultural Development: Planning and Implementation*. Springer Netherlands.

理调查体系，记录农场的生产实践、资源配置状况以及经济绩效，摸清农业供给侧的基本情况及其动态变化，为农业供给侧改革提供决策依据；荷兰国土面积很小，却是世界上第二大农产品出口国，其主要做法是集中优势农业资源，利用有限的土地集中发展经济价值较高的作物以及畜牧业[1]；日本农业的资源禀赋特征是人多地少，其农业投入结构调整的方向是提高单产，从1961年开始，日本加强对适合山地多、地块小而分散的农业机械的研发，以替代传统要素。

（2）通过提升农民人力资本，增强其响应要素稀缺性变化的能力。发达国家普遍重视提升家庭农场主的人力资本，以提高其生产、决策能力。如法国农民的门槛较高，拥有"农业职业文凭"或"农业职业能力证书"者（相当于高中一二年级）只能在农场中当雇工，拥有"农业技师证书"或通过农业职业技术会考者，才允许独立经营农场；荷兰农民必须参加相应的农业技术培训并取得相关证书才能上岗，且农业知识创新体系对所有农民开放，农民可以免费参加教育培训，采纳最新的技术成果。[2]

（3）通过农业组织化与专业化提升农业分工与要素组合效率。专注于符合本国比较优势的若干种农产品生产是提高农业竞争力的有效手段，这样每个农场生产的农产品种类数量下降，生产的专业化、规模化程度大大提升。发达国家通常通过农协、农会等农民组织加强农户与政府、农户与市场的对接，以农业组织化与专业化提高农业供给侧对农产品需求侧变化的敏感度与响应能力。日本农协具有全国统一的、遍布乡村的、庞大的组织体系，上有全国的农协联合会，下有综合农协，也有专业农协，全国99%以上的农户参

---

[1] L. 道欧、J. 鲍雅朴：《荷兰农业的勃兴：农业发展的背景和前景》，中国农业科学技术出版社，2003。

[2] 厉为民：《荷兰的农业奇迹：一个中国经济学家眼中的荷兰农业》，中国农业科学技术出版社，2003。

加了农协,接受生产经营、生活等的社会化服务。① 以色列主要通过集体农庄实现农业过程的高度组织化,在合作网络中为农民提供信贷、农业生产资料并对接市场。高度组织化有利于快速培养新农民,使其短时间内就能上手,也有利于农业技术推广。农民的人力资本尤其是专业知识和技能,也与其被组织的方式以及共同体氛围密切相关。当集体农业组织中的安排能使农民获得满意的报酬、共同体能够提供合适的支持时,农民就有更高的积极性去提高其农业技术水平。商品化程度很高、单个家庭农场规模较大的美国也十分重视农场主的组织化,以解决单个农场难以解决的问题。农场主合作社为农场主提供销售和加工、农资供应、贷款服务。此外,还有大量的主要从事特定农业服务的合作社,如农产品运输与仓储、农田灌溉等服务,甚至有专门为农场主提供住房服务的合作社。②

(4) 农业技术进步是推动要素组合升级的关键力量。技术进步是农业长期增长的源泉,也是推动农业供给侧改革的最重要因素之一,重视农业教育、农业科技的研发与应用,是发达国家农业技术进步的动力。美国形成了农业教育、科研与技术推广"三位一体"的特色体系,提高了农业技术进步对农业发展的助推作用。由州农学院作为农业技术进步的载体,承担农业教育、科研与技术推广的职责,技术需求由农场主通过农业推广站提出,技术推广经费则由联邦、州、郡共同承担。美国的农业技术进步在农业产出中的贡献不断上升,这意味着美国农业的发展已经不再仅仅依赖要素投入数量的增加,而是更注重投入要素的利用效率、农场管理水平的提升等。另外,美国农业的商品化程度高,私营部门对农业研发的投入甚至超过了公共部门。

在农业供给侧结构性改革中,要素组合升级必须基于对初始要素禀赋及

---

① Esham, M., H. Kobayashi, I. Matsumura, et al. (2012). "Japanese Agricultural Cooperatives at Crossroads: A Review," *American-Eurasian Journal of Agriculture and Environmental Science*, 12 (7): 943 - 953.

② 徐更生:《美国农业》,农业出版社,1987。

其约束条件的深刻洞察，同一农业生产要素，在不同国家的稀缺性是不同的，这意味着用丰裕要素代替稀缺要素的路径是不同的，在要素组合升级的过程中，要素的稀缺性也可能发生动态变化。提升农民人力资本、提高农业的组织化与专业化水平以及实现农业技术进步，既有各自不可或缺的作用，又相辅相成（见图16-1）。农民的人力资本决定了其对要素稀缺性变化的响应能力，较高的人力资本水平也使农业组织化与专业化更有效率，并能提高技术进步的回报率。农业的组织化也有利于农民人力资本水平的提高以及农业技术的推广与应用。农业技术进步也对农民人力资本与农业组织化、专业化水平提出了更高的要求。

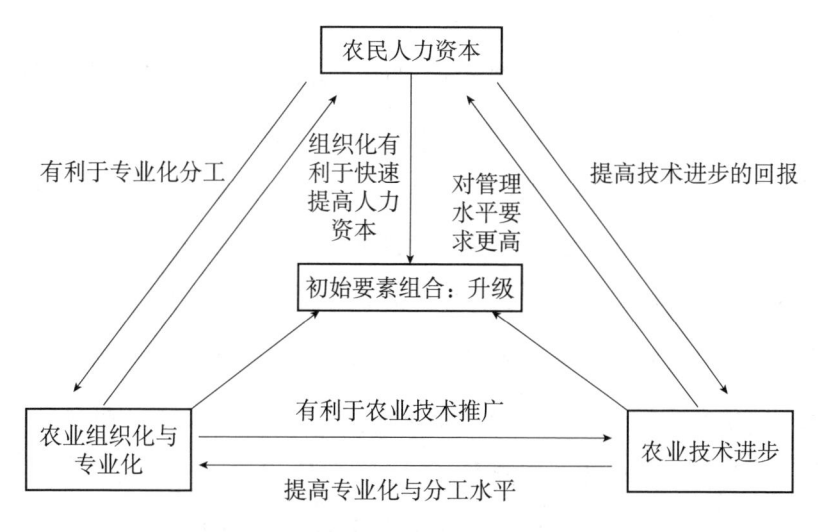

图 16-1 农业要素组合升级的逻辑框架图

三、中国农业供给侧结构性改革的实践

中国部分地区的农业供给侧结构性改革取得了突出成就，其成功的经验可归纳为：因地制宜发展地域性主导产业，以制度改革破除产业发展障碍；以技术创新带动农业提质增效，满足市场多样化需求；以组织化发展改变农

业经营模式，促进产业分工。三大因素共同推动农业经济活动中传统生产要素与组合方式不断优化升级，实现农业高品质、高回报。这些地区的典型做法为中国其他地区进行农业供给侧结构性改革提供了新思路。

贵州湄潭的经验是以土地制度的持续变革推动农业产业革命。其要素组合与变迁特征包括实现茶园规模化经营、提高劳动投入与组织化程度、提高土地单产与劳动效率的资本投入。通过"增人不增地、减人不减地"的农地改革试验，湄潭缓解了随着人口大规模增长而加剧的人地矛盾与不断调整土地对农业经营预期的负面影响；配套实行的荒山开发制度，为新增劳动力、社会其他经营主体从事新产业开辟了新路；土地流转机制的建立为新型经营主体进入农村从事农业经营奠定了制度基础，也为农业产业转型发展吸引了"企业家才能"；允许集体经营性建设用地入市、宅基地制度的改革等措施，提高了农村土地集约化利用效率，打破了城市与农村之间土地与资金流动的界限，有效盘活了宅基地资源，为外来人员在湄潭开展长期生产经营性活动提供了稳定的制度基础，为茶旅结合的新业态提供了制度保障。现在湄潭形成了以茶企为主力带动农业产业化发展的新格局，发展起来一批茶叶专业村、种植大户与茶叶专业合作社，不仅打开了湄潭茶叶的知名度，而且通过多种合作机制，使农业生产的组织化程度有所提高，形成了有组织的现代化农业生产体系，带动了乡村旅游，催生了农业新业态。

山东寿光的要素组合与变迁特征是实现土地更高的使用效率、促进劳动力的节约和集约使用、实现更有效益的资本投入。其经验是通过农业技术革命推动要素组合与升级。具体做法是持续推进技术进步，根据农业发展方式和要素组合变化需求不断进行制度变革，通过新型主体带动与社会化服务体系来提高组织化程度。在技术方面，寿光持续探索与革新蔬菜反季节种植这一核心技术，并且建立专门的农业科技研究基地，改良与突破良种培育、土壤增肥、病虫害防治、栽培管理、质量检测、产品深加工等技术环节，依靠技术进步不断提升蔬菜品质与蔬菜产品的复杂度。在制度方面，为发展蔬菜产业、推广反季种植技术、降低经营风险，采用指标分派任务与经济激励相结合的方式，鼓励农民采纳新技术，在全国范围内率先实施政策性蔬菜大棚保险。在组织化程度方面，以龙头企业为主体，租用农民土地，雇用农民，为其提供技术指导，引导农民参与工业化、产业化经营；由种植大户或农业企业等主体牵头成立合作社，让农民以土地入股或将土地经营权流转给企业或大户，为了解决生产生活依赖社会化服务的问题，以供销社为主体提供以土地托管为核心的服务体系，实行全托管服务。

上海松江以家庭农场取代普通农户，使其成为生产主力，实行与家庭农场经营相适应的土地集中规模化，不断提高资本投入，形成了以"三权分置"和村社型家庭农场变革推动农业要素组合升级的模式。具体来说，由集体经济组织落实所有权，流转的农户仍具有承包权，家庭农场拥有土地的经营权，这种农地"三权分置"为稳定推行土地流转，实现土地集中化、规模化提供了制度保障，进而发展家庭农场替代传统农户专门从事土地适度规模化经营，解决了无人种地问题。同时产权的明晰及合约的稳定提高了经营者的经营预期，加之对农场劳动力的严格限制及经营考核，促使农场以提高农业经营效益为目标，转变土地、劳动、资本要素的投入与使用方式。

四川崇州则通过促进农业经营者成长来推动要素组合与升级。崇州的要素组合与变迁特征包括实现土地规模化发展，引入职业经理人，以节本高效方式进行资本投入。以农地权利安排重构为前提，开展农民自愿将土地经营权折股加入土地股份合作社、由合作社分配土地并聘请职业经理人负责土地经营的制度尝试，并且围绕节本增效进行技术研发与推广、应用。在产权关系方面，农民保留承包权，以经营权入股加入合作社，经营权转化为股权，其身份转变为社员，全程直接参与决定理事会及监事会选举、生产决策、农业职业经理聘用、分配方案等。农民的权益将以优先股的方式得以保证，获得不低于农户自主经营的收入。农业职业经理人拥有不完全的经营权,其生产计划需经理事会讨论通过后才能执行,生产过程要接受监事会监督,职业经理人的收益取决于合作社与职业经理人之间的合约结构。这种由职业经理人代替小农按生产计划进行专业化土地经营的模式,改善了农业分散无序的经营状况;土地股份合作社以土地经营权与其他经营主体进行合作,提高了经营者与市场的衔接程度,加快了从生产到加工、销售的进程。

四、未来农业供给侧结构性改革的思路

中国经济已进入高质量发展阶段,对农产品的需求正在从数量型、温饱型向优质化、特色化转变。中国农业供给侧结构性改革的实质是通过制度的改革、组织化程度的提高以及农业技术的创新来推动劳动力、土地和资本实现高匹配度的要素组合及持续升级,提升农产品复杂度,延展农业产业链,深化产业融合,促进农业产业结构和农产品结构优化升级,形成保障有力、结构合理、品质优良、特色鲜明的高质量农产品有效供给,提升农业生产效率和农业回报率。未来中国农业供给侧结构性改革需要关注如下几点:

第一,深化土地制度改革,提高要素配置效率和组合匹配度。(1)在保障集体成员承包权的基础上,坚定不移地完成农地"三权分置"改革,实现经营权作为"田面权"与承包权作为"田底权"的平权。(2)按照法律赋予的权利,实现农民利用集体建设用地从事非农建设的权利,做实农民集体对集体建设用地的出租、转让、抵押权。(3)赋予农民宅基地财产权,农民宅基地可以有偿退出、出让、转让、交易、从事其他相关产业的生产服务。在规划和用途管制前提下,实行村庄宅基地、农房和空闲地对外村人和外来资本有序开放,实现乡村资源与外来资本的有效组合,显化乡村价值,提高资源配置效率。

第二,构建中国特色的现代农业经济组织。以企业为农业经济活动的主体,连接农民合作社和农户,实现农业经营体制、农业市场化、农业服务化、农业标准化的组织革命。(1)完善新型农业经营体制。扶持种养大户和家庭农场,引导和促进农民合作社规范发展,培育壮大农业产业化龙头企业,大力培养新型职业农民,鼓励和支持工商资本投资现代农业,促进农商联盟等新型经营模式发展。(2)培育新型农业经营主体。以家庭农场、龙头企业、农业合作社和农产品零售巨头为农产品供给侧核心主体,实现各类主体在农产品生产、加工和销售方面的有机结合。(3)培育多种形式的现代农业服务组织。鼓励科研机构、行业协会、龙头企业和具有资质的经营性服务组织从事农业生产服务。支持多种类型的新型农业服务主体开展代耕代收、联耕联种、土地托管等专业化、规模化服务,鼓励引导粮食等大宗农产品收储加工企业为新型农业经营主体提供订单收购、代烘代储等服务。支持发展集中育秧、粮食烘干、农机具库棚建设、仓储物流等基础设施服务,鼓励地方搭建区域性农业社会化综合服务平台,提供跨区域专业化服务。(4)实现农业标准化。制定产业和产品标准以及农业生产过程标准体系,建设农产品质量安全可追溯体系,加快建设农产品质量安全信息系统,确保农产品质量,保障农产品供给侧安全。

第三,建立现代农业技术创新体系。(1)国家主导重大攻关。建立国家现代农业科技实验室,建设现代农业产业科技创新中心,实施农业科技创新重点专项和工程,重点突破生物育种、农机装备、智能农业、生态环保等领域的关键技术。(2)完善农业技术创新体系。建立由农业行政管理部门、农业高校和科研院所、农技推广机构、科技型农业企业组成的"产学研用"一体化农业科技创新体系。(3)强化企业应用型创新主体的地位。鼓励更多有能力的农业科技公司根据生产实际需要进行农业科技创新,包括全产业链的研发储存、加工等非生产环节的新技术与新设备研发以及适应当地自然条件、增加地方特色农产品供给的新品种研发,引导资金、技术、人才等各类创新要素向新主体集聚,营造有利于企业创新的宏观环境。(4)建设以新型主体为核心的推广体系。完善基层农技推广体系,培育壮大专业服务公司、专业技术协会、农民经纪人等各类社会化服务主体,提升农技服务水平,促进科技成果转化和推广应用。改变农业科研成果推广路径,将农民专业合作社、家庭农场等新型农业经营主体作为新技术、新品种推广的着力点,并通过示范作用扩大推广半径,加快推广速度和提高推广效率。

第四,实行提升农业要素组合效率的政策组合。(1)提升农业要素市场活力,促进农业生产要素的提质升级。促进农村土地市场发育,实行土地适度规模经营,加强农地整理,改善土地细碎化状况,提升土地生产率,促进农村劳动力市场发育,提升农民人力资本水平。对于有意愿继续从事农业生产的农民,加强其职业技能培训,建立家庭农场生产支持团队,为其生产、经营提供有益的咨询、指导;吸引一部分文化素质较高的"新农民"进入农业,为其提供有竞争力的报酬;对于打算从事非农产业的农民,为其提供一定的培训与指导,实现农民队伍的结构性调整与优化。为社会资本进入农业提供正确的政策引导,尽可能减少和降低对工商资本下乡租赁农地期限、面积等的控制条件,健全工商资本下乡服务体系,使工商资本"进得来、有发展"。(2)基于农业要素禀赋条件,提升要素组合效率。综合考察各地农业要素的禀赋,对符合比较优势的农产品排定优先序,发展专业化生产,并根据农业传统与市场需求变化进行动态调整。通过服务规模化提升要素组合效率。对于农业生产中可标准化的服务环节,通过专业化的农业服务将分散的农户与地块联结,优化不可分割的大型农业投入的提供方式,提高服务供给的效率,提升农业要素的组合效率。

第五,建设有竞争力的农业。(1)突破对农业内涵的窄化认识,摆脱"吃得饱"的农业功能定位,在保障国家粮食安全的前提下,不断挖掘与满足市场对农业的多元化需求,改变单一数量型发展理念,丰富农产品供给结构,拓展农业多样化功能，提升农业综合价值。（2）促进农业分工与专业化，以各类组织带动农民的组织化程度与生产水平的提高，改变依靠经验种植的传统模式，以更科学、合理的方式使用生产要素。以技术创新优化种植品种、土壤增肥、病虫害防治等环节资本要素投入水平，提升加工、保鲜、贮存、物流能力，建立技术推广与应用体系，提升农产品精深加工水平，开发多样化农产品。以生产标准化、信息透明化完善产前、产中、产后管理，实行严格的质量检测与追溯系统，提高优质产品辨识度。（3）实现农业高回报。以制度改革打通城乡要素双向流动的限制，为企业家进入农村、稳定经营预期提供制度保障。以企业家-农户利益联结机制提高农业生产与市场需求的衔接度。以配套完善的农业服务体系，提供全产业链的高效服务，降低经营成本。以技术引进与研发替代来高效利用生产要素。以名优产品认证推进优质产品品牌化，培育具有区域特色的农产品知名品牌，提高内在价值。以产业融合实现农业产业链的延伸与农业多功能的拓展，提升农业多样化价值，增加农产品的附加值。

第十七章
农业转型与政策选择

伴随快速的工业化、城市化进程，中国的农业份额大幅下降，农业投入结构发生巨大变化，农业发展模式出现根本改变。在农业发展模式变革的同时，农业经营制度和相关制度安排也在发生急速变革，土地流转加快，经营规模在适度扩大，经营主体在坚持家庭经营的前提下呈现多元化格局，农民专业合作进入历史新阶段，为农业现代化提供更加完善的制度基础。如何在城市化过半以后，制定相适应的农业发展战略，正确认识农业的地位和作用，完善农村基本经营制度，以城乡发展一体化促进城乡共荣，是新阶段农业政策面临的重大选择。

一、中国农业转型的主要特征

综观世界各国经验，农业份额下降至10%左右以后，农业发展会出现重大转折。农业劳动生产率提升速度加快，与非农产劳动生产率的差距缩小，务农者收入增长显著快于务工者收入增长，农业的基础性地位不仅没有被削弱，反而增强了，各国对农业的支持力度加大，"工业反哺农业、城市支持农村"成为普遍的政策取向。进入21世纪后，中国的农业正处于重大转型期，主要表现为：

第一，农业份额下降到现代化转折点。自改革开放以来，伴随快速工业化、城市化进程，第一产业生产总值和就业份额"双降"趋势明显，农业产值份额由 1978 年的 28.2% 下降到 2011 年的 10%，年平均下降速度约为 0.6%。农业就业份额从 1978 年的 70.5% 下降到 2011 年的 34.8%，年平均下降速度超过 1 个百分点。自 2003 年以来，农业产值和就业份额下降速度进一步加快，年平均下降速度分别为 2.99% 和 1.8%。2009 年，第一产业占三次产业的比重首次下降到 10% 以下，2014 年第一产业劳动力占比开始低于第二产业、第三产业的劳动力占比，农业现代化在 2010 年前后进入一个转折期，农业的内涵和功能都发生了变化，农业发展模式从满足温饱、提高土地生产率为主，转向显化乡村价值、提高农村劳动生产率为主。

第二，农户对农业经营收入的依赖下降。随着农民外出打工数量增加，农户收入构成发生重大变化。工资性收入比例大幅上升，家庭经营收入比例不断下降。1990—2012 年，农户家庭经营收入从 82.4% 下降到 44.6%，工资性收入从不足 15% 上涨到 43.6%。在家庭经营收入中，农业收入占比持续下降，近 10 年间下降了 10% 以上。

第三，农民代际分化。随着农民外出从事非农就业成为常态，农户非农收入份额上升，农地的经济重要性下降，农村家庭内部分工分业稳定，农二代与农一代的代际分化明显。2018 年，外出农民工平均年龄为 35.2 岁，在新生代农民工中，80 后占 50.4%、90 后占 43.2%、00 后占 6.4%，进城农民工中购买住房的占 19%，义务教育阶段随迁儿童在校率为 98.9%，38% 的进城农民工认为自己是所居住城镇的"本地人"。农二代对乡土的观念发生改变，呈现出离土、离农、务工、留城的趋势。

第四，农业投入方式与发展动能发生重大变化。长期以来，由于人多地少，中国农业主要依靠增加劳动投入和农药、化肥等现代投入来提高单位土地产出。随着农村劳动力向非农产业大规模转移、从事农业劳动力人数减少和整个农村人口绝对量减少，农业与非农产业在劳动力争夺上的比较劣势尽显。在结构高速变革背景下，中国农业投入方式发生巨大变化。一方面，农作物用工成本上升、用工数较少。家庭用工价与雇工工价均出现明显增长，且雇工工价近10年的增速很快，从1999年的14.05元/日增长到2009年的53.09元/日，增长近3倍。家庭用工价折算也从1999年的9.5元/日增长到2009年的24.8元/日，增长了1.6倍。劳动力稀缺程度提高，劳动用工成本上升，农户在进行劳动力配置时，普遍采取减少农作物用工投入的策略，致使农作物用工量大大下降。

另一方面，以农业机械为代表的现代要素投入逐渐替代了农业劳动力等传统要素投入，成为农业发展的新动能。自2003年以来，全国农用机械总动力保持年均6%的高速增长。全国各种主要农业机械拥有量增长迅速。2000—2010年间，全国的大中型拖拉机及其配套农具分别增长302%和338%；小型拖拉机增长41.2%；农用排灌动力机械增长41%；联合收割机增长274%；播种机增长98%；水稻插秧机增长567%；机动脱粒机增长16%；节水灌溉类机械增长58%；农用水泵增长29%；农用运输车增长75%。农业生产方式转为以机械作业为主和要素匹配阶段。农业科技进步在农业生产过程、农业资源配置以及农产品复杂化、专业化中的贡献显著。2018年，我国农业科技进步贡献率已达到58.3%。

第五，农业发展模式发生历史性转变。过密人口与土地的紧张关系一直是决定中国农业发展模式的重要因素。自1949年至改革开放前，尽管集体所有制实现了以生产队为单位的更大经营规模，但是由于农村人口被禁锢于土地的局面没有改变，人口对土地的压力进一步加重，人地比率进一步降低。人均土地规模从1949年的4亩下降到1981年的不足2.14亩。在改革开放初期，由于人口增长和农村人口基数过大、农村工业化吸纳劳动力能力有限，中国农村人口对土地的压力格局也没有发生改变。由于人多地少的资源禀赋和农业劳动富余、资本短缺决定的要素相对价格，中国农业发展模式一直以提高土地生产率为主。

20世纪90年代中期以后,中国人口总量和增速持续降低,农村劳动力的跨地区流动加速,农村人地关系得到缓解。1995—2009年,人口规模增加10.2%,人口自然增长率从10.55‰降到5.05‰。自2003年以来,人地比例逐年上升,从2003年的1.96亩/人上升到2009年的2.26亩/人。与人口增长模式改变引发的人地关系缓解相比,农村劳动力的跨区域流动对农地经营规模的影响更为显著。农业劳动力总量从1996年的3.17亿人下降到2009年的2.59亿人。随着更多的农村劳动力转到非农部门就业,农地经营规模进入逐渐扩大时期,在劳均耕地规模上,按农业劳动力计算的劳均耕地面积从2004年的5.97亩/人增加到2009年的7.05亩/人。

自21世纪以来,农户经营规模的适度扩大,农业劳动力成本的上升,加上农业投入方面机械对劳动的大量替代,农业发展模式正在向以提高劳动生产率为主的模式转型。自20世纪90年代以来,尽管中国农业土地生产率和劳动生产率都有明显增长,但两者增长趋势差异很大:1994—2002年间,土地生产率和劳动生产率年均增长分别为0.62%和4.10%;2003—2011年间,土地生产率和劳动生产率年均增长分别为3.17%和9.71%。

二、农业经营方式与制度安排的重大变化

结构变革不仅带来农业发展模式转变,而且带来农村人地关系变化和要素相对价格变化,农地的经济重要性逐渐下降,农民对土地的观念在悄悄发生变化,这些变化也在诱发和推动农业经营制度的变迁。

第一,土地流转速度明显加快。土地规模过小、细碎化程度高,一直被认为是妨碍农业现代化的突出问题。到2003年时,农业部农村固定观察点对全国东、中、西部20 842户的抽样调查显示,全国土地流转面积占总耕地面积的9.1%。近年来,随着农村人口与劳动力非农化进程加快,农村土地流转也呈加快之势。截至2011年年底,全国家庭承包耕地流转总面积达到

2.28亿亩，占家庭承包经营耕地面积的17.8%。从区域来看，不仅发达地区农地流转比例高，农区的农地流转增速也十分显著。

第二，农业经营主体在家庭经营基础上呈现多样化。根据农业部经管司统计，2011年，全国集体所有农用地总面积为60.6亿亩，其中耕地13.8亿亩、园地1.2亿亩、林地18.4亿亩、草地22.9亿亩、养殖水面0.8亿亩、其他3.5亿亩；其中实行家庭承包经营的耕地面积12.8亿亩、园地0.6亿亩、林地9.1亿亩、草地15.7亿亩、养殖水面0.3亿亩，合计为38.5亿亩，占农用地面积的63.5%。随着土地流转加快，土地转入主体趋于多元化，流入专业合作社和企业的比例，分别由2010年的11.9%、8.08%上升到2016年的21.6%和9.67%。新型农业经营主体大量涌现，截至2018年年底，全国共有家庭农场60万家，比2013年增长了4倍多；在工商部门登记注册的农民合作社217万个，各类返乡下乡创业人员累计达780万人。尽管农户仍是主要的农业经营者，但农业经营主体已经开始向多元化经营方向发展，他们在应用新技术、增加农业生产投入、开拓新市场、融入现代农业产业链等方面，表现出不同于传统小农的新态势。

第三，农户土地经营进入适度规模阶段。随着更多的农村劳动力转到非农部门就业，农地经营规模进入逐渐扩大时期。在劳均耕地规模上，按农业劳动力计算的劳均耕地面积从2004年的5.97亩/人增加到2009年的7.05亩/人。从区域来看，东部沿海地区由于农村劳动力的非农化比例更高，农业劳动力占农村总劳动力的比重从1990年的66.77%下降到2009年的32.32%，东部地区劳均耕地规模也从1990年的3.4亩/人上升到2007年的4.99亩/人。在中部地区，农业劳动力占农村总劳动力的比重从1990年的82.2%下降到2009年的65.5%，其下降程度没有东部地区显著。劳均耕地规模的上升也没有东部地区那么明显，从1990年的3.19亩/人上升到2007年的3.67亩/人。

截至 2011 年年底，全国实行家庭承包经营的耕地面积 12.77 亿亩，家庭承包经营农户 2.288 亿户。经营耕地 10 亩以下的农户有 2 亿多户，占家庭承包户总数的 85% 以上。经营耕地在 10 亩以上的农户已经占到 15%。在经营规模扩大的类别中，10~30 亩和 30~50 亩两个组别的比例最高，分别达到 10.7% 和 2.3%，与农区人地关系、技术条件及农民经营能力比较相称。除此之外，另外几个经营规模较大的类别尽管占比不高，但农户数也不少，经营规模在 50~100 亩的农户有 194.1 万户，经营规模在 100~200 亩的农户有 53.2 万户，经营规模在 100~200 亩的农户有 53.2 万户，在中国这样长期处于过小规模农业经营的国家，出现如此多的适度规模农户，其对未来农业效率及收入分配的影响值得关注。

第四，农民专业合作社发展进入新阶段。党和政府一直致力于引导小规模、分散农户走合作化道路，也做出了不懈努力，但也付出了代价。近年来，随着农村市场化程度深化，农村能人成长，农业产业链延伸，农产品产业化、区域化、集中化形成，农资购买与农产品销售合作的规模效益显化，农民专业合作的收益提高、成本下降，农户之间以自愿为基础、以互利为纽带的合作意愿提高，中国农民专业合作发展进入历史新阶段。《中华人民共和国农民专业合作社法》正式施行以后，中国农民专业合作社快速发展，截至 2011 年末，全国共成立农民专业合作社 50.9 万个，平均每个行政村成立合作社 0.9 个；年度财政扶持资金总额 44.6 亿元，扶持 2.9 万个农民专业合作社发展壮大，平均每个合作社获得财政扶持 15.6 万元。全国实有社员 3 444.1 万户，平均每个合作社有 70 个成员；通过合作社带动非入社成员 5 366 万户，平均每个合作社带动 105 户。合作社平均为每个成员统一销售农产品 1.34 万元，平均为每个社员统一购买化肥、种子、农药等生产投入品 4 600 元。农民专业合作社作为一种便于农民开展规模经营、拓展市场空间、提高谈判地位和完善自我服务的组织形式，成为转变中国农业经营方式的重要载体。

三、转型期农业现代化发展的政策选择

中国正处于迈向现代化国家的关键时期，农业现代化不仅是国家现代化的重要组成部分，而且在一定程度上决定整个国家现代化的成败，未来中国农业现代化必须做出重大政策选择。

第一，重新定义农业。未来中国农业要实现根本转型，必须重新认识和定义农业。不能简单地将农业定义为工业化和城市化的服务者和居于从属地位的产业。农业生产是以土地为载体，与有生命的动植物打交道的完整的自然再生产过程。只要是与土地结合、与有生命的动植物打交道、在自然状态下进行的再生产过程和创造过程，都是农业的范畴。对农业内涵的拓展，可以为未来乡村的空间发展和经济活动的多样化打下基础，促进农业功能从单一的粮食农业向健康、特色、生态、休闲、文化、历史、教育等方向发展，成为多功能、复合型的农业。

第二，必须正确认识和把握新阶段农业的基础地位和作用。中国的农业份额已经降到一个转折点，这一份额今后还会进一步下降。这一格局很容易产生农业无足轻重的错误认识。农业政策稍有不慎，其对全局的影响难以短时间挽回；成功转为现代化经济体的经验是，在农业份额降低后，农业的基础地位反而增强，国家对农业的支持政策更大。现在应告别以农业占GDP的份额来看待农业重要程度的传统，在我们看来，新阶段农业的基础地位和作用主要表现为以下几方面：一是农业产出品具有不可替代性，国家对农业的支持就是对基本民生的基础保障；二是农业对保障国家粮食安全的重要性在相当长时期不会减弱，农业提供食物安全的重要性将不断增强；三是农业的功能将不断延伸，从生产向生活和生态功能不断扩展，对人类生活品质的重要性不断上升；四是农业供给质量在供给侧结构性改革中的重要性和地位举足轻重，农业供给实现从低复杂度向高复杂度的转变，是农业领域推进供给

侧结构性改革的关键。

第三，客观把握农业要素投入变化的新特点，通过农业工业化提高农业的回报率。快速的工业化、城市化进程不仅带来农业份额的下降，也带来中国农业投入方式和发展方式的重大转变。在投入方式上，从主要依靠高劳动投入和现代流动投入转向以机械投入为主；在发展方式上，正在发生从以土地生产率为主的传统农业发展方式向以提高劳动生产率为主的现代农业发展方式转变。在下一个发展阶段，劳动成本和土地成本的上升是我们面临的基本事实，实现农业转型突围的关键是找到乡村产业突围的出路，建立强大的农业。乡村产业发展的唯一路径是农业工业化，其本质在于各种生产要素的有效组合，以及生产要素组合方式连续发生由低级到高级的突破性变化，由此带来农业产业生产效率提高，实现规模报酬递增。其要义是，通过土地配置制度改革、资本下乡、城乡人力对流和乡村资源产权制度改革，促进各种生产要素的重新组合，使农业从业者的收入不再低于城市其他行业，甚至更高，促进农业多功能化和农业产业的融合与裂变，探索农业工业化的路径，迎接农业产业革命的到来。

第四，消除造成农业与非农业竞争生产要素中的不利局面的制度障碍，通过城乡融合进一步激发乡村活力。城乡融合是乡村活化和农业产业发展的关键，其路径是要促进城乡之间从"通"到"融"再到"合"。"通"即把阻隔城乡之间的"墙"拆掉，拔除制约乡村活力与农业发展的制度和政策壁垒；"融"就是生产要素在城乡之间自由流动，既包括乡村要素向城市的流动，也包括城市要素回到乡村；"合"就是城市和乡村共同发展、共同繁荣、彼此需要，城乡两个文明共生。城乡融合的目标是，两个空间各司其职，城市有城市的功能，乡村有乡村的功能。体制创新是实现城乡融合的关键，核心在于城市向乡村开放，乡村向城市开放。其一，必须根本改革征地制度和以地谋发展模式。政府不得靠征用农民土地支持非农建设。就算是公益性项目征地，政府也必须向被征地农民以市场价支付赔偿。改变土地增值收益主要由城市受益和政府支配的格局，大幅增加农村和农民的分享比例，让农民以土地参与工业化、城市化进程。其二，必须解决人口城市化问题。解决常年外出农民工在中小城镇的落户问题。解决大城市农民工与城市原住民享受同等的公共服务的问题。着力解决新生代农民工融入城市的问题。各级政府统筹解决农民工最关心的教育、就业、职业培训、住房、社保、养老接续问题。其三，促进城乡之间生产要素的互流、互通，逐步实现城乡一体化。在规划和用途管制下，确定永久基本农田，建立发展权补偿机制，切实保障这些地区政府和农民保护耕地和保障粮食安全的积极性；促进土地、劳动力和资本在农村和城市的流通，让农村分享资源再配置的好处，让农村与城市享有同等发展权，实现城乡共同繁荣。

第五，完善农业基本经济制度与创新农业经营组织形式，为农业转型提供进一步的制度供给。今后一个阶段，工业化、城市化进程还将加速，农村人口和劳动力的继续向非农配置，必将使农村人地关系发生进一步变化。人地关系的变化不仅会带来土地对农民功能的变化、政府对农民土地权益处置方式的变化，也会带来农地经营规模和经营方式的变化。由于农村有一个巨量的农村人口总量，中国农村不可能走欧美土地资源禀赋大的国家的大农场之路。关于农民土地权利和规模经营与农业现代化的关系的争论，将伴随中国实现现代化的全过程。在这个问题上，笔者的初步看法是：

其一，稳定和完善农民土地财产权。坚持土地农民所有，依法保障农民对土地的财产权，包括农民对土地的使用权、收益权、流转权和处置权。改革集体所有制，明确集体所有为以成员权为基础的按份共有，确定集体成员权始点，以法律明确农民的承包权长久不变。进一步量化承包经营权，明确承包权为承包农户永久使用权，经营权是承包权派生的土地用益权，由承包权拥有者与经营权获得者之间以契约确定，在法律上进一步明确经营权权能及权利义务关系。

其二，完善农业经营方式，提高农业经营效率。坚持家庭农场是中国农业的基本经营单位。提高家庭农场商品化率和土地利润率。发展适合家庭农场使用的现代机械技术，提高家庭农场的现代装备水平。促进适度规模家庭农场的建立、维持与壮大，形成专业化家庭农场。完善家庭农场之间的专业合作，降低市场交易费用，提高农业经营的专业化水平。健全家庭农场与市场和企业之间的契约关系，依法保障利益相关者的权益。

其三，建立人地分离机制。伴随人口城市化浪潮，解决离农人口与土地之间的纽带问题是中国农业现代化面临的挑战，也是不容回避的问题。坚持"增人不增地、减人不减地"长久不变。在现行土地权利安排中，赋予农民土地处置权。对于已经长期离开村庄并在城市（镇）有稳定职业、收入和住所的农村户籍人口，试行农村集体所有者对农村土地承包权赎回权。在国家法律层面制定农村人口人地分离办法，避免地方政府和基层组织利用行政权力侵犯农民土地权益。全面实行农村人口社保、养老制度，并不断提高其保障水平。

第六，不断收窄农民与城市居民人均收入差距，稳定农业经营者。在工业化、城市化加速阶段，由于农业部门与非农部门劳动生产率的差距，农民收入与城市居民收入的差距有一个扩大的趋势，但是，随着农村人口和农业劳动力的不断外溢，农村人地关系变化，农业劳动生产率不断提高，农民收入将不断上涨，农民收入与城市居民收入差距将收窄。在日本城市化过60%以后，农民人均收入甚至超过了城市居民人均收入。鉴于农业产业的特性，农民人均收入的提高，尤其是不低于城市居民收入，是保住农业经营者的根本，也是保障国家粮食安全的关键。随着工业化、城市化进程的加快，我国农民人均收入与城镇居民收入差距越拉越大，加剧了农村劳动力从农村的溢出，也造成了农业经营者后继乏人的困境，形成了农村劳动力老龄化、妇女化趋势。根据第二次农业普查的资料，在大部分农村男劳动力到沿海地区打工以后，妇女就成为农业生产的主要劳动者和经营者。全国、中部、西部地区的妇女农业从业者，1996年第一次农业普查时分别占47.55%、36.93%和38.49%，到2006年第二次农业普查时，分别上升到53.2%、54.3%和51.4%。其中，7个劳动力流出较多的省份的女性从业者分别占一半以上。由于青壮年劳动力绝大多数出外打工，且呈年轻化趋势，导致农业从业者和劳动者越来越老龄化。2006年与1996年相比，全国、中部和西部地区51岁以上的老龄农业从业者和劳动者，分别从18.5%、17.3%和17.69%上升到32.5%、33.3%和31.2%。7个主要劳动力外出省份重庆、四川、安徽、湖南、湖北、江西、河南依次为46.2%、41.9%、37.5%、37.2%、37%、32.5%、28.2%。农业从业者和劳动者的女性化和老龄化，使传统农业经营面临挑战，农业产业的前景堪忧。特别是，近年来越来越多的学者注意到与第一代农民工不同，第二代农民工多数是初中毕业以后即外出打工，普遍没有务农的经历，也没有将来回到土地的打算。如一些调查结果显示，2005年前后有近半数农民工的年龄在25岁及以下，而20岁及以下的人数则接近20%（盛来运、彭丽荃，2006）。在下一阶段，这种格局必须加以扭转，否则，农业与非农业、农村与城市在竞争资源上的不利局面还将加剧。必须采取重大针对举措，扭转农业生产者后继乏人的严峻局面。

第四部分 乡村振兴与现代化

第十八章
乡土生出的现代化

党的十九大将乡村振兴作为国家现代化战略的重要组成部分，乡村问题再度成为热点。尽管乡村振兴已进入实施阶段，但一些绕不开的基本问题并没有被给予明确回答，比如，当下乡村问题的实质到底是什么？我们要振兴的乡村到底发生了怎样的变化？其未来演变趋势如何？乡村振兴到底为了谁？乡村现代化会朝向怎样的路径？比回答这些问题更重要的是思考的角度和方法——是城市还是乡村视角、是农民还是城里人出发点，这些造成对乡村问题的思考与解决存在天壤之别。在乡村振兴大热的当下，学习智者思考与解决乡村问题的方法尤为重要。无论是对乡村问题的学术研究还是对解决方法的寻求，费孝通先生都是一个典范。他毕生以"志在富民"为宗旨，探寻乡土生出现代化的道路，从在近代中国的乡村危机中提出立足解决"农民饥饿问题"的"乡土重建"，到改革开放以后探索农民如何在乡土展开"农村工业化与城市化"的发展道路，直至晚年思考农民现代化的根本问题。本章以费孝通先生的乡村发展理论变迁为线索，从他思考和解决他所经历时代乡村问题的方法中，汲取解决我们所处时代乡村问题的养分，期待以此对当下乡村振兴实施中出现的问题给出提醒。

一、有机配合的乡土社会及其危机

（一）乡土社会的有机配合特性

把握乡村现状与变迁的起点是对乡村之于中国社会基础的总体认识。费先生20世纪30年代将乡村作为他研究中国社会的起点，正是基于他认为，"中国农民占中国人口的绝大多数，认识中国社会的特点，应该从认识农民和农村开始。中国社会的变化，一定会从广大的农村开始"。①

与一般将乡村简单视为贫愚的对象不同，费先生的独到之处在于他深入乡土中国的结构性特征，抵近观察后，他将之概括为一个有机配合的稳定结构，即受人多地少、农业技术难以出现突破性进展的约束，小农通过农业生产和家庭手工业生产结合的方式，使自己勉强维持不饥不寒的小康生活。②（1）所谓有机配合表现为，农民既以农业为生，又兼具工匠的角色；乡土经济为一种农工混合经济，以"家庭工业"和"作坊工业"为表现形式的乡村工业与农业形成有机配合，共同支撑农村家庭经济；农户既是家庭农场的经营单位，也是一个手工业生产单位。所谓稳定的结构表现为，"粘着在土地上"的农民视土地为命根，保持着"向土里去讨生活的传统"。③（2）人口因流动性低而安土重迁；"双轨政治"下的乡村保持着高度自治，通过"传统规则"的"教化"使农民主动自觉遵从礼治秩序；农民与乡土之间保持着密切的情感联系即"桑梓情谊"，他们最终都将"落叶归根"。

（二）乡土社会危机源于对结构有机性的破坏

费孝通并不像当下一些所谓的乡土学者为乡土结构的稳态而沾沾自喜，

---

① 费孝通：《我看到的中国农村工业化和城市化道路》，《浙江社会科学》1998年第4期。
② 费孝通：《乡土重建》，《费孝通全集》第5卷，内蒙古人民出版社，2009，第64—72页。
③ 费孝通：《乡土中国》，《费孝通全集》第6卷，内蒙古人民出版社，2009，第108页。

他既承认"从土里长出过光荣的历史",又意识到它"自然也会受到土的束缚"。他担忧的是各种力量进入乡村时导致的乡土社会有机配合性的破坏。他将近代中国的乡村危机归结为帝国主义势力的压力造成的中国乡村在政治、经济、社会等层面陷入的全方位、系统性的危机。

第一,乡土工业脱栓。手工业或副业本来是农家讨生活的主要来源,但是,西方机器大工业的冲击导致乡土工业衰落破产,从有机配合的社会结构中脱栓,在原来的农业技术、人口数量、农场面积、地租数量、地主权利等齿轮没有变的情况下,乡土工业那一齿轮的脱栓直接影响农民原来靠传统有机配合所维持的不饥不寒的小康生活。费先生非常看重乡土工业这一齿轮的重要性:"农村手工业的崩溃使农家经济发生困难,因而过渡到农业经营本身;资本缺乏、肥料不足、生产降落、土地权外流。都市兴起虽没有直接打击农业,但从手工业的桥梁上,这打击终于降到农业本身……这样讲来,我们中国的经济已犯了一种绝症:农业本身养不活农村里的人口,而以往用来帮助农业来养活庞大农村人口的手工业,又因机器的发明而沦于不可救药的地位。手工业没有了希望,也就等于说中国农村经济没有了希望。中国大部分人民是在农村里住的,所以也是中国大部分人民的危机。"[①]

第二,农民的贫困。随着作为农户收入重要来源的家庭手工业的崩溃,农民收入大幅减少。为了维持必要的生活开支,农民只能以地权为抵押物向城市资本借贷,推动城镇高利贷发展活跃。但是,农民的土地的产出并不足以偿还贷款,从而导致农村地权不断外流,农民由小土地所有者变为佃户,居住在城镇的不在地主大量出现。乡村社会在这种恶性循环中不断衰败,农民生活越来越困苦,最终引发政治危机。"当他们的收入不断下降,经济没有迅速恢复的希望时,农民当然只得紧缩开支……如果人民不能支付不断增加

---

① 费孝通:《人性和机器》,《费孝通全集》第4卷,内蒙古人民出版社,2009,第49页。

的利息、地租和捐税,他不仅将遭受高利贷者和收租人、税吏的威胁和虐待,而且还会受到监禁和法律制裁。但当饥饿超过枪杀的恐惧时,农民起义便发生了。"①费孝通一针见血地指出:"中国农村的基本问题,简单地说,就是农民的收入降低到不足以维持最低生活水平所需的程度。中国农村真正的问题是人民的饥饿问题。"②

第三,乡土社会"损蚀"。乡土社会的公共事务与秩序治理依托于乡村里的"人才"。但是,近代中国乡村面临着严重的乡土人才流失问题,费先生称这种现象为"乡土损蚀"。费孝通感叹:"以前保留在地方上的人才被吸走了;原来应当回到地方上去发生领导作用的人,离乡背井,不回来了。"③"乡土培植出来的人已不复为乡土所用,这是目前很清楚的现象。"④费孝通指出,造成乡土损蚀的原因与近代西方教育有密切关系,从农村走出的人受到了与乡土文化完全不同的西方教育之后,生活方式、价值观念发生了改变,以至于无法再融入乡土。他在文中写道:"大学毕业了,他们却发现这几年的离乡生活已把他们和乡土的联系割断了……乡间也是容不下大学毕业生的。在学校里,即使什么学问和技术都没有学得,可是生活方式、价值观念却必然会起重要的变化,足够使他自己觉得已异于乡下人,而无法再和充满着土气的人为伍了……城乡之别在中国已经大异其趣,做人对事种种方面已经可以互相不能了解,文化的差异造下了城乡的解纽。"⑤乡土损蚀造成的直接后果就是乡村治理领袖的匮乏和乡村自治的失效。正如费孝通所言:"一期又一期的损蚀冲洗,发生了那些渣滓,腐化了中国社会的基层乡土。"⑥

---

① 费孝通:《江村经济》,《费孝通全集》第2卷,内蒙古人民出版社,2009,第265页。
② 同①,第264页。
③④ 费孝通:《乡土重建》,《费孝通全集》第5卷,内蒙古人民出版社,2009,第58页。
⑤ 同③,第58—59页。
⑥ 同③。

第四，基层行政僵化。乡土中国的基层社会是由士绅阶层领导下的自治团体，"皇权不下县"。随着保甲制度的推行，原本"不下县"的国家权力的影响范围延伸到了乡土社会内部，深刻改变了传统乡土社会的治理格局，一方面是乡土社会中"自治单位完整性的破坏"；另一方面，保甲制度导致了"自下而上"的政治轨道的"淤塞"。原本在乡土社会中社会地位不高、不能代表地方利益的保长掌握了合法的权力，与自治团体中的领导者——士绅形成对立，从而导致地方与国家行政机构之间有效沟通的桥梁被破坏，"下情不能上达"。其结果是，双轨政治变为单轨政治，基层治理陷入僵局。

第五，城乡有机循环割裂。在乡土社会中，城镇与乡村之间通过"乡村手工业品输出—城市资金回流"和"落叶归根"两种机制，实现城乡之间物资、人员之间的交流。但是，近代中国城乡之间的这两条交换机制都遭到了破坏。一是资本不回村带来的农村萧条。"由于地租没有保证，已经出现一种倾向，即城市资本流向对外通商口岸，而不流入农村……农村地区资金缺乏，促使城镇高利贷发展。农村经济越萧条，资金便越缺乏，高利贷亦越活跃——一个恶性循环耗尽了农民的血汗。"[①] 二是离开乡土的人未能很好地融入城市。原来乡土社会中"落叶归根"的城乡人员流动格局转变为"只出不回"的乡土"损蚀"局面。但是，这些接受了西方教育，又不能回乡的乡土人才也没有成功地融入城市生产体系中，而是成了一个依靠权势谋利、寄生性的"团阀"阶层，一个流落于东西方文化之外的寄生阶层，这一群体阻碍了城乡生产的发展。[②] 费孝通指出，"都市和乡村是必须来回流通的……如果其间桥梁一断，都市会成整个社会机体的癌，病发的时候城乡一起遭殃。中国却正患着这病症，而且，依我看来，目前正在病发的时候了——表现出来

---

① 费孝通：《江村经济》，《费孝通全集》第 2 卷，内蒙古人民出版社，2009，第 265 页。
② 费孝通：《乡土重建》，《费孝通全集》第 5 卷，内蒙古人民出版社，2009，第 60 页。

的是乡间的经济瘫痪和行政僵化，都市的经济恐慌和行政腐败。"①

我们可以将费先生对近代中国乡村危机根源及其逻辑的分析概括为这样一个乡村衰败链：西方资本/工业产品冲击—乡土工业衰败—农业不堪负荷—农民收入拮据—乡村人口流失—乡村自治破坏—城乡循环断流—乡村破产。对照当下，费先生理出的这一乡村衰败链难道不具有一般性意义吗？这一乡村衰败链可能是求解乡村复兴的钥匙。重温这一认识，也不至于出现当下农业领域的浪漫主义、农业产业对其他产业的生搬硬套、一些不切实际的乡村人口回村创业政策，以及城乡要素隔断下的所谓城乡融合。

二、乡土重建的本质是重构乡村有机结构

（一）乡土重建要防止走极端

如何从这种稳态的乡土结构突围？近代中国的知识分子从乡村求"救亡"时就开出过各种药方。梁漱溟主张在乡村构建新的社会组织的基础上，发展现代化新农业，这自然会引发乡村工业发展，推动都市繁荣；晏阳初倡导治农民的"愚""穷""弱""私"四病，兴"平民教育运动"，通过学校、家庭、社会开展文艺、生计、卫生、公民等教育来拯救乡村；吴景超主张通过发展工业化大生产和都市化来救济农业和乡村。

一是要避免单刀直入。费孝通吸收帕克（Robert E. Park）提出的"完成了的文明"（a finished civilization）这一概念，认为经过数千年的磨合，中国社会的制度、风俗、生产方法等要素已经形成了密不可分、配合微妙紧凑的有机体。② 因此，在对"中国社会任何一个方面着手改变的时候，一定要兼顾

---

① 费孝通：《乡土重建》，《费孝通全集》第5卷，内蒙古人民出版社，2009，第61页。
② 费孝通：《我们在农村建设事业中的经验》，《费孝通全集》第1卷，内蒙古人民出版社，2009，第116页。

到相关的各部和可能引起的结果，不然，徒然增加社会问题和人民的痛苦罢了"。① 他批评当时的一些农村建设试验就是一种单刀直入的搞法，"破坏了原有社会的有机性，弄到一盘碎局，无从收拾"。② 二是要避免不切实际。费孝通明确指出，近代中国所面对的是欧美资本主义发展已趋成熟，资本、技术实力强大，中国推行现代工业和都市化既面临资本、资源的现实性约束和限制，又受到国外资本主义势力的压制。在这种客观条件下，发展独立自主的规模化大工业生产和都市化是不可能的。同时，在城市和乡村反馈机制及农村基本生活保障机制没有建立的情况下，单纯地推动工业向城市集中，不仅不会实现乡村复兴，反而会加深乡村危机，并最终导致城市发展受困。"若都市靠了它技术的方便，代替农村来经营丝业，使本来可以维持生活的农民都成了饥民，成了负债的人，结果是使农民守不住耕地，向都市集中，在农村方面而言是经济的破产，在都市方面而言是劳动后备队的陡增，影响到都市劳动者的生机。"③

（二）乡土重建方案

费孝通认为，拯救乡村既不能随意移植西方的发展道路，也不能简单地对乡村施行改造，而应在考虑所面临的约束性条件下进行"乡土重建"。所谓乡土重建，就是"企图从我们传统的小农经济中去指出各种文化要素是怎样配合而发生作用的……这企图并不带着要保守它的意思。相反地，这是一切有效改革所必须根据的知识"。④ 他强调这种"改革并不能一切从头做起，也不能在空地上造好了新形式，然后搬进来应用，文化改革是推陈出新。新的得在旧的上边改出来"。⑤

---

① 费孝通：《我们在农村建设事业中的经验》，《费孝通全集》第1卷，内蒙古人民出版社，2009，第116页。
② 费孝通：《复兴丝业的先声》，《费孝通全集》第1卷，内蒙古人民出版社，2009，第258页。
③ 同②，第251页。
④⑤ 费孝通：《乡土重建》，《费孝通全集》第5卷，内蒙古人民出版社，2009，第125页。

费先生的乡土重建方案是在乡土中植入新的要素，形成有机配合的新结构。具体内容如下：

一是实现乡村工业的变质。费先生经过长期观察后坚定地认为，传统中国的基本特点就是人多地少，农业为主，工业停留在手工业状态，靠农业和传统手工业的发展不能满足现代化生活的要求，因此必须改变传统的手工业为主的工业结构。这一观点萌生于他在开弦弓村的实地调查，对他姐姐费达生帮助农民创办的生丝精制运销合作社的观察使他明确地感觉到农村需要现代工业。抗战后在云南省内地开展农村调查时，他进一步看到在一个人口众多、土地有限的国家里，要进一步提高农民的生活水平，重点应当放在发展乡村工业上，即引进现代技术改造传统手工业。他提醒在乡土工业的改造中要避免工业化中人口过分集中的现象，应当尽可能地发展小型的、适当利用机械生产的乡村工业。这种和农业生产密切结合的小型工业能充分利用农村里的劳动力和农村原料、生产成本低的生活用品或机械零件，用来富裕广大农民的生活。要实现"乡村工业的变质"，一方面，需要技术改良，引入机器生产；另一方面，要采取合作的方式组织乡村工业，生产工具的所有权分散到参加生产的农民手中，以此避免贫富分化的问题。"乡村工业的变质，主要是在利用动力和机器，变了质的乡村工业，在它的结构中，生产工具的成本一定要加大，因之，绝不是一个在生计压迫下的农民所能购备……家庭手工业和作坊工业在组织上要谋联系，就得采取合作方式。作坊里生产工具的所有权，不使它集中在少数有资本的人手里，而分散到所有参加生产的农民手上。"① 他所设想的"新制度的原则是很简单的，就是要使每个参加工作的人，都能得到最公平的报酬。同时在经济活动上，要能和资本主义经济制度的营

---

① 费孝通：《中国乡村工业》，《费孝通全集》第3卷，内蒙古人民出版社，2009，第18—19页。

业丝厂相竞争而不致失败"。①

费孝通对他所提出的"变质"的乡土工业的特征进行了刻画:"我所谓乡土工业包括下列几个要素:(1)一个农家的人可以不必放弃他们的农业而参加工业;(2)所以地点是分散在乡村里或乡村附近;(3)这种工业的所有权是属于参加这种工业的农民的,所以应当是合作性质的;(4)这种工业的原料主要是由农民自己可以供给的;(5)最主要的是这种工业所得到的收益是能最广地分配给农民的。"② 费孝通乐观地预见:"在现代工业世界中,中国是一名后进者,中国有条件避免前人犯过的错误。在这个村庄里,我们已经看到一个以合作为原则来发展小型工厂的实验是如何进行的。与西方资本主义工业发展相对照,这个实验旨在防止生产资料所有权的集中。"③

二是根本在于人。一方面,乡村工业实现变质的关键在于输入现代技术,提高传统乡村手工业的生产效率,因此,需要一批"像传教士一般肯耐苦肯不求名利"的人将新技术的新鲜血液传入农村。另一方面,乡村经济、政治、文化诸方面现代化都需要大批无私的服务人员。在费孝通看来,地主阶层正应当在这方面有所作为,从而实现由寄生阶层向服务阶层的转变,在新的社会秩序中找到自己的一席之地,这也正是地主阶层的出路所在。费孝通直言:"我所希望的是地主阶层的子弟们曾享受了传统特权,受到了现代教育的机会,应当从各方面去服务乡村。"④"我认为中国的地主阶层在这时代的考验之下应当是可以自动转变的,从特权的寄生地位,转变成服务的地位。"⑤

三是重建政治双轨。在乡村治理上,费孝通清醒地认识到,中央集权势

---

① 费孝通:《我们在农村建设事业中的经验》,《费孝通全集》第1卷,内蒙古人民出版社,2009,第118页。
② 费孝通:《乡土重建》,《费孝通全集》第5卷,内蒙古人民出版社,2009,第85页。
③ 费孝通:《江村经济》,《费孝通全集》第2卷,内蒙古人民出版社,2009,第266页。
④ 费孝通:《关于"城""乡"问题:答姜庆湘先生》,《费孝通全集》第6卷,内蒙古人民出版社,2009,第197页。
⑤ 同④,第199页。

不可免,同时以"无为政治"的消极方式防止权力滥用已无客观条件支撑,在这种情形下,要避免权力滥用,保持地方活力,维持政权稳定,必须重建上下相通的双轨政治,避免只有自上而下单轨政治带来的基层治理僵化问题。他在《乡土重建》一书中多次论道:"限制权力的消极方法逐渐失去其客观条件,是个不应当忽视的事实。正因为如此,我们得在积极方法上去打算。这套积极方法在中国传统的政治机构中并不发达……"① "为了适应中央集权逐渐加强,政府逐渐大可有为的趋势,要维持政治机构的健全,我们必须加强双轨中的自下而上的那一道。"② "能维持的政权必然是双轨的,就是说在自上而下的轨道外还要有一条自下而上的轨道。"③

重建双轨政治最终仍然要着落到具体的社会群体。在英国访问期间,费孝通发现英国乡村中活跃着一群由从都市退休后回到乡村的医生、公务员、学者形成的乡村"过渡性领袖",他们在乡村自治中发挥着不可替代的关键作用。"我在《重访英伦》的《访堪村话农业》一文中曾提到过英国乡村里缺乏社会重心的话。以往那种贵族、乡绅、牧师等人物现在已经失去了被人民尊重的地位,但是在英国乡村里却有一种人在担负过渡性的领袖责任。我称他们的责任是过渡性,因为依我看来,将来乡村社区里自会生长出新的社会重心和新的领袖人物来的。现在那些过渡性的领袖是从都市里退休回去的医生、公务员、学者和富于服务心的太太们。这些人并不是从乡间出身的,他们的职业也不在乡间,但是退休到了地方上却成了地方自治的机构中的重要人物了。"④ 受此启发,费孝通设想乡土社会中的士绅阶层可以转变为类似英国乡村中的"领袖人才",以此实现政治双轨的重建。

---

① 费孝通:《乡土重建》,《费孝通全集》第5卷,内蒙古人民出版社,2009,第46页。
② 同①,第52页。
③ 同①,第133页。
④ 同①,第49页。

四是恢复城乡循环。在费孝通看来，近代中国城镇和乡村的种种危机之根源就在于城乡之间有机循环的关系遭到破坏。乡土中国下保持地方人才的"落叶归根"传统已经难以为继，乡村子弟出村之后再也回不了家："原来应当回到地方上去发生领导作用的人，离乡背井，不回来了。一期又一期的损蚀冲洗，产生了那些渣滓，腐化了中国社会的基层乡土。乡土培植出来的人已不复为乡土所用。"① 因此，要实现乡村现代化，关键在于重建城乡之间的有机联系，迅速恢复城乡之间的循环关系。他多次强调："都市和乡村是必须来回流通的。"② "城乡对立是病态，它们本是相辅相助的经济配合体。我们最后的目标是重建城乡的有机循环，互相有利地配合。"③ 有感于李林塞尔（Lilienthal）主持的用以实现土地复原的TVA计划，费孝通提出应该改变乡土损蚀的局面，实现"乡土复员"，让受过现代科学教育的乡村人才还能回归乡土、服务乡村。

从近代乡村建设的经验看，改造乡村社会比认识乡土问题不知要难多少倍！改造乡村之难，在于外力介入一个本身结构、制度、文化高度契合的乡村肌体时，不管动机多么良好、抱负多么伟大、理想多么神圣，都可能因为这些力量介入的方式不当或因与这一复杂独特机体的不契合而归于失败。到如今，乡建派的教训少见总结，而是被部分人效仿、神化，甚至误导；弃乡村而在城市摆开大工业化的路实际上成了现代以来的主线，主流观点在赞美这条工业化、城市化道路快速和成功的同时，很少有人反思当下城乡反差及乡村问题与这一道路的关联。费先生的乡土重建方案尽管是针对受到外力强冲击以后的乡土中国的，但是，他提供的是一个以乡村有机配合的结构为基

---

① 费孝通：《乡土重建》，《费孝通全集》第5卷，内蒙古人民出版社，2009，第58页。
② 同①，第61页。
③ 费孝通：《关于"乡土工业"和"绅权"》，《费孝通全集》第6卷，内蒙古人民出版社，2009，第206页。

础松动乡土，将农民和乡村纳入重建的方案。其路径是：将现代要素引入乡土工业—农民在产业和制度上的融入—乡村企业家成长—乡村精英参加乡村治理—疏通城乡有机联系—乡土复兴。这是一条以农民和村庄为本位，引入现代要素重建乡土的路。对比当下的乡村振兴，如果继续沿袭着强力的介入，自然会在乡村产业培育、活村主体、人力资本、城乡关系各个方面加剧城乡脱嵌，乡村振兴的绩效与战略期待的距离自然难以弥合。

三、乡村长出的工业化、城市化道路

"志在富民"的费孝通先生在70岁的高龄时仍马不停蹄地投入乡村发展之路的研究中。他思考和探寻道路的方法一如既往，从改革初期中国农村面临的日趋紧张的人地关系出发，正视农村劳动力过剩的沉重包袱，将"怎样把这样巨大的剩余劳动力转化成生产力"作为他20世纪80年代以来一直研究的关键问题。

（一）农业经济多样化的重要性

与他早期对中国乡村"农工、农副有机配合"的认识一致，费先生一以贯之地认识到农业单一化的危害。在1957年写作《重访江村》时，他发现，在江村出现了水稻单位面积产量增加，农业总产值显著增加，但是农民收入没有明显增加的现象。他发觉，问题出在没有发展副业上，江村原有的养蚕、运输等副业不兴。导致这种局面的重要因素是计划经济时期"以粮为纲"，搞粮食支持城市发展大工业，不仅导致农民手中无钱，市镇上商品交换日益萧条，而且连带小城镇萎缩。直到20世纪70年代，这种限制农村单纯搞粮食生产的政策受到人口不断加速增长现象的严峻挑战，单纯依靠种植粮食的低收入，使广大农民在不断增长的人口面前无法维持他们已有的生活水平。为此，他提出一个重要命题："要显著地提高这类地区的农民收入，单纯地从农业入手是绝对不够的。如果忽视了副业的多种经营，那就会发生严重的问题。"[①]

[①] 费孝通：《重访江村》，《费孝通全集》第8卷，内蒙古人民出版社，2009，第52页。

从实践来看，改革之初中国农村破局靠的就是打破"以粮为纲"，实行多种经营。费老20世纪80年代回到江村时发现，拨乱反正之后的农村发生了巨变，特征之一是由单一经济进入多种经营，多种经营包含了农产品商品化。他在分析1979年以后开弦弓村农民收入增加的原因时说道："那就是纠正了片面地发展粮食生产，而落实了多种经营的方针，大力发展多种多样的副业，不仅包括已纳入集体经济的养蚕业，而且扩大了各种家庭副业。"① 直到20世纪90年代，他呼应当时关于发展大农业的主张，提倡"家家户户，用自己的劳动力、自己承包的土地，发展农、林、牧、副、渔，能搞什么就搞什么……我们说的庭院经济也是要发挥这个力量，把副业生产放到家里去干。"② 在他看来，农、林、牧、副、渔统统归农业的"大农业"已走出自给经济，发展了商品经济，为农村走上工业化的道路做了前期准备。农业和工业的关系好比"母子"关系，"在基层、在中国农村，农和工是血肉关系，血肉离不开。这不是哪一个人想出来的，也不是哪个人想分就能分离的"。③

（二）乡土工业化

光有农业的多样化，不足以使乡村脱胎换骨，费老认为还是要工业化。乡土社会如何工业化呢？从理论上，主流的观点是将工业化在城市展开，他20世纪30年代就对此予以了批判。从实践上，中国在计划经济时期的工业化就是采取的建工业基地的方式，但无法形成对乡村的带动。费先生的药方是，"在人口这样众多的国家，多种多样的企业不应当集中在少数都市中，应当尽可能分散到广大的农村里去"，即他所称的"工业下乡"。④

1981年他第三次访问江村时看到这里乡镇企业带来经济结构的历史性转

---

① 费孝通：《三访江村》，《费孝通全集》第9卷，内蒙古人民出版社，2009，第143页。
② 费孝通：《乡镇企业向前看》，《费孝通全集》第13卷，内蒙古人民出版社，2009，第411页。
③ 费孝通：《中国城乡发展的道路：我一生的研究课题》，《费孝通全集》第14卷，内蒙古人民出版社，2009，第49页。
④ 同①，第150页。

变,农业与工副业比例结构倒转,工副业比重大大超过农业,使他隐约看到20世纪30年代所倡导的"乡村工业变质"图景变成了现实。通过追踪乡镇企业的发展,他总结出了根植于"人多地少、农工相辅"的历史传统,借助城市技术人员流入等有利现实条件带动本地社队企业发展的苏南模式。他甚至进一步将之总结为一条从乡土长出的工业化,"实现工农结合,消除工农差距"的道路。"这条出路就是人口不走向城市集中而把工业拉进农村,使农村里的剩余的农业劳动力可以向自办的工业转移。通过农村工业化来改善农村经济状况,以提高农民生活。"① 其特质是,在国家经济结构中增加工业的比重,而人口分布不致过分集中,甚至可以不产生大量脱离农业生产的劳动者,工业的扩散还可以增加农民收入,提高农民生活水平,缩小城乡差别。他将这条道路和计划经济的集中工业化进行了比较,批评后者是国家将投资布点的大中型企业主要放在三线,形成处在分散孤立的状态的形如"孤岛"的工业基地,再以此形成工业城市,造成城乡分离的不利局面。这种"集中"的方法不仅使得工业孤立于传统经济之外,还使中国的工业孤立于世界之外。与此形成鲜明对照的是,异军突起的乡镇企业是由中国农民搞出来的工业,在城乡二元经济的对立和体制局限下,它们以农村为基地,以地方性社区为基础,在传统手工业的基础上引进了机器,辅之以技术条件以及动力的改变和交通的改善,具备了使现代工业分散到农村去发展的条件。从沿海到内陆,中国农民创办的乡镇企业从星星之火发展成了燎原之势,其旺盛的生命力和普遍的适应性,如"野火烧不尽,春风吹又生"的小草,具有强大的生命力,把农村里多余的劳动力变成了生产力,创造出财富,草根工业一步一步地发展壮大,创造出大量的财富,成了世人瞩目的"乡镇企业"。它们不仅融进并且改造了中国历史上以传统手工业为主的工业结构,也使中国工业大步融进

---

① 费孝通:《中国城乡发展的道路:我一生的研究课题》,《费孝通全集》第14卷,内蒙古人民出版社,2009,第51页。

了世界经济当中。这是一条具有工农结合、城乡结合独特形式的中国式的工业化道路。它与那种以农村的萧条和崩溃为代价的西方早期工业化——在集中于都市里的机器工业兴起的同时,农村濒于破产,农民失去土地,不得不背井离乡涌进城市,充当新兴工业的劳动后备军——迥然不同。

(三) 农民的城市化

在费孝通的富民理论里,农民的城市化一直是题中应有之义。他将小城镇作为城乡的纽带,认为小城镇是城乡发展的必要环节。早在20世纪30年代江村调查时,他就发现,镇与周边农村("乡脚")保持着密切联系,他将这种关系形容为"就像细胞与细胞质那样,相辅相成而成了一个细胞体"。[①]小城镇的经济基础在农村,当农村经济单一时,小城镇就失去了其作为商品流通和小手工业生产中心的作用,小城镇由盛而衰。20世纪70年代以前的问题就出在"左"的政策使星罗棋布的、和亿万农民直接发生关系的小城镇的地位和作用被忽略,农村和小城镇间千丝万缕的纽带被切断。20世纪80年代乡村发生的变化一方面在于把工业办到农村里去的工业化过程,另一方面是乡村的城市化,即城市扩散到乡村里,他将之称为"中国农民继乡镇企业之后的又一个伟大的创造"。[②]

农民城市化的逻辑在于,其一,它是乡土工业化的去处。办工业不同于农业,它必须要有一个集中的地方,要交通便利、有水有电,对于务工的农民来说又要距离适中。能满足这些条件的正是那些衰落中的小城镇,它使各村的农民可以"离土不离乡"地兼顾工农两业,大批农村剩余劳动力到小城镇工作,带来小城镇人口在数量上的增加,工业的兴起也带动了服务业、商业等第三产业的繁荣,使小城镇人口在结构上起变化。其二,起到人口合理

---

① 费孝通:《我看到的中国农村工业化和城市化道路》,《浙江社会科学》1998年第4期。
② 费孝通:《中国农村工业化和城市化问题》,《费孝通全集》第16卷,内蒙古人民出版社,2009,第316页。

布局的作用。"从集镇、乡镇、县属镇到县城，各个层次的小城镇都在起着层层截流人口、聚居人口的作用，十分有效地减轻了大中城市的人口压力。"①他称小城镇为"做活人口这盘棋"的一个"眼"。其三，开辟了农民入城之门。他说道："广大农民群众不是等着计划经济体制内层层报送、层层盖章的预算、立项、审批、拨款，而是说干就干、自力更生、自己投资去建设家园。"② 也就是说，广大农民突破了计划经济管理的束缚，探索采用市场经济的方式建设、发展小城镇。"通过发展乡镇企业和小城镇，中国农民不仅是在创造着巨量的物质财富，也在创造着中国的市场经济和富有中国特色的现代化道路。"③

（四）一个目的、多种模式

看到苏南乡镇企业创造的奇迹后，费孝通曾兴奋地预言道："苏南的今天就是其他地区的明天。"④ 他一度认为，"苏南模式"应当是中国农村发展的不二法门。但此后，他先后赴苏北、赤峰、包头、定西、甘南等地调研，发现各地条件不同，选择的发展道路也各具特点。湖南洞庭湖地区通过"先农后工"，先搞大农业富起来，然后再搞工业，走向了致富之路。珠江三角洲地区借助毗邻香港的区位优势，以"三来一补"的方式，将现代工业引进内地，形成了门店在香港、工厂在内地农村的合作格局。

到了温州调研后，费老表示："我意识到在我的认识上有毛病，发生了偏差。中国农村的发展有共同的一面，也有不同的一面。假如只看到相同的一面，就会发生片面性，而且会导致政策上的一刀切、工作上的一般化。"⑤ 为此，他提出，不同地区可以出于不同的客观条件而走不同的路子，不同的发

---

①② 费孝通：《中国农村工业化和城市化问题》，《费孝通全集》第16卷，内蒙古人民出版社，2009，第315页。
③ 同①，第316页。
④ 费孝通：《我国农村经济发展战略》，《费孝通全集》第12卷，内蒙古人民出版社，2009，第237页。
⑤ 同④，第238页。

展路子就是不同的"发展模式"。"因地制宜，不同模式"的提出在发展路径上防止了全盘照搬的办法，在研究方法上形成了从整体出发探索每个地区的背景、条件所形成的和其他地区相区别的发展上的特色，从而进入不同模式的比较。他通过对苏南模式和温州模式的比较发现，它们的共同点为：都是农民自发行为；都是在人多地少地区发生并逐步发展起来的。但在发生和成长路径上有明显不同，苏南模式在公社集体经济的底子上出现，依靠农业集体积累，再加上外界条件，产生出具有自己特色的经济发展模式。两种模式的生成和发展因素也不同，既包括历史传统因素，例如苏南模式有社队企业传统，温州模式有八仙过海、外出经商的传统，也有内发性因素，两者的最大动力都是农民求生存、求发展，是农民在人多地少的限制下走出的一步。他也提醒研究者在进行不同模式的比较时，必须防止偏重于各模式之"异"，而忽视其所"同"，它们的共同基础是传统的小农经济，同一目的是脱贫致富。费孝通后来又注意到"发展模式"的概念带有静态的意味，没有照顾到条件本身是个变数，因此，他进一步提出"随势应变，不失时机"，在发展模式概念中注入了动态的观点。

（五）分业离土与农民的现代化

费老认识到农民乡土工业化、城市化是中国独特的发展道路。但是，他并没有固守于此。他继续用他拿手的基于实践的研究方法预示可能的演化。20世纪90年代费孝通就敏锐地观察到了乡镇企业分化发展的势头，提出"乡镇企业要上新台阶"。[①] 他结合自己的调研提出，乡镇企业的发展可能采取"上下两手并举"的办法："一手是引进高科技集中力量扩大规模，提高质量，向跨地区乃至跨国的、大集团的、农民和科技人员联手的、体制多元的新型乡镇企业的方向发展，面向国际市场，开发现代化的新型产品……还有一手

---

① 费孝通：《乡镇企业的新台阶》，《费孝通全集》第14卷，内蒙古人民出版社，2009，第129页。

在下面一层，是发展以农户为单位的家庭工业为基础，加上为其提供服务的、广泛而高效的、提供信息和销售渠道的中介体，即在近年来在广大农村地区广泛出现的'公司＋农户'的新型企业结构……生根在农户基础上的家庭工业，既具有顽强持久的特性，不怕风浪冲击，又灵活易变，容易适应新的情况。随着农民文化水平的提高，又易于接受科学技术的进步，并有化整为零、集腋成裘的能力。"①

在城市化道路上，费孝通也没有局限于小城镇。他在区域发展的系列调研中，逐步意识到中心城市对周边发展的辐射带动作用，指出"像农村发展需要小城镇一样，小城镇的发展也需要中等城市。一个区域的发展不能没有中心城市的带动……城市可以对周边农村地区发挥的辐射和带动作用，是广大农村地区的发展不可或缺的。中国农村现代化前景的最终实现，需要有遍布各地的中心城市的带动"。②"目前我对这个问题的初步想法是，以沿海地区的上海、香港、北京、天津和内陆地区的重庆等为重点，发展500万～1 000万人的大都会；以200万～500万人规模的大中城市为主体，带动辐射周边地区；以星罗棋布的几万个一万到几万人的小城镇和几十万人上下的小城市为依托，承载下一步农业产业化进一步解放出来的富余劳动力和新一轮农村工业化浪潮，形成中国农村工业化和城市化的多层次、一盘棋的合理布局。"③

费老更为关心的是，随着农民逐步由穷变富，农民"富了以后怎么办"或者说是"小康之后究竟怎么样"。他在调研中发现，农民积累起财富之后，并没有以之来扩大再生产，绝大部分都用在了扩建房屋等日常消费上，甚至出现了攀比消费的现象。费孝通认为，在亟须扩大再生产的阶段，这种花钱

---

① 费孝通:《中国农村工业化和城市化问题》,《费孝通全集》第16卷，内蒙古人民出版社，2009，第317—318页。
② 同①，第321页。
③ 同①，第318—319页。

方式并不理性。在他看来，这不是一个简单的消费方式问题，而是一个涉及农民意识领域改造的大问题。"过去我们农民穷，知道穷了怎么办，但是富了后，钱怎么花却没有经验。这确是一个新问题。我个人的看法是，现在我们迫切需要扩大再生产……有了钱不知道怎么个花法。这个问题仔细研究一下很有意思，是个大问题……我说怎样花钱是个大问题，因为这牵涉到农民意识领域的改造问题。"① 他在调研中还发现，农民并没有用现代化的经营思维、工业化思维来运作乡镇企业，他们仍然视乡镇企业为一种开辟新收入渠道、满足生活需要的副业而已。② 费先生发现："要理解苏南的乡镇企业必须懂得这个地方的农民是把这些企业作为农村的集体副业来看的。在农民的意识里农业还是农村的主体，尽管副业收入超过农业。主副之别还是不变。苏南的乡镇企业当其初生时确实是为了吸引农村里多余的劳力和补充农家的收入，和其他'副业'并无不同。"③ 在农民看来，乡镇企业的作用"与过去在家里饲养几头羊并无差别，至于手段和形式的不同是另一回事。因为副业的本性就是易变，什么收益最大就搞什么，怎样搞赚钱最多就怎样搞，七种八养九行当轮着转"。④

在晚年的一次访谈中，他更是明确指出，农民现在的思想与以往相比并无不同，农民仍然没有形成现代化的商品经济思维。他在访谈中直言："现在我们仍然在小农经济里，一起分享，吃'大锅饭'，那是小农思想。"⑤ 中国要实现现代化，适应现代世界，就必须让农民实现现代化。在晚年，费孝通大声疾呼一些率先发达起来的地区需要更加重视农民自身现代化问题，研究如何让农民转变为具有现代城市文明特征的市民和公民，必须让农民丢掉传统

---

① 费孝通：《我国农村经济发展战略》，《费孝通全集》第 12 卷，内蒙古人民出版社，2009，第 246 页。
② 费孝通：《九访江村》，《费孝通全集》第 11 卷，内蒙古人民出版社，2009，第 313 页。
③ 费孝通：《吴江行》，《费孝通全集》第 13 卷，内蒙古人民出版社，2009，第 444 页。
④ 同②，第 313 页。
⑤ 费孝通：《经历·见解·反思》，《费孝通全集》第 12 卷，内蒙古人民出版社，2009，第 427 页。

的小农思想。"据我所知,改革开放之前,珠海是一个渔业村,中山是一个农业县,两地都没有较好的工业基础。现在,它们已经从渔村和农村发展到有一定经济实力的中等城市,而且分别成为园林城市和花园城市。但是,它们都不可避免地要解决一个问题:如何使渔民和农民变成具有现代城市文明的市民和公民。"①

如何实现农民的现代化转变呢?费孝通在访谈中再一次提到乡镇企业发展对农村和农民生活带来的深刻变化,认为农村工业化将现代化送到农民家里。因此,他认为,要改变农民的小农观念,培养现代化农民,实现农村现代化,必须要将农民从土地的束缚中解放出来,投入到非农职业当中去,但与此同时,并无必要将农民拉进城市接受城市文明的洗礼。"这条新的路子必定是农民不再是农民,这意味着我们必须发展不同形式的产业。"②"我们必须抛弃农民思想。我的看法是除非80%在小农经营中的农民改变他们的职业,并离开在土地上劳作的老路,否则,中国将继续颠簸难行。"③"要等到农民改变了他们的职业才会起变化。我们必须走的第一步是把农民变成一个能离开土地的生产者。那意味着我们必须改变产业的结构。那时人们的思想和生活条件才会改变。这是我当前的观点。"④

四、几点启示性结论

本章旨在通过对费孝通关于乡村发展与志在富民思考的回顾——从总结乡土中国有机配合的社会结构特点、分析近代中国的乡村危机、提出重建乡村有机结构的近代乡村救亡方案,到改革开放以后坚持开展实地调查研究,密切关注、跟踪农村工业化、农村城市化发展进程,直至晚年深入思考农民

---

① 费孝通:《区域经济发展的新思考:再访珠江三角洲》,《费孝通全集》第16卷,内蒙古人民出版社,2009,第338页。
②③④ 费孝通:《经历·见解·反思》,《费孝通全集》第12卷,内蒙古人民出版社,2009,第427页。

现代化的问题，管窥费孝通观察和思索中国乡村现代化的立场和角度，即：始终坚持在城乡格局的背景下关照乡村，从不孤立地看待村庄发展；始终坚持将农村、农民作为实现现代化的主体，强调乡土中长出来的现代化，而非外部因素强加的现代化；始终重视乡土中国工农一体的传统经济结构，特别是家庭手工业以及在此基础上发展起来的农村工业化对推动农村和农民现代化的巨大作用。费老的乡村发展理论对于思考当下的乡村振兴具有重要启示。

其一，实施乡村振兴应当尊重乡村既有的社会结构。费孝通揭示出，在以土为生、以村为居、差序格局、以礼为治、安土重迁的乡土社会中，形成小农通过农业生产和家庭手工业生产结合的方式，以勉强维持不饥不寒的小康生活的稳态结构，这个结构是思考中国乡村变迁的基础。他始终立足于对乡土社会，特别是对农工结合的家庭生产结构的深刻认识，但并不墨守成规，而是主张植入新的要素对这种有机配合的乡土结构进行现代化改造。新阶段的乡村振兴应当因地制宜、顺势而为，充分尊重、顺应乡村历史形成的社会结构，找到政策切入的最佳"姿势"，坚决避免枉顾乡村实际，简单化、一刀切、疾风骤雨的运动式改造。

其二，实施乡村振兴要注意统筹考虑土地、人口、产业等诸要素发挥合力。费孝通指出，乡土社会是一个土地、技术、人口以及农业生产方式等诸多要素有机配合的社会，任何单兵突进的方案只会造成对乡村更大的破坏。在新阶段，尽管乡土社会发生了深刻变化，但是乡村这种有机配合的特性依然存在。当下的乡村振兴也要统筹考虑人口、产业、土地等诸多要素的匹配，相关制度安排也应当是一个能够充分调动各类要素综合发力的体系，力避单要素驱动发展模式在乡村简单复制与蔓延。

其三，实施乡村振兴要准确把握城乡中国的阶段性特征。无论是早期提出"乡土重建"设想，还是在晚年对农村和农民现代化的思考和探索，费孝通所处的时代仍是人口集聚在乡村、城市吸纳能力有限的"乡土中国"时代。

当下的乡村振兴所面临的外部条件已经发生了深刻变化——中国社会已经从以农为本、以土为生、以村而治、根植于土的"乡土中国",进入乡土变故土、乡村变故乡、告别过密化农业、城乡互动的"城乡中国":一方面是农民的高度异质化及其与乡村的经济社会关系发生分野,农二代引发代际革命,农业走向劳动集约化和多功能化;另一方面是要素在城乡间配置活跃,城乡分工与融合增强,乡村在分化的同时也迈向业态、产业、功能多样化。① 这就意味着,新时代乡村振兴的路径选择既不能固守乡土中国观念,也不能沿袭快速城市化惯性,而要充分利用"城乡中国"阶段城乡互动带来的机会,复兴乡村产业,活化乡村空间,以"活业"带动"活人",进而实现"活村"。

其四,农民现代化的目标是他们向乡土社会告别。费孝通晚年尽管也看到了农民离土又离乡现象的出现,但是无缘看到此后大规模快速城市化对中国乡村和农民产生的深远影响。他主张以分业不离土的方式,鼓励农民投入到非农职业当中,而不必将农民拉进城市接受城市文明的洗礼,实现现代化。实践表明,简单的乡土松动并不会真正实现农民现代化。要使农民彻底告别原来的乡村社会结构,必须经过城市文明,特别是市场经济的磨砺和淬炼,特别是要看到当前农民群体已经发生了深刻的代际革命,农二代出村不回村已经成为必须被正视的趋势。因此,新阶段应当坚持乡村振兴与新型城镇化并举,对进城农民的城市权利赋权,促进农业转移、农村人口市民化,实现城乡居民权利平等。

---

① 刘守英、王一鸽:《从乡土中国到城乡中国:中国转型的乡村变迁视角》,《管理世界》2018年第10期。

第十九章
乡村治理的制度与秩序演变

一、引言

乡村在国家治理中居于中心位置，对于中国这样一个乡村人口巨量且疆土广域的国家尤其如此。在漫漫的历史长河中，中国既积累了治理乡土社会的制度和秩序传统，也进行了对在向现代国家转型过程中如何治理乡村的曲折探索。在传统中国时期，皇权不下县，正式制度的作用有限，非正式制度与乡绅精英维系乡土秩序。在中国共产党执政后的土地改革和集体化时期，国家政权全面渗透到乡村，乡村的非正式制度在正式制度的挤压下影响力几近衰竭，政权代理人取代乡村精英治理乡村社会，乡村秩序在国家、集体与农民的关系中重构。从改革开放到21世纪初期，家庭和非正式制度回归，增强了乡村治理的韧性，国家通过"乡政村治"的建构探寻集体化解体后的乡村正式制度安排和治理方式。在2002年以后的城乡统筹时期，国家对乡村的治理实现了从取到予的历史性转变，废除"皇粮国税"、提供基层政权和村级组织的基本保障以抑制代理人对农民的"搭便车"行为，建立覆盖乡村的公共品投入和公共服务，国家与乡村和农民的紧张关系得到缓和，实质上出现国家对乡村直接治理的强化。但是，因农民离土出村的代际变化，农民与土地及村庄的关系出现松动，国家正式制度和乡村非正式制度的治理绩效均面临挑战。本章旨在分析一个拥有巨量乡村人口规模的国家如何实现乡村治理，以及它在不同时期的制度安排、治理绩效与秩序结构。

二、制度与秩序：分析乡村治理演变的视角

（一）村庄的功能

乡村，是城市以外的广域空间。村庄是乡村的地理空间、经济活动空间、公共活动和社会关系空间的集合。

（1）村庄是一个有明显边界的地理空间。它是一个由居住在某一地域、以一定关系联结的人群共同生活而形成的社会单元。作为一个地域空间，它因血缘和地缘形成自然村落，并以此为纽带组成家族群体所聚居的宗族村落（费孝通，2013）。自然村落之间界分清晰，即便历经变迁也很难混淆，一村的土地、人口、财产等很难被另一村以任何方式划走。自中华人民共和国成立以来，形成了超越自然村的行政村，它们之间虽然没有自然村那样不容置疑的物理和权利界分，但是，除非由强大的行政力量介入，行政村之间的人、财、物与管辖范围也难以轻易改变。

（2）村庄是一个经济活动空间。在乡村，除了农户承担主要的经济活动，村庄也组织一定的经济活动，如农户之间的互助、合作。集体化时期的农业生产活动以及改革以后乡村大量的非农经济活动就主要依托村庄进行（于建嵘，2001）。村庄除了作为农业生产活动空间，还充当乡村市场和经济交易载体，农民在此从事农产品、手工产品、家庭生活需要产品等的交换（Skinner，1998）。

（3）村庄是一个公共活动和社会关系空间。村庄作为乡村的公共活动空间，提供了农民教育、宗教、文化传承、关系联结等几乎所有功能。乡村里家庭和家族、宗族承担不了的公共事务由村庄承担，传统乡土社会的祠堂、义庄、义田、社仓、义学等（王曙光，2016），集体化时期的大队、人民公社食堂以及村民自治以来的村民委员会和党支部等，成为处理村庄公共事务的

制度和组织。村庄是熟人社会关系网络的载体，农民、家庭、家族、宗族的大量社会关系通过村庄的联结发生（费孝通，2013）。

（二）村庄是一种制度与秩序装置

村庄在承担以上一种或几种功能时，通过相应的制度规则来实现。制度是人为设定的约束，用以规范人们之间的相互关系，这些制约既有正式制度（如政治和法律规则、经济规则及契约），也有非正式制度（如惯例、行为规范和价值伦理）（North，1990），共同知识或信念对制度的形成、稳定性和变迁至关重要（Aoki，2001），利益相关者通过制度的规范、相互作用与行为关系影响社会秩序（柯武刚，2000）。中国的村庄制度既具有长期由非正式制度主导的传统，也经历过政府主导的近乎脱胎换骨的正式制度改造。非正式制度与正式制度在不同时期对村庄的影响不一，不同主体利用这些制度达成目标而形成的利益结构及其对人们行为的影响，塑造不同时期的秩序结构，不同制度力量强弱变化及其治理方式的变化导致乡村秩序的演化（见表19-1）。

表19-1　中国乡村制度与秩序演变

时期	国家目标	制度强度		治理秩序		治理方式		治理绩效	
		正式制度	非正式制度	控制秩序	自发秩序	攫取	给予	成本	收益
传统乡土社会时期	征收农业税收和徭役等，维持疆域安全	----	++++	----	++++	++	---	-	++
从土地改革到集体化时期	攫取农业税和农业剩余，实现国家工业化	++++	---	++++	---	++++	---	++++	+++
从农村改革到2002年开启城乡统筹时期	改革国家攫取体制，以乡镇政权和村级自治维持乡村治理	+++	---	+++	---	+++	-	+++	+++
2003年以后的城乡统筹时期	"以工补农、以城带乡"，构建城乡统筹政策体系	++	--	++	--	+	++++	++	+

注："＋"表示强，"－"表示弱，"＋"的数量越多表示越强，"－"的数量越多表示越弱。

(1) 传统乡土社会时期。国家治理乡村的主要目标是获取税赋和实现疆域稳定。乡村秩序主要依赖非正式制度和乡绅治理，非正式制度强于正式制度的作用，自发秩序强于控制秩序。非正式制度主导乡土社会的秩序，正式制度对乡村的控制相对较弱。

(2) 从土地改革到集体化时期。国家对乡村的目标除了传统的税赋，还追加了国家工业化积累的资本形成。正式制度强势建立，非正式制度被强力消除，到土地改革前后非正式制度基本被正式制度所取代，到集体化时期乡村主要由正式制度主导。在正式制度形成的强控制秩序下，国家通过集体组织和其代理人实现对乡村人、财、物的控制与攫取。集体化时期乡村家庭微观基础的解体、对乡村的攫取以及强控制，使非正式制度几乎完全被正式制度所取代，形成超强的计划控制秩序。从秩序演化看，强控制秩序的成本上升，收益也有所上升。

(3) 从农村改革到2002年开启城乡统筹时期。伴随农村改革，国家治理乡村的正式制度发生改变，改革后的乡村治理结构变成：家庭经营制度取代集体经营制度，乡政政权取代人民公社制度，乡村自治取代村庄集体治理。国家对乡村的攫取减少，但作为乡村治理中枢的乡镇政权依赖合法攫取和制度外搭车，加剧正式治理与农民关系的紧张，由于国家施加对乡村的控制以及乡镇各种任务的完成继续依托村级组织，村庄自治难以实施。在此阶段，正式制度的强力控制减弱，基层治理失序，非正式制度在乡村治理中的功能复归。加上这一时期农民的离土出村，正式制度主导下的控制秩序效力降低，非正式制度对乡村秩序的作用增强。

(4) 2003年以后的城乡统筹时期。国家正式制度对乡村的治理方式发生了历史性改变，随着税费改革和城乡统筹政策的实施，国家对乡村从攫取转向给予，国家与乡村的紧张关系得到缓解，但是将乡镇和村庄干部工资和开支纳入财政造成国家治理成本下降幅度不大。另外，由于国家对乡村的投入增加及各种项目增多，乡村能人、外出精英、宗族势力介入乡村治理，营利性经纪下沉到村庄。与此同时，农二代离土出村不回村引发代际革命，带来农民与土地和村庄的黏度降低，正式制度与非正式制度的治理效能均面临挑战。

三、深植乡村的制度遗产与秩序结构

无论是改革以后的乡村制度与秩序变迁，还是当下和今后的乡村治理路径选择，都受到两个时期形成的制度与秩序的影响：一个是乡土中国积淀的制度与秩序传统，另一个是中国共产党改造乡土所创设的制度与秩序结构。

一个被基本接受的共识是，乡土中国的治理秉承"皇权不下县"的"县政村治"（秦晖，2003）。国家政权既不干预乡村治理，也不为其提供基本公共服务。在彼此熟悉、世代封闭的乡土社会，家庭作为自成一体的小天地，成为乡土秩序的稳定器（费正清，1997）。非正式制度对乡土秩序的构建与维系起决定作用，乡土秩序下人的行为遵从历史传承的"社会公认的合式规范"（费孝通，2013）。家族和宗族是乡村治理的主要组织，以亲属和血缘关系构成人际关系网络，凭借族长、族规、祠堂、族田、族谱等装置，对乡民施行伦理教化和治理。除了家庭、家族、宗族主导乡村治理的自发秩序，乡村治理还依赖作为国家与乡村之间桥梁的乡绅精英，他们一方面与政府结成联盟，使国家治理与利益攫取抵达乡村，另一方面又以个人威望和非正式规则教化乡里，维持乡村秩序，完成地方公益事业的职能（于建嵘，2001）。近代以来，士绅成分、品质及其责任不断蜕化，官僚化分量不断加重（张仲礼，1991）。保甲制度作为国家正式组织制度到了清代以后成为维护地方统治秩序的主要工具。国民党治下企图进行乡村基层政权改革，实现政府对乡村的更严密控制，但其效果却适得其反（张鸣，2008）。

中国共产党取得领导权后，在国家权力主导下，通过土地改革、合作化、

集体化的人民公社等正式制度变革，对传统乡村治理结构与方式进行重构，形成国家政权对乡村社会全面控制的秩序结构。一是地权变革与微观基础重构。通过土地改革没收地主土地，分配给无地少地的农民，地主土地所有制变为农民土地所有制。初级合作社实现农民私有土地的入股统一经营，高级合作社实现土地等主要生产资料的集体所有，人民公社制度实现"三级所有、队为基础"的土地集体所有（杜润生，2005）。伴随地权变革，乡土社会家庭作为经济活动基本单位的细胞被集体组织取代（王沪宁，1991）。二是重构村庄权力结构。新政权在建立伊始，通过发动群众运动"专政"农村的"土匪""恶霸""地主阶级当权派"（杨奎松，2011），摧毁了乡村宗族势力，取缔了士绅在乡村治理秩序中的政治地位，贫雇农和中农取代传统士绅、族长成为国家在乡村的代理人。又经由初级社、高级社到"三级所有、队为基础"人民公社的变革，村庄自治功能逐步消亡，村社组织的行政化使国家权力以前所未有的规模和深度直接伸入乡村社会的各个角落（费正清，1990）。三是建立国家在乡村的基层政权。自1950年起建立乡政权，乡和行政村作为本行政区域行使政府职权的机构，1954年撤销行政村建制，县以下统一设置乡、民族乡、镇为农村基层行政单位。初级社承担起乡级政府以下地方政权组织的众多功能，高级社的社长等由乡政府指定，人民公社作为"政社合一"的基层组织，将几乎所有生产、经营、居住及迁徙活动都掌握在基层政权手中，主要的农业资源及其分配由基层政权支配（张静，2000）。改造后的中国乡村社会，国家与村庄的关系变成国家与集体的关系。在人民公社制度下一切权力都集中于国家，有公社、大队和小队等各层级，集体作为一级生产单位和行政管理单位，成为一种国家财政不负担、靠集体自己养活自己、一切听命于国家计划的劳动组织。村庄里的农民变成集体组织的社员，政治权力渗透到每个农民家庭，家庭的内部关系、生育子女、婚姻、老人赡养、生产乃至消费等等都受到公社规范的制约（张乐天，1998）。经由不断的改造与渗透，国家建立起对乡村社会的强控制秩序，维系传统乡土社会的非正式制度被削弱。但是，国家强控制秩序面临农业经营低效、乡村发展与利益被剥夺导致的制度低效与农民贫困的潜在威胁。要提及的是，尽管非正式制度被改造，但未脱离乡土的农民在集体化制度和户籍制度的作用下被更紧地绑缚于集体村社，长期在乡土社会起作用的非正式制度与伦理规范只是被压抑但并未消亡，一旦正式制度的强制力减弱，这些根植于乡土的非正式制度就会重新发挥作用。

从制度演化来看，传统治理和强国家控制治理形成的制度安排和治理方式对中国乡村治理的制度变迁与路径选择的影响在以下方面尤为值得关注：一是家庭—家族—宗族作为乡村治理与秩序的内核和稳定器的作用及其变化；二是国家从乡村攫取的程度、方式及其变化；三是国家对代理者的选择、委托代理制度安排对乡村秩序的影响；四是历史传承的非正式制度的作用与演化。

四、乡政村治下的乡村治理制度变迁与秩序演化

20世纪80年代开启的农村改革，实质上是一场对集体化时期国家强控制乡村治理方式的解构和朝向转型体制的乡村制度与秩序的建构。重要的制度安排包括：改集体所有、集体经营为集体所有、家庭经营，家庭重新回归乡村治理的微观基础；废除政社合一的人民公社，建立乡镇基层政权作为国家治理乡村的组织；改"三级所有、队为基础"的乡村治理结构为村庄自治。

（一）家庭制度回归成为乡村秩序的微观基础

集体所有、集体经营是传统集体制度的基本制度安排。面对集体化农业的绩效不佳，改革的制度选择是，在集体所有不变的前提下，改集体经营为家庭经营。即便如此，回归家庭经营制度对传统集体体制也具有"革命"性质，因为只有在集体经营下，国家对集体才能实施有效的控制。因此，改变

集体经营的进程经历了从"不允许"到"长期不变"的权利开放,即从"不许分田单干"①到限于"某些副业生产的特殊需要和边远山区、交通不便的单家独户"②,到允许"长期'吃粮靠返销,生产靠贷款,生活靠救济'的生产队,群众对集体丧失信心,因而要求包产到户的,应当支持群众的要求,可以包产到户,也可以包干到户"③,到承认包干到户、到组等都是社会主义集体经济的生产责任制,直至政策明确"联产承包责任制和农户家庭经营长期不变",最终以法律确认家庭联产承包责任制是中国农业基本经营制度④。从地权安排上,家庭承包制度通过将集体的土地和其他生产资料以合约议定承包给农户,使农户获得一定期限的土地剩余索取权;从治理制度来看,家庭制度的回归实质上是传统乡村秩序稳定器的复位,由此带来家族、宗族、村社公私关系以及一系列非正式制度回归。修缮族谱、建立宗祠、拜祭祖宗、寻亲问祖在农村兴盛,宗族的团结辅助农民抵御个体难以承担的自然和经济风险。

(二) 乡镇政权作为国家控制乡村的中枢

家庭制度作为乡村治理微观基础的回归,直接动摇国家全面控制乡村的政社合一的人民公社体制。一方面,国家需要的农产品直接通过农地承包合约而不再需要通过集体组织即可更低成本获得,另一方面,土地分包到户后继续维持控制产出和农民的政社合一制度已没有必要。国家必须找到替代人民公社来控制乡村的制度安排。1982 年的法律和政策安排将"人民公社"改为"乡、民族乡","人民公社管理委员会"改为"乡、民族乡人民政府","人民公社基本核算单位"改为"农村集体经济组织"。⑤ 政社合一的人民公社

---

① 1978 年中共十一届三中全会审议的《中共中央关于加快农业发展若干问题的决定(草案)》。
② 1979 年 9 月 28 日中共十一届四中全会审议通过的《中共中央关于加快农业发展若干问题的决定》。
③ 1980 年 9 月 27 日中共中央印发的《关于进一步加强和完善农业生产责任制的几个问题》。
④ 中华人民共和国第九届全国人民代表大会常务委员会第二十九次会议于 2002 年 8 月 29 日通过的《中华人民共和国农村土地承包法》,自 2003 年 3 月 1 日起施行。
⑤ 《第五届全国人民代表大会第五次会议关于修改〈中华人民共和国地方各级人民代表大会和地方各级人民政府组织法〉的若干规定的决议》(1982 年 12 月 10 日第五届全国人民代表大会第五次会议通过)。

体制到 1984 年在全国范围内废除，取而代之的是乡政村治体制。这一体制的初衷是实行政社分设，乡政府只负责辖域的行政职能，但是，实际职能行使和制度安排都不支持这一预设。一方面，乡镇政府为了完成大量经济社会管理职能，不得不设立农技站、水利站、农机站、种子站、司法所、财政所等所谓"七站八所"；另一方面，赋权以后的乡镇在财政上并没有赋能，维系这个庞大体制运转的主要手段是靠"抓经济"和赋予合法摊派权。在财政安排上，1980 年实行"划分收支，分级包干"财政管理体制，地方在固定收入上解比例、调剂收入上解比例或定额补助数额内自己安排收支，自求财政平衡（林尚立，1998）。1983 年建立乡政府一级财政和预算决算制度，明确收入来源和开支范围，乡镇财政筹集资金一部分来自国家预算内资金，更多来自预算外资金和乡镇自筹资金（杨善华等，2002）。1987—1993 年期间政策改为"财政包干"制，基层政府在完成上缴后获得了财政收入剩余控制权，它们通过"抓经济"获得更大财政盈余的激励增加。1994 年实行分税制以后，乡镇政府一方面通过预算内收入保"吃饭"，另一方面通过谋发展增加地方可支配税收和土地制度租金，在收入攫取权上允许基层政权向农民制度化摊派来保证政权运转的经费来源。在国家规定的农村税费中，除了上缴国家的农业税收，还包括留在乡镇政府的由农民承担的费用和劳务，这些国家法定的费用和劳务包括依照法律、法规所承担的村（包括村民小组）提留、乡（包括镇）统筹费、劳务（农村义务工和劳动积累工）以及其他费用。农村基层通常将它们简称为"三提五统"和"两工"。所谓"三提"是指农户上交给行政村的公积金、公益金和管理费等三种提留费用；所谓"五统"，是指农民上交给乡镇政府的教育附加费、计划生育费、民兵训练费、乡村道路建设费和优抚费等五项统筹费，事实上，基层政府还通过搭车收费获取更多非制度性收入。

（三）村民自治

随着集体农地经营权的下放和人民公社制度的废除，村庄制度安排成为乡村秩序的重大事项。1982年《中华人民共和国宪法》在明确乡镇政权法律地位的同时，也赋予村委会群众性自治组织的法律地位，规定农村按居民居住地区设立的村民委员会是基层群众性自治组织，村民委员会的主任、副主任和委员由居民选举，村民委员会同基层政权的相互关系由法律规定。同年各地开展建立村委会试点。1983年明确村民委员会是基层群众性自治组织，不再是基层政权的一部分。生产大队也陆续改为村委会，1986年要求村（居）民委员会进一步完善村规民约，发挥其自治组织作用。1987年明确建立社区性、综合性的乡、村合作组织，村一级可单设合作机构或由村民委员会将村合作和村自治结合为一体，村党支部、村民委员会和合作组织干部经过选举产生。1987年全国人大常委会通过《中华人民共和国村民委员会组织法（试行）》，自1988年6月起村民自治在全国普遍展开。到1994年底，全国已有22个省（区、市）50%以上的村建立起村民代表会议制度（徐勇，1997）。1998年11月全国人大常委会正式颁布修订后的《中华人民共和国村民委员会组织法》，明确村民自治的基本原则是自我管理、自我教育、自我服务，在实践中又具体化为村民的民主选举、民主决策、民主管理、民主监督四项民主权利和民主制度。村民自治在制度上不断完善：民主选举规范化，截至1999年底，全国19个省份按照新颁布的《中华人民共和国村民委员会组织法》进行选举，并对选举中诸如选举委员会构成、选票设计、选民构成、候选人提名以及选举现场布置、计票等进行了规范（项继权，2005）；推进基层党内民主选举，村党支部领导班子成员实行"两推一选"和"公示制"。①

（四）乡政村治的秩序结构与治理困境

20世纪80年代开启的农村改革改变了国家全面统制乡村的制度安排，由此形成不同于集体化时期的秩序结构，国家不仅解除了对乡村的控制，也减少了对

---

① 《中共中央办公厅关于在农村开展"三个代表"重要思想学习教育活动的意见》（2000年11月30日）。

乡村的攫取，出现了国家与农民关系的缓和；乡镇政权成为乡村治理的主体，但是在国家下派乡镇的事权有增无减、赋能不足的情况下，国家不得不允许其合法化摊派，加上乡镇政府的法外搭车，造成基层政权与农民的关系日益紧张；在村庄一级，尽管正式制度安排不断朝向自治化方向，但是由于乡镇政权职能的行使和资金来源高度依赖乡村组织，加上国家政权体系施加的对村庄的实际控制继续存在，村民自治并未成为维持村庄秩序的主要制度安排。

（1）国家的攫取程度降低，国家与农民关系缓解。自改革以来，国家对乡村的直接攫取减少。一是粮食征购制度的改革减少了农民对国家的间接贡赋。自农村改革以来，国家通过提高征购价格、降低征购指标、缩小征购范围以及调整征购方式来缓解粮食征购造成的国家与农民的紧张关系。1979年时国家提高粮食征购价格并逐步减少征购量，自1981年起赋予生产队自行决定种植面积和处置剩余产品的权利，1983年允许农民非统购派购产品多渠道经营，1985年改革农产品统派购制度，大部分农产品实行合同定购和市场收购双轨制，1986年减少合同定购数量、扩大市场议价收购比重，1992年实现粮食收购、经营和市场全面放开，1995—1997年实行两线运行并两次大幅度提高粮食价格，1998年后先后实行粮食顺价销售，放开主销区、保护主产区等一系列改革，国家通过粮食征购制度向农民攫取的制度解除。二是国家向农民收取的农业税占农民收入的比重不断下降（见图19-1）。国家向农民征收的正税一直按照1958年制定的《中华人民共和国农业税条例》标准收取。1978—2002年，农业税正税合计2 835.76亿元，农民收入合计209 907.6亿元，农业税正税占农民收入的比重为1.35%。

（2）乡镇政权与农民关系紧张。乡村两级为了维持正常运转、进行必要的乡村公共建设、完成上一级政府下达的各种任务，在没有相应经费投入的情况下只能在农民承担的费用、劳务上"动脑筋"，通过集资、摊派、罚款的形式向农民汲取政策外的收入（吴理财等，2015），由此形成所谓"头税轻、

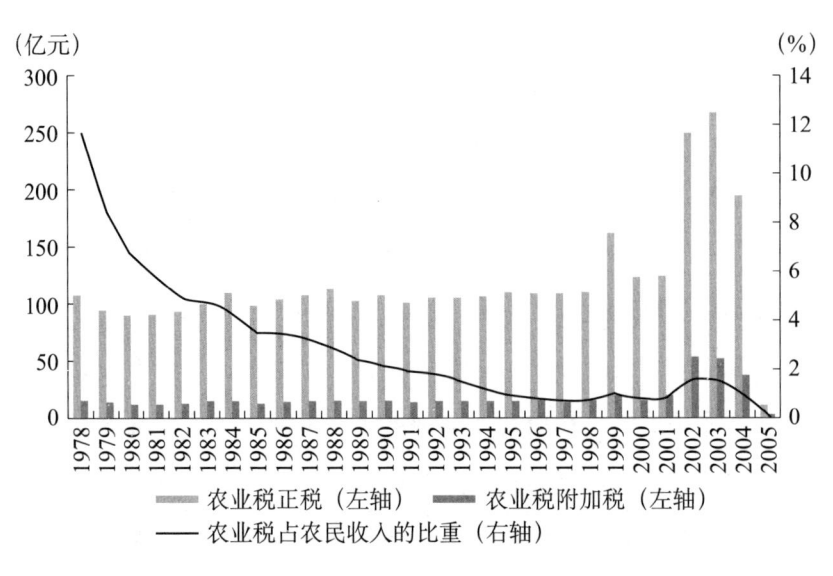

图 19-1　农业税及其占农民收入的比重

资料来源:《中国财政统计年鉴》、国家统计局。

二税重、三税是个无底洞"的格局。头税即指农业税,二税是指政策允许的各级政府向农民征收的相关税收、集资和乡镇统筹、村提留等税费负担,三税是指各级政府搭车收取的所谓"乱收费、乱罚款、乱摊派"。由于地方政府行为失范造成农民的不满,中央政府不得不持续进行以减少乡镇人员为实质内容的乡镇撤并、机构精简和人员分流。1986 年全国各地推行了乡镇撤并,1993 年的政府机构改革进行了乡镇合并和人员、机构精简,乡镇人员编制精简了 42%。1999 年对乡镇采取适度撤并、压缩财政供养人员和裁撤事业编制等改革。到 2002 年,全国乡镇级区划数为 44 850 个(见图 19-2),比 1986 年、1993 年和 1999 年分别减少了 39 168 个、10 013 个和 5 900 个,年均减少幅度分别为 7.18%、8.32% 和 22.96%。

(3) 村庄自治困局。一是村干部角色冲突。20 世纪 80 年代中后期,由于农民负担日益加重,农民与乡镇关系日趋紧张,村干部为了完成国家下达的任务,更主要充当上级政府的代理人,造成与本乡本土的村民关系疏离。

图 19-2　乡镇区划演变

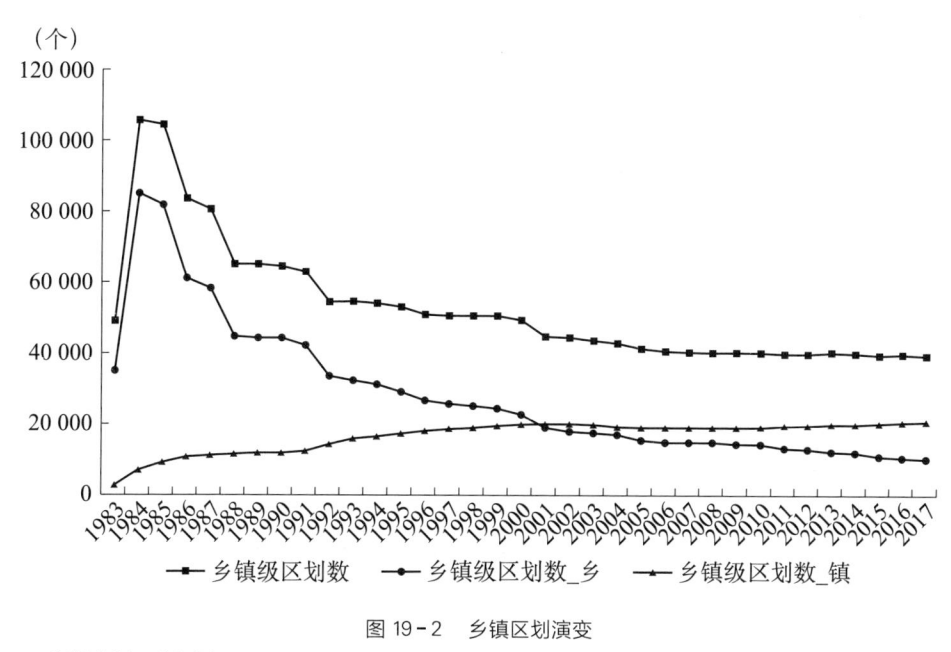

资料来源：中经网。

二是村民自治被行政权力侵蚀。虽然国家立法从制度安排上不断扩大村民自治的空间，但在实际运行中村民自治被各级行政权力侵蚀，主要表现为不按时组织和指导村委会换届选举，以及随意任免、撤换、停止、诫勉村委会成员职务（于建嵘，2001）。三是村庄干部权威下降。各级政府运用权力资源要求村委会完成行政任务，村干部参与各类收费和摊派时谋取私利，以及国家权力强力渗透造成村干部行为扭曲，村级组织在很大程度上成为贯彻行政任务的工具，不断丧失其社会服务功能和村民主体性。

五、城乡统筹以来乡村治理的制度转型与秩序再造

2003 年是中国城乡关系史上的重大转折。这一年，中央从战略上明确提出"以工补农、以城带乡"的城乡统筹发展阶段，国家解除对农业的直接贡赋、加大财政对农村的投入、解决农民基本公共服务供给，由此带来国家与农民及乡村关系的根本变化；随着国家能力的提升，国家着手解决乡镇和村级代理人的财政保障、减轻制度性寻租造成的基层政府与农民的关系紧张。但是，乡镇和村级组织财政自主性的下降也带来基层治理动力的衰竭和国家直接抵达乡村治理成本的上升和绩效下降。

(一)国家和农民关系从取到予的历史转变

一是国家解除对农民的攫取。2002年以"减轻农民负担、规范农村税费的项目和征收方式、达到农村社会稳定"为目标的农村税费改革在20个省(区、市)进行试点，2003年在全国范围展开。这一改革取消了乡五项统筹和农村教育集资等专门面向农民的收费和集资，取消了屠宰税和除烟叶特产税以外的农业特产税，取消了统一规定的劳动积累工和义务工，改革村提留征收使用办法，调整农业税和农业特产税政策（周飞舟，2006）。为了填补税费改革造成的乡镇和村两级支出困难，财政部于2003年出台政策对中西部地区①进行补助，涵盖乡镇支出、村级支出和农村义务教育三项内容。2004年进一步降低农业税税率，取消除烟叶外的农业特产税，试点取消农业税，农村义务教育全面推行"一费制"，2005年扩大农业税免征范围，加大减征力度。2006年全面取消农业税，对西部地区农村义务教育阶段学生全部免除学杂费，对其中的贫困家庭学生免除课本费和补助寄宿生生活费。2007年全面实现农村义务教育免除学杂费，对家庭经济困难学生免除课本费并补助寄宿生生活费。2008年全面实现农村义务教育"两免一补"。2009年对中等职业学校农村家庭经济困难学生和涉农专业学生实行免费。2010年继续推进农村中等职业教育免费（孔祥智等，2011）。

---

① 税费改革转移支付的对象不包括北京、上海、广东、江苏和浙江。实际上，中央许多财政补贴和转移支付都不包括这五个省份，要求它们用自己的财力解决，有时还加上福建和山东，所以这些省份被戏称为"五省俱乐部"或"七省俱乐部"。转引自周飞舟：《从汲取型政权到"悬浮型"政权：税费改革对国家与农民关系之影响》，《社会学研究》2006年第3期。

二是扩大"予"的范围且力度不断加大。自城乡统筹以来，不断形成以农业四项补贴（良种补贴、种粮直接补贴、农机具购置补贴、农资综合直接补贴）①为主，涵盖增加收入、生产发展、流通领域、社会保障、社会事业、基础设施等各种类型的补贴政策体系（时文彦，2010）。在补贴范围方面，2009年实现水稻、小麦、玉米、棉花良种补贴全覆盖并扩大油菜和大豆良种补贴，2010年扩大马铃薯补贴范围，启动青稞良种补贴，实施花生良种补贴试点。2004—2012年，仅农业"四项补贴"资金就由145.22亿元增加到1 643亿元，年均增长22.41%，共向农民发放补贴7 720.68亿元。② 其他补贴也不断增加，如中央投入小型农田水利建设补助资金、农业保险补贴、农村劳动力转移培训资金、新型农民科技培训专项资金、测土配方施肥专项资金、科技入户技术补贴专项资金等。在此期间，中央不断增加"三农"投入，2002—2016年中央财政用于农业支出的部分从1 580.76亿元增加到18 587.36亿元，农业支出占财政支出的比重从7.17%上升到9.90%（见图19-3），年均增长19.25%，农业综合开发投资县数和资金投入分别从2002年的1 786个、237.40亿元增加到2016年的2 170个和740.31亿元，增幅分别达到21.5%和2.12%。③

（二）乡镇政权在乡村治理中的自主性下降

一是乡镇财权上收。税费改革之后，作为基层政权的乡镇政府从财政权力、人事编制和行政权等方面被不断削弱，乡镇政府实际上变为县级政府的派出机构。农村税费改革减免了1 250亿元农民负担，属于原乡村两级"三提五统"和其他税费的资金达850亿元，导致乡村两级收入减少和财政困难

---

① 其中，良种补贴2003年实施，种粮直接补贴、农机具购置补贴2004年实施，农资综合直接补贴2006年实施。
② 历年《中国农业年鉴》（统计口径为农业支出）、中央财政决算报告。
③ 《中国财政年鉴2017》。

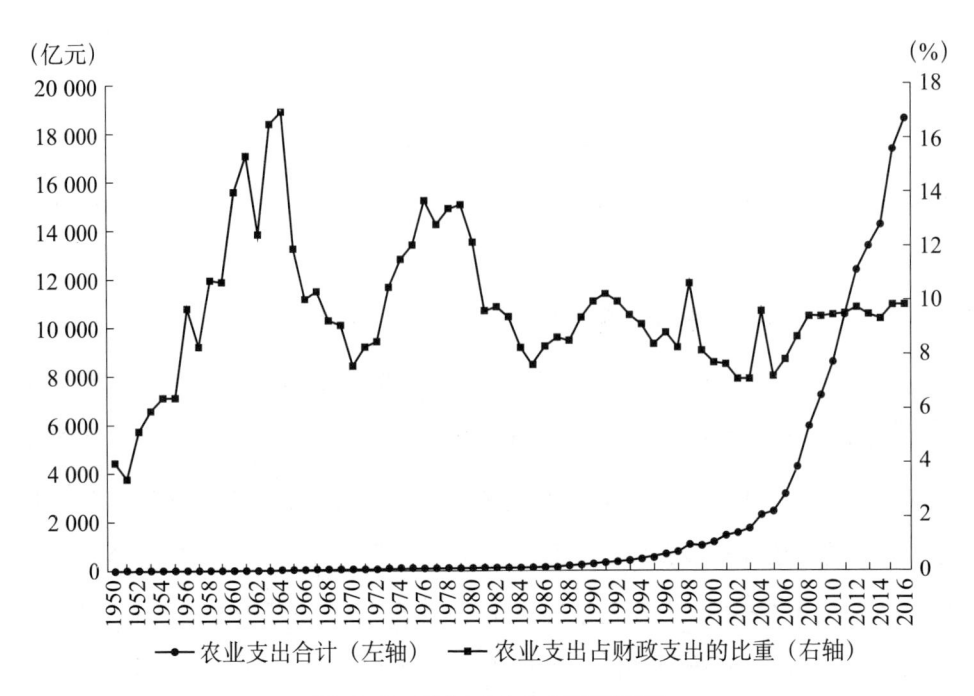

图 19-3 财政支出中农业支出的演变

资料来源：1950—2006 年资料来源于历年《中国财政年鉴》（统计口径为农业支出合计），2007—2012 年数据整理自历年《中国农业年鉴》（统计口径为农业支出）、中央财政决算报告等，2013—2016 年资料来源于中经网（统计口径为农林水务支出）。

（贾晋，2012）。农业税费取消以后，2006 年实施"预算共编、账户统设、集中收付、采购统办、票据统管"的乡财县管制度，县级财政部门直接监管乡镇财政收支，同时撤销乡镇财政国库，明确乡镇财政支出范围、顺序和标准，统一县乡工资福利政策和标准，控制和减少财政供养人员等。乡财县管制度在一定程度上缓解了乡镇政府的财政压力，保证了乡镇人员的工资发放和机构运行，但也减少了乡镇政府提供地方公共服务的激励。

二是乡镇人事权弱化。在弱化乡镇财税自主性的同时，也通过乡镇机构改革削弱乡镇政府权力，包括乡镇撤并和乡镇事业单位改革。从 2005 年开始，乡镇机构改革旨在通过转变政府职能，精简机构人员，提高行政效率，建立行为规范、运转协调、公正透明、廉洁高效的基层行政体制和运行机制，但核心还是调整乡镇政府机构,改革和整合乡镇事业站所,精简富余人员(党国英,2009)。2001—2016 年,全国乡镇数量从 45 667 个减少到 31 813 个,共减少 13 854 个,撤并率超过 30%。同时通过乡镇事业单位改革,在体制内合并、综合设站,在县域内设置跨乡镇的综合性服务站所,在体制外将乡镇事业单位整体改制成企业,人员买断退出财政供养序列,原来由这些单位提供的公共服务采取"政府购买、市场招标"的方式进行。

三是事权不断向县级政府集中。县级政府对乡镇政府的编制设置和机构框架进行规定,按照县级政府部门设置实施垂直管理,乡镇政府实际上是作为县级政府的派出机构执行县级政府的行政指令。乡镇政府的职能不断弱化,诸如农业补贴发放、投资项目和征地拆迁审核等均由县级政府直接负责,乡镇政府只是作为一个下属机构配合县级政府开展工作(赵树凯,2006)。

(三)村庄治理正式化

一是村庄选举的规范化和正规化。为了加强选举的民主性、程序性,提出"拟推荐的村党支部书记人选,先参加村委会的选举,获得群众承认以后,再推荐为党支部书记人选;如果选不上村委会主任,就不再推荐为党支部书记人选。"[①] 村委会选举成为常态,选举的程序不断规范,农民参选率提高。据不完全统计,在 2005—2007 年的选举中,设立秘密划票间的村比重达 95.85%;一次选举成功率约占参选村的 85.35%,2005—2007 年农民参选率约为 90.7%(党国英,2008)。

二是村级财务权力上收。自 2006 年以来,国务院推行"村级会计委托代理服务","加强村级财务管理,规范村级会计代理制等管理办法,促进

---

① 引自 2002 年 7 月 14 日中共中央办公厅、国务院办公厅下发的《关于进一步做好村民委员会换届选举工作的通知》。

村级财务监管工作经常化、规范化和制度化"①,"在尊重农民群众意愿和民主权利的基础上,推行村级会计委托代理服务制度,有条件的地区可探索引入社会中介机构为村级财务管理服务"②。2008年,"村级会计委托代理服务"发展为"村级财务与村级资金的'双委托'","即各代理服务机构在接受委托后,各行政村不再设会计和出纳,只配备专职或兼职的报账员,其资金……进行统一管理,规范会计基础工作,实现'五个统一',即统一资金账户、统一报账时间(段)、统一报账程序、统一会计核算、统一档案管理。"③ 2010年2月8日,中纪委、财政部、农业部、民政部联合印发《关于进一步加强村级会计委托代理服务工作指导意见的通知》,明确"村级会计委托代理服务是农村基层实践工作的创新,是管理农村财务、强化会计监督的有效模式"。

三是村级组织正式化。随着民生建设和维稳工作量的增大以及村级财务支付由财政支出负责,村级干部不断正规化和岗位化。村级干部中非村民干部越来越多,包括各级政府委派的大学生村官或下派的政府工作人员;税费改革后,村干部工资主要由财政直接负担,村级组织主要干部的工资实行由乡镇核定年薪制,其他干部实行补贴制,村级组织干部工资补贴不得低于当地农村劳动力平均收入水平。④ 除工资外,村级组织办公经费也由财政给付。⑤ 村级组织的正式化导致国家负担村级组织运行的成本越来越高,由此加剧大规模拆村并组,村委会个数及其职工数分别从1990年的1 001 272个、409.4万人减少到2015年的580 856个、229.71万人,年均分别减少了

---

① 引自2006年10月8日发布的《国务院关于做好农村综合改革工作有关问题的通知》。
② 引自2006年9月28日发布的《中共中央办公厅、国务院办公厅关于加强农村基层党风廉政建设的意见》。
③ 引自2008年7月25日财政部发布的《关于开展村级会计委托代理服务工作的指导意见》。
④ 中央组织部2009年7号文件《关于加强村党支部书记队伍建设的意见》。
⑤ 中央办公厅2009年21号文件《关于完善村级组织运转经费保障机制 促进村级组织建设的意见》。

2.2%和2.3%（见图19-4）。

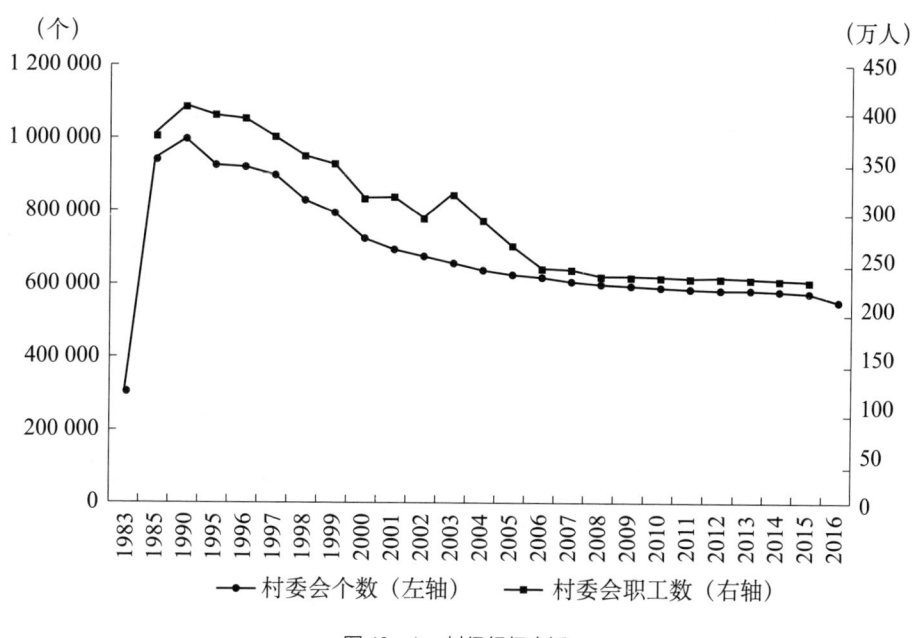

图19-4　村级组织变迁

资料来源：中经网。

（四）城乡统筹格局下的乡村治理秩序与挑战

一是国家直接抵达农民的绩效不高。一方面，自城乡统筹以来，国家绕过乡镇等基层政权直接同农民打交道，国家对乡村从间接治理转为直接治理。国家治理方式的转变降低了由乡镇政权和村级组织治理乡村的代理成本，但是，国家整体治理乡村的成本并没有因此而降低，原因是尽管国家并不能直接处理农民现实中面临的各种矛盾与不公平，但是农民的预期是只有国家才是满足各种诉求和矛盾的理想解决方案的最终裁决者，这导致上访和维稳的成本不断上升。一旦农民的预期未得到实现，就会"反噬"农民与国家的关系。另一方面，国家直接治理造成财政投入越来越大，但绩效不佳。各种补贴的增加和乡村投入的增加在很大程度上解决了城乡投入不平衡以及公共服务的分享不公平等问题。但是，大量旨在增加粮食产量与增加农民收入的补贴和惠农资金的效果与预期目标并不一致，一些补贴项目甚至造成寻租和腐败，巨额的农业投资由于缺乏监督和评估被用作非生产性或非农用途，由此降低了财政支农资金和惠农政策的绩效。

二是乡镇基础能力下降导致乡村治理悬空。随着农业税的取消、乡镇机构改革不断弱化乡镇财权、事权和人事权，导致乡镇行政功能和乡村控制能力不断下降（赵树凯，2006），乡镇政府在乡村社会秩序中出现缺位：其一是"服务"缺位。乡镇政府在上级考核的政治压力和财政困难的经济压力之下，忙于招商引资和发展经济，没有动力和财力进行乡村社会的治理和提供乡村社会公共服务。其二是"治理"缺位。税费改革之后，乡镇政权的财权、事权和人事权利都由县级政府控制，农业补贴等财政转移支付的涉农资金项目和殡葬费等涉农费用都逐渐上移至县级政府（赵晓峰，2011），乡镇政府因其"日益匮乏的资源约束"越来越丧失与农民打交道和控制乡村社会的能力，在客观上造成乡镇政权"悬浮"于乡村社会之上（周飞舟，2006）。正式权威和正规权力的缺失使得乡村社会处于"治理"缺位的危机中。

三是村治越来越远离自治初衷。村级组织从财务、人事和事权等方面被乡镇政权"接管"，村级组织的行政性倾向增强，农村社会管理和服务的功能减弱，村级组织的内生性权威不断退化（董磊明等，2008），村庄自治演变为一种自上而下的、威权性自治（张静，2000），成为贯彻行政命令的工具，丧失其村民主体性（程为敏，2005）。行政村范围的扩大、大量"大学生村官"进村以及下派驻村干部导致村干部陌生化，消解了村民自治的"内生性"。国家对村级组织行政治理正式化要求越来越高，在乡村社会行之有效的利用习俗和传统协调村民生活的治理传统逐渐失去效力（赵晓峰，2013）。

要强调的是，尽管国家在制度化基层资金来源和使用上投入高昂的成本，对基层对农民的摊派施加了种种制约，但各种名目的负担仍然存在。2011—2016年农民总负担从560.24亿元下降到407.55亿元，其在农民总收入中的比重也从1.22%下降为0.56%（见表19-2）。在农民负担中，占比比较大的几项为上交给集体的土地承包金、村民筹资和以资代劳、行政事业收费和农业生产性收费，这说明一些地区农村公共服务和公共治理仍然需要农民自己投入。

表19-2　新时期农民负担（2011—2016年）

	2011年	2012年	2013年	2014年	2015年	2016年
上交集体各种款项	116.95	118.84	120.08	127.27	128.41	120.57
土地承包金	96.60	99.65	101.78	111.00	113.34	106.76
共同生产费用	6.57	6.51	5.62	4.43	4.26	3.32
建房收费	3.64	3.30	3.47	3.18	3.25	3.06
其他款项	10.14	9.38	9.21	8.66	7.56	7.43
村民筹资和以资代劳	161.75	165.25	131.01	101.19	91.85	63.43
一事一议筹资	94.64	98.62	75.02	56.41	52.83	45.43
一事一议筹劳以资代劳	67.11	66.63	55.98	44.78	39.02	18.00
罚款	2.15	3.39	3.27	2.97	2.66	2.28
集资摊派	1.68	1.43	0.99	0.74	0.61	0.41
道路集资摊派	1.01	0.97	0.62	0.45	0.44	0.24
水利集资摊派	0.29	0.22	0.19	0.13	0.07	0.06
办电集资摊派	0.09	0.06	0.03	0.03	0.02	0.01
其他集资摊派	0.28	0.18	0.16	0.14	0.09	0.11
一事一议筹劳（亿个）	11.66	14.41	10.50	6.16	5.19	4.22
行政事业收费	136.95	145.61	167.81	140.74	124.19	62.70
农民建房收费	8.53	7.84	7.30	6.48	6.43	4.93
外出务工经商收费	8.22	7.74	7.12	5.87	5.76	4.59
农机、摩托车、三轮车和低速载货汽车收费	31.57	29.34	26.22	22.85	20.86	16.97
计划生育收费	82.30	94.23	121.20	99.85	86.07	31.95
其他收费	6.33	6.46	5.98	5.67	5.08	4.26
农业生产性收费	—	—	—	154.81	150.27	146.27
农业灌溉水费	—	—	—	71.15	68.01	68.49
农业灌溉电费	—	—	—	80.08	79.00	75.00

续表

	2011年	2012年	2013年	2014年	2015年	2016年
其他收费	—	—	—	3.58	3.26	2.78
农村义务教育收费	—	—	—	13.77	12.97	11.88
作业本费	—	—	—	5.22	4.67	4.05
代办费	—	—	—	5.34	5.20	4.92
其他收费	—	—	—	3.21	3.10	2.92
社会负担	140.77	150.42	172.07	—	—	—
农民总负担	560.24	584.94	595.23	541.51	510.96	407.55
农民总收入	45 810.16	50 841.99	59 372.22	64 891.25	68 927.00	72 907.80
农民负担占比（%）	1.22	1.15	1.00	0.83	0.74	0.56

资料来源：国家统计局农村社会经济调查司：《中国农业统计资料（1949—2019）》，中国统计出版社，2020。

注：农民总收入依据农民人均纯收入计算而得。表中所有金额数据单位均为亿元。

四是非正式规则在乡村秩序中的主导性增强。自城乡统筹以来，随着微观基础上家庭本位的回归，非正式制度在乡村社会中逐渐发挥越来越大的作用。其一，宗族势力在选举中复苏甚至左右民主进程，村庄内的主要宗族通过选举控制村庄的正式权力（王振耀等，2000），有的以此获取村两委的主要位置，村委会和村支部等组织的干部来自大姓和大族的比例远远大于来自小姓和小族的比例（刘金海，2016）。其二，新乡贤、新乡绅或者村庄体制外精英出现并发挥作用。由于村两委无法有效提供村庄相关公共服务，难以满足农民对于自身利益保护、乡村状况改善和纠纷调解等的需求，一些具有一定经济能力和社会影响力的"新乡贤、新乡绅或者村庄体制外精英"开始在乡村社会中扮演"权威代言人"的作用，他们获得主导村庄治理的支配性地位，形成基层政治中的"能人治村"现象。其三，乡村帮派势力死灰复燃。传统乡土社会以"礼治秩序"为主的非正式制度的崩溃和改革以来乡村社会基层治理的真空，给了乡村帮派势力复活的机会。无论是单个的地痞流氓，还是同正式组织相关联的黑恶势力，抑或是同地方宗族势力相关联的"村霸"，都不仅造成了乡村社会秩序的动荡，而且导致党和政府执政根基的松动。其四，宗教势力乘虚而入，一些宗教的教会会长成为地方精英支配着村庄（叶本乾，2005）。村干部不得不借助于在"红白喜事"等礼俗活动中扮演组织者角色来拉近同村民之间的关系，从而获得认同。

六、结论性评论

本章从国家治理视角回顾了中国是如何对广袤乡村疆域进行治理的。对国家来讲，乡村既是攫取资源的来源，也是国家稳定的基础。在漫长的国家乡村治理进程中，乡村的秩序既取决于国家攫取的程度和方式，也取决于国家与代理人之间的委托代理关系和代理人的行为，以及作为乡村治理基础的非正式制度的作用。以此来看，中国的国家乡村治理经历了传统乡土社会时期的县政村治—从土地改革到集体化时期的国家全面控制—改革时期的乡政村治—城乡统筹时期的国家治理的演变。国家乡村治理制度安排的改变都是为了矫正上一个时期的治理弊端和问题，但迄今为止尚未找到有效的国家乡村治理结构与秩序。

从长时段看，中国改革开放带来的最根本变化是乡土中国向城乡中国的转型（周其仁，2017）。一个国家的转型不仅仅体现在工业化和城市化水平的提高，更反映在乡村社会中农民与土地、农民与村庄黏度的变化。在经济结构变革的推动下，"以农为本、以土为生、根植于土"的乡土中国已经转变为"乡土变故土、告别过密化农业、乡村变故乡"的城乡中国（刘守英，2018）。进入城乡中国阶段，国家乡村治理出现大变局：乡村经济市场化程度大大提高，乡村经济活动与社会关系变化，维系乡村社会的血缘、地缘以及人情关系趋于淡漠，熟人社会面临解体（党国英，2008）；农民与土地和村庄的关系黏度下降，尤其是农二代的离土出村不回村，"乡土"成"故土"，村庄分化和代际革命使村里人成为陌生人，礼治秩序让位于经济权力，村庄治理结构、规则与秩序正在进一步演化与变迁。人地、人村关系变化也带来国家正式治理的成本收益结构变化，城乡统筹格局下对农业进行的大量补贴以及乡村投入，由于大量人口的入城脱村，出现投入错配和绩效不佳。国家必须在新的发展阶段找寻与乡村转型相适应的乡村治理安排，提高国家直接治理的绩效，进行适合乡村治理半径的委托代理设计与制度安排，进行村庄正式制度与非正式制度的力量平衡，以形成更有效的乡村治理秩序。

第二十章
人、地、村系统重构与乡村振兴

党的十九届五中全会提出"十四五"时期经济社会发展主要目标。当前中国城市的发展到了一个前所未有的高度。下一步怎么走？全会提出："优化国土空间布局，推进区域协调发展和新型城镇化。"

在历经若干年快速城镇化之后，我国的常住人口城镇化率已超过60%，户籍人口城镇化率也由2013年的35.93%提高至2019年的44.38%。按照世界经验，接下来摆在我们面前的将是城镇化增速有所放缓的局面。这也意味着，长久以来依靠城镇化拉动经济增长的"中国奇迹"或将慢慢淡出。在全球化大潮下，中国城市自身也走向了升级转型的关口——无论是内涵、发展模式还是人口的聚集。而当人的流向决定了城市去向时，中国城市势必迎来一次急剧分化，能够率先在现有城市骨架内注入创新内容的城市，将在竞争中活下去，而那些空有商品房、宽马路、大广场的城市则将在大浪淘沙的过程中"死去"。换言之，在"十四五"这个关键时间节点，中国城市将划出"生死线"。

与此同时，中国城市发展还不得不面临另一个严峻问题——城乡关系。在城镇化率仅为50%～60%的阶段，中国大多数乡村就已衰败。全会提出："优先发展农业农村，全面推进乡村振兴。"在这背后有若干成体系的问题：中国农民的未来在哪里？乡村振兴的核心究竟是什么？现代化通过什么来实现？在"十四五"这个关键阶段，无论是城乡关系还是人地关系，都将发生一些实质性的改变。本章就城市与乡村发展的趋势性特征给出相关的观点和前瞻。

一、"十四五"：城市回归本质、乡村拥有体面

（一）中国经济发展的动力在城市

无论是从个体角度还是整个国家经济动能来讲，我们对城镇化还是有很大期望，但现在面临的问题是城镇化速度可能放缓。一般来讲，城镇化率在30％～60％是一个快速城镇化阶段，到达60％以后应该慢下来了。中国现在常住人口城镇化率已经过了60％，一旦慢下来，很多矛盾就会显现。我们原来解决问题的办法很多还是靠快。

"十四五"期间是不是还用原来高速度的城镇化模式支撑发展的动能、解决发展中的问题？笔者认为不太可能了。其一是刚刚提到的城镇化速度一定会放缓，其二是原来靠土地融资来推进城镇化的模式也行不通了。我们从20世纪90年代末开始就沿用土地城镇化模式，它已经基本把中国城市的物理框架搭建起来了；其实，在这套城镇化模式下，积压了诸多风险需要化解，比如地方政府债务、金融风险、住房问题，还包括新进入的人口在城市落脚的问题。这些问题目前尚未妥善解决，如果城市还靠不可再生资源去创造财富，经济就会出现问题。

但笔者认为，"十四五"期间中国经济发展的动力还是在城市。在经济发展过程中，没有一个国家是经济搞不动了就转向乡村要GDP的，这是违背规律的。经济发展的基本规律显示，乡村创造的GDP在整体财富创造中的份额是下降的，所以，接下来对经济增长做贡献的主要还是城市。

但是如果还用原来城镇化的动力机制：卖地融资、高房价、地方政府和金融债务高企、超发货币这一套体系，很难继续在城市创造GDP循环。城市要作为发展动力，很重要的一点是它本身的升级。我们的城市应该从原来铺摊子的模式转变为增加城市的内涵，整个国家要往已经搭建起的城市框架内

注入内容。

首先要考虑往城市框架里面装什么样的经济。上一轮城镇化中城市的物质形态是整体经济的主要来源,例如房地产。但城市接下来应该回归它的本质——城市是一个人流、知识、思想、创新集聚的地方。重要的是在这里开展创新活动,提高创新密度,然后把这些创新知识所转化的产业发展起来,比如科研等创新密集的产业,以升级城市产业。

我们要做的是改变城市框架里的内容,而这些被装入的内容,就是"十四五"期间整个城市经济的主干。只要能装得进,城市的竞争力就起来了。从这一点来讲,下一步中国的城市会急剧分化,有创新、科研能力的,产业升级能力强的城市,就会在竞争中胜出。而那些只有房子、卖地收入、大马路大广场的城市,在下一轮竞争中就会面临很大的麻烦。有些城市说自己GDP高,它也没有竞争力了,城市竞争力的核心是创新的能力,是知识集聚的能力。

所以从整个中国城市看,已不需要那么大的架构,但内容和质量应该是升级的,而内容和质量升级又反过来使整个城市越来越回到本质——一个创新集聚、知识密集、思想交流的地方,各种文化得以呈现,这样慢慢就变得比较像真正的城市了。

"十四五"期间,中国城市的内容会发生本质性的变化,它的群体也会改变。从原来简单的对城市物质上的需求转向精神的需求,转向创新、思想、交流,转向大家认为这是一个宜居的地方,都想定居于此。这里会产生很多思想和创新,成为新的动能,创造大量GDP。但问题的关键在于,这些新的城市发展动力没法去预设,也不是规划出来的,而是需求导向,城市要做的是如何去供给这些新的需求,提供让需求实现的环境。

如果一个城市能提供这种环境,或者在"十四五"期间谁率先开始提供这种环境,让这一代人觉得这个城市挺好,这个城市就有戏、就能生,如果做不到，这个城市就会"死掉"。

（二）城市向乡村延伸与城市延伸带

另一个重大变化就是城乡循环的问题。城市和乡村完全对立发展的模式是有问题的。我们的城镇化率才50%~60%，乡村就衰败了。但如果城市是按城乡发展而非城市发展的理念，乡村不应该是衰败的。现在要思考的问题是为什么城镇化率才50%~60%，我们的乡村就这样了。一般来讲，城镇化率到50%~60%时应该是城乡融合的。

很多人以城镇化率到了50%~60%为依据，说城镇化率如果再提高，人再继续往城市走，乡村就没了。全世界都没有这样的情况。全球的基本规律是城镇化率到50%以后开始出现郊区化，郊区化的原因和推动力量是城市的高房价、高节奏、焦虑的空气，最后带来的是大家重新思考和选择跑远一点。这个时候，城市的问题就会推动其他方面发展，比如说交通。我们把交通网往外延伸，发现往外延伸是有机会的。因为城市生活成本太高，大家愿意往乡村去居住，所以交通发展了，乡村业态发展了，然后生活改变了。从世界经验看，最初是人从乡村流向城市，产业也聚集在这里，但过一段时间后，城市的人可能就往乡村跑，产业就往乡村去分散，所谓的郊区化就是城乡融合。所以"十四五"期间另一个非常重要的变化就是城市会向乡村延伸，形成城市延伸带。

从人口流向来看，同样是这个情况。有人说城镇化和乡村振兴是两个引擎，但仔细去想，在从城到村的整个链条里，经济机会还是在城市，人往城市走还是"十四五"期间的主流。农村的人想着城市有机会，又想在不太远的地方改善他的状况，基于对经济机会和生活的选择，他就会往城市延伸带走。

城市延伸带将是"十四五"期间城乡融合的主要区域和主战场，产业延伸的主要区域也是人口居住和生活延伸的主要区域，也可能是未来乡村的人进入城市后，能够选择落脚的主要区域。

所以笔者认为在"十四五"期间讨论城乡关系，核心应该是城市、城市的延伸带和乡村这三者之间的关系。城市要做的是调整它的内容、升级，而真正发展的主要空间是在城乡延伸带。

我们不能一面有繁荣的城市，一面却是落后甚至衰落的乡村。"十四五"期间的主要任务是要让乡村体面，改变现在村庄破败的局面。进入很多中国乡村你都会发现，基本公共设施较差，比较破败，基本公共服务较少，农民盖的房子基本全年空巢。

第一，我们要改变上一轮城市高速发展把乡村甩开距离的状况，不能把城市建得跟欧洲一样，甚至比欧洲还漂亮，乡村却破败不堪。这也是笔者理解的"十四五"期间乡村振兴的核心——让大多数村庄体面，有基本的公共服务、基本的保障，改善村庄的居住环境，再就是养老，这些才是乡村的重点，一定要找对路——不是要去拆农民的房子，折腾出一个产业"搞发展"，乡村不是一个创造GDP的地方。未来的情况可能是大多数乡村是体面的，少数乡村是活化的，保持它的活态，这部分估计占10%左右。

第二，乡村的产业应该有一些重大的革命性的变化。一个是城市延伸带来的产业的发展，另外一个就是它的农业应该是复兴的。无论是体面的村庄还是活态的村庄，如果产业不能有革命性的变化，谁来都会跑。这背后是一个很严峻的问题，农业如果没有回报，乡村又怎么发展？要提高农业的回报，很重要的一点就是农业要素的组合要变化，这是农业工业化的过程，如果整个要素不进行重新组合，就还是传统农业。小块的地，一年收成几百块钱，农业是不可能有回报的。

一些活态的村庄则要恢复它的传统的乡土工业，但不需要它搞大规模的产业园区。我们现在讲的一二三产融合不是所有的村庄都能做到。很多地方过去曾经搞旅游，但是现在跌下来了，因为没有支撑。旅游也一定是人愿意去的村子,有特殊的人文历史,有奇特的自然风光,不是人造出来的。

第三,要理解乡村的演化是一个长期工程。从现在村庄本身来看,大多数农民是要离开的,所以整个乡村的演化取决于几代人的过渡。比如说,农三代未来大概率不会去乡村了;农二代两可,村里还有老人牵挂,也可选择在城市买一套房子,在省会买不起,可以在县城买;农一代肯定是选择在乡村中老去。这一代二代三代基本上就决定了整个中国村庄演化的新进程——只要农一代在,村庄就还在;农二代属于两边拉,城市的拉力更强一点,但如果我们的政策导向最后让他们回到村子,他们也会回的,但后果是整个中国的城乡关系就不可能有大的调整;而农三代基本上就不会回去了。

整个村庄的演变历程就是这三代人的事,这期间就决定了中国村庄的格局,城市应该把人往城市拉,很多政策就不能再有歧视性。对农一代是要让他体面,对农三代的政策就应该是跟城市人平权。

总结一下,中国未来的城乡关系实际上是三重关系,城市、城市延伸带和村庄这个链条之间的关系,而不是简单的一个城市和村庄的关系,不能一边是新型城镇化,一边是乡村振兴。

(三) 农民现代化要通过农民从乡到城的转换来完成

"十四五"期间必须要考虑的一件事是中国农民的未来。长期以来,我们在农民问题上一直没有一个让农民成为城里人的制度设计。

20世纪50年代我们开始实行户籍制度,基本就把农民和城市人分成了两种不同的人。后来发展乡镇企业,允许农民搞工业,但也只能在老家搞,不能跑出来,所以农民只能在自己的地盘上搞非农产业,身份也还是农民。再到后来,农民进到城里,但却没有落户城里的政策。

我们的政策设计基本上一直想着农民还会回去、该回去。关键问题是这样下去农民永远会是农民。如果一个国家的农民一直是这样,这个国家的现代化就难以实现。中国农民现代化必须要通过农民从乡到城的转换来完成,这是现代化的一个基本形态。如果我们的政策设计不能完成转换，就不能实现中国农民的现代化。

我们现在已经形成了很大的问题：两三亿人在外面漂着，漂不动了再回乡村。如果一个国家整个人口的主体是农民，这些人又不能够真正被城市接受，不能在城镇化生活里完成改变，不能成为城市里平等的一分子，包括他的精神生活、文明形态、观念、创造财富的能力等，这个国家怎么现代化？没有一个国家的现代化是靠让农民保持待在乡村来实现的。

农民进城后的问题，就是让他们在城市里安定下来。首先就是农三代——他们出生在城市里，生活方式完全城镇化，他对和城里人之间的不公平现象已没太大意识，也没有很明显的隔阂，觉得自己跟城里人没有什么不一样，可是制度上是不一样的。这些孩子会长大，政策要去弥补这个国家未来巨大的裂痕。

农三代的平权应该从教育平权开始。教育问题不解决，农民是不可能在城里落脚的。

农二代落脚城市最主要需解决的是居住的平权问题。拉美国家很多贫民窟问题就是在高速城镇化时期提供不了平权所造成的。中国城市现在有很多工作机会，农二代也有一定的购买力，只要有适当的住房公共政策跟上，这些人就能够在城市落脚。

农二代有了居住权，农三代有了教育权，一家人基本上就能在城市落稳了。有了受教育的权利，基本上就能把进城的农民稳住，有了基本的体面的居住，基本就能把农民的家庭在城市稳住。有了两个"稳住"，农民回乡还是留城，这就是农民的选择权了，应该把选择权交给农民。我们该做的事是提供农三代的教育权和农二代的居住权，这两件事基本解决了中国农民在城市的体面。

所以农民的去向取决于我们对待农民的基本理念，"十四五"期间是农民现代化的一个重要窗口，农民现代化取决于对农民入城还是回村的政策选择，这些政策选择决定了整个中国现代化在这个关口到底向何处去。

另外，整个社会进步的一个基本取向是大家要公平。不能说一部分人已经接受了城市的好处，却不让其他人分享，反而让别人承担成本，这是其一。其二，农民从乡村人变成城市人，是一个社会进步的基本路径。

以我自己为例，如果当时不考上大学，后来也没有这么多的机会，更别提继续到大学来做研究，可能20世纪80年代我就去深圳当建筑工了。

每一个人都有与生俱来的进入城市的权利，每一个人都有与生俱来的跟其他人同等地在城市工作的权利，以及在城市生活和接受教育的权利。不是说农民就不该有，城里人就该有。

"十四五"期间是农民现代化的一个重要窗口，一定要想尽一切办法，利用我们的公共政策，让农民能够体面地入城。这其中最重要的就是农三代的教育平权和农二代的居住平权。农民的未来实际上就是要解决农民入城过程中的权利问题，将其作为整个中国农民现代化的一个关键的关口，这是不能含糊的。

二、改革农民工回村的城镇化

（一）农民出村带来的变化是本质性的

从党的十九大开始，决策层意识到，乡村是一个问题。这是好事。在党的十九大之前，尽管一直在说"三农"问题，但实际上更多的还是讲农业怎么保证供给，另外就是农民怎么增收。农业保供给，实际就是粮食增产的问题，还是从乡村怎么为国家保证粮食安全这个角度看问题；讨论农民增收比讨论纯农业问题往前走了一步，农民得有收入，但解决农民收入的方式不只是在农村。后来证明，解决农民收入问题，不是靠农业，主要还是靠农民出去、在农村以外找到收入。

我于 2021 年春利用回湖北洪湖市老家的机会，观察到乡村发生的重大变化。一个很直观的感觉是，农民的整个状态，主要是物质状况，比想象中好。

我在 20 世纪 80 年代初离开我们村的时候挺悲观的，农民的辛劳程度太高，面朝黄土背朝天。几千年来，中国农民就是这个状况。那个时候，农民的问题，一是辛苦，二是收入来源少、穷。

现在，第一，老百姓平均寿命变长了。我这次回去看到，老人活到七八十岁很正常。在 20 世纪八九十年代，在一个村，70 岁以上的老人都很少见。老年人的面容也比原来要好，脸上有光。能看出来，农民的劳累程度降低了。

第二，农民的收入与原来相比有很大变化。原来农民没有现金收入来源、没有活钱，极端贫困；现在收入还算过得去，不是太大的问题。只要家里有人在外面做工，稍微勤快一点，都能挣到一些收入。

养老是现在农村很大的一件事，但对老人，现在也不是钱的事——他的儿子、儿媳妇或者女儿出去打工，一年都会给他们留一点钱；他们自己的养老金（一个月几百元）基本不会给子女，都在自己的账户上，一年去取几次（我问过他们）。老人手上有钱，他们在家就不会那么受歧视。

第三，农民的住房改善明显。这些年，农民出去打工（包括有一些在乡村干活的），他的整个资本积累、经济改善的状况基本都体现在他的房子上。20 世纪 80 年代，农村住房很差，你进到一个村，基本是破败的；现在，一个村一整条路两边都是农民盖的房子。

第四，农村的公共设施比原来明显进步。从县城到我们村，道路挺畅通的，而且两边的景观也挺漂亮，显示出乡村摆脱贫困以后的景象。我离开村里的时候都是土路；现在，大的路都畅通了。村内的路取决于这个地方的慈善状况——有出去做公务员的捐一些钱，有一些小老板挣钱后捐一些。

第五，乡村的分化很严重。村里大部分农户的状况，无非好一点差一点——有的可能出去干得不错，已经能做企业老板；出去打工中比较勤快的，尽管比第一类差一点，也还不错。但确实有极少部分农户状况很不好，有的是因为生病、家庭遇到不测，还有一些是家庭能力问题。

所有这些变化实际上都是农民出村带来的。农民的收入来源是出村带来的，住房是出村挣的收入带来的。收入改善导致的农民精神状态变化，也是出村带来的。当然，农民的这些变化也有一定的公共服务——路、用水、养老等的贡献。

总之，农民出村带来的变化是本质性的，而政府公共政策、公共品的提供，总体来讲是到位的，对于改变过去乡村没着没落的状况还是有贡献。

农民出村是一件大事。如果没有农民的出村，乡村的状况跟我 20 世纪 80 年代走的时候应该是差不多的。

（二）乡村令人担忧之处

我们看到了乡村的进步——最大的进步就是收入增加了、钱的来路增加了。那么，问题在哪儿？令人担忧的地方在哪儿？

对现在的乡村来讲，令人担忧的是下面几个问题。

第一个问题："人"。

乡村的老人是"人"这一问题中最大的问题。中国农业和农民中最具代表性的是 40 后、50 后和 60 后，这拨人是真正搞农业的，他们爱土地，乡土情结很重，而且也不会离开村庄——他们也有出去的，但回来了，有在外面干的，也会回来。他们是以乡村为归依的，以土地作为主要生活来源，以农业作为主要职业。这批人现在的问题是希望越来越渺茫。这种渺茫不是因为他们没钱，而是整个社会大变革带来的。在传统的中国乡村，一般是一家一户、一代一代在一起的；现在，老人身边常年没人。

以前，家里年轻一辈出去打工，孩子还留在农村，最起码老人还给孙子、孙女做饭，他们还有存在感；现在这拨出去打工的年轻父母，在小孩小的时候就带在身边，到小孩上初中时，有一个人回来陪读，初中在镇上、高中在县城。这样基本把老人跟传统的血缘关系、情感联系切断了。这些切断以后，老人不是穷，而是孤单。

我问过我们村的老人，他们到这个年纪也没有什么农活。这些人一辈子干农活，当农活停掉以后，依托就没了。他们的存在感、价值就没了，他们就没有什么希望。比如我们村，老人要么是打麻将，要么就是聚在一起，到村部听碟子。

中国几千年来追求的是一家人其乐融融，现在一下子没人了，传统的代际情感纽带断了，所以，他们主要是精神的、心灵的孤单。

我们村十几个老人，我问他们平常讨论最多的问题是什么。他们说，讨论最多的是怎么死。一些生病的老人，一是没人管、没人照顾，二是需要大笔开销，他们怕给后人留麻烦，也没有那么大的开销能力。他们觉得自己没用了，对儿女也没什么用了。一些老人，当他们身体状况不好的时候，还会采取一些极端的手段。至于心理疾病，就更没人知道了。

40后、50后、60后这些人，基本以乡村为归依。未来，他们的养老会成为一个大问题。传统的养儿防老时代一去不复返。年轻人一年就回来几天，怎么可能养儿防老？

接着是70后、80后。假设他们也跟之前的人一样，归宿也还是回到乡村，但他们没怎么从事过农业，至少参与不多，这些人未来回到村里，他们不从事农业，能做什么？

很有可能这些人回来以后，就在镇上或县城买个房子，买个门面，开个小卖店——回乡，但不落村，也不落业。为什么这几年县城的房地产那么活跃？与这个相关。这样的话，70后、80后会跟乡村、乡土更加疏离或断根，甚至处于一种阻断的状态——形成阻断的状态就麻烦了。

还有一类人：小孩。上一代人出去打工，孩子丢在家里让老人看着。但这一代人出去打工，是把孩子带在身边，但他们不可能有精力管孩子。所以，农二代的孩子在城市的事故率较高。

再就是孩子的心灵。原来是留守的孤独，但现在他们从小在城市看到、接触到的是城市对他们的不平等，从而带来心理问题——越是农村的孩子，越在意穿着、收入、是否被人家欺负。

所以，看上去农二代是把孩子带在身边，但实际上没有解决根本问题。小孩上初中，家长最起码得有一个人回来陪读。现在很多农二代实际是被孩子的教育拖回来的。这实际上阻断了这个家庭进入城市的进程，教育本身阻断了他们城镇化的进程。

第二个问题："业"，即产业。

整个乡村，年轻人只会出、不会进。大量的人走了以后，整个乡村就没有什么人了，"业"就起不来了。人都走空了，谁来做"业"？乡村振兴，怎么振兴？

现在整个农村，你看到的是产业的凋敝。原来农民都在农村，当他的收入来源主要是在农村，他会在农村找很多办法：怎么样把农业搞得更精细一些、产量更高一点、卖的钱更多一点；多养几头猪、多养几头牛，增加一点副业收入；再不行，去做点买卖，把这个地方的东西倒到另外一个地方去卖，我帮你做点事，你帮我做点事……农村是靠这些。但这些东西的寄托是人在乡村。现在，大家的收入主要是在城市挣来的，已经不指望在农村搞收入了。

在农村，找不到"业"的发展出路，这是非常要命的一件事。"业"就变得越来越单一。家里年轻人出去了，土地就交给年老的人——农民还是不会轻易把地荒废掉的；隔壁的几家人再走，走到家里老人都没了，这些地就交给邻居、亲戚来种……基本整个农村的"业"，就只是一个以土地为生的农业了。

这是当前农业的第一个问题：乡村的经济活动更加单一化。

这个"业"的问题在哪儿？当少数人从事的农业扩大规模以后，尽管有机械辅助，但这些人的劳累程度非常高——这是我原来没有想到的。规模扩大以后，却没有规模效益。比如，规模可能扩大到 50 亩，但这个农民为了使他经营的土地一年能够多留一些收入，他会尽量少雇工、少用机械。这个"业"实际上成了留在农村的这些农民的内卷。他们更密集地使用自己的劳动，更辛勤地去从事耕作和农业经营活动，以使一年下来留在自己口袋里的现金收入能多一点。

最后就变成土地是规模了，农业是机械化了，但留下来的这些农村人因为农业收入低，付出的辛劳程度更多。二三十亩地，一年收入也就几万块钱，如果全部雇工、机械化，就剩不下来什么钱，所以很多环节他就自己辛苦承担下来了。

现在有些人说，扩大规模，一家农户经营土地面积扩大到 200 亩，就可以增加收入。但是扩大到 200 亩，农业要素的匹配度要求就更高，产前、产中、产后的投入，机械化的耕种，各个环节成本的节约，都需要更好的要素匹配来实现，一般农民做不到。做不到的话，规模越大，成本越高，农民为了节约成本，就会更辛劳，也不可能做更大的经营规模。

所以，农业的第二个问题是：这个产业本身在不断内卷，变成少部分人靠更辛劳的经济活动留下更多现金收入，而不是想象的更加现代化、机械化、规模化。很多时候，不到农村，就容易想当然。

农业的第三个问题是：期望乡村的产业更加多样化，比如三产融合、乡村旅游等，来支撑乡村更活、更复杂的业态，但问题是，需求在哪儿？

不是所有的村庄都能通过城乡互动来实现产业多样化。我们不能把极少数村庄由城乡互动带来的变化，想当然地拓展为大多数农区都能实现这样的变化。

大多数传统农区乡村产业的多样化是农工互补、农副互补，是农民靠着农业做点生计，靠一些副业、手工活动来增加收入，跟现在很多人讲的城乡互动带来的乡村产业的多样化、产业融合完全是两个概念。大多数村庄是实现不了城乡互动的产业多样化的。

第三个问题：住。

住房基本反映了农民经济状况的变化，我们确实看到了农民住房状况的改善——进到乡村以后，农民相互之间比来比去，张家盖了两层楼，李家一定要想办法盖得比他高一点。

住房条件的改善是改革以来乡村面貌最大的改变。在包产到户的时候，农民有钱就盖房子，后来农民出去打工，有钱了，回来还是盖房子。这是农民基本的行为模式。它的好处是，带来整个乡村面貌的改变。问题是，乡村盖的这些房子，利用率极低。

我这次回去是在晚上十点多进的村，整个100多户的村，差不多就只有五六户亮着灯。老人不在的，年轻人出去了，这家就锁着门，常年是黑的。

这意味着，自整个城镇化以来，农民积累的大量资本，不是用于进一步扩大城市的资本形成，而是积累在他未来落叶归根的这些村落——回到乡村盖房、装修，不断添加房子里的东西，目的是备着他以后回来。但这些资本的利用率非常低，几近闲置。

第四个问题：占地。

现在农民盖房子已经不在原来村落里盖，都盖在公路边。农民的住房从传统村落到路边，实际上是一场重大的村落改变。传统村落是依水、依地而形成的，是为了方便农业经济活动。现在农民为什么整体往公路边盖？这是一个人口迁移社会的表现：交通出行方便。从原来农耕社会村落的布局、空间形态，转变为迁移社会的形态。

第五个问题：坟地越来越奢华。

一些家族跟家族之间，相互不只是比房子，还比墓群、比坟地规模。这是一个很严重的问题，是一种陋习。

一定要强调：乡村一定要禁止占用耕地盖房、建坟墓，未来一定不能以原村落的地址做家族墓地。这个问题一定要提出来。

现在，我们把去农村看到的景象整个构图起来，你看到的乡村是：第一，人——老人的希望渺茫，农二代的归属不定，留守儿童的心灵创伤；第二，农村经济活动越来越单一、农业越来越内卷；第三，农民的住房明显改善，但占了大量农民在城市积累的资本，没有进一步在城市形成更大的资本积累，而变成在乡村闲置的要素；第四，大量耕地的占用——住房、墓地的占用。

我们把这些图景拼起来，结论是什么？整个中国上一轮城镇化模式的代价都是由乡村在承受。城镇化的低成本由乡村在承受。这是我们现在要反思的问题。

很多人讲，中国的城镇化——让农民年轻的时候进城打工，使中国成为世界制造工厂，因为劳动力成本低。劳动力成本低是因为各种保障低、福利低。农民在城里做了贡献，但他们应享受的福利却没有得到。城市政府低成本，是因为本该由城市政府对进城农民支付的成本没有支付，包括这些人的居住、孩子教育等社会保障和公共品。

中国城镇化的所有这些低成本都是以农民最后要回村为前提的。农民在城市还是农民，被叫作农民工，只是一个在城市作为农民身份的工人，城市所有相关的公共服务、市民的基本权利，都跟他没有关系。

在计划经济时期，中国建立的那套工业化体系，靠的是工农产品的"剪刀差"、农产品统购统销，来保证城市低工资、低食品价格、资本积累。改革开放后这一轮工业化，实际上是靠城市少支付进城农民的城镇化成本，快速城镇化使中国成为世界工厂。

这条独特的城镇化道路是建立在不支付农民城镇化的成本、不支持人进城的城镇化的成本的基础上的。但是，这个成本总是有人来支付的，是乡村在支付。整个乡村的代价是由这套城镇化模式带来的。

为什么中国在城镇化率才只有60%的时候要搞乡村振兴？实际上就是因为乡村的凋敝，农村老人的希望渺茫，农民的归属不定，孩子看不到未来，农业没办法发生要素重组的革命，大量的资本积累在乡村导致资本的浪费……

这样，乡村就变成了一个"愁"的地方，而不是回来找乡愁的地方。

回乡村找乡愁，是因为它是诗和远方。但诗和远方的前提是，我是一个已经被城市接纳的人，而不是一个归属在乡村的人。对最终要回去的农民来讲，他找什么乡愁？乡村是他的归属，这是他的命。上一代的命就是这一代的命，他是绝望的。他可以把房子盖得很大，但他回去以后的"业"是什么并不清楚。

所以，整个中国乡村现在的问题核心是：让农民最后回村而不落城。这一套城镇化模式带来了由整个乡村支付的代价。

因此，乡村农业要素重组的革命没法发生——农业劳动力占25%，那么多人最后还得回到农村，但整个农业才占GDP的5%，那农业有什么搞头？这种结构的反常带来了农业其他的问题：机械替代手工了，但效率不高；我们要求化肥、农药减量，但农民不用更多的化肥、农药，产出就会下降、回报就下来了。所以，中国农业还是一场内卷化的农业形态。

再就是村落。如果农民能够走，不回村，他可以找乡愁，但不用在原址找乡愁，而是在乡村适当的地方集聚、形成比较美丽的村落。农民在城市有着落以后，回来看到更好的景观、更好的乡村，那才是找乡愁。现在一家一个屋子，回到自己这个地方待一周就走了，那叫什么找乡愁？

出村农民跟整个乡村的脐带在，但是乡村的状况、对乡村未来的悲观看法和对他们个人未来的归属没有希望，最后带来整个乡村的凋敝。

这是整个中国乡村问题的根结。中国确实在快速工业化和城镇化阶段提供了这么一个城镇化模式，但现在这些代价都出来了，并且主要在农村。

（三）改革回村的城镇化模式

乡村已经形成这种状态，下一步怎么办？怎么去振兴？得找到出路。光批判它没有用，光唱赞歌也没有用，光每天喊城镇化率再提高多少也解决不了这些问题——城镇化率再高，这些人还是没有"落"。

整个中国乡村问题是在城镇化的模式上。乡村支付的这个代价是乡村振兴的起点。能解决问题的办法就是渐进式地"落"。

城镇化的问题是人的城镇化。现在的核心问题是，一定要把原来回村的城镇化模式在代际进行改革，解决已经落城、不可能回村的这些农民的城镇化，不能让70后、80后、90后和00后继续走上一辈的老路。

70后回去不会搞农业了。如果指着这些人回去，就会变成去县城、镇上买个房，做点小生意、做点非正式的经济活动。县城和乡镇容纳得了那么大的经济活动吗？我们现在看到，有些人回到了县城和镇，但县城、镇的凋敝跟乡村一样。原因在哪儿？它支撑不了那么大的经济活动，这些人在县城和镇的经济活动的价值没有体现。

我这次回去得知，现在一些村里年轻男人相亲时会被女方问到在武汉有没有房，而不是在镇上和县城有没有房，因为女方没有觉得在镇上和县城比在村里好。

所以，首先要在人的代际上，从70后开始，把一些不回村、已经在城市的农民市民化，真正在他的就业地、工作地市民化，提供城市的公共服务、社会保障——居住、社保、孩子教育，这个权利体系一定要跟市民同权。让70后往后的这些人落在他们有就业机会的地方，让他们的居住、身份和他们的经济机会重合，中国的城镇化进程慢慢就能进入正常化轨道。

很多人会说，这样城镇化，城市政府成本不就上去了吗？

城镇化的成本跟这些人在城市的贡献是匹配的。城市留下的这些人，不是闲人、不是懒人，也不是失业人口、救济人口，而全是工作人口。他们在创造财富，他们不是负担。

一定要从这一代开始，阻断他们回去，这是非常重要的一件事。在这种情况下，才能考虑乡村的复兴问题。

(四) 村落新定义

只有在进城的人跟乡村的关系有合适的城镇化制度安排以后，乡村要素的组合、调整才变得有余地。

第一，村落的变化。未来不是让70后回到县城和镇，这些人应该"落"在他们的就业地，未来乡村会真正成为寻找乡愁的地方。

不要去动现有的村落，这是农民的资本积累。农民过去几十年在城市挣钱盖的住房，就是他们的资本。但是，在整个村落的空间结构下，可以试行按时点的存量和增量进行制度调整。比如，从70后这一拨开始，以后不再在原来的村落分配宅基地；村庄新盖房，不要在原来的村落盖，而是在乡村适度的聚居区形成新的聚落，例如，某人是这个村某个小组的，但这个小组不再给宅基地，而是允许在一个适度的村落聚居的地方盖房。通过规划，比如三个小队可能形成一个村落，给他宅基地的资格权，使他有偿取得该权利，进行村庄规划，形成有序、有公共服务、提供公共品的村庄聚落。如果农民想将老房子重新翻建，不能在原村落继续盖了，宅基地置换到新的村落，到那儿去盖。但不要做那种行政性的大集聚，不要发生以镇为单位的集聚——不要把人都聚在镇和县城，而是聚在适度的村庄聚落。已经市民化的人口，未来回来找乡愁，可以有偿配置宅基地。另外，村里原来已经有房的，房子用到一定年限以后，把宅基地置换到这些聚落。

这样村落聚集地适度调整后，村庄的形态就从原来农耕的村落形态形成适度的集聚，公共服务也可以提供，乡村的养老问题也可以解决。现在老人在农村，可能找不到人，不仅仅是跟他在外边的儿子、儿媳妇联系不上，而且可能隔三五家才有一个老人，人都喊不着。但适度集聚以后，这些老人基本都在一个聚落里，在这些集聚的村落提供养老设施，老人问题也解决了。

第二，老人问题。老人最需要的是文化生活。我们村的老人，像我叔叔，每天就去村部听碟子，政府提供的这些公共品可以用起来。现在有些地方提供的图书室教大家怎么养殖，其实没用，农民需要的是这种文化、精神的寄托。养老服务的供给也可以由政府和市场相结合解决。

第三，农业问题。在整个村落适度集聚以后，土地就更好集中了。现在地不集中，实际上是原来进城的人的地权和经营权没有分离。只有解决好农民的市民化问题和乡村的乡愁问题，土地的田底权、田面权分离才有可能发生。地权的转变才有可能真正解决经营权的保障问题。经营权问题解决以后，其他的权利拓展、权利行使、抵押这些金融手段，才有可能实现。一个拥有了经营权保障的地权，再做要素的组合才有可能发生，专业化的、具有企业家性质的经营者才能进来，农业的要素组合、经营方式才能改变。

第四，村庄的公共服务。现在村庄的公共服务确实进步很大，但这些公共服务是在原有村落形态和村庄布局下进行的，是不经济的，有些也不是农民真正需要的。而当村落变化以后，公共服务的提供也变了。比如用水、文化、基础设施，不仅更经济有效，也更加为农民所需要，乡村振兴的"体面"就出来了。体面的老人、体面的村落、体面的公共服务、体面的农业、体面的人……整个乡村振兴的核心应该在这。

现在非常危险的是，都在喊产业振兴，把农业讲得很辉煌；讲"人"的振兴，就是讲怎么把人弄回去；讲村庄的振兴，就是讲怎么整村子。

为什么会大量出现这些问题？实际上是跟没找到现代乡村的问题到底在哪有关系，跟整个乡村的需求脱节有关系，找的路不切实际。

70后、80后是关键一代。解决这一代人的城市和乡村关系问题，就是把原来出村、回村的城镇化慢慢过渡到未来这些人落城、在乡村里找乡愁；到90后、00后，整个中国的城镇化问题基本解决，乡村问题也基本解决，整个中国的城乡问题就解决了。

（五）农村的事，最怕的就是极端

重新做乡村，也不是把现在的村落都搬掉。我们讲自然的渐进过程，新的点没有长出来，怎么自然渐进？只有阻断代际回村的城镇化后，不断有人从乡村退出，村庄才会慢慢复耕。

乡村问题的解决，不能快、不能急，但不能没办法，一定要把乡村振兴的路径想明白。如果症结没找到、没有路径、没办法，还每天催官员搞乡村振兴，那就会变成各种指标。下面政府手上也没有几把米，还得干事，就只能折腾农民、乱作为。它能想到的办法就是拆村子、合并。要解决这些问题，得给它路。

如果乡村振兴弄成赶人上楼、再把地腾出来给城市做建设用地指标，那是没有意义的。而如果按我的这个思路，这么腾出来的地是可以打通城乡的——但不能为了建设用地指标把农民赶上楼，而是要渐进式地推进。比如70后、80后就在这个村庄聚落，未来这个村庄聚落要城乡打通，成为城乡融合的区域，可以发展乡村旅游，给孩子做一些自然教育，另外也有一些人在这里居住。要素进到乡村，要是进到这些区域，城乡就通了。这个过程耗时20年、30年没关系，最起码，第一是没有瞎折腾，第二是有路，人不绝望。

农村的事，最怕的就是极端，危害非常大，因为农民话语权很小。极端化跟导向有关，是地方政府在推。一些地方政府强力在乡村推政策，不管用意多好、主观意愿多好，都会出问题。乡村经不起过强力量的主导，它是一个慢变量，也很脆弱，自身修补自己的能力很弱。

未来整个村落集聚以后，也会牵扯到治理问题。但现在一定要注意，不能把乡村的集体经济发展和乡村治理混淆。很多人都试图用发展集体经济来解决乡村的产业问题，这是错误的。乡村的产业发展、经济发展不能简单地靠集体归堆经济来解决。

乡村治理和乡村的互助、合作，很多文化活动、乡村公共服务的提供，是需要集体来做的。我们现在工资都给到了村干部这一级，让他们来干这些事。至于搞集体经济，是另外一件事，不是说你是村主任就有能力搞集体经济。搞集体经济要闯市场，要把产业搞起来，把农民组织起来，把合作的纽带建起来，并且集体经济也不是所有地方都能搞起来的。

经济能人当村主任也可以，但治理结构要讲清楚，公权力的行使和边界约束要解决、要清晰。不能把所有政治、经济都交给一个能人，没有任何制约，那这个人迟早也要出事。现在很多人讲，要壮大集体经济、能人治村，但不解决权力的边界和约束，最后把一批能人也治进去了，集体经济也就搞死了。

三、人、地、村系统重构

（一）乡村振兴要解决的第一个问题是乡村无序

2021年春天，我讲了回家乡（湖北省荆州市洪湖市）看到的乡村的情况，后来我也去了其他一些地方，调研了一些比较传统的农业县，包括江西的余江县，思考在现在这个局面下，乡村振兴到底怎么去破题。

乡村的整个环境不能再恶化下去。

现在乡村环境面临的最大问题在哪儿？进到乡村，能发现的第一个乱象就是乱盖房——有的房子盖很大，有的房子盖起来是空的、没人住；另外，有些在外面挣了钱的人、有权势的人，拼命去挤占乡村的公共空间，把路和原来的菜地都给占了，然后大家互相效仿，都去占。

这个情况表面上是因为乡村没有地来盖房——有一种观点认为，现在农村大家拼命去盖房，很重要的原因是大量村庄不再批宅基地。这个情况也存在，但问题在于，农民"一户一宅"是不管你分家还是不分家，你总有一处宅基地，不能说你立一家就给你一块宅基地。如果村庄无限制，只要谁要盖房就给谁批宅基地,就会面临以下问题:一旦农民分家,就可以申请宅基地;只要有钱,就可以把盖房地皮占得非常大。

从农村盖房这件事可以看到什么?

第一,有钱人把房子盖得非常大,可能比原来宅基地的面积更大,就变成了违建。原来是"一户一宅",现在变成"超占"或者"违法占地",农民攀比式盖房。

第二,没钱的或者已经出去了的人、已经在城市买房落下来的人,他们不打算再在农村落下根来,就不怎么修房子,任其破落。

第三,一些农村房子盖得跟小白宫、鸟巢似的,农村的住房变成了一些农民显示财富、显示家庭在乡村地位的工具。

第四,乱占地——大量菜地被占用盖房,大量乡村公共空间和公共建筑被占、被据为私有。过去政策规定了"一户一宅",村组织应该有管理的权限,国土管理部门也规定要对超占和违法占地进行处置,为什么会解决不了这个问题?

第五,当整个村子已经脚都伸不进去——整个公共空间都被私人占了时,大量农民就会选择沿着路盖房。这实际就变成占耕地、占更大的公共空间了。这也解释了为什么一方面中国会有大量的废村、空心村,另一方面又不断有耕地和公共空间被占。

这要有应对的办法。我们现有的制度是保证"一户一宅",但只靠这个行不行?乡村的这种无序建设可能是乡村振兴要解决的第一个问题。

(二)乡村无序建设的根源是缺乏公私空间界分

乡村的这种无序,表面上是盖房的无序,背后根源实际上是"公""私"空间没有明确界分。

农村"私"的空间是农民的住房和分到的宅基地;"公"的空间是除每一家住房以外的比如路、菜地这些乡村公共空间。这些公共空间被占,实际上是整个乡村"公""私"两个领域界分不明确导致的。如果这两个空间没有明确的界分，必然会出现"私"侵占"公"，尤其是势力大一点的"私"，比如乡村有权力的大家族，或者在外面挣了钱的人。当有钱人和有权人去侵占"公"的部分时，大家就会效仿——你有钱占"公"的部分盖大房子，我哪怕没钱，也要去占"公"的部分盖个厕所、搞个猪圈，再不济，占块地去搞个菜园也行。

像在余江，当时搞宅改的时候，首先看到的情况是：一个自然村里可能盖几十个厕所，都是盖在"公"的空间里——大家不断地去侵占"公"的部分，来扩大他"私"的部分的空间，把乡村里任何"公"的空间都占了。在余江，有的村委会前面的路口都被有势力的人盖房子给堵死了。

这些乱象是乡村衰败的最主要表征，如果这种事不解决，乡村就没有看相。没有看相，花再大的精力去搞乡村振兴，就只能是打造一些样板——打造样板很简单，就是投钱、造房子、修路、建文化礼堂等；但核心应是乡村秩序，是"公""私"空间之间的界分一定要有明确的制度安排。

（三）乡村"公""私"空间界分的制度安排

"公""私"空间界分的制度安排，首先要解决的就是"私"的部分怎么保证。

对农民来讲，最重要的"私"就是宅基地及其上盖的房屋，即农民作为"家"的部分。对于保证"私"的部分，"一户一宅"的制度肯定要保证，这是在保障乡村农民的基本居住权。对此，我的观点是：

第一，农民原有没分家的"一户一宅"，是基础的"一户一宅"权利，是历史传承下来的，应无偿提供；每一户初始宅基地的分配权要保证公平，以一个时点切断，在这个时点之前无偿提供的"一户一宅"，就不要去折腾它。

第二，现在有分家的，比如说两个孩子，一家在原来的老宅，第二家需要新宅就要申请新的宅基地，对于新户再申请宅基地，只要是集体组织的成员，要给他初始的获得权，保障他"一户一宅"的权利，但要从无偿变为有偿。因为如果继续无偿的话，乡村建房占地会无限扩张。

第三，每户的宅基地面积一定要卡死。无论是老户还是新户，在乡村获得的宅基地就是那么多；而不能是我家钱多、权力大，就获得的多——这是导致乡村不公平非常重要的一个原因。我20世纪90年代到越南，看到一栋一栋往上建的房子，原因就是每个农民获得的是平均面积的宅基地。

第四，未来乡村不能再以原来的小自然村为单位配置宅基地，而要把宅基地所有权的分配和未来整个村落适度集聚的需求衔接起来，以相对集聚的这种村落来配置宅基地——比如三个自然村合成一个相对比较集聚的村落，来做乡镇振兴的基点。因为未来乡村需要有适当的集聚（当然，也不能把农民整个都集聚在城市社区那种聚集区）。在农耕文明时期，传统村落是以自然村为聚落的，宅基地的分配也是以自然村为单位；但这些年大量农民往路边盖房屋，很重要的原因是村落的功能在发生变化——已经不是原来那样完全为了乡村农业生产，为了赶牛、看水、离田更近。因此，宅基地的配置要跟整个乡村聚落的这种变化对应起来。

那么，集聚区的宅基地所有权从哪来？从原来的三个自然村重新调整过来——每个自然村各出一部分相对应的宅基地，来给新的聚落提供宅基地的所有权，但不在原来的自然村配每户的宅基地。这样一来，新户慢慢就往新聚集的村落去建房了。老户看到这个情况，也可以自愿申请到新的聚落。当然，很多人家在老自然村房子刚盖，就不要动它了，让它慢慢地这样演化，形成新的乡村聚落。这些新的聚落是未来整个乡村的新村落，它改变了原来以自然村为单位的村落形态，适应了现在人口流动、农业生产方式的变化，适应老人相对集聚，村庄的文化场所慢慢就有了。

与宅基地所有权重新分配相对应的是村落的规划——新村落的半径多大、落到哪，就几个村一起商量，然后由村落自主做规划；但国土系统要管它的规模、土地的使用和乱占。

把规则定下来，按规则来，乡村就变得有序了，村落的形态就变了。原来是两三百户人家散落在一个自然村落，现在是在一个相对集聚的村落，但也不是有些地方在农村搞的城市社区，也不是大的合村并居，而是渐进式的：新户先到新村，老户要改建、新建房屋，也要到新村，现在老村有些不错的房屋先别动，慢慢演变。这样，村落的形态就开始改变，乡村就会出现大量"公"的空间。

为什么讲"公"和"私"的空间界分非常重要，"私"的空间要落实下来？因为"私"的空间问题不解决，"公"的空间利用就没办法有效实施——你用大量探照灯、开着摩托车去查，没用的，乡里乡俗，村干部去查，怎么查？

"私"落实下来以后，乡村"公"的空间就出来了——原来两三个自然村合并形成新的集聚村落，相对原来散落的三个自然村，就会有很大面积的乡村集体建设用地节约出来，可以用作"公"的空间，是乡村振兴过程中农民村集体可用的、可以去做其想做的事情的地方——做一些经济活动，搞一些产业、副业，搞一些乡村文化设施、娱乐活动。这样就改变了以前过于分散的村落形态，有生产生活、精神文化生活的公共空间，乡村就开始美起来了。

原来村落不美，是因为整个乡村基本全被盖成房子了，这意味着乡村只有"私"，没有任何"公"的空间，而且"私"的部分不断以家庭为单位侵占"公"的部分，整个乡村就没有公共生活了，乡村也就没有活力、死掉了。

(四) 整顿乡村无序，从强者"开刀"

那么乡村"公""私"空间界分，谁来干这件事？

现在难在哪儿？难的是动不了。在"私"侵"公"的过程中，权力、资本、能人、外面回来的人，谁能谁就干，谁有钱谁就干，使整个老村变成了一个毒瘤。如何启动对这种无序状态的改变？怎么动这一刀？我觉得不是从弱者开始，而是从强者开始，向强者"开刀"。

这需要制度设计：村、集体组织的干部带头，把自己多侵占的"公"的部分干掉——不管张三李四王五，不管当官的还是外边回来的，有多占的部分，都切掉。这就是江西余江县干的很重要的一件事——把"私"侵"公"的部分、多余的"公"的部分清理掉。

对于"私"侵"公"，现在很多地方采取的办法是罚款、收费，没用的。你能收多少钱？最重要的一点是要把"公"的空间拿回来——把乡村强者用权力、资本、家族势力带头侵占的大量"公"的空间拿回来。余江非常重要的经验是：让外面回来的能人结合乡村干部，两者一起来撬动，把村庄变得有序。"私"的空间不能这么无限，因为"私"的空间必须保证公平，不能因为"私"侵"公"导致的不公平，最后把乡村搅乱了。

对外面回来的人而言，他不希望村庄变得如此无序。因为出去的人，面子上要有光——在外面有了些钱，回到村庄，村庄一片破败、变成自己很唾弃的地方，这是他们不想看到的。他们有动力把乡村整得像个样、变成"诗和远方"。

外面回来的人带头——由有能力和有钱的人带头，乡村干部来实施，动强者的奶酪，然后其他人就跟随了。这是非常重要的一件事。

当然，不可能所有的村都这么去弄，但我们要给村庄从无序到有序提供一个可选的路径。强者如果不动，乡村不会有序。这跟历史上是一样的——历史上，乡绅是一个贤达，乡村就是有序的；乡绅是一个恶绅，乡村就麻烦了。

概括起来就是：第一，乡村"公"和"私"的空间界分开始慢慢形成。这里面也包括我前面讲的规则——不能占耕地，要把整个村庄的规模锁定，把新村落的位置锁定，规划跟上，把老村落节约出来的土地慢慢变成公共空间，这个过程需要时间。第二，怎么变化，我讲的是一个动强者的逻辑——

削平强者的奶酪，来解决村里"私"侵"公"的问题。第三，新的村落慢慢出来，公共空间逐渐形成——这个村落就是我们未来乡村振兴的基点。

（五）未来新村落图景：从衰败到村活

新聚集村落这个基点，跟传统村落最大的差别在哪儿？

第一，传统村落是死的，老死不相往来、人和地紧密结合，村庄是一个锁定人、地、村的基本单位。现在的村落，相对集聚以后，功能就开始变了，就不完全是一个只是连接农业的村落了——它跟农业也还相关，但农业的半径扩大了，它跟农业的连接变弱了。乡村的很多非农经济活动会出现——中国传统的乡村有大量副业、手工业，不是一个纯农业的经济形态，有"公"的空间以后，农民就会去"折腾"，乡村的经济活动就会变得多样化，包括服务业等很多传统的经济活动慢慢就会开始复兴。

第二，家庭和家庭之间的连接可以增加、开始聚落化。传统的中国村落，在人不走的情况下，家族跟家族之间、农户跟农户之间是很紧密的，但现在大量的人，尤其是年轻人都走了，只留下老人。形成新乡村聚落以后，在整个人口迁移和变迁已经导致这种疏远后，连接会开始密集起来。

第三，老人之间的联系增强。现在农村最大的问题是，老人之间没法互相照应——这家有一个老人，隔壁可能就没老人，再隔两家才有一个老人。但在相对聚集的新乡村聚落，老人跟老人之间相对集中，就有一个集聚交流的场所，交流的方便程度增加，而不用像现在这样从第一组跑到第三组，往往跑去以后没碰到其他老人，又很失落地回到自己的黑屋子里面。现在农村老龄化以后，如果不解决村落的集聚问题，完全靠养老院养老是不现实的——既负担不了那么多钱，农民也没有用货币化方式解决养老问题的习惯。

第四，新乡村聚落成为一个文化空间。村庄集聚之后，政府配一些公共文化设施，老人可以去看戏，在一起晒太阳、聊天——农民的文化需求是这个层面的，而不是配图书室。

第五，这些新乡村聚落、文化场所也是未来乡村的历史记忆空间——每个村的村史、村庄名人、村庄重要事件就能记录、体现。在外面的农二代、农三代不会忘记自己的根在乡村——所以我们现在老讲乡愁；但如果村落不能让外面的人有寄托，只是清明、春节回去一下，时间一长，慢慢就会被抛弃、遗忘。

第六，是诗和远方。现在不少人回老家是住宾馆；未来的乡村形态变体面，文化空间、精神空间都出来以后，出去的人留在乡村的房子就不会破败下去了，他每年回来就跟度假一样，一年可能回个四五次，整个乡村就变成诗和远方，就有人气了。有人气以后，有交往、交流、交换，市场活动、经济活动就会多起来。现在村庄为什么没有人气？因为大家只出不进，大家不愿意去投入，出去的人过年回来放个鞭炮就走了。

我这次去余江，特别有意思，那些老乡镇跟原来不一样了——外面来了厂子，老人在老乡镇上做一些从这些工厂接来的活；原来那些粮管所都废了，现在突然变成卖肉卖菜的。

第七，非常重要的一点是，现在我们的乡村所有的要素只往外走，未来整个村落的节点是真正能实现城乡互动的：本村的人开始集聚；外出的本村人也会更多地回到乡村来，就会带来人气；非本村的外地人会到村里来待一待、休闲一下——旅游者到乡村来看景观，城市小孩到乡村可接触乡村知识教育，等等。像贵州湄潭，夏天会有将近 3 000 名重庆人来消暑。很多城市的老人，夏天也会在乡村住个把月。

总而言之，从解决村落的无序、公私空间问题开始，从而解决未来村庄的聚落问题，村庄的支点就开始变了，使乡村从原来的衰败到活起来——从乡村的无序到有序开始，从乡村的公共和私人空间的重新区分开始。

（六）人活：人力资本提升、观念革新

乡村怎么活起来？非常重要的就是要有企业家的进入——我们现在老是

说"资本下乡",这是不准确的。核心应该是乡村怎么培养企业家、怎么样才会有企业家愿意来乡村"折腾"、企业家怎么在乡村进行要素的组合。因为有了企业家,就意味着有想法的人来了,这个地方进行了人的改造。对于乡村的人,我老讲"换人",不是说让农民都搬走,而是说换想法、换主体。乡村是要长出来东西,而不是规划出来。

企业家是整个乡村振兴最重要的主体。企业家为什么大都要去北京等大城市干?他们找到有发展有机会的地方就会去的,所以要让他们在乡村有机会。当新乡村聚落形成后,就会有一些在外面做事的本村人回来做一些经济活动——那些在外面做了一些产业、挣到钱的人觉得现在村落也挺美的,就可能回来搞一些事业,甚至把厂子移回来。另外,城镇的人去村里多了,也会创造一些经济活动,乡村里的企业家就会生长出来。外面想在乡村做一些事的企业家也会进来。

企业家来乡村以后,原来的人也会被带动、会慢慢学习掌握企业需求的技能,于是人力资本提升、观念改变——等于农民也换人了,换了眼界、脑子、行为方式、规则。原来乡村落后、愚昧、守旧的这些东西就慢慢被改掉了。

要有这样的变化,我们在整个制度安排上一定要解决乡村"公""私"空间界分问题。

讲完了"人活",第二点就是"人走"。这是一个基本规律,乡村不需要那么多人。中国目前是一个回村的城镇化模式,但在回村的城镇化模式下,乡村振兴是没法弄的。

"人走"还是按代际来,枢纽是农二代融在城市。农二代未来回村,是村变成诗和远方,他的主体、居住、经济活动,一定要在城市,生活方式一定是城镇化的,一定要变成城里人。如果农二代又跟农一代一样,回乡村种地、盖房,又变成地地道道的农民,中国的乡村振兴永远也完成不了。

这其中非常重要的是，一定要保障农二代在城市的基本权利——居住权、工作权、公共服务的均等化，让农二代有变成城里人的权利。

乡村"人走"的这个逻辑是：农二代回村，就相当于农一代把农二代拉回来，农三代又不得不被拉回来，最后还是一个以乡村为归属的模式。如果是这个模式，乡村的人口少不了，人际关系变不了，人村关系变不了，农民城镇化也变不了，市民化也变不了。

所以，农二代作为一个枢纽，一定要有融到城市的基本权利。农二代融到城市以后，整个闭环就变了：农三代自然就落到城市了，农一代就变成两栖的——肯定是落到乡村，但一年可能有一定时间在城市，这样农一代往城市去的路径也打通了。

（七）中国农业的一场革命

"村活""人活"之后，是"业"的问题。"业"是随着村和人的变化而变化的——如果村没有变、人没有变，"业"就没有变的空间。因为中国农业的结构特点是：百分之二十几的农民创造百分之几的 GDP（农业占比），"业"怎么有希望？

这背后的根子是人没变，出去的人还是要回来，所以人和地的关系就不可能变，人和村的关系也不可能变，村庄的公共空间就出不来。

如果人和村变了，农二代、农三代跟土地之间的关系就脱掉了，土地流转和集中就能实现，乡村就变成了一个相对集聚的村落，其他的地就可以整理连片，搞农业最难破的人地关系问题就破了，农业经营规模小的问题就可以破了，高质量的农田、农业现代化就有可能了。但对农民来讲，破的是他的耕作权，原有村民实际上还享有两个特权：一是在新村落的宅基地分配权——只有村民才有资格获得宅基地的初始分配；二是只有本村农民才有承包地的承包权。农民有了这两个特权以后，宅基地已经集中了，耕地也由新的耕作者去种。

针对农业小规模的问题，政府现在破的办法是搞补贴，搞种植大户，其实是不合算的。因为农村的人、地、村关系没被打破，出去的人的地给周围的亲戚、邻居种，农业经营的契约关系形成不了，经营者就培养不出来，地也拿不出来。

由破人和破村带来破地，地就可以相对集中。这背后是权属关系的变化：第一，原来的农户承包权成为田底权，经营权成为田面权——农民就像古代的"不在地主"一样，拥有田底权，田面权转让给耕作者，耕作者就可以扩大土地规模了；第二，只要对田面权的权利保障——使用、收益、转让、流转、抵押等这些权利都有了，耕作者就能够成为一个好的经营者；第三，村庄原来会有一些公共部分，可以作为集体的公用土地流转给新的经营者，或者当农地使用，或者做其他的加工业，这样一二三产就都出现了，乡村的产业就活了。

乡村产业活了以后，经营者就变了。现在农村老龄化很严峻，老人就种那么一点儿地，年轻人也不回来种，农业就变成一个搞生计的农业，农业就肯定没希望。但地的形态变化以后，会带来农地经营方式、经营者的变化，这对整个中国的农业来讲，就是一场革命。

原来农业现代化最大的障碍是缺少进行农业生产要素组合的主体。因为单位土地的回报太低——那么小块的地，还分散在不同的地方，成本太高，没办法进行要素组合。乡镇的公共空间没有解放，也没办法去搞其他经济活动。

但当有了公共空间，就有人愿意搞各种经济活动，带来了各种想法；农地集中以后，就能够以土地规模化为基础进行农业的生产要素组合、组织新的农民。大量经济活动的复杂化是企业家来做的——企业规模化以后，农产品会面向城市需求，质量、口味多样化，也会进行复杂加工，带来劳动者人力资本的提升、农业质量监测品控的变化，带来农业各个环节服务能力的提升，也会带来农业合作和组合的变化，整个农业就变了，实际上是带来整个中国农业的一场产业革命。这场产业革命实际上是以企业家进到乡村、进行农业的要素组合为特性的农业的工业化过程，也就是农业的产业革命。有了农业的产业革命，农业技术进步就有用武之地了。

农业的产业革命发生在哪里？第一，一二三产打通，提高农业的经济复杂程度，促进农村产业的多样化；第二，农业的产业革命是农业本身的变革，核心是企业家进行的农业生产要素新的组合，降低成本、提高规模报酬，而不是简单的土地规模化，也不是简单的机械化，而推动整个要素组合的关键是人、地、村变化带来的对小规模土地制度的瓶颈的突破。

总而言之，如果不解决乡村"公""私"空间界分问题，乡村"公"的空间部分出不来，那什么事都干不了。人、地、村要做系统整体的考虑、联动，才能突破中国现在人、地、村的恶性循环。

农业有搞头了，中国乡村振兴的"业"就有了根基。反过来讲，有"业"，就有乡村振兴——乡村就是一个新的形态、新的经济组织、新的经营方式，需要脱胎换骨的革命。

（八）乡村秩序再造

乡村未来是否振兴，非常重要的一个标志就是乡村的秩序：在这些新的形态下，乡村的治理模式一定要跟上。

中国现在的乡村治理有两条线：既有自上而下的行政治理，也有传统的乡村治理那一套，但这两条线作用发挥得都不好，原因就是村本身没有达到振兴的形态。

在乡村振兴的形态下，乡村治理未来会发生非常大的变化：（1）乡村的人不完全是本地人了；（2）乡村的功能也不是原来的功能了；（3）乡村的形态也不是原来的形态了。如何在新的形态、新的功能、新的业态、新的人的组合上进行有效治理，以新的村落形态和不同的人、不同的经济活动，形成面对乡村未来的变化,这是要破解的问题。

未来有效的办法可以是传统的乡村治理和自上而下的行政治理这两者的结合,以解决新的村落形态下不同主体对村庄治理的需求。这样,中国的乡村就既是振兴的,也是有序的;既是活的,又是诗和远方。

当然,乡村振兴要有耐心,急不得,起码按10年、20年左右来规划,哪怕50年才能搞定,但关键是要把路径想明白、路子要搞对——一定要打通乡村的循环,找到活的路径、突破口,不能没有任何思路地去搞乡村振兴。

第二十一章
东亚乡村变迁的典型事实再审视

随着乡村振兴战略的提出，对乡村的关注视阈拓宽。与已有将乡村经济简单化为农业经济以及将农民问题的解决主要着力于农民增收不同，近年的研究者注意到乡村是一个包含经济基础、区位条件、资源禀赋、生态环境、制度治理等多个子系统在内的复杂地域系统（龙花楼等，2017）。伴随城乡的历史转型，乡村内部各子系统之间，以及乡村系统与周围环境在相互作用中出现失调，甚至产生病变和衰退（郑小玉等，2018）。由于城乡不平等发展理念的存在，加上对乡村文明及其价值的长期忽视，乡土结构在城镇化、工业化的巨大冲击下发生扭曲，其经济、社会、组织结构出现不同程度的失衡，土地、资本、劳动力等生产要素朝城市单向流动（刘守英等，2018），引起城市与乡村之间的明显落差，乡村地位日益边缘化，乡村机理逐渐衰弱。

要推进乡村振兴战略，首先必须要对乡村衰败的特征进行甄别。迄今的一些研究对乡村衰败的表征进行了各种罗列，如城乡差距明显；乡村人口大规模转移造成乡村适龄劳动力缺失，人力资源低层次化，乡村留守群体的年龄、性别结构失衡；农业经营主体老弱化、兼业化；农业土地报酬递减和农业劳动生产率低下；乡村产业单一，非农经济活动凋敝；村落衰减，公共服务不完善，医疗、卫生、教育、文化等配套不足，基础设施、人居环境落后（张军，2018）；乡村治理陷入困境，公共空间被挤占，基于血缘、宗缘、地缘的乡村关系趋于瓦解（李培林，2004）。这些现象有些是规律性和趋势性的，有些是特殊性和体制性的，有些是局部性和个案性的。如果不加以认真分析就会对乡村现状做出误判，也理不出实施乡村振兴的头绪。

更为危险的是基于片面认识和判断开出的一系列药方。一是继续加快城镇化，认为随着城镇化率的进一步提高，乡村衰败自然得到解决；二是促进土地规模化，以此破除传统小规模农地经营对农业发展的阻碍，实现以扩大农地经营规模为核心的农业现代化（韩朝华，2017）；三是农民职业化，改变目前的兼业化现状，培养职业农民或农业产业经营者成为现代农业的经营主体（杨继瑞等，2013）；四是农业专业化，按照不同区域的资源禀赋和比较优势，形成农业专业化生产区域，提高农业效率（郑风田等，2005）；五是合村并居，通过拆村并村，将村落进行整合归并，改变目前乡村的颓势。

重新审视乡村转型的真实图景，不单是一种学术兴趣，而且具有十分重要的政策含义。乡村变迁中哪些是趋势性的、规律性的，哪些是特例性的，哪些是阶段性的，哪些是制度性的，需要从典型事实入手予以仔细甄别，在此基础上理解转型中乡村演变的一般性和特殊性，给出针对性的解决方案。对于正在推进中的中国乡村振兴来讲，为了避免基于片面认识而犯下不可挽回的历史性错误，我们有必要对与我国乡村特性类似的日本、韩国和我国台湾地区等东亚经济体的典型事实进行再审视，厘清东亚转型中乡村变迁的基本特征，以期对当下中国的乡村振兴提供一定的借鉴。

一、农民收入多元化和身份多角化

与经济转型的结构变迁趋势一致，东亚经济体也发生了农业产值份额和农业就业份额的下降，日本由1890年的39.88%、76.20%分别降至2018年的1.24%、3.33%；韩国由1955年的44.33%、79.71%分别降至2017年的1.85%、4.79%；我国台湾地区由1905年的42.18%、75.38%分别降至

2020 年的 1.65%、4.76%。① 在农业份额下降的同时，这些经济体也经历了人口大规模从乡村向城市的迁徙。1960—2018 年，日本、韩国和我国台湾地区的农户人口占总人口的比重由 36.24%、56.94%、49.79% 分别降至 3.31%、4.49%、11.70%；农户占总户数的比重由 26.95%、53.10%、41.63% 分别降至 2.28%、4.63%、8.87%（见图 21-1）。

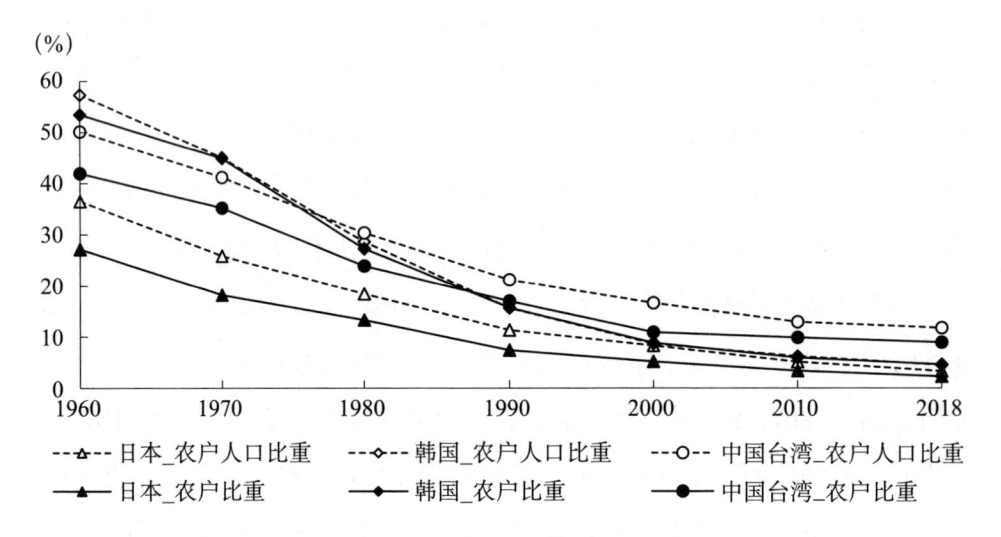

图 21-1　东亚经济体的农户及农户人口比重

资料来源：日本政府统计门户网站 e-Stat《农业结构动态调查》《农林普查年度统计农业篇》，韩国统计门户网站 KOSIS《农林渔业调查》《农林渔业普查》，中国台湾统计资讯网《台湾农业年报》《农业统计年报》，数据由作者计算得出。

注：日本 1990 年及以后变为销售农户（经营耕地面积在 30 公亩以上或农产品销售额在 50 万日元以上的农户）的情况。

（一）农户收入持续增长与来源多元化

一般认为，在城乡转型过程中，农民收入增长会因农业比较利益的劣势

---

① 日本数据来自 B.R. 米切尔编写的《帕尔格雷夫世界历史统计：亚洲、非洲和大洋洲卷（1750—1993）》、中村隆英的《日本昭和经济史（1925—1989）》、日本总务省统计局、一桥大学经济研究所社会科学和统计信息研究中心长期经济统计（LTES）搜索系统以及日本内阁府经济和社会研究所国民经济计算；韩国数据来自《帕尔格雷夫世界历史统计：亚洲、非洲和大洋洲卷（1750—1993）》、韩国银行以及韩国统计门户网站 KOSIS《经济活动人口调查》；中国台湾数据来自中国台湾农业主管部门、统计资讯网。

而出现明显滞后（速水佑次郎，1993），农民的收入也被简化为农业收入和农外收入（蔡昉等，2005），对农民收入来源的复杂性考虑不够。事实是，在东亚城乡转型过程中农户的境况没有变差（见图21-2、图21-3、图21-4）。一方面，这得益于东亚农户收入保持了与城市家庭一样的持续增长。1950—2017年，日本城市家庭年均收入增长率为5.67%，农家总所得年均增长率为4.89%；1963—2016年，韩国城市家庭年均收入增长率为13.48%，农户收入年均增长率为11.96%；1964—2019年，我国台湾地区非农家所得年均增长率为7.16%，农家所得年均增长率为6.85%。另一方面，在非农收入成为农民收入主要来源的同时，农民的收入来源保持多元化。日本1950—2003年农业所得年均增长率约为13.82%，占总所得的比重由68.51%降至14.30%；农外所得年均增长率为17.08%，占总所得的比重由26.70%升至56.06%，年金收入年均增长率为15.70%，占总所得的比重由4.79%增加到29.64%；2004—2018年统计变更后①，农外所得比重由44.09%降至30.07%，农业所得和年金收入比重分别由24.83%、30.99%增至34.08%、35.71%，年金收入成为农户最重要的收入来源。韩国1962—2020年农户农业所得年均增长率为17.54%，占总所得的比重从79.58%下降到26.25%；农外所得年均增长率为18.24%，占总所得的比重由20.42%增加到36.88%；1983—2020年转移收入年均增长率为29.28%，比重由17.25%升至31.68%；2003—2020年非经常收入及其比重逐渐下降。我国台湾地区1966—2016年农业所得年均增长率为11.33%，占总所得的比重由65.95%下降到21.91%；薪资所得年均增长率为12.55%，占总所得的比重由20.10%增至34.95%，在20世纪80年代曾一度达50%以上；财产所得年均

---

① 日本1950—2003年农户家庭收入数据通过《农家经济调查》进行统计，将全体农户家庭成员的收入合计为"农户收入"，2004年及之后的农户家庭收入数据通过《农业经营统计调查》进行统计，只将农户家庭中参与农业经营的人的收入合计，不再包含不参与自家农业经营的家庭成员的收入。

增长率为 10.04%，占总所得的比重由 7.20% 增至 11.35%；营业所得年均增长率为 9.11%，比重由 2.80% 增至 7.36%；捐赠转移及其他所得年均增长率为 11.78%，比重由 3.90% 增至 24.53%。

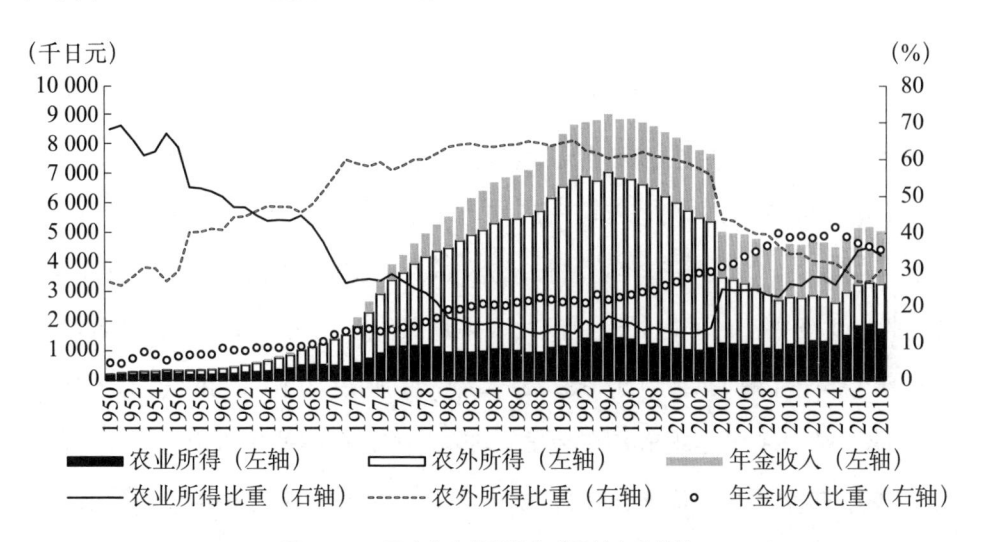

图 21-2　日本农户总所得构成及其变化趋势

资料来源：《农家经济调查》和《农业经营统计调查》。

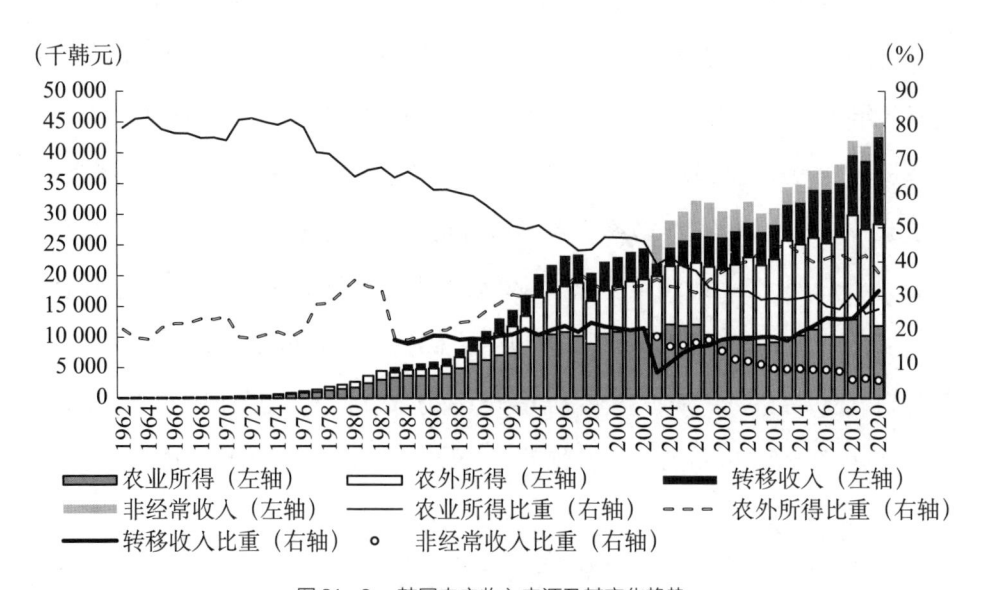

图 21-3　韩国农户收入来源及其变化趋势

资料来源：韩国统计门户网站 KOSIS《农户经济调查》。

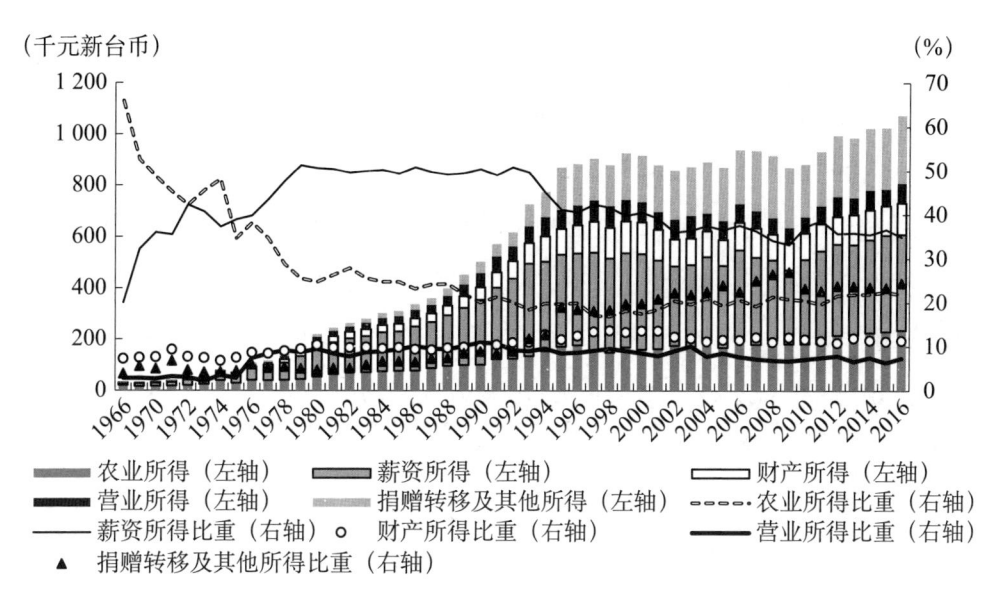

图 21-4　中国台湾地区农户收入来源及其变化趋势

资料来源：中国台湾《农业统计年报》。

（二）农民职业身份多角化

主流观点认为，随着农业转型，从事多种生产的小规模经营与日益专业化、精细化的农业存在矛盾，低水平劳动分工的传统小农会走向终结，取而代之的是以营利和市场交换为目的、参与专业化分工的农业劳动者（孟德拉斯，2010）。然而在东亚，与农户收入来源多元化相对应，农民长期保持兼业状态，所变化的只是兼业类型从以农为主转向以农为辅①，并没有呈现农民职

---

① 日本农户区分为专业农户（家庭成员中没有兼职从事者的农户）和兼业农户（家庭成员中有一名及以上兼职从事者的农户），其中兼业农户区分为第一种兼业农户（农业收入高于兼业收入的兼业农户）以及第二种兼业农户（兼业收入高于农业收入的兼业农户）；韩国农户区分为专业农户（以营利为目的，没有家庭成员每年从事农业以外的工作超过 30 天的农户）和兼业农户（以营利为目的，有家庭成员每年从事非农工作 30 天以上的农户），其中兼业农户分为一类兼业农户（农业收入高于非农收入的兼业农户）和二类兼业农户（农业收入低于非农收入的兼业农户）；中国台湾的农户区分为专业农户（农户中全部人口均依赖农业收入生活，而无人专办或兼办其他行业）和兼业农户（农户内满 15 岁以上的人口中，有一人以上专办或兼办其他行业者），兼业农户区分为以农牧业为主（农业收入占农家总收入 50% 以上的兼业农家）和以兼业为主（农业收入占农家总收入 50% 以下的兼业农家）。本章为方便叙述，将日本的第一种兼业农户、韩国的一类兼业农户和中国台湾以农牧业为主的兼业农户，统称为"以农为主的兼业农户"；将日本的第二种兼业农户、韩国的二类兼业农户和中国台湾以兼业为主的兼业农户，统称为"以农为辅的兼业农户"。

业化或专业化的特征，尽管近年来有所改变（见图 21-5）。1960—2015 年，日本专业农户数量由 208 万户降至 44 万户，减少了 78.69%，占总农户的比重由 1960 年的 34.31% 降至 1975 年的 12.45%，自 20 世纪 80 年代起开始缓慢回升，到 2015 年时达到 33.30%，在后一时期，部分农户通过扩大经营规模成为自立经营专业农户（晖峻众三，2011），与传统靠农业为生的专业农户有本质区别；韩国专业农户由 171 万户降至 60 万户，减少了 64.93%，占总农户的比重由 73.40% 降至 54.98%；我国台湾地区专业农户数量及其比重由 1960 年的 38 万户、47.61% 分别降至 1980 年的 8 万户、8.95%，新专业农户从 20 世纪 80 年代中期开始增加，至 2015 年时达到 18 万户，占比 25.31%。相比之下，农户兼业是基本形态。1960—2015 年，日本兼业农户由 398 万户降至 89 万户，最高值为 1970 年的 456 万户，占总农户的比重由 65.69% 增至 66.70%，最高值为 1975 年的 87.55%；韩国兼业农户数由 62 万户下降到 49 万户，最高值为 1970 年的 80 万户，占总农户的比重由 26.60% 增至 45.02%；我国台湾地区兼业农户数量及其比重由 1960 年的 42 万户、52.39% 分别升至 54 万户、74.69%，最高值为 1980 年的 81 万户，占比 91.05%。可见，东亚经济体兼业农户数量在大规模非农转移前都呈现明显增长，随着乡村人口的大量转移，兼业农户数量出现减少，但兼业仍是农户的主要形态。

在兼业农户中，以农为主的兼业农户大幅下降。1960—2015 年，日本以农为主的兼业农户由 204 万户降至 16 万户，下降了 91.91%，占总农户的比重由 33.62% 降至 12.39%；韩国以农为主的兼业农户由 33 万户降至 17 万户，下降了 46.94%，比重长期维持在 10%～20%；我国台湾地区以农为主的兼业农户由 24 万户降至 5 万户，比重由 29.85% 下降到 2015 年的 6.33%，最高点为 1975 年的 47.64%。而以农为辅的兼业农户则呈现增长趋势，日本以农为辅的兼业农户由 194 万户下降到 72 万户，最高点为 1975 年的 308 万户，占总农户的比重由 32.07% 升至 54.30%，最高点为 1985 年的 67.97%；

韩国以农为辅的兼业农户的数量及其比重分别由29万户、12.62%增至32万户、29.18%；我国台湾地区以农为辅的兼业农户的数量及其比重分别由18万户、22.54%增至49万户、68.36%。整体而言，各经济体的兼业农户都不断加深了农业副业化程度，更加依赖从非农兼业活动中获取的农外收入。

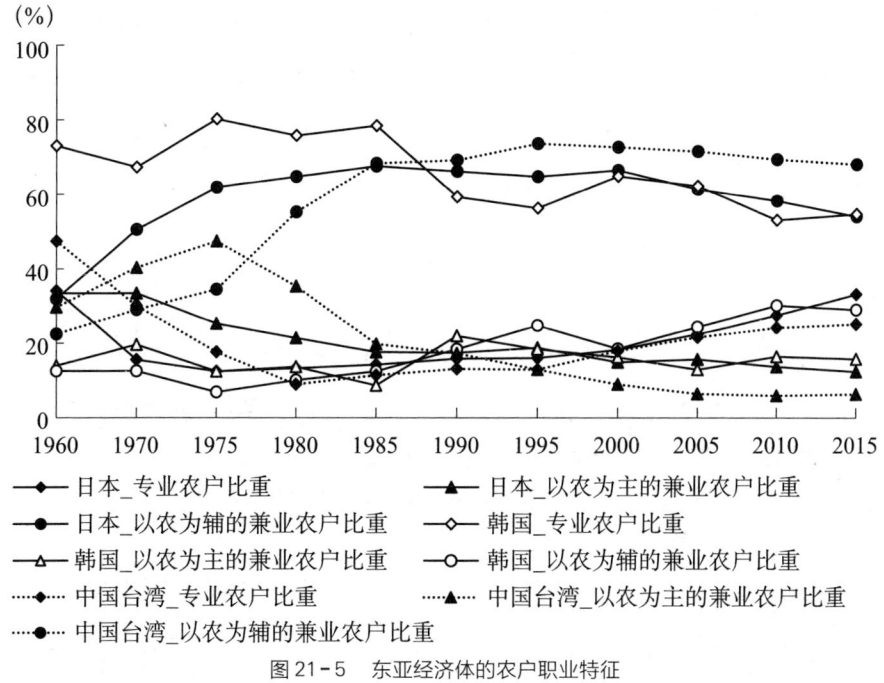

图 21-5　东亚经济体的农户职业特征

资料来源：同图 21-1。

（三）城乡收入平衡增长

按照库兹涅茨曲线，从前工业文明向工业文明快速过渡的经济增长早期阶段会出现收入不平等扩大现象（Kuznets，1955），中国的城乡差距由于城乡二元体制的存在表现得尤其明显，1978—2020年中国城乡居民收入比由2.57变为2.56，2009年达到3.33。① 与之形成鲜明对照，东亚经济体城乡转

---

① 中国城镇居民人均可支配收入、农村居民人均可支配收入数据来自国家统计局，城乡居民收入比＝城镇居民人均可支配收入/农村居民人均可支配收入，后文中东亚经济体的城乡家庭年均收入比＝城市家庭（非农户）年均收入/农村家庭（农户）年均收入。

型中并没有出现城乡收入差距拉大这一棘手问题，城乡收入差距一直保持在低位，且不断收敛（见图21-6）。日本城乡居民收入比由1950年的0.74增长到1960年的1.1，随后不断下降，自20世纪70年代起维持在0.7~0.8，2004年统计变更后处于1.2~1.3；韩国由1964年的0.70增长到1968年的1.4，随后开始下降，在20世纪70年代中期到80年代间的大部分年份农村家庭收入都超过城市家庭收入，尽管90年代以后城乡居民收入比又有所扩大，最高点为2012年的1.74，之后直至2016年，城乡居民收入比保持在1.5~1.6；我国台湾地区城乡居民收入比由1964年的1.02增长到1970年的1.39，随后稍有下降，到1974年为1.18，之后长期保持在1.2~1.3。

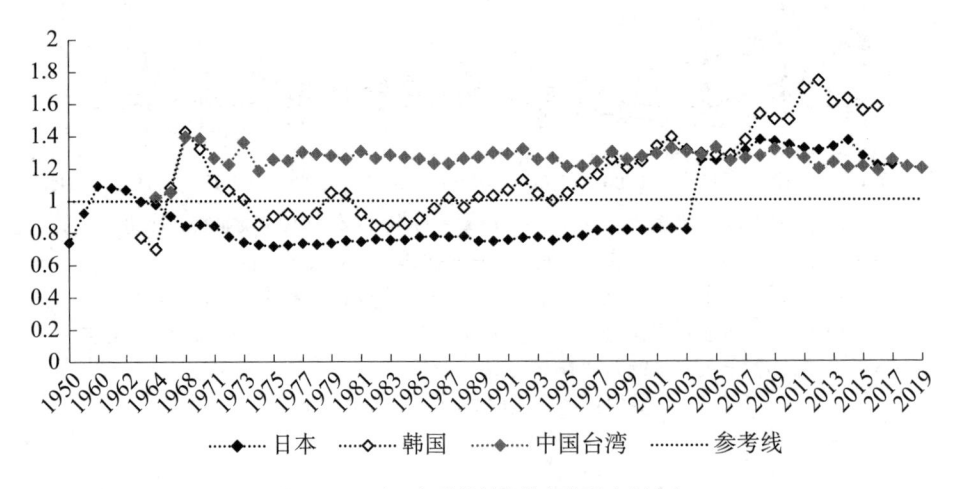

图21-6　东亚经济体城乡收入差距动态演变

资料来源：农户收入资料来源同图21-2、图21-3、图21-4；城市家庭收入数据来自日本政府统计门户网站e-Stat《家計调查》、韩国统计门户网站KOSIS《家庭收支趋势调查》、中国台湾地区《家庭收支调查报告》。

二、农业要素组合升级与农业报酬提高

一般认为，随着农业份额的不断下降，农业的重要性会降低，农业变成弱质产业。但是，东亚经济体农业份额的降低并没有导致农业部门的衰退，它们通过农业要素的不断组合升级，实现了小规模农业经营基础上的农业工

业化，提高了农业报酬和农业生产率。

（一）农业要素组合与农业工业化

东亚经济体的农业何以变强？非常重要的是，它们的农业走向了以农业部门要素组合重构并且连续发生突破性变化的农业工业化。日本1960—1990年乡村人口非农化转移导致农业劳动力成本上升，由0.89万日元增至5.14万日元（见图21-7），增长4.78倍，每60千克水稻生产的投入劳动时间由23.20工时下降到4.90工时，缩短78.88%，劳动力成本占总成本的比重由44.62%降至28.69%；同时土地花费增长，土地租金由0.13万日元增至3.04万日元，占比由6.36%增至16.99%，土地改良及水利费由0.05万日元增至0.66万日元，占比由2.69%增至3.69%；顺应要素价格的相对变动，农业机械化水平得以提高，农机具费由0.16万日元增至4.28万日元，增长25.75倍，占比由8.17%增加到23.91%。1990—2010年农业要素组合发生明显变化，劳动力成本、农机具费、土地租金的花费和占比先后下降，通过加入农业经济组织来共同利用设施和农机所发生的租赁费明显增长，从1.03万日元增至1.16万日元，占比由5.75%增至8.09%，这一经营方式的变化也带动种苗费、肥料费、农业药剂费、光热动力费、其他材料费、农用建筑物费等发生不同程度的增长，占比分别由1.62%、5.01%、4.20%、1.78%、1.24%、2.58%增长至2.36%、6.53%、5.16%、2.82%、1.34%、4.77%。2010—2018年劳动力成本约占1/4，农机具费和土地租金分别约占1/5、1/10，其他生产要素的重要性不断提升，在种苗、肥料、农业药剂、光热动力方面的投入提高到2.80%、6.86%、5.80%、3.59%，为农业要素组合提供更多可行空间。

韩国1970—2000年水稻生产所花费的劳动力成本、土地租金以及农机具费由0.59万韩元、0.68万韩元、0.09万韩元增至11.52万韩元、24.50万韩元、7.90万韩元，其中劳动力成本占比由34.31%降至21.43%，土地租金、农机具费占比分别由39.57%、5.37%增至45.55%、14.70%，这一时期对种苗、农药的投入也分别由0.03万韩元、0.03万韩元增至0.94万韩元、2.79万韩元，占比分别由1.52%、1.93%增至1.75%、5.19%。2000—2010年劳动力、土地、农机具方面花费占比分别下降至16.33%、34.93%、7.46%，包括雇佣劳务费和农机租赁费在内的委托营农费用增长约19.81倍，占比由1.00%扩大到18.22%，农业经营方式的转变带动种苗费、肥料费、其他材料费、光热电费占比分别由1.75%、4.24%、0.49%、0.49%增至2.07%、7.81%、1.93%、0.84%。2010—2020年土地租金、劳动力成本占比分别约1/3、1/4，农机具费占比由7.46%下降至3.03%，委托营农费用持续增加至12.34万韩元，占比却降至15.95%，传统要素的重要性降低，为更加丰富的要素投入腾出空间，花费在种苗、营农设施、农用车、其他费用等方面的成本占比分别由2.07%、0.17%、0.07%、0.84%增至2.79%、0.35%、0.76%、2.71%（见图21-8）。

我国台湾地区1960—1995年稻谷生产的工资花费占比由43.34%增至64.05%，为应对劳动力成本上升，农业机械化得以推进，农户拥有的耕耘机数量由1962年的6154台增至1995年的7.24万台，为提高亩产而投入的种苗籽费、农药及材料费占比也分别由1.47%、2.17%增至6.60%、6.24%，以往花费较多的肥料费、设算地租及租佃的占比却分别由26.40%、21.54%降至6.25%、14.78%。1995—2016年工资的增长速度放缓，其占比下降至53.42%，农具费及其占比也发生下降，在水旱田整地、水稻插秧、收获、干燥等方面的机械化程度已达98%以上。为进一步促进生产，多种物料的相对重要性发生改变，种苗籽费、农药及材料费、肥料费、农舍费、水利费等以及设算地租及租佃占比分别增至8.13%、10.43%、11.01%、0.67%、0.97%、15.13%。2016—2020年，工资占比逐渐下降并趋于总成本的一半，其他大部分要素的投入占比整体上升，要素组合不断发生调整。2020年，设算地租及租佃、肥料费、农药及材料费、种苗籽费的占比分别为14%、11%、10%、9%（见图21-9）。

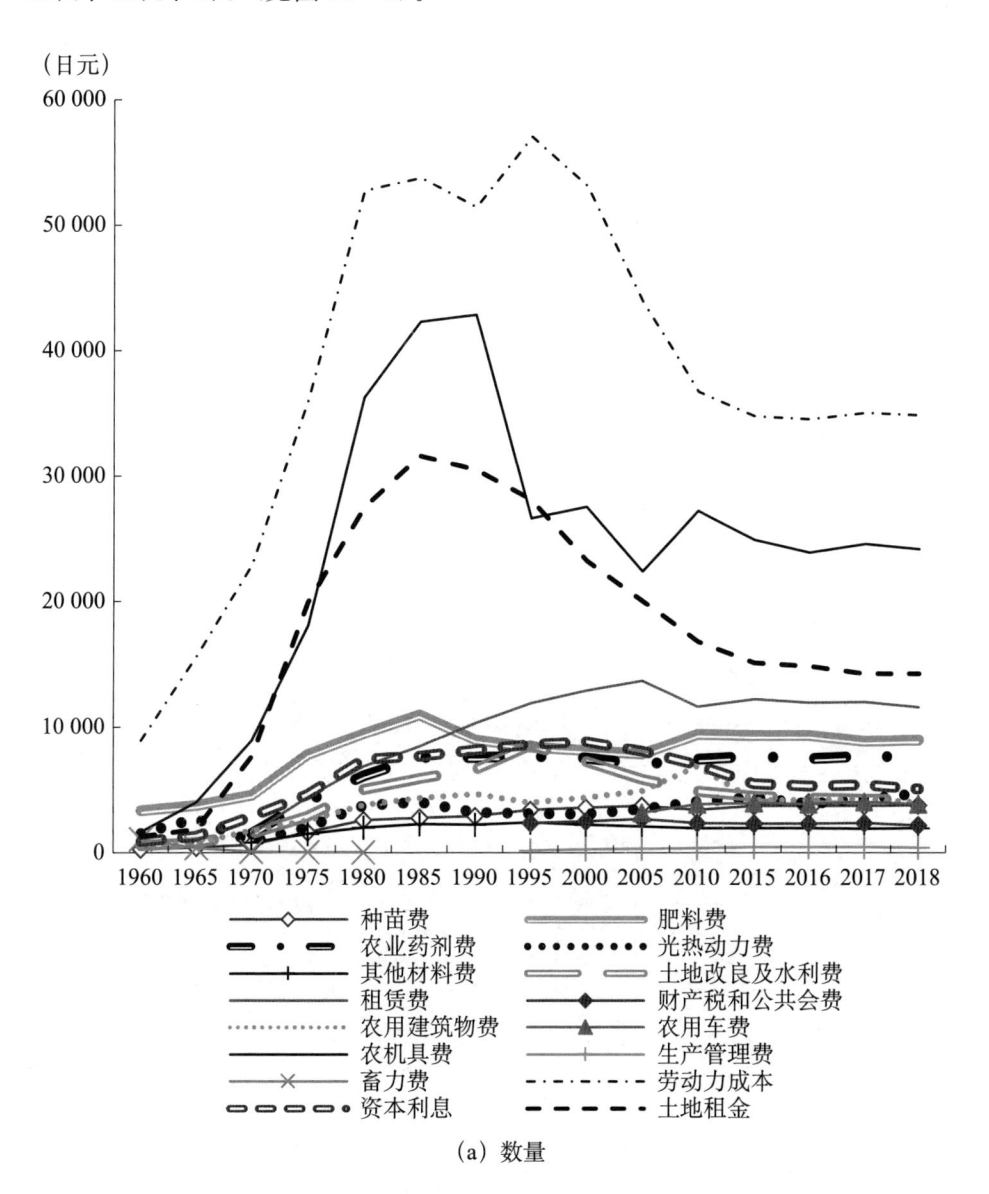

(a) 数量

图21-7 日本每10亩水稻生产成本及其构成变化

498　中国乡村转型与现代化

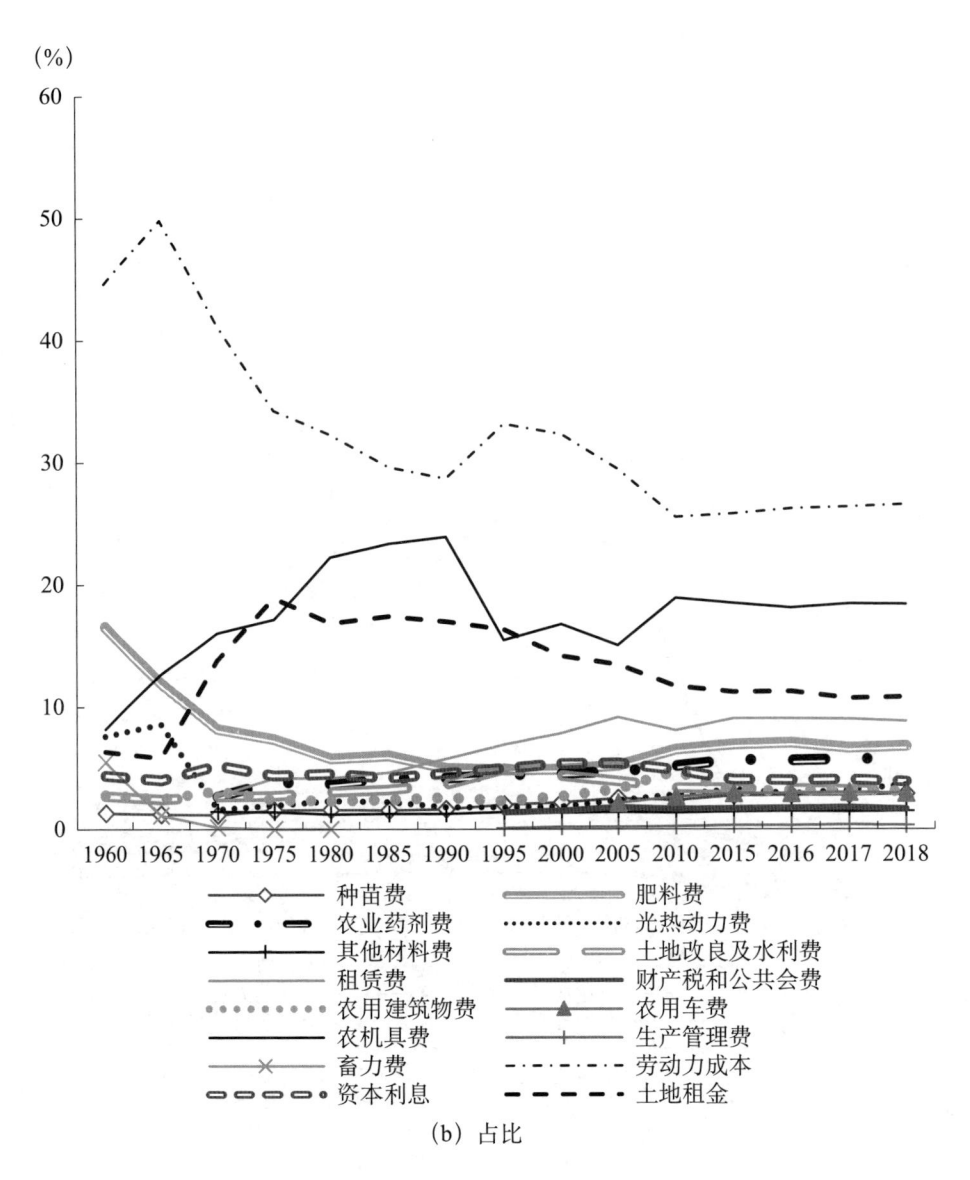

(b) 占比

图 21-7　日本每 10 亩水稻生产成本及其构成变化（续）

资料来源：日本政府统计门户网站 e-Stat《农业经营统计调查》。

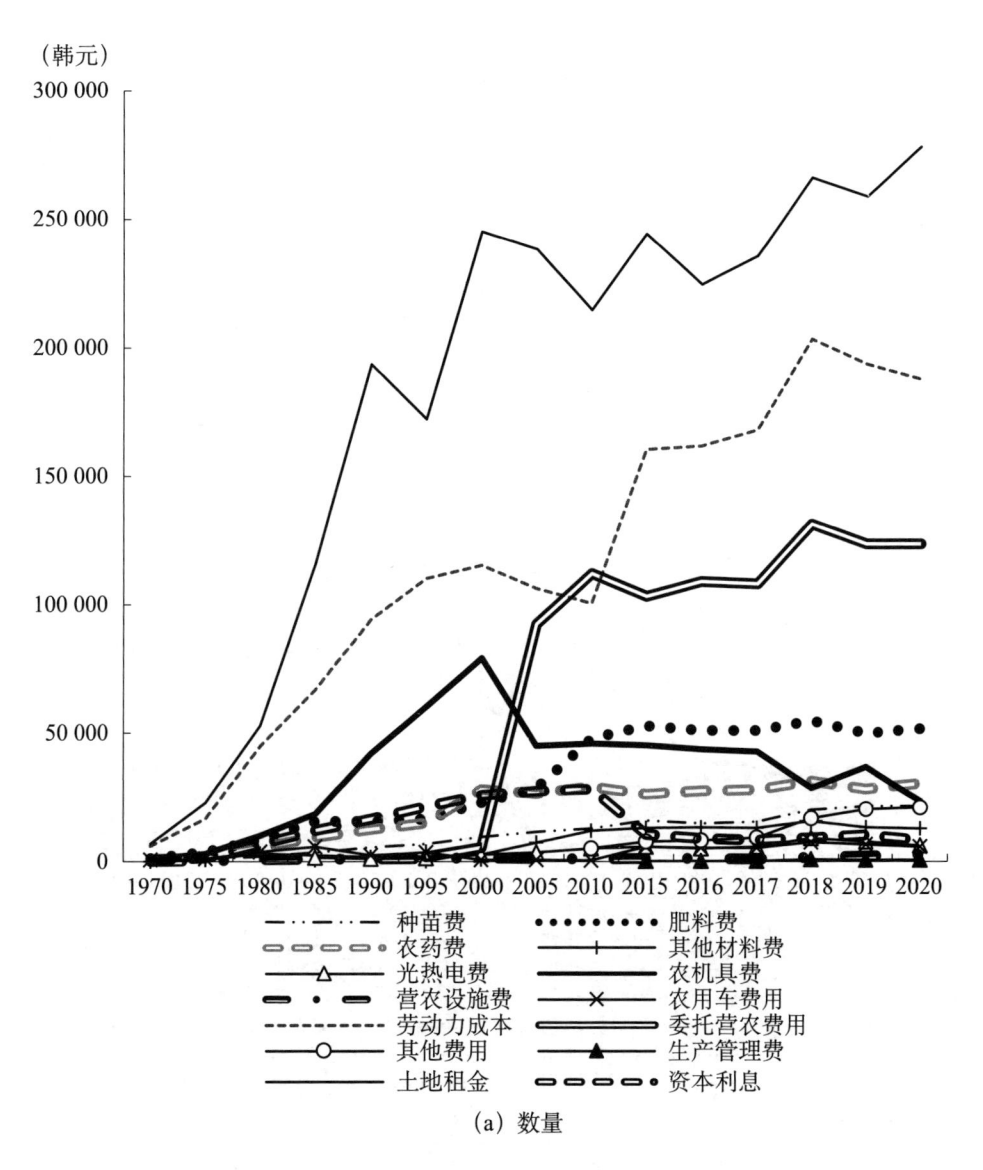

第二十一章　东亚乡村变迁的典型事实再审视　499

（韩元）

图例	
种苗费	肥料费
农药费	其他材料费
光热电费	农机具费
营农设施费	农用车费用
劳动力成本	委托营农费用
其他费用	生产管理费
土地租金	资本利息

(a) 数量

图 21-8　韩国每 10 亩水稻生产成本及其构成变化

(b) 占比

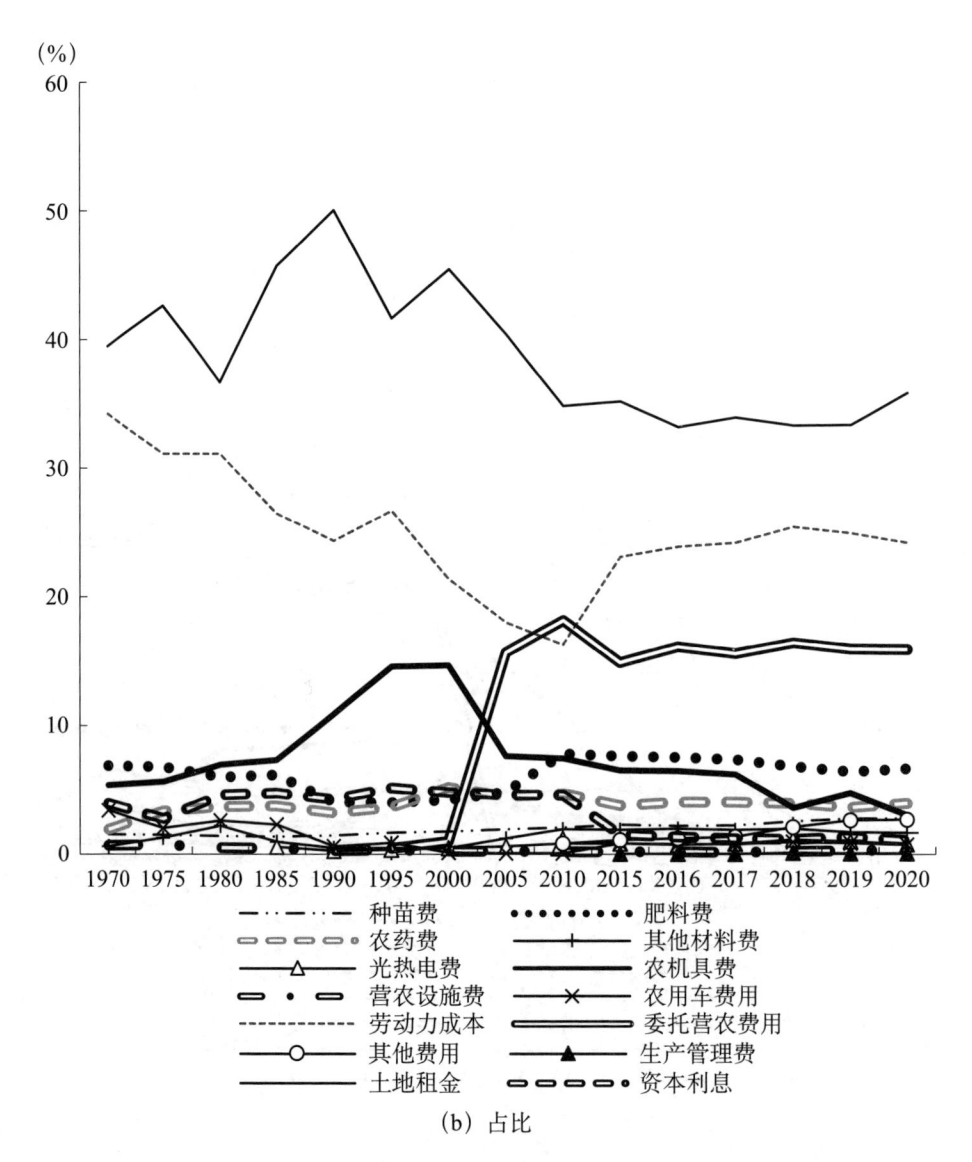

图 21-8　韩国每 10 亩水稻生产成本及其构成变化（续）

资料来源：韩国统计门户网站 KOSIS《农畜产品生产费用调查》。

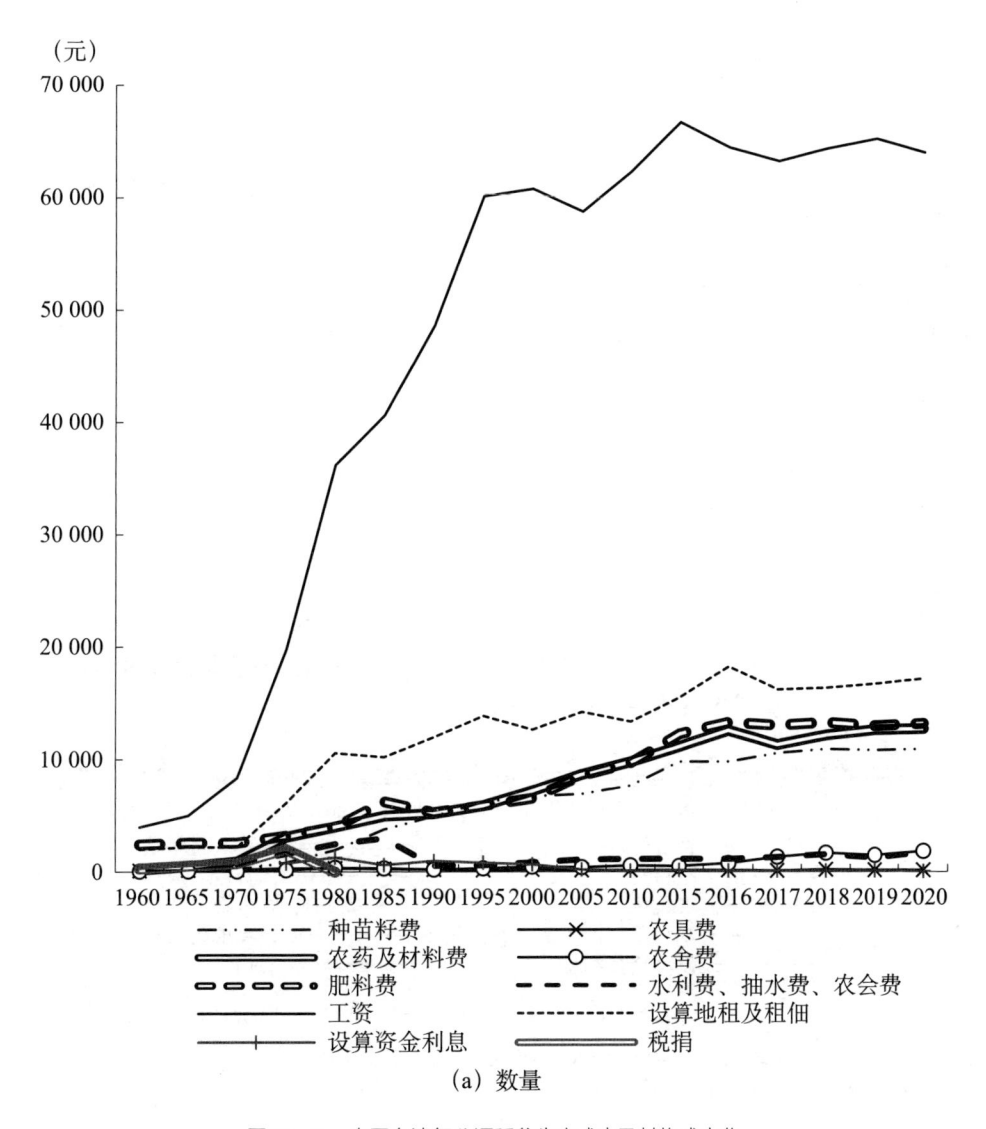

第二十一章　东亚乡村变迁的典型事实再审视　501

（元）

图例	
—··—··— 种苗籽费	—×— 农具费
═══ 农药及材料费	—○— 农舍费
⚊ ⚊ 肥料费	— — 水利费、抽水费、农会费
——— 工资	------ 设算地租及租佃
—+— 设算资金利息	━━━ 税捐

（a）数量

图 21-9　中国台湾每公顷稻谷生产成本及其构成变化

种苗籽费	农药及材料费
肥料费	工资
农具费	农舍费
水利费、抽水费、农会费	设算地租及租佃
设算资金利息	税捐

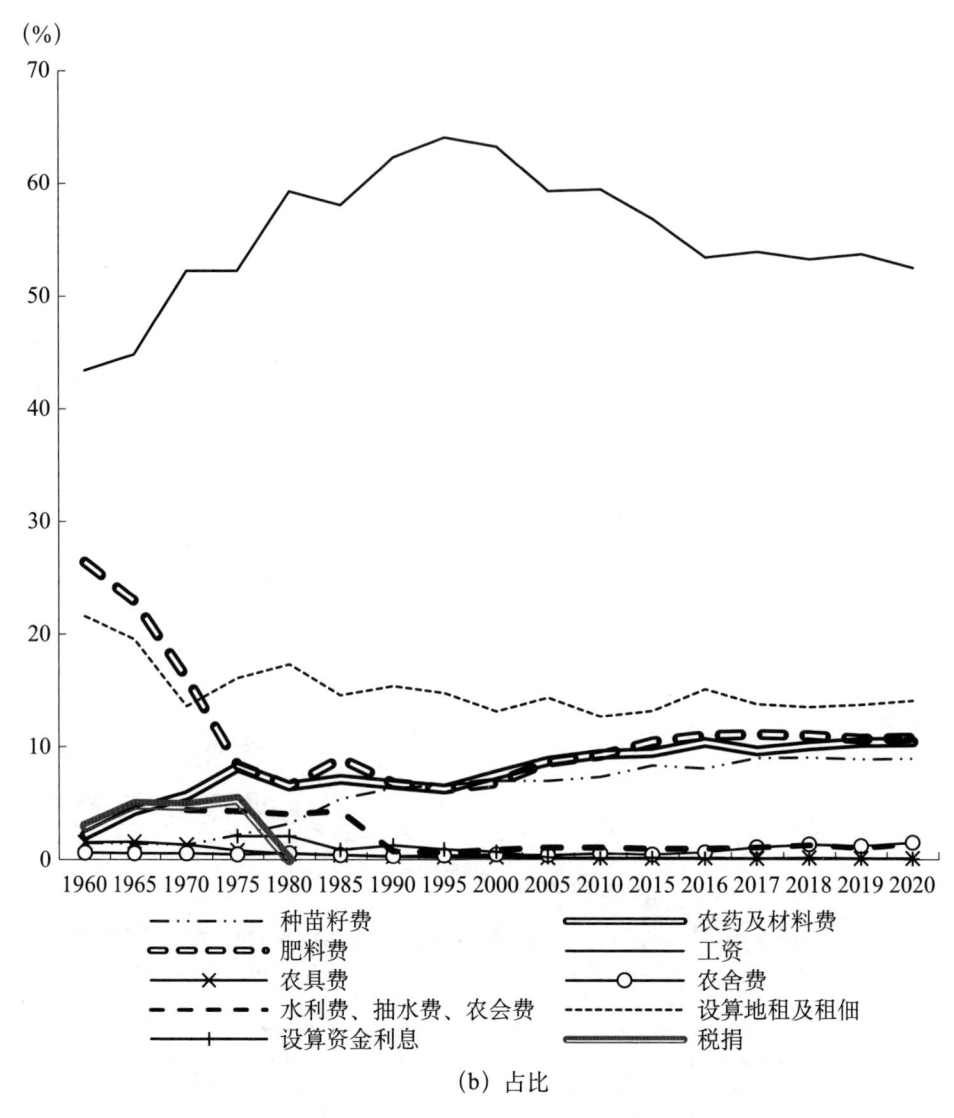

(b) 占比

图 21-9　中国台湾每公顷稻谷生产成本及其构成变化（续）

资料来源：《台湾地区稻谷生产成本调查报告》。

（二）农业报酬的上升

要素组合的不断升级带来了单位农业报酬的提升。东亚正是在推进农业工业化过程中实现了单位农业报酬的不断提升，1960—2018 年日本水稻生产每 10 亩粗收益由 32 060 日元增至 115 800 日元，最高值为 1985 年的 170 800

日元，相较于 1960 年增长约 4.33 倍，每 10 亩所得由 22 060 日元增至 30 730 日元，最高值为 1975 年的 91 530 日元，相较于 1960 年增长约 3.15 倍。1966—2020 年韩国水稻生产每 10 亩粗收益由 12 760 韩元增至 1 216 250 韩元，增长约 94.32 倍，每 10 亩收入由 8 960 韩元增至 731 730 韩元，最高值为 2000 年的 760 710 韩元，相较于 1966 年增长约 83.90 倍。1986—2020 年我国台湾地区每公顷稻作总收入由 66 040 元增至 131 880 元，增长 99.70%，每公顷稻作所得由 27 010 元增至 41 520 元，增长了 53.72%。[①]

（三）农业生产率的提高

农业生产要素重构，基要生产函数连续发生突破性变化。伴随农业机械化、农业基础设施建设、应用新农技及改进生产方式而来的是，资本利用的广度和深度同时拓宽，从而实现每个工人以及每单位土地生产力的提高（张培刚，2014）。1960—2018 年日本每单位劳动时间的农业增加值由 60 日元增至 1 090 日元，增长了 17.17 倍，每 10 亩经营耕地的农业增加值由 23 800 日元增至 75 000 日元，最高值为 1975 年的 104 200 日元，相较于 1960 年增长了 3.38 倍，每 10 亩水稻的主产物数量由 448 千克增至 504 千克，最高值为 2000 年的 539 千克，相较于 1960 年增长 20.31%。1966—2020 年，韩国每单位劳动创造的农业增加值由 60 韩元增至 18 000 韩元，每单位面积土地的农业增加值由 11 990 韩元增至 1 576 000 韩元，每 10 亩水稻的主产品数量由 394 千克增至 671 千克，增长了 70.30%。我国台湾地区农业每个就业者每月的产出由 1981 年的 20 290 元增至 2020 年的 56 040 元，增长约 1.76 倍，每

[①] 粗收益（总收入）指农业经营所取得的总收入，通常为主产物价值与副产品价值之和；所得为农业经营粗收益（总收入）中扣除农业生产消耗的所有生产费用（不包括自有要素如劳动力、土地、资本的花费）的余额。资料来源同图 21-7、图 21-8 和图 21-9。

公斤稻谷产量由 1960 年的 3 733 千克增至 2020 年的 6 287 千克,增长约 68.42%。①

(四) 小规模农业与农业协同组合构成农业经营的主要形态

主流观点认为扩大农地经营规模是农业转型的标志,农业规模化是农业现代化的标志。事实是,经过半个多世纪的努力,东亚农业仍长期维系小规模土地经营形态,1960—2015 年日本户均经营耕地面积由 0.88 公顷增至 2.20 公顷,扩大约 1.50 倍②;1970—2020 年韩国户均耕地面积由 0.93 公顷增至 1.51 公顷,增长仅 62.37%③;1961—2020 年我国台湾地区平均每一农户耕地面积维系在 1.00~1.15 公顷④。

连接小农与外部关系的是农协(农会)组织。为强化经营基础,各经济体着力推进基层农协合并走向规模化,日本 1960—2019 年综合农协数由 12 050 个降至 627 个,其会员数却由 653.6 万人增至 1 046.6 万人,专业农协的出资组合和非出资组合也分别由 5 308 个、11 538 个降至 582 个、527 个⑤;韩国初级合作社数量由 1961 年的 21 042 个缩减到 1985 年的 1 464 个,初级农业合作社数量由 1990 年的 1 425 个缩减到 2020 年的 1 118 个,但会员数长期维持在 200 万人及以上,全部雇佣职员也由 1961 年的 0.51 万人增至 2020 年的 9.02 万人,扩大 16.69 倍⑥;我国台湾地区 1950—2018 年乡镇市区基层农会数及农事小组数由 315 家、4 903 组分别

---

① 数据来自日本政府统计门户网站 e-Stat《农业经营统计调查》、韩国统计门户网站 KOSIS《农户经济调查》、中国台湾地区《台湾地区稻谷生产成本调查报告》《产值劳动生产力趋势分析报告》,部分数值根据以 2016 年为基期计算的 GDP 实际值进行了调整。

② 数据来自日本农林水产省历年《食品农业农村白皮书》,其统计口径发生过变化,1960 年数据为全部农户中每户农户平均耕地面积,2015 年数据为每户有经营耕地的销售农户平均经营耕地面积。

③ 数据来自《2020 年韩国统计年鉴》。

④ 数据来自《台湾地区粮食生产情形及业务概况》以及县市重要统计指标查询系统。此外,我国台湾地区历次农林渔牧业普查报告还统计了每一农牧户的平均耕地面积,2015 年仅为 0.72 公顷。

⑤ 数据来自日本农林水产省《农协统计》。

⑥ 数据来自《农协三十年史》《农协年鉴 2021》以及历年《农林畜产食品统计年报》。

降为279家、4 699组，参与的会员数由72.22万人增至181.52万人、增长了151.38%。①

农协统筹农户参与各类农业经济组织，共同使用机械、负责农业生产的部分或全部过程及农场的经营和运行，以实现组织成员的共同利益。2005—2021年日本集落营农数及集落营农法人数分别由10 063个、646个增至14 490个、5 564个，经营耕地面积和农事受托面积之和由35.31万公顷增至46.46万公顷，参与农户数由41.12万户增至47.91万户②；韩国2000—2015年参与农业生产组织的农户占总农户的比重由18.15%增至23.10%，其中参与农业组合法人、农业公司法人这类法人组织的农户分别由4.15万户、0.35万户增至7.29万户、0.62万户③；我国台湾地区2006—2019年农业合作社数量由662个增至1 149个，参与合作社的个人社员由14.96万人增至15.22万人，股金总额由18.21亿元增至35.38亿元④。

近年来东亚也进行了农业法人化或企业化的努力，但不是为主的农业组织形式。日本1970—2020年有资格获取农地所有权的法人进入农业的数量由0.27万家增至1.96万家，增长约6.26倍；2003—2019年通过租赁农地进入农业的法人数由10家增至3 669家，其中2003—2009年以平均65家/年的速度增加，2009—2019年以平均379家/年的速度增加，增长速度显著提高⑤；韩国2000—2019年农业组合法人、农业公司法人分别由0.24万个、

---

① 数据来自《农业统计年报》。
② 集落营农是指以集落为单位，对农业生产过程的部分或全部环节达成统一协议、进行共同服务的农业经营组织，数据来自日本农林水产省《集落营农状况调查》。
③ 数据来自韩国统计门户网站KOSIS《农林渔业普查》。
④ 数据来自中国台湾地区统计年报。
⑤ "农业法人"是指种植水稻等土地利用型农业、经营设施园艺和畜产等农业的法人的总称。根据组织形态可分为基于公司法的股份公司、合名公司，以及基于农业协同组合法的农事组合法人。农业法人要想拥有农地，必须满足《农地法》规定的一定条件，满足该条件的法人被称为"有资格获取农地所有权的法人"，自2003年起放宽对法人进入农业的限制，允许农业生产法人以外的公司通过租赁进入农业，2009年《农地法》修订完全解除了对租赁进入的限制。相关数据来自日本农林水产省"关于企业等参与农业情况"统计。

0.09万个增至1.02万个、1.31万个，分别增长约3.25、13.56倍①；我国台湾地区1956—2015年农牧场家数由235家增至1 326家，占农牧业总家数的比重由0.03%增至0.17%②。

三、村庄聚落变化及其功能拓展

（一）村庄聚落形态的演变

一个几乎已达成一致的观点是，城市化必然带来村落的终结，乡村人口减少导致村庄出现劳动力短缺、经济衰弱和社会退化（Liu & Li，2017）。从事实来看，东亚乡村确实因为人口减少出现过疏现象，但不意味着村庄普遍走向衰败，而是根据人口数量、结构和需求的变化发生转型。日本1960—2015年农业集落数由15.243 1万个降至13.825 6万个，减少了9.30%，每个集落的规模扩大，平均户数由64户增至200.7户，并且非农户不断增多，占比由39.06%增至92.48%（见表21-1）；集落内部通过集会等形式对农业生产相关事项、社区公有财产、公用设施管理、环境的保护和美化、集落活动的计划和推进、福利问题等进行讨论和决策，1980—2015年开展集会的农业集落数占比维持在90%以上。③ 韩国2005—2020年全国村落数量由36 041个增至37 563个，增长了4.22%，有农户的村落数占比由98.59%降至94.65%，其中仅有1~9户、10~19户农户的村落数分别增加了120.63%、64.58%，而有20户及以上农户的村落数大幅减少（见表21-2）。

---

① 农业组合法人是由五名以上农民组成的合作企业，共同从事农产品的运输、配送、加工、出口、农村休闲旅游等业务，农业公司法人是以农业经营、农产品流通、加工、销售及农村休闲旅游为目的设立的法人。相关数据来自韩国统计门户网站 KOSIS《农业企业调查》。
② 农牧场是指农牧户以外的农业生产单位，包含独资、合伙、公司、民间团体、政府机关及学校试验农牧场等，有农牧业资源或从事农作物之栽培，家畜、家禽及蜂、蚕饲养等生产、试验事业，或以农业生产设备、场所等提供民众休闲游乐的农业活动事业。相关数据来自中国台湾《农林渔牧业历次普查结果摘要》。
③ 数据来自日本农林水产省《农林普查年度统计地区篇》。

表 21-1　日本农业集落发展状况

年份	农业集落数（个）	每个农业集落的平均户数				
		合计	农户数（户）	非农户数（户）	农户数占比（%）	非农户数占比（%）
1960	152 431	64	39	25	60.94	39.06
1970	142 699	81	37	44	45.68	54.32
1980	142 377	141.4	32.9	108.5	23.27	76.73
1990	140 122	172.1	27.0	145.1	15.69	84.31
2000	135 163	213.2	22.8	190.4	10.69	89.31
2010	139 176	198	18	180	9.09	90.91
2015	138 256	200.7	15.1	185.6	7.52	92.48

资料来源：日本政府统计门户网站 e-Stat《农林普查年度统计地区篇》。

表 21-2　韩国村落发展状况

年份	村落数（个）	按农户数分的村落数（个）						比例（%）
		小计	1～9 户	10～19 户	20～29 户	30～39 户	40～49 户	50 户以上	
2005	36 041	35 534	3 044	8 002	9 345	6 726	4 002	4 415	98.59
2010	36 498	36 027	4 099	10 361	9 499	5 807	3 096	3 165	98.71
2015	36 792	36 197	5 042	12 019	9 501	5 061	2 423	2 151	98.38
2020	37 563	35 555	6 716	13 170	8 491	3 950	1 678	1 550	94.65

资料来源：韩国统计门户网站 KOSIS《农林渔业普查》。

随着村落的发展、农户的减少以及生产生活需求的多样化，东亚乡村组织也开始发生变迁。日本经过"明治大合并""昭和大合并"以及"平成大合并"，市町村总数由 1888 年的 71 314 个减至 2018 年的 1 718 个（市有 792 个、町有 743 个、村有 183 个）[1]，町、村的减少有利于广域联合的城市建设，公共设施的整合能降低政府管理成本并提升行政、财政的效率，但同时也造成旧町村的活力丧失，传统、文化和历史逐渐消散，居民的声音难以传达等问题[2]。韩国基于血缘和地缘关系形成的村庄组织发生衰退，以农协为主的现代组织得到扩张（韩国农村经

---

[1] 数据来自日本总务省地方自治制度数据。
[2] 引自日本总务府《关于平成大合并（平成 22 年 3 月 5 日）》。

济研究院，2013）。截至 2014 年，除农协外的乡村社会经济组织 2 500～3 000 个，其中自营企业 336 家、社会企业 289 家、合作社 1 160 家、村办企业 751 家、农村社区公司 867 家①，雇佣职员数 4.5 万～5.5 万人，占乡村地区总就业比重为 1.1%～1.4%（Kim & Lim，2016）。我国台湾地区形成了"村（里）、社区"相结合的乡村社会基层组织体系，在此基础上促进社区营造、推动农村再生，并通过农会引导乡村内部组织如产销班、家政班、四健会、社区发展协会等发生整合、相互协作，共同推动乡村社区活化发展。

（二）乡村经济活动的复杂化

传统观点将乡村经济等同于农业经济，将乡村增长等同于农业增长（Irwin et al.，2010），而要促进农业增长，途径之一便是推动农业劳动分工与专业化发展，充分发挥各个生产单位的资源和禀赋优势，最大限度将资源朝向优势农产品的生产集中。遵循这样的逻辑，乡村经济将会日益单一。事实上，东亚乡村经济并未走向单一化或专业化。日本 1975—2014 年乡村工业用地面积由 0.46 万公顷增至 1.94 万公顷，扩大了 3.22 倍，运营企业数及其所吸纳的从业人数由 0.06 万社、4.4 万人分别增至 0.89 万社、61.6 万人，分别增长约 13.83 倍、13.00 倍。② 韩国 1984—2019 年划定的农工园区数由 1984 年的 7 个增至 2019 年的 472 个，增长约 66.43 倍，签订入驻合同的工厂数由 1984 年的 91 家增至 7 486 家，增长约 81.26 倍，2000—2019 年雇佣员工由 104 千人增至 152 千人，增长约 46.15%，农工园区的出售率和开工率基本都

---

① 自营企业是由受益人和低收入阶层共同投资，以合作方式创业，实现自给自足，并为弱势群体提供就业机会的企业。社会企业是介于营利性企业和非营利性企业之间的一种中介介式，指在优先追求社会目标的同时，进行商品和服务的生产、销售等经营活动的公司（组织）。合作社是通过合作购买、生产、销售和提供商品或服务，改善成员权益并为当地社区做出贡献的商业组织。村办企业是由当地居民建立和经营的村级企业，通过利用当地各种资源的盈利项目，解决当地普遍存在的问题，创造收入和就业机会，有效实现当地社区的利益。农村社区公司是农村居民或团体利用农村的人力、农产品、自然资源等各种资源，在农村创造就业机会和收入或提供社会服务的公司或组织。

② 数据来自日本农林水产省农村振兴局《关于推进农村创新》。

维持在 90% 以上。①

非农产业的扩张促使农业经营者展开多种经营，提高农产品复杂度，提升从事农业的回报率。日本从事农业生产关联事业的农业经营体数占比由 2005 年的 17.59% 增至 2020 年的 21.46%②，其中，2010—2019 年在乡村从事农产品加工的事业体数由 2.82 万个增至 3.24 万个，增长 14.89%，吸纳的就业人数由 14.19 万人增至 19.21 万人，增长 35.38%，销售总额由 7 783 亿日元增至 9 468 亿日元，增长 21.65%③。我国台湾地区进行多元化经营（兼营加工或休闲）的农牧户（场）能获得更高的农牧业收入，2005—2015 年进行多元化经营的农牧户（场）全年农牧业收入由 1 182 千元增至 2 851 千元，增长了 141.20%，而进行传统经营的农牧户（场）全年农牧业收入由 278 千元增至 450 千元，增长了 61.87%，二者之比由 4.25 扩大到了 6.34。④

（三）基本公共服务的均等化

在发展中国家，随着农村人口快速涌入城市，对农村基础设施的投资也大大减少，乡村获得的基本公共服务极为有限。在东亚，尽管乡村人口大量减少，但是各经济体依然重视对农村和农业的财政支持，提供覆盖全面的乡村公共品以及基本均等的社会保障服务。

日本对乡村公共品投入规模大、覆盖范围广，1950—2020 年农林水产预算（一般会计）由 233 亿日元增至 25 224 亿日元，占总预算的比重在 20 世纪 70 年代曾高达 10% 以上。⑤ 政府持续重视粮食稳定供应、农业持续发展以及农村的振兴，2010—2020 年相关支出占总农林水产预算的比重由 66.51%

---

① 数据来自韩国农业、食品和农村事务部历年《农林畜产食品主要统计》。
② 数据根据日本农林水产省《农林普查年度统计农业篇》的"从事农业生产相关事业的经营单位按事业种类分类经营单位数"计算而成。
③ 数据来自日本农林水产省《六次产业化综合调查》。
④ 数据来自中国台湾统计资讯网历年《农林渔牧业普查》。
⑤ 数据来自日本财务省。

升至73.75%（见表21-3），包括医疗保险、年金保险、农业保险（收入保险和农业共济）等在内的乡村社会保障也趋于完善，除国民均有的基础年金和年金基金外，政府还建立了农民年金制度，2004—2020年农民年金受惠者数由72人增至5万人，年金额由159.2万日元增至47.99亿日元，平均每个农民年金额由2.2万日元增至9.5万日元。①

韩国1975—2021年投入农林水产领域的总支出迅速增长，由965亿韩元增至226 557亿韩元，占总预算的比重在20世纪90年代也曾达10%以上。②乡村公共品的供给范围不断扩大，新村运动时期强调农村生活环境和基础设施的改善（Douglass，2014），包括道路的扩展、电气通信设备的普及和更好的卫生条件（Park，2009），随后逐渐转向注重农业体制建设、农户收入与经营稳定、农村开发与福利增进、粮食管理与农产品流通、打造农业生产基础等方面，2008—2020年农业农村的相关事业费由116 670亿韩元增至145 379亿韩元，占农林畜产食品部总支出的比重由83.61%增至92.16%（见表21-4）。此外，韩国还建成了城乡基本均等的社会安全网，2018年韩国农户参与公共养老金和国民健康保险的比重分别为56.5%、94.6%，城市家庭参与公共养老金和国民健康保险的比重分别为68.7%、98.1%。③

我国台湾地区持续提高以增进农民福利为主的乡村投入，1985—2021年我国台湾农业主管部门主管预算（含追加预算）从25亿元新台币增至1 382亿元新台币，占总预算的比重从0.71%升至6.4%，其中用于农村社会保险和福利服务的支出不断攀升，2001—2021年由247.12亿元新台币增至700.82亿元新台币，占法定预算的比重由31.03%升至68.91%（见表21-5）。

---

① 日本农民年金制度于1971年确立、2001年修正，数据为新制度下农民年金受惠者及其金额的变化情况，数据来自日本农民养老年金基金统计资料。
② 数据来自韩国历年《农林畜产食品主要统计》，1975—2000年的支出数据仅包括预算，自2001年起支出数据包含预算和基金。
③ 数据来自韩国统计门户网站KOSIS《农渔民福利调查》。

以老农津贴为例，1995—2020年老农津贴人数由32万人增至58万人，老农津贴金额由56.28亿元新台币增至523.09亿元新台币。

表21-3　日本按政策分的农林水产省预算　　单位：亿日元

		2010年	2015年	2020年
年度预算额（未经追加）		21 522.53 (100%)	18 545.07 (100%)	19 386.98 (100%)
按项目分	确保粮食的稳定供应	2 840.80 (13.20%)	1 380.73 (7.45%)	1 345.66 (6.94%)
	农业的持续发展	10 539.45 (48.97%)	11 766.38 (63.45%)	12 204.00 (62.95%)
	农村的振兴	934.56 (4.34%)	812.58 (4.38%)	748.65 (3.86%)

资料来源：日本农林水产省历年农林渔业预算明细。

表21-4　韩国按项目分的农林畜产食品部预算表　　单位：亿韩元

		2008年	2014年	2020年
总支出（预算＋基金）		139 548 (100%)	136 371 (100%)	157 743 (100%)
事业费_农业农村		116 670 (83.61%)	124 528 (91.32%)	145 379 (92.16%)
按项目分	加强农业体制	22 628 (16.22%)	31 059 (22.78%)	33 908 (21.50%)
	农户收入·经营稳定	31 306 (22.43%)	23 230 (17.03%)	43 858 (27.80%)
	农村开发·福利增进	13 121 (9.40%)	16 449 (12.06%)	11 976 (7.59%)
	粮食管理·农产品流通	13 763 (9.86%)	33 656 (24.68%)	36 324 (23.03%)
	打造农业生产基础	19 491 (13.97%)	20 133 (14.76%)	19 314 (12.24%)

资料来源：韩国历年《农林畜产食品主要统计》。

表21-5　中国台湾地区按支出项目分的农业主管部门主管预算表

		2001年	2011年	2021年
法定预算（亿元）		796.42	695.71	1 017.05
按项目分（亿元）	科学支出发展	29.49	7.12	12.58
	农业支出	519.81	242.78	303.65
	社会保险支出_社会保险	/	/	221.54
	福利服务支出_农民福利	247.12	445.81	479.28
社会保险与福利服务占比（%）		31.03	64.08	68.91

资料来源：中国台湾农业主管部门历年预算及决算情况。

四、结论与启示性意义

重新审视东亚经济体乡村变迁的典型事实，可以得出以下结论：

第一，东亚经济体乡村走出了一条不同于西方城乡转型的路径。按照经典路径，应通过加快城市化将人口集聚在城市，促进土地流转并集中到少数大户手中，使得农业规模化、机械化、专业化经营，农民转变为职业农民或者产业工人，在服从于城市和工业发展前提下实现乡村转型。这一路径因为过于注重城市化，忽略乡村和村庄本身的发展，导致乡村和农民的衰弱。重新审视东亚经济体乡村转型的事实可发现，东亚经济体同样经历了农业份额下降以及乡村人口减少，却没有发生土地规模化、农业专业化、农民职业化以及传统村庄的普遍终结，而是在小规模农地经营基础上实现了农业工业化，农民通过大量的兼业活动走向职业身份的多角化，村庄也因经济活动的丰富以及公共服务的提供而实现体面存续。这一发展道路使东亚城乡差距没有持续扩大，农民和乡村、农业也没有断根，村庄依然是经济活动和生活空间的重要载体。由此可见，东亚城乡转型模式并非依靠单向城市化模式，而是注重城乡均衡发展。

第二，规避城乡差距扩大的关键是赋予农民在城乡多样化中的经济机会。东亚经济体在现代化进程中没有出现城乡差距的持续扩大。究其原因，东亚经济体并非依靠持续提高城镇化率的唯一路径而发展，而是伴随城乡转型，城乡经济机会不断向农民持续开放，农民收入渠道不断拓宽。在农业收入份额下降、非农收入份额上升的一般规律下，通过乡村基础设施的完善、城乡联系的加强以及乡村产业的发展，农民从事各类经济活动的机会增多，农外收入日趋稳定增加，并且从农业关联事业、各种非农兼业或自营事业也获得了丰富的报酬，此外当局也重视对农民的社会保障和福利服务，如日本的农民年金制度、我国台湾地区的农民健康保险和老农津贴制度等，促使农民的转移性收入显著增加，加上农民财产性收入的分享，使农民的收入来源呈现多样化趋势。收入多样化的背后是东亚农民的职业和身份特征的多角化，他们既没有走向职业化或专业化，也没有完全脱离农业和乡村，而是在从事农业之外还兼顾在城市或乡村的非农工作。这一职业身份的独特特征使得农户既分享了与城市居民相同的各种收入机会，也在乡村获得了各种收入机会，有效规避了城乡差距扩大的困境。

第三，促成要素组合升级而非单一要素替代促进农业发展。传统观点认为，乡村人口的大规模非农转移推动农业规模化，加大机械对劳动的替代，降低农业生产成本，实现土地规模报酬和农业生产率的提高。然而，人多地少的禀赋特征及根深蒂固的小农传统使得东亚推进规模化的努力难以成功。在小规模农地经营的基础上，东亚农业没有走向机械替代劳动的单一过程，而是根据要素价格的相对变化，不断调整并促成劳动力等短缺要素与各类现代要素的有机结合和适度配比。在这一过程中，先进农机、优质种苗、新型肥料和农药等现代要素的比重不断增加，土地、水利、农舍等农业基础设施也得以完善，伴随农事组合、农业公司等经营主体的参与，以及各类农业经济组织的发展，农业社会化服务的范围扩大，农民的组织化程度提高，为各类要素在更大范围内的优化配置提供支撑，促使要素组合方式发生突破性变化，农业生产方式也产生持续性变革，从而实现农业生产率的提高和农业报酬的增长。

第四，村庄功能的存续和拓展是东亚乡村转型的独特特征。东亚乡村的人口减少虽然造成了部分地区的过疏现象，村庄数量发生消减，却没有导致村庄普遍陷入凋敝或走向终结，而是通过不断适应村落发展过程中农户减少、非农户增多、生产生活需求多元化等特征，使村落形态发生变化并实现功能拓展，成为东亚乡村体面的重要支撑。它一方面通过引进工业企业、建设农工园区、促成农业六次产业化等，鼓励农民扩大事业范围，从事多元化的生产和经营，提高乡村经济的复杂度，另一方面依托政府对乡村的大量投资，实现城乡基本均等的公共服务，重视对乡村的基础设施投资，从道路、通信、电气、物流等多方面进行村庄风貌建设，建成以养老保险和健康保险等社会保险为主的乡村社会保障体系，为农民参保提供相应的补贴和优惠政策，解决了农民务农的后顾之忧，实现了乡村的体面和文明形态。

东亚乡村转型的经验为中国正在推进的乡村振兴提供了重要启示。

第一，通过城乡平衡发展缩小城乡收入差距。由于特殊的城乡二元体制和城市偏向的发展战略，我国城乡收入差距较大。城乡收入差距是我国发展不平衡、不充分的主要表现，影响社会经济发展和国民福祉增进，成为国家现代化发展亟待解决的问题之一。一种观点认为继续提高城镇化率、促进农民市民化是解决城乡收入差距问题的唯一途径。然而事实证明，仅靠快速城镇化并非解决城乡收入差距问题的良方，城乡收入差距并没有随着经济不断增长和城镇化率提高而显著缩小，相反，这种只注重速度的粗放式城镇化难以使进城农民平等地享有发展收益，对社会融合带来消极影响（陈云松等，2015）。据测算，即便是城镇化率高达70%，仍有4.5亿人生活在乡村（陈锡文，2018），解决城乡收入差距必须改变单向城镇化思维，改变农民收入结构单一、收入来源受限的局面。借鉴东亚经验，着力拓宽农民增收渠道，不仅要破除制约农业收入增长的藩篱，促使农民务农的单位土地报酬提升，还要在城市和乡村赋予农民更公平的经济机会，促进农民农外收入形式的多样化，同时也要注重对农民的转移支付，保障农民享有均等的社会保障和福利服务，实现农民分享财产性收入。只有实现农民经济机会的不断开放和多样化，才能保障农民收入的可持续增长，缩小城乡差距。

第二，促进农业产业革命，提升农业竞争力。中国农业同样受制于东亚小农传统，土地细碎化现状难以打破，单个农户固守落后的经营方式，生产经营过程中投资力度小，抵抗风险能力较弱，农业竞争力不强。主流观点认为应加快土地流动,将其集中在少数专业农户,提高要素使用效率,增大对农业和土地的投资力度,实现农业规模经营收益。然而我国近年来的实践表明,推进土地规模化的效果并不如意,2016年规模农业经营户仍然只有398万户,占总农业经营户的1.92%①,单纯扩大土地规模反而出现农业生产率的下降,大规模户的土地生产率远低于小规模户,农业规模报酬难以实现(刘守英等,2019)。出现这一困境的根源是单方面要素推进的农业现代化方式收效甚微。借鉴东亚经济体在小规模农地基础上实现农业工业化的经验,采取相应制度安排营造更好的农业要素市场环境,引导各类新型经营主体和现代生产要素进入乡村,以农业技术进步、经营方式创新以及合作组织发展为突破口,促成现代要素和传统要素的配比优化和协调一致,实现在农业领域的有效配置和高效利用。

第三,通过城乡权利开放富裕农民。东亚乡村普遍面临劳动力短缺并且不断老弱化的困境,中国也不例外,2021年第七次人口普查结果显示,乡村人口相比2010年减少1.64亿人,其中60岁、65岁及以上老人占比分别为23.81%、17.72%,高出城镇7.99、6.61个百分点,面对乡村人口的持续减少以及老弱化程度的不断加深,乡村产业发展后继无人。不少学者建议,对接市场需求来培育一批有知识、有技能、善经营、追求利润最大化的新型职业农民,使其成为农业生产的主力军。然而没有相匹配的收入回报,"农民"难以成为具有吸引力的职业,农民职业化难以成为基本形态。东亚经验证明,农民的完全职业化并非最优选择,更为根本的是促进城乡权利朝向农民持续开放,给予农民更多元的经济机会,使农民以各种途径增加收入来源。同时兼业化的小农需要与现代农业有效衔接,依靠强大的基层农民组织,引导各类要素进行有机配合,激励农民参与多种形式的合作生产和共同经营,提高

---

① 数据来自国家统计局《第三次全国农业普查公报》。

生产效率并实现组织内的共同利益。

　　第四，通过村庄的体面实现村庄在乡村振兴中的载体功能。中国乡村正面临着大量人口离土不回村所导致的空村现象，村落总数不断减少，2016年全国乡镇比2006年减少8.1%，自然村比2006年减少3.8%[①]；同时发生了村庄内部农宅闲置与大量公共空间被占用，如果完善乡村人口转移机制以及宅基地退出与盘活机制，全国空心村整治潜力高达1.14亿亩（刘彦随，2011）。村庄逐步丧失发展活力，基础设施落后，整体呈现出破败景象。现有的合村并居导致村庄治理结构和农民生产生活方式发生剧变，对乡俗文化、乡土情结、人情往来等造成损害；农业专业化也导致乡村经济丧失多样性，造成农户收入来源单一化。根据东亚经验，要实现乡村的体面，不能盲目拆村并村，也不能导致乡村走向单一，而是要顺应村庄形态的自然演变及乡村居民的需求变化，促进乡村功能的拓展，一方面引导乡村内部组织发生变化，实现对乡村资源的有效统筹，并充分引导各类社会、经济组织进到乡村，发挥增加就业、激活经济等作用，另一方面不断促成以农业为核心的产业融合发展，根据乡村的资源禀赋特征着力培育适合本地的非农经济，实现乡村经济的多样化和复杂化。此外，政府要持续保持对乡村的公共投资，实现城乡公共服务均等化，引导乡村的体面发展。

[①] 数据来自中华人民共和国中央人民政府网发布的《第三次全国农业普查结果显示："三农"发生历史性变革》。

第二十二章
乡村振兴战略的实施与制度供给

一、问题的提出

党的十九大报告提出实施乡村振兴战略,作为实现"两个一百年"奋斗目标的重要举措。乡村现代化不仅是中国建设现代化强国的重要战场,而且在很大程度上决定"中国梦"的成色。实施乡村振兴战略将是未来"三农"领域理论创新、决策制定、政策实施、政府工作的基本方位。党的十九大报告描绘了"产业兴旺、生态宜居、乡风文明、治理有效、生活富裕"的未来农村图景,2018年中央一号文件做出了2020年、2035年、2050年三个阶段的乡村振兴战略部署。乡村振兴战略的提出与实施,意味着"三农"作为"农业、农民、农村"三位一体的回归,乡村是农业和农民的空间与载体,以乡村振兴为抓手有望真正解决中国久拖未决的"三农"问题。

乡村振兴战略提出之后,学术界、政策界、地方政府的反应彰显了乡村振兴研究滞后对战略实施可能造成的后果。迄今为止学术界的解读热度不减,但基本上是以传统思维对这一战略的自我解释,要么继续以单向城市化逻辑来理解乡村的归宿,要么以孤立的乡土和传统农业思维陷入脱离实际的乡村浪漫主义情绪;政策界在基本内涵不清的情况下,沿袭着忙于做规划、列工程、造项目的工作惯性,各地政府更是召开各种报告动员会,大有兴起一股乡村振兴运动之势。乡村振兴面临的最大瓶颈是理论的缺乏。中国共产党在各个阶段都强调"三农"的基础地位和全党工作重中之重的位置，但是，在农业份额已经降到7％以后，"三农"基础地位的理论依据如何表述？长期以来，关于"三农"问题的研究存在农业—农民—农村的顺序，农业作为之首是因为历史以来吃饭问题的重要性和保障国家工业化战略的意义，农民问题受到重视是因为小农对国家秩序的意义，乡村问题事实上成为"三农"问题的末端，以传统农业为主导的"三农"理论存在缺陷。在我们看来，乡村振兴战略承载的是新时代乡村现代化的使命，需要基于对发展阶段、城乡格局和乡村变迁趋势的分析，重新思考乡村与城市的关系，农民与土地及村庄的关系以及代际变化等对乡村发展的影响，农业内涵、功能与基础性地位的重新界定，农业优先发展与乡村现代化的路径，村庄作为一种制度装置的功能和演化。

与落实乡村振兴中的工程化和项目化相比，制度供给滞后成为实施乡村振兴战略的最大制约。当代乡村问题的存在本身就是扭曲的城乡关系和城乡制度不平等的结果。为了实现赶超型工业化和推进快速城市化，中国建立和强化了一套对乡村发展的歧视性制度框架，以扭曲的要素价格和对乡村不利的贸易条件保障工业的资本形成，城乡不平等的土地制度导致乡村与城市两个空间发展权不平等，忽视农民城市权利，生产要素从乡村向城市单向配置，导致乡村衰败。如果在既有制度架构下实施乡村振兴，乡村的衰败只会加剧，必须在乡村振兴战略下切实推行对导致乡村不振的制度的改革。同时我们也发现，随着城乡关系的调整、乡村经济活动的变化、农民代际引发的经济和社会行为特征的改变，以及乡村的分化加剧，乡村经济机会增加，相对要素价格变化，制度变迁的收益提高，加大了乡村振兴制度供给的激励。因应城乡关系的历史性变化和乡村变化的机遇，提供有效的制度供给，将是实现乡村振兴的重要保障。本章旨在分析乡村振兴的制度制约、乡村问题的成因，在此基础上，提出支撑乡村振兴的制度供给的总体思路、目标模式与实施路径。

二、国内外研究现状与评述

（一）农业为什么没有跟上工业化步伐

工业化在后发经济体中一直被赋予至高无上的地位，它被普遍认为是现代社会进步的动力和源泉。① 但是，工业化普遍被理解为经济重心由初级产品向制造业生产的转移②，主要特征为制造业活动在国民收入和劳动人口份额方面的上升③。这种对工业化的片面理解造成二战后很多民族国家的农业发展受挫并对国民经济造成拖累。一些发展中国家误以为工业能够带来经济发展而农业代表落后，从而认为应当用获得的农业剩余来补贴工业，尤其一些国家通过工农业产品价格"剪刀差"实现这一目标。④ 将工业化看作制造业（尤其是重工业部门）在国民经济中的比重增加，造成了只注重集中资源投资于制造业，而忽视了传统农业的改造和农村发展的错误倾向，这是战后一些发展中国家工业化进程步履维艰和屡屡失败的重要根源之一。⑤ 工业化应该涵盖整个国民经济，它至少应该包括工业和农业的机械化和现代化。工业化表现为"一系列基要的生产函数"发生连续的变化，进而导致生产过程、经济组织、社会结构，以及人们的生活方式、消费方式、行为方式和思维方式的变化。以此认识"工业化"，就不可能出现为了发展工业制造业而牺牲农业的错误倾向。⑥

---

① Chang, P. K. (1949). *Agriculture and Industrialization*. Harvard University Press.
② Chenery, H., S. Robinson and M. Syrquin (1986). *Industrialization and Growth: A Comparative Study*. Oxford University Press.
③ 伊特韦尔等：《新帕尔格雷夫经济学大辞典》，经济科学出版社，1992.
④ Krueger, A. (1997). "Trade Policy and Economic Development: How We Learn," *American Economic Review*, 87 (1): 1-22.
⑤ 张培刚：《新发展经济学》，河南人民出版社，1992.
⑥ 同①。

中国通过重工业优先发展战略建立起了完备的工业体系、实现了从农业国到工业国的转变，但也付出了一些代价。这套政策导致农业增长速度下降，也造成农产品和农业生产要素市场的扭曲。要素市场扭曲所导致的农业增长缓慢，使得整个经济增长受到影响，由此导致对农村劳动力向城市流动进行限制。

（二）城市偏向导致的城乡差距

城市是经济、政治和人民精神生活的中心，被作为前进的主要动力。[①] 都市化是人口从乡村向城市运动，并在都市中从事非农业工作，是乡村生活方式向城市生活方式的转变。但是，后发经济体实施的城市偏向政策往往导致农业、农村发展被忽视。形成城市倾向政策的手段通常是实行"工农业产品价格的'剪刀差'"政策，即通过扭曲产品和生产要素价格，创造偏向城市而不利于农业、农村和农民的政策，获取农业剩余以补贴工业化。[②] 发展中国家选择城市倾向政策，一方面是由于对农业征税可以为工业化提供绝对必要的财政支持。计划经济时期，中国采取了重工业优先的发展策略，需要提取农业剩余以增加城市资本积累以及对城市进行补贴。[③] 另一方面，大多数发展中国家的政治结构造成城乡居民在政治谈判地位和政策影响力上存在严重的不对等。农村部门拥有大多数贫困人口以及成本低廉的各种资源，城市部门拥有大部分的表达渠道、组织和权力，农民的分散居住和个体产出水平占比有限导致极高的集体沟通成本和"搭便车"问题，这些因素导致农村部门居于不利地位。中国实施城市倾向政策的根源在于中华人民共和国成立初期确立的重工业优先发展战略，改革时期城市倾向政策依然存在，则是由于原有战

[①] 《列宁全集》第 19 卷，人民出版社，1959。
[②] Schultz, T. W. (1978). *Distortions of Agricultural Incentives*. Indiana University Press.
[③] Yang, D. T. (1999). "Urban-Biased Policies and Rising Income Inequality in China," *American Economic Review*, 89 (2): 306-310.

略形成的城市利益刚性。[①]

中国城市倾向政策的主要执行机制包括对农业生产的控制、农产品上缴、压低粮价以及通过户籍制度对劳动力由农村到城市的流动进行限制。城乡居民之间的福利待遇差异、倾向性政策下农村居民更高的生活成本、城乡之间教育及医疗卫生设施差异以及有利于城市的金融转移项目，导致了巨大的城乡收入差距。城市倾向的政策造成了农产品和农业生产要素市场的扭曲，导致经济系统的扭曲，从而最终减缓了农业和整个经济体系的增长，对于中国未来的经济增长不利。

（三）城乡统筹与城乡关系调整

直到20世纪90年代中期前后，农村总体上都仍还处于为城市和工业部门提供资金的阶段，在1998年国家确立"多予、少取、放活"的方针前后，情况才有所缓解，但是农村、农业受扶持的力度非常有限。[②] 自2003年以来，中央政府对城乡关系进行重大调整。我国城乡关系进入城乡统筹发展阶段，我国密集出台了一系列强农惠农富农政策。

总的来说，自党的十六大以来，统筹城乡发展对城乡之间公共资源的均衡分配功不可没，城乡之间公共政策差距在缩小。但是，在"城乡统筹"中政府占主导、市场力量不足，最后导致乡村被城市"统筹"，城市高度繁荣、农村衰败的局面并没有得到改变。[③] 城乡分隔的二元体制和城市优先发展战略促使大量劳动力、土地、资本等生产要素向城市集聚，制约了乡村可持续发展，引发了日趋严峻的"乡村病"：土地、人口等生产要素高速非农化；农村社会主体过快老弱化，乡村人气不旺、人力不足，制约了现代农业与乡村转

---

① 蔡昉、杨涛：《城乡收入差距的政治经济学》，《中国社会科学》2000年第4期。
② 李明、邵挺、刘守英：《城乡一体化的国际经验及其对中国的启示》，《中国农村经济》2014年第6期。
③ 刘守英：《乡村为何衰败？如何复兴？》，《财经》2017年第20期。

型发展。① 农村青壮年主力军选择离开家乡到大城市闯荡，他们离土、出村、不愿意回村，加剧了农村的衰落；村庄用地严重空废化。据测算，全国空心村综合整治潜力达1.14亿亩。空心村不整治，新农村难振兴②；乡村地区深度贫困化，城乡居民收入差距难以缩小③；乡村社会治理存在隐患。

（四）党的十九大以来对乡村振兴战略的解读

现阶段我国社会的主要矛盾已经转化为人民日益增长的美好生活需要和不平衡不充分发展之间的矛盾，这种发展的不平衡不充分突出反映在农业和乡村发展的滞后上。随着农业机械化的普及和农业社会化服务体系的健全，农民在大宗作物生产上的劳动强度逐步降低，劳动时间不断减少，如果能使农民利用好比以往更充裕的剩余劳动时间，在农村创造新的供给、满足城镇居民新的需求，正是实施乡村振兴战略的本意所在。④

实施乡村振兴战略应在党管农村工作，农业农村优先发展，农民主体地位，乡村全面振兴，城乡融合发展，人与自然和谐共生，因地制宜、循序渐进七个原则⑤的基础上，实现乡村的美好产业、美好家园、美好风气、美好秩序和美好生活⑥。具体来讲，应当建立健全城乡融合制度保障体制：一是必须建立城乡统一的要素市场，进一步扩大要素在城乡之间的自由流动；二是必须抛弃将农村视为两个"蓄水池"的陈旧思想；三是必须将农业竞争力提高战略纳入国民经济整体竞争力提高战略；四是必须使各项经济政策推动中国人口布局大调整；五是必须完成现行农村政策在实施对象上的转变。⑦ 除此之外，还应当实现农业技术进步模式转变、农地保护模式转变、城乡区划模式

---

①② 刘彦随：《中国新时代城乡融合与乡村振兴》，《地理学报》2018年第4期。
③ 韩俊：《中国城乡关系演变60年：回顾与展望》，《改革》2009年第11期。
④ 陈锡文：《从农村改革四十年看乡村振兴战略的提出》，《行政管理改革》2018年第4期。
⑤ 顾益康：《乡村振兴的着力点要放在村一级》，《新农村》2018年第3期。
⑥ 陈文胜：《寻找实施乡村振兴战略的突破口》，《中国乡村发现》2017年第6期。
⑦ 党国英：《乡村振兴战略的现实依据与实现路径》，《社会发展研究》2018年第1期。

转变、城乡社会治理模式转变、土地产权制度以及农业经营制度变革。

实施乡村振兴战略就是要坚持改革创新精神，按照七个必须的要求走中国特色社会主义乡村振兴道路：一是必须重塑城乡关系，走城乡融合发展之路；二是必须巩固和完善农村基本经营制度，走共同富裕之路；三是必须深化农业供给侧结构性改革，走质量兴农之路；四是必须坚持人与自然和谐共生，走乡村绿色发展之路；五是必须传承发展提升农耕文明，走乡村文化兴盛之路；六是必须创新乡村治理体系，走乡村善治之路；七是必须打好精准脱贫攻坚战，走中国特色减贫之路。① 实施乡村振兴的路径还应当包含以下内容：一是完整理解乡村振兴战略，改变重农业增产、农民增收而轻农村现代化的倾向；二是从城乡统筹转向城乡融合，实现人、地、资本等要素的城乡互动，实现城市和乡村文明共荣共生；三是农业农村优先发展和农业农村现代化；四是改革农村土地产权和农业经营制度；五是乡村治理，重建乡村秩序和制度。②

实施乡村振兴战略应当注意以下问题：（1）关于巩固和完善农村基本经营制度，坚持农村土地农民集体所有，坚持家庭经营的基础性地位，坚持稳定土地承包关系，实行"三权分置"。（2）关于深化农村集体产权制度改革，落实农民集体土地承包权、宅基地使用权和集体资产收益分配权，明确农村集体经济组织的基本性质。（3）关于实现小农户和现代农业发展有机衔接，在有条件也符合农民意愿的地方，应当引导承包耕地的经营权流转、集中，发展适度规模经营。但是，并非所有的耕地都适合规模经营，关键是要向小农户的生产提供优良品种、栽培技术、储运营销和其他各种适合他们的服务。把握好土地经营权流转、集中、规模经营的度，要与城市化进程和农村劳动力转移规模相适应，与农业科技进步和生产手段改进程度相适应，与农业社

---

① 顾益康：《乡村振兴的着力点要放在村一级》，《新农村》2018年第3期。
② 刘守英：《乡村振兴战略是对乡村定位的再认定》，《中国乡村发现》2017年第6期。

会化服务水平提高相适应。①

三、影响乡村振兴的制度安排与体制机制

当前，实现乡村振兴与城乡融合发展还面临着诸多制度性难题。综合分析，我们认为这些难题主要存在五个方面：一是乡村的从属地位；二是农民的城市权利被忽视；三是乡村发展权丧失；四是现行农地制度与农业发展方式不适应；五是宅基地制度改革滞后阻碍村庄转型。

（一）赶超战略、城市偏向与乡村的从属地位

中国乡村问题的根源来自工业和城市优先的发展导向。中华人民共和国成立后不久，中国共产党开启了一个从农业国向工业国的转变，并选择了重工业优先的国家工业化战略，农业充当了提供资本形成与积累的角色，农产品统购统销、集体化与人民公社制度、城乡分割的户籍制度提供重要支撑。国家计划工业化启动并推动了结构转变，但也由此形成工业化先于农业现代化、农业和农村服务于工业发展的工农关系，农民被剥夺了参与工业化的权利。20世纪80年代率先开启的农村改革，开放了农村的发展权利，农村土地改革、市场化改革、乡村工业化和城市化的权利，改变了不平等的城乡关系，农民收入快速增长，城乡收入差距缩小，国家的结构转变主要由乡村工业化推动，这个时期成为我国城乡关系最顺畅的时期。乡村工业化开放了农民在农村地区参与工业化的权利，农村的分工分业带来农民的就业与收入对农业的依赖性降低。但是，无论是乡村工业化还是农民自主城镇化，仍然都被圈在本乡本土，并未根本改变城市主导乡村的格局。1995年特别是1998年以后，中国的工业化、城市化进入快车道，园区工业化兴起，尤其是以沿

---

① 陈锡文：《实施乡村振兴战略，推进农业农村现代化》，《中国农业大学学报（社会科学版）》2018第1期。

海为主的园区工业高速增长，使中国成为世界制造工厂。城市化进程加速，1998—2016年，中国的城镇化率以每年35.89%的速度提速，城市建成区面积从21 380平方公里扩增到54 331.47平方公里，年均增长率达到5.32%，但是，在政府主导的园区工业化和城市化下，城乡发展权利差距拉大，乡村工业化退场，在规划、土地用途等管制下，乡村失去发展权，农村产业发展受阻，农业功能窄化，城乡差距拉大，农民的收入主要依托于出外打工挣取收入，在不断繁荣的城市下，乡村陷入衰败。①

（二）农民的城市权利被忽视

如第七章所述，1949—1950年中期，自由迁徙权是受到法律保障的。1954年中华人民共和国第一部《宪法》规定："中华人民共和国公民有居住和迁徙的自由。""一五"计划时期大量农民纷纷涌入城市，导致城市就业压力和粮食供应紧张，加上城市管理体制毫无准备，这些人口被政府视为盲目流动人口，国家采取紧缩城市人口政策，每隔几年就要求各地政府清理城市流动人口，特别是城市企业在计划外招录的农村劳动力。从20世纪50年代中期开始，以户籍制度为基础，我国建立起一套城乡区别对待的社会制度，严格限制农民进入城市。1958年的户籍制度管制形成计划经济条件下农村户口向城市户口迁移的条件审批准入制，农民迁移进城的主要途径是招工、招兵、上学、亲属投靠及其他临时性政策性通道。在集权计划体制和重工业优先的赶超型经济发展战略下，城市的大门基本将农民关闭在外，城市与乡村成为互相隔绝的两个板块，农民被排斥在工业化、城市化进程之外，农民与城镇居民之间的权利和发展机会不平等形成并逐渐拉大。

1978—1998年是中国农民参与工业化、城市化的黄金时期，1978—1991年，农村劳动力转移总量由3 298万人增长到10 623万人，农村非农就业人

---

① 刘守英：《城乡中国的土地问题》，《北京大学学报（哲学社会科学版）》2018年第3期。

数从 3 150 万人增长到 8 906 万人。但是，城市管理体制改革没有启动，计划经济时期形成的城乡二元体制没有得到真正触动，农民只是在城门外开展农民自发工业化和城市化，农村户口迁往城市的门槛仍然很高，城市居民享有的住房、医疗、养老、教育等公共服务仍然与农村居民无关。到 20 世纪 90 年代中期以后，工业化、城市化的快速推进为农民入城创造了机会。中西部地区的农民通过跨区域流动"撞城"进入并不接纳他们的城市，参与沿海地区的工业化、城市化进程，农民的出村入城促进了中国城市化的快速推进。

但是，中国农民经过"撞城"入城，城市的权利依然只赋予本地市民，为经济社会发展做出巨大贡献的农民工群体没有享受到与市民同等的基本权利和公共服务。在子女教育方面，20% 以上的农民工子女无法入读全日制公办中小学校。不少在城市接受过完整义务教育的农民工子女无法参加中考和高考。在医疗社会保险等方面，农民工参加职工基本医疗、城镇职工基本养老保险、失业保险的比率很低。在住房保障方面，城市保障性住房基本不对农民工开放，农民工公积金缴存率也很低。农民工的跨区域就业造成大量社会问题，农村"三留守"问题尤其突出，大多数农民工只是这场波澜壮阔的城市化的过客，在他们过了劳动年龄以后又返回乡村、回归农业。户籍人口城镇化率与常住人口城镇化率差值从 20 世纪 90 年代末开始逐步拉大，到 2017 年，中国的常住人口城镇化率已经达到 58.52%，农民工总量到 2016 年时已达 2.8 亿人，2016 年常住人口城镇化率与户籍人口城镇化率的差距仍然高达 16.2 个百分点。个别城市政府驱赶进城农民的行动，凸显了农民作为城市过客的尴尬，更彰显了农民城市权利被忽视的严重后果。在城市化进程中，需要正确回答城市是谁的，农民对他们参与建设的城市能否享有基本的权利，以免酿成不可测的经济、社会和政治后果。①

---

① 刘守英、曹亚鹏：《中国农民的城市权利》，《比较》2018 年第 1 辑。

（三）二元土地制度与乡村发展权丧失

在影响农村发展的制度因素中，土地制度是最为重要的一项安排。从改革之初到1998年《中华人民共和国土地管理法》（简称《土地管理法》）修订前，农地转为集体建设用地的通道一直是敞开的。20世纪80年代初期，随着农地改革释放大量剩余劳动力，政府鼓励农民利用集体土地创办乡镇企业，农村建设用地量快速增长。直到1987年实施旧版《土地管理法》时，农村土地进入非农建设还保留有三个通道：一是只要符合乡（镇）村建设规划，得到县级人民政府审批，就可以从事"农村居民住宅建设，乡（镇）村企业建设，乡（镇）村公共设施、公益事业建设等乡（镇）村建设"。二是全民所有制企业、城市集体所有制企业同农业集体经济组织共同投资举办联营企业，需要使用集体所有土地时，"可以按照国家建设征用土地的规定实行征用，也可以由农业集体经济组织按照协议将土地的使用权作为联营条件。"三是城镇非农业户口居民经县级人民政府批准后，可以使用集体所有的土地建住宅。

自1992年开始，国家对集体建设用地的政策发生转变，集体土地必须先征为国有出让才能作为建设用地；集体土地作价入股兴办联营企业的，其土地股份不得转让。1998年修订后的《土地管理法》从法律上将农地进入非农集体建设使用的口子缩紧，明确规定"农民集体所有的土地的使用权不得出让、转让或者出租用于非农业建设"，保留农村集体经济组织以土地使用权入股、联营等形式与其他单位、个人共同举办企业。1999年出台的一项规定要求乡镇企业用地要严格限制在土地利用总体规划确定的城市和村庄、集镇建设用地范围内。自那以后，加上乡镇企业改制和建设用地年度指标管制的加强，农村集体建设用地在大多数地区合法进入市场的通道基本关闭。直到2004年时对农村集体建设用地使用的规定才发生一些变化，该年发布的28号文鼓励农村建设用地整理，城镇建设用地增加要与农村建设用地减少挂钩。在符合规划的前提下，村庄、集镇、建制镇中的农民集体所有建设用地使权可以依法流转。2006 年的国务院 31 号文也是允许在符合规划并严格限定在依法取得的建设用地范围内，农民集体所有建设用地使用权流转。

在集体建设用地转用通道关闭后，征地转用更是成为唯一的合法土地转用方式。1998 年版《土地管理法》沿袭了征地公共利益原则、城乡分治格局和原用途补偿。现行土地配置制度——农地转用一律实行征收、建设用地只能使用国有土地；土地用途、规划、年度计划指标和所有制管制；城市政府独家供应土地——是一套高效保证和促进土地向城市转换的组合，它将乡村用地权力关闭，形成城市用地一个通道。土地使用的城市偏向又加剧了劳动力和资本往城市的单向配置。在城乡格局从单向转向城乡互动后，人口和劳动力从乡村到城乡的单向流动转向城乡之间的对流，城里人对乡村的需求上升带来乡村产业的复活与发展，乡村机会的增加又引致资本下乡。人口和资本配置变化带来的乡村经济活动的变革，凸显土地制度的不适应。当下乡村的衰败与农业产业的竞争力缺乏，与这套制度有很大关系，在现行土地制度安排下，农民利用集体土地从事非农建设的权利被剥夺，导致大多数乡村地区非农经济活动萎缩，农村产业单一，农民在乡村地区的发展机会受阻，造成乡村的凋敝和城乡差距的拉大。① 现行土地制度是阻碍城乡中国阶段城乡融合与平等发展的最大障碍。如果乡村不能获得平等的建设用地权利，乡村空间就无法实现与城市空间平等的发展权，乡村产业发展受阻，人口和劳动力就不可能持久地向乡村流动，资本下乡因没有获利前景而变得昙花一现，乡村振兴战略就找不到有效的实施路径。

（四）农业发展方式历史转型与农地制度不适应

在高速工业化、城市化浪潮的冲击下，中国的农业生产方式正在历经意

---

① 刘守英：《土地制度变革与经济结构转型：对中国 40 年发展经验的一个经济解释》，《中国土地科学》2018 年第 1 期。

义深远的重大变迁。到 2015 年,中国农业产值和就业份额已分别仅占 9.2%和 30.5%;农民的分化程度加深,根据国家统计局 6 万农村住户抽样数据,到 2016 年,纯农户仅占 18.3%,纯非农户占 15.9%,一兼户和二兼户分别占 30.1%和 35.7%;随着农民外出从事非农就业成为常态,农户非农收入份额上升,农家内部分工分业深化,农地的经济重要性下降,青壮年劳动力出外打工挣取非农收入,老人和妇女留守村庄,他们在看守家庭所承包土地的同时,也产出保证家庭生计所需的食物;以农业边际生产率衡量的"刘易斯转折点"于 2010 年前后真正到来,农业劳动力成本上升,农业与非农业争夺劳动力的竞争劣势凸显。在农业要素相对价格发生巨大变化的背景下,长期依靠高劳动投入提高土地单产的中国农民开始改变投入方式,大幅减少作物劳动投入,增加机械和资本投入;农业发展方式发生历史性转变,以 2003 年为转折点,中国农业以提高土地生产率的精耕细作传统农业模式向以提高劳动生产率为主的现代农业发展模式转变。①

在城乡中国阶段,由于农业发展方式转型与农民高度分化,变革农地制度和经营制度的现实需求与呼声会使农地问题重新成为热点。这一阶段的农地问题既有遗留下来的悬而未决的难题,也有农业转型出现的新问题:

第一,集体所有制的政治与制度选择。中国共产党选择了公有制社会主义制度,集体所有制就是这一制度在乡村的基础制度安排。集体所有制的实现有不同的选择,集体化时期采取的是国家控制下集体组织代理行使土地权利的安排,农村改革时期采取的是集体所有下的成员权利安排,两种安排的制度绩效已有大量实证检验。在城乡中国阶段,改革时期做出的成员权集体所有制安排面临现实提出的挑战,比如,既然集体所有是成员所有,新出生

---

① Liu, Shouying, Ruimin Wang, and Guang Shi (2018). "Historical Transformation of China's Agriculture: Productivity Changes and Other Key Features," *China & World Economy*, 26 (1): 42–65.

人口作为集体成员如何享有成员土地权利？减少人口是否应该交出集体成员权？在集体成员不再从事土地经营以后，集体所有者是否有权主张将发包给集体成员的承包经营权收回？集体存在的大量未界定到农户的资源产权属于谁？这些资源在投入使用与再组合以后的利益属于谁？在城乡中国阶段，集体所有制如何安排是一个政治选择问题，且会对农地制度的稳定性与权利结构产生根本影响，进而影响农户行为和资源配置。

第二，农民成员权利的保障与处置方式。对农民土地权利的安排与保障是农地制度的基础。集体化时期的教训是剥夺了农民的土地权利，造成国家和农民利益双损；改革时期的经验是在集体地权下赋权于集体成员并对其权利予以政策和法律保障，给农民吃的定心丸也换来国家在乡村的稳定。但是，随着农民出村与非农经济活动的增加，尤其是农二代对土地和农民的观念发生重大变化，农地制度安排与农业经营制度之间的匹配已经出现了不一致。尽管法律明确承包权是农民的财产权，但是它同时也是一个用益物权，农民承包土地与集体之间是承包发包关系，在人地分离趋势下，承包权与经营权分离成不可逆之势，承包权的权利内涵会发生哪些变化？制度选择的方向是朝向更强更完整的承包权保障，还是在设置底线下朝向有利于强化经营权的方向？由于结构变迁及农民与土地关系发生变化，仅仅以不许动应对意识形态和偏激做法，又会延误实际变革需求的制度供给。

第三，经营权的权利地位与经营制度的演化。从农地制度与农业经营的关系来看，耕作权是影响最为直接的一项权利。随着人地的分离与农民的分化，城乡中国阶段的农业效率取决于经营者对土地利用的权利安排。从发展趋势来看，中国的农业经营制度必然朝向适度规模和经营主体多元化的方向演化，但是如何抵达这一目标？经营权如何从千万小农的承包权中分离出来？如何使经营权成为一种有保障的权利，赋予经营权的权利有多大？赋权强度的火候如何把握？这些都是现在已经遇到、未来会更加显化的亟待解决的问题。①

（五）乡村分化与宅基地制度滞后

在中国的几项农村土地安排中，宅基地制度是最落后的一项制度安排，中国村庄的衰败、无序等都与宅基地制度的缺陷与改革滞后有关。自 1949 年以来，当中国农村历经土地改革—合作化运动—人民公社—家庭联产承包责任制的频繁制度变迁时，宅基地制度变迁经历了与农地承包经营权制度变迁基本类似但制度安排相异的历程，呈现出一副独特和复杂的图景：一是宅基地的权利安排制度的特殊性。宅基地所有权归集体所有，集体经济组织可以分配和控制集体所有的宅基地，并拥有从集体建设用地获取收益的权利。农户可以从集体处无偿取得宅基地的使用权，依法拥有宅基地占有权和使用权，可以在宅基地修建农民住房和晒坝等附属设施，但是农户宅基地不允许出租、转让和买卖，出卖、出租房屋后不得再申请。农户拥有房屋的所有权，但因宅基地使用权权能的残缺并且房地不可分割，房屋所有权权能的实现也受到影响。二是宅基地的获得与分配的独特性。宅基地使用权在一定程度上体现为成员资格权，申请和获得宅基地使用权的前提是申请者有集体经济组织成员资格。同时，对于拥有资格权的申请者，可以无偿获得无限期使用的宅基地使用权。值得强调的是，农民只拥有宅基地的占有和使用权，即使在集体成员之间也不允许转让和交易。三是宅基地的特殊功能。宅基地有两个特殊的社会目标，其一是严守耕地，1987 年实施的旧版《土地管理法》和 1998 年修订的《土地管理法》均制止农民居民侵占耕地修建宅基地。其二是稳住农民，一定程度上来讲宅基地作为集体经济时代遗留下来的保障农民生产生活的场所，对于稳定农民有极大的作用。从这个方面来讲，宅基地制度至少

---

① 刘守英：《城乡中国的土地问题》，《北京大学学报（哲学社会科学版）》2018 年第 3 期。

能够保证农民不会因流离失所而形成社会动荡，这是宅基地功能最大的特殊性。

在政治、法律和政策为宅基地制度的特殊性左右为难时，这一制度在现实中遇到的困境越来越大，政策、法律与现实的冲突加剧，既造成政策实施困难，又伤害法律的权威。这些困境表现在：第一，宅基地大量入市。尽管在法律上没有赋予宅基地出租、转让和交易的权利，但事实上，农民宅基地进入市场已呈普遍化趋势。宅基地在不同类型地区的大量入市给农民带来财产性收入的同时，也解决了进城人口的居住问题，降低了城市化的成本。但是，这种自发入市与现行法律直接冲突。第二，宅基地的无偿分配和成员取得难以为继。随着城市化进程的加快，农村地区尤其是沿海地区建设用地十分紧张，不可能再无偿分配宅基地。城市化带来宅基地价值的显化，集体内农民为获得财产收入变卖、出租宅基地，集体外的居民或迫于城市高房价压力或为了到农村寻求另一种生活方式，纷纷租赁或变相购买农民宅基地（房）。第三，宅基地管理失控。由于乡镇以上管理机制缺乏、监督成本极高、村级制约力度不强，农村宅基地处于失控状态，并且危及耕地保护。第四，宅基地的无序扩张不利于城市健康发展。由于宅基地使用现状与法律严重冲突，政府对宅基地使用的管理基本处于缺位状态，规划和用途管制无法实施。在政府管制缺位下，农民宅基地的扩张和盖房更是处于无序，甚至有蔓延之势。这造成城中村私搭乱建、毫无规划、基础设施和公共服务不足、治理无组织、治安问题严重等，与城市形成完全的两张皮，加大了城市管理成本和未来更新的难度。①

---

① 刘守英：《直面中国土地问题》，中国发展出版社，2014。

四、乡村振兴的路径与制度供给

(一) 总体思路

以实施乡村振兴战略为统领,以强化活化乡村的制度供给和城乡融合的体制机制创新为支撑,以"活业—活人—活村"为路径,实现"产业兴旺、生态宜居、乡风文明、治理有效、生活富裕"。通过城乡关系的重塑,改变不利于乡村经济活动的城市偏向公共政策,改革妨碍乡村发展的城乡二元体制,实现城乡平等发展。顺应发展阶段转换和消费需求变化,研究新阶段农业产业演变规律,完善农地"三权"分置制度,建立小农与现代农业相结合的产业体系、组织体系、服务体系,探索中国农业优先发展模式和现代化路径。正视农民代际革命和城市人口对乡村文明的需求,对进城农民的城市权利赋权,实现城乡居民权利平等,促进人口城市化,以体制机制创新促进社会资本和城市人力资本下乡,提升和改造乡村人力资本结构。通过村庄的开放,实行乡村规划体制、宅基地制度、治理结构改革,促进村庄转型与复兴。顺应城乡互动和乡村经济活动的变化趋势,通过土地、资本、劳动力要素市场改革,促进生产要素城乡顺畅配置与流动,实现城市文明与乡村文明的共融共生与城乡共同发展与繁荣。

(二) 目标模式

(1) 城乡平等发展。认识城乡中国作为乡土中国抵达城市中国的过渡阶段的基本特征,改革城乡隔绝、阻碍城乡要素流动的二元规划、土地、融资、公共品供给、社会保障体制,改变单向城市化思维下的城市偏向制度、体制机制和公共政策,促进城乡基本公共服务均等化,改革空间规划管制,制定城乡两个空间共存、共融、可持续发展的乡村规划,实现城乡两个空间的平等发展。

（2）农业产业革命与农业现代化。顺应消费需求变化、结构变革带来的人地关系和农业相对要素价格变化，重新定义新发展阶段农业的基础地位和内涵，通过农业主要生产要素新组合和农业补贴政策改革，提高主粮农业竞争力，确保主粮粮食安全；通过土地配置制度改革、资本下乡、城乡人力对流和乡村资源产权改革，促进农业多功能化和农业产业融合与裂变，探索农业工业化路径；以农地"三权"分置为方向，明确农地集体所有权，保障集体成员农地承包权，赋予耕作者更完整的农地经营权，建立现代农业发展的农地权利基础；以服务规模化、区域产业规模化、市场规模化为核心，探索农业规模报酬实现方式；完善农业经营制度，提升农户人力资本和农业经营能力，实现农民与现代农业产业体系结合，实现中国特色农业现代化。

（3）乡村人力资本的提升与改造。在人口城市化趋势下，顺应农民代际革命，保障农民有关乡村土地等的基本权利，同时，赋予进城农民城市权利、促进农民进城落户和市民化。顺应乡村经济机会出现和经济活动变化，吸引部分年轻人回故乡从事新农业、新产业、新业态，长出一批引领乡村产业发展和农民致富的乡村企业家。顺应城乡互动格局的到来，通过集体制度改革打开乡村封闭性，构建乡村资源与资本的组合与合作制度，培养契约精神，完善乡村产业和资本下乡政策，引导城市居民、企业家及社会资本下乡，提高乡村生产要素配置效率。顺应农村产业发展、农业发展方式转变、农产品生产方式改变以及农业价值链变化，通过示范、学习、引领、合作、参与、互惠，提升农民人力资本和经营能力。顺应农业经济活动的多样化和乡村封闭性的打破，完善乡村治理结构，培育与乡村振兴相适应的村社新型带头人。

（4）村庄转型与复兴。正视乡村分化的现实和基本趋势，研究不同类型乡村的演化特征，制定乡村振兴规划，因村施策，分类推进，寻找不同类型村庄的复兴路径。进一步完善乡村基本公共服务的供给，提升农村社会保障水平，改善农村老人养老服务，改善村庄整体环境。顺应代际革命、人口城市化和城乡互动阶段的到来，通过规划、宅基地制度和基本服务供给方式改革，实行村庄适度集聚。研究村庄活化的条件与方式，创新活化村庄的制度供给、体制机制和政策安排，加快有条件的村庄振兴。通过强化基本公共服务、环境整治、老人群体养老保障、对乡村特困群体的精准扶贫，改变部分乡村衰而未亡的状态，实现乡村整体复兴。

（5）城乡互动与融合。顺应城乡互动阶段的到来，通过消除城乡二元体制性障碍，促进资本、劳动力、土地在城乡的互动与配置。通过城乡公共服务均等化，实现城乡两个空间基本条件的融合，加大征地制度和集体建设用地入市的改革，实现集体土地与国有土地的同地同权，实现乡村发展权、产业落地和人力与资本进村。通过宅基地制度改革促进村庄转型、集聚与复兴，实现城市和乡村两个空间的平等发展与融合。通过建立城乡平等的体制机制，实现城乡全面融合与乡村振兴。

（三）路径选择

（1）以"活业"带动"活人"，实现"活村"，全面复兴乡村空间。乡村振兴的根本是全面复兴乡村空间，使乡村和城市相得益彰、差异互补、共融共生共荣。乡村振兴的标志是乡村空间的"活业""活人""活村"，没有乡村的活态化，就不称其为乡村振兴。在振兴路径顺序上，首先是"活业"，它是乡村振兴的前提，没有乡村产业兴旺，乡村振兴就成了无本之木，不具有可持续性。"活业"既包括传统农业竞争力的提升和农业从数量向质量的结构转变，也包括农业功能和形态变化带来的农业附加值提高和农业工业化水平提高。接着是"活人"，有了活的业态，就能吸引人才进入乡村创业和从事有回报的农业经济活动。"活人"是乡村振兴的关键，人活包括本村部分年轻人的回归，有情怀、有作为的外村人的进来，以及传统农业的现代化改造。只有人力资本提升和改造，乡村产业发展、业态活化才有可能，乡村才能变得更有生机。"活业""活人"的结果就是"活村"。"活村"是乡村振兴的归宿。

有了活的业态，有了有生命力的新型乡村人力资本，乡村的活态就能出现并可持续。在乡村振兴的路径上最要吸取的教训是以政府行动和规划强制实行村庄变革，将改变村庄作为乡村振兴的标志，也不要不切实际地以大量政策优惠补贴等差别性政策培育乡村新型主体、龙头企业和回村创业，没有产业支撑的"引人"不仅难以持续，还会挫伤一批有情怀的人的下乡热情，也会导致对大多数小农的歧视。

（2）在城乡互动格局下实现乡村活化。新阶段的乡村振兴不是乡土中国阶段的乡土重建，也不是快速城市化下的以城统乡，而是城乡互动下的乡村复兴。乡村振兴就是利用城乡互动带来的机会，复兴乡村产业，活化乡村空间；通过城乡要素的流动与再配置，形成乡村与城市互动的资本流和人流，实现乡村的振兴。要避免两个极端：一是固守乡土中国理念，以不变应万变，导致乡村发展机会的丧失；二是继续沿袭快速城市化惯性，不改城市过度发展后补贴乡村的公共政策，加剧乡村的衰败。

（3）以土地制度改革为突破口，实现城乡两个空间的平等发展。城乡要素配置不畅和城乡发展不平等的最大障碍是城乡二元土地制度。农地转非农用地必须实行政府征收、非农经济活动必须使用国有土地，土地用途和年度指标管制以及政府独家垄断土地市场，是乡村发展权丧失、乡村产业窄化、城乡财富差距拉大的根源。只有改革土地配置制度，实现集体建设用地和国有建设用地权利平等，才有乡村产业和发展空间的复兴。在此基础上，才有城乡资本和人力的持续对流与配置，乡村发展才有可持续的制度支撑。进而配合城乡基本公共服务均等化和城乡居民权利平等，促进城乡一体发展。

（四）加大乡村振兴的土地制度供给，实现"活业、活人、活村"

实施乡村振兴战略，关键在深化农村改革，加大制度供给，消除不利于乡村发展的制度制约，以"活业"带动"活人"，实现"活村"，全面活化乡村空间，使乡村和城市相得益彰、共融共生共荣。

(1) 改革生产要素配置制度,促进城乡互动。随着经济发展阶段转换、消费需求升级、乡村经济活动变化,我国的城市化已经从单向城市化转向城乡互动。改革长期存在的城乡二元体制促进生产要素在城乡之间的对流与配置,将为乡村振兴创造巨大机会。一是改革土地配置方式,实现乡村平等发展权。我国土地大规模扩张的城市化阶段已过,具备了按照公共利益、市场价补偿、程序公开透明原则改革征地制度的条件,减少强制低价征地对农民土地权益的损害恰逢其时。城市用地可以通过土地利用结构改革,减少工业用地和基础设施用地、加大存量用地制度创新来保障。城中村是城乡融合的重点区域,应加大城中村地区的土地制度创新,利用土地价值增值捕获实现城市更新中的资本平衡、公共土地的获得以及土地所有权利益,允许城中村农民集体利用集体土地直接提供租赁房,解决进城农民在城市的体面落脚和居住问题。在符合规划和用途管制的前提下,允许集体经济组织和农民利用集体建设用地从事非农建设,享有出租、转让、抵押集体建设用地的权利。二是改革规划制度,保障乡村发展空间。按照城乡融合的空间形态,在用地类型、标准、规划编制等方面保证多功能、新产业、新业态、新形态在乡村落地。根据乡村分化与集聚、人口流动趋势,以生态韧性为重点编制乡村振兴规划。三是实现农民城市权利,促进农民市民化。保障农二代城市居住权。鼓励大城市农民集体利用集体土地建立房屋租赁市场,城市保障性住房向外来务工人员及其家庭开放,降低农民工在城市的落户门槛。落实农三代城市教育权。实现公办学校向随迁子女开放,放宽随迁子女在流入地参加高考限制,将"教育券"拓展到义务教育阶段公办学校。四是向城市市民开放乡村权利。允许外来人口在满足一定条件后,享有村庄的住房、土地、公共事务参与等权利。鼓励城市社会资本下乡,提升乡村人力资本质量。

(2) 完善农地权利体系,促进农业转型。农业现代化是乡村振兴的基础。我国农业正处于历史转型期,农民对农地的经济依赖性下降,消费需求变化促进农业从数量农业向质量农业转变,农业发展方式已经向提高劳动生产率转变,农业的内涵、功能、要素组合、业态等呈现势不可挡的变化,农地制度和经营制度变迁决定农业转型的成败。一是明晰集体所有权。对于未到户集体资源进行全面确权,明确归属和利益分享机制,增强集体经济发展能力;推进清产核资、资产量化、确股到户的集体产权改革,确保集体资产保值增值。探索实行承包地股份合作制,在确保农户土地基本权利的前提下,实行农地资源重组与配置。创新集体资源资产的集体经营、委托经营、合作经营等多种方式,保障集体成员按份共有集体资源资产经营收益。二是承包经营权的分割与农户权利保障。顺应农民离土出村和农二代、农三代与土地及农业观念变化,在自愿前提下,实行农地承包权与经营权的分离,保障集体成员对承包地的按份占有权、收益权、地租权、转让权。实行获得城市户籍农民承包地有偿退出权和一定期限内的可赎回权。三是经营权设权赋权。明确从农户承包经营权分割出的经营权的合法权利地位,双方议定的合约受法律保护,经营者享有所经营土地的耕作权、收益权、转让权、土壤改良补偿权、土地收益抵押权。四是创新农业经营体系。在自愿、依法、有偿原则下推进土地流转。探索国家土地信托制度,进行闲置低效利用土地的收购、整理和发包。培育现代农业经营主体、服务主体、合作组织和市场主体,以农业经营规模适度规模化、服务规模化、区域种植规模化、市场化实现农业规模报酬。

(3) 推进宅基地制度改革,促进村庄转型。随着人口城市化、农民代际变化和城乡互动的到来,村庄的分化势在必然,宅基地制度改革是促进乡村活化、阻止乡村衰败的重要抓手。一是改革宅基地的无偿分配制度。对于农户超占宅基地部分实行收回或有偿使用。可以考虑以时点划断办法,对时点以后集体成员在保障宅基地资格权前提下实行宅基地的有偿获得。二是赋予农民宅基地财产权。在保障农民宅基地占有权和居住权的前提下,以宅基地财产权交换福利分配权，农民宅基地可以有偿退出、出让、转让、交易，从事乡村相关产业。三是对外村人和外来资本有序开放。在规划和用途管制前提下，实行村庄宅基地、农房和闲置空闲地对村外人和外部资本开放，实行乡村资源与外来资本的有效组合，显化乡村价值，提高资源配置效率。四是改革宅基地管理体制。将乡村纳入国土空间规划，控制和锁定村庄宅基地总量，通过宅基地跨区域使用和资格权保障促进村庄适度集聚，行政部门对宅基地实行总量控制和规划管制，村内宅基地使用、分配、处置交由村集体组织行使。

参考文献

[1] Abdelkarim, A., et al. (2020). "Mapping of GIS-Land Use Suitability in the Rural-Urban Continuum between Ar Riyadh and Al Kharj Cities, KSA Based on the Integrating GIS Multi Criteria Decision Analysis and Analytic Hierarchy Process," *Environments*, 7 (10): 32.

[2] Alba, R. and V. Nee (2009). *Remaking the American Mainstream: Assimilation and Contemporary Immigration*. Harvard University Press.

[3] Allen, A. (2003). "Environmental Planning and Management of the Peri-Urban Interface: Perspectives on an Emerging Field," *Environment and Urbanization*, 15 (1): 135–148.

[4] Aoki, M. (2001). *Comparative Institutional Analysis*. MIT Press.

[5] Azadi, H., et al. (2012). "Food Systems: New-Ruralism versus New-Urbanism," *Journal of the Science of Food and Agriculture*, 92 (11): 2224–2226.

[6] Bassett, D. L. (2003). "Ruralism," *Iowa Law Review*, 88 (2): 273–342.

[7] Beers, H. W. (1953). "Rural-Urban Differences: Some Evidence from Public Opinion Polls," *Rural Sociology*, 18 (1): 1–11.

[8] Bell, M. M. (1992). "The Fruit of Difference: The Rural-Urban Continuum as a System of Identity," *Rural Sociology*, 57 (1): 65–82.

[9] Benet, F. (1963). "Sociology Uncertain: The Ideology of the Rural-Urban Continuum," *Comparative Studies in Society and History*, 6 (1): 1-23.

[10] Bezemer, D. and D. Headey (2008). "Agriculture, Development, and Urban Bias," *World Development*, 36 (8): 1342-1364.

[11] Bomans, K., et al. (2010). "Underrated Transformations in the Open Space—The Case of an Urbanized and Multifunctional Area," *Landscape and Urban Planning*, 94 (3-4): 196-205.

[12] Bouwman, M. E. and H. Voogd (2005). "Mobility and the Urban-Rural Continuum," *Global Built Environment Review*, 4 (3): 60-69.

[13] Brant, L. (1989). *Commercialization and Agricultural Development: Central and Eastern China, 1870~1937*. Cambridge University Press.

[14] Brown, D. L. and N. Glasgow (2008). *Rural Retirement Migration*. Springer Science & Business Media.

[15] Champion, T. (2001). "Urbanization, Suburbanization, Counter-urbanization and Reurbanization," in R. Padison (ed.). *Handbook of Urban Studies*. SAGE Publication.

[16] Chang, J. K. (1969). *Industrial Development in Pre-Communist China*. Edinburgh University Press.

[17] Chi, G. and D. W. Marcouiller (2013). "Natural Amenities and Their Effects on Migration along the Urban-Rural Continuum," *Annals of Regional Science*, 50 (3): 861-883.

[18] Dahly, D. L. and L. S. Adair (2007). "Quantifying the Urban Environment: A Scale Measure of Urbanicity Outperforms the Urban-Rural Dichotomy," *Social Science & Medicine*, 64 (7): 1407-1419.

[19] Davoudi, S. and D. Stead (2002). "Urban-Rural Relationships: An

Introduction and Brief History," *Built Environment*, 28 (4): 269-277.

[20] Dewey, R. (1960). "The Rural-Urban Continuum: Real but Relatively Unimportant," *American Journal of Sociology*, 66 (1): 60-66.

[21] Douglass, M. (2014). "The *Saemaul Undong* in Historical Perspective and in the Contemporary World," in Yi, et al. (eds.). *Learning from the South Korean Developmental Success*. Social Policy in a Development Context. Palgrave Macmillan.

[22] Easterlin, R. A., et al. (2011). "The Impact of Modern Economic Growth on Urban-Rural Differences in Subjective Well-Being," *World Development*, 39 (12): 2187-2198.

[23] Ellis, C. (2002). "The New Urbanism: Critiques and Rebuttals," *Journal of Urban Design*, 7 (3): 261-291.

[24] Elvin, M. (1973). *The Pattern of the Chinese Past*. Eyre Methuen.

[25] Emerson, K. G. and J. Jayawardhana (2016). "Risk Factors for Loneliness in Elderly Adults," *Journal of the American Geriatrics Society*, 64 (4): 886-887.

[26] Feuerwerker, A. (1984). "The State and the Economy in Late Imperial China," *Theory and Society*, 13 (3): 297-326.

[27] Fisher, M. G. and B. A. Weber (2004). "Does Economic Vulnerability Depend on Place of Residence? Asset Poverty Across the Rural-Urban Continuum," Working Paper 18911, Oregon State University, Rural Poverty Research Center (RPRC).

[28] Gao, L., J. Yan and Y. Du (2018). "Identifying the Turning Point of the Urban-Rural Relationship: Evidence from Macro Data," *China & World Economy*, 26 (1): 106-126.

[29] Glass, R. (1955). "Urban Sociology in Great Britain: A Trend Report," *Current Sociology*, 4 (4): 5-19.

[30] Golding, S. A. and R. L. Winkler (2020). "Tracking Urbanization and Exurbs: Migration Across the Rural-Urban Continuum, 1990—2016," *Population Research and Policy Review*, 39 (5): 835-859.

[31] Gross, N. (1948). "Sociological Variation in Contemporary Rural Life," *Rural Sociology*, 13 (3): 256.

[32] Haer, J. L. (1952). "Conservatism-Radicalism and the Rural-Urban Continuum," *Rural Sociology*, 17 (1): 343.

[33] Hesse, M. and S. Siedentop (2018). "Suburbanisation and Suburbanisms-Making Sense of Continental European Developments," *Raumforschung und Raumordnung-Spatial Research and Planning*, 76 (2): 97-108.

[34] Ho, Ping-ti (1959). *Studies on the Population of China, 1368~1953*. Harvard University Press.

[35] Iaquinta, D. L. and A. W. Drescher (2000). "Defining the Peri-Urban: Rural-Urban Linkages and Institutional Connections," *Land Reform, Land Settlement and Cooperatives*, 2000 (2): 8-26.

[36] Inklaar, R., H. de Jong, J. Bolt and J. L. van Zanden (2018). "Rebasing 'Maddison': New Income Comparisons and the Shape of Long-Run Economic Development," Maddison Project Working Paper 10.

[37] Irwin, E. G., Isserman, A. M., Kilkenny, M., Partridge, M. D. (2010). "A Century of Research on Rural Development and Regional Issues," *American Journal of Agricultural Economics*, 92 (2): 522-553.

[38] Jones, G. A. and S. Corbridge (2010). "The Continuing Debate about Urban Bias: The Thesis, Its Critics, Its Influence and Its Implications

for Poverty-Reduction Strategies," *Progress in Development Studies*, 10 (1): 1-18.

[39] Kandel, W. and E. A. Parrado (2005). "Restructuring of the US Meat Processing Industry and New Hispanic Migrant Destinations," *Population and Development Review*, 31 (3): 447-471.

[40] Kim, J. and Lim, J. E. (2016). "The Social Economy Organizations in Rural South Korea-Trends and Challenges," *Journal of Agricultural Extension & Community Development*, 23 (1): 53-72.

[41] Kung, J. K. (1993). "Transaction Costs and Peasants' Choice of Institutions: Did the Right to Exit Really Solve the Free Rider Problem in Chinese Collective Agriculture?" *Journal of Comparative Economics*, 17 (2): 485-503.

[42] Kung, J. K. (1994). "Egalitarianism, Subsistence Provision, and Work Incentives in China's Agricultural Collectives," *World Development*, 22 (2): 175-187.

[43] Kuznets, S. (1955). "Economic Growth and Income Inequality," *American Economic Review*, 45 (1): 1-28.

[44] Lichter, D. T. and D. L. Brown (2011). "Rural America in an Urban Society: Changing Spatial and Social Boundaries," *Annual Review of Sociology*, 37 (1): 565-592.

[45] Lichter, D. T. and J. P. Ziliak (2017). "The Rural-Urban Interface: New Patterns of Spatial Interdependence and Inequality in America," *The ANNALS of the American Academy of Political and Social Science*, 672 (1): 6-25.

[46] Lin, J. Y. (1992). "Rural Reforms and Agricultural Growth in Chi-

na," *American Economic Review*, 82 (1): 34 - 51.

[47] Lin. J. Y. (1994). "Chinese Agriculture: Institutional Change and Performance," in T. N. Srinivasan (ed.). *Agriculture and Trade in China and India*. ICS Press.

[48] Lipton, M. (1984). "Urban Bias Revisited," *Journal of Development Studies*, 20 (3): 139 - 166.

[49] Liu, S., R. Wang and G. Shi (2018). "Historical Transformation of China's Agriculture: Productivity Changes and Other Key Features," *China & World Economy*, 26 (1): 42 - 65.

[50] Liu, Y. and Y. Li (2017). "Revitalize the World's Countryside," *Nature*, 548 (7667): 275 - 277.

[51] London, B. and D. A. Smith (1988). "Urban Bias, Dependence, and Economic Stagnation in Noncore Nations," *American Sociological Review*, 53 (3): 454 - 463.

[52] Lupri, B. (1967). "The Rural-Urban Variable Reconsidered: The Cross-Cultural Perspective," *Sociologia Ruralis*, 7 (1): 1 - 20.

[53] Mieszkowski, P. and E. S. Mills (1993). "The Causes of Metropolitan Suburbanization," *Journal of Economic Perspectives*, 7 (3): 135 - 147.

[54] Millward, H. and J. Spinney (2011). "Time Use, Travel Behavior, and the Rural-Urban Continuum: Results from the Halifax STAR Project," *Journal of Transport Geography*, 19 (1): 51 - 58.

[55] Moench, M. and D. Gyawali (2008). "Final Report Desakota, Part II A. Reinterpreting the Urban-Rural Continuum," Department for International Development.

[56] Moore, M. (1984). "Political Economy and the Rural-Urban Di-

vide, 1767—1981," *Journal of Development Studies*, 20 (3): 5-27.

[57] Mullan, K., P. Grosjean and A. Kontoleon (2011). "Land Tenure Arrangements and Rural-Urban Migration in China," *World Development*, 39 (1): 123-133.

[58] Myers, R. H. (1991). "How Did the Modern Chinese Economy Develop? A Review Article," *Journal of Asian Studies*, 50 (3): 604-628.

[59] Mylott, E. (2009). "Urban-Rural Connections: A Review of the Literature," *Laryngoscope*, 52 (10): 815-832.

[60] Newman, G. and J. Saginor (2016). "Priorities for Advancing the Concept of New Ruralism," *Sustainability*, 8 (3): 269-269.

[61] North, D. C. (1990). *Institutions, Institutional Change and Economic Performance*. Cambridge University Press.

[62] Pagliacci, F. (2017). "Measuring EU Urban-Rural Continuum Through Fuzzy Logic," *Tijdschrift voor economische en sociale geografie*, 108 (2): 157-174.

[63] Pahl, R. E. (1966). "The Rural-Urban Continuum 1," *Sociologia Ruralis*, 6 (3): 299-329.

[64] Park, S. (2009). "Analysis of Saemaul Undong: A Korean Rural Development Programme in the 1970s," *Asia-Pacific Development Journal*, 16 (2): 113-140.

[65] Partridge, M. D. (2010). "The Duelling Models: NEG vs Amenity Migration in Explaining US Engines of Growth," *Papers in Regional Science*, 89 (3): 513-536.

[66] Pateman, T. (2011). "Rural and Urban Areas: Comparing Lives Using Rural/Urban Classifications," *Regional Trends*, 43 (1): 11-86.

[67] Perkins, D. (1969) *Agricultural Development in China, 1368～1968.* Aldine.

[68] Perkins, D. and S. Yusuf (1984). *Rural Development in China.* The Johns Hopkins University Press for the World Bank.

[69] Phillips, M. (1993). "Rural Gentrification and the Processes of Class Colonisation," *Journal of Rural Studies*, 9 (2): 123-140.

[70] Quisumbing, A. R. and S. McNiven (2005). " Migration and the Rural-Urban Continuum: Evidence from the Rural Philippines," FCND Discussion Paper 197.

[71] Rajagopalan, C. (1961). "The Rural-Urban Continuum: A Critical Evaluation," *Sociological Bulletin*, 10 (1): 61-74.

[72] Rawski, T. G. (1989). *Economic Growth in Prewar China.* University of California Press.

[73] Redfield, R. (1947). "The Folk Society," *American Journal of Sociology*, 52 (4): 293-308.

[74] Requena, F. (2016). "Rural-Urban Living and Level of Economic Development as Factors in Subjective Well-Being," *Social Indicators Research*, 128 (2): 693-708.

[75] Rerat, P. (2012). "The New Demographic Growth of Cities: The Case of Reurbanisation in Switzerland," *Urban Studies*, 49 (5): 1107-1125.

[76] Scala, D. J. and K. M. Johnson (2017). "Political Polarization Along the Rural-Urban Continuum? The Geography of the Presidential Vote, 2000—2016," *The ANNALS of the American Academy of Political and Social Science*, 672 (1): 162-184.

[77] Scott, A., et al. (2007). *The Urban-Rural Divide: Myth or Rea-*

lity? Macaulay Institute.

[78] Shaw, B. J., et al. (2020). "The Peri-Urbanization of Europe: A Systematic Review of a Multifaceted Process," *Landscape and Urban Planning*, 196: 1-11.

[79] Shucksmith, M., et al. (2009). "Urban-Rural Differences in Quality of Life across the European Union," *Regional Studies*, 43 (10): 1275-1289.

[80] Shue, V. (1980). *Peasant China in Transition*. University of California Press.

[81] Sorokin, P. and C. C. Zimmerman (1920). Principles of Rural-Urban Sociology. Henry Holt and Company.

[82] Sotte, F., et al. (2012). "The Evolution of Rurality in the Experience of the 'Third Italy'," Paper Presented to European Governance and the Problems of Peripheral Countries, Workshop, Vienna, 12-13 July.

[83] Spaulding, I. A. (1951). "Serendipity and the Rural-Urban Continuum," *Rural Sociology*, 16 (1): 29.

[84] Tacoli, C. (1998). "Bridging the Divide: Rural-Urban Interactions and Livelihood Strategies," *International Institute for Environment and Development*, 43 (6): 98-101.

[85] Thiede, B. C., et al. (2020). "Income Inequality across the Rural-Urban Continuum in the United States, 1970-2016," *Rural Sociology*, 85 (4): 899-937.

[86] Tsai, L. (2007a). *Accountability Without Democracy: Solidary Groups and Public Goods Provision in Rural China*. Cambridge University Press.

[87] Tsai, L. (2007b). "Solidary Groups, Informal Accountability, and

Local Public Goods Provision in Rural China," *American Political Science Review*, 101 (2): 355-372.

[88] Tsvetkova, A., et al. (2017). "Entrepreneurial and Employment Responses to Economic Conditions across the Rural-Urban Continuum," *The ANNALS of the American Academy of Political and Social Science*, 672 (1): 83-102.

[89] Van Vliet, J., et al. (2019). "Beyond the Urban-Rural Dichotomy: Towards a More Nuanced Analysis of Changes in Built-Up Land," *Computers, Environment and Urban Systems*, 74: 41-49.

[90] Vlahov, D. and S. Galea (2002). "Urbanization, Urbanicity, and Health," *Journal of Urban Health*, 79 (1): S1-S12.

[91] Von Braun, J. (2007). "Rural-Urban Linkages for Growth, Employment, and Poverty Reduction," International Conference on the Ethiopian Economy, Addis Ababa, 7-9 June 2007, 1-21.

[92] Walker, R. (2001). "Industry Builds the City: The Suburbanization of Manufacturing in the San Francisco Bay Area, 1850—1940," *Journal of Historical Geography*, 27 (1): 36-57.

[93] Wandl, D. A., et al. (2014). "Beyond Urban-Rural Classifications: Characterising and Mapping Territories-in-Between across Europe," *Landscape & Urban Planning*, 130: 50-63.

[94] Wen, J. G. (1993). "Total Factor Productivity Change in China's Farming Sector: 1952—1989," *Economic Development and Cultural Change*, 42 (1): 1-41.

[95] White, M. J. (1976). "Firm Suburbanization and Urban Subcenters," *Journal of Urban Economics*, 3 (4): 323-343.

[96] Williams Jr., J. A. and H. A. Moore (1991). "The Rural-Urban Continuum and Environmental Concerns," *Great Plains Research*, 1 (2): 195-214.

[97] Wirth, L. (1938). "Urbanism as a Way of Life," *American Journal of Sociology*, 44 (1): 1-24.

[98] Woods, M. (2009). "Rural Geography: Blurring Boundaries and Making Connections," *Progress in Human Geography*, 33 (6): 849-858.

[99] Yuan, D. (1964). "The Rural-Urban Continuum: A Case Study of Taiwan," *Rural Sociology*, 29 (3): 247.

[100] Zhang, Y., T. Shao and Q. Dong (2018). "Reassessing the Lewis Turning Point in China: Evidence from 70 000 Rural Households," *China & World Economy*, 26 (1): 4-17.

[101] Zhao, L., S. Liu and W. Zhang (2018). "New Trends in Internal Migration in China: Profiles of the New-Generation Migrants," *China & World Economy*, 26 (1): 18-41.

[102] Zhao, Y. (1999). "Labor Migration and Earnings Differences: The Case of Rural China," *Economic Development and Cultural Change*, 47 (4): 767-782.

[103] Zhao, Y. (2000). "Rural-to-Urban Labor Migration in China: The Past and the Present," in West, L. and Y. Zhao (eds.). *Rural Labor Flows in China*. University of California Press.

[104] 埃比尼泽·霍华德:《明日的田园城市》, 商务印书馆, 2009。

[105] 安格斯·麦迪森:《中国经济的长期表现: 公元960—2030年》2版, 上海人民出版社, 2008。

[106] 巴里·诺顿:《中国经济: 转型与增长》, 上海人民出版社, 2010。

[107] 蔡昉、王德文:《经济增长成分变化与农民收入源泉》,《管理世界》2005 年第 5 期。

[108] 蔡玉萍、罗鸣:《变与不变的鸿沟:中国农村至城市移民研究的理论与视角》,《学海》2015 年第 2 期。

[109] 常亮:《中国农村养老保障:制度演进与文化反思》,中国农业大学博士学位论文,2016。

[110] 陈斌开、林毅夫:《发展战略、城市化与中国城乡收入差距》,《中国社会科学》2013 年第 4 期。

[111] 陈辉、熊春文:《关于农民工代际划分问题的讨论:基于曼海姆的代的社会学理论》,《中国农业大学学报(社会科学版)》2011 年第 4 期。

[112] 陈明星、叶超、周义:《城市化速度曲线及其政策启示:对诺瑟姆曲线的讨论与发展》,《地理研究》2011 年第 8 期。

[113] 程为敏:《关于村民自治主体性的若干思考》,《中国社会科学》2005 年第 3 期。

[114] 陈锡文:《实施乡村振兴战略,推进农业农村现代化》,《中国农业大学学报(社会科学版)》2018 年第 1 期。

[115] 陈云松、张翼:《城镇化的不平等效应与社会融合》,《中国社会科学》2015 年第 6 期。

[116] 储卉娟:《乡关何处:新生代农民工研究述评》,《中国农业大学学报(社会科学版)》2011 年第 3 期。

[117] 戴建国:《宋代的民田典卖与"一田两主制"》,《历史研究》2011 年第 6 期。

[118] 党国英:《我国乡村治理改革回顾与展望》,《社会科学战线》2008 年第 12 期。

[119] 党国英:《我国乡镇机构改革的回顾与展望》,《中国党政干部论坛》

2009年第3期。

［120］董磊明、陈柏峰、聂良波：《结构混乱与迎法下乡：河南宋村法律实践的解读》，《中国社会科学》2008年第5期。

［121］杜鹏、陆杰华、何文炯：《新时代积极应对人口老龄化发展报告（2018）》，华龄出版社，2018。

［122］杜润生：《杜润生自述：中国农村体制变革重大决策纪实》，人民出版社，2005。

［123］杜赞奇：《文化、权力与国家：1900—1942年的华北农村》，江苏人民出版社，2003。

［124］方行：《中国封建经济发展阶段述略》，《中国经济史研究》2000年第4期。

［125］费孝通：《乡土中国与乡土重建》，风云时代出版公司，1993。

［126］费孝通：《乡土中国　生育制度》，北京大学出版社，1998。

［127］费孝通：《小城镇大问题》，《费孝通文集》第9卷，群言出版社，1999。

［128］费孝通：《江村经济：中国农民的生活》，商务印书馆，2002。

［129］费孝通：《患土地饥饿症者》，《费孝通全集》第4卷，内蒙古人民出版社，2009。

［130］费孝通：《内地的农村》，《费孝通全集》第4卷，内蒙古人民出版社，2009。

［131］费孝通：《中国士绅：城乡关系论集》，外语教学与研究出版社，2011。

［132］费孝通：《乡土中国》修订本，上海世纪出版集团，2013。

［133］费正清，麦克法夸尔：《剑桥中华人民共和国史》，上海人民出版社，1990。

［134］费正清:《美国与中国》,商务印书馆,1966。

［135］冯尔康:《18世纪以来中国家族的现代转向》,上海人民出版社,2005。

［136］傅衣凌:《明清农村社会经济》,生活·读书·新知三联书店,1961。

［137］高小蒙、向宁:《中国农业价格政策分析》,浙江人民出版社,1992。

［138］谷玉良:《农村人口外流与农村养老困境》,《华南农业大学学报(社会科学版)》2018年第1期。

［139］韩朝华:《个体农户和农业规模化经营:家庭农场理论评述》,《经济研究》2017年第7期。

［140］韩国农村经济研究院:《韩国三农》,中国农业出版社,2014。

［141］韩鹏云、刘祖云:《农村社区公共品供给:困境、根源及机制创新》,《农村经济》2012年第3期。

［142］韩少功:《观察中国乡村的两个坐标》,《天涯》2018年第1期。

［143］贺聪志、叶敬忠:《农村留守老人研究综述》,《中国农业大学学报(社会科学版)》2009年第2期。

［144］荷尼夫:《从韦伯一直到勃兰特:西方学者关于晚清民国经济状况的最近辩论简介》,《中国社会历史评论》第11卷,天津古籍出版社,2010。

［145］黄季焜:《六十年中国农业的发展和三十年改革奇迹:制度创新、技术进步和市场改革》,《农业技术经济》2010年第1期。

［146］黄茜等:《空心化村庄的合作何以可能?基于湖南HL村的个案研究》,《南方农村》2015年第1期。

［147］黄宗智:《华北的小农经济与社会变迁》,中华书局,1986。

［148］黄宗智:《长江三角洲小农家庭与乡村发展》,中华书局,2000。

［149］黄宗智:《发展还是内卷?十八世纪英国与中国:评彭慕兰〈大分岔:欧洲、中国及现代世界经济的发展〉》,《历史研究》2002年第4期。

[150] 黄宗智：《中国革命中的乡村阶级斗争》，《中国乡村研究》第 2 辑，商务印书馆，2003。

[151] 黄宗智：《中国的隐性农业革命》，法律出版社，2010。

[152] 黄宗智：《"家庭农场"是中国农业的发展出路吗?》，《开放时代》2014 年第 2 期。

[153] 晖峻众三：《日本农业 150 年（1850—2000 年）》，中国农业大学出版社，2011。

[154] 纪竞垚、刘守英：《代际革命与农民的城市权利》，《学术月刊》2019 年第 7 期。

[155] 贾晋：《乡镇改革：困境与破局》，《中共四川省委党校学报》2012 年第 3 期。

[156] 柯武刚、史漫飞：《制度经济学：社会秩序与公共政策》，商务印书馆，2000。

[157] 孔祥智、何安华：《城乡统筹与农业增长方式转变：2001—2010 年的中国农业政策》，《教学与研究》2011 年第 2 期。

[158] 雷蒙·威廉斯：《乡村与城市》，商务印书馆，2013。

[159] 理查德·T. 勒盖茨、弗雷德里克·斯托特：《城市读本》中文版，中国建筑工业出版社，2013。

[160] 李怀印：《乡村中国纪事：集体化和改革的微观历程》，法律出版社，2010。

[161] 李康：《革命常规化过程前后的精英转换与组织机制变迁》，载王汉生、杨善华：《农村基层政权运行与村民自治》，中国社会科学出版社，2001。

[162] 李连江、熊景明：《"中国大陆村级组织建设研讨会"综述》，载香港中文大学大学服务中心：《中国大陆村级组织建设研讨会》，1998。

[163] 李连友、李磊、邓依伊：《中国家庭养老公共政策的重构：基于家庭

养老功能变迁与发展的视角》,《中国行政管理》2019 年第 10 期。

[164] 李培林:《村落终结的社会逻辑:羊城村的故事》,《江苏社会科学》2004 年第 1 期。

[165] 梁方仲:《中国历代户口、田地、田赋统计》,中华书局,2008。

[166] 梁漱溟:《乡村建设理论》,上海人民出版社,2011。

[167] 梁治平:《清代习惯法:社会与国家》,中国政法大学出版社,1996。

[168] 林尚立:《国内政府间关系》,浙江人民出版社,1998。

[169] 林毅夫、蔡昉、李周:《中国的奇迹:发展战略与经济改革》,上海人民出版社,1994。

[170] 刘传江、程建林:《第二代农民工市民化:现状分析与进程测度》,《人口研究》2008 年第 5 期。

[171] 刘达、郭炎、栾晓帆、李志刚:《中部大城市流动人口的回流意愿及其影响因素:以武汉市为例》,《地理研究》2021 年第 8 期。

[172] 刘金海:《宗族对乡村权威及其格局影响的实证研究:以村庄主要干部的姓氏来源为分析基础》,《东南学术》2016 年第 1 期。

[173] 刘俊彦:《新生代:当代中国青年农民工研究报告》,中国青年出版社,2007。

[174] 刘守英:《中国土地制度改革:上半程及下半程》,《国际经济评论》2017 年第 5 期。

[175] 刘守英:《土地制度变革与经济结构转型:对中国 40 年发展经验的一个经济解释》,《中国土地科学》2018 年第 1 期。

[176] 刘守英:《城乡中国的土地问题》,《北京大学学报(哲学社会科学版)》2018 年第 3 期。

[177] 刘守英、曹亚鹏:《中国农民的城市权利》,《比较》2018 年第 1 辑。

[178] 刘守英、纪竞垚:《农二代与结构革命》,2018 年(内部稿)。

[179] 刘守英、王瑞民：《农业工业化与服务规模化：理论与经验》，《国际经济评论》2019年第6期。

[180] 刘守英、王一鸽：《从乡土中国到城乡中国：中国转型的乡村变迁视角》，《管理世界》2018年第10期。

[181] 刘守英、熊雪锋：《我国乡村振兴战略的实施与制度供给》，《政治经济学评论》2018年第4期。

[182] 刘彦随等：《中国乡村发展研究报告：农村空心化及其整治策略》，科学出版社，2011。

[183] 龙花楼、屠爽爽：《论乡村重构》，《地理学报》2017年第4期。

[184] 卢晖临：《革命前后中国乡村社会分化模式及其变迁：社区研究的发现》，《中国乡村研究》2003年第1期。

[185] 卢晖临、潘毅：《当代中国第二代农民工的身份认同、情感与集体行动》，《社会》2014年第4期。

[186] 陆铭、陈钊：《城市化、城市倾向的经济政策与城乡收入差距》，《经济研究》2004年第6期。

[187] 陆益龙：《村庄会终结吗？——城镇化与中国村庄的现状及未来》，《学习与探索》2013年第10期。

[188] 陆益龙：《向往城市还是留恋乡村？——农民城镇化意愿的实证研究》，《人文杂志》2014年第12期。

[189] 毛丹、王萍：《英语学术界的乡村转型研究》，《社会学研究》2014年第1期。

[190] 孟德拉斯：《农民的终结》，社会科学文献出版社，2010。

[191] 毛泽东：《湖南农民运动考察报告》，《毛泽东选集》第1卷，人民出版社，1991。

[192] 诺克斯、迈克卡西：《城市化》，科学出版社，2009。

[193] 帕克等:《城市社会学》,华夏出版社,1987。

[194] 彭希哲、胡湛:《当代中国家庭变迁与家庭政策重构》,《中国社会科学》2015年第12期。

[195] 戚成蹊:《中国刘易斯转折点的再研究》,《经济论坛》2017年第2期。

[196] 钱文荣、黄祖辉:《转型时期的中国农民工:长江三角洲十六城市农民工市民化问题调查》,中国社会科学出版社,2007。

[197] 秦晖:《"离土不离乡":中国现代化的独特模式?——也谈"乡土中国重建"问题》,《东方》1994年第1期。

[198] 秦晖:《传统十论:本土社会的制度、文化及其变革》,复旦大学出版社,2003。

[199] 任德新、楚永生:《伦理文化变迁与传统家庭养老模式的嬗变创新》,《江苏社会科学》2014年第5期。

[200] 任强、陈佳俊:《城镇化视野下中国村落共同体的变迁:对2011—2014年相关研究文献的综述》,载中国社会科学院社会学研究所:《中国社会学年鉴2011—2014》,中国社会科学出版社,2016。

[201] 沈坤荣、张璟:《中国农村公共支出及其绩效分析:基于农民收入增长和城乡收入差距的经验研究》,《管理世界》2007年第1期。

[202] 施坚雅:《中国农村的市场和社会结构》,中国社会科学出版社,1998。

[203] 施坚雅:《中华帝国晚期的城市》,中华书局,2000。

[204] 时文彦:《充实和转变职能 强化乡镇财政管理的探讨》,《财政研究》2010年第2期。

[205] 宋月萍:《精神赡养还是经济支持:外出务工子女养老行为对农村留守老人健康影响探析》,《人口与发展》2014年第4期。

[206] 速水佑次郎：《日本农业保护政策探》，中国物价出版社，1993。

[207] 孙秀林：《华南的村治与宗族：一个功能主义的分析路径》，《社会学研究》2011年第1期。

[208] 唐丹：《城乡因素在老年人抑郁症状影响模型中的调节效应》，《人口研究》2010年第3期。

[209] 田丰：《逆成长：农民工社会经济地位的十年变化（2006—2015）》，《社会学研究》2017年第3期。

[210] 田毅鹏：《"村落终结"与农民的再组织化》，《人文杂志》2012年第1期。

[211] 田毅鹏：《村落过疏化与乡土公共性的重建》，《社会科学战线》，2014年第6期。

[212] 同春芬、马阳：《从古代养老制度的变迁看我国现代养老面临的困境与出路》，《山东行政学院学报》2014年第4期。

[213] 王春光：《新生代农村流动人口的社会认同与城乡融合的关系》，《社会学研究》2001年第3期。

[214] 王桂新：《中国人口流动与城镇化新动向的考察：基于第七次人口普查公布数据的初步解读》，《人口与经济》2021年第5期。

[215] 王海光：《当代中国户籍制度形成与沿革的宏观分析》，《中共党史研究》2003年第4期。

[216] 王海光：《移植与枳变：中国当代户籍制度的形成路径及其苏联因素的影响》，《党史研究与教学》2011年第6期。

[217] 王汉生、王一鸽：《目标管理责任制：农村基层政权的实践逻辑》，《社会学研究》2009年第2期。

[218] 王沪宁：《当代中国村落家族文化：对中国社会现代化的一项探索》，上海人民出版社，1991。

[219] 王曙光:《村庄信任、关系共同体与农村民间金融演进：兼评胡必亮等著〈农村金融与村庄发展〉》,《中国农村观察》2007年第4期。

[220] 王曙光:《中国乡村治理的历史嬗变与现代转型》,爱思想网,2016-01-06。

[221] 王曙光:《中国农村：北大"燕京学堂"课堂讲录》,北京大学出版社,2017。

[222] 王淑娜、姚洋:《基层民主和村庄治理：来自8省48村的证据》,《北京大学学报(哲学社会科学版)》2007年第2期。

[223] 王振耀、白钢等:《中国村民自治前沿》,中国社会科学出版社,2000。

[224] 吴理财、李世敏、王前:《新世纪以来中国农村基层财政治理机制及其改革》,《求实》2015年第7期。

[225] 吴滔、葛剑雄:《清代江南的一田两主制和主佃关系的新格局：以苏州地区为中心》,《近代史研究》2004年第5期。

[226] 吴维平、王汉生:《寄居大都市：京沪两地流动人口住房现状分析》,《社会学研究》2002年第3期。

[227] 吴毅:《小镇喧嚣：一个乡镇政治运作的演绎与阐释》,生活·读书·新知三联书店,2007。

[228] 项继权:《20世纪晚期中国乡村治理的改革与变迁》,《浙江师范大学学报(社会科学版)》2005年第5期。

[229] 项寅等:《速度特征视角的长三角县域高质量发展动态测评》,《华东经济管理》2022年第1期。

[230] 萧公权:《中国乡村：论19世纪的帝国控制》,九州出版社,2018。

[231] 肖唐镖:《村治中的宗族：对九个村的调查与研究》,上海书店出版社,2001。

[232] 肖唐镖:《转型中的中国乡村建设》,西北大学出版社,2003。

[233] 徐勇:《中国农村村民自治》,华中师范大学出版社,1997。

[234] 许倬云:《汉代农业:早期中国农业经济的形成》,江苏人民出版社,1998。

[235] 薛暮桥:《旧中国的农村经济》,农业出版社,1980。

[236] 杨继瑞、杨博维、马永坤:《回归农民职业属性的探析与思考》,《中国农村经济》2013年第1期。

[237] 杨奎松:《新中国镇反运动始末(上)》,《江淮文史》2011年第1期。

[238] 杨奎松:《新中国镇反运动始末(下)》,《江淮文史》2011年第2期。

[239] 杨善华、苏红:《从"代理型政权经营者"到"谋利型政权经营者":向市场经济转型背景下的乡镇政权》,《社会学研究》2002年第1期。

[240] 叶欠等:《我国县域常住人口发展趋势》,《宏观经济管理》2021年第11期。

[241] 虞和平:《中国现代化历程》,江苏人民出版社,2001。

[242] 于建嵘:《岳村政治:转型期中国乡村政治结构的变迁》,商务印书馆,2001。

[243] 俞可平等:《中国公民社会的兴起与治理的变迁》,社会科学文献出版社,2002。

[244] 余晓敏、潘毅:《消费社会与"新生代打工妹"主体性再造》,《社会学研究》2008年第3期。

[245] 于长永、代志明、马瑞丽:《现实与预期:农村家庭养老弱化的实证分析》,《中国农村观察》2017年第2期。

[246] 张厚安等:《中国农村村级治理:22个村的调查与比较》,华中师范大学出版社,2000。

[247] 张静:《基层政权:乡村制度诸问题》,浙江人民出版社,2000。

[248] 张军：《乡村价值定位与乡村振兴》，《中国农村经济》2018年第1期。

[249] 张乐天：《告别理想：人民公社制度研究》，上海人民出版社，2005。

[250] 张鸣：《乡村社会权力和文化结构的变迁：1903—1953》，陕西人民出版社，2008。

[251] 张培刚：《农业与工业化》，中国人民大学出版社，2014。

[252] 张仲礼：《中国绅士：关于其在19世纪中国社会中作用的研究》，上海社会科学院出版社，1991。

[253] 张祖平：《明清时期政府社会保障体系研究》，北京大学出版社，2012。

[254] 赵冈：《历史上的土地制度与地权分配》，中国农业出版社，2003。

[255] 赵冈：《永佃制研究》，中国农业出版社，2005。

[256] 赵树凯：《新世纪的国家与农民：2002—2012乡村治理述评》，载于韩俊等：《中国农村改革（2002—2012）：促进三农发展的制度创新》，上海远东出版社，2012。

[257] 赵树凯：《乡镇政府之命运》，《中国发展观察》2006年第7期。

[258] 赵晓峰：《"行政消解自治"：理解税改前后乡村治理性危机的一个视角》，《长白学刊》2011年第1期。

[259] 赵晓峰：《公域、私域与公私秩序：中国农村基层半正式治理实践的阐释性研究》，《中国研究》2013年第2期。

[260] 折晓叶、艾云：《城乡关系演变的研究路径：一种社会学研究思路和分析框架》，《社会发展研究》2014年第2期。

[261] 郑风田、程郁：《从农业产业化到农业产业区：竞争型农业产业化发展的可行性分析》，《管理世界》2005年第7期。

[262] 郑小玉、刘彦随：《新时期中国"乡村病"的科学内涵、形成机制及调控策略》，《人文地理》2018年第2期。

[263] 郑一平：《影响村级治理的主要因素分析：江西省桥下村调查》，《中国农村经济》1997年第9期。

[264] 中国人民大学宅基地制度研究课题组：《结构变迁、宅基制度与村庄转型：四川省泸县案例研究》，2017（内部稿）。

[265] 周大鸣、杨小柳：《从农民工到城市新移民：一个概念、一种思路》，《中山大学学报（社会科学版）》2014年第5期。

[266] 周飞舟：《从汲取型政权到"悬浮型"政权：税费改革对国家与农民关系之影响》，《社会学研究》2006年第3期。

[267] 周其仁：《城乡中国》修订版，中信出版社，2017。

[268] 周一星、曹广忠：《改革开放20年来的中国城市化进程》，《城市规划》1999年第12期。

[269] 朱妍、李煜：《"双重脱嵌"：农民工代际分化的政治经济学分析》，《社会科学》2013年第11期。

[270] 庄孔韶：《银翅：中国的地方社会与文化变迁》，生活·读书·新知三联书店，2000。

索 引

比较优势

36，56，314，357—359，384，385，392，487

禀赋

34，54，57，108，127，165，225，226，302，311，327，331，338，344，346，349，352，358，381，383—386，392，396，402，486，487，508，513，516

补贴

29，42，51，56，61，63—66，68，70，80，81，168，223，224，228，235，300，314，317，327，352，382，443，445—448，452，483，514，519，520，534，536

产权

8，9，17，18，115，143，150，244，260，261，307，308，310，311，314，316，319，389，401，523，530，534，538

产业结构

54，55，83，100，101，103，109，118，154，279，303，390

成本

7，16，21，22，29，37，42，48，53，56，74，75，89，117，136，137，151，165，174，179，180，182，188，195，199，223，228，231，244，248，249，288—290，292—297，300，305，308，313，315—321，325—327，331，334—340，342—345，349，352—354，356—359，362—364，369，372，373，375—381，383，393，397，399，401，414，431，432，436，442，446—448，452，456，460，465，467，469，483，484，495—502，507，513，520，521，529，532

承包权

51，164，316，352，382，389，390，402，403，482，483，523，530，534，538

城市权利

20，105，171，180，183，185—192，195，196，205，207，211，212，230，234，316，428，518，524—526，533，534，537

城乡差距

18，69，83，84，214，223，229，230，232，234，315，486，493，512—514，520，525，528

城乡融合

36，38，83，84，87，89—97，99，103—105，128，129，233，234，401，412，456，472，522—524，528，533，537

城乡中国

1，3，4，13，23，24，31—40，121—123，125，128，129，160，170，187，189，222，299，300，350，427，428，451，528—530，533

城镇化

3，13，18，20，21，23，27，31—38，49，50，63，73，83，97，104，109，110，119—121，158，175—178，180，181，183，186，195—197，213，352，356，428，453—456，458—460，464，466—472，481，482，486，487，512，514，524—526

代际

13，24，26，33，122，131，137，156，160，164，170，183—185，189，190，192，194，197，200，201，204，206，208，212，213，222，230，324，395，428，429，433，451，463，469，472，481，518，533，534，538

地方政府

11，21，120，123，126，178，182，188，195，196，199，207，216，352，355，403，440，454，472，517

地租

8，60，137，325，338，409，411，496，538

二元体制

23，35，38，39，42，84，155，176，177，196，234，277，320，322，493，514，521，526，533，535，537

发展战略

15，31，36，40，50，51，54，79，84，91，118，175，248，271，273，300，304，394，514，520，521，525

非农部门

57，58，65，145，253，259，285，297，299，320，325，350，362，363，368，371，381，397，398，403

非正式制度

13，20，23，33，124，143，152，159，169，429，431—433，435，436，450—452

福利

16，69，71，102，136，143，180，197，234，249，444，467，506，510—512，514，521，539

公共服务

36，37，42，105，110，164，177，180，183，186，188，190，196，222，227，234，309，324，345，402，429，433，441，444，445，447—450，457，467，469—471，482，486，509，512，514，516，526，532—536

规模报酬

233，306，314，343—345，350—359，

索 引

369，371，375，378，401，484，513，515，534，538

合作

7，10，17，29—31，34，51，68，76—80，82，91，133，138，139，142，145，208，219，249，310，328，330，331，356—358，383，386，388—392，394，398，399，403，414，415，422，430，433，438，473，484，515，531，534，538

户籍制度

16，18，105，118，144，155，158，173—176，182，183，185，186，195，196，208，254，315，435，458，521，524，525

回报

49，111，120，127，192，221，228，233，300—302，310，311，313，341，362，363，372，373，375—378，381，384，387，388，390，393，401，457，468，483，509，515，535

机械化

28，29，51，64，165，184，253，256，290，296，298，300，320，327，340，341，345，349，353，355，361—364，366—368，371，372，376—378，381，383，465，484，495，496，503，512，519，522

绩效

16，31，49，109，119，144，146，149，161，225，233，257，300，319，324，332，372，377，380，383，385，418，429，431，435，442，447，448，452，529

激励

12，16，21，34，137，140，146，150，225，249，253，260，261，292，301，307，309—312，324，342，389，437，444，515，518

集体化

16—18，20，22，30，112，118，133，143—149，175，249，250，254，255，257，259，315，429—432，435，438，451，524，529，530

集体建设用地

126，187，314，390，477，527，528，531，535—537

技术进步

17，44，54，98，109，259，264，301，303，304，386—389，484，515，522

结构变迁

3，23，107，110，113，120，128，152，160，169—171，324，362，487，530

经营权

51，150，187，225，319，325，328，331，342，352，363，382，389，390，402，437，471，483，523，530，531，534，538

竞争

18，29，49，51，62，83，88，108，302，

303，307，312，315，359，371，377，
392，401，404，415，453，455，514，
522，528，529，534，535

就业份额

19，28，108，110，269，272，301—303，
305，308，310，312，313，317，322，
324，331，341，356，361，362，377，
394，395，487，529

利润

12，74，135，151，305，306，309，310，
332，334，335，340，342，350，352，
357，364，368，372，373，377，378，
380—382，403，515

垄断

16，21，174，178，182，248，315，536

农产品

16，31，32，54，56—65，67—69，76，
79，80，118，134，140，144，147，151，
154，174，225，226，248，254，260，
264，265，269—271，292，299，310—
313，319，322，327，328，330—332，
335，341，342，353，356，362，369，
371—373，377，379，380，385，386，
390—393，396，399，419，430，436，
439，467，483，508—511，520，521，
524，534

农村劳动力

16，21，42，48，51，69，118，153—
156，158，163，165，166，171—173，
175，176，178，222，226，229，230，

251，260，266，273，276，282—285，
288，297，314，315，325，336，353，
356，359，362—364，368，376，381，
392，395，397，398，403，418，443，
446，520，523，525

农业工业化

125，127，233，237，299，300，305，
306，313，317，341—344，353，355，
359，360，362，363，371，372，375—
378，383，401，457，495，502，512，
515，534，535

农业转型

28，105，234，249，271，293，301，
302，330，341，342，394，401，402，
491，504，529，537，538

企业家

109，127，128，135，138，142，233，
301，305—307，310—313，329—332，
341，342，361，383，388，393，418，
471，480，481，483，484，534

权力

9，17，21，77，85，133，147，155，
178，181，182，191，196，261，307，
403，411，416，433，434，441，443—
445，448，450，451，473，475—478，
520，528

人地关系

4，7，12，19，23，28，116，239，244，
260，272，286，308，319，320，322，
324，325，331，342，348，350，382，

397，399，402，403，418，453，482，534

人力资本

25，27，49，50，54，98，139，158，194，195，198，214，222，227，229，305，329，336，385—387，392，418，480，481，483，533—537

人民公社

16—18，20，79，118，143—146，149，152，153，173—175，219，249，265，430，432，434—437，524，531

三权分置

106，126，221，382，389，390，523

社会保障

22，37，41，42，54，71，73，81，105，155，158，180，189，197，208，227，231，232，234，443，467，509，510，512，514，533，534

生产资料

63，134，136—138，140，145，147，152，165，248，292，305，319，356，386，415，434，436

剩余劳动力

8，18，19，153，158，175，178，192，265，271，282，283，285，319，371，418，421，527

市民化

22，106，163，183，184，186，194—196，200，315，316，322，428，469—471，482，514，534，537

土地流转

29，30，67，68，126，166，316，325，330，338，343，351，352，357，358，368，369，371，375，379，382，388，389，394，397，398，482，483，512，538

土地权利

115，187，234，352，402，403，529，530

土地生产率

6，28，31，51，118，126，161，166，239，243，245，246，251，253，259，270，271，292，296，297，300，302，309，322—324，327，332，343，348，351，359，363，364，371，376，384，392，395—397，401，515，529

土地制度

7，8，18，21，105，106，114—116，119，120，126，150，153，175，180，181，183，187，244，260，261，265，313—315，332，363，371，388，390，437，484，518，527，528，536，537

现代化

4，13—15，27，29，31，35—39，49，50，64，69，81，83，84，108，111—113，121，128，163，170，187，213，247，248，253，259，273，278，279，296—299，301，331，342—344，352，353，358，361，364，368，372，377，388，394，395，397，400，402，403，405，407，412，414，415，417，422—

428，453，458—460，465，482，483，
487，504，512，514，515，517—519，
523，524，533—535，537

乡村衰败

83，84，105，121，221，412，475，486，
487，518，538

乡村振兴

84，104，105，115，121，124，125，
127，213，217，221，222，233，358，
405，407，418，427，428，453，456—
458，464，468，469，471—475，477，
479，481，484—487，514，516—519，
522—524，528，533—537

乡村治理

11，12，15，17，114，143，410，415，
418，429—436，439，441—443，447，
448，451，452，472，484—486，523，
534

乡土社会

3，5，10—12，15，18，27，113，117，
129，143，168，212，222，408—411，
416，419，427—435，450，451

乡土中国

3—5，7，9，10，12，13，15，18—20，
23，24，27，30，33，35，37—39，113，
115，120，121，123，125，128，152，
160，171，187，189，222，299，350，
408，411，417，426—428，433，451，
533，536

乡镇企业

18—20，119，153—156，176—178，182，

195，196，226，260，265—267，271，
272，275，282—284，320，419—423，
425，426，458，527

小农经济

5，7，8，10，12，15，113—115，135，
136，139，141，143，218，413，423，
425

要素市场

299，300，308，313，314，316，317，
325，341，348，349，392，515，520—
522，533

要素组合

109，125，127，129，233，234，299—
302，306，311—313，316，317，319，
324，329，332，334，336，341，343，
353—357，359，361—363，370，372，
373，376，378，379，381—390，392，
401，471，483，484，494—496，502，
513，538

宅基地

23，105，126，187，312，315，388，
390，470，473—476，482，516，523，
524，531—533，535，538，539

秩序

3，5—7，9—11，13，15，17，27，35，
114，143，159，169，170，218，408，
410，415，429—436，438，439，441，
447，448，450—452，475，484，518，
522，523

资本化

36，120，246